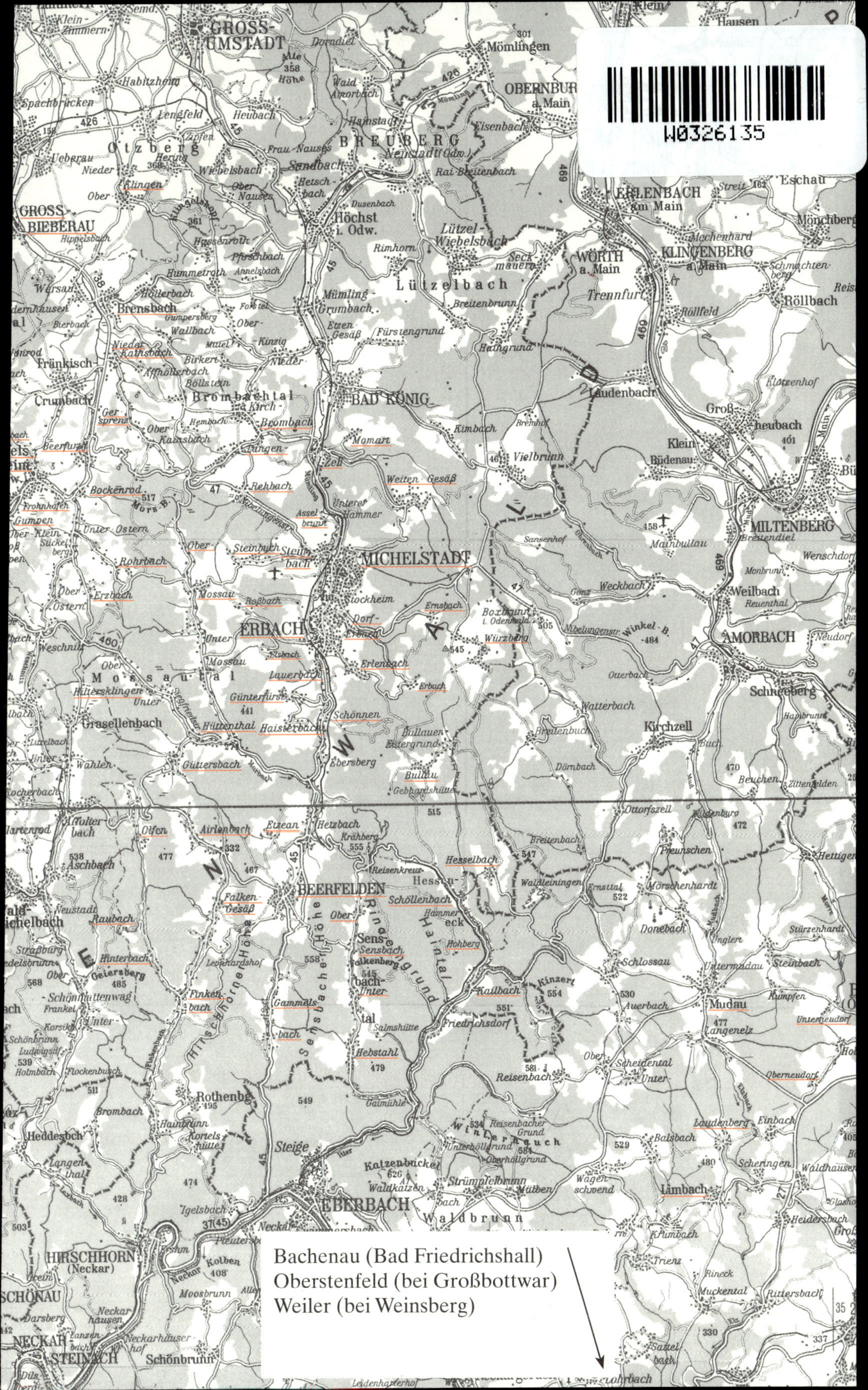


Bachenau (Bad Friedrichshall)
Oberstenfeld (bei Großbottwar)
Weiler (bei Weinsberg)

HEIDELBERGER
VERÖFFENTLICHUNGEN
ZUR LANDESGESCHICHTE
UND LANDESKUNDE

Schriftenreihe des Instituts
für Fränkisch-Pfälzische Geschichte
und Landeskunde

Herausgegeben von
Bernd Schneidmüller
und
Stefan Weinfurter

Band 12

ULI STEIGER

# Die Schenken und Herren von Erbach

## Eine Familie zwischen Reichsministerialität und Reichsstandschaft (1165/70 bis 1422)

Universitätsverlag
WINTER
Heidelberg

Bibliografische Information Der Deutschen Bibliothek
Die Deutsche Bibliothek verzeichnet diese Publikation
in der Deutschen Nationalbibliografie;
detaillierte bibliografische Daten sind im Internet
über *http://dnb.ddb.de* abrufbar.

Zugleich zugel. Diss., Phil. Fak., Univ. Heidelberg

UMSCHLAGBILD
Grabplatte Schenk Konrads III. († 1279)
und seiner Frau Gräfin Gertrud von Ziegenhain († 1279)
(Nach Simon, Erbach, Frontispiz).

Die Drucklegung wurde maßgeblich gefördert
durch
den Breuberg-Bund,
S.E. Graf Raimund zu Erbach-Fürstenau,
Herrn Heinrich Fülberth,
die Sparkassen-Kulturstiftung Hessen-Thüringen.

ISBN 978-3-8253-5332-2


Imprimé en Allemagne · Printed in Germany
Druck: Memminger MedienCentrum, 87700 Memmingen

Gedruckt auf umweltfreundlichem, chlorfrei gebleichtem
und alterungsbeständigem Papier

Den Verlag erreichen Sie im Internet unter:
www.winter-verlag-hd.de

# Vorwort

Die vorliegende Arbeit wurde im Sommer 2005 von der Philosophischen Fakultät der Universität Heidelberg als Dissertation angenommen. Für den Druck wurde sie in einzelnen Passagen überarbeitet.

Nach getaner Arbeit ist es dem Autor eine freudige Pflicht, Dank zu sagen. Denn hinter dem einzelnen Namen auf dem Titelblatt steht die Hilfe und Unterstützung vieler Menschen und Institutionen, ohne die diese Arbeit nicht zustande gekommen wäre; sie können an dieser Stelle freilich nicht alle namentlich aufgeführt werden. Stellvertretend für alle sollen nur wenige Personen und Archive genannt sein – die anderen mögen sich nicht minder herzlich in Dank eingebunden fühlen.

Mein Dank gilt den beiden Gutachtern dieser Arbeit, Herrn Professor Stefan Weinfurter, meinem akademischen Lehrer, sowie Herrn Professor Volker Rödel, die mir immer genügend Freiheit bei der Behandlung des Themas ließen, mich jedoch durch „sanften Druck" wieder auf die rechte Bahn führten, wenn ich einmal zu sehr der Detailversessenheit anheimgefallen war.

Dankbar bin ich ferner den Archiven und ihren Mitarbeitern, die mir in unkomplizierter Weise ihr Material zur Verfügung stellten, hier vor allem dem Generallandesarchiv in Karlsruhe, dem Hessischen Staatsarchiv in Darmstadt sowie dem Archiv der Grafen zu Erbach-Fürstenau und seiner Leiterin Anja Hering.

Ein zweijähriges Stipendium der Landesgraduiertenförderung Baden-Württemberg erleichterte den Fortschritt der Dissertation erheblich; ohne dieses wäre eine rasche Sichtung und Bearbeitung des umfangreichen Quellenmaterials nicht möglich gewesen.

Weiterhin danke ich den beiden Herausgebern der „Heidelberger Veröffentlichungen zur Landesgeschichte und Landeskunde", den Professoren Bernd Schneidmüller und Stefan Weinfurter, für die Aufnahme der Arbeit in diese Reihe.

*Last but not least* habe ich meiner Familie zu danken, die sich der Kärrnerarbeit des Korrekturlesens unterzogen hat. Allen voran ist hier meine Frau zu nennen, die nicht nur in geduldiger Weise alle meine Launen und Macken gerade in der Endphase der Arbeit ertragen, sondern auch die Reinzeichnung aller Stammtafeln besorgt hat.

Dir, liebe Annabelle, ist dieses Buch gewidmet!

Plankstadt, im Sommer 2007 Uli Steiger

# Inhaltsverzeichnis

# Einleitung

## 1 Forschungslage und Themenstellung

Bereits frühzeitig war die Hausgeschichte der Herren von Erbach Gegenstand des historischen Interesses. 1736 schrieb Daniel Schneider[1], der erste Genealoge der Grafen von Erbach, in seiner Erbachischen Historie: „Nun möchte wohl jemand fragen: was denn aus denen Herren von Erbach gemacht werden, und woher sie dann entsprungen und gekommen zu seyn sagen wollte, da nicht zugegeben würde, daß sie Abstämmlinge des Eginhard und der Imma wären? Hierauf dienet zur Antwort: daß man sie unter die alte freye Land-Herren zehle, ob man gleich den allerersten Ursprung dieser ihrer Herren-Würde, und deren damit versehene Vorfahren, weil er zu alt [...] eben nicht genau zu bestimmen, noch namentlich hinter einander anzuführen und zu erzehlen weiß und vermag. [...] Sonst sollte man fast auf die Gedancken gerathen, als wären die Herren zu Erbach aus denen Bayersch-Schwäbischen Gräntzen in die Gegend des Odenwaldes gekommen, wenn man bedencket, daß, um die Zeit ihrer Bekanntwerdung in erwehnten Gegenden die Schwäbisch-Bayerische Fürsten Hohen-Staufischen Geschlechts, die Pfaltz bey Rhein, nach Abgang Pfalz-Graf Hermanns des II. erhalten, und sich also aus dortigen Orten hierher begeben haben, daß aus diesem Geblüte Hertzog Conrad, Kayser Friedrichs, des Rothbarts, Bruder, erster Pfaltzgraf bei Rhein, und, noch vor Erlangung solcher Würde, Herr von Heydelberg und der Grafschaft Stalbühel, als ein Vogt des Hoch-Stiffts Worms, auch Ober-Vogt des Closters Lorsch [...] gewesen ist, mit welchem Hertzog Conrad es Eberhard von Er- oder Erdbach gehalten hat [...]. Die Nachfolgende Zeiten zeugen auch von einer besondern Ergebenheit der Herren zu Erbach an die aus dem Bayrisch-Schwäbischen hergekommene Pfaltz-Grafen [...].“[2]

Schneider veröffentlichte mit seiner „Vollständig Hoch-Gräflich-Erbachische[n] Stamm-Tafel oder Hoch-Gräflich-Erbachische[n] Historie“, einen umfangreichen Band mit dokumentarischen Kupferstichen und einer großen Auswahl von Urkunden. Diese Arbeit wurde noch im 18. Jahrhundert durch die „Historische Genealogie des Reichsgräflichen Hauses Erbach“ von Johann Philipp Wilhelm Luck (1728-1790) ergänzt und verbessert. In mehr oder weni-

[1] Vgl. zu seiner Biographie DEBOR, Daniel Schneider, S. 121-127, die freilich im wesentlichen den Artikel aus Zedlers Universal-Lexikon Band 35 von 1743 zitiert (dort Sp. 540-548). Diese biographische Beschreibung, mit einer Zusammenstellung seiner wichtigsten Veröffentlichungen, macht auch das umfangreiche Werk des vielfältig interessierten Theologen und erbachischen Superintendenten deutlich.

[2] SCHNEIDER, Historie, S. 14f.

ger tabellarischer Form stellte Luck 1786 die erbachische Genealogie dar und konnte so leicht Zusätze zu Schneiders Arbeit vornehmen; er machte diese durch Quellen- und Urkundenanmerkungen auch wissenschaftlich wertvoll. Seine Arbeitsmaterialien sind noch heute im Erbach-Fürstenauischen Archiv vorhanden[3]. Schon 1772 ist Luck als Verfasser einer bis heute immer wieder zitierten „Reformationsgeschichte der Grafschaft Erbach" hervorgetreten[4]. Der dritte große Historiker und Genealoge des Hauses Erbach war der Dekan und Pfarrer Gustav Simon. 1858 veröffentlichte er seine „Geschichte der Dynasten und Grafen zu Erbach und ihres Landes"; es handelt sich dabei um eine Darstellung der Landes-, Haus- und Familiengeschichte der Herren und Grafen zu Erbach, der ein umfangreiches Urkundenbuch beigefügt ist. Diese genannten Arbeiten wissen sich einer traditionellen Sichtweise verpflichtet: genealogische und besitzgeschichtliche Betrachtungen bilden die Grundlage.

Weitere die Gesamtgeschichte des Hauses in den Blick nehmende Arbeiten fehlen seither. Gerade für das Rhein-Main-Gebiet und die Wetterau – damit auch für den Bereich des Odenwaldes und der Herrschaft Erbach – ist man nach wie vor auf ältere Überblicksdarstellungen angewiesen. So ist die zusammenfassende Arbeit von Karl E. Demandt immer noch unverzichtbar[5]. Wichtig sind auch die „Territorialgeschichten" für diese Region. Als eine letzte Arbeit, die sich unter dieser Fragestellung dem Odenwald und der Familie Erbach näherte, ist die „Territorialgeschichte des hinteren Odenwaldes" von Elisabeth Kleberger aus dem Jahr 1958 zu nennen. Diese Arbeit kann über weite Strecken auch heute noch Gültigkeit beanspruchen. Es zeigt sich aber, daß gerade Klebergers Beurteilung hinsichtlich der ständischen Verortung der Schenken in ihrer Frühzeit neu überdacht werden muß[6]. Dies liegt nicht zuletzt daran, daß Neufunde beim Quellenmaterial dies notwendig machen.

Kleberger beschäftigte sich neben der territorialen Entwicklung der Herrschaft bzw. Grafschaft Erbach unter Einbeziehung der Zent- und Ämterteilung auch mit den Herrschaften Breuberg und Fränkisch-Crumbach[7]. Sie verzichtete jedoch weitestgehend darauf, die außerhalb des Odenwalds liegenden Teile der Herrschaft Erbach in den Blick zu nehmen, so daß zwar die territorialen Ver-

[3] Vgl. GEFA Tit. I, Vol. 26, Fasz. 22.

[4] Vgl. LUCK, Reformationsgeschichte. Auch ihre Neubearbeitung ist ein Desiderat der Forschung, denn gerade die Grafen von Erbach spielten in der Reformation im Rhein-Main-Neckar-Gebiet in Verbindung mit dem Kurpfälzer Hof eine führende Rolle, wie PRESS, Grafen von Erbach, S. 653-685, zeigen konnte.

[5] Vgl. DEMANDT, Geschichte Hessens, S. 490-496.

[6] Eine zweite Auflage dieser Arbeit 1987 verzichtete jedoch auf eine Überarbeitung: „Der Textteil ist ein unveränderter Nachdruck der 1. Auflage von 1958. Veränderte Archivsignaturen notiert das überarbeitete Verzeichnis der Handschriftlichen Quelle auf S. IX. Die Karten wurden [...] neugezeichnet" (editorischer Hinweis im Nachdruck 1987). Eine durchaus wünschenswerte und längst überfällige Neubearbeitung unterblieb offenbar aus arbeitsökonomischen Gründen und zugunsten einer schnellen Verfügbarkeit des wichtigen Werks.

[7] Vgl. KLEBERGER, Territorialgeschichte, S. 78-94, 147-166 (Herrschaft Breuberg), 98-120, 166-173 (Herrschaft Fränkisch-Crumbach).

änderungen des erbachischen Kerngebietes mit Schönberg an der Bergstraße umfassend geschildert sind, der Blick auf den recht umfangreichen „Außenbesitz“ – wenn überhaupt – nur punktuell erfolgte.

Obgleich die Erforschung der Familiengeschichte der Schenken und Grafen zu Erbach eine bis ins 18. Jahrhundert zurückreichende Tradition hat, ist es in den letzten knapp fünfzig Jahren relativ ruhig um sie geworden. Widmeten sich verschiedentlich dennoch vor allem Heimatforscher der Grafenfamilie, so lag der Schwerpunkt meist bei Themen und Aspekten der Neuzeit. Die Zeit des Mittelalters wurde in der Regel stiefmütterlich behandelt. Dies lag sicher zu einem nicht unerheblichen Teil in der mangelnden Kenntnis der lateinischen Sprache, der vorherrschenden mittelalterlichen Quellensprache, begründet[8]. Daß sich jemand zuletzt ausführlich mit dem erbachischen Mittelalter beschäftigte, liegt nun bereits wiederum ein Vierteljahrhundert zurück. Damals war es der Lateinlehrer und Heimatforscher Wolfram Becher, der sich mit Fragen der Frühgeschichte Erbachs und Michelstadts auseinandersetzte[9]; darüber hinaus versuchte er – manchmal auf einer recht dürftigen Quellenbasis, was ihn zu oftmals recht spekulativen Ergebnissen führte – die Geschichte(n) und Genealogien der Nieder- und Ritteradelsfamilien in der Odenwaldregion nachzuzeichnen.

Erst im Jahre 2000 ist wieder ein größerer Beitrag zur mittelalterlichen Geschichte des Hauses Erbach erschienen. Thomas Steinmetz hat sich mit seiner Arbeit zum Ziel gesetzt, die Herkunft der Schenken von Erbach und ihren ursprünglichen Stand (letztgültig?) zu klären[10]: Er kam zu dem Schluß, daß die Erbacher Schenken ein Zweig der aus der Wetterau stammenden Reichsministerialenfamilie von Münzenberg waren, der in der ersten Hälfte des 12. Jahrhunderts im Zuge königlicher „Reichslandpolitik“ in den Odenwald gekommen war, so daß die Schenken deshalb seit ihrem ersten Aufscheinen als Reichsministerialengeschlecht angesehen werden müßten. Mit dieser provokanten These wischte Steinmetz alle bisherigen Forschungsansätze, wonach die Erbacher aus der Dienstmannschaft und Reichskirchenministerialität des Klosters Lorsch kommend den Weg – über das Schenkenamt König Heinrichs (VII.) – zum Erbschenkenamt der rheinischen Pfalzgrafen und in die pfalzgräfliche Lehensabhängigkeit fanden, beiseite.

[8] Die von dem Erbacher Lehrer und Rektor Peter Weber verfaßte Geschichte der Stadt Erbach zeigt diese Diskrepanz deutlich auf. Von den 238 Seiten der Druckfassung von Webers Geschichte widmen sich gerade einmal 32 Seiten der Zeit bis 1500, wobei „Germanen, Römer und das Mittelalter“ darunter gefaßt werden. Das heißt: gerade einmal knapp 14% der Schrift sind dieser Zeit gewidmet! Vgl. WEBER, Bilder; diese Geschichte Erbachs ist freilich für die Wissenschaft kaum brauchbar, fehlen doch meist die Quellenverweise, und im gesamten wirkt die Darstellung recht anekdotenhaft.

[9] Die Ergebnisse seiner Forschungen sind zum überwiegenden Teil in den Veröffentlichungen des Breuberg-Bundes erschienen; eine Zusammenfassung bietet auch das 1980 erschienene Büchlein „Michelstadt und Erbach. Zwei romantische Städte im Odenwald“ (s. auch das Literaturverzeichnis).

[10] Vgl. STEINMETZ, Schenken von Erbach.

Diese über weite Strecken problematische Arbeit leidet neben einer fehlenden Rezeption des überwiegenden Teils der gängigen Forschungsliteratur vor allem an methodischen Schwächen. Der Wert der Arbeit liegt daher weniger in den vermeintlich spektakulären Ergebnissen Steinmetz', die dieser präsentiert, sondern sie zeichnet sich aus durch „die frische, unkonventionelle Art, mit der der Autor an die Fragestellung herangeht". Sie „fordert den Leser gleichermaßen zu Widerspruch wie zum Überdenken des bisherigen Forschungsstandes heraus. Das Buch ist ein Movens, das eine seit langem vernachlässigte Beschäftigung mit der Familie der Schenken von Erbach – einer Familie, die zur politischen Elite des Rhein-Main-Neckar-Raums im hohen und späten Mittelalter gehörte – anregt. Darüber hinaus stellt der Band gleichsam eine Zusammenschau von wichtigen (teilweise bislang nicht zur Kenntnis genommenen) Urkunden und Quellenmaterialien zur Erforschung der Geschichte des Odenwaldraums dar, so daß er zukünftig als Ausgangspunkt einer Neubearbeitung der Erbacher Hausgeschichte dienen kann."[11]

Daher soll – angestoßen durch die Arbeit von Steinmetz – eine erneute Annäherung an die Familie Erbach unternommen werden. Es gilt dabei besonders, die Anfänge der Familie, ihr Herkommen aus der Ministerialität, zu beleuchten und die Grundlagen für die weitere (Herrschafts-)Entwicklung sowie den folgenden Aufstieg zur Reichsstandschaft herauszuarbeiten. Damit ist die Frage zu verbinden, wie es der Familie gelingen konnte, 1223 bzw. 1307/11 eingetretene „Rückschläge" zu überwinden und für sich zu nutzen, um die eigene Stellung im Odenwald weiter zu festigen und auszubauen.

Will man sich dieser Aufgabe stellen, so erscheint es zunächst nützlich, sich die Ordnungsprinzipien zu vergegenwärtigen, nach denen sich der hoch- und spätmittelalterliche Adel erfassen und gliedern läßt[12]: (1) nach seiner Genese in die beiden Gruppen Hochadel und Nieder- oder Ritteradel, wobei hierunter in erster Linie Ritter und Edelknechte zu zählen sind, d. h. in der Regel aus der Ministerialität aufgestiegene, ursprünglich unfreie Dienstleute, (2) gemäß dem Heerschild in die drei Gruppen der Fürsten, der Grafen sowie Herren (als dem nichtfürstlichen Hochadel) und der Ritter bzw. Edelknechte sowie (3) in reichsunmittelbare Herrschaftsträger und in Landsässige bzw. Mediate, „deren Haupt ein anderer Herr als der König war"[13].

Vor allem in der Überschneidung der Gruppen (2) und (3) läßt sich die soziale Dynamik gerade des Spätmittelalters ablesen: Es gab den landsässigen Adel und den immer in seiner Existenz bedrohten reichsunmittelbaren Adel (Grafen, Herren und Ritter). Blickt man vom neuzeitlichen Reich zurück, das durch die Landesfürsten geprägt war, so drohten die spätmittelalterlichen Grafen, Herren und Ritter zu Untertanen bzw. zu reinen „Mitläufern" im Fahrwasser der größeren Territorien zu werden, stets eifersüchtig darauf bedacht, ihren be-

[11] STEIGER, Steinmetz, S. 691.

[12] Vgl. zum folgenden MORAW, Verfassung, S. 68-72; zusammenfassend auch SPIEß, Familie, S. 1-4.

[13] MORAW, ebd., S. 69.

scheidenen und schmalen Anteil an staatlich-hoheitlichen Rechten zu erhalten[14]. Diesem Kampf einer hoch- und spätmittelalterlichen Adelsherrschaft soll die Untersuchung am Beispiel der Schenken von Erbach nachgehen.

Seit Peter Moraw vor etwa zwei Jahrzehnten eine „moderne Verwaltungsgeschichtsschreibung" für das Spätmittelalter gefordert hat[15], haben sich zwei voneinander abhängige Fragenkomplexe herauskristallisiert: Die Frage nach dem Funktionieren von Herrschaft sowie die Frage nach der politischen Durchsetzbarkeit und der Akzeptanz von Herrschaft[16]. Aus diesen beiden zentralen Fragen ergeben sich viele Folgefragen allgemeiner Natur, von denen nur zwei wichtige exemplarisch genannt seien: Inwiefern unterscheidet sich eine nicht-fürstliche Adelsherrschaft von einer fürstlichen Herrschaft? Litt die nicht-fürstliche Herrschaft an einem „Mangel an Staatlichkeit"?

Diese und viele weitere Aspekte sollen am Beispiel der Schenken von Erbach beleuchtet werden. Denn sie gehörten im Hoch- und Spätmittelalter hinsichtlich der Lage und Ausdehnung des Territoriums in einer traditionell „königsnahen Landschaft" sowie wegen ihres Heiratsverhaltens zu den typischen Vertretern der mittleren Schicht der reichsunmittelbaren Grafen und Herren[17]. Die Familie startete aus einer scheinbar optimalen Ausgangsposition heraus, mußte dann aber verschiedene Rückschläge hinnehmen, bevor sie sich als Reichsstand etablieren konnte. Darüber hinaus ermöglicht die Aufspaltung der Familie in drei Linien bereits im 13. Jahrhundert einen differenzierten Blick auf die (unterschiedliche?) Entwicklung.

Ein wahres Fragenbündel ergibt sich aus dieser Familiensituation: Wie gelang es den Schenken von Erbach die Rückschläge zu überwinden, die die Herrschaft im hinteren Odenwald scheinbar zu einem Spielball der Fürsten machten? Wie schafften sie es in der Folge, einen frühneuzeitlichen Territorialstaat aufzubauen? War es schlicht politisches Glück oder hatte die Familie im Spätmittelalter besonders „fähige Köpfe" aufzuweisen, denen der Herrschaftsauf- und -ausbau gelingen konnte? Welche strukturellen Voraussetzungen landes- und regionalgeschichtlicher Art haben ihren Erfolg begünstigt?

Um diese Fragen zu beantworten, muß die erbachische Landesherrschaft bzw. ihre Entstehung untersucht und beschrieben werden. Nach einer Darstellung der Quellenlage wird zunächst versucht, die Ausgangslage der Schenken von Erbach genauer zu fassen (hinsichtlich Herkunft und Stand, Umfang und rechtlicher Qualität ihrer Besitzungen). Im weiteren sollen die sogenannten „Rückschläge" (1223 und 1307/11), ihre Ursachen und die daraus resultierenden Konsequenzen in den Blick genommen werden. Dazu ist es nötig, die geographische Lage der Herrschaft Erbach in den Mittelpunkt zu rücken. Sie befand

[14] Vgl. SCHÄFER, Eppstein, S. 2.
[15] Vgl. MORAW, Kanzlei; DERS., Beamtentum.
[16] Vgl. dazu zusammenfassend DERS., Verfassung, S.183-194.
[17] Vgl. zu dieser (vorläufigen) Einordnung zusammenfassend SPIEß, Familie, S. 348, 400-402. Eine Einschätzung der Herren von Erbach in der beginnenden Neuzeit liefert PRESS, Grafen von Erbach, S. 657-663.

sich in der königsnahen Landschaft an Mittel- bzw. Oberrhein und im Einflußgebiet mehrerer Fürstentümer, vor allem der rheinischen Pfalzgrafschaft, weniger des Erzstifts Mainz. Dem Klientelverhältnis zur Pfalzgrafschaft bei Rhein soll vertiefend nachgegangen, und die damit verbundenen Chancen und Gefahren sollen gezeigt werden. Dabei darf der Königsdienst nicht außer Acht gelassen werden. Darüber hinaus soll der Blick auf zwei wichtige Beziehungsfelder der Herren von Erbach gerichtet werden: so stehen der erbachische Lehensverband und das Konnubium im besonderen Interesse, können diese beiden Aspekte doch das weitgespannte Beziehungsnetz, über das die Herren von Erbach verfügten, exemplarisch beleuchten. Neben diesen äußeren, die Entwicklung beeinflussenden Faktoren muß auch die erbachische Administration betrachtet werden: Herrschaftsaufbau und -durchsetzung sind in den Blick zu nehmen.

Es müssen in der Arbeit freilich Schwerpunkte gesetzt werden: So erübrigt sich dank früherer Arbeiten eine eigenständige Erörterung der Genealogie. Freilich sollen jedoch Fehler der älteren Forschung korrigiert sowie neue Erkenntnisse und Ergänzungen in die Stammtafel eingearbeitet werden. Auch eine ausführliche Beschreibung der Besitzentwicklung soll an dieser Stelle nicht mehr geschehen. Die Geschichte des Territoriums der Herren von Erbach hat für den Kernraum der Herrschaft bereits Elisabeth Kleberger, wie eingangs erwähnt, vorgelegt, so daß wir uns im wesentlichen auf die Veränderungen in der Territorialpolitik und die Geschichte des „Außenbesitzes“ beschränken können. Nichtsdestoweniger wird eine Karte im Anhang summarisch den Umfang der erbachischen Besitztitel aufzeigen. Hinsichtlich der geistlichen Mitglieder des Hauses Erbach haben wir uns eine strikte Selbstbeschränkung auferlegt, die arbeitsökonomischen Zwängen geschuldet ist. Die geistlichen Angehörigen werden nur dergestalt Beachtung finden, wie es für den Fortgang der Arbeit notwendig erscheint.

Zusammenfassend steht also die übergreifende Frage, ob es sich bei der erbachischen Entwicklung um einen geradezu „planmäßig verfolgten Aufstieg“ von der Reichsministerialität in die Reichsstandschaft handelte, wie es die bisherige Forschung impliziert, oder ob man nicht auch hier vielmehr die für den Adel typische Dynamik und die Einwirkung anderer Kräfte sehen muß. Darauf versucht die vorliegende Arbeit eine Antwort zu geben.

Betrachten wir zunächst die Quellenlage, bevor wir ausgehend vom bisherigen Forschungsstand die Anfänge der Familie in den Blick nehmen.

## 2 Archiv und Quellenlage

Wer auch immer sich mit der Geschichte der Herren und Grafen von Erbach beschäftigen will, sieht sich einem gravierenden Problem gegenüber. In der Nacht vom 11. auf den 12. September 1944 fiel das Erbachische Gesamthausarchiv dem alliierten Fliegerangriff auf Darmstadt zum Opfer. 1932 war das Archiv gemäß einer Vereinbarung zwischen dem Volksstaat Hessen und dem damaligen Senior des Hauses Erbach, Graf Konrad zu Erbach-Erbach, als kündbares Depositum dem Staatsarchiv in Darmstadt eingegliedert worden. Dort lagerte es bis zu seiner Kriegszerstörung im Herbst 1944. Diese Vernichtung des Erbacher Archivs bedeutete einen der gravierendsten Kriegsverluste in der deutschen Archivlandschaft. Jeder Bearbeiter der erbachischen Haus- und Herrschaftsgeschichte ist somit auf die vor 1944 im Druck erschienenen Texte, auf die kopiale Überlieferung sowie auf die Gegenüberlieferung in anderen Archiven angewiesen.

### 2.1 Das Archiv der Schenken und Grafen zu Erbach

Die ältesten Urkunden, die im erbachischen Archiv lagerten, stammten zwar aus den Jahren 1113 und 1135 (?). Da ihre Rechtsgeschäfte aber das Kloster Steinbach betrafen, gehörten sie vermutlich nicht zum ursprünglichen erbachischen Bestand. Sie kamen wohl erst mit der Auflösung des Klosters 1535/42 in das gräfliche Archiv[18]. Denn die Grafen von Erbach waren als Landesherren Rechtsnachfolger des Klosters geworden und übernahmen damit auch das klösterliche Archiv. Daher können wir ein erbachisches Archiv bereits für das 12. Jahrhundert sicher ausschließen.

Erste Ansätze für ein Archiv der Herren von Erbach vermutete Höreth schon in der Mitte des 13. Jahrhunderts[19], wie er aus dem Alter der 1944 noch vorhandenen, ursprünglich erbachischen Urkunden schloß. Von einem aus dem Jahr 1255 stammenden Stück wird von Schneider wie auch von Simon übereinstimmend bestätigt, daß es im Erbacher Archiv lag[20]. Diese Urkunde war es, die Höreth zu seiner Behauptung veranlaßte. Er ging davon aus, daß das erste Archiv des Hauses Erbach in den Burgen Erbach bzw. Fürstenau untergebracht

[18] Vgl. SIMON, Erbach, UB Nr. 1, 2, S. 3f; SCHNEIDER, Historie, UB Nr. 11, 12, S. 509-513. Es handelt sich dabei um eine Besitzbestätigung Kaiser Heinrichs V. vom 20. März 1113 für das Steinbacher Kloster. Die zweite Urkunde ist eine Privaturkunde einer G/Berburch, die sich und ihre Töchter Berta und Drutlint dem Kloster in Steinbach auto-tradiert (ausgefertigt 1135 oder 1140?). – Zur Auflösung des Klosters KNÖPP, Entstehung der Basilika, S. 31.

[19] Vgl. zum folgenden HÖRETH, Erbacher Archive, S. 82.

[20] Vgl. SCHNEIDER, Historie, UB Nr. 3, S. 17; SIMON, Erbach, UB Nr. 4, S. 6. Dort sind auch die jeweiligen Siegel abgebildet. Es handelte sich dabei um die Lehensauftragung verschiedener Güter des Ludwig Ranward von Bensheim, die die Brüder Schenken Konrad und Eberhard bestätigten.

war. Vorausgesetzt, Höreths Vermutung und zeitlicher Ansatz stimmten, ist dies aber im Falle der zweiten Ortsangabe fraglich, denn die Burg Fürstenau war nach ihrer Erbauung durch das Erzbistum Mainz um 1300 bis 1355 in dessen Besitz. Die Schenken von Erbach waren zwar seit 1317 immer wieder Burgmannen auf Fürstenau, gelangten jedoch erst nach 1355/56 in den Besitz der Burg[21]. Es ist daher schwerlich anzunehmen, daß Fürstenau vor der Mitte des 14. Jahrhunderts ein erbachisches Archiv beherbergt haben könnte. Will man überhaupt schon von einer ortsfesten Institution sprechen, ist eher davon auszugehen, daß erste Anfänge eines Archivs außer in Erbach eventuell in Michelstadt bzw. auf dem Reichenberg, den frühen Sitzen und Allodialgütern der Schenken, zu suchen sind. Sicher ist auch, daß das Archiv der Herren von Erbach, sollte es wirklich schon im ausgehenden 13. Jahrhundert bestanden haben, von eher bescheidenem Zuschnitt war. Darauf deutet die Bemerkung Klebergers hin, daß das spätere Gesamthausarchiv nur fünf Originale des 13. Jahrhunderts enthielt[22]. Will man es pointiert formulieren, so hatten diese Bestände in einer großen Truhe Platz, in der vermutlich auch noch die Kanzleiutensilien untergebracht waren, so daß man in der Frühzeit vielleicht besser von einer transportablen Kanzlei und einem ebensolchen Archiv ausgeht.

Es liegt näher, von der Ausbildung eines erbachischen Archivs erst für die Mitte des 14. Jahrhunderts auszugehen. Denn ein Archiv setzte „eine Institution voraus, die über eine Einzelperson und ihre Familie hinausgreift, in der also Schriftgut einer geistlichen oder weltlichen Gemeinschaft auf Dauer aufbewahrt wird“[23]. Da sich eine funktionierende schriftliche Administration freilich erst seit der Zeit Schenk Konrads IV. († 1363) und seiner Nachkommen ausbildete, wie die Arbeit zeigen wird, erscheint es plausibel, von einer zeitgleichen Entstehung eines Archivs auszugehen.

Den ersten sicheren Nachweis für ein gemeinsames Archiv der Grafen bietet Simon für das Jahr 1715. Graf Georg Albrecht III. bestimmte in seinem Testament vom 21. Januar 1715, daß das gemeinschaftliche Archiv von nun an seinen Sitz ständig in Erbach haben solle, während es zuvor auf der Burg des jeweiligen Seniors des Gesamthauses untergebracht war[24]. Diese Bestimmung zeigt auch, daß ein Archiv im Hause Erbach schon über längere Zeit existiert haben mußte. Darauf deuten auch die Bemerkungen hin, die § 3 einer Deduktion von 1754 enthält: Das Erbacher Archiv habe durch Feuer großen Schaden erlitten, so daß der Ursprung der pfälzischen Lehensherrschaft aus den Archiven nicht mehr ableitbar sei[25]. Ein weiteres Mal ist ein Archiv 1736 erwähnt im Vor-

[21] Zu den Besitzverhältnis von Fürstenau s. unten Kapitel 4.2.3.
[22] Vgl. KLEBERGER, Territorialgeschichte, S. VII.
[23] SCHWARZMAIER, Hausarchiv, S. 98.
[24] SIMON, Erbach, S. 450f; HÖRETH, Erbacher Archive, S. 83.
[25] Vgl. Deduktion 1754, § 3. – Christian Weis, der Verfasser der Deduktion, ging offenbar davon aus, daß das Archiv Urkunden beherbergt hatte, die einen solchen Nachweis hätten ermöglichen können. Über diese Stücke, sollten sie jemals existiert haben, ist aber auch durch die Gegenüberlieferung nichts bekannt geworden.

wort zu Schneiders „Erbachischer Historie“. Georg Melchior von Ludolff führt in seiner Vorrede ein Briefgewölbe an, dessen Briefe in guter Ordnung und Verwahrung gehalten und geschickten Männern anvertraut waren[26].

Günther Engelschall war der erste namentlich bekannte erbachische Archivar; sein Einstellungsdekret datiert vom 18. Juni 1728[27]. Der letzte hauptamtliche Archivrat des Erbachischen Gesamthausarchivs, Karl Morneweg, war 1932 für die Überführung der Bestände nach Darmstadt verantwortlich[28]. Dort standen sie bis zu ihrer Vernichtung im Herbst 1944 unter der Betreuung des Archivrats Ludwig Clemm.

Erhalten blieben die drei Erbacher Linienarchive, die 1932 nicht nach Darmstadt kamen, sondern auf den Schlössern Fürstenau, Erbach und Schönberg belassen wurden. Sie enthalten freilich überwiegend nur Bestände, die die Privatangelegenheiten der im 18. Jahrhundert entstandenen Linien Erbach-Fürstenau, Erbach-Erbach und Erbach-Schönberg umfassen. Lediglich das Fürstenauer Archiv bewahrt in seinen Räumen einige wertvolle Sal- und Zinsbücher der zweiten Hälfte des 16. Jahrhunderts auf; im Erbacher Archiv sind kaum ältere, mittelalterliche landesgeschichtliche Archivalien vorhanden. Das Schönberger Archiv, das sich im Hessischen Staatsarchiv Darmstadt befindet, enthält nur vereinzelte mittelalterliche Stücke. Damit sind wir mit unseren Überlegungen freilich schon beim nächsten Punkt angelangt.

### 2.2 Quellenlage

Die Beschäftigung mit der Geschichte der Familie und der Grafschaft Erbach gestaltet sich aufgrund der disparaten Urkundenlage unter verschiedenen Gesichtspunkten recht diffizil. Denn der etwa 5100 Orginalurkunden und etwa 350 laufende Meter Territorialakten umfassende Bestand des Gesamthausarchivs ist, wie gesagt, Kriegsverlust[29]. Es ist nur aufgrund der noch vorhandenen Abschriften möglich, den Bestand leidlich zu überblicken.

[26] SCHNEIDER, Erbach, Vorrede; HÖRETH, Erbacher Archive, ebd.

[27] Vgl. HÖRETH, ebd., S. 84.

[28] EBD., S. 91-94. Höreth liefert auch eine Aufstellung aller Archivräte des Gesamthausarchivs zwischen 1728 und 1932, mit jeweils einer knappen biographischen Skizze (S. 84-94). Daneben fügt er drei biographische Abhandlungen der „Historiker der Grafschaft Erbach“ an (S. 104-119): Johann Philipp Willhelm Luck (1728-1790), der vor allem durch seine Reformationsgeschichte (1772) und seine Ergänzungen zu Schneiders Historie (1786) bekannt wurde; Daniel Schneider (1668-1748), der 1736 die erste „Erbachische Historie“ schrieb; Gustav Ludwig Georg Friedrich Simon (1811-1870), der neben seiner Geschichte der Grafschaft Erbach 1858 im jahr 1860 auch eine dreibändige Geschichte des Hauses Ysenburg-Büdingen vorlegte.

[29] BATTENBERG, Michelstadt, S. 75; ECKHARDT, Hessisches Staatsarchiv, S. 54 („E. Verluste im Zweiten Weltkrieg und bei den Auslagerungen“); WOLF, Abteilung F 21, S. XII-XV. Erhalten blieb nur das Repertorium des dem erbachischen Archiv eingegliederten Wartenbergischen Archivs, dessen Bestand freilich ebenfalls zerstört wurde. Besonders gravierend

Daher ist die Forschung auf die kopiale Überlieferung aus den Archiven vor allem der Lehensherrn der Schenken von Erbach bzw. auf Gegenstücke der einstmals in Erbach vorhandenen Urkunden angewiesen, oder sie muß auf die bereits im 18. und 19. Jahrhundert im Druck erschienen Urkunden zurückgreifen. Als Hauptquelle für die Entwicklung der Herrschaft Erbach sind hierbei immer noch die den Werken von Schneider und Simon angeschlossenen Urkundenbücher zu betrachten. Eine rein erbachische kopiale Überlieferung schien es nie gegeben zu haben[30], so daß wir hier auf die Überlieferung aus den Archiven benachbarter Territorialherren angewiesen sind, wobei diejenigen der Kurfürsten von Mainz und der hessischen Landgrafen eher spärlich sind und daher kaum ins Gewicht fallen; die der rheinischen Pfalzgrafen als den unmittelbaren Lehensherrn bietet hier verständlicherweise eine breitere Basis[31].

Durch verschiedene Hinweise in der älteren Forschungsliteratur sind wir darüber informiert, daß bereits im 14. und dann vor allem im 15. Jahrhundert eine recht umfangreiche Kanzleitätigkeit vorhanden gewesen sein muß. So wissen wir von einem Erbacher Lehensbuch, entstanden vermutlich um 1380[32], und von verschiedenen Zins- und Salbüchern Schenk Georgs aus der Mitte des 15. Jahrhunderts. Diese wichtigen Quellen sind leider zerstört und wenn überhaupt nur äußerst bruchstückhaft in der älteren Forschung überliefert, so daß wir hier trotz verfeinerter Methoden der Quelleninterpretation an die Grenzen des Machbaren stoßen. Von Rechnungen ist für die Zeit des Mittelalters nichts bekannt. Statistisch-quantifizierende Angaben oder gar prosopographische Untersuchungen sind daher von vornherein nicht möglich, so daß beispielsweise eine erbachische Kanzleigeschichte nur in Ansätzen geschrieben werden kann; diese erlauben jedoch einen Einblick in die Entstehung der erbachischen Administration.

für die Erforschung der neuzeitlichen Geschichte muß der Verlust des großen Aktenbestands angesehen werden. Für das Mittelalter fällt dies kaum ins Gewicht, da eine Aktenproduktion erst im 16. Jahrhundert begann.

[30] Vgl. KLEBERGER, Territorialgeschichte, S. VII. Faßt man den Begriff „Kopialbuch" weiter, so darf ein Lehensbuch durchaus als Kopialbuch gelten, so daß wir mit dem um 1380 entstandenen Lehensbuch Schenk Eberhards X. Ansätze einer kopialen Überlieferung vor uns hätten.

[31] Vgl. dazu auch BATTENBERG, Michelstadt, S. 75f. – Für die Pfalzgrafen bei Rhein sind es die umfangreichen Bestände der im Generallandesarchiv Karlsruhe aufbewahrten Kopialbücher (Abt. 67), die für die vorliegende Arbeit durchzusehen waren. Auch die Universitätsbibliothek Heidelberg beherbergt einige wichtige Urkundenabschriften. Darunter befinden sich unter anderem innerhalb der von Lehmann im 19. Jahrhundert gesammelten „Kurpfälzer Urkunden" (Heid Hs 430-437) die von ihm angefertigten Abschriften der Urkunden des sog. „Stuttgarter Kopialbuchs". Dieses wichtige pfälzische Kopialbuch diente Simon als Grundlage vieler seiner im Volltext edierten Urkunden. Es gilt seit dem Zweiten Weltkrieg als verloren, so daß die Heidelberger Abschriften herangezogen werden konnten, um fragwürdige Lesungen bei Simon zu überprüfen (vor allem für die wichtige Urkunde von 1223 konnte hier im Vergleich Klarheit erlangt werden).

[32] Zur Datierung s. unten Kapitel 5.2.

Die Chronologie der Daten und Ereignisse der Geschichte der Herren von Erbach ist von der (lokalen) Geschichtsschreibung schon frühzeitig festgehalten worden und muß nur in wenigen Fällen überprüft und neu gefaßt werden. Wichtig war hier vor allem die schon mehrfach erwähnte wegweisende Arbeit Elisabeth Klebergers. Um jedoch diesem Gerüst Substanz und Struktur zu verleihen, sind wir auf weitere Quellen angewiesen, die zusammen mit den verbliebenen erbachischen Archivalien unter anderen Blickwinkeln und Fragestellungen als denen der lokalhistorischen Forschung, neu zu betrachten sind. Gerade hinsichtlich ihres Verhältnisses zur Reichsabtei Lorsch sowie der standesmäßigen Einordnung der Herren von Erbach in ihrer Frühzeit und auch am Beginn des 15. Jahrhunderts, als sie den Sprung in die Reichsstandschaft taten, sind die einschlägigen chronikalischen Quellen, Papsturkunden sowie die königlichen Diplome bzw. die Reichstagsakten heranzuziehen[33]. Aber auch die bislang kaum beachteten Sachquellen, hier ist vor allem das weite Feld der Memoria in den Blick zu nehmen, ermöglichen es uns, hinsichtlich des Aspekts der Selbstdarstellung und Herrschaftsrepräsentation neue Erkenntnisse zu gewinnen. Nur mit Hilfe dieser Quellenbasis, die auch über die „genuin erbachischen Quellen" hinausgreift, kann es gelingen, ein nuanciertes Bild der Geschichte der Herren von Erbach und ihres Weges von der (Reichs-)Ministerialität zur Reichsstandschaft zu zeichnen und Entwicklungstendenzen aufzuzeigen.

Wenden wir uns zunächst vor dem Hintergrund der älteren Forschung der Familie und ihren Anfängen zu und rufen uns dazu die eingangs zitierte Passage von Schneider, der die Verbindung Erbachs zu Lorsch und der rheinischen Pfalzgrafschaft herausstellte, in Erinnerung.

[33] Wenn hier keine Archivalien reichsfürstlicher oder niederadeliger Provenienz genannt sind, so liegt dies daran, daß diese kaum vorhanden sind und die wenigen Stücke bereits durch die ältere Forschung ausgewertet wurden. Das heißt nicht, daß sie in der vorliegenden Arbeit nicht die ihnen gebührende Berücksichtigung erfahren. Die oben genannten Quellen sind bislang kaum oder gar nicht herangezogen worden, so daß ihre Einbeziehung in die Untersuchung im Zusammenhang mit den Stücken benachbarter Provenienzen neue Ergebnisse verspricht.

# 1 Die Schenken von Erbach – politisch-strukturelle und genealogische Betrachtungen

## 1.1 Die Anfänge: Herkunft und Stand

Der erste schriftliche Hinweis auf die Herren von Erbach liegt für die zweite Hälfte des 12. Jahrhunderts mit einem Eintrag im Lorscher Codex[1] vor. Es handelt sich dabei um die Nennung des *Eberhardus de Ertbach* in der zweifelhaft berühmten Passage der Klosterchronik, in der der Verfasser des Codex die Vögte des Klosters und drei weitere Personen anklagt, das Kloster bedrängt und geschädigt zu haben[2]. Das gespannte Verhältnis dieser Personen gegenüber der

[1] Der in seinem ersten Teil um 1175 entstandene Lorscher Codex stellt auf 35 Blättern zunächst die Klosterchronik dar. Basis dafür sind 50 chronologisch angeordnete Urkunden, die durch erklärende Einschübe des Chronisten erläutert werden (*Annotatio quoque regum et imperatorum seu abbatum, ab exortu eius usque ad nos, in ordinem digesta* (CL I, S. 265)). Die persönlichen Erinnerungen des Verfassers reichen offenbar bis in die Zeit Abt Diemos († 1139) zurück. In dem Chronisten wird ein älterer Mönch vermutet, der über eine klassische Bildung verfügte und um 1150/60 in der klösterlichen Kanzlei tätig war. An die Chronik anschließend entstand bis 1195 ein umfangreiches Kopialbuch, das nach Gauen geordnet stark gekürzte Schenkungs-, Kauf- und Tauschurkunden umfaßt. Zwischen 1200 und 1270 wurden dem abgeschlossenen Kopialbuch noch jüngere Einträge angefügt. Vgl. den ausführlichen Kommentar der Einleitung CL I, S. 1-64; der Erläuterungsband zur Faksimile-Ausgabe ist noch nicht erschienen.

[2] CL I, Nr. 155a, S. 436f: *Cum hoc Billungo ob meritum et uindictam beati martyris sui Nazarii deus ultionum libere egit, itemque in ceteros sui similes, qui populum domini humiliauerunt, et hereditatem eius uexauerunt, extendit manum suam in retribuendo. Nam ferme biennio mutus et elinguis, ac dira omnium membrorum paralisi contractus, carne iam premortua solo spiritu palpitans dedecorose tandem et intestatus expirauit. Eberhardus de Ertbach, subito preclusa uoce impenitens obiit. Burkardus de Scarra totus turgidus ac fetidus scaturientibus quoque uermibus ignominioso fine contabuit, omnesque tam officiales quam domini qui comederunt Jacob, et locum eius desolauerunt, subito defecerunt, perierunt propter iniquitatem. Bertholfus siquidem comes et aduocatus, bello turpiter uictus, ac castris exutus, tristitia periit. Bobbo liberis et rebus omnibus exheredatus, impleuit extraneos uiribus suis, et labores sui sunt in domo aliena. Ipse quoque Palatinus Reni comes, frater imperatoris, Cûnradus, presens eiusdem ęcclesię aduocatus, diuina animaduersione sensit et expertus est, fraternas acies, cognataque bella, profanis decertata odiis. Sensit, quam alta sedeant plus quam ciuilis uulnera dextrę. Et in his omnibus nondum auersus est furor domini, sed adhuc manus eius extenta. Terreatur ergo exemplo eius, cui propheta teste insultatem est: Et tu uulneratus es sicut et nos, nostri similis effectus es, et reliqua. Terreatur exemplo aliorum, terreat alios suo; noueritque profecto, quia reddet dominus ultionem hostibus suis, et propitius erit terrę populi sui.*

Abtei wird in diesem Kapitel überdeutlich zum Ausdruck gebracht. In drastischen Worten schildert der Chronist die Bestrafung und die Todesumstände der namentlich genannten *invasores*[3]: Billung von Lindenfels war schon zwei Jahre vor seinem Tod gelähmt und stumm – offenbar hatte er einen Schlaganfall erlitten; Burkhard von Scharra[4] ging von Würmern zerfressen elend zugrunde. Auch Eberhard von Erbach starb eines jämmerlichen Todes. Nachdem er seine Stimme verloren hatte, ist er gestorben, ohne die Gelegenheit zu einer Beichte gehabt zu haben[5] – offenbar hatte auch Eberhard, wie schon Billung von Lindenfels vor ihm, einen Schlaganfall erlitten. Am Rand des Codex-Blattes, auf dem der Eintrag steht, werden die Anschuldigungen und Verfehlungen gegenüber dem Kloster mit dem Hinweis auf die verdiente Bestrafung nochmals hervorgehoben. Ein Schreiber des 15. Jahrhunderts hat stichwortartig vermerkt, daß an dieser Stelle im Text der Chronik die Bestrafung bzw. Gottes Rache gegen die namentlich bekannten Eindringlinge (*invasores*) in Klosterbesitz und -erbe vermerkt ist[6].

Die außerordentliche Schärfe und Deutlichkeit des Berichts könnte den Leser leicht zu einer Überbetonung der Schädigung der Abtei durch die Vögte sowie durch die Dienstleute verleiten[7]. Doch ist hier weniger eine Einzelentwicklung im Umfeld des Lorscher Klosters denn eher ein allgemeines Phänomen zu erkennen, das in dieser Zeit – in der zweiten Hälfte des 12. Jahrhunderts – bei jenen Klöstern und Abteien zu beobachten ist, die sich gegenüber Reformbestrebungen sperrten[8]. Sie verschlossen sich den Zeichen der Zeit und wurden in

Evtl. ist der in CL III, Nr. 3811, S. 260, genannte *Eberhardus* mit Eberhard von Erbach gleichzusetzen, denn auch hier wird er zusammen mit Billung von Lindenfels genannt (s. dazu unten S. 30).

3 So werden Eberhard von Erbach, Billung von Lindenfels bzw. Berthold von Henneberg in Randglossen bezeichnet (vgl. CL Faks. fol. 32[r]); s. Anm. 6.

4 Burkhard von Scharra nannte sich nach dem Scharhof nordostwärtig von Mannheim.

5 CL I, Nr. 155a, S. 436: *Eberhardus de Ertbach, subito preclusa uoce impenitens obiit.*

6 Auf dem Rand des Codex-Blattes sind durch die spätere Hand des 15. Jahrhunderts diese rubrizierten Bemerkungen angefügt, die Glöckner in seine Edition 1929 nicht aufgenommen hat (CL Faks., fol. 32[r]). Bei Billung von Lindenfels heißt es: *Vltio in Billingu(m) lauriss(hamensis) he(re)ditatis (et) possessionis invasore(m)*; für Eberhard von Erbach wird dies in der Form *In Eberhardu(m) de Erbach* wiederholt; ebenso für den verstorbenen Vogt Berthold von Henneberg *In bertholdu[(m)] comite(m)*. Der damalige Vogt Konrad von Staufen wird mit dem Eintrag *Palatinus Reni comes quid senserit* (?) bedacht.

7 Vgl. zum folgenden auch KNÖPP, Oberrheingau, S. 417f.

8 Vgl. dazu exemplarisch JAKOBI, Ministerialität, S. 321-352, der dieselbe Entwicklung für die Reichsklöster Corvey und Stablo beschreibt. Er sieht „die krisenhafte Entwicklung" nicht nur durch die „Verselbständigungsbestrebungen der Ministerialen allein" verursacht, sondern „dazu beigetragen hat sicher auch der im 12. Jahrhundert generell zu beobachtende Vorgang des zunehmenden Verfalls der Organisations- und Integrationskraft der alten benediktinischen Reichsabteien" (Zitate EBD., S. 346). Vgl. allgemein zu dieser Entwicklung SCHMITZ, Benediktinerorden 3, S. 15-148: „Das klösterliche Leben trug keine innere Glut mehr in sich. Was Wunder, daß die Laien und vorzüglich die jungen Leute sich den neuen Orden zuwandten, das heißt den Zisterziensern, Prämonstratensern, regulierten Chorherren und später den Bettelorden" (S. 98); weitere beispielhafte Einzelstudien sind: LINCK, So-

ihrem starren Festhalten an den Traditionen von der Entwicklung überholt. Dagegen standen die Vögte bzw. Ministerialen der Klöster meist auf der Seite der Reformrichtungen, die in der Regel von den Konventen abgelehnt wurden, und gerieten so in eine Oppositionsstellung zu ihnen[9]. Für Lorsch zeigte sich dieser Umstand in der Ablehnung der Hirsauer Reformer durch den alten Konvent[10]. Die Reformer konnten sich nur halten, weil sie die Annäherung an die Vögte suchten und sich unter deren Schutz stellten. Diese ließen sich ihre Schutzfunktion offenbar mit Lehen entlohnen, so daß Klosterbesitz zunächst in Form von Lehen in ihre Hände gelangte, was später zu einer dauerhaften Entfremdung bzw. „Allodisierung“ des Abteigutes führen sollte. Im Falle von Lorsch ist das Eindringen in den Besitz des Klosters zunächst an der Bergstraße festzustellen (Bickenbach, Auerberg), wenig später beginnt die Ausdehnung der vögtischen Einflußnahme auch im Odenwald (Lindenfels, Erbach). Quellenmäßig ist dieser Vorgang der Entfremdung freilich kaum zu fassen; er läßt sich jedoch aus der späteren Zeit rückerschließen[11].

Bislang wurden die Geschehnisse um den Tod von Billung, Burkhard und Eberhard, die in diesem Eintrag erwähnt sind, in die Zeit um 1150 eingeordnet. Begründet wurde dies mit den Zeitangaben zur Person des dort erwähnten Billung von Lindenfels. Billung ist im März 1148 als Zeuge in einer Urkunde des Klosters genannt[12]. Im selben Jahr stiftete er dem Kloster aus seinem Besitz die bei seinem eigenen Haus errichtete Kirche in Zell (bei Bensheim, Lkr. Berg-

zialer Wandel (für die Klöster Gembloux, St. Trond und auch Stablo); BRADLER, Ministerialität (für St. Gallen); FREED, Salzburg Ministerialage; DERS., Dienstmannschaft (für St. Peter in Salzburg). – HAAS, Welt im Wandel, bietet einen generellen zusammenfassenden Überblick über die Umbruchsituation und Neuorientierung im 12. Jahrhundert.

9 Vgl. dazu jetzt WEINFURTER, Untergang, S. 25-52: So blieb Lorsch während des gesamten 12. Jahrhunderts seinen Traditionen verhaftet und sah sich stets als das „Schutzkloster Karls des Großen“, das durchaus in Bedrängnis geraten konnte, dessen Bestand scheinbar aber unerschütterlich war. Diese Haltung verfocht man gegenüber den Hirsauern und im späten 12. Jahrhundert auch gegenüber den Regularkanonikern und im besonderen gegen die Zisterzienser. – Daß die Lorscher Vögte auf der Reformer-Seite standen, wird ganz deutlich in der Person Pfalzgraf Konrads von Staufen: Dieser förderte nach seiner Erhebung zum Pfalzgrafen 1156 in ganz außergewöhnlichem Maße das Zisterzienserkloster Schönau bei Heidelberg und baute es in der Folge zu einem pfalzgräflichen Hauskloster aus, schließlich bestimmte er es zur Grablege für sich und seine Familie (vgl. SCHAAB, Schönau, S. 56).

10 Vgl. CL I, Nr. 142b, S. 417f.

11 Diese Entfremdungstendenzen, die offenbar bereits Anfang des 12. Jahrhunderts begonnen haben, sind im CL durchaus belegt: So forderte Konrad III. im Dezember 1146 vergeblich (!) die Rückerstattung entfremdeter Klostergüter; die Widersacher des Kloster werden dabei in der königlichen Urkunde *invasores* genannt, die mit Gewalt Güter der Abtei entrissen hatten (vgl. CL I, Nr. 149, S. 431; MGH D Ko III. 163).

12 CL I, Nr. 153, S. 434f. Das Jahr der Schenkung Billungs ergibt sich aus dem Vermerk des Chronisten, mit dem dieser auf die Schenkungsurkunde verweist: *Per idem tempus Billungus uir nobilis de Lindeuels ecclesiam* [...] *fratrum usui tradidit* [...] (CL I, Nr. 154, S. 435f). Da Abt Folknand am 8. Mai 1148 gestorben ist, ist davon auszugehen, daß die Schenkung zuvor erfolgt ist, wird der Abt doch als Zeuge genannt.

straße) und stattete sie mit drei Morgen Weinbergen und einem Hof aus[13]. Die bisherige Forschung übersetzte den Eintrag in Kapitel 155a derart, daß dieser Billung „beinahe zwei Jahre“ nach seiner Schenkung gestorben sein soll[14], das heißt: um 1150. Doch 1159 finden wir ihn in einem päpstlichen Privileg von Hadrian IV. für das 1151 gegründete Kloster Bronnbach an der Tauber wieder. Billung wird hier neben Sigebodo von Zimmern und Beringer von Gamburg als weiterer Stifter des Klosters genannt[15]. Und noch 1165 trat Billung in zwei Urkunden des Lorscher Abtes Heinrich, die dieser anläßlich der Verpachtung des Grenzhofes und von Brachland in Viernheim an das Kloster Schönau ausstellte, unter den edelfreien Zeugen auf[16]. Aufgrund dieser Hinweise müßte Billung von Lindenfels 1165 noch gelebt haben und im selben Jahr bzw. bald darauf im Kloster Lorsch gestorben sein, wohin er sich zurückgezogen hatte[17]. Hier sieht die neueste Forschung offenkundig einen Widerspruch zu den Angaben, wie sie in Kapitel 155a des Lorscher Codex gemacht sind[18]. Doch die Stelle ist m. E. gar nicht widersprüchlich zu dem Sterbedatum um 1165. Denn betrachtet man den Satz in der Lorscher Chronik einmal genauer, so heißt es dort, daß Billung „beinahe zwei Jahre gelähmt lebte“ und dann sein „Leben aushauchte“. Es ist kein Hinweis gegeben, daß dies zwei Jahre nach der 1148 erfolgten Schenkung geschah. 1165 als Todesjahr für Billung von Lindenfels ist also ohne weiteres möglich.

Eine weitere vermeintliche Ungereimtheit, die gegen die zeitliche Ansetzung „um 1150“ spricht, scheint die Aufzählung der in der *annotatio* erwähnten Personen darzustellen[19]. Denn neben den ehemaligen Lorscher Klostervögten Bertold von Hohenberg-Lindenfels und Boppo von Henneberg wird auch Konrad von Staufen als der amtierende Vogt genannt[20]. Demnach könnte die Anmerkung nicht vor 1161 verfaßt worden sein, denn in diesem Jahr heiratete Pfalzgraf

[13] CL I, Nr. 154, S. 436.

[14] CL I, Nr. 155a, S. 436: *Nam ferme biennio mutus et elinguis* [...] *experauit.*

[15] JL Nr. 10582; GERM. PONT. III, S. 201, Nr. 2; ASCHBACH, Wertheim, UB Nr. 5; zu weiteren Hinweisen auf Billung von Lindenfels vgl. WACKERFUß, Billunge, S. 303-321. – Über die drei Stifter wird an anderer Stelle gesagt, daß sie *viri ex utraque parentum linea liberi* seien (ASCHBACH, Wertheim, UB Nr. 9). – Zu Kloster Bronnbach vgl. exemplarisch: KAUFMANN, Geschichte der Abtei Bronnbach; SCHERG, Zisterzienserabtei Bronnbach; DERS., Bronnbach.

[16] CL I, Nrr. 158, 159, S. 442-444; vgl. WACKERFUß, ebd., S. 308f.

[17] Das Lorscher Nekrolog hat den Eintrag zum 27. November: *Billungi conuersi; hic dedit ecclesiam in Cellen cum vinea et agros in Heminnesberge* [...] (zit. n. CL I, Nr. 155a, S. 436, Anm. 1).

[18] Vgl. dazu STEINMETZ, Schenken von Erbach, S. 12; SCHOLZ, Erbach, S. 29 (Anm. 8).

[19] Die Aufzählung scheint chronologisch angeordnet zu sein, was vor allem bei der Auflistung der Vögte der Abtei deutlich wird. Nacheinander sind hier Bertold von Hohenberg-Lindenfels († 1136 ?), Boppo von Henneberg († 1156) und abschließend Pfalzgraf Konrad († 1195) genannt, die die Vogtei innehatten.

[20] *Bertolfus siquidem comes et aduocatus* [...] *Bobbo liberis et rebus omnibus exheredatus* [...] *Ipse quoque Palatinus Reni comes, frater imperatoris, Cůnradus, presens eiusdem ęcclesię aduocatus* (CL I, Nr. 155a, S. 437). – Zu den Vögten des Klosters Lorsch im 11. und 12. Jahrhundert vgl. WERLE, Vögte der Reichsabtei, S. 52-58.

Konrad Irmgard von Henneberg, die Nichte des 1156 verstorbenen Vogtes Boppo, und wurde daraufhin mit der Vogtei über Lorsch betraut[21]. Dies ist jedoch nur eine scheinbare Diskrepanz. Da der Chronist sein Werk aus der Rückschau geschrieben hat, ist die Erläuterung sicherlich summarisch als eine Auflistung der hauptsächlichen Gegner und Widersacher der Abtei zu verstehen, so daß allein aus diesem Grund ein Todesjahr „um 1150“ für Eberhard von Erbach nicht ausgeschlossen werden kann.

Schwerer wiegt bei der zeitlichen Einordnung der Erstnennung dagegen die bereits aufgeworfene Frage nach dem Todesjahr des Billung von Lindenfels. Nimmt man seinen Tod für das Jahr 1165 oder kurz danach an, so ist Eberhard von Erbach – setzt man die chronologische Auflistung der beteiligten Personen im Lorscher Codex voraus[22] – wohl nach ihm gestorben; sein Tod wäre dann in die Jahre zwischen 1165 und 1170 zu datieren. Ob Eberhards Tod entgegen der bisherigen Meinung in das Jahrzehnt zwischen 1170 und 1180 zu setzen ist, wie Steinmetz neuerdings ausführt[23], bleibt dagegen fraglich. Denn die Abfassung des Codex begann 1169/70, abgeschlossen war sie in einem ersten Teil um 1175, so daß alle in der Chronik berichteten Ereignisse in die Zeit vor 1168/69 fallen[24].

Aufgrund dieser Unsicherheiten wird man wohl davon ausgehen müssen, daß die bislang allgemein anerkannte Zeitangabe „um 1150“ eine relative ist[25]. Der Tod Eberhards von Erbach ist demnach wohl in das dritte Viertel des 12. Jahrhunderts zwischen die Jahre 1165 und 1170 zu legen; eine genauere Angabe ist nach jetzigem Kenntnisstand nicht zu leisten.

Die Anmerkung des Lorscher Chronisten liefert keine eindeutigen Hinweise auf die soziale Stellung der Erbacher und deren Beziehung zu Lorsch. Dennoch galt es bislang als unbestritten, daß sie Ministeriale des Klosters waren und als Untervögte für die Abtei deren Besitzungen im hinteren Odenwald verwalte-

[21] Erstmals als Vogt genannt ist Konrad 1165: *advocati nostri Cunradi, illustri Palatini comitis de Reni consensu et rogatu* (GUDENUS, Sylloge, Nr. 8, S. 20). – Boppo, der erbberechtigte Sohn Bertholds von Henneberg, dem Bruder des Vogtes Boppo, war aber 1160/61 noch ein Kind, so daß Pfalzgraf Konrad ihm um so eher seine angestammten Rechte streitig machen konnte und die Lorscher Mönche gezwungen waren, Konrad als ihren Vogt zu akzeptieren (vgl. CL I, Nr. 155c, S. 439; WERLE, Vögte der Reichsabtei, S. 57).

[22] S. Anm. 19f.

[23] STEINMETZ, Schenken von Erbach, S. 12.

[24] Zur Entstehung der Chronik und ihrer zeitlichen Einordnung vgl. CL I, S. 16-18: Die jüngste Urkunde der Chronik datiert vom 13. Juni 1168, der Tod Abt Heinrichs 1167 wird anschaulich geschildert, und aufgrund innerer Textkritik läßt sich zeigen, daß weder der Frieden von Venedig (24. Juli/1. August 1177), der die Aussöhnung zwischen Friedrich Barbarossa und Papst Alexander III. brachte und so zum Ende des Schismas führte, noch der den Friedensverhandlungen vorausgegangene Vorvertrag von Anagni (Verhandlungsbeginn um 15. Oktober 1176) geschlossen worden waren (vgl. SCHLUDI, Weg nach Anagni, S. 281-328). Das heißt, nach Juni 1168 und vor Oktober/November 1176 muß die Chronik demnach verfaßt worden sein.

[25] Bereits KLEBERGER, Territorialgeschichte, S. 56 (Anm. 26), deutete dies in einer knappen Randbemerkung an.

ten[26]. Neuerdings wird diese gängige Forschungsmeinung in Zweifel gezogen[27]. Doch auf Grund verschiedener Indizien wird die bisherige Forschung in weiten Zügen nach wie vor Gültigkeit beanspruchen dürfen, an einigen Stellen ist sie zu überdenken. Ausgehend von der bisher bekannten Quellenlage, wobei zunächst nach wie vor das Kapitel 155a des Lorscher Codex zugrundegelegt werden muß, können wir folgendes feststellen:

Die Schenken von Erbach gehörten zum Umkreis der Lorscher Vögte und standen darüber hinaus auch in Beziehungen zum Kloster selbst. Denn bereits die Formulierung in der Erläuterung, *tam officiales quam domini* hätten das Kloster geschädigt[28], deutet darauf hin, daß neben den Hochvögten der Abtei auch die genannten Billung von Lindenfels, Eberhard von Erbach und Burkhard von Scharra eine herausragende Stellung in der Beziehung zu Lorsch einnahmen: vermutlich gehörten sie alle der Ministerialität des Klosters an.

Ein weiteres Indiz für die Zugehörigkeit der Erbacher zur Ministerialität des Klosters ist der Besitz des Patronats über die von Lorsch erbaute Wieblinger Kirche und der unmittelbar dazugehörigen Güter[29]. Erfolgte die Nennung als *investitor ipsius ecclesie* im Jahr 1224 verhältnismäßig spät[30], so ist doch davon auszugehen, daß das Patronat bereits längere Zeit in der Hand der Schenken von Erbach gelegen und eine Lehensbindung zum Kloster Lorsch bestanden haben dürfte, worauf eine Urkunde vom 30. Januar 1147 hindeutet: Die Abtei übergab drei Höfe, nämlich Oppenheim, Gingen und Wieblingen[31], an König Konrad III., im Gegenzug befreite dieser das Kloster von seinem Reichsdienst (*servitium*)[32]. Es handelte sich dabei nicht um eine Befreiung des Klosters von der Heerfolge, die unabhängig davon bestehen blieb. Das Kloster sollte in seiner militärischen Fähigkeit nicht eingeschränkt werden; ausdrücklich ist daher davon die Rede, daß Konrad III. das Kloster nur vom Königsdienst, also den jährlich zu leistenden Abgaben von 100 Pfund Silber befreite[33].

[26] Vgl. dazu KLEBERGER, ebd., S. 56f; DEMANDT, Hessen, S. 490.

[27] Vgl. STEINMETZ, Schenken von Erbach, S. 20f; SCHOLZ, Erbach, S. 29f.

[28] CL I, Nr. 155a, S. 437.

[29] Darunter fiel wohl auch die sog. „Kirchenmühle" (s. die folgende Anm. und S. 29f).

[30] Der Propst von Neuhausen bestätigte die zuvor erfolgte Schenkung der zur Wieblinger Kirche gehörenden Mühle an das Kloster Schönau, der von Schenk Gerhard zugestimmt worden war (GLA 67/1302, pag. 29; Druck bei GUDENUS, Sylloge, Nr. 58, S. 135). – Die Nachricht, daß die Kirche von Lorsch errichtet wurde, findet sich in CL I, Nr. 70, S. 353: *Hic ecclesiam satis decoram in supradicto loco Brůmat, aliamque in Wibelingen exstruxit* [...]; fälschlich zum Jahr 948, richtig ist 951.

[31] Oppenheim war 774 als Geschenk Karls des Großen an Lorsch gekommen; Gingen stammte aus dem väterlichen Erbe der Königin Kunigunde, der Frau Konrads I.; der Besitz in Wieblingen war der Abtei aus privaten Schenkungen erwachsen (vgl. WEHLT, Reichsabtei, S. 74).

[32] MGH D Ko III. 167; CL I, Nr. 150, S. 431f; Chronicon Laureshamense, S. 439f; WUB IV, Nr. 46, S. 355.

[33] Vgl. dazu WEHLT, Reichsabtei, S. 74, 77f; CL I, Nr. 150, S. 432: *quę* [die Besitzungen, die schon früher an Lorscher Männer oder Ministeriale zu Lehenrecht vergeben waren] *idcirco remisimus, ne forte dignitas regalis abbatię militari clipeo, qui uulgo dicitur herschilt*

Die Übertragung dieser *curtes* wird in neuerer Zeit jedoch gerade als Argument gegen eine erbachische Reichskirchenministerialität ins Feld geführt. Diese Behauptung verlangt jedoch eine kritische Überprüfung[34]. In der Tat hat König Konrad III. gegen Abtretung der drei genannten Höfe Oppenheim, Gingen und Wieblingen auf den Königsdienst verzichtet, freilich mit gewissen Einschränkungen. Von der Übertragung blieb ausgenommen, was die Ministerialen und Hörigen der Lorscher Kirche in den genannten Orten gemäß Lehenrecht seit alters her besaßen, so daß die dort vom Kloster abhängigen Lehen und Dienste für dieses vom Tausch nicht betroffen waren[35]. Nur unter der Annahme, die 1224 genannte Mühle habe zum Herrenhof gehört, läge klar, daß diese Güter 1147 an König Konrad, später als königliche Lehen von Barbarossa an Pfalzgraf

*subtracte diminuatur*. Das heißt: Das Kloster wurde nicht von den kostspieligen Heerfahrten befreit und mußte diese auch später noch leisten. Abt Heinrich kaufte sich zweimal davon frei; beim 2. Italienzug Barbarossas 1159/60 konnte er sich einer erneuten Aufforderung nicht mehr entziehen und leistete Heerfolge (vgl. CL I, Nr. 155c, S. 438: *italicę expeditionis cingulo ęcclesiam suam multa summa bis absoluit; tercio uiriliter accinctus* [...] *imperialibus militauit aquilis*). Eine vergleichbare Regelung gab es auch wenig später für das Benediktinerkloster Tegernsee (vgl. BREINBAUER, Barbarossa und Tegernsee, S. 471-489, der auch ausdrücklich auf Lorsch als Parallele verweist (EBD., S. 482-484)). FRIED, Wirtschaftspolitik, S. 208-211, hat also nicht recht, wenn er aus der Urkunde Konrads eine Befreiung Lorschs vom Heerdienst ableitet; er widerspricht sich damit auch selbst, denn auf S. 201 schreibt er, daß Abt Heinrich für den kostspieligen Italienzug über 300 Mark Silber angespart habe, die er nun in seinem Testament verschenke.

34 „Das zweite Argument [für die Zugehörigkeit zur Lorscher Ministerialität] ist das für Schenk Gerhard I. belegte Patronat über die Kirche von Wieblingen, die durch Lorsch erbaut worden war. Dieses Argument ist jedoch bei genauerer Betrachtung ein Argument gegen Klebergers These: Im Januar 1147 erließ König Konrad III. dem Kloster Lorsch den sog. Königsdienst in Höhe von jährlich 100 Pfund gegen die Abtretung von drei curtes mit allem Zubehör: Oppenheim, Gingen a. d. Fils und eben Wieblingen. Oppenheim sollte sich in der Folge zur Reichsstadt entwickeln, Wieblingen geriet dagegen in den Besitz Pfalzgraf Konrads von Hohenstaufen. Es ist sehr gut denkbar, daß die Vorfahren des Schenken Gerhard das Wieblinger Patronat durch König Konrad III. oder dessen Neffen und Nachfolger Friedrich Barbarossa erhielten. Diese Zusammenhänge entkräften nicht nur Klebergers These von der Reichskirchenministerialität der Erbacher, sie dürfen auch als Hinweis auf deren Zugehörigkeit zur Reichsministerialität bereits deutlich vor 1223 verstanden werden" (STEINMETZ, Schenken von Erbach, S. 21). – Vgl. dazu jetzt auch SCHOLZ, Kloster Lorsch, S. 792f; DERS., Erbach, S. 29f, der die Erbacher Reichskirchenministerialität für fraglich hält.

35 MGH D Ko III. 167; CL I, Nr. 150, S. 245; Chronicon Laureshamense, S. 439f; WUB IV, Nr. 46, S. 355. Die entscheidende Stelle der Urkunde lautet: *Tres enim curtes Oppenheim, Gingen, Wibelingen eidem ęcclesię pertinentes, cum omni iure et utilitate, quę in presenti haberi vel in futuro inde élici potest, in seruitium et proprietatem regni recepimus execptis his, quę de predectis uillis homines seu ministeriales Laureshamensis ęcclesię iure beneficiali ex antiquo possident.* Bereits in der *annotatio* weist der Lorscher Chronist auf die in der Bestimmung enthaltenen bestimmten selbstverständlichen Ausnahmen hin (*sub certis dumtaxat exceptionibus in concambium tradidit*). – Zur Bedeutung dieser Ausnahme für Lorsch einerseits und für den König andererseits vgl. WEHLT, Reichsabtei, S. 77f; s. Anm. 33.

Konrad und dann als pfalzgräfliche Afterlehen an die Schenken von Erbach gelangt sein müßten. Doch 1224, bei der Übertragung an das Kloster Schönau, wird die Mühle eindeutig als zur Kirche gehörig aufgeführt[36]. Kirche und Mühle gehörten demnach nicht zu den 1147 übertragenen Gütern. Sie wurden von dem Tausch ausgenommen und blieben im Besitz der Reichsabtei. Da die Erbacher das Patronat der von Lorsch erbauten Wieblinger Kirche innehatten, das sie erst 1418 an Pfalzgraf Ludwig III. veräußerten[37], sind sie wohl unter die in der Urkunde Konrads III. genannten *homines* bzw. *ministeriales* zu fassen.

Neben der bereits genannten Stelle der Ersterwähnung der Erbacher bietet eine weitere Nennung einen Hinweis auf die enge Anbindung an die Reichsabtei Lorsch. Im zweiten Teil des Lorscher Codex, dem Kopialbuch, ist unter der Überschrift *In Cella* neben Billung von Lindenfels und seiner Schenkung von 1148 ein *Eberhardus* erwähnt, der dem Kloster einen Weinberg in Zell schenkte[38]. Da dieser Eberhard wiederum zusammen mit dem Lindenfelser genannt ist, liegt die Vermutung nahe, daß es sich auch hier um Eberhard von Erbach handeln könnte. Diese Schenkung ist ein weiterer Hinweis auf frühe, bereits in der ersten Hälfte des 12. Jahrhunderts bestehende Beziehungen von Erbach zum Kloster Lorsch.

Nicht zuletzt deutet der Aufbau einer beträchtlichen Herrschaft auf ehemaligem Lorscher Grundbesitz auf eine – vormals enge – Bindung an das Lorscher Kloster hin. Die Entfremdungen von Klostergütern wurden schon vom Lorscher Chronisten mit Bitternis vermerkt, wenn er an verschiedenen Stellen des Codex die offenbar rüde Vorgehensweise sowohl der Vögte als auch anderer Adelsfamilien der Umgebung beschreibt[39]. Denn warum sollten die Herren von Erbach gerade im hinteren Odenwald ihren Ausgangspunkt gefunden haben, eine Herrschaft auf Lorscher Grundbesitz zu etablieren, wenn sie nicht bereits durch eventuelle Dienstlehen des Klosters in diesem Gebiet ansässig waren und die Schwäche der Reichsabtei im Einklang mit den Hochvögten zu ihren Gunsten zu nutzen wußten?

Doch stellt sich dann die Frage nach den möglichen Dienstlehen: Wie könnten diese ausgesehen haben? Einen vagen Hinweis bietet eine Urkunde, die wohl

[36] GLA 67/1302, pag. 29; GUDENUS, Sylloge, Nr. 53, S. 134f: *molendinum unum supra Neckarum* […], *cuius area cum alveari situ adiacente, qui vulgo Muelenstat dicitur, ecclesie in Wibelingen dicitur attinere*.

[37] Zur Veräußerung des Wieblinger Patronats vgl. GLA 67/1057, fol. 38; RPR I, Nr. 6084.

[38] CL III, Nr. 3811, S. 260: *Eberhardus dedit uineam ibidem* [d.h. Zell].

[39] Exemplarisch mag hier nur die Burg Lindenfels genannt sein, die schon Ende des 11. bzw. zu Beginn des 12. Jahrhunderts entfremdet worden war, nachdem sie Abt Winther *prescriptione proprietatis* vor 1088 verschenkt hatte (CL I, Nr. 134a, S. 403); offenkundig wurden hier den Entfremdungen durch die Klostervögte und deren Dienstleute durch den sorglosen Umgang mit Abteigut seitens der Äbte noch Vorschub geleistet. Vermutlich hatte Berthold d. Ä. von Hohenberg Lindenfels erhalten, dessen Sohn sich 1123 erstmals „Graf von Lindenfels“ nannte und die Lorscher Vogtei innehatte (vgl. WACKERFUß, Billunge, S. 306).

um das Jahr 1140 entstanden ist[40]: Eine B/Gerburg übereignete sich selbst und ihre beiden Töchter Berta und Drutlint dem Kloster Steinbach, einem Tochterkloster der Abtei Lorsch. Über die näheren Umstände und Motive dieser Autotradition sind wir nicht informiert[41]. Der Umstand, der zur Ausfertigung der Urkunde führte, ist für unsere Fragestellung von nachgeordneter Bedeutung, interessieren hier doch in erster Linie die in der Urkunde genannten Zeugen.

[40] An dieser Stelle soll nur zusammenfassend auf diese Urkunde und ihre Bedeutung für die Frühgeschichte der Herren von Erbach hingewiesen werden; eine ausführliche Einordnung erfolgt unten in Kapitel 4.1.2.
Die Urkunde ist uns nur in zwei mehr oder weniger deutlich von einander abweichenden Drucken überliefert: SCHNEIDER, Historie, UB Nr. 3, S. 511; SIMON, Erbach, UB Nr. 2, S. 4. – Schwierigkeiten bereitet vor allem die Datierung dieser Urkunde. SCHNEIDER gibt die Datierung folgendermaßen wieder: *Actum est hoc anno incarnacionis dominice MCXXXV. regnante romanorum imperatore Conrado, Balbemaro abbatiam Laurishamensem amministrante*; SIMON mit leichten Abweichungen: *Actum est hoc anno incarnationis dominice M°. C°. XXX°. V°., regnante romanorum imperatore Cunrado, Baldemaro abbatiam laurissensem administrante.* Demnach müßte die Urkunde im Jahr 1135 ausgestellt worden sein. Diese Jahresangabe verträgt sich aber nicht mit den in der Datierung zusätzlich genannten Personen. Denn Abt Baldemar von Lorsch stand erst seit Ende 1140 für ein knappes Jahr dem Konvent vor. Konrad war erst 1138 nach dem Tod Lothars III. zum König erhoben worden (sieht man von seinem erfolglosen Gegenkönigtum zwischen 1127 und 1134/35 einmal ab); eine Kaisererhebung Konrads hatte nie stattgefunden, „weil er zu einem Romzug einfach keine Zeit fand" (vgl. dazu ALTHOFF, Konrad III., S. 217-231, hier: S. 229). Dennoch gebrauchte Konrad den Titel *Romanorum imperator* in seinen Urkunden seit 1139 und wurde konsequenterweise dann auch von Außenstehenden so genannt (vgl. dazu ausführlich ENGELS, Beiträge I, S. 34-58 = DA 27, 1971, S. 375-399). Becher geht daher von einer nachträglichen schriftlichen Fixierung des Rechtsakts aus, der schon 1135 stattgefunden hatte (BECHER, Gedanken, S. 117); Steinmetz meint dagegen, daß der Schreiber Konrad bei der Abfassung der Urkunde das eigentlich richtige vierte *X* der Jahreszahl zu *V* verschrieben haben soll, eine Verlesung durch die früheren Bearbeiter schließt er aus (STEINMETZ, Schenken von Erbach, S. 8). Dieser Hypothese steht m. E. zumindest bei der Lesung von Simon entgegen, daß dieser die Ablativ-Endungen der Jahreszahl durch hochgestellte *o* andeutet und die einzelnen Zahlzeichengruppen durch Punkte voneinander abtrennt, so daß man hier nicht einfach „zwanglos [von einem] Schreibfehler des ausfertigenden Notars Konrad" sprechen kann (STEINMETZ, ebd.). Möglicherweise steht die Urkunde im Zusammenhang mit der Belehnung einer nicht näher genannten Person mit dem Zoll und dem größten Teil des Zehnten zu Michelstadt durch den Lorscher Abt Diemo im Jahr 1135. – Eine spätere Fälschung ist wohl auszuschließen. Denn sie hätte, vom Rechtsgeschäft her betrachtet, für Steinbach wohl keinen großen Nutzen mehr erbracht.

[41] Ob man in den drei Frauen Angehörige der Familie Erbach sehen kann, wie dies in der älteren Forschung gelegentlich angeklungen ist, erscheint fraglich (vgl. exemplarisch MORNEWEG, Geschichte, S. 302f); denn es gibt keinerlei Hinweise darauf. Alle Aussagen in diese Richtung müssen spekulativ bleiben. Auch der Hinweis auf eine mögliche Heiratsverbindung weckt begründete Zweifel (vgl. BECHER, Gedanken, S. 118). Allein die Tatsache, daß die Urkunde im erbachischen Archiv lag, rechtfertigt eine solche Vermutung noch nicht. Denn mit der Aufhebung des Steinbacher Klosters im Verlaufe der Reformation in der Grafschaft Erbach (1535/42) wurden die Grafen von Erbach Rechtsnachfolger und so gelangte sicher auch das Klosterarchiv in das Erbacher Archiv und damit auch die vorliegende Urkunde (s. auch Einleitung, S. 17).

Problematisch ist hierbei allerdings die doppelte abschriftliche Überlieferung: Beide Transkriptionen zeigen die erheblichen Schwierigkeiten, die die Autoren hatten, das Original zu lesen. Bereits im 18. Jahrhundert scheint das Stück arg verderbt gewesen zu sein. Diese unterschiedlichen Fassungen machen sich vor allem bei der Lesung der Eigennamen bemerkbar. Offensichtlich verursachten gerade die Majuskelbuchstaben der Personennamen des 12. Jahrhunderts große Probleme bei deren Entzifferung[42]; darüber hinaus bleibt auch die nähere Benennung des „Wichmann" unklar. Hier hatten die beiden Bearbeiter arge Not bei der Auflösung der offenbar im Text vorhandenen Kürzungen[43]. Aus diesem Grund sind hier beide Lesarten beigefügt; zunächst der ältere Druck nach Schneider[44]: *Testibus Adelbero custode & toto conventu. Tferando & Heinrico advocatis. Tverando Villico. Wichmanno centenario, Vokero de Stocheim.* Dagegen hat der jüngere Druck bei Simon[45]: *Testibus: Adalbero custode et toto conuentu, Lferando et Heinrico auocatis, Luerando uillico Wichmanno cemetario V°kero de Stocheim.*

Ein Name ist in beiden Lesungen offensichtlich besonders entstellt wiedergegeben. Es handelt sich dabei um *Tfernando/Tverando* bzw. *Lferando/Luerando.* An dieser Stelle scheint eine Verlesung aus „Eberhard" vorzuliegen[46]. Daher wies die ältere Forschung stets darauf hin, daß es sich bei den Steinbacher Vögten Eberhard und Heinrich um Angehörige des Hauses Erbach gehandelt haben

[42] Vgl. ausführlich dazu BECHER, Gedanken, S. 115.

[43] Vgl. zu der neuerlichen Diskussion um die Bezeichnung des Wichmann BECHER, Gedanken, S. 114; DERS., Michelstadt, S. 38 (dieser plädiert für die Lesung *centenarius*); MARTIN, Wichmannus, S. 111-113 (er plädiert für *cemetarius*, seine Belege dafür sind jedoch sämtlich aus dem 2. Viertel des 13. Jahrhunderts und jünger). STEINMETZ, Schenken von Erbach, S. 9, spricht sich nun für eine dritte Lesart aus: *cementarius*. Er begründet dies damit, daß in der Urkunde ursprünglich wohl *cemetarius* mit Kürzungsstrich über dem zweiten *e* gestanden habe und dies zu *cementarius* aufzulösen sei. Denn andernfalls wäre Simon ein unwahrscheinlich grober Lesefehler zu unterstellen, woran er nicht glaube. Dagegen gilt es aber festzuhalten, daß Simon auch *abbatiam laurissensem* stehen läßt, das aber doch wohl mit Schneider zu *abbatiam lauriss(ham)ensem* aufzulösen ist. Vorsicht ist also geboten. Zur Verläßlichkeit der Transkription von Simon vgl. BECHER, Gedanken, S. 114, der Schneider den Vorzug gibt. – Zum Namen Lorsch und seiner Schreibweise vgl. DEBUS, Name, S. 35-57, bes. S. 36 (Anm. 41f); WEHLT, Reichsabtei, Anhang 1. – Eine vergleichbare Kürzung von *lauris(hamensi)s* findet sich in der Handschrift des CL bei der Ersterwähnung des Eberhard von Erbach in einer Randglosse (CL Faks., fol. 32$^r$).

[44] SCHNEIDER, Historie, UB Nr. 3, S. 511.

[45] SIMON, Erbach, UB Nr. 2, S. 4.

[46] Zur Schreibung des *E* vgl. u.a. CL III, Schriftproben (nach S. 4). Dort ist in Zeile 5 der rechten oberen Abbildung ein *E* zu sehen, das bei einer flüchtigen Schreibung durchaus mit einem *T* bzw. *L* zu verwechseln ist. Daß der zweite Buchstabe des Namens einmal *f* und einmal *u* lautet, sollte nicht weiter irritieren. Denn gerade die Schreibweise von Eigennamen variiert in mittelalterlichen Quellen unter Umständen deutlich (auch in ein und demselben Schriftstück); der Buchstabe *u* ist hier als *v* zu lesen (= Halbvokal), damit gleichlautend zu *f*. Das *n* vor dem *d* kann durchaus aus *r* verlesen sein, wenn man eine verderbte oder etwas schlampige Vorlage voraussetzt. Auf einen schlechten Erhaltungszustand des Stückes deutet auch die Bemerkung Simons hin, daß u.a. das Siegel fehlt.

soll. Stutzig macht dann aber die frühe Nennung des Namens Heinrich, der in der Schenkenfamilie nachgewiesenermaßen erst mit dem 1334 verstorbenen Schenken Heinrich Rauch auftrat[47]. Becher formulierte vorsichtiger und spricht davon, daß womöglich nur der Vogt Eberhard ein Erbacher war und setzte ihn mit dem wenig später erstmals namentlich genannten Bedränger des Lorscher Klosters gleich[48].

Eine weitere Hypothese wurde meines Wissens bislang nur einmal in Betracht gezogen, aber nicht ausreichend diskutiert[49]. Könnte nicht auch der an dritter Stelle der Laienzeugen genannte *villicus* Eberhard jener Klosterbedränger sein, der wenige Jahre später in der *annotatio* des Lorscher Codex neben den Vögten der Abtei genannt ist? Ein Gedanke, den es in den Blick zu nehmen lohnt; vor allem dann, wenn man in Rechnung stellt, daß nahezu gleichzeitig der Lorscher Abt Diemo († 1139) den Zoll und den größten Teil des Zehnten zu Michelstadt und Zell an einen nicht näher genannten Herren als Lehen vergab[50]. Hier wäre ebenfalls an die Herren von Erbach zu denken, die in der Mark Michelstadt die Keimzelle ihrer späteren Herrschaft sahen. Denn gerade auf den Zoll und den Zehnten zu Michelstadt sowie die damit offenbar verbundenen Geleitrechte beriefen sich die Schenken von Erbach bis in die beginnende Neuzeit hinein, wenn es galt, ihre eigenständige Stellung gegenüber benachbarten Reichsfürsten zu behaupten. So wiesen die Schenken von Erbach im Zuge der Grafenerhebung 1532 darauf hin, daß das Geleitrecht *über menschen gedechtnüs alwegen und je, so weit die herrschaft und nunmehr graffschaft Erpach geraicht, derorts niemant anders dan die herren zu und von Erpach* inne hatten[51]. Ein weiteres Indiz, das in der Rückschau die vermutete Übergabe des Zolls in Michelstadt an die Schenken von Erbach rechtfertigen kann, sind die Bemerkungen Eberhards VI. von Erbach-Reichenberg sowie Eberhards VII. von Erbach-Michelstadt, die 1307 bzw. 1311 Michelstadt ausdrücklich als „Eigen" bezeichneten, das sie der Pfalz zu Lehen auftrugen[52].

[47] Vgl. Stammtafel Erbach im Anhang.

[48] BECHER, Gedanken, S. 118. Doch dann bliebe die Herkunft des Vogtes Heinrich offen. Nach Bechers Meinung wäre dieser als ein Herr von Bickenbach anzusprechen. Vgl. dazu jetzt auch HARTMANN, Steinbach, S. 86-91, der sich ebenfalls für die Variante „Bickenbach" ausspricht und die Herren von Erbach gänzlich von der Vogtei für Steinbach ausschließt.

[49] Vgl. STEINMETZ, Schenken von Erbach, S. 58; seine Argumente sind jedoch in hohem Grade spekulativ.

[50] Vgl. CL I, Nr. 144, S. 426: *theloneum cum plurima parte decimę in Michlinstat* [...] *beneficiauit.*

[51] Deduktion 1754, § 26, Nr. 71; s. auch unten S. 191f und Kapitel 4.2.1.

[52] SIMON, Erbach, UB Nr. 10, S. 10f (1307 Juni 6): *dominus Rudolfus dux* [...] *michi, meisque heredibus restituendam decreuit possessionem oppidi mei in Michelstadt* [...]; EBD., UB Nr. 15, S. 16f (1311 Oktober 21): [...] *vnd wan daz selb gut min aigen ist, han ich ez minem vorgenanten herren, vnd miner frawen vnn ihren erben aufgeben vnn han ez ze lehen von in enpfangen* [...].

Es scheint fast so, als ob die ehemalige Einhardsche Schenkung im frühen 12. Jahrhundert zunächst als Lorscher Dienstlehen an die Herren von Erbach gelangt ist und im weiteren Verlauf von diesen der Abtei entfremdet und schließlich von ihnen als Allod betrachtet wurde[53].

Diese vielfältigen Indizien weisen darauf hin, daß die Schenken von Erbach im engeren Umkreis des Klosters anzusiedeln und mit der Lorscher Reichskirchenministerialität in Verbindung zu bringen sind. Ob sie tatsächlich Untervögte des Klosters waren, wie Kleberger schreibt[54], wird man aufgrund der Quellenlage weder bejahen noch verneinen können[55]. Womöglich sind sie vielmehr als von Lorsch in Michelstadt eingesetzte *villici* anzusprechen, die der Abtei Güter entfremdeten und allodisierten[56]; diese Hypothese erscheint nicht unwahrscheinlich: Denn welche Machtfülle solche Verwalter erlangen konnten, die sie gegen ihre Dienstherren einsetzten, läßt sich exemplarisch an jenen des Benediktinerklosters Corvey zeigen[57]. Neben den Inhabern der dortigen Hofämter trachteten auch die *villici* danach, ihren ministerialischen Status zu verbessern. Es kam dort um die Mitte des 12. Jahrhunderts zu langwierigen Auseinandersetzungen zwischen dem Abt und den Verwaltern (*inter nos et quosdam villicos*), weil diese Erbrechte auf Besitzungen, die dem Kloster gehörten, für sich be-

[53] Zu der territorialen Entwicklung der Herrschaft Erbach s. Kapitel 4.

[54] Vgl. KLEBERGER, Territorialgeschichte, S. 56.

[55] Weiterer Zweifel bezüglich einer erbachischen Untervogtei wird zusätzlich genährt durch eine Urkunde Barbarossas vom 20. September 1155 für das Kloster Wessobrunn (MGH D F I. 155). Friedrich I. verbot hier die Institution „Untervogt“, weil die Vogtei ein *beneficium* sei, das vom König verliehen werde. Wenig später trat auch die Oberaufsicht des Königs über die Vögte deutlich hervor (vgl. MGH D F I. 160 vom 16. März 1157). Ob dies allerdings noch weitreichende Auswirkungen hatte, bleibt fraglich.

[56] Daß neben den Vögten eines Klosters gerade auch die *villici* zu Entfremdungen in größerem Stil in der Lage waren, zeigen die Entwicklungen in den verschiedenen (benediktinischen) Reichsabteien, wie wir sie oben bereits kurz skizziert haben. S. dazu auch die folgende Anm.

[57] Vgl. zum folgenden JAKOBI, Ministerialität, S. 330-334, 344-349. – Weitere Beispiele ließen sich noch anfügen; so die benediktinischen (Reichs-)Klöster Fulda, wo dies besonders in den autobiographischen *Gesta Marcuadi abbatis Fuldensis* deutlich wird, Stablo-Malmedy, Gembloux, St. Gallen, St. Peter (Salzburg) und etliche andere mehr. So beklagten sich die Äbte bzw. die Chronisten der Klöster Fulda und Stablo-Malmedy bitter über das maßlose Verhalten der Meier. Abt Markward von Fulda (1150-1165) schilderte diese Entwicklung in seinen „Gesta“ anschaulich, die er speziell auch den *villici* zuschrieb: *nam quicumque laicorum habebat inter manus villicationem huius abbatie, optimos exinde sibi excepit mansos, eosque pro beneficiali iure in suos hereditavit filios* (Gesta Marcuardi, S. 165). Wibald, der Abt von Stablo-Malmedy, beschrieb in einem Brief an Bischof Bernhard von Hildesheim eine ähnliche Situation. Wie der Abt berichtet, lag er mit den *villici*, die er bezeichnenderweise *vir*[i] *utique genere clientela et opibus potentes* nannte, im Streit, weil sie für sich ein Erbrecht auf Besitzungen reklamierten, die dem Kloster gehörten: *et ipsa villicationis officia ex successione paterna et avita capientes, dominabantur in rebus* (Wibaldi epistolae, Nr. 150, S. 235). Eine gleichlaufende Entwicklung ist auch für das Kloster Muri in der Schweiz zu verzeichnen, auch dort versuchten die Meier der Abtei, diese massiv zu schädigen (vgl. dazu KIEM, Acta Muriensi).

anspruchten. Diese Haltung deutet darauf hin, daß sie ihre Ämter bzw. Dienstlehen als erblichen Lehensbesitz ansahen, vor allem dann, wenn sie diese schon mehrere – meist zwei oder drei – Generationen innehatten. Sie hatten offenbar bereits ein so großes Maß an Durchsetzungsvermögen und Selbstbewußtsein erlangt, daß sie eigene Gefolgschaften ausbildeten, wie Abt Wibald von Corvey in einem Brief schilderte. Er spricht von *vir[is] utique genere clientela et opibus potentes*[58]. Die Aussage des Abtes zeigt, daß die Angesprochenen bereits in der Mitte des 12. Jahrhunderts über Herkunftsbewußtsein, Gefolgschaft und Machtmittel verfügten, die die Voraussetzungen zu einer adelsähnlichen, ritterlichen Lebensweise bildeten. Dem stand jedoch das faktische Recht des „ius ministerialium“ entgegen. Denn nach wie vor gehörten die Ministerialen rechtlich zur *familia*, zum Hörigenverband der Grundherrschaft; das heißt, das Ministerialenrecht beinhaltete eine Form der Eigenhörigkeit (*proprietas*). Durch diese Gegensätzlichkeit war das Verhältnis zwischen Abt und Dienstleuten stets von latenten Spannungen geprägt, was nicht selten zu erbitterten Streitigkeiten der Parteien führte – vor allem dann, wenn der Dienstherr seine Rechtsposition deutlich zum Ausdruck brachte. Dennoch mußte der Dienstherr anscheinend eine gewisse Vorrangstellung seiner Ministerialen anerkennen.

Im März 1147 bestätigte König Konrad III. die Privilegien des Klosters Corvey[59]. Dieses Diplom beinhaltete neben anderen Aspekten auch eine Einlassung zu den Ministerialen der Abtei. Einerseits kommt hier nach wie vor die *proprietas* des Abtes an den Dienstleuten zum Ausdruck (beispielhaft sei hier die Autotradition an das Kloster genannt, bei der die betroffene Person ihre *libertas* verlor). Auf der anderen Seite werden die Ministerialen aber gegenüber den Liten und Zensualen hervorgehoben und abgegrenzt. Der Abt hat aufgrund des Herrenrechts die Möglichkeit, Angehörige des *infimus ordo* in den höheren, den Ministerialenstand, zu erheben. Daß der Abt von Corvey seine Rechte an den Ministerialen durch eine Königsurkunde schriftlich fixieren und bestätigen ließ, macht unter anderem deutlich, daß diese Rechte in Frage gestellt wurden und gefährdet waren, daß die klösterlichen Ansprüche deshalb geschützt werden mußten[60]. Grundsätzlich ist darin offenbar der Versuch zu sehen, dem Emanzipationsstreben der klösterlichen Ministerialen durch *legalia instrumenta*[61] ent-

[58] Wibaldi epistolae, Nr. 150, S. 235.

[59] Vgl. MGH D Ko III. 181.

[60] Im Gegensatz dazu nahm gut 100 Jahre früher ein Diplom Konrads II. die Ministerialen gegen den Abt in Schutz: Dort wurde die Verfügungsgewalt des Abtes über die zur *familia* gehörenden Dienstleute, die der Abt zu Sonderdiensten heranziehen konnte und auf Zeit mit Dienstlehen ausstattete, schriftlich festgehalten. Andererseits enthält es aber auch einen Passus, der die Hörigen gegen ungebührliche Inanspruchnahme durch das Kloster schützte (vgl. MGH D Ko II. 216). 1147 war die Entwicklung soweit vorangeschritten, daß es notwendig geworden war, die klösterliche Grundherrschaft gegenüber Ansprüchen und Übergriffen der Ministerialen zu schützen.

[61] Wibaldi epistolae, Nr. 104, S. 181. Unter diesen „rechtlichen Instrumenten“ sind sicher die Königsurkunden zu fassen, die die Privilegien sichern und bestätigen sollten (vgl. dazu die genannte Urkunde Konrads III. von 1147).

gegenzuwirken. In den Augen des Abts galt es dieser „Fehlentwicklung" einen Riegel vorzuschieben, um die Verfügungsgewalt der Abtei über ihre Ministerialen zu erhalten, nachdem diese in Gefahr geraten war.

Da die Herren von Erbach aber bereits bei ihrer Erstnennung mit den Vögten des Klosters zusammen erwähnt sind und anscheinend in deren Umfeld angesiedelt werden können, scheint die Verbindung zu Lorsch in der zweiten Hälfte des 12. Jahrhunderts bereits gelockert gewesen zu sein. Daher soll im folgenden Kapitel der Wechsel zu den Hochvögten, in erster Linie die Annäherung an den Pfalzgrafen Konrad, näher beleuchtet werden.

### 1.2 Die Ausgangsposition: die von Erbach zwischen Kloster Lorsch und der staufischen Pfalzgrafschaft

Waren wir bislang auf Vermutungen angewiesen, was die rechtlich-soziale Stellung der Familie betrifft, so läßt sich im letzten Viertel des 12. Jahrhunderts ihr Stand erhellen. Eine 1184 von Pfalzgraf Konrad von Staufen ausgestellte Urkunde gibt uns darüber Aufschluß. Konrad bestätigte in seiner Funktion als Vogt des Klosters Schönau eine Schenkung der Grafen Konrad und Boppo von Lauffen an dieses Kloster[62]. In der Zeugenreihe der Urkunde tritt unter den ministerialischen Zeugen an erster Stelle ein *Eberhardus de Erpach* auf[63]. Er ist wohl ein Sohn des im Lorscher Codex erstgenannten Eberhard von Erbach. Diese Zeugenliste macht deutlich, daß der Erbacher dem Umstand des staufischen Pfalzgrafen Konrad zuzurechnen ist, treten doch neben dem Pfalzgrafen nur solche Personen auf, die zu dessen Klientel zu zählen sind: *de liberis: Cunradus Palatinus, Boppo Comes, Cunradus Comes, Bertoldus de Hohinhart, Waltherus de Heienvelt, Blicgerus & Cunradus de Steinahe, Rudolfus de Bilstein; de Ministerialibus: Eberhardus de Erpach, Marquardus de Hirzberch, Helimbertus*

[62] GUDENUS, Sylloge, Nr. 13, S. 32-34; ein kommentiertes Regest bei CHRIST, Urkunden, Sp. 132-134. – Die Festellung von KLAFKI, Erbhofämter, S. 58 (Anm. 157), der in der Zeugenliste der Urkunde hinter Eberhard von Erbach genannte Marquard von Hirschberg gehöre noch 1222 ausdrücklich zu den Lorscher Ministerialen (vgl. GUDENUS, Sylloge, Nr. 51, S. 126), spricht für eine „Doppelministerialität", wie sie möglicherweise auch für Erbach vor allem im 12. Jahrhundert angenommen werden muß. – Die vielleicht in Mainz ausgestellte Urkunde ist ein deutlicher Hinweis auf die zunehmende Einbindung der Erbacher in das staufisch-pfalzgräfliche Umfeld und ihre Abkehr von Lorsch. Denn das in der Urkunde beschriebene Rechtsgeschäft wurde vor dem Kaiser und dem Hofgericht sowie den versammelten Fürsten in Mainz verhandelt. Dieses „Hofgericht" fand statt im Gefolge des berühmten „Mainzer Pfingstfestes" von Barbarossa 1184, wo die Großen des Reiches und aus vieler Herren Länder anwesend waren. Da nun Eberhard von Erbach unter den staufisch-pfalzgräflichen Zeugen auftritt, scheint er als Ministerialer im Umstand des rheinischen Pfalzgrafen an diesem Hoftag teilgenommen zu haben.

[63] Die weiteren ministerialischen Zeugen sind: Marquard von Hirschberg, Helimbert und Hartwig von Hausen (= Rheinhausen?), Kraft von Odenheim, Ingeram und Gotfried (von Handschuhsheim?).

*& Hartvvicus de Husen, Crafto de Otenheim, Ingramus & Gotefridus & alii quam plures*[64].

Offensichtlich hatte sich die Familie Erbach im Laufe der 2. Hälfte des 12. Jahrhunderts in dem Maße an den staufischen Pfalzgrafen Konrad angenähert, wie dieser nach 1156 aufstieg und Lorsch im Gegenzug an Einfluß und Macht verloren hatte[65]. Möglicherweise ist schon für die Ersterwähnung der Familie vor 1169/70 von einer Orientierung auf den mächtigen Vogt der Reichsabtei auszugehen. Denn bereits hier wird durch die Formulierung *tam officiales quam domini*[66] die Abkehr vom Kloster deutlich, und die Schenken werden in die Nähe der Vögte bzw. des Konrad von Staufen als dem amtierenden Vogt gerückt. Letztendlich werden wir hier jedoch keine abschließende Klärung darüber erlangen, ob bereits in der frühen Zeit von einer alleinigen Orientierung auf die Pfalzgrafschaft auszugehen ist oder ob wir uns nicht vielmehr in einer Übergangsphase befinden, in der eine „Doppelministerialität"[67] durchaus denk-

[64] GUDENUS, Sylloge, Nr. 13, S. 34.

[65] Vgl. zu Pfalzgraf Konrad und seinem Aufstieg SCHAAB, Kurpfalz 1, S. 38-60: Ausgangspunkt für seine Machtposition waren Teile des staufischen Haus- und Reichsguts, zu dem Teile des Saliererbes, die Wormser Hochstiftsvogtei sowie die Lorscher Vogtei, die sich bis in den östlichen Odenwald nach Steinbach erstreckte, hinzukamen. – Zu Lorsch vgl. jetzt WEINFURTER, Untergang, S. 25-52: Der Untergang des alten Lorsch hing nicht nur mit der „Unfähigkeit des Führungspersonals" zusammen, wie die ältere Forschung stets hervorhob, sondern auch die mangelnde Reformbereitschaft war am Ende ein großer Hemmschuh. Bereits zu Beginn des 12. Jahrhunderts vertrieb man reformbereite Hirsauer Mönche wieder aus Lorsch und verunglimpfte sie als „Hirsefresser" (CL I, Nr. 142b, S. 417f). Lorsch berief sich auf seine Tradition und die Privilegien Karls des Großen und hielt dieses Selbstverständnis während des gesamten 12. Jahrhunderts aufrecht. Ende des Jahrhunderts trat mit den Zisterziensern ein weiterer großer Reformorden neben den Regularkanonikern hervor und setzte sich der benediktinischen Tradition entgegen. Damit entstand gegenüber den Benediktinern eine neue Frömmigkeitshaltung, die sich in der Gründung von verschiedenen Klöstern niederschlug. Im Einflußgebiet Pfalzgraf Konrads von Staufen war dies Schönau im Steinachtal, das sogleich die außerordentliche Förderung des Pfalzgrafen erfuhr. Mit Konrad wendete sich auch dessen Dienstmannschaft den neuen Ideen begeistert zu; die Attraktivität des neuen Ordens der Zisterzienser kommt deutlich in der Vita des Eberhard von Commeda zum Ausdruck. Eberhard wendete sich bewußt den Zisterziensern in Schönau zu, versuchte dort in den Konvent einzutreten, was allerdings mißlang und gründete bald darauf das Zisterzienserinnenkloster Kumbd im Hunsrück. Bereits in seiner Kindheit erachtete er die schlichte grau-weiße Ordenstracht der Zisterzienser als schöner und war wenig beeindruckt von der üblichen schwarzen Kutte der Benediktiner (vgl. WEBER, Eberhard von Kumbd, cap. 6, S. 162-168, cap. 7, S. 175-182; cap. 8, S. 194f; cap. 3, ll. 6-9, S. 139-142).

[66] CL I, Nr. 155a, S. 437. – Der Begriff *officiales* bezeichnet im Spätlateinischen die Angehörigen der Dienstmannschaft eines Herrn bzw. dessen untergeordnete Beamte.

[67] Vgl. neuerdings kritisch zu diesem Begriff, den Bosl geprägt hatte (vgl. BOSL, Reichsministerialität: ein gleichzeitiges Ministerialenverhältnis zur Reichskirche und einem weltlichen Herrn), KEUPP, Dienst und Verdienst, S. 286-289, 297f: nach Keupp sollte man die „sog. Doppelministerialität" eher als „informal practice" sehen, wobei man immer in der speziellen Situation nach den Ursachen und Erscheinungsformen des weltlichen Dienstes bei Reichskirchenministerialen fragen muß.

bar ist, bzw. die Ablösung der Herren von Erbach von Lorsch mit einer Neuorientierung auf die rheinischen Pfalzgrafen vonstatten ging. Denn die Passage der Quelle ist insofern nicht eindeutig, da sie die *officiales* nicht einem bestimmten Herrn zuweist.

Dennoch dürfen wir für das letzte Viertel des 12. Jahrhunderts sicher davon ausgehen, daß ein Umschwenken hin zu den rheinischen Pfalzgrafen stattgefunden hatte. Ersichtlich wird die enge Anbindung an die Pfalzgrafen auch dadurch, daß die Erbacher offenbar gleichzeitig oder wenig später von Pfalzgraf Konrad Lehen erhalten haben. Doch wie könnte diese Annäherung ausgesehen haben? Ist es trotz der vagen Quellenlage möglich, sich einen genaueren Eindruck zu verschaffen?

Um die Verschiebung der Einflußzonen und Gewichte der beteiligten Protagonisten aufzuzeigen, erscheint es geraten, die Politik der Beteiligten ein wenig eingehender zu betrachten. Dies betrifft in erster Linie die Reichsabtei Lorsch und ihren hauptsächlichen Gegenspieler in der zweiten Hälfte des 12. Jahrhunderts, den mehrfach erwähnten Lorscher Vogt, Pfalzgraf Konrad von Staufen.

Wenden wir uns zunächst dem Kloster Lorsch zu[68]. Hatte Lorsch im Laufe des 12. Jahrhunderts immer wieder unter unrechtmäßigen Entfremdungen und Schädigungen zu leiden, wie dies in der Chronik mehrfach zum Ausdruck kommt[69], so stand mit Abt Heinrich seit 1151 ein Mann dem Konvent vor, der versuchte, die widerrechtlich entzogenen Güter zurückzuholen. In seine Regierungszeit fiel jedoch auch die Übertragung der Vogtei an Pfalzgraf Konrad, der alsbald als der größte Bedrücker des Klosters genannt wird[70]. Doch der Chronist fügte quasi entschuldigend hinzu, daß der Abt nicht anders habe handeln können, weil er mit Konrad das kleinere Übel gewählt und damit einer weitaus stärkeren Unterdrückung durch Kaiser Friedrich I. vorgebeugt habe[71]. Dem Nachfolger Heinrichs, Abt Sigehard, ist es 1179 gelungen, ein umfassendes Schutzprivileg von Papst Alexander III. zu erwirken, das die Rechtsposition und -ansprüche des Klosters klar darstellte und fixierte[72].

Wie nötig und wichtig ein solches päpstliches Schutzprivileg für Lorsch war, wird schnell deutlich, betrachtet man die von Pfalzgraf Konrad verfolgte Politik. Denn es ist Konrad offenbar gelungen, in massiver Weise Klostergüter zu entfremden, daraus territorialen Profit zu schlagen und auch Lorscher Ministeriale auf seine Seite zu ziehen[73]. Letztlich war dem päpstlichen Privileg also kein Erfolg beschieden. Als Ausgangsposition von Konrads Erwerbspolitik dienten

[68] Allgemein zur Geschichte und zur wirtschaftlichen Entwicklung der Abtei jetzt zusammenfassend SCHOLZ, Lorsch, S. 768-810.

[69] Vgl. exemplarisch CL I, Nr. 134a, S. 402f; Nr. 148, S. 430; Nr. 155a, S. 436f; Nr. 155c, S. 438.

[70] CL I, Nr. 155a, S. 437.

[71] CL I, Nr. 155a, S. 437; Nr. 155c, S. 439; Nr. 164, S. 449.

[72] Vgl. CL I, Nr. 164, S. 450-452; dazu auch KNÖPP, Letztes Jahrhundert; WEINFURTER, Untergang, S. 43.

[73] Vgl. dazu und zum folgenden SCHAAB, Kurpfalz 1, S. 40-55.

dabei vor allem staufisches Hausgut und das Salierererbe, wodurch er an den alten Wormser Dukat anknüpfen konnte[74]. Damit verbunden waren äußerst günstige Erbansprüche von weiblicher Seite: So erlangte Konrad – vermutlich mit Unterstützung seines kaiserlichen Bruders Friedrich – die Wormser Hochstiftsvogtei, die bisher in Händen der Grafen von Saarbrücken, der Familie seiner Mutter, lag[75]. Des weiteren fiel ihm über seine Frau, Irmgard von Henneberg, der Besitz der Vogteien über die Klöster Lorsch und Amorbach zu. Denn die Henneberger[76] waren in Nachfolge der Bertholde von Hohenberg-Lindenfels Vögte der Abtei Lorsch gewesen; durch ihre Beziehungen zum Bistum Würzburg waren sie darüber hinaus Vögte des Würzburger Klosters Amorbach im östlichen Odenwald. Spätestens 1184 ist Konrad dann auch Schirmherr des Klosters Schönau[77], einer Wormser Gründung, die dem Pfalzgrafen in der Folgezeit als Stützpunkt diente und das Vordringen in Wormser und Lorscher Einflußsphären am unteren Neckar ermöglichte, wodurch im Odenwald östlich von Heidelberg die Herrschaft des Hochstifts bzw. Klosters allmählich durch die Pfalzgrafschaft abgelöst wurde. Verbunden mit dem Machtwechsel zeichnete sich auch der Übertritt der Adels- und Ministerialenfamilien dieser Gegend in den Zuständigkeitsbereich des Pfalzgrafen ab[78].

Besonders deutlich wird das Ausgreifen der Pfalzgrafschaft nach Norden entlang der Bergstraße und nach Osten in den Odenwald hinein. Dazu machte sich der Pfalzgraf die Vogtei über Lorsch zu nutze. Denn neben dem Hauptkloster bevogtete Pfalzgraf Konrad auch die Tochterklöster auf dem Heiligenberg gerade gegenüber von Heidelberg sowie die Propstei in Steinbach bei Michelstadt im Odenwald. Von diesen Punkten konnte der Pfalzgraf direkten Einfluß auf die dort ansässigen Klosterministerialen nehmen, und es gelang ihm, diese auf seine Seite zu ziehen. Wahrscheinlich wirkte ein neues, nicht mehr die „leibrechtlichen Verbindlichkeiten" betonendes Dienstrecht auslösend für den Wechsel aus der Ministerialität der Reichsabtei in die des staufischen Pfalzgrafen. Eine zusätzliche Attraktivität dürfte die verwandtschaftliche Nähe zum staufischen Kaiser und dessen Protektion ausgemacht haben – Friedrich I. war der Halbbruder Konrads –, verbunden mit einleuchtenden Erbansprüchen Konrads und nicht zuletzt mit seinem energischen Auftreten[79]. Daß Konrad als Vogt seine Stellung für sich und seine Politik zu nutzen wußte, zeigt der Lorscher Codex. Der Zorn des Chronisten über die Entfremdung von Gütern der Abtei schlug sich deutlich in seiner Beschreibung des Pfalzgrafen nieder. Konrad von Staufen

[74] Vgl. dazu auch WERLE, Studien, S. 80-89.

[75] Vielleicht war Konrad bereits seit 1160 im Besitz der Wormser Vogtei; erstmals sicher ist er 1174 in seiner Funktion als Wormser Vogt nachzuweisen (vgl. REMLING, Abteien und Klöster, Nr. 19, S. 334f).

[76] Zu Familie der Henneberger vgl. WAGNER, Grafen von Henneberg, S. 70-104.

[77] Zu Schönau vgl. allgemein SCHAAB, Schönau.

[78] Zum Übergang der Familien in den Herrschaftsbereich Konrads vgl. GUDENUS, Sylloge, Nr. 13, S. 33f (zu 1184); SCHAAB, Neue Urkunden, S. 235 (zu 1195).

[79] Vgl. zu dieser Beurteilung SCHAAB, Kurpfalz 1, S. 53.

und seine Leute wurden durch den Verfasser in einem Wortspiel statt *Palatini comites* als *Palatini canes* – also als „pfälzische Hunde“ – bezeichnet[80]. Er beschreibt den Pfalzgrafen und seine Gefolgschaft weiterhin als Leute, die sich über Lehen Klosterbesitz aneigneten. Zu diesen Gütern gehörten offenbar auch Lindenfels und Weinheim. Wie weit die Entfremdungen zur Zeit Pfalzgraf Konrads bereits fortgeschritten waren, illustriert die Tatsache, daß er in Weinheim Münzen prägen ließ, die Stadt also offensichtlich in seinen Besitz gelangt war[81]. Weinheim war neben Wiesloch einer der wichtigsten Märkte des Lorscher Klosters[82]. Vermutlich war zur Zeit Konrads auch Wiesloch in der Hand des Pfalzgrafen.

Mit der Lorscher Vogtei ist es Pfalzgraf Konrad offenbar gelungen, seinen Herrschaftsbereich bis weit in den Odenwald hinein auszudehnen. Als Sützpunkte dienten ihm neben der Burg Lindenfels, die schon um die Wende vom 11. zum 12. Jahrhundert in die Hand der Vögte gelangt war und demzufolge faktisch als Allod angesehen wurde[83], auch die Propstei Steinbach bei Michelstadt. Dabei verfügte Konrad nicht nur über den örtlichen Grundbesitz, sondern es ist ihm augenscheinlich gelungen, die in der Umgebung lebenden adeligen bzw. Ministerialenfamilien für sich zu gewinnen, wodurch er eine ihm gewogene Gefolgschaft etablieren konnte. Diese setzte er gewinnbringend für seine Zwecke ein. So konnte er offenbar auch die in nächster Nähe zu Steinbach ansässige Ministerialenfamilie Erbach im Zuge der pfälzischen Territorialbildung auf seine Seite ziehen und in seine Lehensabhängigkeit einbinden. Möglicherweise hatte er den im Landesausbau führenden Erbachern eine Brückenfunktion zugedacht zwischen seinen Besitzungen an der Bergstraße sowie im vorderen Odenwald und denen im östlichen Odenwald bei Amorbach und Wallhausen an der Mudmündung[84]. Denn durch das Henneberger Erbe schien Konrad auch in die Vogtei über das Würzburger Außenkloster Amorbach eingedrungen zu sein. Wallhausen gelangte wohl aus Lorscher Besitz an den Pfalzgrafen[85]. Nimmt man noch die frühbezeugte pfalzgräfliche Lehenshoheit über

[80] CL I, Nr. 134a, S. 403, Nr. 155c, S. 438; dort auch zum folgenden.

[81] Vgl. SCHAAB, Kurpfalz 1, S. 53; RÖDEL, Krone, S. 155-157 (dort auch der Hinweis auf die Gestaltung von zwei Halbbrakteaten mit Traube und Schwert, was auf die Münzstätte Weinheim und möglicherweise auf die Vogtei über Lorsch hinweist). Vielleicht diente auch Lindenfels als zeitweiliger Wohnsitz Konrads dem Pfalzgrafen als Standort einer Münze.

[82] Am 5. April 1065 bestätigte König Heinrich IV. dem Lorscher Abt das Marktrecht in Weinheim mit Zoll und Bann und verlieh im zusätzlich das Münzrecht in der Stadt (CL I, Nr. 130, S. 398f; MGH D H IV. 145); das Marktrecht in Weinheim war bereits im Juni 1000 durch Otto III. dem Kloster verliehen worden (CL I, Nr. 87, S. 369f). Heinrich IV. bestätigte 1067 das Marktrecht für Wiesloch und verlieh gleichzeitig das Markt- und Münzrecht in Lorsch (CL I, Nr. 129, S. 397f; MGH D H IV. 197); Wiesloch hatte schon durch Otto I. 965 das Marktrecht erhalten (CL I, Nr. 74, S. 356f).

[83] Die Burg gelangte aus dem Erbe der Henneberger, die sie von den Grafen von Hohenberg-Lindenfels ererbt hatten, in die Hand des Pfalzgrafen Konrad.

[84] Vgl. BOSL, Reichsministerialität 1, S. 283f.

[85] Vgl. STÖRMER, Miltenberg, S. 79f.

den Otzberg am nördlichen Odenwaldrand hinzu[86], so wird deutlich, welch dominierende Stellung Pfalzgraf Konrad von Staufen im Laufe seiner Regierungszeit im Odenwald aufgebaut hatte.

Um es nochmals deutlich hervorzuheben: Mit der Bindung an Konrad von Staufen gelangten die Herren von Erbach auch in Berührung mit dem staufischen Königtum und seiner „Reichslandpolitik“. Bereits König Konrad III. versuchte die staufischen Besitzungen an Rhein und Neckar mit denen am Main zu verbinden, um so die Arrondierung der staufischen Güter weiter voranzutreiben. Als 1156 Friedrich I. seinen Stiefbruder mit der rheinischen Pfalzgrafschaft belehnte, strebte dieser in einem forcierten Herrschaftsausbau danach, einen geschlossenen Besitzkomplex im Odenwald, am unteren Neckar und an der Bergstraße aufzubauen. Besitzungen des Hochstifts Worms am unteren Neckar östlich von Heidelberg dienten Konrad von Staufen als „Einfallstore“; und er griff bis in den östlichen Odenwald und in die Maingegend bei Miltenberg aus, wo sich seine pfalzgräflichen Besitzungen mit denen des staufischen Herrscherhauses trafen. Im Interesse des staufischen Hauses und auch der Pfalzgrafschaft versuchte Konrad offenbar mit Hilfe ihm gewogener Ministerialen bzw. Adeligen den Aufbau einer Verbindung der verschiedenen Besitzschwerpunkte zu erreichen. Im Odenwald zog er die im Landesausbau führende Familie von Erbach heran. Indem er sie offenbar frühzeitig mit Lehen ausstattete, konnte er sie für sich gewinnen[87]. Daß die Herren von Erbach bereits in der Amtszeit Pfalzgraf Konrads in das Stauferumfeld gelangt und für den Territorialausbau im östlichen Odenwald eingesetzt worden sind, darauf deuten unter anderem verschiedene erbachische Besitzungen im Grenzgebiet zwischen Odenwald und Bauland hin. So sind für die Familie neben Rechten in Neudorf bei Buchen und in Mudau, auch solche in Limbach festzumachen, die allerdings im Laufe des 14. Jahrhunderts veräußert wurden[88].

[86] Diese Lehenshoheit über Besitz im nördlichen Odenwaldvorland ist wohl damit zu erklären, daß Pfalzgraf Konrad die Vogtei über die fuldische Mark Umstadt ausübte; Beziehungen zu Fulda sind seit 1166 bezeugt (vgl. SCHAAB, Kurpfalz 1, S. 54f). 1214 ging die Vogtei auf die wittelsbachischen Pfalzgrafen über; damit verbunden war die Vogtei über die fuldische Propstei Höchst, auf die die Pfalzgrafschaft erst 1373 im Tausch mit Wertheim gegen die wertheimischen Teile der Burg Habitzheim und an Zimmern verzichtete (KLEBERGER, Territorialgeschichte, S. 45f, 80, 93f).

[87] S. ausführlich dazu unten S. 204-206. Die Lehensbindung erfolgte wohl über die Vergabe von Schönberg an der Bergstraße und von Beerfelden an die Herren von Erbach, wie auch schon KLEBERGER, Territorialgeschichte, S. 63-65, mit guten Gründen wahrscheinlich machte.

[88] Für Neudorf bei Buchen ist der Besitz sicher 1280 belegt, als Schenk Johannes die dortigen Einkünfte einsetzte, um sich vom Mainzer Bann loszukaufen (vgl. GROPP, Historia, S. 85, Probatio Nr. 15). Dies deutet darauf hin, daß diese Besitztitel bereits längere Zeit in den Händen der Schenken lagen und daß sie offenbar frei darüber verfügen konnten, die dortigen Rechte und Güter gar womöglich Allod der Herren von Erbach waren; von einer lehensherrlichen Konsenserklärung ist dabei nichts bekannt geworden. Für Mudau und Limbach sind erste sichere Hinweise freilich erst für das beginnende 14. Jahrhundert gegeben (vgl. SIMON, Erbach, UB Nr. 13, S. 14f), als Bischof Andreas von Würzburg

Konrad erreichte durch sein Verhalten zweierlei: Zum einen schuf er sich eine für ihn nützliche Klientel, die er für seine Zwecke einsetzen konnte; und – damit verbunden – sicherte er sich gleichzeitig gegen etwaige Übergriffe selbständig agierender Familien ab. Denn durch die Vergabe von Lehen band er diese durch den Lehenseid an sich und versicherte sich ihrer Treue und Gefolgschaft. Aber auf der anderen Seite erlangten ebenso die Belehnten ihre Vorteile, weil sich auch der Lehensherr durch Eid verpflichtete, für den Schutz der Lehensleute zu sorgen. Dies dürfte so auch für die Herren von Erbach gegolten haben: Durch die Einbindung in das pfalzgräflich-staufische System bedeuteten sie für Konrad keine Gefahr mehr, erhielten aber gleichzeitig für sich Schutz und Protektion sowie die Aussicht auf einen möglichen Aufstieg im Umfeld der staufischen Herrscherfamilie.

Diese skizzierten Umstände dürften die Herren von Erbach bewogen haben, sich von Lorsch abzuwenden, von einer Reichsabtei, die mehr und mehr an Attraktivität einbüßte, und die Annäherung an den Pfalzgrafen zu suchen. Diese Anbindung scheint im Jahr 1184 bereits vollzogen gewesen zu sein, trat doch Eberhard von Erbach bereits unter den Zeugen Pfalzgraf Konrads auf[89]; nachfolgend hören wir von einer Bindung an Lorsch nichts mehr[90]. Offenbar war es Pfalzgraf Konrad gelungen, die Familie gänzlich seinem Einfluß zu unterstellen. Mit dieser Orientierung auf Konrad von Staufen schien für die Herren von Erbach eine räumliche Fixierung auf den mittleren und östlichen Odenwald sowie den unteren Neckar verbunden[91].

Schenk Eberhard mit den Dörfern und der Zent Mudau belehnte. Dies würde bedeuten, das möglicherweise nur Neudorf aus der Hand Pfalzgraf Konrads stammen könnte. Doch in Limbach hatten die Staufer vermutlich eine Reichsburg errichtet, die im 14. Jahrhundert, wohl auf dem Wege einer Pfandschaft, in mainzische Hände kam (vgl. MATZAT, Königsleute, S. 309-324, hier: 315f; SCHAAB, Königsleute, S. 121-175, hier: 163-165; STÖRMER, Miltenberg, S. 55).

89 Vgl. GUDENUS, Sylloge, Nr. 13, S. 34.

90 Wenn SCHNEIDER, Historie, UB Nr. 12, S. 31, für das erste Viertel des 14. Jahrhunderts einen Lorscher Propst Julius Schenk von Erbach († 1325) nennt, so entbehrt diese Feststellung jeglicher gesicherten Grundlage. Das Lorscher Nekrolog hat für einen Propst dieses Namens keinen Eintrag (vgl. KUNZ/SCHNITZER, Prämonstratenser-Pröpste, S. 337).

91 Zur Politik Pfalzgraf Konrads vgl. BRINKEN, Politik Konrads, der freilich mehr die Politik des Pfalzgrafen gegenüber den Erzbistümern Köln und Trier beleuchtet, aber auch darauf verweist, daß sich Konrad nach 1167/68 auf das spätere Kerngebiet der Pfalzgrafschaft am nördlichen Oberrhein und am unteren Neckar konzentrierte. Vgl. dazu auch PLASSMANN, Struktur des Hofes, S. 217-221, die anhand der Zeugenlisten die Anwesenheit Konrads am Hof Barbarossas beschreibt. Steigerte sich Konrads Engagement nach Erhalt der Pfalzgrafenwürde zunächst und rückte er in den Zeugenlisten gemäß seinem Amt nach oben, so testierte er nach 1167 nur noch in 10 % der Urkunden auf deutschem Boden. Der Rückzug auf eine eigene „Hausmachtpolitik" brachte es mit sich, daß seine Kompetenzen nach 1156, aber vor allem nach 1167 selten über seine Region hinausreichten. Die verwandtschaftliche Bindung rückte dabei zusehends in den Hintergrund; Konrads Verhalten glich mehr und mehr dem eines „normalen" Reichsfürsten, wenn dieser an den Hof kam.

Zu fragen bleibt allerdings: Waren die Erbacher Ministeriale allein der Pfalzgrafschaft geworden oder bildeten sie einen staufischen „Vorposten“ im hinteren und östlichen Odenwald? Das heißt also: Gehörten sie nach dem Tod Pfalzgraf Konrads 1195 der staufischen Ministerialität an oder blieben sie der rheinischen Pfalzgrafschaft verbunden? Einiges deutet darauf hin, daß sie bis zum Beginn des 2. Viertels des 13. Jahrhunderts weitaus enger an die staufische Herrscherfamilie gebunden waren, als dies bislang angenommen wurde. Daß sie letzten Endes freilich im Umfeld des rheinischen Pfalzgrafen zu verorten sind, ist wohl weniger mit der Entwicklung des 12. Jahrhunderts zu begründen, als vielmehr mit der zunehmenden Schwäche des deutschen Königtums sowie mit der geographischen Nähe der Herrschaft Erbach zur rheinischen Pfalzgrafschaft und den daraus resultierenden Geschehnissen zu Beginn der 1220er Jahre.

Die These von Bosl erneut aufgreifend, vermutet jetzt Thorau[92], daß Kaiser Heinrich VI. nach Konrads Tod 1195 die Obervogtei über Lorsch für sich behalten[93] und den Erbachern den Aufstieg in die Reichsministerialität ermöglicht habe. Das Motiv zur weiteren Unterstützung der Familie durch die Staufer lag nach Meinung Thoraus darin begründet, daß sie sie für ihre Ziele im Odenwald einsetzen konnten und sie damit ein Gegengewicht zur Pfalzgrafschaft bildeten, mit dessen Hilfe die Staufer nötigenfalls gegen diese vorgehen konnten. Durch eine weitere Säule im staufischen Machtgefüge in seiner nächsten Nachbarschaft in Gestalt der staufisch Vasallen von Erbach sah der wittelsbachische Pfalzgraf Ludwig I. seine Position allmählich bedroht und nutzte 1222 nach seiner Rückkehr vom Italien- bzw. Kreuzzug Kaiser Friedrichs II. die Schwäche König Heinrichs (VII.), um nun seinerseits gegen die Herren von Erbach vorzugehen und diese in seine Botmäßigkeit zu zwingen[94].

Ein weiterer Punkt, der die „These der frühen Reichsministerialität“ der Erbacher stützen würde, ist in ihrem Verhalten während der welfischen Verfügung über die Pfalzgrafschaft zu sehen. Bis zu seinem Tod 1195 war Konrad von Staufen, der Stiefbruder Barbarossas, Pfalzgraf. Ihm folgte dann sein Schwiegersohn Heinrich von Braunschweig[95].

Mit dem Amtsantritt eines welfischen Pfalzgrafen und den damit möglicherweise einhergehenden Veränderungen stellt sich im Blick auf das Haus Erbach die interessante Frage, inwieweit die Familie von diesem Wechsel betroffen war.

92 Vgl. zum folgenden THORAU, Heinrich (VII.), S. 193f.

93 Bezüglich des Verbleibs der Lorscher Vogtei bei den Staufern konnte aber SCHAAB, Kurpfalz 1, S. 61; DERS., Entstehung, S. 240f, zeigen, daß die Vogteirechte nur zum Teil bei Heinrich VI. lagen, zum anderen Teil aber dem welfischen Pfalzgrafen Heinrich d. Ä. zufielen. Diese Aufteilung zwischen König und Pfalzgraf war vermutlich auch Auslöser für die Auseinandersetzungen in den 1220er Jahren zwischen König Heinrich (VII.) und dem wittelsbachischen Pfalzgrafen Ludwig I.

94 S. ausführlich unten Kapitel 1.3.

95 Über die Nachfolge Konrads war schon zu seinen Lebzeiten entschieden worden; er selbst setzte sich dafür ein, daß die weibliche Erbfolge bei seinen Lehen anerkannt wurde. Zum Übergang der Pfalzgrafschaft an Heinrich von Braunschweig vgl. SCHAAB, Kurpfalz 1, S. 60-63; SCHNEIDMÜLLER, Welfen, S. 240f.

War Erbach bereits unabhängig vom Inhaber des Pfalzgrafenamts so weit mit der staufischen Familie verbunden, daß eine Hinwendung zu den welfischen Pfalzgrafen ausblieb? Oder finden sich Mitglieder des Hauses auch im Umfeld der beiden Welfen wieder?

Um diese Fragen zu beantworten, soll zunächst der Blick auf die Entwicklung im Reich und der Pfalzgrafschaft gelenkt werden[96]: Ende September 1197 starb Kaiser Heinrich VI. plötzlich und unerwartet in Italien auf dem Weg ins Heilige Land. Pfalzgraf Heinrich I. hatte am Kreuzzug teilgenommen, und bis er 1199 über Italien in die Heimat zurückkam, hatten sich die politischen Verhältnisse grundlegend gewandelt. Am 9. Juni 1198 hatte die welfische Partei seinen jüngeren Bruder Otto IV. zum König gewählt; die staufische Partei hatte bereits im März 1198 den Bruder des verstorbenen Kaisers, Philipp von Schwaben, zum König erhoben. Im sich anschließenden Thronstreit stand Heinrich I. zunächst auf der Seite seines Bruders. Damit war die Pfalzgrafschaft bis auf weiteres aus dem staufischen Machtblock herausgelöst. Doch erschien Süddeutschland für die welfische Sache als ungünstige Region, da sich am Oberrhein die Anhänger Philipps durchsetzen konnten. Mit Lupold von Scheinfeld, dem Wormser Bischof (seit 1196), hatte Philipp von Schwaben der „stauferfeindlichen" Pfalzgrafschaft einen Mann entgegengesetzt, der sein Vertrauen genoß. 1200 wurde Lupold darüber hinaus zum Erzbischof von Mainz gewählt und erhielt wenig später von König Philipp die Abtei Lorsch (1203-1214) zugesprochen[97]. Durch diese Entwicklung war die welfische Pfalzgrafschaft isoliert, und eine völlig neue Schwerpunktbildung am nördlichen Oberrhein zeichnete sich ab. In der für Heinrich so bedrohlichen Lage wechselte dieser die Seiten: Im Frühjahr 1204 schloß er sich der staufischen Partei an[98]. Diese Wende zeichnete sich bereits ab, als sich Heinrich bei Erbauseinandersetzungen in den welfischen Stammlanden durch Otto zurückgesetzt fühlte[99] und erschien angesichts der Erfolge Philipps geradezu unausweichlich.

1208 wurde Philipp von Schwaben von Pfalzgraf Otto von Wittelsbach ermordet, wodurch Otto IV. problemlos und unbestritten König bleiben bzw. werden konnte. Die Loyalität des pfalzgräflichen Bruders war ihm von Anfang an sicher, auch dann noch, als sich Otto nach der Kaiserkrönung mit dem Papst überwarf und 1211 durch Erzbischof Siegfried II. von Mainz gemeinsam mit seinen Anhängern mit dem Bann belegt wurde. Offenbar gehörte auch Heinrich I. zu den Gebannten, und es drohte ihm die Aberkennung der Pfalzgrafschaft. In dieser Phase übergab Heinrich der Ältere die Pfalzgrafschaft mit allen Rechten zur selbständigen Regierung seinem Sohn Heinrich II., der mittlerweile volljährig geworden war.

[96] Vgl. zum folgenden zusammenfassend KELLER, Regionale Begrenzung, S. 425-433; SCHAAB, ebd.; SCHNEIDMÜLLER, ebd., S. 241-254.

[97] Vgl. KEILMANN, Bistum, S. 44-46; JÜRGENSMEIER, Bistum Mainz, S. 96f; SCHOLZ, Lorsch, S. 796.

[98] Vgl. SCHNEIDMÜLLER, Welfen, S. 252f; HASSE, Welfische Hofämter, S. 252.

[99] Dazu HASSE, ebd., S. 251f.

Heinrich der Jüngere dürfte sich in der Nachfolge der Staufer gesehen haben. Dies zeigte zumindest sein Verhalten beim Auftauchen des jungen Friedrichs II. in Deutschland: Seit Weihnachten 1212 hielt Pfalzgraf Heinrich II. samt seinem Gefolge zu ihm. Sein Vater verharrte dagegen bis zuletzt auf der Seite Ottos IV. und zog sich in seine Besitzungen im niedersächsischen Raum zurück[100].

Kehren wir nach diesem Exkurs zur oben formulierten Frage zurück: Lassen sich Herren von Erbach im welfisch-pfalzgräflichen Einflußbereich nachweisen? Für die Regierungszeit der welfischen Pfalzgrafen gibt es nur zwei Erwähnungen, die möglicherweise Angehörige der Familie im Umfeld der Pfalzgrafen betreffen. 1206 und 1214 werden ein Gernod bzw. ein Friedrich von Erbach genannt. Beide Male traten diese „Erbacher" unter den Zeugen in Urkunden des Klosters Bronnbach an der Tauber auf. 1206 stimmte Pfalzgraf Heinrich I. einer Schenkung des Eberhard von Riedern an das Kloster zu. An letzter Stelle unter den Laienzeugen steht ein *Gernod(us) de Ertbach*[101]. 1214 bestätigte der Abt von Bronnbach die Lehen Heinrichs von Külsheim in Breitenau; unter den weltlichen Zeugen ist an dritter Stelle *Fridericus de Ertbach* genannt[102].

Ob und wie sich diese beiden Personen in die Stammtafel der Familie einreihen lassen, läßt sich nicht abschließend klären. Bisher sind die beiden Genannten nur unter Vorbehalt der Familie der Schenken von Erbach zugerechnet worden[103]. Neuerlich ist die Zugehörigkeit der beiden zur Familie generell angezweifelt worden. Wolfgang Martin sieht in ihnen zwei Angehörige einer Familie von Erdbach, die sich nach Erdbach, einem Ortsteil von Freudenbach bei Creglingen (Main-Tauber-Kreis), genannt haben sollen[104]. Als Begründung dafür

[100] Vgl. dazu SCHAAB, Kurpfalz 1, S. 61f.

[101] MONE, Bronnbach, S. 299; DERS., Dynasten, S. 436f (hier der Volltext der Urkunde). – Eberhard von Riedern wird in der Urkunde als Vasall des Pfalzgrafen bezeichnet.

[102] MONE, Bronnbach, S. 301.

[103] SIMON, Erbach, S. 266, sieht die beiden als Söhne Eberhards II. und somit als Brüder des königlichen Schenken Gerhard (Mai 1223†); KLEBERGER, Territorialgeschichte, S. 53, bringt beide mit einem „vielleicht"; MORNEWEG, Stammtafel, Nrr. 3, 4, versieht beide mit „?"; MÖLLER, Stamm-Tafeln, Taf. XIV, dagegen nennt „Gernodus 1196-1218, ministerialis", verschweigt aber, wie er zu seinen Angaben kommt, und „Friedrich 1214", ohne Bedenken reiht er sie als Brüder des königlichen Schenken Gerhard in die Stammtafel ein; SCHNEIDER, Historie, S. 18-20, Stammtafel A, nennt in der fraglichen Zeit einen Georg als 1. Erbschenk der Pfalz († Januar 1230) und einen Friedrich, dieser ist jedoch nach seinen Angaben bereits am 4. Okt. 1213 gestorben. Unklar bleibt, wie er zu seinen Angaben kommt.

[104] MARTIN, Genealogie Erbach, S. 76-79; er nimmt dabei Bezug auf Band 4 der Landesbeschreibung Baden-Württembergs, wo auf S. 311 auf Erdbach bei Freudenbach (Stadt Creglingen) verwiesen wird. Ein Nachweis für diese Information fehlt jedoch. Vermutlich bezogen sich die Autoren auf die alte Oberamtsbeschreibung Mergentheim (1880), S. 558: „Erdbach, alt auch Erbach, (so ist bei Erbach im Odenwald ein Erdbach, schon 1095 Ertbach genannt, der eine Strecke unter der Erde hinfließt. Förstemann, Altd. Namenbuch II. 2. A. 526.), hatte vielleicht [!] eigenen Adel und wird später unter den Braunecksschen Erbgütern, welche 1448 an Brandenburg-Ansbach kommen, ausdrücklich genannt. 1206 ? Gernodus de Ertbach [...]. 1214. Fridericus de Ertbach [...]". Als Belege werden die beiden oben

zieht er vor allem die weiteren, in den Urkunden genannten Zeugen heran, deren Herkunft nach seiner Auffassung eindeutig in den östlichen Odenwald verweist und nicht in das Umfeld des Pfalzgrafen.

Dies ist insoweit richtig, als daß es sich bei einem Teil der Zeugen in der Urkunde von 1206 um Familien handelt, die im östlichen Odenwald bzw. im Bauland um Buchen beheimatet waren[105]. Bei dieser Urkunde sind jedoch die ersten beiden genannten Zeugen Angehörige von Familien, die an der Bergstraße anzusiedeln sind[106]. Daß neben diesen Zeugen auch solche aus dem östlichen Odenwald genannt sind, ist weit weniger befremdlich, als es zunächst scheinen mag.

Schon Ende des 12. und am Beginn des 13. Jahrhunderts zielte die pfalzgräfliche Territorialpolitik auch auf das südliche Mainviereck ab – eine Stoßrichtung, die nach 1214 durch die ersten wittelsbachischen Pfalzgrafen verstärkt verfolgt wurde[107]. Mit Wallhausen hatte die Pfalzgrafschaft in unmittelbarer Nachbarschaft zum mainzischen Miltenberg einen Stützpunkt geschaffen und dehnte ihre Einflußsphäre auf die Hochebene südlich des Mains bis an den Unterlauf der Tauber aus, um dort die eigene Stellung gegenüber Mainz und Würzburg zu festigen. Wann der Ort Wallhausen unter pfalzgräfliche Oberhoheit gelangte, läßt sich nicht abschließend klären. Doch zählte die zunächst unter den Reichsministerialen genannte Familie von Wallhausen 1206 bereits zum Gefolge des Pfalzgrafen[108]. Des weiteren nennt Pfalzgraf Heinrich I. den Eberhard von Riedern und seine Erben *fideles nostros*[109], also „unsere Getreuen", was die Zugehörigkeit zu den pfalzgräflichen Vasallen nahelegt. Beides sind Hinweise, daß ein Umstand des Pfalzgrafen aus dem östlichen Odenwald bzw. Bauland möglich ist und keine größeren Irritationen hervorrufen muß. Gernod von Erbach könnte daher durchaus der Schenkenfamilie angehört haben.

Dagegen bereitet die Einordnung des Friedrich von Erbach in die erbachischen Stammtafel Probleme. Denn zum einen wurde die Urkunde 1214 vom Abt des Klosters Bronnbach ausgestellt, so daß davon auszugehen ist, die

genannten Urkunden zitiert; weitere Nachweise, die über die geäußerten Vermutungen hinausgehen, fehlen auch hier.

[105] Es handelt sich dabei um Godebold von Wallhausen und seine Brüder Eberhard und Wipert, Heinrich von Altheim sowie Friedrich von Amorbach.

[106] Genannt sind hier Werner Krieg von Hirschberg und Hartlieb von Laudenbach, die zum pfalzgräflichen Umfeld zu rechnen sind (vgl. GUDENUS, Sylloge, Nr. 34, S. 83-85. Gerade diese Familien sind nachweislich vor 1195 auf die Seite des rheinischen Pfalzgrafen übergewechselt (vgl. SCHAAB, Kurpfalz 1, S. 53; DERS., Neue Urkunden, S. 235). – Hartlieb von Laudenbach ist nicht zu verwechseln mit den Angehörigen der Familie von Laudenbach, die zum erbachischen Lehensverband gehörten und aus Laudenbach am Main stammten (s. unten S. 257).

[107] Vgl. dazu im folgenden STÖRMER, Stützpunktpolitik, S. 61-64; DERS., Reichslandpolitk, S. 547-561; SCHAAB, Zankapfel, S. 237-265.

[108] Dies geht aus der Zeugenliste der vorliegenden Urkunde hervor; vgl. STÖRMER, Miltenberg, S. 80f.

[109] MONE, Dynasten, S. 437.

genannten Zeugen gehören in den näheren Bereich des Klosters[110]. Zum anderen gibt der Name „Friedrich“ zu Zweifeln Anlaß. Er ist im Haus Erbach in dieser frühen Zeit nicht bekannt; erstmals kommt der Name in der zweiten Hälfte des 16. Jahrhunderts vor[111].

Auch der Name „Gernod“ ist für die Schenkenfamilie nur dieses eine Mal nachweisbar. Auf den ersten Blick könnte vielleicht an eine Verlesung aus „Gerhard“ durch den Editor der Urkunde gedacht werden[112]. Der Text des Originals läßt dies jedoch nicht zu[113].

Freilich besteht die Möglichkeit, daß von Anfang an eine Verwechselung von „Gerhard“ mit „Gernod“ durch den Urkundenschreiber vorlag[114]. Wollte man dies in Erwägung ziehen, dann wäre der in der Zeugenreihe von 1206 erwähnte *Gernodus de Ertbach* möglicherweise mit Schenk Gerhard (Mai 1223 †), dem späteren Königsschenken, gleichzusetzen[115]. Es wäre dann ein Nachweis für ihn bereits im Umfeld des welfischen Pfalzgrafen Heinrich gegeben.

Letzte Klarheit werden wir für diese beiden „Erbacher“ jedoch nicht erlangen können. Vor allem bei Friedrich von Erbach überwiegen die Bedenken, und er

[110] Zu der Ministerialität des Klosters Bronnbach vgl. SCHERG, Bronnbach.

[111] Vgl. Europäische Stammtafeln, N.F. V, Taf. 3: Friedrich Magnus (* 18. April 1575, † 26. August 1618); verheiratet war er in erster Ehe mit Landgräfin Christina von Hessen-Darmstadt (1595), in zweiter Ehe mit Gräfin Johanna zu Oettingen (1597).

[112] Vgl. CRUSIUS, Bischof Konrad, S. 457. Im Regest der Urkunde heißt es *Gernodus de Ertbach et ipsi fratres*, das heißt, Gernod müßte also Geschwister gehabt haben (MONE, Bronnbach, S. 299); im Druck der Urkunde (MONE, Dynasten, S. 437) ist jedoch nach „Erbach“ ein Punkt gesetzt, so ist es auch korrekt (s. StAWt, Urkunde R US 1206). Brüder wären demnach für Gernod also nicht auszumachen.

[113] StAWt, Urkunde R US 1206; dort ist eindeutig *Gernod(us) de Ertbach* zu lesen. Auch die Abschrift aus dem Kopialbuch B des Klosters Bronnbach hat *Gernodus de Ertbach* (StAWt, R A 436, fol. 13$^{v}$).

[114] Dem mag man freilich entgegen halten, daß „Gerhard“ und „Gernod“ verschiedene Namen sind. – Der Name „Gerhard von Erbach“ für den 1223 bereits verstorbenen Königsschenken ist lediglich aus verschiedenen anderen Urkunden rückerschlossen, da in der Urkunde Heinrichs (VII.) vom 13. Mai 1223 stets nur *G. de Ertpach* bzw. *G.* zu lesen ist. Eine fälschliche Auflösung zu Gerhard ist dennoch auszuschließen. Vgl. exemplarisch zur Auflösung des Namens: Zeugenschaft eines *Gerhardus pincerna de Erpach, ministerialis*, in einer undatierten Urkunde Pfalzgraf Ludwigs für das Kloster Schönau (GLA 67/1302, fol. 30b$^{r}$-30b$^{v}$). Von GUDENUS, Sylloge, S. 122, Nr. 50; DRAUDT, Michelstadt-Steinbach, S. 528, zu „1221/22“ datiert. Die Datierungen in den RPR I, Nr. 217 (um 1226), und bei HOFMANN, Urkundenwesen, Nr. 94, S. 227 (1228), sind dagegen abzulehnen; vgl. dazu jetzt DAHLHAUS, Älteste Siegel, S. 125 (Anm. 67), der die Urkunde „spätestens 1220“ datiert, v.a. aufgrund der Zeugenschaft des Philipp von Bolanden, der am 26. November 1220 bereits nicht mehr lebte, bzw. der zweijährigen Abwesenheit des Pfalzgrafen vom Juli 1220 bis 1222.

[115] Dann wäre aber die Frage nach dem Alter Gerhards zu stellen. Nach THORAU, Heinrich (VII.), S. 192, Anm. 474, ist Gerhard von Erbach „ca. 1200“ geboren, so daß er demnach 1206 kaum als Urkundenzeuge aufgetreten sein kann. Unter dieser Prämisse wären Gernod und Gerhard nicht gleichzusetzen, und mit Gernod hätten wir ein bislang unbekanntes Glied der Familie vor uns.

ist wohl aus der Stammtafel der Schenken zu streichen. Dagegen plädieren wir vorsichtig für eine Wiederaufnahme des Gernod von Erbach in den Stammbaum der Familie.

Für die Zeit der welfischen Pfalzgrafen zwischen 1195/96 und 1214 haben wir nur eine vage Verbindung von Erbach zur Pfalzgrafschaft, die nur wahrscheinlich gemacht werden kann, wenn man Gernod von Erbach als einen Angehörigen der Schenkenfamilie annimmt. Die Bindungen an die Staufer scheinen stärker gewesen zu sein, und es ist daher eher von einer staufischen Ministerialität auszugehen. Das hieße, daß die Herren von Erbach bereits durch Konrad von Staufen und dann vermutlich durch Heinrich VI. an die Herrscherfamilie gebunden wurden. Diese Vermutung läßt sich aber aufgrund der eingeschränkten Quellenlage zu Beginn des 13. Jahrhunderts letztlich nicht beweisen. Ein Aspekt, der hier nicht vernachlässigt werden sollte, ist die Seltenheit der Aufenthalte Pfalzgraf Heinrichs des Älteren in seinen Besitzungen an Rhein und Neckar[116]. Tauchte Heinrich dann in der Pfalzgrafschaft auf, so brachte er in der Regel den welfischen Umstand mit, wie die Zeugenreihen seiner Urkunden belegen[117]. Nur bei zwei Urkundenausfertigungen testierten auch Ministeriale von der Bergstraße und aus dem Odenwald[118]. So konnte eine ausgeprägte Bindung an die ortsfremde Dynastie wohl kaum aufgebaut werden, so daß die Schenken von Erbach eher der süddeutschen staufischen Herrscherfamilie verhaftet blieben. Und ein zusätzlicher Hinweis könnte auf die Erbacher als staufische Ministeriale hindeuten.

Im Herbst 1218 tritt uns ein Angehöriger der Schenkenfamilie von Erbach entgegen, der bislang unbekannt geblieben war. In einer am 12. September 1218 in Aschaffenburg ausgestellten Mainzer Urkunde für das Kloster Haina zeugte als dritter Laienzeuge *Cunrad(us) pinc(er)na de Ertbach*[119]. Konrad von Erbach steht an erster Stelle der ministerialischen Zeugen; nach ihm folgen die Inhaber der Mainzer Hofämter. War Konrad Ministeriale des Erzstifts Mainz und übte das Hofamt eines Schenken aus, wie man aufgrund seiner Stellung in der Zeugenliste vermuten könnte? Sucht man nach wieteren Belegen für Konrad von Erbach als Mainzer Schenk, so gehen alle Bemühungen ins Leere: offenbar war Konrad nicht Schenk des Erzstifts. Dagegen können wir wahrscheinlich machen,

[116] Zur Häufigkeit seiner Aufenthalte vgl. DAHLHAUS, Älteste Siegel, S. 124 (dort auch weitere Literatur). Ortsherrliche Rechte über Heidelberg sind offenbar erst nach König Philipps Tod 1208 nachzuweisen. Und schon 1212/14 verloren die Welfen die Pfalzgrafschaft wieder.

[117] Zur dieser Problematik vgl. HASSE, Welfische Hofämter, S. 40-42, der zeigen konnte, daß Pfalzgraf Heinrich I. in erster Linie mit seinen „eigenen" welfischen Ministerialen reiste.

[118] So ist für 1206 die genannte Urkunde, ein Gunsterweis für das Kloster Bronnbach, überliefert (MONE, Dynasten, S. 436f, Nr. 39); am 30. Mai 1208 war Pfalzgraf Heinrich in Lindenfels und urkundete dort für das Kloster Schönau (LA Speyer, F 7, Nr. 30; MONE, Kloster Schönau, S. 31f).

[119] Regesten: FRANZ, Kloster Haina 1, Nr. 16; RGME II, XXXII, Nr. 307 (dort jedoch ohne Angabe der Zeugen!); Abbildung der Urkunde bei STEINMETZ, Schenken von Erbach, S. 15, Abb. 2.

daß er zwar im staufischen, aber noch nicht im pfalzgräflich-wittelsbachischen Umfeld zu verorten ist: Vermutlich war er bereits mit dem Schenkenamt König Heinrichs (VII.) belehnt worden. Diese wichtige Frage nach Konrads Schenkenamt bzw. nach seiner ministerialischen Zugehörigkeit wird an anderer Stelle ausführlich diskutiert[120].

Wie dieser Schenk Konrad dagegen in die erbachische Familie einzuordnen ist, bedarf noch der Klärung: Steinmetz will in diesem Schenken den Vater des königlichen Schenken Gerhard sehen und setzt daher die Zugehörigkeit der Erbacher zur Reichsministerialität schon früher an (vor 1218/20)[121]. Sollte Konrad wirklich der Vater Schenk Gerhards gewesen sein, so treten dabei Fragen hinsichtlich der altersmäßigen Zuordnung der beiden auf[122]. Denn betrachtet man sich die zeitliche Abfolge der genannten Personen einmal genauer, erscheinen die Abstände innerhalb der Generationenfolge zu eng. Es ist wohl eher davon auszugehen, daß die Schenken Gerhard und Konrad Brüder waren, und Schenk Eberhard (erwähnt 1184) könnte dann, die Geschwisterschaft vorausgesetzt, ihr Vater gewesen sein. Ein Bruder der beiden ist vielleicht auch Konrad von Erbach, seit 1221 Bischof von Hildesheim[123]. Daß Gerhard und Konrad möglicherweise Brüder waren, darauf deutet eine Anmerkung bei Lamey hin[124]: die Mutter der Söhne Werners II. Truchseß von Alzey (1265 †) war eine Tochter eines Schenken Philipp von Erbach; ihr Vetter oder gar Bruder war Schenk Konrad (1251-1290). Der hier genannte Schenk Philipp ist bislang nicht bekannt[125], sein Vatersbruder war nach Lamey jedoch Schenk Gerhard von

[120] Dieser Vermutung wird ausführlich nachgegangen unten Kapitel 2.2. Dort werden auch die entsprechenden Belege und Nachweise geliefert.

[121] STEINMETZ, Schenken von Erbach, S. 13, der stillschweigend davon ausgeht, daß Schenk Konrad bereits königlicher Schenk war.

[122] Vgl. EBD., S. 23; die dort angebene Stammtafel der frühen Erbacher und ihre zeitliche Zuordnung läßt gewisse Fragen offen.

[123] Daß derselbe Vorname unter Brüdern einer Generation mehrfach vorkam (hier „Konrad"), ist nicht außergewöhnlich und auch anderweitig belegt (vgl. dazu die „Ottos" in der Familie Wittelsbach: so kamen in der Generation des ersten Herzogs Otto von Bayern mehrfach der Name Otto unter den Geschwistern vor; Europäische Stammtafeln N.F. I.1, Taf. 90).

[124] Vgl. LAMEY, Truchsessen, S. 256f: „Wernhero huic uxorem affingere licet Erbacensem, Philippi Pincernæ de Erbach filiam, domus Erbacensis scriptoribus, Schneidero atque Luckio, ignotam, per quam Philippi nomen in gentem Dapiferorum Alzeiensium forte illatum est. Conradum, ejusdem Philippi Erbac. filium, filiorum Wernheri nostri avunculum, ad annum 1277 infra videbimus. Philippi autem hujus patruus fuit Gerhardus Pincerna, a quo & Gerhardus Dapifer Alceianus nomen suum mutuasse videtur."

[125] Leider gibt Lamey keinen Beleg für seine Anmerkung an. SCHNEIDER, Historie, S. 20f, Stammtafel A, bringt einen Philipp, der am 18. März 1245 gestorben ist. Wie Schneider auf das Sterbedatum kommt, bleibt fraglich. Denn als Nachweis hat er lediglich den Hinweis auf ein Turnier in Würzburg 1235; offenbar stützte er sich dabei auf RÜXNER, Turnierbuch, S. CXXI$^r$, der für das „vierzehend Thurnier zu Wu$^e$rtzburg gehalten" unter den Teilnehmern einen „Philip Schenck, Herr zu Erbach" auflistete (hier nach der Ausgabe Sigmund Feyerabends von 1566 zitiert). – Dabei ist jedoch zu berücksichtigen, daß Rüxners Turnierbuch in seinem Wahrheitsgehalt vorsichtig beurteilt werden muß und daß sein Quellenwert umstritten ist (vgl. dazu KURRAS, Georg Rixner, S. 341-344).

Erbach gewesen. Unter diesem Gerhard haben wir wohl den königlichen Schenken zu fassen. Die Richtigkeit dieser Angaben vorausgesetzt, ergäben sich neue Aspekte in der Stammfolge der frühen Erbacher. Als das wesentlichste Ergebnis zeichnet sich dann ab, daß für das Haus Erbach bereits um das Jahr 1220 von einer Teilung auszugehen ist (die beiden entstandenen Linien sollen hier behelfsmäßig einmal „Gerhard-“ bzw. „Konrad-Zweig“ genannt werden). Diese Aufspaltung der Familie bietet jedoch keine Hinweise dafür, daß die Schenken von Erbach sich vielleicht über den „Konrad-Zweig“ fortgesetzt haben könnten. Von dieser Linie sind keine weiteren Nachrichten überliefert, so daß sie offenbar keinen längeren Bestand hatte[126]. Es zeichnet sich ab, daß die Schenken von Erbach offenbar länger der Reichsministerialität angehörten, als dies bislang vermutet wurde. Davon ist wohl für die Zeit vor 1223 auszugehen. Wenigstens seit 1218/20 sind die Schenken von Erbach im nächsten Umfeld der staufischen Herrscherfamilie zu verorten. Auch für die Zeit nach 1223 scheint der „reichsministeriale Charakter“[127] der Familie weiterhin zu bestehen (möglicherweise müßte dann doch die Fortsetzung durch den „Konrad-Zweig“ in Betracht gezogen werden[128]). Von einer Anbindung an die Pfalzgrafschaft wäre dann erst nach der Mitte des 13. Jahrhunderts auszugehen.

Ein weiteres Indiz, das diese Theorie stützen würde, ist in der Zugehörigkeit des Bischofs Konrad II. von Hildesheim zur Schenkenfamilie zu sehen. Vor geraumer Zeit konnte Irene Crusius wahrscheinlich machen, daß der in Schönau begrabene Konrad († 1249) ein Angehöriger der Schenkenfamilie war[129]. Konrad, der 1221 zum Bischof von Hildesheim gewählt wurde, war zuvor Domdekan in Speyer, bereits vorher lehrte er in Paris Theologie. 1215 hielt er bei der

[126] Nimmt man dagegen die Vokabel „avunculus“ wörtlich, das heißt: übersetzt man sie als „Onkel mütterlicherseits“, „Bruder der Mutter“, so ergäben sich hinsichtlich des frühen Stammbaums neue Spekulationsmöglichkeiten. Wäre die Mutter des Philipp und Gerhard Truchseß von Alzey wirklich die Schwester des Schenken Konrad von Erbach (1251-1296) und der genannte Philipp von Erbach beider Vater, der Onkel väterlicherseits von Philipp aber Schenk Gerhard, so würde dies bedeuten, daß das Haus Erbach nicht über die Kinder des Königsschenken fortgepflanzt wurde, sondern über die Nachkommen seines Bruders. Dieser könnte dann der 1218 erwähnte Schenk Konrad gewesen sein. Schwierigkeiten macht bei dieser Hypothese dann allerdings die zeitliche Zuordnung der Personen innerhalb der Familie der Truchsessen von Alzey. Hier müßten die Generationenabfolgen allerdings arg gepreßt werden, um sie mit den angedeuteten Verwandtschaftsverhältnissen zur Deckung zu bringen, so daß diese Vermutung letzten Endes wenig wahrscheinlich erscheint.

[127] Bosl, Reichsministerialität 1, S. 284.

[128] S. Anm. 126.

[129] Crusius, Bischof Konrad, S. 431-468 (hier: S. 444-460); zu seiner Person jetzt auch knapp Faust, Konrad († 1249), S. 242f; Steiger, Grablegen, Nr. 1; Pixton, Konrad von Reifenberg, S. 43-81, sieht in Bischof Konrad einen Angehörigen der Familie Reifenberg im Taunus; seine Beweisführung ist an manchen Stellen irreführend und falsch, da er die zuvor bloß vermutete Zugehörigkeit Konrads zu den Reifenbergern fälschlicherweise als Faktum betrachtet. – Wird die Zugehörigkeit Bischof Konrads zur Schenkenfamilie auch neuerdings wieder in Zweifel gezogen (vgl. Scholz, Erbach, S. 37f), konnte Crusius m. E. die Abstammung Konrads von den Herren von Erbach mit guten Gründen wahrscheinlich machen.

Krönung Friedrichs II. in Aachen eine Kreuzzugspredigt, nach der sich außer dem König viele Reichsfürsten das Kreuz anheften ließen. Mitte 1216 verzichtete Konrad auf seine Speyerer Pfründe und ist am 31. Oktober desselben Jahres erstmals als Domscholaster in Mainz nachweisbar. Bis zum 13. Juni 1218 ist er immer wieder als Zeuge in Mainzer Urkunden zu finden[130], seither fehlt er als Zeuge in deutschen Urkunden. Im Februar 1220 erhält er als päpstlicher Kaplan und Pönitentiar einen Geleitbrief des Papstes für Deutschland[131]. Konrad ist einer der ersten mit Namen bekannten Pönitentiare. Vermutlich war er der erste bekannte Deutsche, den Papst Honorius III. aufgrund seiner Verdienste in das Amt berufen hatte[132]. Mit solch weitreichenden Vollmachten ausgestattet, erschien der Mainzer Domscholaster Magister Konrad 1221 in Hildesheim. Konrad konnte sich am Ende nur durch den massiven Rückhalt, den er bei Friedrich II. fand, gegen die „episkopablen Domkanoniker" durchsetzen. Mit der Wahl Konrads von Erbach zum Bischof von Hildesheim ist ein Mitglied der Familie bereits Anfang der zwanziger Jahre des 13. Jahrhunderts in den Reichsfürstenrang aufgestiegen, wodurch sicher auch die Gesamtfamilie ihr Ansehen und ihre Bedeutung steigern konnte. Es ist daher für die soziale Stellung der Familie Erbach sowohl die Reichsministerialität – das heißt: die Nähe zur herrschenden Familie – als auch die erlangte reichsfürstliche Stellung Bischof Konrads zu veranschlagen. Beide Punkte machen plausibel, warum es den Schenken von Erbach schon in der zweiten Hälfte des 13. Jahrhunderts gelingen konnte, ein freiherrlich-gräfliches Konnubium aufzubauen[133]. Neben dem umfangreichen Besitz, den sie bereits im ersten Viertel des 13. Jahrhunderts ihr Eigen nennen konnten, spielten die zwei genannten Aspekte im weiteren bei der sozialen Einordnung der Familie eine nicht zu unterschätzende Rolle.

Basiert die Zuordnung der frühen Glieder des Hauses Erbach zu einer bestimmten Klientel weitgehend auf Indizien, so wird ein weiterer Punkt jedoch hier bereits deutlich: Seit dem zweiten Jahrzehnt des 13. Jahrhunderts scheint sich für die Schenken von Erbach eine Konstellation anzudeuten, die im Verlauf des 13. und dann vor allem des 14. Jahrhunderts die Stellung und Politik der Familie stark beeinflussen sollte: Die reichsministerialen Erbacher gelangten aufgrund ihrer geographischen Nähe zur Pfalzgrafschaft in deren Sog und gerieten so allmählich in ihre Abhängigkeit. Dies bedeutete gleichzeitig, daß sie in einem Spannungsdreieck zwischen dem Königtum, der Pfalzgrafschaft und dem unter Siegfried II. expandierenden Erzbistum Mainz standen[134].

Konnte das Haus Erbach nach der Doppelwahl von 1198 auf Seiten der Staufer überleben und mit deren Hilfe seine Machtstellung ausbauen, so wurde

[130] Letztmalige Zeugenschaft Konrads in RGME II, XXXII, Nr. 302.
[131] UB Hildesheim 1, Nr. 736.
[132] Ebd., Nr. 737.
[133] S. ausführlich dazu Kapitel 5.3.
[134] Zum Erzstift Mainz und Erzbischof Siegfrieds II. von Mainz vgl. Jürgensmeier, Erzbischöfe, S. 338-342. – Zur Stellung der Schenkenfamilie innerhalb des Spannungsdreiecks s. das folgende Kapitel (1.3).

die Position der Schenken zusehends prekärer, nachdem 1228/32 die Reichsabtei Lorsch dem Erzbistum Mainz übergeben worden war und es zu langwierigen Streitigkeiten zwischen der Pfalzgrafschaft und den Mainzer Erzbischöfen um das „Fürstentum der Lorscher Kirche" (*Laurissensis ecclesiae principatus*[135]) kam. Es ist den Herren von Erbach seit den dreißiger Jahren des 13. Jahrhunderts offenbar nicht mehr gelungen, ihre Stellung weiter auszubauen. Dazu mögen verschiedene Entwicklungen beigetragen haben. So fehlte mehr und mehr die Unterstützung durch das Königtum, das seit den Wirren um Heinrich (VII.) bzw. dem Interregnum zusehends an Macht einbüßte. Auf der anderen Seite war die Zeit der „schwachen" welfischen Pfalzgrafen, die kaum in ihrem Territorium weilten, vorbei. Mit der Vergabe der Pfalzgrafschaft an die Wittelsbacher Herzöge 1214 ist in der Folge den Schenken von Erbach ein bedeutender Gegner erwachsen, der die schon unter Konrad von Staufen begonnene pfalzgräfliche Expansions- und Konsolidierungspolitik energisch fortsetzte. Erstmals wurde die von den wittelsbachischen Pfalzgrafen verfolgte Linie 1223 offensichtlich, als die Kinder des Königsschenken Gerhard von Erbach zur Wiedergutmachung von Schäden, die der Schenk Pfalzgraf Ludwig I. in einer Fehde zugefügt hatte, *titulo proprietatis* an diesen übergeben wurden. Doch scheint eine dauerhafte Bindung der Herren von Erbach an die rheinische Pfalzgrafschaft erst in der zweiten Hälfte des 13. Jahrhunderts erfolgt zu sein. Dies zu klären, ist die Aufgabe des folgenden Kapitels.

## 1.3 Zwischen königlichem Schenkenamt und pfalzgräflicher Klientel

Hatte die Familie Anfang der 1220er Jahre eine Stellung inne, die die Basis zu weiteren Emanzipation eröffnete[136], nachdem aufgrund der Belehnungen durch Konrad von Staufen bzw. Heinrich (VII.) diese im personenrechtlichen Sinn schon erreicht worden war, so sollte das Jahr 1223 dennoch zeigen, daß die Position der Familie bei weitem nicht so gefestigt war, wie es auf den ersten Blick scheint. Auch wurde in dieser Phase der ministeriale Charakter der Familie durch die Entscheidung König Heinrichs (VII.) nochmals besonders betont.

Vor dem Jahreswechsel 1222/23 muß es zu Auseinandersetzungen mit dem Pfalzgrafen gekommen sein, in die Schenk Gerhard von Erbach tief verstrickt worden sein dürfte. Ob sie möglicherweise gar auf ihn zurückzuführen sind, ist

[135] HELWICH, Antiquitates Laurishaimenses, S. 197. Helwich hielt sich dabei offenbar an die von Kaiser Friedrich II. verwendeten Begriffe, der in der Übertragungsurkunde vom 20. April 1232 davon spricht, daß Lorsch „Rang und Namen eines Fürstentums" verwirkt habe: *quod nos considerantes tenuem statum ecclesie Laurissensis ab honore et nomine principatus processu temporis collabentem* [...] (RI V, Nr. 1957 = HUILLARD-BRÉHOLLES IV, S. 326).

[136] Gerhard von Erbach hatte nachweislich die Position eines königlichen Schenken erlangt und 1221 wurde Konrad von Erbach zum Bischof von Hildesheim gewählt.

letzten Endes nicht zu klären. Sie führten aber offenbar zu kriegerischen Übergriffen von seiten Gerhards[137], so daß im Mai 1223 ein königliches Schiedsgericht in Anwesenheit des Erzbischofs Siegfried II. von Mainz, des Dompropstes von Speyer, des Grafen Gerhard von Diez, der Herren Bertold von Allfeld, Konrad von Steinach, Gerlach von Büdingen, Friedrich von Kälberau und *R. de Eschenbrucke*[138] eine Entscheidung herbeiführte, über deren Ergebnis uns eine Urkunde Heinrichs (VII.) vom 13. Mai 1223 unterrichtet[139]. Möglicherweise kam Schenk Gerhard bei diesen Kämpfen ums Leben. Denn der Urkundentext macht deutlich, daß der Schenk zum Zeitpunkt der Ausfertigung schon tot war. Heinrich (VII.) übergab den jüngeren Sohn und die ältere Tochter seines verstorbenen Schenken Gerhard von Erbach zur Wiedergutmachung von Schäden *titulo proprietatis* dem Herzog von Bayern und Pfalzgrafen bei Rhein, Ludwig I. von Wittelsbach, – freilich unter der Bedingung, daß dieser ihnen die Lehen *iure feudali* zugestehe und anerkenne, die sie von ihm haben sollten, und vorbehaltlich der Zustimmung des Kaisers. Die oben genannten Grafen und Herren haben den Spruch gefällt und waren für seine Durchsetzung verantwortlich. Sollte Kaiser Friedrich II. dem Ausgehandelten nicht zustimmen, so sind die dem Herzog zugefügten *dampna et rapine* durch die Kinder des Schenken wiedergutzumachen. Als Urkundenzeugen traten auf: Graf D. von Ravensberg[140], die Herren Gerhard von Eppstein und sein Bruder G.[141], Heinrich von

[137] Vielleicht versuchte Schenk Gerhard dabei die Abwesenheit Pfalzgraf Ludwigs auszunutzen, der sich bis 1222 auf dem Kreuzzug befand; seit Juli ist er wieder in Deutschland. In der Pfalzgrafschaft ist er erstmals wieder im Herbst desselben Jahres belegt (vgl. RPR I, zum Jahr 1222/23).

[138] Vielleicht „Eschollbrücken" bei Darmstadt? Vgl. dazu auch GENSICKE, Untersuchungen, S. 109-111, 114, der für die Zeit einen Rupert von Eschollbrücken nennt. Bei einer Urkunde Heinrichs (VII.) ausgestellt 1223 zwischen dem 5. und 13. Mai auf dem Stahlbühel ist unter den Zeugen ein von Eschenbrucken aufgeführt: [...] *liberis vero G. de Bickenbach, C. de Steina, B. de Harphinberch, C. di(citu)r Stralenbergere cum patruo ejusdem, C. dicto R. de Eschenbrucken, S. de Bruch; ministerialibus autem* [...] (HUILLARD-BRÉHOLLES II, S. 760-762); vgl. bei ROTTER, Urkundenregesten, S. 156, Nr. 176.

[139] München HStA, GHA, Uk Nr. 2373 ½, danach Druck bei KLEBERGER, Territorialgeschichte, S. 177 (Anlage I); Abschrift und Abb. 1. Nach der Abschrift im Stuttgarter Kopialbuch: HUILLARD-BRÉHOLLES II, S. 762; LEHMANN, Pfälzer Urkunden (Univ.-Bibl. Heidelberg, Heid Hs 430), Nr. 9; SIMON, Erbach, UB Nr. 3. Regesten: RI V, Nr. 3894; RPR I, Nr. 174; REM II, Nr. 441; ausführlich bei ROTTER, Urkundenregesten, S. 157, Nr. 177.

[140] Hier handelt es sich wohl um die Grafen von Ravensberg, Kreis Gütersloh, die um 1345 im Mannesstamm erloschen und durch Graf Gerhard VII. von Jülich beerbt wurden; dieser war seit 1338 mit der Erbtochter Margareta von Ravensberg verheiratet. Ein *D de Ravinsperc* kann jedoch nicht nachgewiesen werden; die Europäischen Stammtafeln N.F. XVII, Taf. 129, bieten allerdings einen Otto von Ravensberg für die fragliche Zeit, der 1244 gestorben ist. Ob hier eine Verschreibung von *O* zu *D* vorliegt, kann aufgrund fehlender Vergleichsbespiele nicht überprüft werden.

[141] Wohl Gottfried II. von Eppstein (bezeugt seit 1223, † 31. März 1276), vgl. SCHÄFER, Eppstein, Regenten-Stammtafel; Europäische Stammtafeln N.F. XVII, Taf. 24 (dort allerdings falsches Sterbedatum).

*Lipsberg*[142], Reinhard von Hanau, G. von Bickenbach[143] sowie der Burggraf von Friedberg, die bis auf den Grafen von Ravensberg alle in der königsnahen Landschaft des Rhein-Main-Gebietes bzw. der Wetterau zu verorten sind.

Was dies für die Schenken von Erbach bedeutete, welche Auswirkungen diese Bestimmungen hatten, soll im folgenden näher untersucht werden. Doch zuvor muß erneut ein genauer Blick auf den Urkundentext geworfen werden. Denn die lapidare Aussage von Steinmetz, die „Urkunde wurde durch Kleberger und Becher ausführlich kommentiert; dem ist nichts hinzuzufügen"[144], kann so nicht stehen bleiben – gerade auch im Blick auf die weitreichenden Schlüsse, die Steinmetz daraus zieht[145].

Die wichtige Urkunde vom 13. Mai 1223[146] gab in vergangener Zeit immer wieder zu Hypothesen Anlaß. Einerseits zeigt sie klar die Standesqualität der Erbacher Schenken und erlaubt die Einordnung der Familie in die Ministerialität König Heinrichs (VII.). Denn Gerhard von Erbach wird vom König eindeutig als „unser Ministeriale" und als „unser Schenk" bezeichnet[147]. Diese Urkunde bestätigt erstmals eindeutig den „reichsministerialen Charakter der Familie"[148]. Die Reichsministerialenstellung wird auch durch den Zusatz in der Urkunde unterstützt, daß Kaiser Friedrich II., der Vater Heinrichs, der Übertragung zustimmen mußte, andernfalls müßten die Kinder für die Entschädigung selbst aufkommen[149].

Auf der anderen Seite blieben jedoch einige Punkte in der Urkunde vage. So ist stets über die *feuda, que ab ipso* [dem Herzog von Bayern] *tenere debent*[150]

142 Wahrscheinlich Heinrich von Lißberg (Stadt Ortenberg, Wetteraukreis); vgl. auch Europäische Stammtafeln N.F. XVII, Taf. 29A.

143 Wohl Gottfried I. von Bickenbach (1245†), vgl. Europäische Stammtafeln N.F. XVI, Taf. 156.

144 STEINMETZ, Schenken, S. 14; vgl. dort auch Kapitel 8 (S. 84), wo er darauf hinweist, es sei „fast schon müßig", erneut auf die Urkunde zu verweisen.

145 Vgl. EBD., S. 17-20: Für Steinmetz ist es eindeutig, daß die Schenken von Erbach über den älteren, in der Urkunde nicht genannten Sohn in der Reichsministerialität verblieben, der jüngere Sohn aus der Urkunde unter dem Namen Gerhard von Hohenhart in die pfälzische Ministerialität gelangte.

146 Offenbar hat bislang keiner der Bearbeiter beachtet, daß die Urkunde gar keine Jahresdatierung hat, sondern nur die Tagesangabe ist vorhanden, zusätzlich die Indiktion: *Datum apud Frankinfort, iii. idus maii, indictione XI.* Nur der Bearbeiter der Regesta Imperii weist auf diesen Umstand hin und diskutiert weitere Möglichkeiten. Das Jahr 1223 kann nur aufgrund der Indiktion bzw. des Itinerars von Heinrich (VII.) sowie des Zeugenpersonals erschlossen werden (vgl. RI V, Nr. 3894). Vgl. dazu auch die Urkunde Heinrichs (VII.) vom Stahlbühel (ROTTER, Urkundenregesten, Nr. 176; RI V, Nr. 3893; RPR I, Nr. 1246)

147 S. Anhang 1: *et ministerialem nostrum G. de Ertpach, sic est sopita et determinata: pro omni dampno, predicto duci a pincerna nostro G. beate memorie illato* […] *iuniorem filium et filiam seniorem ipsius pincerne prefato duci Bawarie titulo proprietatis contulimus* […].

148 BOSL, Reichsministerialität 1, S. 284.

149 Wie Anm. 139. – Eine ausdrückliche Zustimmung des Kaisers ist nicht überliefert, so daß sich die Frage stellt, ob die Übertragung überhaupt erfolgt ist. Darüber läßt sich trefflich spekulieren; SCHOLZ, Erbach, S. 32f, zweifelt die Übertragung an.

150 Wie Anm. 139.

spekuliert worden. Folgt man Kleberger, so handelte es sich bei diesen pfalzgräflichen Lehen um Schönberg an der Bergstraße und um die spätere Zent Beerfelden. Nur anhand verschiedener Indizien ließen sich diese altpfälzischen Lehen rekonstruieren[151]. Neuerlich bezieht Thorau den Passus auf die Lehen, die „vormals vom König ihrem Vater"[152] vergeben wurden, und spricht von Reichslehen, die die Schenken von Erbach vielleicht bereits unter Kaiser Heinrich VI. erhalten haben sollen[153]. Diese Interpretation scheint auf den ersten Blick fragwürdig. Bei genauerem Hinsehen wird jedoch deutlich, daß es sich um Lehen handelte, die (künftig) vom Pfalzgrafen verliehen werden sollen (*concedat et recognoscat*). Es kann aber kein Zweifel daran bestehen, daß Heinrich den in ihrem Recht geminderten beiden Erbachern wenigstens ihre Lehen – also doch wohl zuvor von ihm rührig – als Lehen, nunmehr gemindert, erhalten wollte. Wären es zuvor und hernach pfalzgräfliche Lehen gewesen, hätte es einer Erwähnung in der Urkunde nicht unbedingt bedurft. Was hier irritiert, ist lediglich der Mangel einer futurischen Konstruktion. Dem widersprechen auch Thoraus Ausführungen nicht, wenn er wenig später von pfälzischen Lehen ausgeht, die „unter Androhung des Entzugs" die Schenken in eine stärkere Abhängigkeit von den Pfalzgrafen bringen sollten[154]. Denn aus den Lehen König Heinrichs waren ja pfalzgräfliche Lehen geworden.

Zu den strittigen Punkten der Urkunde gehörte auch immer wieder die Frage, ob es sich um den „unmündigen" oder den „jüngeren Sohn" Schenk Gerhards handelte, der zusammen mit seiner Schwester in die pfalzgräfliche Ministerialität übergeben wurde[155]. Eine Frage, die vielleicht belanglos erscheinen mag, an die sich aber in den vergangenen 150 Jahren bis in unsere Tage die verschiedensten Hypothesen knüpften. Geht man von dem ersten Fall aus und spricht von dem „unmündigen Sohn", so heißt das, Schenk Gerhard habe nur einen männlichen Nachkommen gehabt, und dieser setzte den erbachischen Stamm

[151] KLEBERGER, Territorialgeschichte, S. 63f. Mit guten Gründen spricht sie sich für Beerfelden und Schönberg als altpfälzische Lehen aus, die sie als „Erblehen" ansieht und die daher schon älter sein müssen (vgl. EBD., S. 56, Anm. 24). – Zur Frage der „altpfälzischen Lehen" bzw. der genaueren Beschreibung der Territorialentwicklung s. unten Kapitel 4.2.2.

[152] THORAU, Heinrich (VII.), S. 193.

[153] Vgl. EBD., S. 193f, Anm. 481, 486.

[154] Vgl. EBD., S. 193.

[155] Entstanden ist die Diskussion über die Frage „unmündiger" oder „jüngerer Sohn" durch zwei unterschiedliche Textvorlagen. HUILLARD-BRÉHOLLES II, S. 762f; SIMON, Erbach, UB Nr. 3, haben nach dem Stuttgarter Kopialbuch an der Stelle *minorem* [sic] *filium et filiam seniorem*, was richtig im Sinne von „unmündig" zu verstehen ist. Die Originalurkunde, die KLEBERGER, Territorialgeschichte, S. 177, zugrunde legt (= HStA, GHA, Uk Nr. 2373 ½), hat aber *iuniorem* [sic] *filium et filiam seniorem*, was eindeutig im Sinne von „jünger" zu lesen ist (s. Abb. 1). – Das Original des Stuttgarter Kopialbuchs ist im Zweiten Weltkrieg verloren gegangen; in der Heidelberger Universitätsbibliothek hat sich aber eine verläßliche Abschrift aus dem 19. Jahrhundert erhalten, die zeitlich nach Simon entstanden ist und die auch unsere Urkunde enthält. Dort ist klar *minorem filium* zu lesen, was zeigt, daß die Stuttgarter Abschrift die Verlesung hatte (Heid Hs 430, Nr. 9).

fort. In diesem Sinne hat Simon in seiner erbachischen Geschichte die Stammtafel der Schenken aufgebaut.

Versteht man die beiden Vokabeln *iunior* bzw. *senior* in ihrem üblichen Wortsinn – nämlich als „jünger" bzw. „älter" –, so ist jedoch von mehreren Söhnen (wohl zwei) und auch mehreren Töchtern auszugehen, was vielfältige Kombinationsmöglichkeiten eröffnet[156]. Im einfachsten Fall nimmt man den in der Urkunde erwähnten jüngeren Sohn nach wie vor als Bindeglied zu den späteren Erbachern an und spricht von einem in der Folgezeit nicht genannten und daher unbekannt gebliebenen älteren Sohn[157].

Läßt man dagegen jeglicher Interpretation freien Lauf, wie dies Thomas Steinmetz in seiner Abhandlung getan hat, so gelangt man zu hochgradig spekulativen Ergebnissen[158]. Davon ausgehend, daß die Schenken von Erbach in der Reichsministerialität verblieben, nämlich über den älteren nicht genannten Sohn, baut Steinmetz seine Hypothese auf: der jüngere, in der Urkunde genannte Sohn sei identisch mit einem Gerhard von Hohenhart[159]. Bestätigt sieht Steinmetz seine These durch eine Urkunde im Schönauer Codex. Dort findet sich unter dem Kopfregest *Transitus per agros pincerne de ertpach ad uineas nostras unradeshelden* die Urkunde Gerhards von Hohenhart[160], der den Schönauer Mönchen die Anlage eines Weges *per agros meos* außerhalb der Grangie Bruchhausen zu ihrem Weinberg Unradeshelden bei Rohrbach gestattete. Steinmetz sieht in dieser 1267 (!) ausgestellten Urkunde den Beweis dafür, daß der jüngere Sohn Gerhards von Erbach dem Pfalzgrafen übergeben wurde, dieser ihn anschließend mit Hohenhart belehnte, worauf Gerhard von Erbach den Namen von Hohenhart angenommen haben soll, da im Kopfregest die Rede von den Feldern des Schenken von Erbach ist – eine Zuordnung, die äußerst problematisch ist[161].

[156] Es ist hier zu fragen, ob der Urkundentext nicht dahingehend interpretiert werden kann, daß von nur zwei Kindern auszugehen ist, wovon die Tochter das ältere, der Sohn aber das jüngere Kind war; in diesem Sinne THORAU, Heinrich (VII.), S. 192f.

[157] So bei KLEBERGER, Territorialgeschichte, S. 54f; ihr folgt KLAFKI, Erbhofämter, S. 57f. – Möglicherweise blieb dieser ältere Sohn in der Reichsministerialität und somit im Umfeld Heinrichs (VII.) und geriet bei der „Rebellion" des Königs gegen seinen Vater 1234/35 ins Abseits.

[158] Vgl. zum folgenden STEINMETZ, Schenken von Erbach, S. 17-20.

[159] Hohenhart ist heute Hohenhardterhof (Baiertal, Stadt Wiesloch, Rhein-Neckar-Kreis); vgl. Baden-Württemberg V, S. 432f; AmtKrBesch II, S. 388-390; KRIEGER, Topographisches Wörterbuch I, Sp. 1013f.

[160] GLA 67/1302, fol. 87$^{r}$. Druck bei GUDENUS, Sylloge, S. 252f, Nr. 135; dort allerdings unter dem einleitenden Regest: *Transitus per agros Gerhardi de Hohenhart* [sic] *ad vineas nostras Vnradeshelden* (zu 1267).

[161] Allein der zeitliche Abstand der Urkunde zu den Geschehnissen von 1223 nährt begründete Zweifel an der Theorie von Steinmetz. Der Schönauer Codex, wie ihn Gudenus abdruckt, ist um 1300 als Sammlung Schönauer Urkunden entstanden. Die Kopfregesten sind also alle nicht zeitgenössisch zu den Urkunden, das heißt: der Schreiber des Codex hat möglicherweise bei der Regestierung historische Tatsachen herangezogen, die zur Zeit der Urkundenausfertigungen so noch nicht gegeben waren. – Seit 1220 kommt in den für Hohenhart überlieferten Urkunden der Name Gerhard nicht mehr vor; erst vierzig Jahre

Denn Voraussetzung für eine derartige Umbenennung wäre, daß die Herren von Hohenhart in den 1220er Jahren ausgestorben sein müßten, so daß ihre Lehen neu vergeben werden konnten und so die Namensänderung erst möglich geworden wäre. Aber dies ist nicht der Fall. Denn bis über die Mitte des 13. Jahrhunderts hinaus lassen sich die von Hohenhart nachweisen; vermutlich ist sogar der genannte Gerhard von Hohenhart der letzte Vertreter seines Geschlechts[162].

Mit diesem Namenswechsel wäre dann – nach Steinmetz – auch die urkundenarme Zeit im Hause Erbach seit der Mitte der 1220er Jahre bis zum Jahr 1251 zu erklären. Das angeführte Argument, der Namenswechsel erkläre die ungewöhnliche Überlieferungslücke bis zu Beginn der fünfziger Jahre des 13. Jahrhunderts, vermag aber aus verschiedenen Gründen nicht recht zu überzeugen: Vor 1247 siegelte ein Johannes von Frankenstein eine von ihm ausgestellte Urkunde mit dem Petschaft eines Schenken von Erbach (*sigillo pincerne de Erpach*), weil er keinen eigenen Siegelstempel zur Hand hatte (*sigillum proprium non habuerim*)[163], worauf Steinmetz nicht näher eingeht. Seiner Meinung nach muß sich der Frankensteiner in irgendeiner Weise das Typar angeeignet haben, denn „diese Siegelnutzung [setzte] nicht die Anwesenheit des Schenken voraus, ja dieser [muß] nicht einmal mehr am Leben gewesen sein"[164]. Dies ist

später tauchte er 1267 mit der vorliegenden Urkunde erneut auf. Auch hier läge eine beträchtliche Überlieferungslücke vor! Des weiteren starb die edelfreie Familie von Hohenhart erst nach der Mitte des 13. Jahrhunderts aus. Besitznachfolger auf der Gemarkung Rohrbach wurden die Schenken von Erbach (nach einer Randnotiz in GLA 67/1302; Amtliche Kreisbeschreibung II, S. 389). Von 1291 bis in die Mitte des 15. Jahrhunderts lassen sich dann die Ministerialen von Hohenhart nachweisen, die vielleicht über eine kognatische Verbindung mit den Edelfreien von Hohenhart verwandt waren (vgl. HILDEBRANDT, Mittelalterliche Urkunden, S. 42-61). – Wenn Steinmetz darüber hinaus auch den 1216 und 1220 erwähnten Gerhard von Hohenhart für ein Mitglied der Schenkenfamilie hält (vgl. STEINMETZ, Schenken von Erbach, S. 17f), so fehlt dafür jeder Anhaltspunkt.

[162] Vgl. dazu HILDEBRANDT, Mittelalterliche Urkunden, S. 42-48.

[163] Johannes von Frankenstein sicherte dem Heinrich von Kinzheim gen. Scobelin Rechtsgewähr für das von ihm empfangene Lehen in Kinzheim (heute Kinzigheimerhof, Bruchköbel, Lkr. Hanau) zu. Die Urkunde hat keine Datierung; sie ist aber aufgrund der beteiligten Personen in die Jahre zwischen 1239 und 1247 einzuordnen (vgl. Text der Urkunde in: REIMER, UB Herren von Hanau 2, S. 185, Nr. 248). FRANZ, Haina 1, Nr. 111, nennt als Siegler den Schenken von Erbach, weil der Aussteller kein Typar habe. So jedoch ungenau; denn die Urkunde spricht von einer gemeinsamen Nutzung des Siegels: *Verum cum sigillum proprium non habuerim, sigillo pincerne de Erpach presentem paginam communivi, ut et ipse rem gestam mecum pariter protestetur.*

[164] STEINMETZ, Schenken von Erbach, S. 17. – In der Regel wurden die Siegelstempel nach dem Tode des Siegelführers jedoch vernichtet bzw. unbrauchbar gemacht, um Siegelvergehen möglichst vorzubeugen (in seltenen Fällen gab man sie dem Verstorbenen mit ins Grab, auch dann meist unbrauchbar gemacht). Da aber die Anfertigung eines Typars aufwendig und teuer war, kam es nach Umänderungen auch zur Weiternutzung durch Nachkommen oder Nachfolger. So wurden beispielsweise Siegelbild und/oder Umschrift abgeändert: Namen bzw. Titel sind umgraviert oder die Umschrift ist komplett erneuert worden, gelegentlich wurden zur Unterscheidung Beizeichen eingeschnitten oder Teile des Siegel-

so jedoch falsch. Denn Johannes von Frankenstein legte in der Corroboratio der Urkunde die Umstände der Verwendung des Erbacher Siegels ausdrücklich dar: Da er kein eigenes Siegel zur Verfügung habe, bekräftige er die vorliegende Urkunde mit dem Siegel des Schenken von Erbach, so daß dieser zugleich mit ihm die Sache bezeuge[165]. Das heißt, der Schenk von Erbach war bei der Unterfertigung der Urkunde anwesend. Bei dem genannten Johannes von Frankenstein handelte es sich um einen Angehörigen der Familie von Frankenstein an der Bergstraße, wie Gensicke zeigen konnte[166].

Folgte man Steinmetz, so müßte die Umbenennung mehr oder weniger zeitgleich zur Übertragung geschehen sein, weil seit der Mitte der 1220er Jahre der Name Erbach verschwindet. Allerdings sind auch Gegenbeispiele bekannt, bei denen der Namenswechsel sehr spät oder auch gar nicht mehr stattfand. In der Regel ist davon auszugehen, daß sich die Familien spätestens seit dem 12. Jahrhundert nach ihrem Herkunftsort nannten[167].

Nach Steinmetz verblieb der nicht genannte ältere Bruder in der Reichsministerialität[168]. Denn es „findet sich keine Quelle, die es ermöglicht, den Pincerna-Titel bereits im 13. Jahrhundert auf das pfälzische Schenkenamt zu beziehen. Die in den Regesten der Pfalzgrafen erfaßten Quellen beinhalten nicht eine einzige Zeugenschaft eines Schenken von Erbach für einen Wittelsbacher."[169] Wei-

bildes verändert (vgl. dazu BERCHEM, Siegel, S. 26f; KITTEL, Siegel, S. 159f; EWALD, Siegelkunde, S. 107-116).

165 Wie Anm. 163.

166 GENSICKE, Untersuchungen, S. 102f; er ordnet Johann(es) von Frankenstein als Bruder des Eberhard Reiz von Breuberg ein (dieser ist der Schwiegervater von Schenk Eberhard († 1296?)). Auch die genannten Lehen und die Nutzung eines Erbacher Siegels sprechen aufgrund der geographischen Nähe für den Bergsträßer Frankenstein. Abwegig scheint daher die nicht näher begründete Vermutung von STEINMETZ, Schenken von Erbach, S. 16, es handele sich um einen Angehörigen der Frankenstein von der gleichnamigen Burg nordwestlich von Neustadt an der Weinstraße.

167 Vgl. zu einer Überlieferungslücke SCHÄFER, Eppstein, S. 19-21, die ein ähnliches Phänomen für die Herren von Eppstein schildert. – Zu den wechselnden, teils erst späten Benennungen von Adelsgeschlechtern nach Burgen vgl. ORTH, Ritter und Burg, S. 24; SPIEß, Königshof, S. 222.

168 Vgl. STEINMETZ, Schenken von Erbach, S. 25-27; er geht sogar davon aus, daß die „Herren und Schenken von Erbach seit ihrem ersten urkundlichen Auftreten Reichsministeriale waren".

169 EBD., S. 26. – Diese Behauptung von Steinmetz ist schlichtweg falsch. Denn es gibt für das 13. Jahrhundert sehr wohl Erbacher, die für die wittelsbachischen Pfalzgrafen Zeugen waren; exemplarisch sei hier nur auf eine Urkunde verwiesen: als wichtiges Stück die Verkaufsurkunde betreffs Lindenfels vom 24. April 1277, wo Schenk Konrad und sein Sohn Eberhard als Zeugen für den Pfalzgrafen auftraten (MARCHAND, Lindenfels, S. 116f); s. auch die Zusammenstellung der Urkunden S. 66-69. Wenn Steinmetz das Fehlen von Quellenbelegen in den Pfalzgrafen-Regesten anführt, so übersieht er hierbei freilich, daß bei älteren Regestenwerken die Zeugenlisten teilweise unvollständig sind, ihre Übernahme oftmals sogar ganz fehlt. – Zur Existenz der Heidelberger Hofämter vor 1300 vgl. KLAFKI, Erbhofämter, S. 116f; zur Entwicklung des Schenkenamts in der Familie Erbach s. unten Kapitel 2.2.

tere Hinweise auf die Zugehörigkeit zur Reichsministerialität der Schenken von Erbach sieht er vor allem in drei verschiedenen Urkunden, die vermeintlich eine erbachische Zeugenschaft für den König bzw. Kaiser aufweisen, die jedoch sämtlich aus der zweiten Hälfte des 13. Jahrhunderts datieren. Die Urkunden stammen also aus einer Zeit, in der es eine Reichsministerialität der alten Form gar nicht mehr gab, der Begriff der „Ministerialität" generell einen Bedeutungswandel durchgemacht hatte. Es gilt festzuhalten, daß mit dem Ende der Stauferherrschaft eine zunehmende Emanzipation der ursprünglich unfreien Reichsministerialen von der königlichen Dienstherrengewalt stattgefunden hatte – so auch bei den Schenken von Erbach; sie unterschieden sich durch nichts mehr von den freien, nach Lehenrecht an den König gebundenen „Normalvasallen"[170]. Verstärkt wurde diese Entwicklung, die seit dem zweiten Jahrzehnt des 13. Jahrhunderts erkennbar wurde, danach noch im Interregnum.
Eine dritte Variante vertrat Bosl, der *iunior filius* und *filia senior* der Urkunde mit „unmündiger Sohn" bzw. mit „mündiger Tochter" übersetzte und so lediglich von zwei Kindern Gerhards ausgeht. Für eine solche Übersetzung gibt es aber bislang keine bekannten Parallelen, so daß diese Möglichkeit mit hoher Wahrscheinlichkeit auszuschließen ist[171]. Thorau verweist dagegen darauf, daß beide Kinder noch unmündig gewesen seien, weil Schenk Gerhard nur von „ca. 1200 bis vor 1223 lebte"[172], so daß er von nur einem Sohn Schenk Gerhards ausgeht, der die Familie fortgepflanzt hat. Thorau versteht die Textstelle offenbar so, daß überhaupt nur zwei Kinder vorhanden waren, der Sohn jünger als die Tochter war.

Dies soll an dieser Stelle als eine knappe Zusammenfassung der bisherigen Ansätze für die Interpretation der Stammfolge der frühen Erbacher reichen. All diese Ansätze, die auf die Frage: jüngerer oder älterer Sohn Schenk Gerhards als Bindeglied hinauslaufen, werden in letzter Konsquenz so freilich nicht mehr aufrecht zu erhalten sein, wie sich zeigen wird. Kehren wir dazu zu der oben gestellten Frage zurück: Welche Auswirkungen hatte die Entscheidung des Schiedsgerichts für die weitere Existenz der Erbacher Schenkenfamilie?

Wie gezeigt werden konnte, existierten offensichtlich schon seit dem zweiten Jahrzehnt des 13. Jahrhunderts mehrere Linien im Haus Erbach. Im Blick auf den Spruch von 1223 gilt es daher zu differenzieren. Offenbar war der „Konrad-Zweig" davon nicht berührt; er blieb in der Reichsministerialität. Der „Gerhard-Zweig" dagegen gelangte anscheinend in die Abhängigkeit der Pfalzgrafen.

[170] KRIEGER, König, S. 3, 60f.
[171] Vgl. BOSL, Reichsministerialität 1, S. 284.
[172] THORAU, Heinrich (VII.), S. 192f, Anm. 474, wo er auch Klebergers Interpretation in Zweifel zieht: Sie „übersetzt ‚jüngerer Sohn' und ‚ältere Tochter', was sie dann dazu verleitet, auch von einem ‚älteren Sohn' und einer ‚jüngeren Tochter' auszugehen und sie ohne Begründung ihrer Stammtafel, S. 185, einzuverleiben". – Von nur einem Sohn geht auch ROTTER, Urkundenregesten, Nr. 177, aus, der ebenso von einem „unmündigen Sohn" spricht, hierbei offenbar Bosl bzw. Thorau folgt.

Im Prinzip bedeutete dieser Spruch das Ausscheiden aus der Reichsministerialität für die nachfolgenden Erbacher, womit eine Standesminderung verbunden war. Denn innerhalb der „Ministerialitäten" ist ein deutliches Ranggefälle festzustellen, wobei „die Ministerialen des Reiches und der Reichskirchen zunächst deutlich abgehoben über den Dienstleuten der übrigen *principes, comites* oder *nobiles viri*"[173] standen. Diese Differenzierung fand im 13. Jahrhundert im Landrechtsteil des Schwabenspiegels ihren schriftlichen Niederschlag. Eine Übergabe eines Dienstmannes aus der Ministerialität des Reiches oder der Reichskirchenministerialität in die Abhängigkeit eines weltlichen Großen bedrohte die soziale Stellung, eine Minderung des gesellschaftlichen Ranges war die Folge: *wann geb er sy in der laien fursten gewalt so hiet er sy genidert*[174]. Diese Rangunterscheidungen lassen sich schon im 12. Jahrhundert vor allem in der Hierarchie der Zeugenlisten erkennen. Dort zeugte der königliche Ministeriale vor den Reichskirchenministerialen und diese wiederum vor denen der weltlichen Großen. „Augenfällig korrespondiert diese Abfolge mit dem Rang und Prestige ihrer übergeordneten Herrschaftsträger: ‚Das Ansehen des Dienstmannes entsprach dem ihrer Herren', so lautet der naheliegende Schluß."[175] Normalerweise blieben solche Übertragungen auf geistliche Herrschaftsträger beschränkt. In seltenen Fällen läßt sich darin auch eine Bestrafung sehen. Unter diesen Umständen wurde diese Übertragung dann aber in der Regel durch eine Entschädigung der betroffenen Reichsministerialen gemildert.

Gerade für die Familie Erbach scheint eine solche Strafaktion vorzuliegen, denn die Übereignung der Kinder des königlichen Schenken Gerhard erfolgte zum Ausgleich der *dampna et rapine* des Reichsministerialen gegen den fürstlichen Fehdegegner[176]. Aber die Bestimmung, *feuda, quae ab ipso tenere debent, iure feudali concedat et recognoscat*, deutet auf die Fürsorgepflicht des Königs als dem ehemaligen Dienstherrn hin. Heinrich (VII.) forderte Pfalzgraf Ludwig I. auf, den Kindern die Lehen, die sie von ihm erhalten sollten, nach Lehensrecht zu bestätigen. Der König sorgte so dafür, daß die beiden Kinder seines verstorbenen Schenken nicht völlig mittellos waren, sondern ihnen eine Grundausstattung gesichert blieb.

Blickt man nach dem eben Gesagten aber auf die soziale Stellung der Schenken von Erbach im 13. Jahrhundert, so ist auffällig, daß sie nach 1223 nichts davon eingebüßt hatten. So konnte die Familie ihre bisher aufgebaute Herrschaft behalten; von einer Minderung ist nichts bekannt. Es ist ihr offenkundig auch gelungen, den Makel der ursprünglichen Unfreiheit abzustreifen, so daß sie am Ende des 13. Jahrhunderts gar als ebenbürtige Partner in Grafen- und Herrenfamilien einheiraten konnte, was ihren hohen sozialen Rang unterstreicht. Es

[173] KEUPP, Dienst und Verdienst, S. 44.

[174] Schwabenspiegel, § 158, S. 271.

[175] KEUPP, Dienst und Verdienst, S. 45; dort auch zum folgenden.

[176] Zu dieser Einschätzung vgl. RÖDEL, Reichslehenswesen, S. 339. Diese „Transaktion" zeigt darüber hinaus auch, daß die „ministeriale Unfreiheit mit ihren sehr weitgehenden Konsequenzen für die Betroffenen noch in Kraft war" (EBD., S. 338).

drängt sich daher die Frage auf: Wie konnte die Stellung nach dem Schiedsspruch von 1223 gewahrt bleiben?

Hier bieten sich zwei mögliche Hypothesen an: (1) Die Familie wurde nicht – wie bislang allgemein angenommen – über den jüngeren Sohn fortgesetzt, sondern durch den unbekannt gebliebenen älteren Sohn, der möglicherweise bis zum Ende Heinrichs (VII.) dessen Schenk geblieben war. (2) Die Familie wurde über den „Konrad-Zweig" fortgesetzt.

Weder den einen noch den anderen Ansatz wird man schlußendlich beweisen können. Dennoch böten beide Möglichkeiten einen Erklärungsansatz, der den hohen sozialen Rang der Schenken von Erbach auch noch in der zweiten Hälfte des 13. Jahrhunderts plausibel machen würde: Dieser Teil der Familie war von der Übergabe 1223 nicht betroffen, verblieb in der Reichsministerialität und stellte bis zum Ende der Königsherrschaft Heinrichs (VII.) dessen Schenk[177].

Doch scheint die Entscheidung des Jahres 1223 ihre Folgen gezeitigt zu haben. Ist damit der Übergang „der" Schenken von Erbach in die pfalzgräfliche Ministerialität bei weitem nicht so klar gegeben, wie dies stets behauptet wurde, so ist doch eine gewisse Richtung für die weitere Entwicklung vorgezeichnet. Ein Zweig der Schenken von Erbach wurde mit 1223 offenbar in einem ersten Schritt an die Pfalzgrafschaft gebunden. Pfalzgraf Ludwig I. hatte damit ein Signal seiner Politik gegeben, die er gegenüber der Schenkenfamilie verfolgte. Er versuchte mit dieser Aktion seinen größten Widersacher im Bereich des Odenwaldes und der Bergstraße an sich zu binden und damit die Bedrohung für die Pfalzgrafschaft im mittleren und hinteren Odenwald zu mindern, wenn nicht gar auszuschalten. Der andere Teil der Familie blieb wohl in der angesehenen Position eines königlichen Schenken und strebte entsprechend der allgemeinen Entwicklung immer mehr zu einer Emanzipation von der königlichen Dienstherrengewalt, so daß er letztlich die ursprüngliche Unfreiheit eines Ministerialen abstreifen konnte.

[177] Es bliebe dann allerdings zu fragen, wie dies mit der Tatsache zu vereinbaren ist, daß zwei aus dem Hause Schüpf, Walter (1226, 1230-34) und Ludwig (1229-32), Schenken Heinrichs waren. Eine Mehrfachbesetzung des Schenkenamts Heinrichs (VII.) scheint freilich nicht ungewöhnlich gewesen zu sein; denn zur selben Zeit sind auch Konrad von Klingenberg und Konrad von Winterstetten (aus dem Hause Waldburg-Tanne) als Schenken erwähnt (vgl. dazu WUNDER, Schenken von Limpurg, S. 21f; KEUPP, Dienst und Verdienst, S. 236-240; STÜRNER, Friedrich II., 2, S. 300). – Die Schenken von Schüpf-Limpurg verloren in der Auseinandersetzung Heinrichs mit seinem Vater 1235 ihre Stammburgen, da sie bis zum Ende des Königs auf dessen Seite verharrten. Erst Mitte der 1240er Jahre sind sie dann wieder im Umfeld des staufischen Herrschers zu finden (vgl. WUNDER, ebd.; KEUPP, ebd., S. 240). Ein ähnlicher Vorgang ist für die Schenken von Erbach (des „Konrad-Zweigs") nicht überliefert, so daß davon auszugehen ist, daß sie sich frühzeitig von Heinrich (VII.) distanzierten – sollten sie nach 1223/24 überhaupt noch seine Schenken gewesen sein. Möglicherweise war auch der „Konrad-Zweig" in der zweiten Hälfte der 1220er Jahre zusehends in die pfalzgräfliche Abhängigkeit geraten, vor allem nach 1226, als Ludwig I. *tutor* des jungen Königs geworden war, so daß der Bruch des Königs mit dem Herzog 1228, das heißt: das Ende der „Regentschaft" des Wittelsbachers, auch zur Trennung Heinrichs von den Erbachern führte (vgl. dazu THORAU, Heinrich (VII.), S. 345-348, 351-353).

Nach der Ermordung des Erzbischofs Engelbert von Köln 1226 setzte Kaiser Friedrich II. Pfalzgraf Ludwig I. zum Vormund seines Sohnes Heinrich (VII.) ein[178]. Bereits zuvor hatte der Pfalzgraf dem Regentschaftsrat angehört. Zwischen Ludwig und seinem fünfzehnjährigen Mündel scheinen aber von Anfang an Spannungen bestanden zu haben, die schließlich 1228 zum offenen Streit führten, so daß sich Heinrich von Ludwig I. lossagte und die eigenständige Regierung antrat. Dennoch weilte der Pfalzgraf in diesen Jahren am Hof des jungen Königs. Sollte die Übertragung der Kinder des Königsschenken 1223 nicht erfolgt sein[179] bzw. wurde nur ein Familienteil tradiert, so daß der andere Teil am Hof des Königs blieb, so war die Nähe gegeben, die eine spätere Anbindung der Erbacher an die Pfalzgrafen bei Rhein ermöglichte. Ludwig I. hatte so die Möglichkeit, auf die in Königsnähe stehenden Erbacher Einfluß zu nehmen und seine Politik gegen die konkurrierenden Schenken entsprechend auszurichten.

Offenbar gerieten die Erbacher dann nach 1235 mit dem Ende des Königtums Heinrichs (VII.) immer stärker in die Abhängigkeit der rheinischen Pfalzgrafen und sind in ihrem Umfeld zu verorten. Vor allem für die Zeit des Interregnums scheinen die im Odenwald ansässigen Schenken eine gewisse Zwitterstellung eingenommen zu haben: als ehemalige Königsschenken hatten sie gerade so viel Gewicht und Bedeutung, daß sie der Pfalzgraf nicht einfach übergehen konnte. Er mußte sie in seine Politik einbeziehen und so ständig als eine führende Kraft im Odenwaldraum in seinen Berechnungen berücksichtigen. Daß er dies tat, darauf weisen die vielfältigen Verbindungen hin, wie sie sich in den unten aufgeführten Urkunden zeigen[180]. Andererseits waren die Schenken aber auf die Anlehnung an die Reichsfürsten angewiesen, da sie kaum aus sich heraus die Größe hatten, sich auf Dauer zu behaupten, auch wenn die benachbarten Fürsten das Eigentumsrecht der Schenken von Erbach an ihrem Territorium anerkannten. Geschickt verstanden es die Erbacher auch zwischen den beiden Kontrahenten Erzstift Mainz und Pfalzgrafschaft zu lavieren und so ihre Position im hinteren Odenwald zu konsolidieren, wenn nicht gar an verschiedenen Stellen auszubauen.

Daher wird man einen weiteren Verbleib in der Reichsministerialität vor allem nach 1235/36 nicht einfach postulieren können, wie dies Steinmetz tut[181]. So

[178] Vgl. zum folgenden THORAU, Heinrich (VII.), S. 276-284, 341-348; ENGELS, Staufer, S. 160f; SCHAAB, Kurpfalz 1, S. 72.

[179] Neuerlich zieht SCHOLZ, Erbach, S. 32f, die *traditio* in Zweifel, weil eine in der Urkunde geforderte Bestätigung der Entscheidung durch Kaiser Friedrich II. nicht bekannt ist. Ob eine solche kaiserliche Bestätigung jemals existiert hat, wissen wir freilich nicht, doch sie könnte auch verloren gegangen sein, so daß die Übertragung sehr wohl stattgefunden haben kann.

[180] S. unten S. 66-69. Es handelte sich in erster Linie um Zeugenschaften der Herren von Erbach für die Pfalzgrafen; sie übernahmen aber auch schiedsrichterliche Funktionen für sie.

[181] Es ist auch zu fragen, inwieweit die Reichsministerialität in der Zeit des Interregnums überhaupt noch existierte. Das heißt auch: Geht nicht mit dem Schwinden der Bedeutung des Königtums quasi automatisch ein Bedeutungsaufschwung der Reichsfürsten einher, so daß diese danach strebten, die mindermächtigen Adeligen und Reichsministerialen in ihrer

steht unter anderem die Bindung an die rheinische Pfalzgrafschaft, die seit 1251 nachzuweisen ist, dem entgegen. Die von Steinmetz herangezogenen Belegstellen, die die fortgesetzte Reichsministerialität der Familie (auch nach der Jahrhundertmitte) beweisen sollen, lassen eine solche Verifizierung nicht zu. Er zieht dazu vor allem drei Urkunden heran: den Schiedsspruch von Hemsbach vom April 1264, aus demselben Jahr eine Urkunde Konradins von Staufen, ausgestellt in Friedberg bei Augsburg, sowie die Bestätigung der Privilegien der Wormser Bürger 1273 durch König Rudolf.

Am 15. April 1264 schlichteten der Nürnberger Burggraf Friedrich von Zollern, Graf Diether von Katzenelnbogen und ihre Mitschiedsrichter *vice regis* eine Fehde zwischen Pfalzgraf Ludwig II. und den Herren von Strahlenberg; eingebunden in das Verfahren war des weiteren auch das Erzbistum Mainz[182]. Ein Gutteil der Entscheidungen betraf auch Streitpunkte, die nach wie vor zwischen den beiden Fürsten um den Besitz der ehemaligen Reichsabtei Lorsch bestanden. Am 4. Juni stimmten Erzbischof Werner von Mainz und Pfalzgraf Ludwig dieser Entscheidungsfindung zu, und sie verglichen sich aufgrund des Spruchs der von beiden Seiten benannten Schiedsleute über die Lorscher Frage bezüglich Weinheim und Windeck sowie Wallhausen[183]. Im Gefolge dieses Bündnisses mit dem Pfalzgrafen etablierte der Erzbischof noch im selben Monat einen zweijährigen Landfrieden, dem im Mai 1265 ein dreijähriger Landfrieden in der Wetterau folgte[184]. Die Zustimmung zu der richterlichen Entscheidung des königlichen Schiedsgerichts durch die beiden Hauptkontrahenten um Lorsch deutet darauf hin, daß die Fehde Pfalzgraf Ludwigs II. mit dem Strahlenberger aus den immer noch ungeklärten Lorscher Verhältnissen heraus erwachsen ist. Möglicherweise wurde Konrad von Strahlenberg geradezu als Mainzer wie auch als Wormser Gewährsmann auf den Pfalzgrafen und seine Anhänger „angesetzt", um Ludwig im Streit um Lorsch zu binden. Während dieser Auseinandersetzung war Schenk Konrad[185] als Verbündeter (oder vielleicht noch als

Umgebung zu „mediatisieren"? Vgl. zu diesem Aspekt beispielhaft SPIEß, Reichsministerialität, S. 56-78, der darauf hinweist, daß die Reichsministerialität seit dem Interregnum stark an Bedeutung einbüßte, die Reichsfürsten hingegen versuchten, sie stärker an sich zu binden, eine Entwicklung, die auch bei den Wittelsbacher Pfalzgrafen zu erkennen ist.

[182] GLA 67/876, fol. 39r-40r (Abschrift Ende 15. Jh. im Heidelberger Amtsbuch, mit dem Original kollationierte Kopie); GUDENUS, Codex diplom. 2, S. 150; BECHER, Hemsbach, S. 4-6 (nach GLA 67/876); Regest: RI V, Nr. 11956; RPR I, Nr. 759; DEMANDT, Katzenelnbogen, Nr. 149; RGME II, XXXVI, Nr. 112; ROTTER, Urkundenregesten, S. 457f, Nr. 554.

[183] GLA 43/5518; SCHAAB/LENZ, Ausgewählte Urkunden, Nr. 21, S. 21-23; RPR I, Nr. 761; Mon. Zollerana II, S. 53.

[184] RGME II, XXXVI, Nr. 113, 128; HEINIG, Krise und Reinstallation, S. 366f. Dort auch der Hinweis auf die Landfriedenspolitik des Mainzer Erzbischofs, der 1269 ausdrücklich als *sancte pacis propagator* bezeichnet wurde.

[185] BECHER, Hemsbach, S. 6, 9, spricht dagegen von den Schenken Konrad und Eberhard, die in der Gefangenschaft des Strahlenbergers waren. Diese Aussage beruht aber offenbar auf einer Fehllesung. Unter dem vierten Punkt der Vereinbarung heißt es *C. pincerna de erpach habet questionis contra Stralenbergarium* (GLA 67/876, fol. 39v). Das *C.* ist recht undeutlich geschrieben, aber ein Vergleich mit *C* bzw. *E* in den vorausgehenden und

Ministeriale) der Pfalzgrafschaft in die Gefangenschaft Konrads II. von Strahlenberg geraten[186]. Da der Hemsbacher Schiedsspruch in erster Linie die Streitigkeiten zwischen der Pfalzgrafschaft und Strahlenberg betraf, scheint Erbach hier nur aufgrund seiner Zugehörigkeit zur pfälzischen Klientel in den Fall involviert gewesen zu sein.

Daß ein Schiedsgericht *vice regis* sich des Falles annahm, ist darüber hinaus wenig verwunderlich. *Vice regis* heißt zunächst einmal nicht mehr und nicht weniger, als daß die beteiligten Personen stellvertretend für den König zu allen nötigen Schritten autorisiert waren[187]. Die dazu bestimmten Personen hatten zwischen der Pfalzgrafschaft und dem Erzbistum Mainz und deren Anhängern zu entscheiden; das heißt vor allem: zwischen Reichsfürsten. So ist es nicht erstaunlich, daß sich ein königliches Schiedsgericht mit der Schlichtung der Auseinandersetzung befaßte. Darüber hinaus hatten alle an der vorausgegangenen Fehde Beteiligten bereits wie auch König Wilhelm von Holland dem Jahre zuvor gebildeten Rheinischen Städtebund angehört. Sowohl Pfalzgraf Ludwig als auch der Strahlenberger sowie ein Schenk von Erbach waren diesem Bündnis 1255 beigetreten[188]. Eine fortgesetzte Reichsministerialität der Schenken von Erbach kann daher aus dem Hemsbacher Vertrag nicht abgeleitet werden[189]. Eher ist hier doch an eine „Doppelstellung" Schenk Konrads zu denken: einerseits gehörte er zur Klientel des rheinischen Pfalzgrafen; andererseits zeigt sich auch seine selbständige Stellung in einem eigenen Gerichtsverfahren gegen

nachfolgenden Urkundenabschriften des Kopialbuchs macht deutlich, daß hier eigentlich nur *C.* gelesen werden kann, was als *C(onradus)* aufzulösen ist. Dies wird auch gestützt durch den Inhalt der Urkunde. Denn unter dem zweiten Punkt ist von Konrad von Erbach die Rede, der in Strahlenberger Gefangenschaft war, so daß es auch inhaltlich keinen Sinn ergibt, nun von einem *E(berhardus)* zu sprechen.

186 SCHAAB, Kurpfalz 1, S. 82, schreibt sogar pointiert, daß mit dem Schiedsspruch „unter anderem [...] ausdrücklich die Rechte des Pfalzgrafen über die Schenken von Erbach und ihren Besitz im Odenwald anerkannt" wurden. Ob dies allerdings in dieser Bestimmtheit der Urkunde zu entnehmen ist, erscheint fraglich.

187 Vgl. KEUPP, Dienst und Verdienst, S. 368, 371.

188 Zur Bedeutung des Rheinischen Städtebundes und seines Landfriedens vgl. MORAW, Offene Verfassung, S. 206-209; KAUFHOLD, Deutsches Interregnum, S. 168-215; DERS., Interregnum, S. 35-49. – Im Oktober 1255 traten nach Verhandlungen in Worms neben vielen Adeligen und Städten auch Pfalzgraf Ludwig – als einziger Reichsfürst –, Konrad von Strahlenberg und der *pincerna de Erbach* dem Landfrieden bei (MGH Leg. II in fol., S. 373f; MGH Const. II, Nr. 428, S. 584; RUSER, Urkunden und Akten, Nr. 255, S. 219).

189 Hier gilt es auch zu bedenken, daß 1264 offenbar gar keine Gerichtsverhandlung vor dem königlichen Hofgericht (Königsgericht) stattfand, sondern daß es sich in diesem Fall um ein Sühnegericht handelte. Diese Sühneverfahren entbehrten nicht ihrer Gültigkeit, rechtlich waren sie einem Gerichtsprozeß gleichzusetzen. Sie hatten diesem gegenüber jedoch Vorteile: sie waren weitaus weniger langwierig; das Streben nach einem Vergleich band alle Beteiligten in die Entscheidung mit ein und hatte so gleichzeitig eine positive Einwirkung auf den Friedensschluß. Von der Krone waren daher solche Verfahren anerkannt und gefördert. Darüber hinaus ist für den Fall 1264 nicht eindeutig zu klären, ob eine autoritäre Schiedsrichterbestellung durch den König erfolgte oder ob die Parteien an der Wahl beteiligt waren. – Vgl. dazu RÖDEL, Königliche Gerichtsbarkeit, S. 164, 212-214.

die Herren von Strahlenberg. Die Begleitumstände des Hemsbacher Vertrags können daher auch als Hinweis auf ein fortgesetztes Emanzipationsstreben von Seiten der Schenken von Erbach aufgefaßt werden.

Daß Konrad in den pfalzgräflichen Klientelverband gehörte, zeigt eine Urkunde aus demselben Jahr. Am 20. Oktober 1264 zeugte Schenk Konrad I. in einer Urkunde, die Konradin von Staufen für das Kloster Oberschönenfeld in der Nähe von Augsburg ausgestellt hatte[190]. Ausstellungsort der Urkunde war Friedberg, östlich von Augsburg gelegen. Es handelt sich dabei um einen Ort, der bei der Teilung Bayerns 1255 Herzog und Pfalzgraf Ludwig II. zugesprochen worden war[191]. An erster Stelle der Zeugenreihe steht nun aber Ludwig II., der von Konradin als *Auunculus noster* bezeichnet wird, das heißt als Bruder der Mutter[192]. Nach ihm folgen die weiteren Zeugen, die alle seinem Umstand zuzurechnen sind. Es handelt sich dabei bis auf Schenk Konrad um Edelfreie und Ministeriale aus Bayern[193]. Wir dürfen hier wohl davon ausgehen, daß der Schenk als Pfälzer Dienstmann seinem Herrn in dessen „entourage" in das Herzogtum Bayern gefolgt war, wo die Urkunde ausgestellt wurde; ein Indiz für die Zugehörigkeit der Erbacher zur Reichsministerialität können wir in dieser Urkunde daher nicht erkennen. Die Anwesenheit des Pfalzgrafen mit seinen Leuten in Friedberg erklärt sich daraus, daß er seit 1254 Vormund des damals einjährigen Konradin war, der danach in der Obhut der wittelsbachischen Verwandten aufwuchs. Die Vormundschaft endete theoretisch 1266 mit der Mündigkeit Konradins, de facto blieb er jedoch unter dem Einfluß seines Onkels bis zu seiner Hinrichtung 1268 in Neapel[194].

Auf seinem Weg zum Hoftag in Speyer bestätigte König Rudolf im Dezember 1273 den Wormser Bürgern ihre Privilegien, die sie von Kaiser Friedrich II. und dessen Vorgängern erhalten hatten[195]. Die Schenken Johannes und Konrad von Erbach sind als letzte in der Zeugenliste namentlich genannt. Die Zeugenreihe setzt sich aus geistlichen und weltlichen Reichsfürsten, Grafen und Ministerialen unterschiedlicher Herkunft zusammen, die aber zumeist aus dem

[190] Urkunden Oberschönenfeld, Nr. 23/2; Mon. Boica XXX.1, Nr. 808; RI V, Nr. 4797.

[191] Zum Vorgang der Teilung und der Vorgeschichte vgl. SCHAAB, Kurpfalz 1, S. 73f; SPINDLER/KRAUS, Grundzüge, S. 72f; RPR I, Nrr. 647, 727.

[192] Die Mutter Konradins war Elisabeth von Pfalz-Bayern, die Schwester Pfalzgraf Ludwigs II. Sie war verheiratet mit Konrad IV. von Staufen.

[193] Zeugen der Urkunde: *Auunculus noster Lodwicus Comes Palatinus Rheni, Dux Bawarie. Hadmarus nobilis de Labir. Hermannus nobilis de Hvernheim. Hermannus filius suus. Rvodolfus de Hvernheim. Hermannus de Haeginberch. Chvonradus Pincerna de Ertpach. Heinricus de Isoldisriet, et alii quam plures* (Mon. Boica XXX.1, Nr. 808).

[194] Vgl. SCHAAB, Kurpfalz 1, S. 74; ENGELS, Staufer, S. 189, 191: Noch 1267 handelte Ludwig II. als Reichsvikar, als ob es keinen König gäbe.

[195] Urkunde vom 7. Dezember 1273 in Worms. Drucke: Wormser UB I, S. 234f, Nr. 366; BÖHMER, Acta imperii, S. 317f, Nr. 392; Regesten: RI VI, Nr. 47 (unter Nennung der Zeugen); SCRIBA, Regesten, Nr. 1810.

Süden des Reichs und der näheren Umgebung von Worms stammten[196]. Vergleicht man die Zeugen mit denen der wenige Tage später ausgestellten Urkunde, die die Privilegien für die Stadt Speyer bestätigte, so zeigt sich großteils eine Übereinstimmung in der Zeugenreihe. Die oben genannten Erbacher fehlen jedoch[197]. Dies zeigt, daß die beiden Schenken offenbar nicht in Speyer anwesend waren, obgleich der Pfalzgraf dort Zeuge für den König war.

Eine Absicherung der sozialen Stellung der Schenken von Erbach im 13. Jahrhundert können darüber hinaus die Zeugenlisten der für dieses Jahrhundert überlieferten Urkunden mit Erbacher Zeugenschaft erbringen. Es sind knapp ein Dutzend Urkunden erhalten, die in dieser Hinsicht aussagekräftig sind:

(1) Die oben bereits angeführte Urkunde von 1206[198] erwähnt einen Gernod von Erbach als letzte Person in der Zeugenreihe für den welfischen Pfalzgrafen Heinrich I. Gernod ist seiner Stellung in der Zeugenliste nach als ministerialischer Zeuge zu identifizieren. Fraglich bleibt aber bei allem, ob er wirklich als Angehöriger der Schenkenfamilie zu benennen ist.

(2) In einer Urkunde von 1218[199] tritt an dritter Stelle nach den edelfreien Zeugen Schenk Konrad von Erbach auf, bevor die Inhaber der Mainzer Hofämter genannt sind. Er scheint hier eine Mittelstellung bezüglich der Rangfolge innerhalb der Zeugen einzunehmen. Dies deutet darauf hin, daß er gegenüber den Mainzer Hofamtsinhabern eine vorrangige Stellung einnahm; möglicherweise gehörte er der Reichsministerialität an.

(3) In einer undatierten Urkunde Pfalzgraf Ludwigs für das Kloster Schönau ist Schenk Gerhard Zeuge als *ministerialis*[200]. Die Urkunde wird heute spätestens 1220 datiert; nicht mehr haltbar sind die Spätdatierungen, die in den pfälzischen Regesten durch Koch und Wille bzw. von Hofmann vorgenommen worden sind[201]. Dieser Gerhard ist zweifelsohne der Königsschenk, dessen Kinder 1223 der Obhut des Pfalzgrafen überantwortet werden. Bei dieser Urkunde gilt

[196] Zeugenliste (nach dem Wormser UB): *Testes huius rei sunt: Wernherus archiepiscopus Maguntinus, Engelbertus archiepiscopus Coloniensis, .. episcopus Paderburnensis, Ůlricus electus abbas sancti Galli, Ludewicus comes palatinus Reni dux Bawarie, Albertus dux Saxonie, Heinricus comes de Furstenberg, Hugo comes de Werdenberg, Albertus comes de Hohenberg, Ludewicus comes de Otingen, Cůnradus et Ludewicus filii sui, Emicho et Fridericus comites de Liningen, Phylippus et Theodericus fratres de Hohenvels, Wernherus et Phylippus fratres de Bolandia, Cůnradus et Johannes pincerna* [sic] *de Ertpach et alii quam plures* (BÖHMER, Acta imperii, S. 317, hat dagegen: *pincerne de Ertpach*). Der fehlende Name des Paderborner Bischofs ist für die Zeit zu ergänzen als: Simon Edelherr zur Lippe, reg. 1247-1277 (vgl. HENGST, S. 540f).

[197] HILGARD, Urkunden Speyer, 92f, Nr. 126; RI VI, Nr. 49 (Speyer, 13. Dezember 1273). Neben den oben aufgeführten Zeugen traten hier vor allem weitere Grafen, Herren und Ministeriale auf, die der engeren Umgebung des Speyerer Bischofs zugehörten.

[198] S. dazu oben S. 45-48.

[199] Es handelt sich um die Urkunde, in der ein Mitglied des Hauses Erbach erstmals als Schenk bezeichnet wurde (vgl. Franz, Kloster Haina 1, Nr. 16: Aschaffenburg, 12. September 1218); s. ausführlich dazu unten S. 132f.

[200] GUDENUS, Sylloge, S. 122, Nr. 50; DRAUDT, Michelstadt-Steinbach, S. 528.

[201] RPR I, Nr. 217: um 1226; HOFMANN, Urkundenwesen, S. 227, Nr. 94: zu 1228.

es auch die Stellung Gerhards innerhalb der weiteren ministerialischen Zeugen zu beachten. Vor ihm stehen Zeugen, die zu den Reichs- bzw. zu den staufischen Ministerialen zu zählen sind; nach ihm folgen Ministerialen des rheinischen Pfalzgrafen, was gegebenenfalls als Hinweis auf eine „Doppelministerialität“ zu interpretieren ist.

(4) 1224 begegnet uns ein Gerhard von Erbach in einer Urkunde für das Kloster Schönau[202]. Er wird in der Urkunde als *investitor* der Wieblinger Kirche genannt, der zuvor der Übergabe der dortigen Mühle an das Kloster zugestimmt hatte. Die Urkunde ist im Januar 1224 durch den Propst von Neuhausen als dem zuständigen Archidiakon ausgestellt worden; die Zustimmung Gerhards mußte also schon früher erfolgt sein. Vielleicht haben wir hier noch den 1223 verstorbenen Königsschenken vor uns und nicht seinen Sohn Gerhard den Jüngeren, wie in der Forschung meist angenommen wird[203].

(5) Im November 1256 verbürgte sich Johann von Avesnes mit anderen im Namen Richards von Cornwall, dem Pfalzgrafen Ludwig 12000 Mark zu geben für den Fall, daß Richard zum deutschen König gewählt werden sollte. Einer der Zeugen war *pincerna C. de Erpach*[204].

(6) Am 20. Oktober 1264 schenkte König Konradin dem Zisterzienserinnenkloster Oberschönenfeld einen Hof in Uttenhofen. An achter Stelle steht als vorletzter der namentlich genannten Zeugen Konrad Schenk von Erbach[205]. Er ist damit in den Umstand und die Ministerialität des Pfalzgrafen und Herzogs Ludwig II. einzureihen.

(7) Am 19. Juni 1269 belehnte Bischof Bertolt von Bamberg Pfalzgraf Ludwig mit dem Erbtruchsessenamt und den dazugehörigen Gütern des Bamberger Stifts. Als Zeugen der Beurkundung waren unter anderen die Schenken Eberhard und Konrad anwesend[206]. Interessant ist dabei die Stellung der Schenken innerhalb der Zeugenreihe: Sie werden im letzten Drittel aufgeführt und stehen mitten in der Reihe verschiedener Hofamtsinhaber. Vor ihnen sind u.a. die

[202] GUDENUS, Sylloge, S. 135, Nr. 58.

[203] S. ausführlich unten S. 136f.

[204] MON. WITT. 1, Nr. 66. Es handelte sich hierbei um Schenk Konrad II., den Begründer der alten Erbacher Hauptlinie.

[205] Wie Anm. 190; s. Anm. 193 (dort die Auflistung der Zeugen).

[206] SCHAAB/LENZ, Ausgewählte Urkunden, Nr. 23, S. 24f: *testes autem sunt: dominus H. venerabilis spirensis episcopus, Walrabus prepositus maioris ecclesie wormaciensis, Emcho comes de Lyningen fratres nostri, frater de Bonlandia, prepositus sancti Stephani babinbergensis, Fridericus burcrauius de Nuerinberch, Reinhardus de Hagnawe, Hermannus et Rudolfus de Hurnhaym, Hadmarus de Labir, Meinhardus comes de Rotenek, Gebhardus de Wilhaym, Erchingerus de Maginhaym, Chvnradus et Otto de Richenbach, Gerlacus de Bruberch, Otto de Bruhsella, Engilhardus de Winsperch, Philippus et Gerhardus dapiferi de Alzeia, Wolframus dapifer de Niwanstorf, Ulricus de Niwanstorf, Chonradus de Alkerstorf, Berhtoldus de Vochinberge, Antonius dapifer de Chirwiler, Chonradus et Eberhardus pincerne de Ertpach, Chunradus de Prisingen, Heinricus de Rorbach, Liupoldus coquinarius de Rotinburch, Berholdus de Geboltspach, Wernherus de Husen, Fridericus notarius curie nostre et alii quam plures.*

Truchsessen von Alzey und ein Truchseß von Kirrweiler genannt, nach ihnen zeugte noch ein Lupold Küchenmeister von Rotenburg. Möglicherweise deutet die Stellung in der Zeugenschaft auf die bereits erfolgte Belehnung mit dem Pfälzer Erbschenkenamt hin. Ausgestellt wurde die Urkunde im Lager vor Neustadt an der Weinstraße.

(8) Vom selben Tag stammt die ebenfalls im Lager vor Neustadt ausgestellte Urkunde über die Belehnung Ludwigs mit der Stadt Amberg durch den Bamberger Bischof, die an sieben Positionen in der Zeugenreihe von der vor herigen abweicht[207], insbesondere unmittelbar vor den Erbachern, wo Ulrich von Berg als Marschall (!) des Herzogs aufgeführt ist[208].

(9) Am 7. Dezember 1273 bestätigte König Rudolf den Bürgern von Worms ihre Privilegien[209]. Als letzte, namentlich genannte Zeugen werden die Schenken Johannes und Konrad von Erbach aufgeführt. Zuvor werden aus dem näheren geographischen Umfeld der Stadt Worms die Grafen Emich und Friedrich von Leiningen, die Reichsministerialen Philipp und Dietrich von Hohenfels sowie Werner und Philipp von Bolanden genannt. Bei den beiden letztgenannten handelt es sich wohl um den Reichstruchsessen (seit 1258, zuvor Schenk) Werner VI. von Bolanden und seinen Bruder Philipp V.; die beiden genannten Hohenfels waren Enkel Philipps III. von Bolanden, der die Linie Hohenfels begründete, und Söhne des Reichskämmerers Philipp IV. von Bolanden-Hohenfels[210].

[207] SCHAAB/LENZ, ebd., Nr. 24, S. 25f: *Testes autem sunt: dominus Heinricus venerabilis Spirensis episcopus, Walramus prepositus maioris ecclesie Wormatiensis, Emicho comes de Liningen, Fridericus burcgrafius de Nuremberc, Fridericus de Bonlandia, prepositus Sancti Stephani Babenbergensis, Albertus prepositus Ilmunstrensis, Reinhardus de Hagenowe, Hermannus et Růdolfus de Hurnheim, Hademarus de Labern, Meinhardus comes de Rotenegge, Gebehardus de Wilheime, Erkengerus de Magenheim, Conradus et Otto de Bicgenbach, Gerlacus de Brůberg, Otto de Brusella, Engelhardus de Winsberc, Phylippus et Gerhardus dapiferi de Alzeia, Wolframus dapifer de Nuwendorf, Ulricus de Nuwensdorf, Cunradus de Algersdorf, Bertoldus de Boggenberc, Antonius dapifer de Kirwilre, Bertoldus de Snatbach, Ulricus de Berge, predicti ducis marescalcus, Cunradus et Eberhardus pincerna* [sic] *de Erebach, Cunradus de Brisingen, Heinricus de Rorbach, Luitpoldus coquinarius de Rotenburc, Bertoldus de Gevolcsbach, Eberhardus de Critta, Wernherus de Ilusen, Friedericus de Memmendorf, Fridericus de Stoᵘphen, notarii ducis, et Fridericus notarius curie nostre et aili quam plures.*

[208] Zu Ulrich von Berg, der sich auch Marschall von Lengenfeld (Burglengenfeld/Oberpfalz) bzw. Viztum von Lengenfeld nannte, so lange er von etwa 1282 bis 1285 einer der beiden oberbayerischen Viztume war, vgl. ausführlich KLAFKI, Erbhofämter, S. 29-31.

[209] Zum Nachweis der Urkunde s. oben S. 66 (Anm. 196 mit der Zeugenliste). – In der Zeugenreihe der wenige Tage danach ausgefertigten Privilegienbestätigung für Speyer sind die beiden Erbacher dagegen nicht genannt. Sie gehörten offenbar nicht zum engeren Umfeld des Königs und waren daher nicht in Speyer anwesend.

[210] Vgl. dazu MÖLLER, Stamm-Tafeln, A.F. I, S. 33-37, Taf. 17f. – Die Grafen von Leiningen waren schon früh mit der bedeutenden Reichsministerialenfamilie der Bolanden verschwägert (vgl. EBD.).

(10) 1277 trat Schenk Konrad als Schiedsrichter in einer Auseinandersetzung zwischen dem Pfalzgrafen und Philipp und Gerhard Truchseß von Alzey auf[211].

(11) Am 24. April 1277 kaufte Pfalzgraf Ludwig II. Lindenfels von den Markgrafen von Baden[212]. Damit war ein altes Pfälzer Herrschaftszentrum im Odenwald, das 1214 durch Erbgang an Baden gefallen war, wieder in die Hand des Pfalzgrafen gelangt. Unter den Zeugen finden sich Schenk Konrad von Erbach und sein Sohn, Schenk Eberhard.

Das Vorkommen in den Zeugenlisten dieser Urkunden zeigt, daß die Schenken von Erbach während der gesamten Zeit nach 1214 im Umfeld der Pfalzgrafen bei Rhein auftraten. Dabei gilt es jedoch in mehrfacher Hinsicht zu differenzieren: Zum einen ist es auffällig, daß in den Zeugenlisten in der Regel nur Angehörige der alten Hauptlinie zu Erbach genannt sind. Hinweise für die Zeugenschaft von Schenken aus dem Reichenberger Zweig sind bislang nur in einem Jahr bekannt[213]. Zum anderen muß zwischen der ersten und der zweiten Hälfte des 13. Jahrhunderts unterschieden werden: Vor allem im ersten Viertel des Jahrhunderts sind die Schenken in erster Linie im staufischen Umfeld zu verorten. Aufgrund der genannten Zeugenschaften und der wichtigen Übertragungsurkunde vom 13. Mai 1223 ist davon auszugehen, daß sie als Reichsministeriale angesprochen werden müssen. Es ist dabei nicht nur von einer vorübergehenden Ausnahme weniger Jahre auszugehen, wie dies Kleberger annimmt[214]. Vielmehr scheint die Phase der Reichsministerialität längere Dauer gehabt zu haben. Möglicherweise umfaßte sie das gesamte erste Drittel des 13. Jahrhunderts bis zur Absetzung König Heinrichs (VII.).

Als „Ministeriale“[215] der rheinischen Pfalzgrafschaft können die Herren von Erbach erst nach der Jahrhundertmitte angesehen werden. Denn erst seither traten sie kontinuierlich in den Zeugenreihen pfalzgräflicher Urkunden auf. Ihre Stellung innerhalb der Zeugenlisten weist sie eindeutig als Zugehörige zum pfalzgräflichen Klientelverband aus[216]. Eine nicht geringe Anzahl dieser dort genannten Familien waren ihrer ursprünglichen Herkunft nach (Reichs-)Ministe-

[211] HOFMANN, Urkundenwesen, S. 112; RPR I, Nr. 992; KLAFKI, Erbhofämter, S. 61.

[212] RPR I, Nr. 993, 994, 996, 1002; RMB I, Nr. 505-507; Verkaufsurkunde bei MARCHAND, Lindenfels, S. 116f.

[213] Bei der Belehnung Ludwigs mit dem bambergischen Erbtruchsessenamt und mit Amberg war auch Schenk Eberhard unter den Zeugen (s. Nr. 7 und 8 der Urkundenliste).

[214] Vgl. KLEBERGER, Territorialgeschichte, S. 55f.

[215] Die Begriffe Ministeriale bzw. Ministerialität sind hier in Anführungszeichen gesetzt, da sie m. E. seit dem Ende der staufischen Königsherrschaft einen Bedeutungswandel erfahren haben und nicht mehr im eigentlichen Sinn als unfreier Dienstmann bzw. Dienstmannschaft des Königs oder eines Fürsten zu verstehen sind. Denn mit dem Beginn des 13. Jahrhunderts, spätestens aber seit dem zweiten Viertel sahen sich die einstmals ministerialischen Familien auf einer Ebene mit dem Adel und traten mit einem entsprechenden Selbstverständnis auf (vgl. zu diesem Aspekt jetzt KEUPP, Dienst und Verdienst).

[216] S. dazu auch das Kapitel 2.2.

rialenfamilien[217] – wie eben auch die Schenken von Erbach –, denen es aber im Laufe des 13. Jahrhunderts gelungen war, ihren unfreien Charakter abzustreifen. Dem gegenüber schien aber die Reichsministerialität später noch nachgewirkt zu haben, auch dann noch, als die Schenken von Erbach längst (wieder) in die pfalzgräfliche „Ministerialität" gelangt waren. Die Familie hatte also durch das gesamte 13. Jahrhundert hindurch einen „reichsministerialen Charakter" – wie Bosl ausführte – bewahrt. Offenbar muß auch vor diesem Hintergrund das durchgängig hohe Konnubium der Familie bereits im Verlauf des 13. Jahrhunderts gesehen werden[218].

## 1.4 Krise und Konsolidierung: Die Herrschaft Erbach im Spannungsfeld zwischen der Pfalzgrafschaft und dem Erzstift Mainz seit dem Ende des 13. Jahrhunderts

Wurde im vorausgegangenen Kapitel das Verhältnis der Schenken von Erbach zu der rheinischen Pfalzgrafschaft im Verlauf des 13. Jahrhunderts geschildert[219], so ist es an dieser Stelle nochmals notwendig, auf das letzte Viertel dieses Jahrhunderts zu blicken. Denn nur so wird verständlich, wie es zu Beginn des 14. Jahrhunderts zu einer nahezu existentiellen Krise für die Schenkenfamilie kommen konnte. Dabei ist vor allem auch auf das Verhältnis der Familie zum Erzstift Mainz einzugehen, eine Blickrichtung, die bislang in der Forschung vernachlässigt wurde, wie Sebastian Scholz kürzlich betont hat[220].

[217] So die Bolanden, die Hohenfels (s. oben Urkunde Nr. 9).

[218] S. unten Kapitel 5.3.

[219] Es zeichnete sich ab, daß im Verlauf dieses Jahrhunderts, vor allem seit dem zweiten Drittel, eine zunehmende Orientierung auf und Anbindung an die wittelsbachischen Pfalzgrafen erfolgte, die unter vielfältiger Motivation stand. Nicht zuletzt dürfte die Übertragung der Kinder Schenk Gerhards an den Pfalzgrafen 1223 eine nicht zu unterschätzende Rolle gespielt haben.

[220] Vgl. dazu SCHOLZ, Erbach, S. 27-48, der in seinem Aufsatz andeutet, daß die hervorgehobene Stellung der Schenkenfamilie auch noch in der zweiten Hälfte des 13. Jahrhunderts möglicherweise mit einer vermehrten Hinwendung zum Erzstift in Zusammenhang stehen könnte, was bisher allerdings kaum untersucht worden sei. Er verweist weiterhin darauf, daß es äußerst zweifelhaft sei, ob die Übertragung der Kinder des verstorbenen Königsschenken Gerhard 1223 an Pfalzgraf Ludwig I. überhaupt stattgefunden habe, vielmehr geht er von einem Verbleib der Erbacher im Amt eines königlichen Schenken bis zum Ende Heinrichs (VII.) aus und postuliert daher die Belehnung mit dem pfalzgräflichen Schenkenamt erst im 14. Jahrhundert.

1.4.1 Erbach zwischen Pfalzgrafen und Erzbischöfen: Die Schenkenfamilie im letzten Drittel des 13. Jahrhunderts

Entscheidend für die Situation, wie sie sich in der zweiten Hälfte des 13. Jahrhunderts darstellte, war die Übertragung der Reichsabtei Lorsch an das Erzbistum Mainz. Denn daraus entstand eine ständige Rivalität zwischen der Pfalzgrafschaft und dem Erzstift um das ehemalige Reichskloster. Im Zuge einer erneuten offensiven Mainzer Territorialpolitik unter den Eppsteiner Erzbischöfen wurde innerhalb weniger Jahre die Abtei an die Mainzer Kirche übertragen[221]. Auf die exakten Umstände der Inkorporierung des Klosters kann hier freilich nicht ausführlich eingegangen werden. Sie soll an dieser Stelle nur insofern skizziert werden, wie sie für unsere Belange wichtig ist[222].

Im Juli 1228 war die Nutzung der Königsrechte durch den jungen König Heinrich (VII.) an Erzbischof Siegfried II. übergeben worden[223], nachdem der Erzbischof schon im Jahr zuvor die Lorscher Festung Starkenburg an sich gebracht hatte. Blieben diese Rechte im ganzen auch kaum bestimmt und wenig greifbar, so war es Mainz damit aber gelungen, seine Ansprüche und Forderungen an der Bergstraße und im südlichen Teil des Odenwaldes zu manifestieren; mehr noch, mit der Königsurkunde dokumentierte das Erzstift die Verbindung mit der königlichen Autorität und so seine Konkurrenz zur wittelsbachischen Pfalzgrafschaft. Aus dieser Konstellation heraus entwickelte sich ein lang anhaltender Streit zwischen den beiden Reichsfürsten. Denn die Mainzer Erzbischöfe beanspruchten seither die Vogteigewalt, die bislang beim Pfalzgrafen lag, und forderten als Lorscher Schutzherr alsbald auch die Burgen der Abtei. Damit begann das Erzbistum, die Machtstellung des Pfalzgrafen in erheblicher Weise auszuhöhlen. Der Kampf um die Vormachtstellung in diesem Raum hatte seinen Anfang genommen und sollte sich über das ganze Mittelalter hinziehen[224]. So war „Mainz als vornehmste Reichskirche [...] mit königlicher Unterstützung gegen den vornehmsten Reichsfürsten in die Schranken“[225] getreten.

Im September 1230 war Erzbischof Siegfried II. gestorben, sein Neffe, Erzbischof Siegfried III., führte die Politik des Onkels nahtlos fort. Ihm ist es schon

[221] Zur Mainzer Territorialpolitik im 13. und 14. Jahrhundert vgl. CHRIST, Erzstift und Territorium (dort auch mit der älteren, einschlägigen Literatur); eine knappe, skizzenhafte Zusammenfassung bieten die Erläuterungen zur Karte 16 des Geschichtlichen Atlasses von Hessen (REULING, Territoriale Entwicklung, S. 84-89). Zu den Herren von Eppstein und ihrer Bedeutung vgl. jetzt SCHÄFER, Eppstein.

[222] Zu den genauen Umständen und Gründen der Übertragung vgl. GERLICH, Könige, S. 88-120; jetzt v.a. auch WEINFURTER, Untergang.

[223] Vgl. HUILLARD-BRÉHOLLES III, S. 377: *ius quod nobis circa abbatiam Laurensem merito competebat contulimus memorate ecclesiae Maguntine*; GERLICH, Könige, S. 114f.

[224] Vgl. zu den ständigen Auseinandersetzungen nach wie vor SCHAAB, Zankapfel, S. 287-265, der die gesamte Entwicklung bis zum Vertrag von Frankfurt 1714 schildert; jetzt auch HEINIG, Bergstraße, S. 53-76, der eine ausdrücklich pointiert kurmainzische Darstellung der Ereignisse verfolgt.

[225] GERLICH, Könige, S. 117.

am 6. August 1231 gelungen, den Papst zu veranlassen, die Abtei Lorsch an das Erzbistum Mainz zu überstellen, damit sie reformiert werde und die Starkenburg nicht in die Hände von weltlichen Großen falle[226]. Daraufhin erfolgte eine abermalige Visitation des Klosters durch Bischof Konrad II. von Hildesheim, den ehemaligen Mainzer Domscholaster und päpstlichen Pönitentiar und erfahrenen Kreuzzugsprediger[227]. Diese Visitation eröffnete eine weitere Möglichkeit zur endgültigen Zerschlagung der Reichsabtei. Denn der neue Bericht Konrads fiel noch weitaus drastischer aus als der erste, und so gab es keine Rettung mehr für das alte Lorsch. Am 24. Februar 1232 inkorporierte der Papst das Kloster dem Erzbistum[228]. Wenig später, am 20. April desselben Jahres, bestätigte Kaiser Friedrich II. die förmliche Übertragung des Klosters an Mainz mit der Begründung, es habe wegen seines moralischen und wirtschaftlichen Zerfalls „Rang und Titel eines Fürstentums" verspielt[229].

Nach einigem Hin und Her kam es seit 1235/36 immer wieder zu bewaffneten Auseinandersetzungen zwischen den beiden Fürstentümern um den Besitz der alten Reichsabtei Lorsch. Dabei wurde der gesamte Odenwald bis hin zur Mudmündung mit dem Städtchen Wallhausen am Main in Mitleidenschaft gezogen. Ein erster Ausgleich im Machtkampf der beiden Kontrahenten um die Vogteigewalt erfolgte am 4. September 1247 im Vertrag von Bingen[230]. Der Mainzer Erzbischof Siegfried III. erkannte die pfalzgräfliche Vogtei über Lorsch an und entschädigte den Pfalzgrafen mit Seckenheim für den in Wallhausen erlittenen Schaden. Im Gegenzug mußte Pfalzgraf Otto II. gewisse Entschädigungen erbringen sowie die Rechte und Güter des Erzbischofs anerkennen. Dieser Vertrag konnte am Ende allerdings nur ein Kompromiß auf Zeit sein. Es war abzusehen, daß Mainz gegen eine Pfälzer Vogtei in seinem dichter werdenden Territorium opponieren würde; umgekehrt würde auch der Pfalzgraf über kurz oder lang Mittel und Wege suchen, die Mainzer Herrschaft über das ehemalige Lorscher Fürstentum zurückzudrängen. Damit war weiteres Konfliktpotential gegeben[231].

Daß es tatsächlich zu neuerlichen Auseinandersetzungen gekommen war, zeigt uns der Spruch von Hemsbach[232] vom 15. April 1264, dem am 4. Juni des-

[226] Vgl. RGME II, XXXIII, Nr. 24; WEINFURTER, Untergang, S. 46f.

[227] Es handelte sich bei Bischof Konrad II. von Hildesheim um Konrad von Erbach, wie CRUSIUS, Bischof Konrad, vor geraumer Zeit zeigen konnte.

[228] Vgl. HStA München, Mainzer Urkunden, 3220; Potth. 9104; RGME II, XXXIII, Nr. 84 (dort allerdings mit falscher Datierung zu 1233); KNÖPP, Letztes Jahrhundert, S. 203 (mit Anm. 135).

[229] Vgl. RI V, Nr. 1957; HUILLARD-BREHOLLES IV, S. 326: *quod nos considerantes tenuem statum ecclesie Laurissensis ab honore et nomine principatus processu temporis collabentem.*

[230] Vgl. GLA 67/876, fol. 6r-6v; SCHAAB/LENZ, Ausgewählte Urkunden, Nr. 18, S. 18f; BAUR, Hess. UB 3, Nr. 1525, S. 591-593 (dort allerdings mit dem falschen Datum „12. September").

[231] Vgl. SCHAAB, Zankapfel, S. 250f.

[232] S. zu den Vorgängen um Hemsbach ausführlich oben S. 60-62.

selben Jahres Erzbischof Werner von Mainz und Pfalzgraf Ludwig II. zustimmten und der einen Ausgleich der Streitigkeiten um Lorsch bedeutete. Der gleichfalls in die Sache involvierte Schenk Konrad von Erbach hatte während seiner Strahlenberger Gefangenschaft einen Eid leisten müssen. Auf welche Eidesleistung hier angespielt ist, läßt sich aufgrund der dürftigen Quellenlage freilich nicht eindeutig sagen. Vielleicht mußte Konrad seinem Lehensherrn, dem Pfalzgrafen, abschwören und sich dem Strahlenberger und damit dem Mainzer Erzbischof verpflichten. Dieser Gedanke erscheint durchaus plausibel. Denn offenkundig hatte Konrad von Strahlenberg in Mainzer Auftrag gehandelt, wie er dies in früheren Zeiten bereits getan hatte[233].

Hier schien ein erster Versuch durch den Mainzer Erzbischof unternommen worden zu sein, die Schenken von Erbach auf seine Seite zu ziehen. Dieser Anlauf muß aber als mißlungen betrachtet werden. Es ist dem Erzstift vorerst nicht gelungen, die Erbacher an sich zu binden; denn in der Folgezeit ist zunächst keine weitere erbachische Verbindung zu Mainz nachzuweisen[234].

Erst am Ende des 13. Jahrhunderts sollte sich das Blatt diesbezüglich wenden. Bis zu diesem Zeitpunkt müssen wir die Schenken von Erbach wohl unter die pfalzgräflichen Vasallen- und Klientelfamilien fassen, was sich nicht zuletzt darin zeigte, daß zu Beginn der 1290er Jahre Erbacher Schenken Burglehen zu Lindenfels erhalten haben[235]. Damit wurden sie ein weiteres Mal fester an die Pfalzgrafschaft und ihre Politik gebunden. Denn die Burglehensverträge können durchaus als Bündnisverträge verstanden werden, die die Lehensleute zu Treue und Gehorsam über ein „normales" Lehensverhältnis hinaus verpflichteten, wodurch eine potentielle Gefahrenquelle für den Pfalzgrafen wenn nicht gänzlich unterbunden, so doch wesentlich minimiert wurde[236].

Im Verhältnis zwischen Mainz und der Pfalzgrafschaft kehrten nach 1264 relativ ruhige Zeiten ein, in denen Pfalzgraf Ludwig II. im April 1277 Lindenfels erwerben und damit seine Stellung im Odenwald ausbauen konnte[237]. Dies

[233] Vgl. dazu BECHER, Hemsbach, S. 9, der zeigen konnte, daß Konrad von Strahlenberg und die beiden Brüder Bertold und Merkelin von Hirschberg schon zwanzig Jahre zuvor auf Mainzer Seite an der Lorscher Fehde beteiligt waren.

[234] Diese Entwicklung mag SCHAAB, Kurpfalz 1, S. 82, veranlaßt haben, pointiert davon zu sprechen, daß mit dem Hemsbacher Vertrag „ausdrücklich die Rechte des Pfalzgrafen über die Schenken von Erbach und ihren Besitz im Odenwald anerkannt" wurden.

[235] Vgl. dazu exemplarisch Schenk Gerhard von Erbach, der am 8. Dezember 1292 ein Lindenfelser Burglehen erhielt (LEHMANN, Pfälzer Urkunden, Heid Hs 430, Nr. 135 = SIMON, Erbach, UB Nr. 9, S. 9f). Noch im Jahr 1300 erhielt Schenk Eberhard ein Lindenfelser Burglehen (vgl. RPR I, Nr. 1449).

[236] Zur Bedeutung der Burglehen in der pfalzgräflichen Politik vgl. PARZER, Burgenpolitik, S. 189-210, hier: S. 198-200; allgemein zum Burglehen vgl. KRIEGER, Burglehen, Sp. 1055.

[237] Vgl. GLA 67/457, fol. 42; RPR I, Nr. 994. Unter den Zeugen, die den Rückerwerb Lindenfels' von den Markgrafen von Baden bezeugten, finden wir den Schenken Konrad (aus der Erbacher Hauptlinie), der hier zusammen mit seinem Sohn, Schenk Eberhard V., auftrat.

war ein Schritt, der für die weiteren Ereignisse große Bedeutung erlangte[238]. Doch betrachten wir zunächst das weitere Verhältnis zwischen Mainz und Erbach.

Möglicherweise in direktem Zusammenhang mit dem Erwerb der Burg und Stadt Lindenfels durch die Pfalzgrafschaft mag die Übertragung des Erbacher Eigengutes Mossau an das Erzbistum Mainz stehen. Am 26. September 1277 übergaben die Schenken Johannes, Eberhard und Konrad aus der Reichenberger Hauptlinie Mossau an Erzbischof Werner von Mainz und erhielten es von ihm als Lehen zurück[239]. Simon spricht davon, daß die Schenken dies „statt des Zehnten zu Pfungstadt und anderer Güter an der Bergstraße" taten, die Mainzer Lehen waren[240]. Da aber alle Angehörigen der Reichenberger Hauptlinie urkunden, ist nicht auszuschließen, daß hier ein Parteiwechsel dieser Linie hin zum Erzstift Mainz beabsichtigt war, um an der West„grenze" des erbachischen Besitzes der expandierenden Pfalzgrafschaft einen Riegel vorzuschieben, nachdem diese Lindenfels erworben hatte.

Die nächste Verbindung zum Erzbistum Mainz, die wir für die Schenken von Erbach fassen können, ist dagegen eher von unrühmlicher Natur. 1271/72 hatte das Erzbistum Mainz die Wildenburg, Amorbach und Mudau den im Abstieg befindlichen Herren von Dürn abgekauft[241] und sich in der Folge in Buchen und Walldürn festgesetzt[242]. Von diesen Stützpunkten aus versuchten nun die Mainzer Erzbischöfe ihre territoriale Expansion in Richtung Jagst und Neckar voranzutreiben[243]. Offenbar war durch diese Entwicklung, das Wegbrechen der Herren von Dürn, im östlichen Odenwald und im Bauland ein gewisses Machtva-

[238] Der Erwerb von Lindenfels bedeutete, daß ein altes pfalzgräfliches Herrschaftszentrum im Odenwald, das im Erbgang 1214 an Baden gefallen war, 1277 wieder an die rheinischen Pfalzgrafen gelangte, die jetzt besonders darauf bedacht waren, im Odenwald gegenüber dem Erzstift Mainz einen geschlossenen Bereich von Territorialherrschaft zu errichten. Mit dem Verkauf von Lindenfels fielen auch alle noch aus den Auseinandersetzungen von 1214 stammenden badischen Pfänder in pfalzgräfliche Hände; auch im Lobdengau hatten die Markgrafen von Baden fortan keinen Besitz mehr. Vgl. zu den Voraussetzungen und Folgen der Rückgewinnung von Lindenfels, die für den Pfälzer einen enormen Machtzuwachs bedeutete, SCHAAB, Kurpfalz 1, S. 83; DERS., Zankapfel, S. 251-253

[239] Vgl. GUDENUS, Cod. diplom. 1, S. 760; RGME II, XXXVI, Nr. 438.

[240] Vgl. SIMON, Erbach, S. 273. Da es immer wieder zu Streitigkeiten zwischen den Erbacher Linien um den Besitz und die Lehen in Pfungstadt gekommen war, ist auch hier eine Auseinandersetzung nicht auszuschließen, in der es der alten Hauptlinie zu Erbach gelungen ist, sich durchzusetzen und die Besitzrechte für sich zu gewinnen. Denn 1384 wies Schenk Eberhard X. aus der Erbacher Linie auf seine Güter in Pfungstadt hin, die *zu lehen von alter her von eyme apten zu Lorsch und nu von dem stifte zu Mencze* (HesStA A 1, 182/2; Faksimilie bei BATTENBERG, Pfungstadt, S. 43) rührten. Sollte dies so der Fall gewesen sein, so mußte die Linie Reichenberg für Ersatz sorgen, den sie in Mossau fand.

[241] Vgl. RGME II, XXXVI, Nr. 245.

[242] Vgl. für Buchen EBD., Nr. 745, 1288, 2195; für Walldürn EBD., Nr. 245, 342, 352, 2024.

[243] Zum Vorgehen des Erzstifts vgl. SCHAAB, Zankapfel, S. 257f, der hier das Aufeinandertreffen Mainz vs. Pfalz schildert; ausführlich dazu CHRIST, Erzstift und Territorium, S. 144-187 (dort auch die ältere einschlägige Literatur).

kuum entstanden, was die Begehrlichkeiten der benachbarten Adelsfamilien weckte. Auch die Schenken von Erbach erkannten hier offenbar eine Chance, ihre Herrschaft zu erweitern, und drangen in das Gebiet vor. Dies können wir allerdings nur aus späteren Quellenzeugnissen rückerschließen.

Am 11. November 1280 söhnte sich Schenk Johannes I. von der Reichenberger Hauptlinie mit dem Kloster Amorbach aus, das er zuvor angegriffen hatte[244]. Mit einer Entschädigungszahlung von 16 Pfund Heller an das Kloster konnte sich Johannes vom Bann loskaufen, der über ihn nach den Überfällen *secundum statuta Concilii Moguntiae*[245] verhängt worden war. Da Schenk Johannes das Geld aber zu diesem Zeitpunkt nicht aufbringen konnte, setzte er seine Gefälle und Einkünfte in Neudorf bei Buchen als Pfand für vier Jahre ein. Sollte er in dieser Zeit die Summe von 16 Pfund Heller nicht aufbringen können, um die Rechte abzulösen, so sollten sie *in potestate* des Abts und Konvents von Amorbach bleiben und Johannes sowie seine Erben keinen weiter bestehenden Anspruch auf den Rückerwerb dieser Rechte haben[246].

Möglicherweise stehen die Angriffe auf das Kloster Amorbach wie bereits angedeutet mit jenem Machtvakuum in Verbindung, das sich durch die zunehmende Schwäche der Herren von Dürn und dem „Ausverkauf" ihrer Herrschaft herausbildete[247]. Diese hatten spätestens seit der Mitte des 12. Jahrhunderts die Klostervogtei inne gehabt, die sie jedoch mit der Stadt und der „unteren" Zent Amorbach 1272 an Mainz verkauften. In dieser unsicheren Situation versuchten offenbar Adelige der näheren Umgebung des Klosters dieses zu „rupfen", wie es früher die Dürn schon getan hatten – so schilderte es Gropp anschaulich in seiner Amorbacher Klostergeschichte[248]. Offenbar erkannten die der Abtei benachbarten Adelsfamilien darin ihre Chance und setzten sich an die Stelle der

244 Vgl. GROPP, Historia, S. 85, Nr. 15, S. 198.

245 EBD., Probatio Nr. 15, S. 198. – Zu den Konzilien und ihren Statuten vgl. MAY, Geistliche Ämter, S. 482f. Bedeutsam waren v.a. die Provizialkonzilien von 1233 und 1310, deren Statuten erstmals nach Inhalt und Umfang in ihrer gesetzgeberischen Funktion bedeutsam wurden.

246 Dazu GROPP, ebd.: *quod sedecim libras Hallens. eisdem dare debeo pro emenda & pro debito principali, quas utique libras, cum ad manus non haberem, ipsis obligavi jus omne quesitum & imposterum acquirendum, quod habeo in nova Villa juxta Buchem ad quatuor annos a festo Beati Martini nunc instante computandos in hunc modum, quodsi predictas sedecim libras Hall. infra quatuor annos predictos pro solutione dicti Juris eisdem Dominis non persolvero, predictum Jus de cetero libere manere debet in potestate dictorum Dominorum & absolute & nec ego non heredes mei debemus ullam habere potestatem predictum Jus absolvendi.*

247 Vgl. CHRIST, Erzstift und Territorium, S. 148f.

248 Vgl. GROPP, Historia, S. 85: „Non soli Durnenses, sed alii preaterea in Vicinia Nobiles Amorbacum vellicarunt [...]". – Hier weist Gropp indirekt auf die Entfremdung von Klostergut in erster Linie durch die Vögte hin, wie wir dies nahezu zeitgleich auch für die Reichsabtei Lorsch feststellen können. Auch für das Benediktinerkloster Amorbach zeichnete sich die Entwicklung ab, die wir um die Mitte des 12. Jahrhunderts bei allen großen Benediktinerabteien verfolgen können: Sie gerieten allmählich gegenüber den neu entstehenden Orden in die Krise.

Herren von Dürn. Darunter befanden sich auch die Schenken von Erbach in Person Schenk Johannes' I., dessen Ausgriff in den östlichen Odenwald verständlich ist, wenn man bedenkt, daß er bereits Besitztitel in der Umgebung von Mudau und Buchen hatte und so Amorbach als Brücke zwischen diesen und seinen Odenwaldbesitzungen betrachtete[249].
Anscheinend versuchte in dieser Zeit auch Schenk Gerhard von Erbach[250], ein Cousin Johannes', einen Anteil am ehemals dürnischen Besitz zu erlangen. So liegt vom 18. September 1290 ein Schreiben der Aschaffenburger Richter vor, das ein erbachisches Vordringen in diesen Bereich vermuten läßt. Die Priorin von Seligenthal, dem Dürner Hauskloster[251], und der Pfarrer von Schlierstadt waren vor dem Mainzer Erzbischof Gerhard erschienen und klagten, daß Schenk Gerhard von Erbach und seine Gesellen das Kloster geschädigt hätten[252]. So führte die Priorin den Verlust von Pferden, Rindern, Schafen, Schweinen und anderem Vieh sowie Mobilien im Wert von 300 Pfund Heller an; auch dem Pfarrer wurden 2 Pferde, 2 Rinder und 12 Schafe gestohlen. Die Schiedsrichter bestimmten daraufhin, daß die Pfarrer von Mossau, Michelstadt und Güttersbach Schenk Gerhard aufsuchen und mahnen sollten, innerhalb von acht Tagen den Opfern des Überfalls das geraubte Gut zurückzugegeben und Entschädigung zu leisten. Andernfalls würden Gerhard und seine Helfer gemäß den Mainzer Konzilsstatuten der größeren Exkommunikation verfallen und ihr Wohnort dem Interdikt.

Ob dem Spruch der Aschaffenburger Richter Erfolg beschieden war, ist nicht bekannt. Weitere Nachrichten darüber fehlen uns. An einer konsequenten Durchsetzung darf aber gezweifelt werden, fehlten dem Erzstift und dem Kloster doch wirksame Exekutionsorgane, die solche Beschlüsse hätten ausführen können. Denn am Ende des 13. Jahrhunderts waren das Kloster und seine Besitzungen mehrfach Angriffen und Überfällen ausgesetzt. Selbst mehrere Schutzversprechen einflußreicher Personen fruchteten augenscheinlich nicht. Hinweise auf eine fortgesetzte Bedrohung Seligenthals existieren seit dem Jahr 1278, als Kraft von Hohenlohe, der königliche Landvogt, am 22. Juli ein Verbot aussprach, es solle niemand wagen, die geistlichen Frauen an Land und Leuten zu schädigen[253]. 1291 nahm darüber hinaus Papst Nikolaus IV. das Kloster wiederholt unter seinen apostolischen Schutz, ohne daß nennenswerte Erfolge bekannt geworden wären[254].

[249] Zu dieser Besitzentwicklung s. unten Kapitel 4.3.5.

[250] Dieser ist wohl mit Gerhard III. gleichzusetzen, der noch vor 1303 starb (s. Stammtafel Erbach im Anhang).

[251] Seligenthal war eine Gründung Konrads von Dürn und seiner Frau Mechtild von Lauffen, die am 25. November 1236 gelobten, unterhalb von Schlierstadt ein Kloster gründen zu wollen, in dem Nonnen nach der Regel des hl. Benedikt leben sollten; 1239 wurde die Neugründung von Bischof Hermann von Würzburg bestätigt (vgl. WIELAND, Seligenthal, S. 161, 167; GUDENUS, Cod. diplom. 3, Nr. 668, 669).

[252] Vgl. WIELAND, Seligenthal, S. 162; GUDENUS, Cod. diplom. 3, Nr. 718; REM I, Nr. 166.

[253] Vgl. GUDENUS, ebd., S. 702 ; Hohenlohisches UB 1, Nr. 392, S. 276f.

[254] Vgl. GUDENUS, ebd., S. 720.

Vielleicht hatte Schenk Gerhard aber auch die geforderte Entschädigung gezahlt und war so nicht der Exkommunikation und dem Interdikt verfallen. Denn nahezu zeitgleich bezeugte er für seinen Großvater, Schenk Konrad II., dessen Testament[255] und erhielt von Pfalzgraf Ludwig II. ein Burglehen zu Lindenfels[256]. Es ist wohl kaum anzunehmen, daß ein exkommunizierter Angehöriger der Schenkenfamilie zu einer Zeugenschaft herangezogen worden wäre bzw. ihm der Pfalzgraf ein Burglehen verliehen hätte. Dementsprechend kann der Bann nicht von langer Dauer gewesen sein, oder er war gar nicht erst ausgesprochen worden.

Nachdem sich die Wogen geglättet hatten, finden wir Ende des 13. Jahrhunderts eine erneute Annäherung der Schenken von Erbach an das Erzstift Mainz. So war bereits 1291 ein Schenk Eberhard Zeuge für Erzbischof Gerhard in einem Entscheid zwischen dem Deutschen Orden und den Brüdern Gottfried und Philipp von Bickenbach[257].

Cum grano salis können wir an dieser Stelle also festhalten: daß die Schenken von Erbach aus der Linie Reichenberg in der Regel auf die Seite der Mainzer Kirche tendierten, die der Erbacher Hauptlinie aber traditionell seit der Mitte des 13. Jahrhunderts auf pfalzgräflicher Seite vertreten waren.

### 1.4.2 Die Krise von 1307/11 und ihre Vorgeschichte

Im letzten Jahrzehnt des 13. Jahrhunderts war es erneut zu Auseinandersetzungen zwischen Mainz und der Pfalzgrafschaft um das Lorscher Erbe gekommen[258], in deren Verlauf Erbach endgültig zwischen die Fronten der beiden Kontrahenten geraten war. Dabei hat es den Anschein, als ob die Schenkenfamilie im Verlauf dieser Querelen zwischen den verschiedenen Seiten zu lavie-

[255] Vgl. SCHNEIDER, Historie, UB Nr. 7, S. 47; SIMON, Erbach, S. 277.

[256] Vgl. SIMON, Erbach, UB Nr. 9, S. 9f.

[257] Vgl. REM I, Nr. 193. Es läßt sich leider nicht klar entscheiden, welcher Eberhard hier gemeint ist. Denn zu dieser Zeit leben zwei Schenken mit Namen Eberhard: Eberhard V. aus der Erbacher Linie und Eberhard IV., der die Michelstädter Linie begründete. Es ist aber wahrscheinlicher, daß es sich um Eberhard IV. handelte. Denn der Vater Eberhards V., Schenk Konrad I., war Zeit seines Lebens eher mit der Pfalzgrafschaft verbunden und trat stets im Umfeld Pfalzgraf Ludwigs II. auf. Dagegen finden wir die Linie Reichenberg, später Reichenberg-Fürstenau bzw. Reichenberg-Michelstadt oftmals im Umfeld der Erzbischöfe von Mainz. – Siehe dazu auch MÖLLER, Bickenbach, S. 113, der zwar das Rechtsgeschäft referiert, aber keine Zeugen nennt; FEINEIS, Stammtafel Bickenbach, der eine Neubearbeitung bietet, erwähnt diese Urkunde nicht, weil er mit seiner kritischen Besprechung der Stammtafel leider erst im 14. Jahrhundert beginnt; DERS., Bickenbach Hohenberg, bringt sie verständlicherweise ebenfalls nicht, weil die Verbindung der Herren von Bickenbach mit Hohenberg erst um die Mitte des 14. Jahrhunderts durch die Heirat Konrads VII. von Bickenbach mit Christine von Hohenberg zu Stande kam.

[258] Vgl. SCHAAB, Kurpfalz 1, S. 82f. Entschieden wurde dieser Konflikt mit der Einigung zwischen beiden Fürsten, die sich 1305 zunächst über die Einziehung der Steuer im Bereich der Abtei Lorsch einigten und 1308 auch eine räumlich-geographische Abgrenzung fanden.

ren und so ihre Herrschaft als Allod zu erhalten versuchte. Daß die Herren von Erbach mittlerweile in der Position von „freien“ Herren waren, wird in ihrem Verhalten und durch die Einschätzung der benachbarten Fürsten deutlich. 1255 trat Schenk Konrad dem Rheinischen Städtebund bei, ohne daß hier ein irgendwie gearteter fürstlicher oder lehensherrlicher Konsens bekannt geworden wäre. Er konnte offenbar aus freien Stücken entscheiden. Darüber hinaus war das Territorium der Erbacher von den Nachbarfürsten anscheinend als Eigengut anerkannt worden, wie sich beispielhaft in einer späteren Urkunde vom 6. Juni 1307 zeigt, aus der hervorgeht, daß Pfalzgraf Rudolf den Besitz Eberhards IV. in der Stadt Michelstadt an diesen zurückgibt: *dominus Rudolfus dux* [...] *meisque heredibus restituendam decreuit possessionem oppidi mei in Michelstadt, cum omnibus iuribus et pertinenciis suis et cum omnibus et sigulis* [sic] *feodis siue prediis eidem oppido attinentibus eo iure, quo predictus Johannes pincerna, pater meus, hactenus ea tenuit et possedit*[259].

Wenn auch die fortgeschrittene Emanzipation der Herren von Erbach in dieser Phase nicht zu übersehen ist, wird andererseits die Anlehnung an eine größere Nachbarmacht deutlich, wie wir oben bereits skizziert haben[260]: Dabei ist die Kurpfalz offenbar die bevorzugte Macht. So ist die Verbindung zur Pfalzgrafschaft seit den Jahren Pfalzgraf Konrads von Staufen gegeben, von dem die Schenken erste pfalzgräfliche Lehen erhielten. Mit der Vergabe des Schenkenamts um die Mitte des 13. Jahrhunderts wird dies besonders sichtbar. Während des gesamten 13. Jahrhunderts läßt sich nun eine mehr oder weniger enge Verbindung nachweisen, die sich vor allem bei der alten Erbacher Hauptlinie abzeichnete[261].

Doch suchten die Herren von Erbach offenbar auch anderweitigen Schutz und Unterstützung; vor allem dann, als das pfalzgräfliche Expansionsdrängen nach Osten immer deutlicher hervortrat und die Herrschaft Erbach in ihrem Bestand gefährdet schien: So finden wir vor allem die Angehörigen der Reichenberger Hauptlinie und deren Michelstädter Ast immer wieder unter der Klientel des Mainzer Erzbischofs. Damit waren sie allerdings bis zu einem gewissen Grad von Mainz abhängig geworden, und sie positionierten sich eindeutig gegenüber der Pfalzgrafschaft und deren expansiver Territorialpolitik.

[259] Vgl. SIMON, Erbach, UB Nr. 10, S. 10f; SCHAAB/LENZ, Ausgewählte Urkunden, Nr. 39, S. 46. – Zu den Ereignissen, die zu der Entstehung dieser Urkunde führten s. ausführlich unten S. 84-87.

[260] Die standesrechtliche Emanzipation der Herren von Erbach erfolgte mit der Belehnung durch den staufischen Pfalzgraf Konrad, spätestens jedoch mit der durch König Heinrich (VII.); das heißt: hier geht es de facto um eine politische Emanzipation gegenüber den benachbarten Reichsfürsten. S. dazu oben S. 53-55.

[261] Hier sei exemplarisch an den Hemsbacher Vertrag erinnert, der 1264 zeigte, daß Schenk Konrad I., der Begründer der alten Erbacher Hauptlinie, in die Auseinandersetzungen zwischen der Pfalz und Mainz auf Pfälzer Seite verwickelt war. Des weiteren sind vielfältige Zeugenschaften der Schenken für Pfalzgraf Ludwig II. sowie verschiedene Pfälzer Burglehen zu nennen. – Zu den Nachweisen im vorausgegangenen Kapitel.

Das pfalzgräfliche Vordringen nach Osten in den Grenzbereich der Herrschaft Erbach wurde spätestens jetzt überdeutlich sichtbar. Zeigte sich Pfalzgraf Ludwig II. zunächst noch zurückhaltend, verfolgte sein älterer Sohn Rudolf dann aber verstärkt das Ziel, die Familie der Schenken von Erbach zu unterwerfen und der Pfalzgrafschaft botmäßig zu machen, das heißt: sie in das pfalzgräfliche Herrschaftssystem dauerhaft einzubinden. Mit dem Erwerb von Burg und Stadt Lindenfels 1277 eröffnete sich dem Pfalzgrafen so die Möglichkeit, über das Gersprenztal nach Osten in die erbachischen Stammbesitzungen nach Erbach und Michelstadt vorzustoßen.

Kurz nach 1300 müssen die Enkel Schenk Konrads II. eine Auseinandersetzung mit Gerlach von Breuberg[262] geführt haben um den Teil der Burg Erbach und dazugehörige Güter, der von Gerhard III. von Erbach wenig früher an Gerlach verkauft worden war. Dieser Schenk Gerhard, ein Neffe Schenk Konrads II., hatte offenbar über seinen um 1255 verstorbenen Vater, Schenk Gerhard II., gemeinsam mit seinem Onkel und nachfolgend seinem Vetter Eberhard V. Teil am Besitz der Burg Erbach gehabt. Gerhard III. war nun um 1302 ohne Nachkommen gestorben und daraufhin entspann sich ein Streit um sein Erbe. Verständlicherweise versuchten nun die Schenken Konrad IV., Gerlach, Engelhard und Eberhard, die Enkel Konrads II., wieder in den von Gerhard veräußerten Teil Erbachs zu kommen, wozu sie offenbar gewaltsam gegen Gerlach von Breuberg vorgingen. Zunächst scheinen die Schenken damit erfolgreich gewesen zu sein. Doch Gerlach wandte sich an ein Schiedsgericht, um seine Rechte geltend zu machen. Dieses Gericht entschied am 13. Januar 1303 in der Sache und führte einen Ausgleich herbei, der für die Schenken von Erbach freilich erhebliche Einbußen bedeutete[263]: vor allem die Hälfte der Burg und des Amtes Erbach mit einem abgegrenzten Besitzbezirk – vermutlich dem westlichen Teil des Amtes mit den östlich des Baches gelegenen Teilen Mossaus – und ein Viertel Pfandbesitz an der Burg Schönberg sowie größere Güter in der Pfarrei Reichelsheim blieben in Händen Gerlachs von Breuberg bzw. mußten an diesen zurückgegeben werden. Die Schenken von Erbach waren zu diesem Kompromiß gezwungen, da die von Westen her vorstoßenden wittelsbachischen Pfalzgrafen sie mehr und mehr bedrängten, wie wir unten noch genauer sehen werden. Der Vertrag enthielt eine Bestimmung, die den gemeinsamen Besitz der genannten Güter und Rechte gewährleistete, was von beiden Parteien anerkannt wurde[264]. Möglicherweise fiel den Schenken von Erbach die Zusage leichter, weil sie nun im Notfall trotz aller Widrigkeiten mit breubergischer Unterstützung rechnen konnten. Ob freilich ein ausdrückliches Mainzer Schutzver-

[262] Zur Person Gerlachs von Breuberg vgl. BLÄSING, Gerlach von Breuberg, S. 1-52.

[263] Vgl. SCHNEIDER, Historie, UB Nr. 14.1, S. 58-61; REM 1, Nr. 747; SCRIBA, Hessische Regesten, Nr. 714; BLÄSING, ebd., Regest 120; KLEBERGER, Territorialgeschichte, S. 68; BECHER, Familienhändel, S. 39-58, der eine exakte Bestimmung des Umfangs des verlorenen Gebiets versucht; STEINMETZ, Schenken von Erbach, S. 88-90.

[264] Vgl. SCHNEIDER, Historie, UB Nr. 14.1, S. 58: *bona, quae quondam Gerhardus Pincerna habuit in Parochia Richelsheim, communiter possidebunt.*

sprechen damit verbunden war, muß offen bleiben[265]. Ein Zusatz im Vertragstext deutet vielmehr auf ein problematisches Verhältnis hin: Würde eine der Parteien vertragsbrüchig werden, so sollte ihr Besitz der jeweils anderen Seite gehören, und der *fractor fidei* – der „Treuebrecher“ – sollte den Erzbischof von Mainz zum Gegner haben. Vor allem Schenk Konrad IV. wurde eigens nachdrücklich darauf hingewiesen, seinen Brüdern diese Bestimmungen einzuschärfen[266]. Dieser Zusatz zeigt darüber hinaus, daß sowohl von Mainzer als auch von Breuberger Seite ein erneuter Übergriff der Schenken nicht ausgeschlossen wurde[267].

Aber alle von Seiten Erbachs unternommenen Anstrengungen, die beiden Kontrahenten Pfalz und Mainz gegeneinander auszuspielen, sollten am Ende erfolglos bleiben. Denn durch innerfamiliäre Streitigkeiten entzweit, fehlte die Geschlossenheit, sich gegen die energisch expandierende Pfalzgrafschaft zu wehren[268]. Neben den gerade skizzierten Vorfällen und Auseinandersetzungen mit den Herren von Breuberg, die aus dem Verkauf der halben Burg Erbach entstanden waren, soll noch ein weiterer Konflikt geschildert werden, der in seinen Auswirkungen für die Familie nicht minder verhängnisvoll sein sollte als der erste. Denn beide Male war Erbacher Allodialbesitz betroffen, der am Ende der Auseinandersetzung nicht mehr Eigengut der Herren von Erbach sein sollte, so daß sie schlußendlich die Verfügungsgewalt darüber eingebüßt hatten.

Der nächste anzusprechende innerfamiliäre Streitpunkt betraf die beiden Zweige der alten Hauptlinie Reichenberg: Fürstenau und Michelstadt. Hier war der gemeinsame Besitz der Burg Reichenberg zum Konfliktfall geworden. Eine Entscheidung darüber wurde unter Einflußnahme des Pfalzgrafen Rudolf zwischen Schenk Eberhard VI. gen. Rauch (Fürstenau) und Schenk Eberhard VII. (Michelstadt) am 8. Dezember 1307 durch vier Ratleute herbeigeführt; verbunden damit war die Errichtung eines Burgfriedens für den Reichenberg[269]. Wie der Streit letzten Endes aufgeflammt war, wissen wir nicht genau. Denkbar ist jedoch, daß es zu Problemen zwischen Eberhard VI. und seinem Vetter

[265] Vgl. KLEBERGER, Territorialgeschichte, S. 68; DEMANDT, Hessen, S. 491, die davon ausgehen, wenn sie von der Mainzer Hilfe für Erbach gegen die Pfalzgrafschaft reden. Die Urkunde läßt eine solch weitgehende Interpretation allerdings kaum zu.

[266] Vgl. SCHNEIDER, ebd., S. 59: *Ceterum dicimus quod Conradus Pincerna predictos fratres suos tales habere debet, ut hujusmodi composicionem ratam & gratam teneant ac eam inviolabiliter observent.*

[267] Vielleicht gab es einen solchen Übergriff, wodurch sich auch zu erklären wäre, warum Konrad bis zum Beginn der 1320er Jahre nicht mehr im (Teil-)Besitz seiner Stammburg auftauchte.

[268] Es ist dabei darauf hinzuweisen, daß diese Streitigkeiten oftmals gar innerhalb einer Linie bestanden, so daß sich nicht einmal die einzelnen Linien des Hauses Erbach intern einig waren. Dieses unstete Verhalten sollte sich alsbald äußerst nachteilig für die Herren von Erbach auswirken (s. dazu im weiteren die Darstellung).

[269] Vgl. SIMON, Erbach, UB Nr. 11, S. 11-13. – Diese Urkunde wird uns nochmals ausführlich beschäftigen, wenn die Ereignisse von 1307/11 Michelstadt betreffend diskutiert werden (s. unten S. 86-90).

Eberhard IV. kam, die aus der Vormundschaft Eberhards IV. über seinen Cousin erwachsen waren[270]. Darauf deutet eine Passage hin, die ein weiterer Sühnebrief enthält, der 1321 von Abt Heinrich von Fulda wegen erneuter Streitigkeiten um den Reichenberg ausgestellt wurde. Schenk Eberhard IV. hatte als Vormund seinem Vetter offenbar größeren materiellen Schaden zugefügt, der 1307 nicht endgültig ersetzt werden konnte, was bis 1321 immer wieder zu Auseinandersetzungen führte[271].

Wie weit in dieser Zeit der innerfamiliären Streitigkeiten die beiden Kontrahenten in der Auseinandersetzung um die ehemalige Reichsabtei Lorsch, das Erzstift Mainz und die Pfalzgrafschaft, nach Osten in den Odenwald vorgedrungen waren, um dort die – nach ihrer Meinung – noch offenen und wenig gefestigten territorialen Machtverhältnisse in ihrem Sinne zu klären, machen die Ereignisse der ersten Jahre des 14. Jahrhunderts deutlich. Ende der 1290er Jahre war es neuerlich zu Auseinandersetzungen zwischen beiden Reichsfürstentümern gekommen, die sich zum einen an einem von Pfälzer Seite angefochtenen Burgenbau entzündeten, den der Mainzer Erzbischof nach pfalzgräflicher Auffassung zu Unrecht im zentralen Odenwald hatte errichten lassen[272]. Ein weiterer Streit hatte seine Ursachen in der den Pfalzgrafen als Mainzer Lehen zustehenden Lorscher Vogtei[273]. Am 28. September 1300 machten die Pfalzgrafen Rudolf und Ludwig mit dem Mainzer Erzbischof Gerhard daraufhin „eine Freundschaft“, die ein gütliches Einvernehmen bringen sollte; die Entscheidung über die strittigen Punkte wurde Ulrich von dem Stain, David dem Gůtelman von Weinheim, Jakob von Klingen und Hartman Kronenberg übertragen[274]. Ein Schiedsspruch für 1300 ist nicht überliefert; es ist fraglich, ob er überhaupt zustande kam. Ein wirklicher Vergleich in dieser Sache wurde erst 1305 bzw. 1308 erreicht[275]. Zunächst einigten sich die Amtleute des Pfalzgrafen und des Erzbischofs darauf, die Steuer (Bede) im Bereich der Abtei Lorsch gemeinsam einzuziehen. Im weiteren traf man mit der Rachtung von Laudenbach auch eine

[270] Vgl. EBD., S. 310.

[271] Vgl. EBD., UB Nr. 20, S. 20-22, hier: S. 21: *vnd vm den schaden, den Schenke Ebirhard der alte Ebirhard Schenken dem Jungen tede, da her zu Michilnstad sin formunt was.*

[272] Es dürfte sich dabei um die Burg Fürstenau gehandelt haben, die der Erzbischof kurz vor 1300 nahe Michelstadt in der Herrschaft Erbach erbaut hatte. Eine endgültige Lösung sollte in dieser Streitfrage erst am 29. Mai 1344 gefunden werden (vgl. REM I, Nr. 5143, 5144; RPR I, Nr. 2509, 2510); s. unten S. 96f. – Zur Geschichte der Burg vgl. ausführlich KREBS, Fürstenau.

[273] Der Erzbischof von Mainz hatte zuvor von einer Belehnung abgesehen wohl aus der Angst heraus, daß der Pfalzgraf die Lehensvergabe in seinem Sinne instrumentalisieren würde. Daß die Pfalzgrafen die Lorscher Vogtei als Mainzer Lehen beanspruchten, begegnet uns nur dieses eine Mal in den Verhandlungen von 1300. Später ist davon nie mehr die Rede.

[274] Vgl. Quellen und Erörterungen 6, S. 126; RPR I, Nr. 1439; REM I, Nr. 649. – Vgl. dazu auch SCHAAB, Kurpfalz 1, S. 82f; DERS., Bergstraße, S. 253f; CHRIST, Erzstift und Territorium, S. 190-192 (dort auch die ältere einschlägige Literatur).

[275] Vgl. zum folgenden REM I, Nr. 887 und 1225; dazu auch SCHAAB, Kurpfalz 1, S. 82f; DERS., Bergstraße, S. 253f; CHRIST, Erzstift und Territorium, S. 190-192 (dort auch die ältere einschlägige Literatur).

räumliche Abgrenzung: So erhielt Mainz die Untere Abtei um Mörlenbach; die Obere Abtei um Fürth wurde als Mainzer Lehen pfälzisch.

Die Auswirkungen dieser „Freundschaft" hinsichtlich des Verhältnisses der beiden Reichsfürstentümern und die Umsetzung des sich wenige Jahre später anschließenden Vergleichs spielen für unsere augenblickliche Fragestellung nur eine untergeordnete Rolle. Wichtiger ist dagegen der Ort, an dem bereits die „Freundschaft" besprochen und ausgefertigt wurde, denn hier wird erstmals augenfällig, daß sowohl Kurmainz als auch die Pfalzgrafen vor den Toren von Erbach und Michelstadt standen. Denn die Urkunde wurde in Mossau ausgestellt, an einem Ort, der kaum 10 Kilometer von Erbach bzw. Michelstadt entfernt liegt und mit seinen westlich des Mossaubachs gelegenen Teilen Mainzer Lehen der Schenken von Erbach war[276]. Es bleibt allerdings zu fragen, warum der Mainzer Erzbischof und die Pfalzgrafen sich gerade Mossau aussuchten, um hier die Vorverhandlungen zu führen. Gegebenenfalls ist daran zu denken, daß sich die beiden Parteien auf „neutralem" Gebiet treffen wollten – quasi nahe am Geschehen, aber dennoch weitestgehend ohne Einflußnahme des jeweils anderen. Denn der östlich des Baches gelegene Teil Mossaus (mit der Kirche und der Johanniterkommende) gehörte zu den Teilen der Herrschaft Erbach, die von Schenk Gerhard III. an Gerlach von Breuberg verkauft worden waren. 1303 wurden sie, wie gesehen, in einem schiedsrichterlichen Vergleich diesem letztgültig zugesprochen[277]. Darüber hinaus war Mossau Sitz einer Johanniterkommende, die als möglicher Verhandlungsort offenbar geeignet erschien[278].

Die Stoßrichtungen der beiden Fürsten wurde dabei mehr als deutlich: Beide Seiten versuchten offenbar, die Schenken von Erbach für sich zu gewinnen, sie gleichermaßen aber auch als eigenständige Herren zu neutralisieren. Hatten doch die Schenken während des gesamten 13. Jahrhunderts für ihre Herrschaft eine weitgehend unabhängige, von den benachbarten Fürsten scheinbar geduldete Politik verfolgt. Die Pfalzgrafschaft setzte dabei seit 1277 auf das in diesem Jahr von den Markgrafen von Baden erworbene Lindenfels als Ausgangspunkt; Mainz versuchte sich offenbar inmitten der erbachischen Herrschaft festzusetzen, wozu die direkt aus dem ehemaligen Fürstentum Lorsch erlangten Besitzungen in Steinbach und König als Basis dienten.

Pfalzgraf Rudolf war es gelungen, von Lindenfels weiter nach Osten vorzudringen und den bislang als erbachisches Eigengut angesehenen Reichenberg

[276] Die Regesten identifizieren den Ausstellungsort *Mosa* fälschlicherweise mit Moosach bei München. Richtig ist aber wohl Mossau, wie KLEBERGER, Territorialgeschichte, S. 68, zeigen konnte. – 1277 hatten die Schenken von Erbach aus der Reichenberger und Michelstädter Linie ihren zuvor allodialen Ort Mossau dem Erzbischof von Mainz zu Lehen aufgetragen (s. oben S. 75).

[277] S. ausführlich dazu S. 79f. Vgl. SCHNEIDER, Historie, UB. Nr. 14.1, S. 58: *quod predicta bona pretendunt a monte Morsberg usque ad locum ubi aqua Mosa prosilit & deinde in das Marbach ex oppositio a Morsberg per Montem qui dicitur Ecke usque in die Wilbach* [...]; BECHER, Familienhändel, S. 48-53.

[278] Zur Geschichte der Johanniterkommende Mossau vgl. CLEMM, Obermossau, S. 119-128; BECHER, Michelstadt und Erbach, S. 199, 206; SATTLER, Johanniter, S. 52, 107-176.

unter pfälzische Kontrolle zu bringen, um von dort weiter nach Erbach und Michelstadt auszugreifen. Wie sich die Vorgänge letztlich genau abspielten, entzieht sich wegen der dürftigen Quellengrundlage unserer Kenntnis. Dennoch ist es möglich, die groben Linien zu skizzieren: Ausgangspunkt unserer Überlegungen ist die oben schon dargelegte innerfamiliäre Auseinandersetzung über den Reichenberg. Offenbar hatte es der Pfalzgraf geschickt verstanden, den seit Ende des 13. Jahrhunderts bestehenden Streit zwischen den Schenken Eberhard VI. und Eberhard IV. auszunutzen und für seine Zwecke zu instrumentalisieren. Erleichtert wurde das pfälzische Vorgehen sicherlich dadurch, daß Mainz in der gerade skizzierten Auseinandersetzung um die Aufteilung des Lorscher Besitzes gebunden war und so seinen erbachischen Vasallen nicht zur Seite stehen konnte[279]. In der Urkunde, die den Vergleich zwischen den Schenken um den Reichenberg schriftlich fixierte, ist die Mitbestimmung der wittelsbachischen Pfalzgrafen unübersehbar[280]. Am 8. Dezember 1307 schlichteten die „ehrbaren Leute" Ulrich und Gottfried von Bickenbach, *Erpff von Wingarten*[281] sowie Weiprecht *Swende*[282] den Streit der beiden Vettern und verabredeten einen Burgfrieden für den Reichenberg. Unter den verschiedenen Bestimmungen, die das Miteinander auf der Burg regelten, finden sich auch mehrere Passagen, die darlegen, was im Falle der Nichtbefolgung der Regelungen zu geschehen hatte. Sollte eine Seite die Abmachungen nicht einhalten, so würde deren Teil am Reichenberger Besitz *verfallen an vnsere herren, hern Rudolf, hern Ludwig, die edeln pfalczgrauen zu Ryn vnd herczoge in Beyern, oder an ir erben, mit allen den rechten, alz er* [d. h. der jeweils betroffene Schenk von Erbach] *ez gehabt hat*[283]. Als Bürgen und Zeugen setzten die Schenken Ulrich und Gottfried von Bickenbach sowie Hermann von Rodenstein ein. Diese sollten aktuell die Absprache bestätigten und zukünftig eine möglicherweise erfolgte Mißachtung der Bestimmungen dieses Vertrags zunächst feststellen und dann für die reibungslose Durchsetzung der Strafmaßnahmen Sorge tragen. Wenn eine der drei

[279] Das pfälzische Vorgehen richtete sich offenbar in erster Linie gegen die Schenken von Erbach aus den beiden Zweigen der Reichenberger Linie, die spätestens seit 1277 Mainzer Lehensleute waren. Von einer Auseinandersetzung mit der Hauptlinie zu Erbach ist an dieser Stelle nichts zu erkennen, wie die nachfolgenden Ausführungen zeigen werden.

[280] Vgl. SIMON, Erbach, UB Nr. 11, S. 11-13.

[281] Hier handelt es sich um Erpho von Weingarten (1341†), einen Angehörigen der Niederadelsfamilie von Weingarten (Kr. Germersheim); vgl. dazu ausführlich ANDERMANN, Weingarten, S. 77-120, hier bes. S. 94f (mit Nachweis der vorliegenden Urkunde); DERS., Niederadel, S. 101-128. Der Ortsadel von Weingarten (Kr. Karlsruhe) nannte sich nach seiner Burg Schmalenstein (vgl. dazu KALLER, Herren von Schmalenstein, S. 469-496).

[282] Vermutlich ist in Weiprecht ein Angehöriger der Schwende von Weinheim zu sehen, einer Familie, die aus der Lorscher Ministerialität stammend der Weinheimer adeligen Oberschicht angehörte (vgl. SCHAAB, Ministerialitäten, S. 97). WEIß, Weinheim, S. 650, zählt mehrere Weiprechte auf, darunter einen Burgmann zu Weinheim (erw. 1291-1309), der wohl mit dem Schiedsrichter unserer Urkunde identisch sein dürfte; zu ihm auch RPR I, Nr. 1243 (Übertragung der Burgmannschaft), 1470, 1525.

[283] SIMON, ebd., S. 12; dort auch zu den folgenden Bestimmungen.

genannten Personen ausscheiden würde – durch Tod oder aufgrund von Streitigkeiten innerhalb des Gremiums –, wurde festgelegt, daß ein dritter, *der dazu allerbeste sy*, auf Vorschlag der verbliebenen zwei Bürgen neu bestellt werden mußte.

Im Falle eines Verkaufs der Anteile am Reichenberg sicherten sich Eberhard VI. und Eberhard IV. das gegenseitige Vorkaufsrecht zu. Sollte allerdings kein Kaufinteresse von erbachischer Seite bestehen oder gesetzte Fristen überschritten werden, so ging das Vorkaufsrecht an die Pfalzgrafen über. Würden allerdings auch diese darauf verzichten, dann bestünde für den betroffenen Schenken die Möglichkeit zu verkaufen, *wem er wollte*. Abschließend machten die vier Ratleute einen *rechten burgfriden*, der in einem Gebiet um den Reichenberg gelten sollte, das von den Ortschaften Reichelsheim, Eberbach im Westen, Michelbach im Norden, Gersprenz und Beerfurth im Osten sowie Frohnhofen und dem Ruckelsberg im Süden begrenzt wurde. Für den Fall eines Bruchs dieses Burgfriedens durch eine der Parteien fällt der Anteil des jeweils Schuldigen ebenfalls an den Pfalzgrafen.

Bezeichnenderweise bitten die beiden Schenken von Erbach ihre *fvrgenanten herren* [!] *die hertzogen, daz sie ire Insigel heran hencken zu eyner stetigunge*[284], und die Urkunde ist in Heidelberg ausgefertigt worden. Zusammen mit der Regelung, daß im Falle eines Vertragsbruchs der Anteil des Schuldigen an die Pfalz (heim-)fallen (*verfallen*) sollte, heißt das: die Pfalzgrafschaft hatte zu diesem Zeitpunkt sicherlich die Lehenshoheit über die Burg Reichenberg und die zugehörigen Güter inne. Der Reichenberg – ursprünglich Allod der Herren von Erbach – konnte nur in Form eines pfälzischen Lehens für die Familie erhalten bleiben. Von einer förmlichen Lehensauftragung seitens der Schenken ist nichts bekannt, so daß davon auszugehen ist, daß das Objekt den Schenken auf Druck der Pfalzgrafen entzogen und ihnen nachfolgend von diesen als Lehen zurückgegeben wurde. Erstmals als pfalzgräfliches Lehen nachgewiesen und benannt wurde die Burg Reichenberg gut neunzig Jahre später, als Schenk Johannes II. am 30. Juni 1399 seine Lehen von Pfalzgraf Ruprecht III. empfing[285], doch erscheint es aufgrund der Formulierungen des vorliegenden Vertrags plausibel, daß eine Lehensbindung schon zum Zeitpunkt der Urkundenausfertigung bestanden hat.

Die Motivation der Pfalz für die Inbesitznahme der Burg und der zugehörigen Güter dürfte klar sein[286]: Der Reichenberg sperrte als erbachische Burg die Straße von der Pfälzer Festung Lindenfels nach dem Besitzzentrum der Schenken Erbach und Michelstadt im mittleren Mümlingtal. Wer den Reichenberg in der Hand hatte, verfügte über die Kontrolle dieser wichtigen Ost-West-Verbindung und konnte frei nach Osten in den erbachischen Kernbesitz vordringen. Diese Stoßrichtung verfolgte Pfalzgraf Rudolf energisch, um die wäh-

[284] EBD., S. 13.
[285] Vgl. SPIEß; Lehnsbuch, Nr. 36, S. 22, S. 117.
[286] Vgl. dazu auch KLEBERGER, Territorialgeschichte, S. 68f.

rend des 13. Jahrhunderts zusehends erstarkten Schenken von Erbach unter seine Kontrolle zu bringen, um vor allem ihre erkennbar starken politischen Emanzipationsbestrebungen zu unterdrücken.

Wie wir gerade gesehen haben, waren die Schenken von Erbach mit dem Vertrag vom Dezember 1307 zwar noch im Besitz des Reichenbergs, als Allod war er jedoch an die Pfalzgrafschaft verloren gegangen, die nun die Lehenshoheit darüber ausübte. War damit für den Moment freilich (noch) keine faktische Herrschaftserweiterung verbunden, war sehr wohl die formale Anerkennung der Oberhoheit und die Einbindung in das pfälzische Herrschaftssystem erreicht. Darüber hinaus war die Basis für eine spätere Herrschaftserweiterung beim Aussterben der Vasallenfamilie gelegt. Denn in diesem Fall bedeutete dies den Heimfall des/der Lehen(s) an den Lehensherrn[287]. Hinsichtlich des Reichenbergs dürfen wir wohl von einer erzwungenen Lehensauftragung ausgehen, die über den Tod der Auftragenden hinausreichte. Denn der Besitzer eines Allods nahm die Belastung mit Lehensdiensten und die Gefahr eines Verlustes durch einen möglichen Heimfall sicher nicht ohne zwingende Gründe auf sich[288]. Womöglich war die Lehensauftragung nur Teil eines groß angelegten Unternehmens der Pfalzgrafen, das gegen die Herren von Erbach gerichtet war. Diese These wird gestützt, wenn man die Vorfälle betrachtet, die sich im selben Jahr bereits einige Monate zuvor im Zentrum der Herrschaft – nämlich in Michelstadt – abgespielt hatten.

[287] Vgl. SPIEß, Lehnsrecht, S. 183. – Daß von der Pfalzgrafschaft eben dieses Vorhaben langfristig verfolgt wurde, zeigt sich in der Urkunde der Grafenerhebung 1532 und darüber hinaus. Vgl. SCHNEIDER, Historie, UB Nr. 164, S. 330-333: Die am 15. August 1532 durch Kaiser Karl V. ausgestellte Urkunde enthält ein Insert einer Urkunde Kurfürst Ludwigs V. vom 1. August 1532, daß die nunmehr Grafen von Erbach reichsständische Vasallen der Kurpfalz werden und ihre Grafschaft nach wie vor eine von der Pfalz lehnbare Herrschaft sei (vgl. EBD, S. 331). Diesen Bestimmungen hatte Eberhard von Erbach in einem „Revers-Brief" zugestimmt, der allerdings nicht mehr erhalten ist und auch nicht der Grafungsurkunde beigefügt wurde, wie dies Ludwig V. zunächst bestimmt hatte. Am Laurentiustag (= 10. August) 1546 legte Kurfürst Friedrich II. im Einvernehmen mit den Grafen Eberhard, Georg und Valentin zu Erbach unter anderem fest, daß im Falle des Erlöschens der Familie Erbach im Mannesstamm die Grafschaft Erbach als erledigtes Lehen an die Kurpfalz heimfallen sollte: *wo aus Schickung des Allmächtigen künftig sich zu tragen* [werde], *daß vorgenan*(n)*te drey Gebrüder* [Eberhard, Georg und Valentin], *Grafen zu Erbach, oder Ihre ehelichen Leibs-Manns-Erben mit Todt abgehen würden, und also kein Graf zu Erbach, Manns-Stammes ehelicher Geburth mehr vorhanden seye, dadurch uns und Unßeren Erben, PfaltzGrafen bey Rhein, Ertz-truchseßen und Chur-Fürsten Unser Eigenthum und Ihr Lehen an der Grafschaft Erbach, und sonsten vor leediget heim nachlaßen* [...] (Deduktion 1754, § 34, Nr. 107). Diese Urkunde war von jedem zukünftigen regierenden Grafen zu Erbach zu erneuern und wurde dann von kurfürstlicher Seite bestätigt.

[288] SPIEß, Lehnsrecht, S. 183 (Anm. 35), merkt dazu an: „Betrachtet man die Lehnsauftragung allein unter dem Aspekt des Eigentumsrechtes, dann erscheint in der Tat unverständlich, warum die Besitzer sich ihres Eigentums entäußerten, um es nur als Lehen wieder zurück zu empfangen".

Über die Ereignisse, die Mitte des Jahres 1307 Michelstadt und wohl auch Erbach[289] betroffen haben, sind wir nur durch die oben schon erwähnte Urkunde unterrichtet[290], die aber offenbar im unmittelbaren Zusammenhang mit den Geschehnissen und dem oben diskutierten Stück zu sehen ist. Am 6. Juni 1307 verglich sich Schenk Eberhard VI. aus der Hauptlinie Reichenberg zu Fürstenau mit Pfalzgraf Rudolf I. Dieser gab ihm seinen Besitz in der Stadt Michelstadt zurück und versprach ihm seine Gunst und seinen Schutz in allen Fällen und Belangen „gegenüber wem auch immer" (*contra quoslibet*)[291]. Eberhard sagte ihm dies in umgekehrter Weise ebenso zu. Interessant dabei ist, daß Eberhard *domino Rudolfo duci et suis heredibus meis devotis serviciis in antea contra quoslibet suos adversarios pro viribus adherere, imperiali excepta similiter maiestate ac etiam consanguineis propriis*[292] versicherte. Diese zweimalige Formulierung „gegen wen auch immer", die vor allem von Seiten Eberhards nochmals betont wurde, könnte im Sinne eines sogenannten ligischen Lehensverhältnisses gedeutet werden. Es würde sich dabei dann um eine besonders enge lehensrechtliche Bindung des Vasallen an seinen Lehensherrn handeln, die gekennzeichnet war durch die Verpflichtung des Lehensmannes seinem ligischen Lehensherrn „contra omnes homines" ohne Einschränkungen beizustehen[293]. Mit einem solchen Versprechen wäre zumindest theoretisch jeder Treuevorbehalt zugunsten eines weiteren Lehensherrn ausgeschlossen. Doch machte auch das ligische Lehensverhältnis dieselbe Entwicklung durch wie das gewöhnliche Lehensverhältnis, so daß seit dem 12. Jahrhundert auch ligische Lehensbindungen zu verschiedenen Herren bekannt geworden sind. Freilich blieb in der Regel eine „stärkere Verpflichtungsintensität"[294] erhalten. Für die Pfalzgrafschaft ist für das Jahr 1223 erstmals ein ligisches Lehensverhältnis bekannt[295]. Um das Jahr 1230 schwor Herzog Heinrich von Limburg dem Pfalzgrafen Ludwig I. einen diesbezüglichen Lehenseid, der zwar nicht ausdrücklich das „ligium hominium" in seiner Formulierung enthielt, in der Sache dies aber bedeutete. Der Herzog sagte

[289] Inwieweit Erbach von den Ereignissen 1307 bzw. 1311 tatsächlich betroffen war, läßt sich an dieser Stelle nur schwer entscheiden. Denn in den entsprechenden Urkunden fand es keine Erwähnung. Formulierungen in einer Urkunde Schenk Eberhards IV. 1311 lassen vermuten, daß es damals schon Pfälzer Lehen war (SCHAAB/LENZ, Nr. 41, S. 49f: *Wan vnsir herre, her Rudolf der edil pfaltzgrafe bie dem Rine* [...] *habent versetzet die Burg zv Erpach mit allem rechte, alz sie es gehabt habent* [...] *Deten wir daz nit* [die Burg zurückgeben nach der Auslösung], [...] *sint alle die Lehen, die wir von in haben, ledig worden wider in ir vnd ir Erben hant, daz sie die lihen mvgen furbaz, swem sie wellent.*); erstmals nachweislich unter pfälzischer Lehenshoheit erscheint Erbach 1320 (vgl. SCHNEIDER, Historie, UB Nr. 14.3, S. 62).

[290] S. oben S. 81. Vgl. SIMON, Erbach, UB Nr. 10, S. 10f; SCHAAB/LENZ, Ausgewählte Urkunden, Nr. 39, S. 46; RPR I, Nr. 1546.

[291] SCHAAB/LENZ, ebd.

[292] EBD., ebd.

[293] Vgl. SPIEß, Lehnswesen, S. 29f; DERS., Lehnsrecht, S. 205f; allgemein zum „ligischen Lehen" DIESTELKAMP, homo ligius, Sp. 234-237.

[294] Vgl. SPIEß, Lehnsrecht, S. 206.

[295] Vgl. EBD.

Ludwig I. zu, *quod ipsum bona fide et sine fraude contra quemlibet hominem fideliter excepto imperio iuvabimus*[296].

Die Urkunde Schenk Eberhards enthält nun eine im Wortlaut leicht abweichende Bestimmung, die aber in ihrer Bedeutung einem ligischen Lehen gleichkam[297]. Diese Formulierung in der Urkunde, mit der der bisherige Allodialbesitz Eberhards in Michelstadt in seine Hand zurückgegeben wurde, zeigt, daß Pfalzgraf Rudolf I. das Mittel des *ligium hominium*[298] einsetzte, um die Schenken von Erbach eng an sich zu binden und damit zu verhindern, daß sie sich einem weiteren Lehensherrn zuwendeten, der sie im Zweifelsfalle gegen die Expansionsbestrebungen der Pfalzgrafschaft hätte unterstützen können. Für Rudolf war es offenbar zu unsicher, nur einen Treuevorbehalt zu fordern, der faktisch die Möglichkeit der Annäherung an einen anderen Territorialherrn offen ließ[299].

Die ligische Lehensbindung an Pfalzgraf Rudolf wurde durch weitere, zusätzliche Bestimmungen der Urkunde gefestigt. So erfolgte die Rückgabe Michelstadts nur unter der Bedingung, daß Schenk Eberhard VI. ausdrücklich auf eine Befestigung bzw. einen Burgenbau verzichtete, wenn zuvor keine Absprache mit dem Pfalzgrafen erfolgt war. Sollten Eberhard oder seine Erben diese Forderung nicht einhalten, würde Michelstadt mit allen Rechten und Zubehör an Rudolf fallen.

Dieses Vorgehen Rudolfs richtete sich freilich nicht einzig und ausschließlich gegen die Schenken von Erbach, die er damit sukzessive in sein Herrschaftssystem einband, sondern darüber hinaus auch gegen seinen größten Widersacher in der Odenwaldregion, den Erzbischof von Mainz. Mit den Entscheidungen des Jahres 1307 scheint es dem Pfalzgrafen gelungen zu sein, zwischen Mainz und seine Lehensleute, die Schenken Eberhard VI. gen. Rauch und Eberhard IV., einen Keil zu treiben und deren vasallitische Bindung an Mainz zu unterlaufen. Gerade die Aufrichtung eines ligischen Lehensverhältnisses bringt dies deutlich zum Ausdruck. Damit hatte Pfalzgraf Rudolf einem weiteren ungehinderten Vordringen des Erzstifts in den östlichen Odenwald einen Riegel vorgeschoben. Denn neben der erbachischen Linie, die schon seit der Mitte des 13. Jahrhunderts fest zu den pfalzgräflichen Klientelfamilien gezählt werden muß, war nun auch der reichenbergische Zweig der Schenkenfamilie auf die Seite des rheinischen Pfalzgrafen gezogen worden.

[296] EBD., S. 206; dort auch zu den weiteren Beispielen, die für die Pfalzgrafschaft bekannt sind.

[297] Dies zeigen auch die von Spieß erwähnten Beispiele (s. Anm. 295).

[298] SPIEß, ebd., S. 206 (Anm. 193, dort das Quellenzitat).

[299] Zum Begriff des „Treuevorbehalts“ und seine Bedeutung für die Pfalzgrafen bei Rhein vgl. SPIEß, ebd., S. 201-205; DERS., Lehnswesen, S. 29f. Gerade im Blick auf die Herren von Erbach kann Spieß zeigen, daß der Treuevorbehalt im späteren 14. Jahrhundert fast bis zu Unwirksamkeit abgeschwächt war, als die Schenken Karl IV. ihre Burg Erbach öffneten (vgl. SIMON, Erbach, UB Nr. 51, S. 54f). Er war daher nicht unbedingt ein brauchbares Mittel, einen Vasallen für nur einen Lehensherrn zu sichern.

Daß diese Auseinandersetzung letztlich auch den Michelstädter Zweig der Familie zu einem Parteiwechsel zwang, macht eine Urkunde deutlich, die Schenk Eberhard IV. gut vier Jahre später in Heidelberg ausgestellt hat[300]. Dieses Stück vom 21. Oktober 1311 stellt nach Auffassung der bisherigen Forschung die Lehensauftragung von Michelstadt an Pfalzgraf Rudolf I. dar. Diese späte Lehensauftragung muß freilich merkwürdig erscheinen. Denn schon 1307 stand Schenk Eberhard VI. (Reichenberg) mit seinem Anteil von Michelstadt in einem – der Sache nach – ligischen Lehensverhältnis zu Rudolf I. Warum aber sollte nun die andere Hälfte der Stadt bis 1311 als Eigentum in der Hand Schenk Eberhards IV. zu Michelstadt geblieben sein? Es ist nur schwer vorstellbar, daß Rudolf vier Jahre gewartet haben sollte, bis er nach der Unterwerfung des Fürstenauer Zweigs auch den Michelstädter Zweig der Familie in sein Herrschaftssystem einband.

Denn in der Urkunde ist von einer vorausgegangenen Lehensauftragung Michelstadts die Rede (*vnd wan daz selb gut min aigen ist, han ich ez minem vorgenanten herren, vnd miner frawen vnn iren erben aufgeben vnn han ez ze lehen von in enpfangen*[301]). Es bleibt dann aber zu fragen, wann die Übertragung stattfand, ob sie vielleicht schon 1307 gleichzeitig mit der Belehnung Schenk Eberhards VI. mit seinem Anteil an Michelstadt erfolgte. Es gibt gute Gründe dafür, die es wahrscheinlich machen, daß die Stadt Michelstadt, die Schenk Eberhard VI. (zu Fürstenau) und Schenk Eberhard IV. (zu Michelstadt) in gemeinsamem Besitz hatten, nicht auf zwei Etappen pfälzisches Lehen geworden ist, sondern in einem Zug.

So ist in der Urkunde „ein Brief" des Pfalzgrafen erwähnt, ein Hinweis, der eine Belehnung bereits vor 1311 wahrscheinlich macht; denn es handelt sich hierbei wohl um die Lehensurkunde. Schenk Eberhard erwähnt diese, die er von Pfalzgraf Rudolf und seiner Ehefrau Mechthild erhalten habe und die ihn von einem gegenüber dem Pfalzgrafen geleisteten Eid entbinde, auf den Wiederaufbau der Burg und Stadt zu verzichten[302], die Rudolf auf seinem Zug gegen Erbach zuvor zerstört habe. Offenbar hatte Eberhard von Reichenberg-Michelstadt zunächst die Absicht gehabt, die Stadt wieder aufzubauen, was der Pfalzgraf jedoch verhinderte und ihn aufforderte, ihm Michelstadt zu übertragen[303]. Dieses Verhalten von Seiten Rudolfs würde sich so auch decken mit jenem, das er 1307 gegenüber Schenk Eberhard Rauch aus der Reichenberger Linie an den Tag legte. Auch dieser durfte Michelstadt nicht wieder bzw. nur mit Zustimmung des Pfalzgrafen befestigen[304].

[300] Vgl. SIMON, Erbach, UB Nr. 15, S. 16f; dort mit dem falschen Datum (20. Oktober statt 21.).
[301] EBD., S. 16.
[302] EBD.
[303] EBD.
[304] Die Urkunde Schenk Eberhards VI. enthält einen vergleichbaren Passus, daß er Michelstadt nur zurückerhalte, wenn er keine Befestigung entgegen dem Willen des Pfalzgrafen dort errichte (vgl. SIMON, Erbach, UB Nr. 10, S. 10f)

1311 erlaubte nun Pfalzgraf Rudolf zusammen mit seiner Frau Mechthild allerdings ausdrücklich, daß Schenk Eberhard IV. die Burg und Stadt Michelstadt wieder aufbauen darf. Dafür mußte er ihnen freilich das Öffnungsrecht gegen alle ihre Widersacher – besonders gegen den Erzbischof von Mainz[305] – garantieren. Ausgenommen blieben davon Ulrich und Gottfried von Bickenbach, Werner von Lißberg, Konrad von Weinsberg, Ulrich von Hanau sowie der Vetter Eberhards, Schenk Eberhard VI. gen. Rauch. Dafür sicherte Pfalzgraf Rudolf seinen Schutz zu gegen jeden *der mir* [Schenk Eberhard] *vnreht taet*[306]. Würden allerdings Eberhard oder einer seiner Erben vertragsbrüchig werden, so *waern* [sie] *mainaid, trwelos vnn rehtlos vnn waern die lehen vnd allen andern lehen, die wir von in* [den Pfalzgrafen] *haben, ledich worden in ir hant, daz si vnn ir erben sie fu*$^{e}$*rbaz leihen mo*$^{e}$*hten, swem si wolten*[307]. Auch diese Formulierung deutet darauf hin, daß Michelstadt und weitere Teile der Herrschaft Erbach schon länger in der Hand des Pfalzgrafen lagen und nurmehr als Lehen an Erbach zurückgekommen waren. Offenkundig waren mit dem Zug Pfalzgraf Rudolfs gegen Erbach 1307 später Lehensauftragungen in größerem Stil verbunden. Doch warum enthält die Urkunde von 1311 dann aber diese undeutlichen, schwer nachvollziehbaren Passagen? Bevor wir zur Beantwortung dieser Frage kommen, müssen wir auf eine zweite Urkunde Schenk Eberhards, die am selben Tag ausgestellt wurde, näher eingehen.

Die Erlaubnis, Michelstadt wieder aufzubauen und die dortige Burg wieder zu errichten, stand wohl im Zusammenhang mit den Geschehnissen, die in dieser zweiten Urkunde vom 21. Oktober 1311 festgehalten sind[308]: Schenk Eberhard IV., Gottfried von Bickenbach und Werner von Lißberg bekennen, daß ihnen Rudolf I. Pfalzgraf bei Rhein und dessen Frau für eine Schuld von 2500 Pfund Heller aus der im Zug gegen Böhmen geleisteten Hilfe und den dabei erlittenen Schäden Burg Erbach mit Zubehör und Gerechtigkeiten verpfändet haben[309]. Für den Fall, daß der Herzog oder ein dazu berechtigter *gewaltiger amptman an dem Rine*[310] kommen und die *vorgenanten funfundzweinczighundirt phunt heller bitent,* gestatten sie die Auslösung der Burg und des Zubehörs. Sollten die genannten Pfandnehmer sich weigern, so sind sie *meineidig, truwelos, erlos und rechtlos wordin und sint alle die lehen, die wir von in haben, ledig wordin wider in ir und in ir erben hant, daz sie die lihen mugen furbaz,*

[305] Vgl. SIMON, Erbach, UB Nr. 15, S. 17: *besonderlich wider swer ze Meincze Bischof ist, oder furbaz wirt.*

[306] EBD., S. 17.

[307] EBD.

[308] Vgl. GLA 67/799, fol. 58$^{v}$-59$^{r}$; SCHAAB/LENZ, Ausgewählte Urkunden, Nr. 41, S. 49f; SIMON, Erbach, UB Nr. 14, S. 15f; RPR I, Nr. 1676.

[309] Da Pfalzgraf Rudolf über Burg Erbach verfügen konnte, kann die Burg nicht mehr im Besitz der Schenken bzw. Herren von Breuberg gewesen sein. Von einer förmlichen Lehensauftragung wissen wir freilich nichts, so daß wohl davon auszugehen ist, daß auch Erbach in der Auseinandersetzung mit Rudolf 1307 (?) in dessen Hand gefallen war.

[310] SCHAAB/LENZ, Ausgewählte Urkunden, Nr. 41, S. 49f; dort auch die weiteren Zitate.

*swem sie wellent*[311]. Unter den weiteren Bestimmungen ist vor allem noch wichtig, daß auch die Burg Erbach dem Pfalzgrafen *wider allen menglichen* geöffnet blieb, *an wider uns, Cunrad von Winsperg, Ulrich von Bickenbach, Ulrich von Hanawe und Eberharten Schenken, Johans sun von Erpach.* Es wurde dabei auch ausdrücklich festgelegt, sollte es zukünftig zu Spannungen und Differenzen zwischen den Schenken von Erbach und dem Pfalzgrafen kommen, so darf die Burg nicht als erbachische Festung gegen die Pfalzgrafschaft dienen (*so suln wir uns gein in von demselben hus nit behelfen*). Im Gegenzug sicherte Rudolf aber zu, daß er ihnen *an demselben hus nit schaden* wolle, *noch an dem gute, daz dorzu gehoret.*

Verschiedene Dinge lassen sich an dieser Erbach betreffenden Urkunde ablesen: Die Stammburg Erbach war 1311 kein erbachischer Allodialbesitz mehr; sie war offenbar schon längere Zeit in der Hand der rheinischen Pfalzgrafen, die sie als Pfandmasse nutzen konnten, was darauf hindeutet, daß die Burg Erbach wohl schon gemeinsam mit Michelstadt in der Auseinandersetzung 1307 an die Pfalzgrafen übergegangen war[312].

Interessanterweise ist in der gesamten Urkunde weder die Rede von den Schenken der Erbacher Hauptlinie, den ursprünglichen Eigentümern, noch von den Herren von Breuberg, die seit 1303 im Mitbesitz der Burg und den zugehörigen Gütern waren. Wie es dazu kam, daß beide in der pfälzisch-mainzischen Auseinandersetzung aus der Burg vertrieben worden waren, läßt sich nicht nachvollziehen. Nur ein vager Hinweis ist überliefert, daß dem so war. Am 15. September 1314 versprach Pfalzgraf Ludwig, daß er im Falle seiner Wahl zum deutschen König Eberhard von Breuberg seine Hälfte von Burg Erbach restituieren werde, die er im Dienst der Mainzer Kirche verloren habe[313]. Von der erbachischen Hälfte wird hier nichts gesagt. Legt man aber eine Urkunde Ludwigs vom 4. Dezember 1320 zugrunde, so ist wohl davon auszugehen, daß auch die erbachische Linie der Schenkenfamilie wieder ihren Anteil

[311] Diese Formulierung kommt in fast wörtlicher Wiederholung in der Urkunde vor, die Schenk Eberhard für die Stadt Michelstadt ausgestellt hat.

[312] Dies wäre ein weiterer Hinweis darauf, daß die oben erwähnte, Michelstadt betreffende Urkunde von 1311 nicht auf die Lehensübertragung anspielt, sondern tatsächlich den Wiederaufbau von Burg und Stadt sowie die Zusicherung des Öffnungsrechts betraf. – Auch in der Erbach betreffenden Urkunde ist die Rede von weiteren Pfälzer Lehen in erbachischer Hand, was darauf hinweist, daß neben Michelstadt, dem Reichenberg und Erbach noch mehr Erbacher Allodialbesitz in pfalzgräfliche Hand gefallen war.

[313] Vgl. SCHNEIDER, Historie, UB Nr. 14.2, S. 61: *quod si* [...] *in Romanorum Regem electi fuerimus, Nobili viro Eberhardo de Bruberg procurabimus restitucionem castri Erpach quod perdidit in servitio ecclesie moguntine.* Dieser Urkunde war am 12. September eine lange Liste von Wahlversprechen Ludwigs für Erzbischof Peter von Mainz vorausgegangen, worin die Breuberger Sache schon versichert wurde (vgl. REM I, Nr. 1676-1678). Das Versprechen für seinen Landvogt Eberhard von Breuberg (*advocato nostro provinciali*) erneuerte Ludwig am 23. Dezember 1314 abermals in Mainz, nachdem er im Oktober zum römisch-deutschen König gewählt worden war (vgl. MGH Const. V, Nr. 153; REM I, Nr. 1724; SCRIBA, Regesten, Nr. 798).

an Burg Erbach erhielt[314]. Denn Schenk Konrad gab als „Miterbe" (*coheres*) sein Einverständnis dazu, daß Eberhard von Breuberg seiner Frau Mechthild und seinen Töchtern Elisabeth und Lukardis das Wittum bzw. Ehegeld auf Burg Erbach anweist[315].

Kommen wir nun auf die oben aufgeworfene Frage nach den recht seltsam anmutenden Formulierungen der Michelstädter Urkunde vom 21. Oktober 1311 zurück. Um hier ein wenig Licht ins Dunkel zu bringen, ist es nötig, weiter auszuholen.

Als nach dem Tod Pfalzgraf Ludwigs II. 1294 Rudolf I. an die Regierung gelangte, stand Ludwig, der jüngere, damals zwölfjährige Bruder, unter Rudolfs Vormundschaft. Im Juli 1301 mußte Rudolf dann seinen Bruder als gleichberechtigten Teilhaber an der Herrschaft über die wittelsbachischen Fürstentümer anerkennen, nachdem sich König Albrecht mit einem Sieg über die rheinischen Kurfürsten durchgesetzt hatte. Die gemeinsame Herrschaft der Brüder ist erstmals für den 2. Januar 1302 bezeugt[316]. Diese gemeinsame Regierungszeit war nun gekennzeichnet durch einen stets schwelenden Konflikt zwischen Rudolf und Ludwig, der in diesen Jahren immer wieder aufflackerte. Einen ersten Lösungsansatz versuchte man 1310 mit einer Teilung der Herrschaft zu erreichen[317]. Am 1. Oktober legte eine Schiedskommission einen detaillierten Vertragstext vor, der eine gleichmäßige Aufteilung von Oberbayern und den Gütern in Schwaben und Österreich vorsah. Der eigentliche Konfliktherd wurde allerdings nicht beseitigt: Die Herrschaft über die Pfalzgrafschaft blieb von der Teilung ausgespart, so daß es zu diesem Zeitpunkt zu keiner endgültigen Klärung kam und Rudolf weiterhin die Pfalz für sich beanspruchte und ohne Rücksprache mit seinem Bruder über pfälzisches Gut verfügte. Aus dieser Konstellation heraus flammte der Streit ein weiteres Mal auf, so daß sich die Brüder in einem neuen Vertrag am 21. Juni 1313 darauf einigten, die Herrschaft wiederum gemeinsam auszuüben[318]. Im Endeffekt wurde mit dieser Übereinkunft die endgültige Entscheidung nur noch einmal aufgeschoben und auf die

[314] Vgl. SCHNEIDER, ebd., Nr. 14.3, S. 62. Es ist freilich in Rechnung zu stellen, daß Schenk Konrad seine Hälfte an Erbach nur als pfälzisches Lehen zurückerhalten hat, wie dies in der vorliegenden Urkunde auch für Eberhard von Breuberg formuliert ist: *volumus pervenire quod Nobili Viro Ebirhardo de Bruberg, fideli nostro dilecto & suis heredibus mediatem Castri Erpach cum omnibus bonis & pertinenciis ipsius, quod a nobis racione Comitatus Palatini descendit, tytulo feodali contulimus.* – Wann die Rückübertragung erfolgte, muß offen bleiben. Sie muß nicht zwingend zeitgleich zu der der Breuberger Hälfte erfolgt sein, will man die Schenken der pfalzgräflichen Seite – also der gegnerischen Seite – zurechnen.

[315] Vgl. SCHNEIDER, ebd.: *Cui dotacioni Nobilis Vir, Conradus Pincerna de Erpach, coheres predicti Ebirhardi, in dicto Castro, consensum adhibuit coram nobis benivolum & expressum.*

[316] Im „Schnaitbacher Vertrag" gestatteten sie den Grafen, Freien und Dienstleuten ihres bayerischen Landes, eine Eidgenossenschaft zu bilden (vgl. RPR I, Nr. 1817).

[317] Vgl. RPR I, Nr. 1646.

[318] Vgl. SCHAAB/LENZ, Ausgewählte Urkunden, Nr. 42, S. 50-52; MGH Const. IV, Nr. 1232, S. 1292f; RPR I, Nr. 1711.

Erben abgewälzt; denn eine erneute Teilung der Besitzungen bzw. die Frage nach der Ausübung der Kurstimme sollte letztendlich einer Vereinbarung der Erben unterliegen[319].

Für die Zeit der geteilten Herrschaft 1310 bis 1313 bedeutete dies auch die getrennte Vergabe der Lehen; Ludwig verzichtete sogar bis 1315 in pfälzischen Lehensangelegenheiten auf eigene Initiativen. Seit 1313 stellte er Lehensurkunden nur gemeinsam mit seinem Bruder aus. Als der Streit der beiden Brüder 1311 wieder einmal eskalierte und sogar König Heinrich VII. als Schiedsrichter angerufen wurde[320], nahm Pfalzgraf Rudolf Lehensleute ausdrücklich für den Kampf gegen Ludwig auf[321]. Eine gemeinsame Lehenspolitik erfolgte demzufolge erst wieder nach der Einigung von 1313.

Die Kandidatur Ludwigs bei der Königswahl 1314 und die daraufhin erfolgte Hinwendung Rudolfs zum habsburgischen Gegenkandidaten Friedrich dem Schönen brachte dann aber das endgültige Zerwürfnis und war der Auftakt „für den bedingungslosen Kampf innerhalb der wittelsbachischen Familie“[322]. Ludwig verpfändete nun große Teile der Pfalz an die territorialen Konkurrenten Mainz und Trier und versuchte in dieser Phase, die Lehensleute auf seine Seite zu ziehen[323]. Dieses Nebeneinander der konkurrierenden Brüder bedeutete auf Dauer eine große Gefahr für die pfalzgräfliche Lehenspolitik und mußte letztlich zu einer Lockerung der vasallitischen Bindungen sowie zu einer Aufweichung der lehensherrlichen Position führen. Denn der durch den Dualismus entstandene Freiraum war ein großer Anreiz für die Lehensleute, die Brüder gegeneinander auszuspielen und pfalzgräfliche Lehen in größerem Stil zu entfremden[324]; hier suchten offenbar auch die Herren von Erbach ihre Chance zu nutzen.

Der durch die Konkurrenz der Brüder entstandene Treuekonflikt wurde letzten Endes erst im Münchener Vertrag 1317 beigelegt[325]: Am 26. Februar wurde

[319] Vgl. THOMAS, Ludwig der Bayer, S. 38f.

[320] Vgl. EBD., S. 38. Rudolf erhoffte sich davon ein für ihn günstiges Urteil, weil sein bereits 1312 gestorbener Sohn Ludwig mit Maria von Luxemburg, Heinrichs Tochter, verlobt war und weil Rudolf den Luxemburgern bei der Durchsetzung der böhmischen Königsherrschaft geholfen hatte.

[321] Vgl. SPIEß, Lehnsrecht, S. 12.

[322] EBD.

[323] Vgl. EBD., S. 12f. So nahm auch der Mainzer Erzbischof Peter von Aspelt die Schenken von Erbach stellvertretend für Ludwig in dessen Dienst auf; auch die Herren von Breuberg wurden so auf die Seite Ludwigs gezogen.

[324] Daß dies so tatsächlich vorgekommen ist, zeigt SPIEß, ebd., S. 13.

[325] Vgl. SCHAAB/LENZ, Ausgewählte Urkunden, Nr. 46, S. 61-66; RPR I, Nr. 1785 (dort mit falscher Jahreszahl 1316); REM I, Nr. 1886. Eine vorübergehende Versöhnung fand schon 1315 statt (RPR I, Nr. 1766); die Lehen wollten beide Brüder gemeinsam vergeben. Allerdings war diese Einigkeit nur von sehr kurzer Dauer; denn es stellte sich heraus, daß der Vertrag „ein ziemlich einseitiges, auf Kosten Rudolfs ausgefertigtes Instrument zur Durchsetzung von Ludwigs Willen gegen den Bruder“ war (THOMAS, Ludwig der Bayer, S. 73), so daß es nur wenige Wochen nach Ausstellung zum offenen Konflikt kam. Offenbar war hierbei Mechthild, Rudolfs Gemahlin, die treibende Kraft gewesen, weil im wesentlichen

der Vertrag geschlossen, in dem Rudolf mit ausdrücklichem Hinweis auf seine Krankheit seinem Bruder Land und Leute in Bayern und am Rhein übergab und auf eine Beteiligung an der Herrschaft verzichtete. Ein standesgemäßes Auskommen des Pfalzgrafen und seiner Familie wurde zwar durch die verschiedenen Bestimmungen des Vertrags zugesichert; auch eine gewisse Beteiligung bei der Lehensvergabe blieb Rudolf erhalten, letztlich wurde er aber zu einem bloßen Verwalter der Lehen herabgestuft. Alles in allem kam dieser Vertrag einer Abdankung Rudolfs gleich[326]. Bis zu seinem Tod 1319 mischte sich Rudolf nicht mehr in politische Fragen und Entscheidungen ein, blieb so ohne weiteren Einfluß und verschwand nahezu sang- und klanglos aus dem Geschehen. Seine Gemahlin Mechthild, die Nassauer Königstochter, gab sich freilich nicht damit zufrieden: Über Rudolfs Tod hinaus kämpfte die Witwe für das Erbrecht der drei Söhne.

Wenn wir Rudolfs Politik, seine Position im Odenwald zu verteidigen und auszubauen, zusammenfassend in das Zeitgeschehen zu Beginn des 14. Jahrhunderts einordnen, so fällt auf, daß sie sich nicht bloß gegen Erbach richtete, sondern auch durch die Mainzer Territorialpolitik maßgeblich bestimmt war. Denn die Mainzer Kirche versuchte unter Erzbischof Gerhard II. von Eppstein und dann vor allem unter Erzbischof Peter von Aspelt ihr recht zersplittertes Territorium zu konsolidieren und die an Rhein, Main und im Bauland liegenden Besitzkomplexe miteinander zu verbinden. Dazu war eine Landbrücke durch den Odenwald unbedingt erforderlich. Dort traf das Erzstift jedoch auf die Schenken von Erbach, die im Verlauf des 13. Jahrhunderts auf ehemals Lorscher Gebiet eine recht ansehnliche Herrschaft geschaffen hatten und so ein erhebliches Hindernis für die Mainzer Territorialpolitik darstellten. Dennoch strebte die Mainzer Kirche nach dem Ausbau ihrer Landesherrschaft, was ihr freilich dann nur im Zusammenspiel mit den Herren von Erbach gelingen konnte. Erste Bindungen zu den Schenken waren spätestens seit dem letzten Viertel des 13. Jahrhunderts gegeben und konnten in der Folgezeit ausgebaut werden. Um 1300 schien die Entwicklung offenbar soweit vorangeschritten, daß sich das Erzstift anschickte, eine Burg innerhalb der Herrschaft Erbach zu errichten. In unmittelbarer Nachbarschaft zum Lorscher Tochterkloster Steinbach entstand in der Mümlingniederung eine Wasserburg als Mainzer Stützpunkt. Der Bau dieses „festen Hauses“ mußte unweigerlich zu Streitigkeiten mit der hier konkur-

über pfälzische Güter verfügt wurde, bei denen sie ein Mitspracherecht hatte, für das sie über Rudolfs Tod hinaus kämpfte (vgl. EBD., S. 73f; SCHAAB, Kurpfalz 1, S. 80).

[326] Vgl. SCHAAB, ebd.; THOMAS, ebd., S. 82f. Daß der Vertrag eigentlich nur befristet Geltung haben sollte, wird erst in § 15 erwähnt und fand letztlich keine Beachtung; eine mögliche Konsequenz aus dieser Bestimmung stand darüber hinaus kaum zu erwarten, weil Ludwig offenbar jeder Zeit mit dem Tod seines kranken Bruders rechnete.

rierenden Pfalzgrafschaft bei Rhein führen, die fortan ihre Interessen im zentralen Odenwald bedroht sah[327].

Das Vordringen der beiden Fürsten, die sich auf die – nach ihrer Meinung – nach wie vor ungeklärten territorialen Verhältnisse im Innern des Odenwalds beriefen, wie sie aus dem Übergang der Abtei Lorsch an das Mainzer Erzstift entstanden waren, mußte die Schenken auf den Plan rufen. Ihre Herrschaft stand nun im Brennpunkt des Geschehens. Hier kollidierten die Interessensphären der verschiedenen Parteien. Neben den beiden „großen" Kontrahenten sahen nun vor allem die Schenken von Erbach ihre Herrschaft gefährdet, die sie gegenüber Mainz und der Pfalz sichern mußten, um sie zu erhalten. Dies versuchten sie in unterschiedlicher Weise zu bewerkstelligen. Nicht zuletzt schienen verschiedentliche (Lehens-)Bindungen an beide Fürsten erfolgversprechend.

Der erbachischen Absicht, eine Annäherung an Mainz zu suchen, mußte Pfalzgraf Rudolf – nach seiner Auffassung verständlicherweise – entgegenwirken. Er setzte alles daran, eine zu enge Anbindung der Herren von Erbach an das Erzstift zu verhindern, und strebte danach, die Schenken im Gegenzug unter seine Botmäßigkeit zu bringen.

Die Ambitionen des Pfalzgrafen zwangen nun den Erzbischof von Mainz seinerseits zum Handeln, da sie in massiver Weise die Interessen der Mainzer Kirche gefährdeten. Der Erzbischof mußte sich folglich dem pfälzischen Vordringen entgegenstellen. Denn nach Mainzer Auffassung war Rudolf I. letztlich „unrechtmäßig Inhaber eines Lorscher Teilbesitzes, [...] aber dafür [war er] im Besitz der Macht"[328], so daß sich eine Unterwerfung der Schenken von Erbach durch ihn abzeichnete. Sollte dem Pfalzgrafen dies gelingen, so mußte die Lage für Mainz nahezu aussichtslos werden, weil er dann mit einem Schlag seine Herrschaft über den gesamten zentralen Odenwald ausgeweitet hätte. Die Mainzer Kirche wäre so auf die Position des beginnenden 13. Jahrunderts zurückgeworfen worden, als die Mainzer Herrschaftsbildung in diesem Raum begonnen hatte[329].

Der rheinische Pfalzgraf hatte darüber hinaus noch einen weiteren Vorteil, den er für sich verbuchen konnte und der nicht gering geschätzt werden darf: mindestens seit dem Ende des 12. Jahrhunderts ging ein Teil der Herrschaft Erbach von der Pfalz zu Lehen. Dem gegenüber waren die erbachischen Beziehungen zum Erzstift Mainz weitaus lockerer und Lehensbindungen bestanden

[327] Die Differenzen bezüglich der Burg Fürstenau sollten sich noch bis fast zur Jahrhundertmitte hinziehen; denn erst 1344 erfolgte hier eine endgültige Klärung (vgl. REM I, Nr. 5124, 5143, 5144).

[328] KLEBERGER, Territorialgeschichte, S. 67. Kleberger spielt mit dieser griffigen Formulierung offenbar auf die noch im 12. Jahrhundert erfolgten Entfremdungen von Lorscher Grundbesitz durch Pfalzgraf Konrad von Staufen an, der als Vogt der Reichsabtei entsprechende Vorstöße unternahm. Dieser „Politik" folgten seit dem zweiten Viertel des 13. Jahrhunderts auch die wittelsbachischen Pfalzgrafen, die Anspruch auf die Lorscher Vogtei erhoben, die allerdings teilweise in die Hand König Heinrichs (VII.) übergegangen war.

[329] Vgl. CHRIST, Erzstift und Territorium, S. 188f.

erst sehr viel später und in weitaus geringerem Maße[330]. Mainz mußte daher vermehrt danach trachten, im zentralen „erbachischen" Odenwald Fuß zu fassen und die Schenken für sich zu gewinnen, um in ihnen eine Unterstützung gegen das Vordringen der Pfalz zu haben. Auch die Rolle, die Mainz im Schiedsvertrag zwischen seinem Verbündeten Breuberg[331] und Erbach als „Garantiemacht" spielte, zeigt das starke Interesse des Erzstifts, seine Position gegenüber der Pfalzgrafschaft im Herrschaftsbereich der Schenken zu festigen, diese in einer wie auch immer gearteten Form in sein Klientelsystem einzubinden.

Einen weiteren wichtigen Schritt zur Durchsetzung seiner Interessen unternahm das Erzbistum unter Erzbischof Gerhard II., als es in Steinbach kurz vor 1300 das schon erwähnte „feste Haus" errichtete[332]. Diese Burg erhielt von Mainz den programmatischen Namen Fürstenau und gehörte zum mainzischen Festungsdreieck im Odenwald und an der Bergstraße, dem als weitere Stützpunkte die Starkenburg und Weinheim angehörten[333]. 1305/06 wurde die Burg Fürstenau offenbar ausgebaut; denn das Mainzer Domkapitel hatte viel Geld für Besatzung und Befestigung bewilligt[334]. Die Anlage selbst erscheint dann in den Jahren 1317/18, 1322, 1329, 1335, 1344 und noch 1356 in Mainzer Besitz[335].

Die Motive, die den Erzbischof zur Errichtung der Burg Fürstenau veranlaßten, liegen auf der Hand: neben dem Ort König[336] war der einzige weitere mainzische Besitz eine Hofstätte in Steinbach; offenbar waren beide Punkte direkt aus dem Lorscher Güterkomplex an Mainz gekommen. Das Erzstift versuchte nun in der Phase seiner territorialen Expansion unter den obengenannten Erzbischöfen Gerhard II. und Peter seinen Einfluß gegen die Pfalzgrafschaft auszubauen. Zu diesem Zweck ließ Gerhard II. anstelle des Hofs die Wasserburg Fürstenau in der Mümlingniederung errichten, um hier inmitten des Erbacher Gebiets einen weit nach Osten vorgeschobenen Stützpunkt zu haben, von dem aus ein Vorgehen gegen die Pfalzgrafen möglich war, der andererseits aber auch

[330] Erste Ansätze sind darin zu sehen, daß 1277 die Schenken der Erbach-Reichenberger Linie ihr allodiales Dorf Mossau der Mainzer Kirche übertrugen und es von ihr als Lehen zurückerhielten.

[331] Vgl. dazu HEINIG, Kurfürstliche Hybris, S. 409: um 1290 hatte Erzbischof Gerhard Gerlach von Breuberg für sich gewonnen und konnte sich mit ihm 1299 bezüglich der Burg und Stadt Wörth am Main einigen. Seit der Einigung trat Gerlach immer wieder als Zeuge und Bürge bei wichtigen Rechtsgeschäften auf. So fungierte er beispielsweise am 3. Februar 1294 als Rechtsbürge beim Kauf der Burgen und Städte Dieburg (von den Isenburg) bzw. Neustadt (von den Ziegenhain). Auf diese enge Bindung dürfte auch das Auftreten des Mainzer Erzbischofs als „Garantiemacht" im Schiedsvertrag von 1303 zurückzuführen sein.

[332] Vgl. CHRIST, Erzstift und Territorium, S. 191f; HEINIG, ebd., S. 408f, der die Territorialpolitik Gerhards als ausgedehnte Erwerbstätigkeit verbunden mit anschließender Verlehnung und einer strikten Nichtveräußerung und Revindikation der Mainzer Eigengüter beschreibt. – Zur Burg Fürstenau vgl. umfassend KREBS, Fürstenau, der in seiner Abhandlung ausführlich auch die Baugeschichte der Burg bzw. des Schlosses schildert.

[333] Vgl. CHRIST, Erzstift und Territorium, S. 191f.

[334] Vgl. REM I, Nr. 1367.

[335] Vgl. REM I, Nrr. 1934, 2036, 2383, 3065, 3424, 5144; REM II, Nr. 588.

[336] Heute Bad König (Odenwaldkreis).

als Sicherung für den Mainzer Weg von der Bergstraße in Richtung Main bzw. Spessart dienen konnte.

Offenbar konnte sich Mainz trotz der unternommenen Anstrengungen gegenüber der Pfalzgrafschaft nicht durchsetzen. Die Burg Fürstenau brachte letztendlich nicht den gewünschten Erfolg und verlor schon wenige Jahre nach ihrer Erbauung für die Erzbischöfe an Bedeutung. Das mag unter anderem daran gelegen haben, daß die Festung zu sehr isoliert lag, von Mainz aus gesehen schwer zugänglich war und daher kaum eine Aktionsbasis bieten konnte. Dementsprechend rasch ging das Interesse an Fürstenau verloren. Schon um 1310 diente die Burg immer wieder als potentielles Pfand und wurde schließlich auch mehrfach verpfändet. So war bereits vor 1313 ein Teil an die Schenken von Erbach verpfändet gewesen, der von Erzbischof Peter von Aspelt mit 500 Pfund Heller wieder ausgelöst wurde[337]. Durch diese Verpfändungen war der Mainzer Kirche zumindest zeitweise ein nicht unerheblicher Teil des Verfügungsrechts über die Burg aus der Hand genommen, so daß entgegen dem ursprünglichen Sinn eine mainzische Verteidigungsstellung nicht mehr gewährleistet war. 1317 erhielten die Schenken von Erbach ein Burglehen zu Fürstenau[338]. Die Vergabe des Burglehens fiel freilich bereits in eine Zeit, in der sich die allgemeine Lage im Bereich des Odenwaldes grundlegend geändert hatte.

### 1.4.3 Veränderte Vorzeichen – Die Wahl Ludwigs des Bayern zum römisch-deutschen König

Investierte das Erzstift wie gesehen noch 1305/06 in den Ausbau von Fürstenau, so zeigte das Verhalten in den Jahren danach das abnehmende Interesse an der Burg. Verstärkt wurde diese Tendenz noch, als nach dem Tod Kaiser Heinrichs VII. die Frage seiner Nachfolge virulent wurde. Damit war ein grundlegender Wandel der Mainzer Politik gegenüber der Pfalzgrafschaft verbunden, dessen Auswirkungen sich auch in den pfälzisch-mainzischen Beziehungen niederschlagen sollten. Blicken wir daher nochmals in das Jahr 1313 zurück.

Am 24. August 1313 war Kaiser Heinrich VII. in Italien in der Nähe von Siena gestorben. Die Umstände, die zur Wahl seines Nachfolgers führten, sollen hier nur zusammenfassend skizziert werden[339]. Zunächst wurde nach verwir-

[337] REM I, Nr. 2195. Die Urkunde der Auslösung ist leider nicht mehr erhalten, so daß eine genaue Datierung nicht mehr möglich ist. Allerdings liegt eine abschriftliche Zusammenstellung über die Käufe und Auslösungen, die Erzbischof Peter gemacht hat, vor, anhand derer man aufgrund der verschiedenen genannten Lösungen eine ungefähre Angabe machen kann. Soweit die Urkunden über die anderen Herren und Güter noch überliefert sind, scheint das Jahr 1313 realistisch (vgl. Kommentar zu Nr. 2195).

[338] Vgl. REM I, Nr. 1934.

[339] Zu den zähen Verhandlungen und zur Kandidatenfindung sowie zum eigentlichen Wahlhergang vgl. ausführlich THOMAS, Ludwig der Bayer, S. 43-60, der plastisch den Gang

renden Vorverhandlungen König Johann von Böhmen, der Sohn Heinrichs VII., von der Luxemburger Seite als Kandidat für die Nachfolge präsentiert. Als aber Erzbischof Peter von Mainz andeutete, daß er sich gegebenenfalls auch für Friedrich von Österreich entscheiden könnte[340], fand ein Kandidatenwechsel statt. Von nun an favorisierte die luxemburgische Partei Ludwig IV., den wittelsbachischen Pfalzgrafen und Herzog von Bayern[341]. Zwei Kandidaten standen sich nun gegenüber: Ludwig der Bayer und der Habsburgerherzog Friedrich von Österreich. Pfalzgraf Ludwig war für seine Wahl zum römisch-deutschen König nun auf die Unterstützung möglichst vieler Kurfürsten angewiesen, zumal sich sein Bruder Rudolf I. nach einigem Hin und Her auf die habsburgische Seite geschlagen hatte und den Gegenkandidaten, Friedrich den Schönen von Österreich, favorisierte[342].

der Verhandlungen nach dem Tode Heinrichs VII. nachzeichnet und Licht ins Dunkel dieses „Verwirrspiels" (S. 43) bringt: Bereits zu Anfang der Beratungen im Januar 1314 standen mehrere Kandidaten zur Verfügung, worunter auch Ludwig der Bayer zu finden war (neben König Johann von Böhmen, Graf Wilhem I. von Hennegau und dem Grafen von Nevers). Das heißt, Ludwig der Bayer hatte sich bereits frühzeitig selbst ins Spiel gebracht, blieb dann allerdings bis im August/September 1314 im Hintergrund; kurzum: Er war also nicht der Verlegensheitskandidat, der im September kurz vor der Wahl „aus dem Hut gezaubert" wurde. Am 1. Mai 1314 wurde erstmals Friedrich von Österreich als Kandidat genannt. Aus dieser verwirrenden Kandidatenlage kristallisierte sich zunächst das Kandidatenpaar Johann von Böhmen und Friedrich von Österreich heraus. – Für die Probleme, die sich durch die Kandidatur und Wahl Ludwigs innerhalb der wittelsbachischen Familie ergaben, sei auf das vorangegangene Kapitel verwiesen.

[340] Die Motive, den Neffen des Trierer Erzbischofs Balduin nicht zum deutschen König zu wählen, sind leicht zu erschließen. Es konnte für Peter von Mainz schwerlich vorteilhaft erscheinen, wenn der Neffe seines Amtsbruders römisch-deutscher König werden würde, was für Balduin eine nicht zu unterschätzende Unterstützung bedeutet hätte; denn Rivalitäten der rheinischen Erzbischöfe gab es zu jeder Zeit. Dagegen war für Peter von Mainz ein Habsburger auf dem deutschen Thron sicher kein „Schreckgespenst".

[341] Neben der von Peter von Mainz aufgebauten Drohstaffage dürfte noch ein weiteres, zwingendes Motiv für die Luxemburger ausschlaggebend gewesen sein, ihren Kandidaten Johann von Böhmen sang- und klanglos zugunsten des Bayern fallen zu lassen: Über kurz oder lang hätte ein von dem Mainzer unterstütztes Königtum Friedrichs von Österreich das Ende der luxemburgischen Herrschaft in Böhmen bedeutet (vgl. dazu mit plausibler Begründung THOMAS, Ludwig der Bayer, S. 52f). Die Gründe der Absage an Johann waren also politischer Natur; das immer wieder genannte Problem der Minderjährigkeit König Johanns war dagegen nur vorgeschoben, weil bei dem auf den 19. Oktober 1314 festgelegten Wahltermin Johann bereits seit zwei Monaten seine Volljährigkeit erreicht gehabt hätte, bzw. im Falle eines Termins vor dem 18. August, dem Datum des 18. Geburtstags, eine mögliche Wahl Johanns per se fraglich gewesen wäre.

[342] Das Verhalten Rudolfs und die Umstände der Wahl Friedrichs können hier nicht eingehend diskutiert werden (vgl. dazu knapp SCHAAB, Kurpfalz 1, S. 79f); Rudolfs Entscheidung dürfte in nicht unmaßgeblicher Weise durch die Wahlversprechungen des Bruders und die ständigen Streitigkeiten seit 1301 beeinflußt worden sein. Zur Person Friedrichs vgl. jetzt die biographische Skizze bei MENZEL, Ludwig und Friedrich, S. 393-407; dazu auch bei THOMAS, Ludwig der Bayer, S. 48-60; KRIEGER, Habsburg, S. 110-127.

Nachdem Rudolf also auf die habsburgische Seite gewechselt war, mußte Ludwig versuchen, die rheinischen Kurfürsten durch entsprechende Wahlversprechen auf seine Seite zu ziehen. Seit der Wahl König Albrechts 1298 war diese Praxis mehr und mehr üblich geworden[343]. Ludwig brachte jedoch eine neue Dimension ins Spiel. Erstmals stellte er seinen potentiellen Wählern nicht mehr nur Reichsgut in Aussicht, sondern er verprach ihnen im Falle seiner Wahl „ganz integrierende Bestandteile“[344] der Pfälzer Lande, an denen er in Gesamtherrschaft mit seinem Bruder Rudolf beteiligt war[345]. Unter anderem setzte er ohne vorhergehende Rücksprache mit diesem die Städte Weinheim, Alzey und Bacharach als Wahlgeschenke ein. Ludwig bot sie dem Mainzer Erzbischof und den Luxemburgern an. Eine erneute Konfrontation der beiden Brüder Ludwig und Rudolf war so unausweichlich geworden.

Für die Schenken von Erbach erbrachte diese neue Situation eine grundlegend andere Konstellation, die letzten Endes eine weitgehende Entlastung von der drückenden pfälzischen Übermacht bedeutete. Dabei darf freilich nicht außer Acht gelassen werden, daß der stets schwelende Konflikt der beiden wittelsbachischen Brüder, der Pfalzgrafen Rudolf und Ludwig, bereits zu einem guten Teil dazu beigetragen hatte, daß den Schenken allmählich wieder mehr Handlungsspielraum entstanden war[346].

Seit dem Jahreswechsel 1313/14 bis in den Spätherbst 1314 hinein waren also die Hauptkontrahenten der Herren von Erbach auf anderem Gebiet fixiert, denn bedingt durch die Königswahl setzten sie andere Prioritäten. Dies hatte zur Folge, daß Pfalzgraf Ludwig nicht nur innerhalb des Kurfürstenkollegiums für sich werben mußte[347], sondern es war für ihn ebenso wichtig, auf der darunterliegenden Ebene nach Helfern Ausschau zu halten. Ludwig suchte diese offenkundig im Umfeld der rheinischen Erzbischöfe. Dafür hatte er beispielsweise dem Mainzer Erzbischof am 23. September 1314 eine Vollmacht erteilt[348],

[343] Zum Umfang und zur Bedeutung vgl. THOMAS, ebd., S. 56-58.

[344] SCHAAB, Kurpfalz 1, S. 79.

[345] Die betroffenen Güter, Rechte und Einkünfte sind in den RPR I Nrr. 1888, 1895, 1899-1908, 1912 und 1923-1929 aufgelistet; vgl. dazu auch REM I, Nr. 1623.

[346] Das ligische Lehensverhältnis von 1307 steht m. E. dazu nicht im Widerspruch. Denn einerseits wurden ligische Lehensverhältnisse lockerer (sie bestanden zum Teil zu mehreren Lehensherrn), wie Spieß zeigen konnte, wenngleich eine stärkere Verpflichtung erhalten blieb (s. oben S. 87f), andererseits verschaffte die Konstellation des Jahres 1314 vor der Königswahl den Herren von Erbach die nötigen Möglichkeiten, den Streit der beiden Wittelsbacher für ihre Zwecke zu instrumentalisieren, wie die folgenden Ausführungen zeigen werden.

[347] So liegt vom 20. September 1314 eine Erklärung Erzbischof Peters von Mainz vor, daß er sich verpflichtet habe, den Pfalzgrafen Ludwig, Herzog von Bayern, zum König zu wählen (vgl. REM I, Nr. 1682). Vom gleichen Tag datiert ein Versprechen, daß die Erzbischöfe Balduin von Trier und Peter von Mainz im Auftrag König Johanns von Böhmen dessen Stimme für Ludwig abgeben werden (REM I, Nr. 1683); diese Zusage zeigt zugleich auch, daß sich Balduin von Trier für Ludwig ausgesprochen hatte.

[348] Vgl. MGH Const. V, Nr. 61, S. 57; WÜRDTWEIN, Subsidia diplom. 1, S. 428; REM I, Nr. 1686; RPR I, Nr. 1914.

ihm als Helfer bei der Erlangung der römischen Königswürde Bischöfe, Fürsten, Äbte, Grafen, Edle, Ritter und Edelknechte anzuwerben. Ludwig sagte zu, die vom Erzbischof diesbezüglich gemachten Verträge einzuhalten und allen Verpflichtungen fristgerecht nachzukommen. Dies bedeutete nun für den Bereich des Odenwaldes: Neben den Herren von Breuberg[349] ließ Pfalzgraf Ludwig alsbald über Peter von Mainz die Schenken von Erbach anwerben. Am 9. Oktober 1314 vereinbarte der Erzbischof mit einem Eberhard von Erbach[350], daß dieser Ludwig bis zum 11. November 1315 mit zehn Pferden dienen sollte; dafür wurde Eberhard eine Summe von 1000 Pfund Heller versprochen, die ihm Ludwig binnen zwei Monaten nach der Krönung auf den Rheinzoll von Leutesdorf[351] anweisen werde. Verzögerte sich die Krönung jedoch über Gebühr, so sollte Schenk Eberhard die Summe in zwei gleichen Teilen an Weihnachten 1314 bzw. Ostern 1315 erhalten[352]. Der Mainzer Erzbischof wird dafür sorgen, daß Ludwig, sobald er das nächste Mal an den Rhein (*ad partes Reni*) kommt, die entsprechende Urkunde für den Schenken ausstellt.

Eine diesbezügliche Urkunde Ludwigs, die von den bisher geleisteten bzw. den noch zu leistenden Diensten spricht, stammt vom 29. Januar 1315[353]. Aus ihrem Formular geht hervor, daß neben Schenk Eberhard auch sein Vetter

[349] Am 15. September 1314 hatte Ludwig Eberhard von Breuberg versprochen, ihm die im Dienste für die Mainzer Kirche verlorene Burg Erbach wieder zu verschaffen und in seine Rechte in Mosbach und an der Münze von Hall einzusetzen (vgl. REM I, Nr. 1680). Der Pfalzgraf wiederholte damit eine Zusage, die er gegenüber Erzbischof Peter von Mainz schon drei Tage zuvor gemacht hatte (vgl. REM I, Nr. 1677, § 19).

[350] Vgl. MGH Const. V, Nr. 85, S. 81; SIMON, Erbach, UB Nr. 16, S. 17; RI VII, Nachtrag 3, Nr. 401; REM I, Nr. 1687; RPR I, Nr. 1917. – Welcher Schenk Eberhard hier gemeint ist, läßt sich nicht eindeutig sagen; denn zu diesem Zeitpunkt lebten Schenk Eberhard VI. gen. Rauch aus der Reichenberger Linie und Schenk Eberhard VII. aus dem Michelstädter Zweig. Für Eberhard VI. gen. Rauch würde sprechen, daß unter den *consortes*, die in der Urkunde vom 29. Januar 1315 aufgezählt werden, Erkinger von Frankenstein, sein Schwager, genannt ist; für Schenk Eberhard VII. ließe sich vorbringen, daß er vermutlich gegenüber Eberhard VI. der ältere war und er sich selbst immer „der Schenke" nannte, was auf einen Vorrang in der Ausübung des Hofamts hindeutet. SIMON, Erbach, S. 289, vermutet in Schenk Eberhard Eberhard VII. Wie KLEBERGER, Territorialgeschichte, S. 69, auf „Schenk Eberhard (VI., Rauch)" kommt bleibt unklar; sie stellt auch die Schenken von Erbach in dieser Phase ihrer Geschichte als die aktive, treibende Kraft dar. Diese Beurteilung erscheint jedoch zweifelhaft, weil die Initiative letztlich vom Mainzer Erzbischof ausging, der im Namen Ludwigs Schenk Eberhard in dessen Dienst aufnahm. Eberhard hat sich dieser Entwicklung sicher nicht widersetzt, bedeutete sie doch eine enorme Entspannung der Situation.

[351] Eine Ortschaft auf dem rechten Rheinufer gegenüber von Andernach gelegen.

[352] Die Krönung Ludwigs erfolgte in Aachen am 25. November 1314 durch den Erzbischof von Mainz, also am selben Tag, wie die Friedrichs, der vom Kölner Erzbischof – jedoch in Bonn – gekrönt wurde. So ist es offenbar nicht nötig gewesen, den Passus anzuwenden.

[353] Vgl. SIMON, Erbach, UB Nr. 17, S. 18; noch am selben Tag setzte König Ludwig die beiden Orte, die Reichsstadt Sinsheim und das Reichsdorf Limbach, von der Maßnahme in Kenntnis und verpflichtete die Bevölkerung zur Anerkennung der neuen Beamten für die Zeit der Verpfändung (SIMON, Erbach, UB Nr. 18, S. 19).

Schenk Konrad von der Erbacher Linie im Dienste Ludwigs gestanden hatte. Sie zeigt allerdings auch, daß Schenk Eberhard offenbar den Zoll von Leutesdorf nicht erhalten hatte, sondern zusammen mit seinen drei weiteren Genossen (*consortes*), Werner von Lißberg, Konrad von Erbach sowie Erkinger von Frankenstein, 3000 Pfund Heller auf Reichseinkünfte in Sinsheim und Limbach verschrieben bekam[354]. Der König gestattete Eberhard, in Absprache mit den drei genannten Helfern, einen eigenen Beamten einzusetzen[355], der für die Verwaltung und die Einziehung der Steuern zuständig war. Für die Zeit der Verpfändung erhielt Schenk Eberhard auch die Vogteirechte über das Kloster in Sinsheim, die offenbar bisher beim König lagen. Die Bewohner der beiden Orte wurden aufgefordert, dem Beamten Gehorsam zu leisten sowie die Steuern und Abgaben an ihn zu entrichten, so lange bis die Summe ausgeglichen sei. Mit der vollständigen Bezahlung sollten die Einkünfte und Rechte ordnungsgemäß wieder an das Reich zurückfallen[356].

Wie aus dem Text der Urkunde hervorgeht, schien Schenk Eberhard der eigentliche Vertragspartner Ludwigs gewesen zu sein, der die drei genannten, Werner von Lißberg, seinen Vetter Konrad von Erbach und Erkinger von Frankenstein zu seiner Unterstützung für den Königsdienst herangezogen hatte. Vielleicht haben wir in Eberhard, als dem zu diesem zeitpunkt ältesten lebenden Schenken, den Familienvertreter zu sehen; dies könnte Schenk Eberhard VII. aus dem Michelstädter Zweig der Familie gewesen sein, der in der Regel „Schenk Eberhard der Alte" genannt wurde[357] und seit 1311 im (pfandweisen) Besitz der Stammburg Erbach war[358].

Als Ludwig im Frühjahr 1315 von einem ersten, mißglückten Feldzug des Thronkampfes nach München zurückgekehrt war, handelten Schiedsleute eine

[354] Daß Eberhard den zunächst zugesagten Anteil am Leutesdorfer Rheinzoll nicht erhielt, mag darin begründet liegen, daß König Ludwig auch dem Fuldaer Abt Eberhard am 13. bzw. 18. Oktober eine nicht unerhebliche Summe im Falle seiner Wahl auf diese Zolleinkünfte verschrieben hatte. Eberhard sollte 3000 Mark Silber für seine Unterstützung bei der Erlangung der deutschen Königskrone bekommen (vgl. MGH Const. V, Nr. 86, 87, S. 81-83).

[355] SIMON, ebd., S. 18: *Volumus etiam, ut quemcunque prefatus Eberhardus Pincerna de consensu predictorum suorum consortum pro Officiali in oppido et villa supradictis constituerit et prefecerit, eidem a Ciuibus dicti oppidi et hominibus ville predicte, tamquam officiali per nos constituto, in omnibus et singulis, que ex antiqua consuetudine ad officium huius modi pertinent, fideliter pareatur et efficaciter intendatur, ac eidem Officiali redditus sture seu obuenciones easdem et nulli alteri tribuent et assignent* [...].

[356] EBD.: *ad summam sortis principalis peruenerint, obligationes predicte ad Imperium solute ac libere reuertantur.*

[357] Vgl. beispielhaft SIMON, Erbach, UB Nr. 20, S. 20-22: *Schenken Ebirharte dem Alten von Erpach*; Nr. 22, S. 24-26: *schenke Eberharte dem alten.* Schenk Eberhard VI. gen. Rauch wurde erst nach dem Tod Schenk Eberhards VII. 1327 mit dem Attribut „der Ältere" gekennzeichnet; zuvor wurde eben Schenk Eberhard VII. so bezeichnet (vgl. SIMON, Erbach, S. 319).

[358] Zu den Zusammenhängen, wie die Schenken der Michelstädter Linie in den Besitz der Stammburg Erbach gekommen war, s. S. 90f.

Einigung zwischen den Brüdern aus, die alle früheren Streitigkeiten beilegte. Beurkundet wurde dieser Vertrag am 6. Mai 1315[359]. Wichtigster Punkt unter allen Bestimmungen war, daß Rudolf seinen Bruder als König anerkannte und sich damit von Friedrich von Österreich distanzierte; darüber hinaus war der Vertrag im ganzen betrachtet „ein ziemlich einseitiges, auf Kosten Rudolfs angefertigtes Instrument zur Durchsetzung von Ludwigs Willen gegen den Bruder“[360]. Dies hatte ein erneutes Zerwürfnis der Brüder, gleichermaßen aber auch den allmählichen Rückzug Rudolfs zur Folge, so daß der Weg für Ludwig frei geworden war.

Für die Schenken von Erbach bedeutete dies zweierlei: 1315 und die Jahre danach brachten eine umfassende Entlastung von einer massiven Pfälzer Bedrängung, weil sich Pfalzgraf Rudolf, ihr ehemals größter Widersacher, mehr und mehr aus der Politik zurückzog, nicht zuletzt auf Betreiben seines Bruders, und weil Ludwig noch bis in die erste Hälfte der zwanziger Jahre des 14. Jahrhunderts in den Wirren des Thronkampfes und in der Auseinandersetzung mit Papst Johannes XXII. gebunden war[361]. Gleichzeitig waren die Schenken aber auch in ein königliches Dienstverhältnis aufgenommen worden und unterstützten den Bayern mit berittenen Truppen, was letztlich hieß: durch die Nähe zum Königtum hatten sie Teil an dessen Schutz und Schirm.

Aber auch der König – in seiner Eigenschaft als rheinischer Pfalzgraf – konnte aus dieser Konstellation seinen Nutzen ziehen, was sich letzten Endes als weitaus bedeutsamer herausstellen sollte. Denn mit der Hilfszusage gegenüber Ludwig dem Bayern waren die Schenken nun ihrerseits zu einer loyalen Haltung verpflichtet. Verbunden mit der Tatsache, daß Erbach nach den kriegerischen Auseinandersetzungen im ersten Jahrzehnt des 14. Jahrhunderts eine von der Pfalzgrafschaft lehenrührige Herrschaft geworden war, bedeutete dies eine deutliche Zurücksetzung der ehemals starken Position der Schenken in der Odenwald-Region. Für die Interessen der Pfalzgrafen stellten sie im weiteren Verlauf des späten Mittelalters keine besondere Bedrohung mehr dar. Es war der Pfalzgrafschaft so innerhalb weniger Jahre gelungen, die Herren von Erbach vollständig in ihr Herrschaftssystem einzugliedern.

Dies hatte auch zur Folge, daß die Beziehungen des Erzstifts Mainz zu den Herren von Erbach nur noch eine marginale Rolle spielten; erst nachdem Dietrich von Erbach 1434 zum Mainzer Erzbischof gewählt worden war, traten diese Bindungen – verständlicherweise – wieder deutlicher hervor[362].

[359] Vgl. RPR I, Nr. 1766. Dazu auch SCHAAB, Kurpfalz 1, S. 79f; THOMAS, Ludwig der Bayer, S. 73f.

[360] THOMAS, ebd., S. 73.

[361] Vgl. zu dieser Situation die ausführliche Schilderung bei EBD., S. 43-176.

[362] Vgl. zu diesen Verbindungen jetzt VOSS, Dietrich von Erbach, der ausführlich die von den Herren von Erbach besetzten mainzischen Ämter beschreibt.
Es darf freilich auch nicht vergessen werden, daß die (Territorial-)Politik des Erzstifts phasenweise immer wieder verkümmert war: so in der zweiten Hälfte des 12. Jahrhunderts (veranlaßt durch den Bischofsmord von 1160 und den daraus entstandenen Wirren); nach

## 1.5 Die Schenken auf dem Weg zur Reichsstandschaft

Wie wir im vorausgegangenen Kapitel gesehen haben, ist es den Pfalzgrafen bei Rhein zu Beginn des 14. Jahrhunderts gelungen, die Schenken in kürzester Zeit in das eigene Herrschaftssystem einzubinden. Es stellt sich nun die Frage: Welche Auswirkungen hatte dies in den folgenden Jahren für die Familie? War die Krise des beginnenden 14. Jahrhunderts für die Schenken von Erbach wirklich derart „existenzbedrohend“[363], wie dies die bisherige Forschung stets hervorhob? Oder stellten die Jahre 1307 und 1311 nicht auch eine Chance für die Familie dar?

Noch im Verlaufe der ersten Jahrhunderthälfte ist es den Schenken von Erbach offenkundig gelungen, die Auswirkungen der Krise vom Beginn des Jahrhunderts zu überwinden: Waren es im ersten Jahrzehnt des 14. Jahrhunderts vor allem das Vordringen der rheinischen Pfalzgrafen, die die Familie in Atem hielten, so folgten danach noch einige Jahre, die von innerfamiliären Zerwürfnissen geprägt waren und die zunächst kaum eine Verbesserung der Situation brachten. Dennoch überwanden die Herren von Erbach die Krise und hatten (spätestens) am Ende des ersten Viertels des 15. Jahrhunderts die Reichsstandschaft erlangt.

Im folgenden soll der Weg des pfalzgräflichen Vasallen zum Reichsstand nachgezeichnet werden. Wenden wir uns allerdings zunächst den Problemen innerhalb der Schenkenfamilie zu.

### 1.5.1 Die Familie bis zum Tode Schenk Eberhards VII. zu Michelstadt († 1327)

Wie bereits angedeutet, blieben die Streitigkeiten innerhalb der Familie auch nach 1314 weiterhin bestehen. Sie hatten, wie wir gesehen haben, ihren Anfang zumeist im ausgehenden 13. Jahrhundert genommen und überdauerten die Jahre

etwa 100 Jahren einer stabilisierten Bischofsherrschaft seit der Mitte der 1220er Jahre, folgten durch die vier großen Schismen (1328, 1346, 1371 und 1397) nicht mehr wettzumachende Rückschläge, wobei die Große Stiftsfehde zu Beginn der 60er Jahre des 15. Jahrhunderts nur noch „als ein besonders eindrückliches Desaster mit langanhaltenden Wirkungen“ (HEINIG, Bergstraße, S. 55, dort auch das folgende Zitat) erscheint. Das Erzstift war jedoch nicht der „ewige Verlierer im Territorialwettstreit“ (besonders Peter von Aspelt nutzte um 1300 rigoros die territorialpolitischen Möglichkeiten), dennoch ist es offenkundig nicht gelungen, den regionalen Adel dauerhaft an Mainz zu binden ungeachtet der beachtlichen Integrationsinstrumente, die dem Erzstift zur Verfügung standen. Vgl. dazu HEINIG, Bergstraße, S. 53-76; allgemein JÜRGENSMEIER, Pro und Contra; HEINIG, Ende des Hochmittelalters; DERS., Spätmittelalter.

[363] STEINMETZ, Schenken von Erbach, S. 90. Vgl. zu diesem Komplex ausführlich KLEBERGER, Territorialgeschichte, S. 68-71, die diese Jahre als „kaum erträglich“ (S. 69) bzw. als „Zwangslage“ (S. 71) für die Schenken charakterisierte, die es schnellstmöglich zu überwinden galt. CLEMM, Erbach, S. 563, spricht von der „völligen Unterwerfung durch Pfalzgf. Rudolf I.“ bzw. vom „pfälzischen Joch“, unter das die Schenken gebeugt wurden.

der Lehensnahme bei Pfalzgraf Rudolf. Während der Krisenzeit 1307 bis 1311/14 schien sich die Familie gegen die Pfalzgrafen zusammengeschlossen zu haben, und ihr vorherrschendes gemeinsames Interesse hatte offenbar der Abwehr der pfalzgräflichen Übergriffe gegolten. Als 1311 die Michelstädter Linie in gutem Einvernehmen mit Pfalzgraf Rudolf I. stand[364] und sich allmählich eine Entspannung der Lage abzeichnete, die 1314 bzw. 1315 mit dem Dienstvertag mit König Ludwig dem Bayern endgültig erreicht war, fehlte der gemeinsame Gegner; die alten Streitpunkte traten wieder in den Vordergrund.

#### 1.5.1.1 Die Auswirkungen des Vergleichs von 1303: Das lange Nachleben Schenk Gerhards III. († 1302?)

Kristallisationspunkt einer Auseinandersetzung war der in der Familie umstrittene Besitz der Stammburg Erbach. Wie wir gesehen haben, betrachtete Pfalzgraf Rudolf I. diese 1311 de facto als sein Eigentum und setzte sie als Pfand ein. Er verpfändete die Burg an Schenk Eberhard IV. aus dem Michelstädter Zweig als Entschädigung für die im Zug nach Böhmen geleisteten Dienste. Der ursprüngliche Eigentümer, Schenk Konrad IV. aus der Erbacher Hauptlinie, war also aus seinem angestammten Besitz verdrängt worden und trat bis 1320 hier nicht mehr in Erscheinung. Spätestens Ende November 1320 muß er jedoch wieder im Besitz der halben Burg gewesen sein, weil am 4. Dezember König Ludwig der Bayer Eberhard von Breuberg mit der Hälfte Erbachs belehnte und ihm die Wittums- sowie Zugeldverschreibungen für dessen Frau bzw. Töchter auf Burg Erbach erlaubte, wozu Schenk Konrad als „Miterbe" sein ausdrückliches Einverständnis gegeben hatte[365]. Deutlich treten die verschiedenen Parteien hervor, die ihre Besitzansprüche an der Burg Erbach behaupteten: 1320 erschienen Eberhard von Breuberg und Schenk Konrad IV. (zu Erbach) als Besitzer der Burg; demgegenüber hatte Schenk Eberhard VII. (zu Michelstadt) noch nicht auf die Burg mit ihren zugehörigen Gütern verzichtet. Diese Konstellation hatte offenbar nach 1315 zum Streit zwischen Schenk Eberhard sowie Schenk Konrad und Eberhard von Breuberg geführt.

Die beiden Letztgenannten waren seit 1303 gemeinsame Eigentümer der Burg und teilten sich das Amt Erbach gemäß den Bestimmungen des Vertrags vom 13. Januar 1303[366], verloren diesen Besitz allerdings 1307 (?) in der Auseinandersetzung mit der Pfalzgrafschaft an Rudolf I., der – wie wir gesehen

[364] Wie wir oben gesehen haben, stellte Eberhard IV. von Erbach ein gewisses Kontingent und leistete damit Pfalzgraf Rudolf beim Zug gegen die Böhmen Hilfe, als dieser die Luxemburger 1310/11 bei der Durchsetzung ihres böhmischen Königtums unterstützte. Für diese Hilfeleistung verpfändete Rudolf Eberhard IV. die Burg Erbach mit den dazugehörigen Gütern, die sich zuvor (bis 1307) in der Hand von Schenk Konrad und Eberhard von Breuberg befunden hatte.

[365] Vgl. SCHNEIDER, Historie, UB Nr. 14/3, S. 62.

[366] S. oben S. 79f.

haben – 1311 Schenk Eberhard IV., den Vater Schenk Eberhards VII. als Pfandnehmer in den Besitz der Burg mit den dazugehörigen Gütern brachte. Für die Unterstützung bei seiner Wahl zum König hatte nun Ludwig der Bayer versprochen, daß Eberhard von Breuberg seinen Besitz zurückerhalte, den er im Dienst der Mainzer Kirche verloren habe[367]; wenn auch nicht ausdrücklich formuliert, war damit wohl auch die Wiedereinsetzung Schenk Konrads, dem Mitbesitzer der Burg, verbunden.

Wie sich zeigte, war Schenk Eberhard VII., der Sohn des 1312 verstorbenen Eberhard IV., freilich nicht bereit, Erbach mit den dazugehörigen Gütern und Rechten aufzugeben und beanspruchte für seine Linie diese nach wie vor[368]. Darüber kam es zu einer erbitterten Auseinandersetzung zwischen den genannten Parteien (*bruche vnd kriege, die zwischen in gewest sin biz vf diesen tag*), die am 9. August 1321 durch einen Sühnevertrag beigelegt wurde[369]. In dem durch Abt Heinrich von Fulda ausgehandelten Vergleich verzichtete Schenk Eberhard VII. auf Burg und Stadt Erbach mit den von Rudolf I. hinzugefügten Gütern und versprach, sich den weiteren Bestimmungen zu beugen (*daz* [...] *schenk Ebirhart der vorgenante luterlich vor vns verzigen hat vor sich vnd alle sine Erben vf Erpach burg vnd stad, vnd vffe alle die gut* [...], *die ein herzog Rudolf von Beiern dar zu setzte*[370]). Hervorzuheben ist hier insbesondere die Zusage Schenk Eberhards, daß er innerhalb der kommenden zwei Jahre ab Mariä Würzweihe (das ist der 15. August) ohne die ausdrückliche Zustimmung der beteiligten Vertragspartner Michelstadt in dieser Zeit nicht versetzen bzw. in der Stadt *kein Burklichen Buw*[e371] errichten werde, wozu Pfalzgraf Rudolf I. seinem Vater 1311 die Erlaubnis erteilt hatte. Abt Heinrich setzte Ulrich Herrn von Bickenbach, die Ritter Arnold Kreis von Lindenfels und Starkerad von Breuberg als *drei gemeine man* ein, die für die Durchführung der Sühnebestimmungen innerhalb eines Monats sorgen sollten. Falls einer der Beteiligten vertragsbrüchig werden würde, so sollten neben dem Abt von Fulda Philipp der Alte und Philipp der Junge von Falkenstein, Gottfried von Eppstein, Ulrich von Hanau, Graf Philipp von Sponheim sowie Werner von Lißberg dessen Feinde sein und ihn bestrafen.

[367] Vgl. REM I, Nrr. 1677 § 19, 1680, 1724.

[368] Vgl. dazu SIMON, Erbach, S. 319. Es handelte sich dabei um alle die *gut* [...] *die ein herzog Rudolf von Beiern dar zu setzte* (SIMON, Erbach, UB Nr. 21, S. 23), nämlich die zu Erbach gehörigen Güter in der Reichelsheimer Zent: die Dörfer Rohrbach mit dem dortigen Zehnten, einem Viertel von Ostern, den Zehnten zu Gumpen; darüber hinaus die halbe Zent Reichelsheim, einen Hof in Fronhofen, Ober-Ostern; in der Erbacher Zent: Zell, Erbuch und den Zehnten in Dorf-Erbach. Alles in allem ist es der bereits in der Schiedsurkunde von 1303 erwähnte Besitz.

[369] Vgl. SCHNEIDER, Historie Erbach, UB Nr. 14/4, S. 62f; SIMON, Erbach, UB Nr. 21, S. 22-24 (dort jedoch fälschlich: „10. August" anstelle von „9. August"; die Urkunde wurde ausgestellt *an sent Laurencien Abinde des Maertelers*, d.h. am Tag vor dem Laurentius-Tag).

[370] SIMON, Erbach, UB Nr. 21, S. 22f.

[371] EBD., S. 23.

Obgleich alle Beteiligten diese Sühne *an eydes stad gelobt*[372] und ihre Siegel angehängt hatten, muß es bald darauf zu neuerlichen Auseinandersetzungen gekommen sein, die erst gut drei Jahre später entschieden werden konnten. Wer den Streit erneut begonnen hat, wird sich nicht mehr feststellen lassen. Wie jedoch aus dem Schiedsvertrag vom 20. November 1324 hervorgeht[373], ist es „seit der Sühne" zu mehreren neuerlichen Auseinandersetzungen zwischen Schenk Konrad und Schenk Eberhard gekommen (*die bruche, die sider der sone sin geschehen*)[374]. Denn beide Schenken fühlten sich offenkundig gleichermaßen übervorteilt, fielen in den Besitz des jeweils anderen ein und beraubten diesen. Diese gegenseitigen Züge gingen soweit, daß man sich Vieh und Feldfrüchte streitig machte[375]. Schließlich gipfelte die Sache in einem Totschlag[376]. *Prisinc*[377] und Konrad Hofmann[378], Lehensmänner Schenk Konrads IV., hatten

[372] EBD.

[373] Vgl. EBD., UB Nr. 22, S. 24-26; das Schiedsgericht bestand aus den drei Gemeinen Männern, die schon im Vertrag von 1321 zur Durchsetzung der Entscheidung bestimmt worden waren, nämlich: Ulrich von Bickenbach, Arnold Kreis von Lindenfels und Starkerad von Breuberg.

[374] Mit dieser Formulierung ist offenbar auf den ersten Vergleich zwischen beiden Parteien angespielt, den Abt Heinrich von Fulda am 9. August 1321 herbeigeführt hatte, der freilich keine lange Dauer hatte. – In der neuen Entscheidung ist neben Schenk Konrad nun Graf Rudolf von Wertheim genannt. Von den Herren von Breuberg ist nicht mehr die Rede, was darin begründet liegt, daß die Breuberger 1323 im Mannesstamm ausgestorben sind und Erbach zu dem Teil der Herrschaft gehörte, der nachfolgend an den einen Schwiegersohn Eberhards von Breuberg, eben Graf Rudolf von Wertheim, gefallen ist (vgl. KLEBERGER, Territorialgeschichte, S. 87-89).

[375] Offenbar stritten sich beide Parteien darüber, wer das Anrecht auf die zu entrichtenden Abgaben in den einzelnen Dörfern hatte.

[376] Vgl. zum Hergang der Tat SIMON, Erbach, S. 289f; BECHER, Familienhändel, S. 54, sieht in einem heute an der evangelischen Kirche Mossau aufgestellten Steinkreuz das für die Tat 1324 errichtete Sühnekreuz.

[377] Vgl. BORMUTH, Totschlagsühnen, S. 62, der *Prisinc* mit einem Prising von Rosenbach identifiziert. Diese Vermutung hat Einiges für sich; denn die niederadelige Familie von Rosenbach war schon im 14. Jahrhundert unter den Lehensleuten Schenk Konrads von Erbach zu finden. 1372 ist ein Heinrich Lutwin von Rosenbach als Lehensmann Konrads genannt, der einen Hof sowie verschiedene Wiesen und Äcker an Schenk Konrad verkaufte (vgl. SCHNEIDER, Historie, UB Nr. 36.1, S. 11). SIMON, Erbach, UB Nr. 84, S. 87f (Anm. 1), geht davon aus, daß es sich bei Heinrich Lutwin von Rosenbach um einen Leibeigenen Heinrich Lütwin aus Rossbach handelte: „Die Lütwine waren eine leibeigene Familie, welche noch in der Mitte des 15. Jahrhunderts in der Gegend [...] ansässig waren". Dann ist es jedoch erstaunlich, daß dieser Heinrich über Besitz frei verfügen konnte bzw. Lehen von Schenk Konrad erhalten haben soll, da Leibeigene im späteren Mittelalter den Hörigen gleichgestellt wurden. Der ungewöhnliche Vorname Prising kommt in der Familie von Rosenbach vor, was die Vermutung erhärtet, daß der als Täter genannte Prising ein Angehöriger der Familie gewesen sein kann. So stiftete ein Prising von Rosenbach 1470 ein Jahrgedächtnis in Michelstadt (vgl. SCHNEIDER, ebd., Nr. 20.1, S. 527f).

[378] Vgl. BORMUTH, ebd. Er setzt *Houeman* mit „Haman" gleich; er fügt zwar ein Fragezeichen an, doch ist diese Identifizierung nicht recht nachvollziehbar. Meines Erachtens ist *Houeman* vielmehr als „Hof/v(e)mann" zu deuten. Für Konrad Hof/v(e)mann liegen freilich

auf dem Höhepunkt der Auseinandersetzung einen Mann Schenk Eberhards VII. in Mossau erschlagen; möglicherweise war dies ein Racheakt für einen zuvor geschehenen Mord in Erzbach, der ebenfalls in der Urkunde Erwähnung findet, dann aber nicht näher erläutert wird. Wird in der Entscheidung der drei Richter zunächst die Sühne für die Mossauer Mordtat ausführlich dargelegt[379], interessierte der Mord in Erzbach die Zeitgenossen nur insoweit er die Aufteilung der Strafgelder unter den Gerichtsherrn und damit deren Zuständigkeiten betraf.

Der Text der Urkunde vom 20. November 1324 beschäftigte sich darüber hinaus ein weiteres Mal nach 1303 mit der Aufteilung des Besitzes in der Reichelsheimer Zent zwischen den Linien Erbach und Michelstadt. Betroffen waren erneut die Dörfer und Rechte, die ursprünglich dem Schenken Gerhard († 1302?) gehörten, der sie aber um 1300 (?) an Gerlach von Breuberg veräußert hatte. 1311 war dieser Besitz aufgrund der Verpfändung Pfalzgraf Rudolfs I. in die Hände Schenk Eberhards IV. aus dem Michelstädter Zweig gelangt, woraus nach 1320 die gerade beschriebenen Streitigkeiten und gewalttätigen Auseinan-

keine weiteren Belege vor. – Auch der Erschlagene soll nach Bormuths Meinung dem Niederadel angehört haben. Aus dieser Konstellation würde sich demnach auch die Zusammensetzung des Schiedsgerichts erklären. Die Schiedsrichter wurden freilich nicht ad hoc für diesen vorliegenden Fall zusammengestellt – wie man nach den Ausführungen von Bormuth vermuten könnte –, sondern es handelte sich dabei um die bereits 1321 für die Überwachung der Einhaltung des ersten Vergleichs zwischen Schenk Konrad und Schenk Eberhard bestimmten Männer. Schon damals wurden Ulrich Herr von Bickenbach sowie die Ritter Arnold Kreis von Lindenfels und Starkerad von Breuberg als die *drie gemeine man* genannt, die bei Vertragsbruch innerhalb eines Monats über den Schuldigen richten sollten (vgl. SIMON, Erbach, UB Nr. 21, S. 23). Dieses Gremium wurde 1324 offenkundig erneut aktiv.

379 Vgl. zur Sühne und ihrer Bedeutung im vorliegenden Fall, BORMUTH, ebd., S. 52-66. – *Prisinc* (von Rosenbach) und Konrad Hofmann hatten folgende Sühneleistungen zu erbringen: Die beiden Mörder mußten der Mutter und dem Bruder des Toten Wiedergutmachung leisten (Wergeld), eine bestimmte Höhe wurde offenbar nicht vereinbart. Möglicherweise läßt die Zahl der Männer, die bei der Beerdigung des Opfers anwesend sein mußten, einen Rückschluß auf seine soziale Stellung zu. Neben den Tätern bildeten 24 Männer die Bußprozession zu seinem Grab in Mossau; jeder mußte dabei eine halbpfündige Kerze mit sich führen und sie am Grab des Opfers dessen *vronden* übergeben. Diese Darbringung der Kerzen stellte offenbar einen symbolischen Versöhnungsakt dar. Des weiteren waren die beiden Mörder gezwungen, die Herrschaft Erbach auf bestimmte Zeit zu verlassen. Dieser Bestimmung trägt die Schiedsrichterentscheidung dadurch Rechnung, daß die Täter sich solange in Umstadt aufhalten mußten, wie es Schenk Eberhard als gerechtfertigt erschien. Als geistliche Hilfe für den Erschlagenen sollten 100 Seelenmessen stattfinden; darüber hinaus wurden 100 Bürgen verpflichtet, 100 weitere Messen lesen zu lassen, und sie mußten jeweils zwei Heller bezahlen. Daneben wurde das *gemeine gebet* in zwanzig Klöstern gefordert und schließlich die Errichtung eines steinernen Kreuzes. Diese Leistungen sollten zwischen dem 20. November 1324 (dem Tag der Urteilsniederschrift in der Urkunde) und Ostern 1325 (7. April) erbracht werden. Als letzte genannte, wohl beschwerlichste Sühneleistung sind zwei Sühnewallfahrten nach Aachen festgelegt worden, die innerhalb eines Jahres nach Ausstellung der Urkunde abzuleisten waren. Wurden diese durch den örtlichen Priester bestätigt, so war die Sühne abgeschlossen und ausreichend Genugtuung getan.

dersetzungen resultierten, als Eberhard VII., der Sohn Eberhards IV., sich wiederholt weigerte, die Güter und Rechte an die Hauptlinie Erbach zurückzuerstatten. In den vom Schiedsgericht 1324 festgelegten Bestimmungen werden beide Seiten verpflichtet, den Nachweis über den ihnen zustehenden Besitz bzw. die ihnen zustehenden Einkünfte und Gerichtsrechte anzutreten, damit nach Maßgabe der Schiedsrichter eine Einigung vereinbart werden konnte: Schenk Konrad IV. und Graf Rudolf von Wertheim sollten die Güter und Rechte erhalten, die einstmals im Besitz Schenk Gerhards III. waren; Schenk Eberhard VII. mußte für die Einfälle Konrads in seinen Besitz entschädigt werden und erhielt seine angestammten Güter zurück, die Konrad zwischenzeitlich quasi als Pfand für den von Eberhard widerrechtlich einbehaltenen Besitz beschlagnahmt hatte. Beide Parteien sollten bis zum 13. Januar 1325 ihre Ansprüche vorbringen, damit über sie entschieden werden konnte.

Mit dem Schiedsspruch von 1324 scheinen nun die Voraussetzungen für eine endgültige Regelung der Verhältnisse geschaffen zu sein: Bis zum Ende des zweiten Drittels des 14. Jahrhunderts war nun die Burg und die Stadt Erbach offenbar im gemeinsamen Besitz der Hauptlinie zu Erbach und den Breuberger Erben Eppstein und Wertheim[380]. Davon ist wohl auszugehen, denn neuerliche Differenzen in dieser brisanten Angelegenheit hätten sicher in den Quellen ihren Niederschlag gefunden.

Doch die bis in die Mitte der 1320er Jahre ungeklärten Besitzverhältnisse der Burg Erbach waren nicht die einzige Reibungsfläche, an dem sich der Streit immer wieder von neuem entzündete. Schenk Eberhard VII. zu Michelstadt war anscheinend ein selbstbewußt agierender Mann, der sich nicht scheute, seine Interessen gegebenenfalls auch gewaltsam durchzusetzen. Daher blieb der Konflikt um die Aufteilung des Amtes Erbach kein Einzelfall; auch über den Besitz der Burg Reichenberg ist es um 1320 zum Streit gekommen.

#### 1.5.1.2 Der Reichenberg zwischen Erbach-Reichenberg und Erbach-Michelstadt

Aus der bereits oben diskutierten Urkunde vom 8. Dezember 1307 erfahren wir erstmals von einem solchen Streit der beiden Erbacher Linien Reichenberg und Michelstadt[381]. An diesem Tag wurden die bisher bestehenden Auseinandersetzungen um den gemeinsamen Besitz der Burg Reichenberg und der dazugehörigen Güter beigelegt und ein Burgfrieden geschlossen. Daß diese Einigung mindestens bis um das Jahr 1311/12 Bestand hatte, zeigen uns die beiden Urkunden vom 21. Oktober 1311 für Schenk Eberhard IV. zu Michelstadt und die darin enthaltenen Bestimmungen über das Öffnungsrecht der Burgen Erbach

[380] Vgl. KLEBERGER, Territorialgeschichte, S. 69f.
[381] Vgl. SIMON, Erbach, UB Nr. 11, S. 11-13; s. oben S. 83-86.

und Michelstadt[382]. Dort ist neben anderen Adeligen auch immer Schenk Eberhard VI. zu Reichenberg, *Johans sun von Erpach* bzw. *minen vetern*, genannt. Er wurde aus der Liste der Adeligen ausgenommen, gegen die im Bedarfsfalle Angriffe von Erbach bzw. Michelstadt ausgehend unternommen werden konnten.

1312 ist Eberhard IV. gestorben. In den Jahren danach muß es zu neuen Spannungen zwischen Schenk Eberhard VII., dem Sohn Eberhards IV., und Schenk Eberhard VI. gen. Rauch gekommen sein, die den Abt Heinrich von Fulda 1321 dazu veranlaßten, wie auch im Falle von Erbach, ein Schiedsgericht einzusetzen. Anscheinend ist Eberhard VII. in den Jahren nach 1314 sowohl gegen Konrad IV. zu Erbach als auch Eberhard VI. zu Reichenberg vorgegangen, um seine Besitzansprüche durchzusetzen. Dieses doppelte Ausgreifen wird verständlich, wenn wir den betroffenen Besitz betrachten: zum einen handelte es sich um Güter, die zur Burg Erbach gehörten und in der Reichelsheimer Zent lagen, dem früheren Gerhardischen Besitz; zum anderen waren die Burg Reichenberg und ihre dazugehörigen Güter betroffen. Schenk Eberhard VII. trachtete offenkundig danach, diese beiden Besitzkomplexe in seiner Hand zu vereinen, um für seinen Zweig eine solide Machtbasis zu schaffen.

Der fuldische Abt vermittelte am 9. August 1321 zusammen mit Ulrich von Bickenbach, der auch an dem Sühnespruch über Erbach beteiligt war, und dem Würzburger Domherrn Rudolf von Rodenstein zwischen den beiden Erbacher Schenken eine Sühne, um den Streit zu beenden[383]. Besondere Beachtung verdient dabei die Regelung, die bezüglich der Burg Reichenberg getroffen wurde. Die Schenken Eberhard VI. und Eberhard VII. wurden verpflichtet, *ir Burg ze Rychenburg*[384] an die drei genannten Schiedsrichter zu übergeben. Die Burg sollte ihnen nur dann zurückgegeben werden, wenn sie sich an die von den Schiedsrichtern noch zu beschließende Rachtung hielten. Die Burg wurde als Sicherheit eingesetzt, um die Durchsetzung der Beschlüsse zu gewährleisten. Daß dies tatsächlich so war, zeigt auch die Strafandrohung, die die Urkunde für den Fall des Vertragsbruches enthält: Der Teil der Burg Reichenberg und der zugehörigen Güter des Schenken, der die Rachtung nicht einhalten wollte, sollte so lange in der Hand der Schiedsrichter bleiben, bis auch er dem Schiedsspruch zustimmte und *biz daz er stede haldit daz*[385]. Der Entscheid sollte bis spätestens am darauffolgenden Martinstag, dem 11. November, erfolgen; würde allerdings der Fall eintreten, daß die drei Schiedsrichter verhindert wären, bis zu diesem Termin die Rachtung durchzusetzen, so wurde als nächster Stichtag *unser frowen tage wurzewihe, der darnach kumt* (das ist der 15. August 1322), festgesetzt.

[382] Vgl. EBD., Nr. 14f, S. 15-17.
[383] Vgl. SIMON, Erbach, UB Nr. 20, S. 20-22.
[384] EBD., S. 20.
[385] EBD., S. 21.

Die weiteren Punkte der Entscheidung betrafen *lute vnd* [...] *Gut, dar vm sie gekrieget han biz her*[386]. Dabei handelte es sich freilich nicht nur um Güter und Leute in der Zent Reichelsheim. Offenbar war es generell zum Streit um die Besitzverteilung zwischen der Reichenberger und der Michelstädter Linie gekommen, denn es waren auch Orte betroffen, die außerhalb der Zent lagen[387]. Diese Auseinandersetzungen hatten ihren Anfang genommen, als Schenk Eberhard IV. zu Michelstadt Vormund des Schenken Eberhard VI. zu Reichenberg war. Die vorliegende Sühneurkunde deutet dies vage an, wenn sie davon handelt, daß es auch um den Schaden gehe, *den Schenke Ebirhard der alte Ebirhard Schenken dem Jungen tede, da her zu Michelstad sin formunt was, vnd vm die bruche* [...], *die zusschen in gewest sin biz an disen tag*[388]. Schenk Eberhard zu Michelstadt schien in diesen Jahren Güter an sich gebracht zu haben, die eigentlich seinem Neffen aus der Reichenberger Linie zustanden. Nachdem dieser dann großjährig geworden war, versuchte er diesen Besitz für seine Linie zurückzuerlangen, was zu den skizzierten Zerwürfnissen führte[389].

Darüber hinaus werden in der Urkunde auch weitergehende Regelungen getroffen für den Fall, daß einer der Schiedsrichter bei der Entscheidung überhaupt verhindert wäre oder vorher bereits sterben sollte. Die vorgesehenen Nachfolger werden namentlich genannt[390]. Käme es zukünftig zu neuerlichen Streitigkeiten zwischen den beiden Schenken und ihren Helfern um Güter oder Leute, so wurden Ulrich und Gottfried von Bickenbach bestimmt, innerhalb eines Monats nach Bekanntwerden der Auseinandersetzungen über diese zu richten *nach minne oder nach rechte*[391]. Käme es gar soweit, daß die vorstehende Sühne von

[386] EBD.

[387] Vgl. dazu die Urkunde, die die betroffenen Güter und Leute auflistet (EBD., S. 21): *vnd mit namen vnd die gud, die hernach geschriben stein, vm drizig phunt heller geldis ze Schonenberg vm ein virteil eyns houes, vm ein virteil eines Cehendes, vnd vm ein virteil siben houestede zu Klingen vnd vm daz halbe dorf ze Assehorn* [vermutlich Asselbrunn nördlich von Michelstadt], *um die Muln halbe zu Küntich, vnd vm daz virteil des dorfs zu Zotzinbach, vm das virteil des dorfs Brenspach, vnd daz zu dein zwen dorfin gehort, vm daz firteil zu Fürstengrunt, vnd um daz virteil zu Valkengesezze, vm daz halbe teil ze Steinbach vnd vm ein halbeteil eins Cehenden zu Morlebach, vnd vm lute, die geheizen sint Byckenbecher genozschaft, vm ein Muln zu Michilnstad, die wust ist, vm achzig Malter Korns vnd als vil habern, die der alte Schenke dem Jungen Schenken Ebirharte num ze Rychenburg, vm daz halbe dorf ze Maminhard, vnd vm daz virteil der Burg ze Schoninberg, vm daz halbe dorf zume Gůmpen* [...].

[388] EBD., S. 21.

[389] Das heißt, das Zerwürfnis der beiden Linien dauerte bereits längere Zeit an, als es 1307 zur ersten Entscheidung kam, die offensichtlich nur eine vorübergehende Lösung der Probleme brachte: Eberhards VI. Vater, Schenk Johannes, starb am 9. Juni 1296 und wurde in der Einhardsbasilika begraben (vgl. STEIGER, Grablegen, Nr. 3); danach übernahm Schenk Eberhard IV. die Vormundschaft über seinen noch unmündigen Neffen Eberhard.

[390] Vgl. SIMON, Erbach, UB Nr. 20, S. 21; für den Abt Heinrich war sein Bruder Eberhard, ein Würzburger Domherr, für Ulrich von Bickenbach war Gottfried von Bickenbach und für Rudolf von Rodenstein war sein Bruder Heinrich, ein Mainzer Domherr, vorgesehen.

[391] EBD., S. 22.

einer der Parteien mißachtet werden würde, so bestimmte Abt Heinrich neben seiner eigenen Person Philipp den Alten und Philipp den Jungen von Falkenstein sowie Konrad Schenk von Erbach als „Sühnehelfer“[392]. Auffällig ist, daß der Abt mit Schenk Konrad einen Angehörigen der Erbacher Linie benannt hatte, der wegen Burg und Stadt Erbach selbst im Streit mit seinem Vetter aus der Michelstädter Linie lag. Dieses Zerwürfnis war freilich unter demselben Datum (9. August 1321) ebenfalls beigelegt worden, als Schenk Eberhard in einer zweiten Sühne auf Erbach verzichtet hatte.

Daß Schenk Konrad als einer der Überwacher der Sühnebestimmungen eingesetzt wurde, deutet darauf hin, daß er um 1320/22 (wieder) eine Stellung erlangt hatte, die ihn dazu befähigte[393]. Er hatte es nach seiner Verdrängung aus Erbach 1307 bzw. 1311 und der damit verbundenen zeitweiligen Zurücksetzung seit 1314 geschafft, in der Burg wieder Fuß zu fassen. Daß dem so war, zeigt eine Konsenserklärung König Ludwigs des Bayern von 1320, die Schenk Konrad als „Miterben“ von Burg und Stadt Erbach nannte[394]. Möglicherweise führte diese Konstellation aber auch dazu, daß Eberhard VII. von Erbach wenige Zeit nach dem ersten Vergleich vom 9. August 1321 erneut in massive Auseinandersetzungen mit seinem Erbacher Vetter um Burg und Stadt Erbach geriet und der Entscheid um den früheren Gerhardischen Besitz nochmals zur Debatte stand.

Mit der Entscheidung vom 9. August war der Streit zwischen den Schenken Eberhard VI. und Eberhard VII. um den gemeinsamen Besitz der Burg Reichenberg beigelegt worden. Damit war anscheinend auch eine gütliche Einung über die Aufteilung des Besitzes zwischen den beiden Linien Reichenberg und Michelstadt erfolgt; denn in der Folge hören wir nichts mehr von weiteren Querelen.

Nachdem Schenk Eberhard VII. zu Michelstadt am 11. März 1327 gestorben war[395], arrangierten sich seine Nachkommen mit den beiden anderen erbachischen Linien, so daß die Schenkenfamilie seither einvernehmlich agieren konnte, was auch zum allmählichen Aufstieg in die Reichsstandschaft beitrug. Treibende Kraft dieser Jahre war anscheinend Schenk Konrad IV. aus der

[392] EBD.

[393] Im Gegenzug wurde Schenk Eberhard VI. aus der Reichenberger Linie nicht als Sühnehelfer bezüglich der am selben Tag abgeschlossenen, die Burg und Stadt Erbach bzw. die Gerhardischen Güter betreffenden Sühne eingesetzt. Dieser Umstand könnte darauf hindeuten, daß Schenk Konrad auf seine eigene Initiative hin als vierter Sühnehelfer benannt wurde, damit er seinen „unruhigen, kriegerischen“ Vetter (SIMON, Erbach, S. 319) aus der Michelstädter Linie besser unter Kontrolle haben konnte. Dieser Gedanke muß freilich bloße Vermutung bleiben, weil wir aufgrund der mangelnden Quellen diese Spur nicht weiter verfolgen können.

[394] S. oben S. 90f. – Daß hier der König seine Zustimmung gab, hing damit zusammen, daß König Ludwig als Pfalzgraf bei Rhein die Lehensoberhoheit über Erbach inne hatte, so daß er hier in seiner Funktion als pfalzgräflicher Lehensherr handelte. Seine gegebene Konsenserklärung deutet freilich auch darauf hin, daß sowohl Eberhard von Breuberg als auch Schenk Konrad mit der Unterstützung und der Hilfe des Königs rechnen durften.

[395] Vgl. STEIGER, Grablegen, Nr. 6.

Erbacher Hauptlinie; ihm ist es seit dem Ende der 20er Jahre des 14. Jahrhunderts gelungen, die Familie zu einen und in eine Position zu bringen, die die Grundlage für die Erlangung der Reichsstandschaft bildete.

### 1.5.2 Das Haus Erbach in der Zeit Schenk Konrads IV. († 1363), dem Wegbereiter der erbachischen Reichsstandschaft

Hatte Schenk Konrad IV. in den Jahren von 1303 bis 1320 offenbar kaum Möglichkeiten gehabt, eine eigenständige Politik zu betreiben[396], so trat er jedoch seit der Mitte der 1320er Jahre, nachdem der Streit mit seinem Michelstädter Vetter Eberhard VII. beigelegt worden war, eindrucksvoll hervor. Konrads Bemühungen und seiner Initiative ist es wohl zu verdanken, daß die Schenken von Erbach alle Nachwirkungen der Ereignisse der Jahre 1307 und 1311 überwinden konnten und der Weg zur Reichsstandschaft geebnet wurde[397]. Schenk Konrad wurde vermutlich um 1290 als Sohn des Schenken Eberhards V. aus der alten Erbacher Hauptlinie und dessen Ehefrau Agnes von Breuberg geboren[398]. Gestorben ist er am 3. Juni 1363 und wurde im Kloster Schönau begraben[399]. Allein schon seine lange Lebensdauer erlaubte es ihm[400], vieles zu bewirken, was seine Vettern aus der Reichenberger bzw. der Michelstädter Linie aufgrund ihres Alters nicht mehr oder noch nicht leisten konnten.

[396] Sieht man von der Nennung in den beiden bereits erwähnten Urkunden vom 29. Januar 1315 einmal ab, wo jedoch Schenk Eberhard VII. (?) als Erstgenannter eindeutig die Vorrangstellung einahm.

[397] Vgl. SIMON, Erbach, S. 290, der Konrad folgendermaßen charakterisierte: Er „vollbrachte [...] von nun an nur noch Werke des Friedens, sowol in seinen Beziehungen zu den allgemeinen Verhältnissen im Reiche, als in seiner Thätigkeit, die Blüthe, das Ansehen und den Wolstand seines Hauses zu fördern. Ueberall, wo in der nähern und fernern Umgegend Streitigkeiten zu schlichten und Feindseligkeiten beizulegen waren, da finden wir den Schenken Conrad [...]; wo wichtige Verträge abgeschlossen wurden, sehen wir ihn vorzugsweise unter den Zeugen und Bürgen."

[398] Das ungefähre Geburtsjahr ergibt sich, wenn man bei dem Vertragsabschluß 1303 die rechtliche Handlungsfähigkeit voraussetzt. Da Konrad selbständig handeln konnte, muß er mindestens 14 Jahre alt gewesen sein. Denn mit 14 Jahren wurde der Eintritt in die Pupertät angesetzt (für Jungen), was grundsätzlich die volle Geschäftsfähigkeit mit sich brachte. Für das Erreichen der Mündigkeit kannte das Mittelalter verschiedene Altersgrenzen: in den Volksrechten schwankte das Alter zwischen 10 und 18 Jahren, wobei allgemein eine Grenze von 12, seit dem Spätmittelalter die Grenze von 18 Jahren galt. Geschäfte, die noch in der Zeit der Minderjährigkeit getätigt wurden, konnten innerhalb bestimmter Fristen nach Erlangen der Mündigkeit ggf. widerrufen werden. Der Sachsenspiegel hielt an dem alten Mündigkeitstermin von 12 Jahren fest, nennt aber auch einen von 21 bzw. 24 Jahren; bis zu diesem Zeitpunkt war noch eine freiwillige Bevormundung möglich. Vgl. dazu einführend BRAUNEDER, Alter, Sp. 471; HAGEMANN, Alter, Sp. 134-137; PRIMETSHÖFER, Alter, Sp. 470f (jeweils mit weiteren Literaturhinweisen).

[399] Vgl. STEIGER, Grablegen, Nr. 11.

[400] Die Richtigkeit der angestellten Überlegungen vorausgesetzt, dürfte Konrad ein Alter von 70 bis 75 Jahren erreicht haben.

Eberhard VI. zu Reichenberg war 1348 bereits gestorben, wie aus einem Lehensrevers deutlich wird, der von seinem – in diesem Zusammenhang erstmals genannten – Sohn Konrad VI. ausgestellt wurde[401]. Konrad muß spätestens zu diesem Zeitpunkt mindestens 14 Jahre alt gewesen sein, da er selbständig handeln und siegeln konnte.

Der oben genannte Schenk Eberhard VII. aus der Michelstädter Linie war schon 1327 gestorben. Seine beiden Söhne, Eberhard und Heinrich II., übten in der Folge die Herrschaft über die Güter des Michelstädter Zweigs gemeinsam aus, hatten also eine Mutschierung durchgeführt[402]. Eberhard ist anscheinend der ältere gewesen; er erhielt nach dem Tod seines Vaters die Lehen, ist aber vor seinem Bruder Heinrich gestorben, der seit etwa 1359/60 nur noch alleine vorkam[403]. Schenk Heinrich starb im Februar 1387[404] und wurde gemäß den Bestimmungen in seinem Testament als erster der Schenkenfamilie in der Kirche zu Michelstadt beigesetzt[405]. Mit der Ausübung der gemeinsamen Herrschaft ging – naturgemäß – eine Einschränkung der selbständigen Entscheidungsfreiheit einher, mußten sich die Brüder in ihrer Handlungsweise doch immer wieder absprechen, so daß Schenk Konrad aus der Erbacher Linie mit seiner Politik in den Vordergrund treten konnte.

[401] Vgl. SIMON, Erbach, UB Nr. 49, S. 52f; SCRIBA, Regesten, Nr. 1037 (Lehensrevers vom 28. März 1348 für die Belehnung mit einem Achtel der Burg Rodenstein durch Graf Wilhelm von Katzenelnbogen).

[402] Vgl. dazu SIMON, Erbach, S. 320f. Einen Hinweis, der die tatsächlich durchgeführte Teilung des Besitzes belegt, liefert die Konsenserklärung Pfalzgraf Ruprechts I. zur Wittumsverschreibung Schenk Heinrichs vom 16. (?) April 1357. Ruprecht stimmte betreffs der von der Pfalz lehenrührigen Güter der Bewittumung zu, die Heinrich *von der Mutschar geuallen sint, als er vnd sin bruder Eberhart mit einander gemutschart haben* (SIMON, Erbach, UB Nr. 63, S. 66 = GLA 67/804, fol. 36$^{r/v}$). – Die Tagesdatierung dieser Urkunde ist nicht sicher. Die Pfalzgrafenregesten haben „11. April" (RPR I, Nr. 3024); Simon hat „16. April". Die Datierung lautet: *Datum Heidelberg feria octava* [!] *post diem pasche anno D(omi)ni M°.CCC.LVIJ.*. Das heißt: Es ist hier von einem „achten Wochentag" die Rede, den es freilich nicht gibt. Möglicherweise ist die Oktav des Osterfestes gemeint; dann hätte Simon mit seiner Auflösung der Datierung Recht.

[403] Die beiden Brüder wurden 1359 noch zweimal zusammen genannt (vgl. SIMON, Erbach, UB Nr. 64, 65, S. 67f), danach kam Heinrich nur noch alleine vor. Er war zunächst für den geistlichen Stand vorgesehen. Als sich aber abzeichnete, daß sein Bruder Eberhard unverheiratet bleiben würde, resignierte er und heiratete um 1357 Anna von Erbach, eine Tochter Schenk Konrads († 1380) aus der Erbacher Linie (s. unten Kapitel 5.3).

[404] Vgl. STEIGER, Grablegen, Nr. 20. Sein genaues Sterbedatum läßt sich nicht ermitteln. Auf der Grabplatte des Schenken ist eine Doppeldatierung angegeben (sowohl nach Festkalender, als auch nach dem römischen Kalender); beide Angaben differieren jedoch um 10 Tage: nach dem Festkalender ist er am 16. Februar, nach der römischen Datierung am 25. Februar gestorben. Eine befriedigende Erklärung für diese Diskrepanz läßt sich nicht finden.

[405] Vgl. SCHNEIDER, Historie Erbach, UB Nr. 55, S. 108f (Testament Heinrichs vom 1. Februar 1387). – Bis zum heutigen Tag dient die Michelstädter Gruft als Grablege für die erbachische Linie der Grafenfamilie (vgl. dazu NIKITSCH, Begräbnisstätte, S. 99-105, bes. S. 104 [mit Verweisen auf die ältere Literatur]).

Wie bereits angedeutet, war aufgrund der langen Lebenszeit von Konrad für die erbachische Politik nach dem Tod des streitbaren Schenken Eberhard VII. eine fast vierzigjährige Kontinuität gegeben: Seit 1327 bis zu seinem Tod 1363 ist Konrad so eine neuerliche Herrschaftsfestigung gelungen, indem er die durch die Krisen im ersten Viertel des 14. Jahrhunderts bedingte offene Situation geschickt nutzte. Zum einen betrieb er anscheinend eine im Sinne der Herren von Erbach kluge Politik, zum anderen dürfen seine guten Beziehungen zum König, Ludwig dem Bayern, nicht zu gering geschätzt werden. Auf sie ist an anderer Stelle nochmals gesondert einzugehen[406].

Betrachten wir Schenk Konrad zunächst im Hinblick auf seine „Hauspolitik". Nachdem seit der Mitte der 20er Jahre des 14. Jahrhunderts auch die innerfamiliären Zerwürfnisse überwunden waren, strebte Konrad offenkundig danach, die Herren von Erbach wiederum als eine feste Größe im Bereich des Odenwaldes zwischen dem Erzstift Mainz und der Pfalzgrafschaft bei Rhein zu etablieren.

Seine überlegte und vorsichtige Vorgehensweise wurde auf mehreren wichtigen Feldern der erbachischen Politik erkennbar. Zum einen handelte es sich um die von Konrad durchgeführte „Territorialpolitik". So sind unter seiner Regierung wesentliche Gebietserweiterungen für die Herrschaft Erbach zu verzeichnen[407]: im Westen entlang der nördlichen Bergstraße sowie am unteren Neckar; aber auch innerhalb der Kerngebiete der Herrschaft ist ihm eine Arrondierung gelungen. Schenk Konrad bezweckte offenkundig zweierlei: Einerseits strebte er nach einer Arrondierung bzw. Stabilisierung der Verhältnisse im Inneren; andererseits war seine Politik ebenso auf Expansion der Herrschaft Erbach angelegt. Dazu griff er nachdrücklich nach Westen aus, um seine Herrschaftsbasis an der Bergstraße und damit auch in die Rheinebene hinein zu vergrößern. Er nutzte geschickt schon bestehende Verwandtschaftsverhältnisse aus, bzw. er baute neue verwandtschaftliche Bindungen auf[408].

Damit ist auch gleichzeitig ein weiterer Aspekt seiner Herrschaftspraxis angesprochen: nämlich jener Teil, den man im weitesten Sinne unter „Familie und Verwandtschaft" subsumieren könnte. Schenk Konrad verfolgte offenbar eine für seine Familie „vorausschauende Heiratspolitik"; er schuf so ein System von Verwandtschaftsbeziehungen, in dem die „Verwandtschaftspflicht"[409], miteinander friedlich umzugehen, bewußt als Mittel der Politik eingesetzt wurde. Solche Verwandtschaftssysteme standen auf gleicher Ebene neben den vertraglich abgeschlossenen Lehens- und Dienstverhältnissen, so daß sie auch in der Politik ihre besondere Bedeutung erlangten und „Blutsband und Konnubium in der politischen Auseinandersetzung prinzipiell gleichwertig neben dem Treueeid"[410] rangierten. Daher konnten im Zweifelsfall solche Verwandtschaftssysteme im

[406] S. v.a. unten Kapitel 5.1.
[407] S. ausführlich das Kapitel 4.2; vgl. auch SIMON, Erbach, S. 293f.
[408] S. dazu unten Kapitel 5.3; dort auch zum folgenden.
[409] SPIEß, Familie, S. 530; dort auch zum folgenden.
[410] EBD., S. 521.

Interesse der Familie gegen den Lehensherrn eingesetzt werden. Summierten sich in konkreten Einzelfällen aber die Verpflichtungen, konnte daraus eine eminente Verstärkung der Kooperationsbasis entstehen. In dieser Hinsicht schuf Schenk Konrad IV. ein Netzwerk, das ihm gegenüber seinem Lehensherrn, dem Pfalzgrafen bei Rhein, und den mit diesem konkurrierenden Reichsfürsten[411] einen nicht zu unterschätzenden Rückhalt bieten konnte[412]. Um dem vermehrten Druck der Reichsfürsten standhalten zu können, versuchte Schenk Konrad IV. im 14. Jahrhundert mit seinen ausgeprägten Bindungen auf familiärer Ebene bereits das, was sich dann seit dem Ende des 15. Jahrhunderts in einer nächsten Stufe in der Schaffung von ständischen Einungen durch die Grafen und Herren niederschlagen wird[413].

Neben dieser Ausbildung von familiären Netzwerken war gleichzeitig eine verstärkte Hinwendung zu Kaiser und Reich verbunden; dabei konnte das Königtum durch die Vergabe von „herrschaftsstabilisierenden Privilegien"[414] den Grafen und Herren zusätzlich den Rücken stärken. Eine derart intensivierte Bindung an das Königtum muß man für Schenk Konrad IV. bereits seit den frühen 20er Jahren des 14. Jahrhunderts annehmen[415]. Denn in der Regierungszeit Ludwigs des Bayern wird die Verbindung Erbachs mit dem Königtum immer deutlicher greifbar: Gerade für die Zeit des Thronkampfes finden wir Schenk Konrad immer wieder auf der Seite Ludwigs in die Auseinandersetzung

[411] Hier ist vor allem der Erzbischof von Mainz zu nennen.

[412] S. zu den entstehenden Netzwerken „Konnubium" und „Lehensverband" unten Kapitel 5.2 und 5.3.

[413] Vgl. zu den Einungen und zur korporativen Politik von mindermächtigen Reichsständen BÖHME, Fränkisches Reichsgrafenkollegium; SCHMIDT, Wetterauer Grafenverein; DERS., Reichsstände; PRESS, Reichsgrafenstand; SPIEß, Familie, S. 3f; DERS., Grafen und Herren. – Seit dem Ende des 15. Jahrhunderts strebten die Reichsfürsten vermehrt danach, den nichtfürstlichen Hochadel und die Ritterschaft in ihren Untertanenverband einzugliedern, was ihnen teilweise auch gelungen ist. Auch für den Herrschaftsbereich der Pfalzgrafschaft lassen sich diese Bemühungen greifen. Am Ende des 15. Jahrhunderts trug diese Politik offenkundig erste Früchte: So zählte Pfalzgraf Philipp 1483 die Witwe Konrads Herrn von Bickenbach in einem Atemzug mit den Angehörigen der Ritterschaft zu *unsern landsessen* (GLA 67/816, fol. 209r-210r). Auch gegenüber den Herren von Erbach finden wir diese Bestrebungen: Pfalzgraf Philipp bestellte am 19. Januar 1498 *als der landsfurst* einen Vormund für Schenk Valentin (GAL 67/818, fol. 488v-489r). Das heißt, die Einbindung in die kurfürstliche Landesherrschaft stand für die mindermächtigen Angehörigen des nichtfürstlichen Hochadels zu befürchten. Um dies zu verhindern, schlossen sich die Grafen und Herren zu politisch handlungsfähigen Bünden zusammen und wendeten sich vermehrt Kaiser und Reich zu. Vgl. dazu SPIEß, Grafen und Herren, S. 143-156.

[414] SPIEß, Grafen und Herren, S. 154. Es handelte sich dabei um Gerichtsstandsprivilegien, das Verbot, Leibeigene zu entfremden, Stadtrechtsverleihungen, Münz- und Zollprivilegien sowie schließlich die Erhebung der eigenen Herrschaft zu einer Grafschaft.

[415] Ob schon bei der ersten Nennung Schenk Konrads im Umfeld Ludwigs des Bayern 1315 eine intensive Bindung zum Königtum bestand oder ob es sich nicht bloß um eine erste Annäherung handelte, läßt sich kaum entscheiden. Womöglich hatte die Verbindung aber schon längere Zeit Bestand, war doch der Kontakt zu den wittelsbachischen Pfalzgrafen bereits seit dem 13. Jahrhundert – gerade für die Erbacher Hauptlinie – gegeben.

mit Friedrich von Österreich involviert. Die erbachische Unterstützung und Hilfe bei der Durchsetzung des wittelsbachischen Königtums mündete schließlich 1328 in die Stadtrechtsverleihung für Beerfelden, die Kaiser Ludwig dem Schenken aufgrund der geleisteten Dienste gestattete[416]. Mit dieser dinglichen Kompensation für den bisherigen Einsatz verknüpfte Kaiser Ludwig der Bayer die Hoffnung, daß Schenk Konrad und seine Familie ihm auch weiterhin zur Verfügung stehen würden, wie aus der Urkunde hervorgeht.

Neben der guten Beziehung zum Königtum bestanden freilich auch Verbindungen zu den benachbarten Grafen- und Herrenfamilien, die sich – wie bereits angedeutet – vor allem auch auf das Konnubium und die verwandtschaftliche Ebene erstreckten. Diese Konstellation brachte es mit sich, daß Schenk Konrad vielfach als Schiedsrichter zwischen streitenden Parteien vermittelte bzw. daß wir ihn immer wieder als Bürgen und Zeugen finden. Dabei handelte es sich jedoch nicht nur um Verhandlungen zwischen gleichgestellten oder nachgeordneten Adelsfamilien, sondern Konrad trat mehrfach auch als Obmann von Schiedsgerichten hervor, die sich mit Angelegenheiten auf reichsfürstlicher Ebene beschäftigten.

In der ersten Hälfte der 1320er Jahre war der Streit um die hessischen Reichslehen zwischen dem Erzbischof von Mainz, Matthias von Buchegg, und dem Landgrafen Otto I. erneut aufgeflammt. Schenk Konrad ist bezüglich dieser Auseinandersetzung erstmals als Berater bzw. Schiedsrichter genannt. 1325 ist er als Beisitzer bei den laufenden Verhandlungen erwähnt[417]. Häufig finden wir den Schenken nachfolgend als Schiedsrichter bzw. Vorsitzenden der Schiedsleute bei Streitigkeiten, die zwischen der Pfalzgrafschaft und dem Erzstift Mainz bestanden hatten[418]. Dies erscheint aus verschiedenen Gründen naheliegend. So

[416] Vgl. MGH Const VI, Nr. 467, S. 385; Deduktion 1754 § 5, Nr. 4; SCHNEIDER, Historie Erbach, UB Nr. 14.5, S. 63f: *Meruerunt grata tua servitia & fides devocionis tue que nobis & ipsi imperio hactenus impendisti & ut veraciter presumimus amplius impendere poteris in futurum quod graciosam illorum recompensam tibi facere debamus.* Regest dieser Urkunde bei SCRIBA, Regesten, Nr. 902.

[417] Vgl. SIMON, Erbach, S. 290. Zu den Hintergründen der Auseinandersetzung zwischen Hessen und dem Erzstift vgl. HEINIG, Restituierung, S. 459; CHRIST, Erzstift und Territotium, S. 313; DEMANDT, Geschichte Hessens, S. 188f, 322-324. – Schenk Konrad wurde auch weiterhin als Schiedsrichter auf Reichsebene eingesetzt. So bestimmte ihn Kaiser Ludwig der Bayer neben Graf Rudolf von Wertheim und Ludwig Herrn von Hohenlohe bzw. Gottfried Herrn zu Brauneck am 30. Oktober 1342 als Schiedsrichter, sollte es im Bündnis zwischen dem Kaiser und Erzbischof Heinrich von Mainz zum Streit kommen (vgl. REM I, Nr. 4897f). Vom selben Tag datiert die Verpflichtung Konrads als Schiedsrichter in der Entscheidung zwischen dem Kaiser und dem Markgraf von Meißen sowie dem Erzbischof von Mainz und den Grafen von Hohenstein bzw. von Schwarzburg-Arnstadt; die Verhandlungen folgten dann zwischen dem 14. und 17. Dezember (vgl. ebd., Nrr. 4896, 4922, 4926f).

[418] Hier seien nur die wichtigsten genannt. Es handelte sich dabei konkret um Schiedsgerichtsverhandlungen, die am 15. März 1341 bezüglich der Vogtei des Klosters Höchst im Odenwald stattgefunden hatten (vgl. SIMON, Erbach, S. 291, UB Nr. 25, S. 297; REM I, Nr. 4649; KLEBERGER, Territorialgeschichte, S. 93f). Am 2. Dezember 1343 entschied Konrad

dürfte zum einen schlicht die geographische Nähe der beteiligten Parteien und Personen zueinander eine Rolle gespielt haben; zum anderen dürfen die bestehenden Verbindungen Erbachs zu beiden Reichsfürsten nicht außer Acht gelassen werden. Sie prädestinierten Konrad offenbar als Verhandlungsführer, weil er die nötigen Einblicke in die beiderseitigen Angelegenheiten hatte, bzw. sie sich leicht verschaffen konnte. Wie ausgeprägt die Verbindung zu Mainz war, zeigt die Tatsache, daß Schenk Konrad in den Jahren 1334 und 1341 als Burggraf der Mainzer Burg Schauenburg genannt ist. Am 30. Oktober 1341[419] beurkundete Erzbischof Heinrich, daß das Erzstift dem Schenken noch 625 Pfund und 8 Solidi Heller sowie zwei Fuder Wein schuldig sei, nachdem der Bischof von Speyer in Mainzer Auftrag Konrad bereits 500 Pfund Heller überwiesen habe. Der noch ausstehende Betrag muß offenkundig bezahlt worden sein, da die Ausfertigung der Urkunde einen Tilgungsschnitt aufweist, was darauf hindeutet, daß die bestehenden Verbindlichkeiten durch das Erzstift erfüllt wurden. Allerdings schien sich die vollständige Bezahlung der Schulden über einige Jahre erstreckt zu haben, in denen aber wiederum neue Verbindlichkeiten hinzukamen. Für den 22. Januar 1345 liegt uns eine neue Abrechnung Schenk Konrads vor[420]. Konrad erklärte, daß ihm der Erzbischof für die geleisteten Dienste und für allen erlittenen Schaden unter Einschluß der noch ausstehenden Zahlungen an Engelhard von Weinsberg, den Schwiegersohn Konrads, 909 Pfund 5 Schillinge Heller und zwei Fuder Wein schuldig sei. Auch diese Summe ist in der Folge sukzessive beglichen worden, wie zwei Zahlungen vermuten lassen, die Schenk Konrad und Engelhard von Weinsberg am 3. April bzw. am 5. August erhalten und quittiert haben[421]. Im April wurden 50 Pfund Heller und im August 35 Pfund Heller durch den Zollschreiber zu Ehrenfels, Ludwig von Amöneburg, an die beiden ausgezahlt. Noch im selben Jahr, am 13. Oktober 1345, verkaufte Erzbischof Heinrich mit Zustimmung seines Kapitels Burg und Dorf Mönchberg, Ober- und Unter-Schippach und Streit, die Höfe zu Groß- bzw. Klein-Wallstadt und in Elsenfeld sowie sieben Malter Korngeld jährliche Gülte, die von den Eigenleuten des Erzbischofs in Rück eingehen, auf Wieder-

zusammen mit Ulrich von Lindenfels und Werner Gauwer von Weinheim den Streit zwischen Erzbischof Heinrich von Mainz und Pfalzgraf Ruprecht I. um die Burg Zwingenberg und den entstandenen Schaden (vgl. RPR I, Nr. 2496; REM I, Nr. 5063). Im Jahr 1344 war Konrad mehrmals tätig, um alte Streitigkeiten zwischen beiden Parteien zu schlichten, die noch wegen des Lorscher Erbes bzw. um den Besitz von Weinheim bestanden hatten (vgl. SIMON, ebd., S. 291; RPR I, Nrr. 2509, 2510, 2516; REM I, Nr. 5098, 5106-5108, 5124, 5126, 5143, 5144, 5163, 5229).

[419] Vgl. REM I, Nr. 4736. Die Aufstellung der Ausgaben und Verluste Schenk Konrads im Dienste der Mainzer Kirche als Offiziat der Schauenburg ergab eine Gesamtsumme von rund 1125 Pfund Heller. Dieser Betrag resultierte aus zwei aufeinanderfolgenden Abrechnungen, die der Schenk als Burggraf des Mainzer Erzbischofs gemacht hatte.

[420] Vgl. REM I, Nr. 5252; gedruckt bei SIMON, Erbach, UB Nr. 44, S. 47 (dort irrig zum 12. März).

[421] Vgl. REM I, Nr. 5238 und 5336; die zweite Urkunde ist gedruckt bei SIMON, Erbach, UB Nr. 45, S. 48.

lösung an Schenk Konrad[422]. Die Kaufsumme betrug 1764 Pfund 5 Schilling Heller. Davon zog Konrad 700 Pfund wegen der alten, noch bestehenden Schulden ab und zahlte den Rest an den Erzbischof. Der Erzbischof bestätigte den Erhalt der 1064 Pfund und 5 Schilling Heller am 19. Oktober[423]. Erzbischof Gerlach von Mainz löste die verpfändten Dörfer und Güter wieder aus und forderte die darüber ausgestellten Pfandbriefe zurück, wie aus einer Dorsalnotiz der Verkaufsurkunde hervorgeht[424]. Die Auslösung muß vor dem 28. Oktober 1357 geschehen sein; denn an diesem Tag verpfändete Gerlach von Nassau die genannten Güter, wie sie früher Schenk Konrad zu Pfand hatte, erneut an die Brüder Konrad und Eberhard Rüdt (von Collenberg?) und deren lehensfähige Erben[425].

Die bestehenden Beziehungen der Herren von Erbach zur Pfalzgrafschaft sind sofort einsichtig, weil sie seit der Mitte des 13. Jahrhunderts das dortige Erbschenkenamt bekleideten und erste Lehen schon seit der Regierungszeit Pfalzgraf Konrads von Staufen inne hatten; sie erfuhren durch das gute Verhältnis Konrads IV. zu Ludwig dem Bayer eine weitere Festigung[426].

Diese bestehenden Verbindungen hatten zur Folge, daß Schenk Konrad IV. von beiden Parteien, das heißt: von den Pfalzgrafen wie auch vom Erzstift Mainz, gleichermaßen zum Schiedsrichter bestellt wurde. Es muß hier freilich festgehalten werden, daß Konrad nur einmal eindeutig der kurmainzischen Partei zugerechnet wurde[427]. Was letztlich den Ausschlag gab, daß Konrad 1344 der Mainzer Seite angehörte, läßt sich nicht mehr rekonstruieren; die Regel war, daß Konrad entweder von der pfalzgräflichen Seite oder von beiden Seiten einvernehmlich zum Schiedsrichter wie auch zum Schiedsrichter-Obmann gewählt wurde, nicht von Mainz alleine.

Wir finden Konrad IV. immer wieder als Vermittler und Verhandlungsführer in Angelegenheiten, die seinen pfalzgräflichen Lehensherrn und der Pfalz benachbarte Adelsfamilien betroffen haben[428]; daneben wurde er vielfach als Zeuge herangezogen, wenn es darum ging, pfalzgräfliche Urkunden zu testieren[429].

[422] Vgl. REM I, Nr. 5361.
[423] Vgl. REM I, Nr. 5367.
[424] Dorsualnotiz der Urkunde (REM I, Nr. 5361): *Hec obligatio redempta est per archiepiscopum Gerl(achum) et repetantur literae obligacionis*. Zusätzlich wurde die Urkunde nach Wiederlösung durch Schnitte getötet.
[425] Vgl. REM II, Nr. 910; der Revers liegt für den 1. November 1357 vor.
[426] Vgl. speziell zu Schenk Konrad IV. SPIEGEL, Urkundenwesen, S. 312f, der dort seine vielfältigen Tätigkeiten für die Pfalzgrafen auflistet.
[427] Es handelte sich dabei um Entscheidungen zwischen Mainz und der Pfalz im Jahre 1344 um das immer noch strittige Lorscher Erbe. Vgl. SPIEGEL, Urkundenwesen, S. 312f.
[428] So schlichtete er als Obmann 1351, am Sonntag nach Himmelfahrt (= 29. Mai), einen bestehenden Streit zwischen Pfalzgraf Ruprecht I. und Ulrich Herrn zu Hanau (vgl. SPIEGEL, Urkundenwesen, S. 313; SIMON, Erbach, S. 291). Offenbar gehörte Konrad auch einer Art pfalzgräflichen „Lehengericht“ an; denn noch im selben Jahr fällte er zusammen mit weiteren Mannen des Pfalzgrafen ein Urteil, wonach Wildgraf Friedrich von Kirberg

Konrad war den beiden Reichsfürstentümern Mainz und Pfalzgrafschaft gleichermaßen durch Dienst- bzw. Lehenseide zu Treue und Gehorsam verpflichtet, so daß er in konkreten Situationen zwischen beiden lavieren und sie gegeneinander ausspielen konnte. Ruft man sich darüber hinaus noch die Familien- und Territorialpolitik in Erinnerung, die der Schenk „planmäßig" verfolgte, so ist in seinem gesamten Verhalten das Streben nach einer Neu-Etablierung der Herrschaft Erbach auf Reichsebene zu erkennen. Offenkundig ist es ihm mit dieser Art der Schaukelpolitik gelungen, sich gegenüber dem Erzstift und der Pfalz als eigenständige Größe zu behaupten und seine Herrschaft erneut als Machtfaktor im hinteren Odenwald zu etablieren, den benachbarte Fürsten in ihre Politik einkalkulieren mußten. Durch seine Funktion als Schiedsrichter, die Konrad vielfach ausübte – vor allem zwischen den beiden stets konkurrierenden Mächten Pfalz und Mainz –, machte er sich unentbehrlich und erlangte allmählich den Ruf einer neutralen, vermittelnden Instanz, deren Urteil anscheinend sehr geschätzt war, so daß Konrad immer wieder als Vermittler angerufen wurde.

Er trat somit bis zu einem gewissen Grad aus der Reihe sozial gleichgestellter Familien hervor und erreichte die „Neuaufstellung" seiner Herrschaft. Das heißt: Obschon die Erbacher seit 1307 ihre ehemals eigene Herrschaft von der Pfalz zu Lehen trugen, ist es Schenk Konrad IV. aus der Erbacher Hauptlinie gelungen, mit seiner Politik die Grundlagen für die spätere reichsständische Stellung Erbachs zu schaffen. Es ist daher sicher nicht zu weit gegriffen, ihn als „Wegbereiter der Erbacher Reichsstandschaft" anzusprechen.

Doch dürfen an dieser Stelle die Schenken von Erbach aus der Reichenberger Linie nicht vergessen werden. Denn hier ist es Schenk Konrad VI. gen. Rauch 1355 gelungen, die Burg Fürstenau und das halbe Dorf König von Mainz zu erwerben. Damit war der Mainzer Anspruch auf die Präsenz im Odenwaldinneren endgültig zurückgewiesen[430].

### 1.5.3 Die Schenken nach dem Tod Konrads IV. bis zur Erstnennung in den Reichsmatrikeln 1422

Nach Konrads Tod am 3. Juni 1363 führten seine Nachfolger die Konsolidierung der Herrschaft Erbach weiter. Hier sind vor allem die Brüder Schenk Konrad V. und Eberhard VIII., Söhne Konrads IV., sowie Eberhard X., der Sohn Eberhards VIII., zu nennen. Diese beiden Generationen der Herren von Erbach aus der Erbacher Linie sorgten dafür, daß die von Konrad IV. grundgelegten

mit der Wildgrafschaft und allem Zubehör sowie mit dem Erbmarschallamt belehnt wurde (vgl. SPIEGEL, ebd.).

[429] Die Belege für diese Zeugentätigkeiten bei SPIEGEL, ebd., S. 312f; KLAFKI, Erbhofämter, S. 63.

[430] Vgl. SIMON, Erbach, S. 312f, UB Nr. 60, S. 62-64. S. zu diesem Punkt ausführlich Kapitel 4.2.3.

Maßnahmen zum Herrschaftsausbau weiter vorangetrieben wurden und forcierten die administrative Durchdringung der Herrschaft Erbach. Hier scheint Schenk Eberhard X. eine Vorreiterrolle übernommen zu haben, da unter seiner Herrschaft erstmals von einer kontinuierlichen Schriftlichkeit für die schenkische Verwaltung auszugehen ist. So ist um 1380 erstmals ein Lehensbuch belegt, das auch nach seinem Tode 1425 fortgeführt wurde. Diese verbesserte Administration war offenkundig ausgelöst durch ein Anwachsen des Schriftverkehrs vor allem auf dem Gebiet der Lehensverwaltung, was sich auch auf die restliche Verwaltung auswirkte.

Für die Regierungszeit Eberhards X. sind erstmals Erbacher Münzen bekannt[431]: 1393 bzw. 1414 sind Erträgnisse von erbachischen Höfen in Pfund und Heller *erpacher werung* angegeben. Es stellt sich daher die Frage: Wie sind die Herren von Erbach dazu gekommen, bereits am Ende des 14. Jahrhunderts Münzen zu prägen? Denn bislang wurde der Beginn einer Erbacher Münzprägung in die Jahre 1545/46, nachdem Karl V. den Grafen von Erbach 1541 das Münzprivileg verliehen hatte, gesetzt[432].

Im Dezember 1332 ist der Wormser Bischof Gerlach von Erbach gestorben. Von ihm ist bekannt, daß er als Bischof und Reichsfürst Münzen schlagen ließ. So kennen wir einen Wormser Heller, der in seiner Amtszeit entstanden ist[433]. Gerlach war der Bruder Schenk Konrads IV.; beide standen außerdem in guten Beziehungen zu Kaiser Ludwig dem Bayer. Möglicherweise veranlaßte Schenk Konrad die Nähe zum König und zu seinem bischöflichen Bruder, die Münztätigkeit des Bruders auch für sein Haus zu reklamieren, und er prägte seither eigene Heller.

Sicher ist jedoch, daß die Herren von Erbach offenbar eine Stellung erreicht hatten, die es ihnen an der Wende vom 14. zum 15. Jahrhundert erlaubte, Münzen zu schlagen, die auch über die Herrschaft Erbach hinaus anerkannt waren. Denn Pfalzgraf Ludwig III. akzeptierte diese Münzen *erpacher werung* offiziell als Zahlungsmittel[434]. Mit der Anerkennung des Münzgeldes der Schenken von Erbach durch den vornehmsten weltlichen Reichsfürsten, der zudem gleichzeitig ihr mächtigster Lehensherr war, hatten sie einen weiteren Schritt zur Reichsstandschaft gemacht. Denn das Recht, Münzen zu schlagen, gehörte zu den Bedingungen, die Zeichen der Reichsunmittelbarkeit waren[435].

[431] S. zum folgenden ausführlich unten Kapitel 3.2.1; dort auch zu den Nachweisen.

[432] Vgl. dazu zusammenfassend REBSCHER, Münzen; SIMON, Erbach, S. 398.

[433] Vgl. JOSEPH, Münzen, S. 217 (Nr. 236, Taf. 9). Es handelte sich dabei um einen Silber-Heller mit 0,41 Gramm Gewicht und einem Durchmesser von 15 mm. Auf der Vorderseite in einem rautenförmigen Feld ein großes *G* (vermutlich für Gerlach) darin kleiner eingeschrieben ein *L* (?); die Rückseite ziert ein Gebäude mit Turm und drei Bögen (möglicherweise die Münzstätte?).

[434] Vgl. SIMON, Erbach, UB Nr. 178, S. 178f.

[435] Vgl. dazu BERGHAUS, Münze, Sp. 924-930, 934f. Das Münzrecht gehörte zu den Regalien und war so ein staatliches Hoheitsrecht, das nur vom König verliehen werden konnte, gelegentlich aber auch usurpiert wurde (wie möglicherweise im Falle der Herren von Erbach).

Diese Entwicklung deutet auch darauf hin, daß seit der zweiten Hälfte des 14. Jahrhunderts die Herrschaft Erbach in ruhiger Fortentwicklung den Weg zur Reichsstandschaft weiter beschritten hatte. Innerhalb der Familie gab es keine größeren Auseinandersetzungen mehr, wie noch zu Beginn des Jahrhunderts.

Drohten allerdings doch noch einmal Streitigkeiten, so schaltete sich rasch der rheinische Pfalzgraf ein, um die angespannte Lage zu bereinigen. Ein solcher Fall trat nach dem Tod Schenk Konrads V. am 24. Mai 1380 ein[436]. Es kam zu Auseinandersetzungen innerhalb der Familie, die sich an der Frage um die Ausübung des Schenkenamts entzündeten. Darüber hinaus wurde offenbar auch die Verteilung der Burgmannen sowie der Kirchensätze der Herrschaft neu geregelt. In einer Schiedsgerichtsentscheidung des Pfalzgrafen vom Mai 1382 bestimmte dieser den zukünftigen Modus der Amtsführung des pfälzischen Erbschenkenamts in der Familie, das dann immer der älteste Schenk der Gesamtfamilie führen sollte. Er regelte die Verteilung der Burgmannen in der Herrschaft Erbach sowie die Vergabe der Kirchensätze[437]. Mit diesem Eingreifen des Pfalzgrafen Ruprecht I. war die Ruhe in der Herrschaft Erbach wieder hergestellt, eine drohende Auseinandersetzung zwischen den erbachischen Linien, die möglicherweise die Herrschaft Erbach in ihrem Bestand gefährdet hätte, war abgewendet.

Daran mußte der Pfalzgraf auch ein Interesse haben, weil die Herren von Erbach nicht bloße Vasallen der Kurpfalz waren, sondern einen wichtigen Baustein in der pfalzgräflichen Territorialpolitik bildeten. Sie waren nicht zuletzt ein „Schutzwall" im Norden Heidelbergs gegenüber den immer wieder aufflammenden Expansionsbewegungen des Erzstifts Mainz. Ruprecht mußte also daran interessiert sein, den Staus quo zu halten, um seine eigene Herrschaft nicht zu gefährden, denn eine schwache Herrschaft Erbach hätte unter Umständen ein Erstarken des Mainzer Erzstifts im Odenwald bedeutet. Es konnte deshalb den Pfälzer Kurfürsten nur recht sein, wenn sich die Herrschaft Erbach in ihrer Einbindung in das pfälzische Hegemonialsystem zu einem verläßlichen und beständigen Partner entwickelte. Dies war vermutlich auch einer der Gründe, wenn nicht der entscheidende Grund, daß die rheinische Pfalzgrafschaft Erbachs Aufstieg zur Reichsstandschaft mittrug – freilich unter der Maßgabe, daß die Herrschaft pfälzisches Lehen blieb.

Ein weiterer Umstand, der diese Hypothese rechtfertigt, ist das am 20. Dezember 1396 abgeschlossene Bündnis zwischen allen Schenken von Erbach und allen Pfalzgrafen[438]. In den 90er Jahren des 14. Jahrhunderts war es offenbar immer wieder zu Übergriffen der (ritter-)adeligen Ganerben aus der Burg Breuberg gekommen, die in massiver Weise gegen die Herren von Erbach gerichtet waren (*daz wir vß dem Sloß Bruberg gekrieget, geschediget vnd vervnrecht*

[436] Vgl. STEIGER, Grablegen, Nr. 15.

[437] Vgl. GLA 67/807, fol. 36; SIMON, Erbach, UB Nr. 105, S. 104f; Text der Entscheidung im Anhang 2.

[438] Vgl. SIMON, Erbach, UB Nr. 140, S. 139-141.

*werden*)[439]. Als *erbemanne vnd diener* der Pfalzgrafschaft riefen die Schenken diese um Hilfe an. Die Pfalzgrafen Ruprecht I., Ruprecht II. und Ruprecht III. sagten ihre Hilfe für einen Zug gegen Breuberg zu und schickten zur Unterstützung fünfzehn Gleven, so daß zusammen mit den erbachischen Reitern dreißig zum Kriegszug gegen Breuberg zur Verfügung standen. Die Herren von Erbach sagten für die erhaltene Hilfe der Pfalz Anteile an eroberten Gütern und erlangter Habe der Ritter auf dem Breuberg zu (*daz solt man haben vnd teilen nach der marzahl der lute, die wir denn beidersyte da by heten*); sollte freilich die gesamte Burg Breuberg in die Hände Erbachs fallen, so versprachen die Schenken, daß die Pfalzgrafen daran *drů teil han vnd wir die obgenannten Schencken alle ein vierde teil.* Diese Bündniszusage der Pfalzgrafen, die wie gesehen fünfzehn Reiter schickten, zeigt deutlich, daß sie am Erhalt der Herrschaft Erbach interessiert waren, mehr noch: sie unterstützten in gewissem Rahmen den Ausbau der Herrschaft, sofern sie daraus Nutzen ziehen konnten.

Der gerade angeführte Bündnisvertrag macht freilich noch weiteres deutlich. Die Schenken von Erbach nannten sich in der Intitulatio sämtlich *herre zu Erpach* bzw. *herre von Erpach.* Daß sie unwidersprochen von Seiten der Pfalzgrafen den Herren-Titel gebrauchen konnten, zeigt, daß diese den Status der Herrschaft Erbach als selbständige Herrschaft akzeptiert hatten[440]. Auf der anderen Seite zeigt auch die Formulierung der Erbacher, sie seien *erbmanne vnd diener* der Pfalzgrafschaft, daß sie die seit 1307/11 bestehende Lehensabhängigkeit der gesamten Herrschaft anerkannten und offenbar kaum mehr als Belastung sahen. Diese Akzeptanz hing vermutlich auch damit zusammen, daß die Herren von Erbach als Erbschenken der Pfalzgrafschaft an hervorgehobener Position in der Lehenshierarchie standen und daß die Vergabe von weiteren herausragenden Ämtern der Pfalz die Lehensabhängigkeit nicht mehr allzu deutlich spürbar werden ließ.

War bereits 1339 Konrad IV., der Rat Pfalzgraf Rudolfs II., durch die Pfalzgrafen Rudolf II., Ruprecht I. und Ruprecht II. zum Obmann des Burgfriedens der Stadt und Burg Kaub ernannt worden[441], so gehörte sein Enkel Schenk Eberhard X. zu den Räten Pfalzgraf Ruprechts II., die 1390 Verhandlungen mit den rheinischen Städten wegen des Landfriedens führten; er war Gesandter des Pfalzgrafen in Frankfurt, der 1391 Vertreter der Stadt zu weiteren Verhandlungen nach Heidelberg lud (in diesem Zusammenhang ist er auch als Landvogt des Landfriedens genannt)[442]. Er war Burgmann zu Lindenfels und wurde 1388 mit einem Burglehen zu Oppenheim belehnt. Er hatte dort das erledigte Lehen des Götz vom Jungen von Ruprecht I. erhalten[443]. Nachdem Eberhards Vater,

[439] SIMON, ebd., S. 139 (dort auch die weiteren Zitate). S. auch unten Kapitel 4.3.3.
[440] Wenig später, am 11. März 1397, wurden die Herren von Erbach von den Pfalzgrafen selbst als Herren von Erbach bezeichnet (vgl. SIMON, Erbach, UB Nr. 141, S. 141). S. dazu ausführlich unten Kapitel 3.1.1.
[441] Vgl. SPIEGEL, Urkundewesen, S. 221.
[442] Vgl. EBD., S. 300.
[443] Vgl. EBD., S. 450, 455. Text der Belehnungsurkunde: GLA 67/808, fol. 6r.

Eberhard VIII., schon 1347 durch die Heirat mit Elisabeth von Katzenelnbogen Teile von Habitzheim erworben hatte und dort eine erbachische Herrschaft etablierte, wurde Eberhard X. am 4. September 1388 von Ruprecht I. bis auf Widerruf zum Amtmann auf den pfälzischen Teil von Habitzheim bestellt[444]. Damit war die gesamte Burg und auch die Herrschaft Habitzheim faktisch in der Hand der Herren von Erbach; gleichzeitig waren sie dadurch nochmals fester in das Herrschaftssystem der Pfalzgrafschaft eingebunden worden. Einen weiteren Prestigegewinn erlangten die Schenken von Erbach, als sie nach der Königswahl Ruprechts 1400 in sein Regierungssystem eingebunden wurden[445].

Das 14. Jahrhundert bedeutete also faktisch eine Normalisierung des Verhältnisses zur Pfalzgrafschaft: Die Pfalzgrafen waren auf die Herren von Erbach als ihre größten Vasallen im Odenwald als Glied der pfalzgräflichen Hegemonialpolitik angewiesen und gestanden ihnen daher offenbar einen gewissen Freiraum zu, den die Schenken zum Ausbau einer reichsständischen Herrschaft zu nutzen wußten.

Dazu war freilich auch eine Konsolidierung im Innern der Herrschaft bzw. innerhalb der Familie notwendig, die auf vielfältigen Gebieten erfolgte. Neben der administrativen Verdichtung der erbachischen Landesherrschaft gehörte die territoriale Arrondierung und Konsolidierung der erbachischen Kerngebiete dazu, die in der zweiten Hälfte des 14. Jahrhunderts zum Vorteil einer gefestigten und abgeschlossenen Herrschaft weit vorangetrieben werden konnte[446]. Ein weiterer wichtiger Aspekt auf dem Weg zur Reichsstandschaft war die (Wieder-)Erlangung des Befestigungsrechts, das den Herren von Erbach zu Beginn des 14. Jahrhunderts von Pfalzgraf Rudolf I. aberkannt worden war.

Der durch die Reichenberger Zweige der Familie geplante Ausbau der Michelstädter Stadtbefestigung, die aus einer Ringmauer mit Türmen und Toren bestehen sollte[447], macht diesen Wandel deutlich. Für 1390 sind erste Überlegungen zu diesem Unternehmen belegt. Die beiden Schenken Konrad VI. Rauch aus der Reichenberger Linie und Eberhard XI. aus der Michelstädter Linie beschlossen am 27. März den Bau, der dann bis 1395 verwirklicht wurde[448]. Jeder der Schenken sollte zur Finanzierung beitragen, indem er für die Dauer dieser vier Jahre jährlich 30 Gulden seines Ungelds beisteuerte. Dieser Schritt macht darüber hinaus auch deutlich, daß die Pfalzgrafen offenbar einer Befestigung der Stadt nicht mehr widersprachen und die diesbezüglichen Bestimmungen der Urkunden von 1307 bzw. 1311, wonach Michelstadt nicht

444 Vgl. HesStA Darmstadt A1 Habitzheim (1388 Sep. 4); RPR I, Nr. 4792; SPIEGEL, ebd., S. 558.

445 Vgl. dazu SANDER, Adel; s. ausführlich unten Kapitel 5.1.

446 S. dazu unten Kapitel 4.2.3.

447 Vgl. SIMON, Erbach, S. 63.

448 Vgl. SCHNEIDER, Historie, UB Nr. 14, S. 514; SIMON, Erbach, UB Nr. 118, S. 119f. Die bei Schneider abgedruckte Urkunde betrifft die Vertragserneuerung. Nachdem Schenk Konrad 1390 gestorben war, schloß Schenk Eberhard einen weiteren Vertrag mit seinem Vetter Johannes, dem Sohn Konrads ab.

mehr befestigt werden durfte, hinfällig geworden waren. Es hatte sich also auch hier eine Verbesserung der Ausgangslage der Herren von Erbach ergeben, die etwa 65 Jahre zuvor so noch nicht abzusehen war. Denn als Beerfelden nach seiner Erhebung zur Stadt, die 1328 erfolgt war, befestigt werden sollte, verweigerten die Pfalzgrafen als Lehensherrn ihre Zustimmung. Beerfelden wurde nicht ummauert, sondern nur mit einer großen Hecke eingefriedet. Jetzt gestanden die Pfalzgrafen den Herren von Erbach offenkundig das Befestigungsrecht zu, wodurch sie ihre Landesherrschaft weiter festigen konnten.

Durch diese Konsolidierung im Inneren ist den Schenken von Erbach während des 14. Jahrhunderts ein unaufhaltsamer Aufstieg gelungen, so daß sie im Laufe des Jahrhunderts alle reichsständischen Qualitäten bei sich vereinen konnten. Auch wenn keine förmliche Erhebung der Herren von Erbach in den Stand von Edelfreien erfolgte, so zeigt doch der de facto erlangte Status, daß sie den „alten" edelfreien Familien gleichgestellt waren. Daraus resultierte am Ende die Reichsstandschaft – darin eingeschlossen die Einordnung unter die freien Familien des Adels –, die wir erstmals 1422 mit einem Eintrag in die Reichsmatrikel belegt finden[449]: Vor dem 30. August 1422 wurde in Nürnberg ein Gesetz erlassen, das die Kontingente der Reichsstände im Krieg gegen Böhmen auflistete; unter der Rubrik „Grafen und Herren" werden die Schenken Eberhard X. aus der Erbacher Linie, Konrad IX., der Sohn Eberhards, und Konrad VIII. aus der Reichenberger Linie zu Fürstenau aufgelistet, die zusammen drei Gleven stellen.

[449] Vgl. RTA ä. R. 8, Nr. 145, S. 162: *Schenk Eberhart / Schenk Conrat der alter / Schenk Conrat der junger / von Erpach 3*. Dazu ausführlich auch unten Kapitel 5.1.

## 2 *„Zvm erste vmb daz Schencke Ampt...“* – Das Hofamt der Herren von Erbach

Im Folgenden soll nun ein Blick auf das Hofamt der Herren von Erbach geworfen werden, von dem bislang nur beiläufig die Rede war. Denn gerade hier läßt sich deutlich die erbachische Abhängigkeit vom Königtum einerseits und der Pfalzgrafschaft andererseits erhellen. 1218 trat erstmals ein „Schenk von Erbach“ in den Quellen hervor; davor wurden die Angehörigen der Familie stets nur mit der Herkunftsbezeichnung „von Erbach“ genannt. Von wem erhielten die Herren von Erbach dieses Amt, in dem sie seither belegt sind?

Bevor jedoch diese Frage beantwortet werden soll, ist der Blick auf die allgemeinen Aspekte der Entstehung und der Entwicklung der Hofämter an Königshöfen sowie an Fürstenhöfen zu richten, um vor dieser Folie das Schenkenamt in der Hand der Schenken von Erbach zu charakterisieren.

### 2.1 Die Hofämter im mittelalterlichen deutschen Reich

Bereits in der Karolingerzeit betonte Adalhard von Corbie in seinem „Libellus de ordine palatii“[1], daß sich das Reich in seinem Bestand vor allem auf zwei wesentliche Elemente gründe: zum ersten den Bereich, „worin sorgsam und unablässig die Hofhaltung des Königs geregelt und geordnet wurde“, daneben auf den „Dienst und die Sorge um die Bedürfnisse des Reiches“[2], womit er deren Wichtigkeit besonders hervorhob. Daher begann der Stiefvetter Karls des Großen seine Abhandlung verständlicherweise mit einer Darstellung der Ämter und der Aufgaben der königlichen *ministri*[3]. In einem zweiten sich anschließenden Abschnitt widmete sich Adalhard der Beschreibung eines idealtypischen Ratsgremiums und der Versammlung der „Gesamtheit aller Großen“[4]. Der Autor des Libellus sieht offenbar in der inneren Ordnung des königlichen Hauses einen „maßgeblichen Bestandteil der Ordnung des Reiches und der Königsherrschaft

[1] Dieser Libellus ist heute verloren; er ist jedoch durch Hinkmar von Reims abgeschrieben und in seine Abhandlung „De ordine palatii“ eingearbeitet worden. So schreibt Hinkmar dort, daß er Adalhard getroffen, dessen Schrift über die Ordnung des Hofs gelesen und abgeschrieben habe (De ordine palatii, cap. 12, S. 54).

[2] De ordine palatii, cap. 12f, S. 54: *duabus principaliter divisionibus totius regni statum constare* [...]. *Primam videlicet divisionem esse dicens, qua assidue et indeficienter regis palatium regebatur et ordinabatur; alteram vero, qua totius regni status* [...] *servabatur.*

[3] Ebd., cap. 19, S. 66.

[4] Ebd., cap. 29, S. 82: *generalis universorum maiorum.*

insgesamt"[5], so daß ein dem *status totius regni* entsprechend gegliederter Hofverband das zentrale Instrument einer rechtmäßigen und gut funktionierenden Herrschaftsführung ausmachte. Das bedeutete wiederum, daß der Herrscher das Reich nicht alleine führte, sondern mit und durch seinen Hof und dessen Bedienstete, denen die tägliche Arbeit oblag. Nur eine sorgsame Auswahl des Personals bei der Besetzung der wichtigen Hofämter konnte daher eine reibungslose und erfolgversprechende Königsherrschaft garantieren[6]. Welche Bedeutung der richtigen Besetzung dieser Ämter beigemessen wurde, scheint in einer Passage der „Gesta Chuonradi" von Wipo über den Amtsantritt König Konrads II. auf: „Ebenso brauchen wir nicht lange bei der Hofordnung zu verweilen, wen der König als Majordomus einsetzte, wen er zu Kämmerern, Truchsessen, Mundschenken und anderen Ämtern ernannte[7]; ich kann kurz feststellen, soviel ich weiß und gelesen habe: unter keinem seiner Vorgänger waren diese Ämter besser und ehrenvoller besetzt"[8]. Zu welcher Bedeutung die Inhaber der Hofämter in ihrer Amtszeit gelangten, spiegelt sich in der steten Anwesenheit in der Umgebung des Herrschers und dem dadurch gegebenen persönlichen Umgang mit dem König. Inwieweit allerdings eine Einflußnahme in politischen Fragen stattfand, läßt sich aufgrund der spärlichen Quellenlage nur schwer ausmachen. Es ist aber wohl von einer eher nur begrenzten Einbeziehung in die politische Entscheidungsfindung des Herrschers auszugehen[9]. Dennoch führte die „herausragende Hofpräsenz" einem Bericht zufolge soweit, daß die Hof-

[5] KEUPP, Dienst und Verdienst, S. 349.

[6] Vgl. dazu De ordine palatii, cap. 18, S. 66: *Inprimis ut iuxta cuiuscunque ministerii qualitatem vel quantitatem minister nobilis corde et corpore, constans, rationabilis, discretus et sobrius eligeretur.* [...] *ex diversis etiam eisdem regionibus aut in primo aut in secundo aut etiam in quolibet loco idem ministri eligerentur, qualiter familiarius quaeque regiones palatium adire possent, dum suae genealogiae vel regionis consortes in palatio locum tenere cognoscerent;* cap. 25, S. 78: *Sensus autem in his omnibus talis erat, ut nunquam palatio tales vel tanti deessent ministri propter has praecipue inter ceteras necessitates vel honestates.*

[7] Bei den hier genannten vier Hofämtern fehlt der Marschall; an seiner Stelle ist der *maior domus* genannt. Möglicherweise ist dieser mit dem Marschallamt gleichzusetzen (vgl. SCHUBERT, Hofämter, S. 445f).

[8] Gesta Chuonradi II imperatoris, cap. 4, S. 24: *Similiter in dispositione curiali, quem rex maiorum domus statueret, quos cubiculariorum magistros, quos infertores et pincernas et reliquos officiarios ordinaret, diu non est supersedendum, cum illud breviter dicere possim, quod nullius antecessoris sui ministeria aptius et honorificentius provisa memini vel legi.* – Nach dieser Beschreibung nennt Wipo die Ratgeber Konrads, die offenbar für die Besetzung der Hofämter verantwortlich gewesen waren: Bischof Bruno von Augsburg, Bischof Werner von Straßburg sowie einen Ritter Werner, der nicht näher bekannt ist. Er ist aber wohl im Umfeld des Augsburger Bischofs zu verorten (nach MGH D Ko II. 35 vom Mai 1025: auf Bitten und Intervention Bischof Brunos schenkte Konrad II. dem Werner 66½ Hufen; vgl. auch RI III.1, Nr. 35). Hier wird deutlich, daß neben den Hofämtern auch ein „Beraterstab" existierte, wie es Adalhard bzw. Hinkmar in ihren Schriften über die Hofordnung beschrieben.

[9] Vgl. KEUPP, Dienst und Verdienst, S. 352.

amtsinhaber selbst am Sterbebett nicht von der Seite des Reichsoberhauptes wichen[10].

Fragt man nach dem unmittelbaren Aufgabenbereich der königlichen Hofämter, so stehen wir wegen der disparaten Quellenlage vor einem ähnlichen Dilemma. Dies hatte zur Folge, daß die Forschung in aller Regel die Hofämter auf ihren Repräsentativcharakter reduzierte[11]. Unbestritten ist, daß neben den angestammten Pflichten der ehrenvolle Dienst der Hofamtsträger das Prestige des Hofes, aber auch das eigene vergrößerte. Denn „doppelt war die Ehre, die solche Dienste gaben. Sie ehrten den, dem sie geleistet wurden, und den, der sie ausübte."[12] Diese „Ehre" hob die ministerialischen Amtsinhaber über ihre Standesgenossen hinaus. Der Vorrang wurde sichtbar und handgreiflich in den verliehenen Amtssymbolen. So sind vor allem der Stab des Marschalls und des Truchsessen bekannt[13]; aber auch der Schenk trug als Zeichen seiner Würde einen Stab, ein Tatsache, die bislang nahezu unbekannt war und kaum Beachtung fand. Den wohl ersten Nachweis für eine solche Amtsinsignie bietet die zwischen 1301 und 1319 verfaßte Steierische bzw. Österreichische Reimchronik des Ottokar von Steiermark: Bei einem Festmahl 1298 in Nürnberg in Anwesenheit König Albrechts gab Wenzel II. von Böhmen als Erzschenk zunächst dem

[10] Vgl. zur Hofpräsenz der Inhaber der Hofämter KEUPP, ebd., S. 350-352. Dort auch der Eintrag in den Annales Hildesheimensis (a. 1106), S. 57, daß der Kämmerer Erkenbold bis zum Ende bei Heinrich IV. ausgeharrt haben soll; auch die Anwesenheit des Truchsessen Markward von Annweiler am Sterbebett Heinrichs VI. nimmt Keupp als sehr wahrscheinlich an.

[11] Vgl. KEUPP, ebd., S. 352; einen Forschungsüberblick bieten dazu RÖSENER, Hofämter, S. 485-550 (bes. 489-491); ANDERMANN, Hofämter, S. 127-187 (bes. 128-133). – Man mag dagegen einwenden, daß doch die volkssprachige Dichtung vielfältige Einsichten in die höfische Lebenswelt bietet und so eine Beschreibung der Aufgaben der Hofämter gegeben erscheint. Dem ist aber mit KEUPP, ebd., S. 352, zu entgegnen, daß „ein Abgleich der häufig utopischen, ideal überhöhten und zudem von westeuropäischen Vorbildern geprägten Texte mit den restriktiven Strukturbedingungen des staufischen Hofbetriebes methodisch aber mehr als problematisch" erscheint. Gleiches gilt auch für einen direkten Funktionsvergleich mit den stark divergierenden Aufgabenfeldern der fürstlichen Hofämter; zusätzliche Schwierigkeiten bieten hier Rangabstufungen und lokale Traditionen.

[12] KLUCKHOHN, Ministerialität, S. 151f.

[13] Vgl. dazu KEUPP, Dienst und Verdienst, S. 294, 353. Er belegt dort das Vorkommen des Truchsessenstabs, der in der Literatur vielfach nachgewiesen und in verschiedenen Handschriften des 12. Jahrhunderts abgebildet ist. Bei einigen Belegen, die Keupp anführt, ist es meines Erachtens aber zweifelhaft, ob hier wirklich der Truchseß mit seinem Stab dargestellt ist oder ob es sich nicht vielmehr um den Marschall mit dem Stab handelt. Für den Marschall ist ein Stab erstmals für das Jahr 1188 für Heinrich von Kalden nachweisbar (vgl. FICKER, Reichsfürstenstand, S. 268f; BOSL, Reichsministerialität, S. 251). Des weiteren zeigt Keupp, daß auch Personen, die vom Kaiser mit verantwortungsvollen Amtsaufgaben in der italienischen Reichsverwaltung betraut waren, einen Stab führten. So bestellte der Ministeriale Drushard von Kestenburg als *imperialis et regalis aule in Lombardie legatus* in Chieti und Ivrea im November 1187 „mit dem hölzernen Stab, den seine Hand hielt, die Angelegenheiten des Reiches" (vgl. dazu SCHREIBMÜLLER, Reichsministerialen, S. 109, Anm. 10).

König und der Königin den Weinkelch, beide tranken daraus, und danach reichte König Wenzel „den Stab und die Trinkgefäße" einem Unterschenken und nahm selber an der Festtafel Platz[14]. Darüber hinaus war der Hofdienst als Truchseß, Marschall, Kämmerer oder Schenk auch mit einer materiellen Besserstellung verbunden. Diese war aber offenbar an die Qualität der Amtsführung geknüpft, und nur Amtsinhaber mit einem ordentlichen Einsatzwillen sollten vor den anderen ausgezeichnet werden. So berichtet die Reichenauer „Constitutio de expeditione Romana": „Je mehr diese Vier sich einsetzen, um so mehr muß man sie vor allen anderen auszeichnen in geldlichen Aufwendungen, Kleidung und Pferden"[15].

Und so nimmt es kaum Wunder, daß die Attraktivität der Hofämter die ministerialischen Familien bereits im Verlauf des 12. Jahrhunderts veranlaßte, ein solches Amt für die eigene Familie anzustreben und eine Erblichkeit innerhalb der Familie zu sichern. Vor allem seit dem ersten Viertel des 13. Jahrhunderts eine solche festzustellen, die alsbald auch ihren schriftlichen Niederschlag fand, was mit Zustimmung der Fürsten erfolgt sein dürfe. Denn seit der Herausbildung des „jüngeren Reichsfürstenstandes" in der Regierungszeit Barbarossas[16] seit der Mitte des 12. Jahrhunderts galten die klassischen Hofämter in ihrer Vierzahl auch an den Fürstenhöfen als konstituierendes Element. Einerseits deckten sie die täglichen administrativen Aufgaben ab; auf der anderen Seite stellten sie einen nicht unerheblichen Prestigezuwachs dar. Indem sich die Reichsfürsten an den Gepflogenheiten des Königshofes orientierten und auch die Hofämter einführten, gewannen diese an Bedeutung und tauchten in den Quellen vermehrt auf[17]. Mehr und mehr wurden sie jedoch von ihrer konkreten Funktion abgelöst,

[14] Ottokar von Steiermark, in: MGH Dt. Chron. V, cap. DCLXXXVII, V. 73643-73646: *den **stap** und diu trincvaz / gap er dô fürbaz / den, die er an sich las, / daz er sîn underschencke waz*. Vgl. dazu auch BUMKE, Höfische Kultur, S. 256f.

[15] MGH Const. I, Nr. 447 (11), S. 663: *Singuli vero principes suos habeant officionarios speciales, marscalcum, dapiferum, pincernam et kamerarium. Qui IIII quanto plus sunt laboraturi, tanto plus in stipendio, in vestitu, in equitura pre ceteris sunt honorandi, scilicet unicuique istorum X libre cum tribus equis tribuantur, quartus marscalco addatur, quorum unum ad currendum, alterum ad pugnandum, tercium ad spatiandum, quartum ad loricam portandum.* – Die „Constitutio de expeditione Romana" gibt vor, ein Gesetz Karls des Großen zu sein, das vom 6. Juni 790 datieren soll. Sie ist jedoch eine „private Festsetzung", die in der heute überlieferten Form aus dem 12. Jahrhundert stammt. Es handelt sich dabei um ein Dienstmannenrecht, das auf der Reichenau entstanden ist und die Verhältnisse des 12. Jahrhunderts in das 8. Jahrhundert rückprojiziert (vgl. dazu THEUERKAUF, Constitutio, Sp. 634-636, mit Literatur; SCHEFFER-BOICHORST, Constitutio, S. 173-191).

[16] Zur Ausbildung des „jüngeren Reichsfürstenstandes" vgl. SCHUBERT, Reichsfürsten, Sp. 617f (mit weiterer Literatur); FICKER, Reichsfürstenstand.

[17] Vgl. RÖSENER, Hofämter, S. 549f. Daß der Königshof als Vorbild bei der Einführung der Hofämter auch an den Höfen weltlicher Fürsten diente, wird in der Historia Welforum deutlich, die die Einrichtung der Hofämter explizit *regio more* nennt (Historia Welforum, cap. 1, S. 4). Inwieweit das Vorbild allerdings in die Realität umgesetzt wurde, ist von Fall zu Fall zu entscheiden. Gerade bei den Welfen selbst waren nicht alle vier Hofämter eingerichtet worden (vgl. HASSE, Welfische Hofämter, S. 260).

und „ihre Etablierung [galt] als angemessener Ausdruck einer spezifischen, einer fürstlichen Ehrenstellung"[18].

Doch nicht nur für den Fürstenhof stellten die Hofämter ein quasi konstitutives Element dar, auch für den Ministerialenverband einzelner Regionen und Herrschaften schien die Organisation nach den Hofämtern „geradezu das strukturierende Prinzip" gewesen zu sein. Denn vielfach finden sich Hinweise, daß ein Ministerialer *ad officium* der Truchsessen, Marschälle oder Schenken übertragen bzw. eingesetzt wurde und diese Regelung dann unter seinen Nachkommen erblich sein sollte[19]. Im Sachsenspiegel ist zwischen 1220 und 1235 schließlich festgehalten, daß *na hoverecht sal jewelk dienstman geboren druzste sin oder schenke oder marscalk oder kemere*[20], das heißt, „die Dienstleute sind samt und sonders zu feststehenden Hofämtern geboren und bestimmt"[21]. Die Erblichkeit der Hofämter schien sich aber auf die führenden Amtsinhaber zu beschränken[22]; sie waren es auch, die den Amtstitel führten und ihn – verbunden mit der dazugehörigen Ehrenstellung – innerhalb der Familie weitergaben. Die *cottidiani ministri*, die als Funktionsträger den eigentlichen Hofamtsträgern nachgeordnet blieben, waren davon ausgenommen. Für sie galt in verschiedenen Regionen des Reichs anscheinend gar eine Art „Rotationsprinzip", das ihre Amtsführung zeitlich beschränkte.

Die Benennung der *cottidiani ministri* als Funktionsträger macht einmal mehr deutlich, daß bei den *summi officiales* allmählich die Ehrenstellung in den Vordergrund trat und die konkreten, an das Hofamt gebundenen Funktionen zunehmend von diesen nachgeordneten Chargen wahrgenommen wurden. Dennoch trifft es wohl nur bedingt zu, mit der älteren Forschung anzunehmen, daß das „konkrete Aufgabenprofil der staufischen Hofämter bei ‚fast gleich null' anzusetzen" ist[23]. Denn neben den Repräsentationsaufgaben, die den führenden Ministerialenfamilien einen großen Prestigegewinn brachten, waren die „manuellen Verrichtungen der Hofämter"[24] stets präsent und blieben den Zeitgenossen immer vor Augen.

Mit der Zeit erweiterte sich das Aufgabenfeld der Hofämter zum Teil erheblich. Beispielhaft steht dafür vor allem der Marschalldienst. Er erlangte eine der-

[18] KEUPP, Dienst und Verdienst, S. 72.

[19] EBD., S. 72f. – In dieser merkwürdigen Formulierung „in das Amt übertragen" spiegelte sich noch die Auffasung wieder, daß ein Ministerialer ursprünglich unfrei war und daß sein Herr (nach seinen Vorstellungen) frei über ihn verfügen konnte.

[20] Sachsenspiegel, S. 81f, § 63,1.

[21] So das Kölner Dienstrecht bereits etwa 70 Jahre zuvor: *Item singuli et omnes ministeriales ad certa officia curie nati et deputati sunt* (Ausgewählte Quellen, S. 274).

[22] Für das 12. Jahrhundert sind noch keine Regelungen für die Erblichkeit überliefert. Einen ersten Hinweis bietet ein Vertrag zwischen Herzog Ludwig I. von Bayern und dem Regensburger Bischof von 1213: *senior filius, qui patrem sequitur habeat patris officium* (Mon. Wittelsbacensia 1, S. 16f, Nr. 5). In eine ähnliche Richtung zeigen die Reichsweistümer für Corvey (1223), Hersfeld (1240) und Minden (1242); s. unten Anm. 32.

[23] KEUPP, Dienst und Verdienst, S. 354 (Zitat bei SCHUBERT, Reichshofämter, S. 496).

[24] EBD., S. 353.

artige Fülle, daß er kaum mehr allein durch die Person des Marschalls zu bewältigen war. Dafür standen ihm sicher eine Vielzahl von subalternen Funktionsträgern zur Seite: die *stratores*, *subofficiati*, *schaffaere* oder auch *minnere dienstmann*, wie sie genannt wurden. Hier fand eine Entwicklung statt, die sich auch im Umfeld der anderen Hofämter beobachten läßt[25], wobei aber gerade das Schenkenamt am wenigsten Profil gewinnt.

Das Aufgabenfeld des königlichen Mundschenken – die Überwachung der Kellereien und die Gewährleistung der Versorgung der Tafel mit Wein – blieb in seiner Beschreibung merkwürdig blaß. So lassen sich diese „mit dem Amt des *pincerna* üblicherweise verbundenen Tätigkeiten [...] im Umfeld des Stauferhofes jedenfalls nicht nachwiesen"[26]. Nur einmal lassen sich die Rechte eines Schenken fassen. In einer Urkunde Friedrichs I. für die Äbtissin von Gandersheim sind sie geregelt[27]. So sollte der Schenk bei guter Ernte den Zehnten des Weins erhalten; in Kriegszeiten sollte er den Wein außerhalb ankaufen, in Friedenszeiten konnte dagegen der Bedarf aus den klostereigenen Weinbergen gedeckt werden.

Zusammenfassend wird man sagen dürfen, daß sich die „Hofämter der Stauferzeit [...] uns dennoch nicht durchwegs als inhaltsleer" darstellen, „auch wenn ihr repräsentativer Charakter mitunter im Vordergrund stand und ihre Pflichten vornehmlich auf den Prestigegewinn des Herrschers ausgerichtet scheinen". Sie schufen „eine unverzichtbare organisatorische Grundlage für das Funktionieren staufischer Reichsherrschaft"[28]. Von ihrem Wirken profitierte die *curia regis* in den täglichen Erfordernissen nicht unerheblich[29].

Der Königshof hatte damit Vorbildfunktion für die geistlichen und weltlichen Fürstenhöfe im allgemeinen und für die Einrichtung der Hofämter im besonderen, wie wir dies bereits angedeutet haben: An seiner Hofämterorganisation und seiner *curialitas* orientierten sich seit der Mitte des 12. Jahrhunderts die Reichsfürsten[30]. Träger der Hofämter sind dabei immer landesherrliche Ministeriale – im Gegensatz zu den Inhabern der Erzämter am königlichen bzw. kaiserlichen Hof. Um die Wende vom 12. zum 13. Jahrhundert war die Entwicklung soweit vorgeschritten, daß zu einer angemessenen Ausstattung eines Fürstenhofes selbstverständlich die klassischen vier Hofämter – Truchseß, Mar-

[25] Vgl. dazu EBD., S. 358. – Keupp schildert an Hand des Lehensprivilegs für Heinrich von Kalden, den *maior marscalcus* Heinrichs VI., wie umfangreich die Reihe der Helfer und *socii* des Marschalls war: insgesamt 24 Ministerialen lassen sich nachweisen.

[26] EBD., S. 358. Vgl. allgemein KLUCKHOHN, Ministerialiät, S. 167f. – Dagegen schien aber Friedrich Barbarossa ein persönliches Interesse an der Versorgung des Hofs mit Wein gehabt zu haben: 1170 ordnete er die Neubepflanzung eines Weinbergs in Würzburg an, den er dem Propst von Neumünster unterstellte (MGH D F I. 559). Diese Urkunde bezeugte unter anderen auch der kaiserliche Schenk Konrad von Schüpf, „sein Anteil an der Transaktion wird dabei allerdings nicht ersichtlich", so KEUPP, ebd., S. 358, Anm. 201.

[27] Vgl. MGH D F I. 974.

[28] KEUPP, Dienst und Verdienst, S. 359f.

[29] Vgl. dazu MORAW, Entstehung des Reichstages, S. 3.

[30] RÖSENER, Hofämter, S. 494f.

schall, Schenk und Kämmerer – gehörten, wobei zugleich auch die Erblichkeit dieser Ämter festgestellt wurde[31]. Diese verbreitete Ansicht fand seit dem 2. Viertel des 13. Jahrhunderts ihren Niederschlag in mehreren Rechtssprüchen des königlichen Hofgerichts und in Rechtsbüchern. Betrafen die Rechtssprüche zunächst nur geistliche Fürstenhöfe, so darf aber die Etablierung der Vierzahl der Hofämter auch für die Höfe der weltlichen Fürsten angenommen werden, waren diese doch auch maßgeblich an der Urteilsfindung beteiligt[32]. Im Schwabenspiegel wurde in der zweiten Hälfte des 13. Jahrhunderts die längst vollzogene Entwicklung in allgemeiner Form schriftlich fixiert: *div geistlichen fursten ampt vnd div waerltlichen fursten ampt die sint gestiftet von vier fursten ampten von erste mit einem chameraere mit einem schenchen mit einem truhsaetzen mit einem marschalich*[33]. Daß die geistlichen Höfe bei dieser Entwicklung offenbar eine gewisse Vorreiterrolle übernommen hatten, zeigt beispielhaft die oben erwähnte „Constitutio de expeditione Romana", die bereits um die Mitte des 12. Jahrhunderts im Kloster Oberzell (?) auf der Reichenau festlegte, daß die Fürsten „spezielle Hofämter" haben, nämlich einen Marschall, einen Truchsessen, einen Schenken sowie einen Kämmerer[34].

Mit dem beginnenden 13. Jahrhundert läßt sich eine Tendenz zur Erblichkeit der Ämter erkennen. Einen ersten Hinweis dafür bietet ein Vertrag zwischen Herzog Ludwig von Bayern und dem Bischof von Regensburg, der 1213 abgeschlossen wurde. Dort heißt es im Blick auf die ministerialischen Hofämtsträger des Bischofs, daß der *senior filius, qui patrem sequitur, habeat patris officium*[35].

[31] EBD., S. 534f, 546.

[32] Vgl. EBD., S. 546f: So fällte 1319 auf Anfrage der Bremer Kirche das königliche Hofgericht die Entscheidung, daß nach dem Tode eines Bischofs alle Ämter neu vergeben werden können, ausgenommen sind davon die vier fürstlichen Hofämter (*exceptis quatuor principalibus officiis*) des Truchsessen, Schenken, Marschalls und Kämmerers (MGH Const. II, Nr. 68). In einer Entscheidung, die 1223 für den Hildesheimer Bischof getroffen wurde, stellte das königliche Hofgericht abermals die Vierzahl der Hofämter heraus: Die Hofamtsinhaber dürfen ohne Zustimmung des Fürsten keine Unterbeamten (*subofficiati*) einsetzen (MGH Const. II, Nr. 95). Im selben Jahr bestätigte das Hofgericht für das Kloster Corvey den Grundsatz, daß alle Ämter beim Tod des Abtes ledig sind und neu besetzt werden können, davon ausgenommen sind die vier Hofämter (MGH Const. II, Nr. 282). In zwei weiteren Rechtsentscheidungen wurde die Erblichkeit der Hofämter für den Abt von Hersfeld (1240) und den Bischof von Minden (1242) hervorgehoben (MGH Const. II, Nrr. 332, 339). 1250 wurde auf Anfrage des Passauer Bischofs der erbliche Charakter der vier Hofämter eigens betont; der Reichsspruch König Wilhelms erfolgte mit der Zustimmung der anwesenden Reichsfürsten und Großen (MGH Const. II, Nr. 358: *per sententiam principum et magnatum imperii*).

[33] ECKHARDT, Schwabenspiegel, S. 81f.

[34] Vgl. MGH Const. I, Nr. 447 (11), S. 663; s. auch Anm. 15.

[35] Mon. Wittelsbacensia 1, S. 16f, Nr. 5. Vgl. dazu auch KLAFKI, Erbhofämter, S. 24f, der bereits von einer Erblichkeit der Ämter innerhalb einer Familie spricht; dagegen RÖSENER, Hofämter, S. 529f (Anm. 215), der in dieser Bestimmung lediglich eine Tendenz zur Erblichkeit sehen will. Neuerlich schließt sich KEUPP, Dienst und Verdienst, S. 72f, 353, wieder der Meinung von Klafki an und sieht ein Bestreben, „das Amt für die eigene Familie zu

Ähnlich wie für den Königshof läßt sich auch für den Fürstenhof eine zweifache Funktion der Hofämter feststellen: einerseits genügten sie den praktischen und administrativen Erfordernissen in der Verwaltung des Hofs, andererseits dienten sie der Selbstdarstellung des Fürsten und vergrößerten sein Ansehen. Darüber hinaus bedeutete ein solches Amt auch für seinen Inhaber und die jeweilige Familie einen nicht zu unterschätzenden Prestigegewinn und schuf somit einen (Ehren-)Vorrang innerhalb der Dienstmannschaft eines Herrn.

## 2.2 Das Schenkenamt in der Hand der Herren von Erbach

Die Erwähnungen, die die Herren von Erbach im 12. Jahrhundert betreffen, führen diese ohne den Schenkentitel. Die für die Jahre nach 1165 bekannten Angehörigen der Familie werden nur mit dem Herkunftsnamen „von Erbach" bezeichnet: um 1165/70 wird ein *Eberhardus de Ertbach* als Bedränger der Abtei Lorsch genannt; 1184 zeugte ein *Eberhardus de Erpach* in einer Urkunde Pfalzgraf Konrads[36].

Für das Jahr 1218 liegt dann erstmals die schriftliche Nennung eines „Schenken von Erbach" vor. In einer am 12. September in Aschaffenburg ausgestellten Urkunde des Erzbischofs Siegfrieds II. von Mainz für das Kloster Haina testierte an dritter Stelle der Laienzeugen ein *Conrad(us) pinc(er)na de Ertbach*[37]. Eine genaue Differenzierung zwischen edelfreien und ministerialischen Zeugen wurde durch den Schreiber der Urkunde offenbar nicht gemacht, Konrad von Erbach scheint eine Mittelstellung einzunehmen. Denn vor ihm sind Gerhard von Eppstein, der Neffe des Erzbischofs, und Friedrich von Kälberau als Zeugen genannt, die wohl als edelfrei angesehen wurden; nach ihm folgen Inhaber von Mainzer (Hof-)Ämtern: der Marschall Konrad Cinco, ein Vogt Emmerich, ein Vitzthum Konrad sowie ein Heinrich *Mo(n)tatere*. Diese Stellung innerhalb der Zeugenreihe mag den Herausgeber der Hainaer Urkunden veranlaßt haben, Schenk Konrad als Mainzer Schenken zu apostrophieren[38]. Diese Zuschreibung scheint jedoch so nicht haltbar, weil für die besagte Zeit um 1218/20 keine

appropriieren und erbrechtlich zu verankern", vielfach bereits im Verlauf des 12. Jahrhunderts.

[36] Vgl. CL I, Nr. 155a, S. 436f (zu 1165/70); GUDENUS, Sylloge, Nr. 13, S. 32-34 (zu 1184) – Die Erwähnung eines Gernod von Erbach (1206) bzw. eines Friedrich von Erbach (1214) folgt diesem Namensschema. Es ist hier jedoch nicht abschließend zu klären, ob sie der Schenkenfamilie angehörten (s. oben Kapitel 1.2, S. 45-48).

[37] Vgl. FRANZ, Kloster Haina 1, Nr. 16; RGME II, XXXII, Nr. 307 (dort jedoch ohne Angaben der Zeugen!); Abb. der Urkunde im Anhang (Abb. 2).

[38] FRANZ, ebd., setzt im Regest vor Konrad von Erbach ein Semikolon, um offensichtlich den Beginn der ministerialischen Zeugen anzudeuten. Im Register des Bandes (!) ist er dann als Mainzer Schenk aufgeführt. – In der Urkunde ist zwischen den einzelnen Namen jeweils ein Punkt auf Zeilenmitte gesetzt (s. Abb. 2), daher läßt sich anhand der Satzzeichen keine weitere Differenzierung innerhalb der Zeugenliste ableiten. Ein Semikolon ist dagegen zur Abgrenzung der geistlichen von den Laienzeugen gesetzt.

weiteren Hinweise auf Konrad von Erbach vorliegen, die es rechtfertigen würden, ihn als Inhaber des erzbischöflichen Schenkenamts zu bezeichnen. Als Schenken des Erzbistums Mainz werden Ende des 12. Jahrhunderts und im 13. Jahrhundert mehrfach die Herren von Apolda erwähnt, die seit 1191 in diesem Amt nachweisbar sind[39]. Mit dem Erbschenkenamt des Erzstifts war jedoch eine andere Familie betraut. Im Mai oder Juni 1196 wurde dieses Hofamt durch Erzbischof Konrad an Graf Simon von Tecklenburg vergeben. Es wurde bei dieser Gelegenheit ausdrücklich in der Familie der Grafen bestätigt, nachdem bereits die Eltern Graf Simons mit dem Hofamt des „obersten Schenken" ausgestattet worden waren[40].

Die anderen (Hof-)Amtsträger, die in der Zeugenreihe der Urkunde von 1218 aufgeführt sind, werden dagegen immer wieder in Urkunden und an anderen Stellen namentlich genannt[41].

Es stellt sich also die Frage nach der ministerialischen Zugehörigkeit Konrads: Wessen Schenk war der 1218 erwähnte Erbacher? Die Beantwortung dieser Frage ist mit verschiedenen Unwägbarkeiten behaftet. Wir kennen für diesen Angehörigen der Schenkenfamilie nur diese eine Nennung, so daß wir seine Einordnung in die Stammtafel nur wahrscheinlich machen können[42]. Erschwert wird eine plausible Beurteilung durch die allgemeine Quellenarmut in der Frühzeit der Familie Erbach. Unterschiedliche Hypothesen einer möglichen Zuweisung sind denkbar: (1) Schenk Konrad war 1218 bereits Inhaber des pfälzischen Schenkenamts; (2) er war 1218 Reichsministerialer und königlicher Schenk; bzw. (3) Konrad stand in einer Art Doppelministerialität „Staufer – Pfalzgraf".

Der erste Ansatz birgt freilich gleich anfangs eine nicht zu leugnende Schwierigkeit: Ein Truchsessenamt als erstes pfälzisches Hofamt ist zwar bereits 1190 bezeugt[43]. Über die weiteren Hofämter schweigen die Quellen aber bis in

[39] Vgl. MUB 2, Nr. 565. Der Vorgänger des Dietrich von Apolda war ein Schenk Otto, der am 12. März 1190 letztmals bezeugt ist (MUB 2, Nr. 535).

[40] MUB 2, Nr. 637: *Inde est quod nos tam futuri quam presentis christi fidelibus universis notum fieri volumus, quod delictus noster Symon comes de Tekeneburg in nostra constitutus presentia asserebat beneficium s[um]mi pincernatus a parentibus suis per successionem hereditario iure ad ipsum esse devolutum in ecclesia Maguntina et idem beneficium sibi concedi a nobis postulabat, ad quod optinendum devotis affectibus et fidelibus obsequiis se nobis et ecclesie Maguntine studuit familiariter applicare. Vgl. dazu auch den Eintrag im Lehenbuch des Rheingrafen Wolfram: Ordinavit* [erg. Embricho Ringravius] *quoque, quod comes de Dechenburg concessit eidem W(olframo Ringravio) vineas inter Rudensheim et Gysenheim sitas, attinentes officio pincerne* (MUB 2, Nr. 637, Anm. 2). – Unter den Zeugen der Urkunde befindet sich auch ein Hofamtsinhaber, der in der Zeugenreihe der Urkunde von 1218 wieder auftritt: Marschall Konrad Cinco.

[41] Vgl. dazu RGME II, XXXII, Nrr. 266, 455, 519 (Vitzthum Konrad), 266 (?), 338, 455 (Vogt Emmerich), 218, 266, 443, 637 (Marschall Konrad Cinco); FRANZ, Kloster Haina 1, Nr. 2 (Marschall Konrad), 2 (Vitzthum Emmerich), in diesem Regest ist als Schenk genannt Dietrich von Appolda (freilich zu 1196 !). Dazu auch bei SCHÖNTAG, Erzbistum.

[42] S. dazu oben Kapitel 1.3.

[43] Die Zeugenliste einer von Pfalzgraf Konrad von Staufen für das Kloster Ravengiersburg ausgestellten Urkunde beginnt mit der Nennung *Heinrico dapifero nostro* (FREHER, Ori-

die Mitte der 1230er Jahre[44]. Dennoch ließe der Hinweis auf ein Hofamt für das Jahr 1190 durchaus die Möglichkeit offen, daß neben dem des Truchsessen bereits weitere Hofämter für die frühe Pfalzgrafschaft bei Rhein existiert haben könnten[45]. Es kann daher nicht a priori ausgeschlossen werden, daß Konrad von Erbach der Ministerialiät eines Pfalzgrafen bei Rhein angehörte, möglicherweise dessen Schenk war.

Eine Urkunde aus der Zeit vor 1220 könnte die These für ein frühes pfalzgräfliches Hofamt der Erbacher stützen. In einer undatierten Urkunde Pfalzgraf Ludwigs I. für das Kloster Schönau testierte ein Gerhard Schenk von Erbach als *ministerialis*[46]. Diese Urkunde wurde bislang in die Jahre 1221/22 datiert; eine neuere Untersuchung konnte aber zeigen, daß die Urkunde „spätestens 1220" einzuordnen ist[47]. Denn der erwähnte Zeuge Philipp von Bolanden lebte am 26. November 1220 nicht mehr, so daß die Urkunde zuvor ausgestellt worden sein muß. Der hier genannte Gerhard von Erbach ist zweifelsohne der Königsschenk, dessen Kinder 1223 der Obhut des Pfalzgrafen überantwortet werden. Aber war er bereits vor 1220 Königsschenk?

Da Schenk Gerhard in einer von Pfalzgraf Ludwig I. ausgestellten Urkunde unter den Ministerialen auftaucht, so läge es nahe, ihn unter dessen Dienstleute zu fassen. Vielleicht war er in dieser Eigenschaft bereits Schenk des Pfalzgrafen? Dann bliebe aber unklar, warum es nahezu gleichzeitig zwei Schenken gegeben haben soll. Denn dann müßten Konrad bzw. Gerhard parallel amtiert haben.

Bei eingehender Betrachtung der Zeugenreihe der Urkunde fällt freilich auf, daß innerhalb der ministerialischen Zeugen offenbar eine soziale Differen-

gines Palatinae 1, S. 110; MRhUB 2, Nr. 102; vgl. dazu KLAFKI, Erbhofämter, S. 37). Bei diesem Heinrich handelte es sich mit hoher Wahrscheinlichkeit um einen Angehörigen der Familie der Truchsessen von Alzey, die bis 1360 das Pfälzer Erbtruchsessenamt innehatten (zur Familie vgl. KLAFKI, Erbhofämter, S. 37-46; DOTZAUER, Truchsessen von Alzey, S. 97-125).

[44] Die bislang allgemein anerkannte Darstellung, daß das Schenkenamt in der Pfalzgrafschaft um 1223/24 eingeführt wurde, ist nicht mehr haltbar; s. unten. Hier ist auf das Marschallamt zu verweisen, das für das Jahr 1236 unter Pfalzgraf Otto II. erstmals erwähnt ist (vgl. ANDERMANN, Berlewin Zurno).

[45] Diese Vermutung äußert RÖSENER, Hofämter, S. 528.

[46] GUDENUS, Sylloge, Nr. 50, S. 122; DRAUDT, Michelstadt-Steinbach, S. 528. Als letztgenannter Zeuge dieser Urkunde testierte ein *Fr(ater) Franco de Erpach* unter den Klerikern für das Kloster Schönau, der bezeichnenderweise als *frater* keinen Schenkentitel führte.

[47] Bisher wurde diese Urkunde je nach Autor in die Jahre 1221/22 (SIMON, Erbach, S. 266f; DRAUDT, Michelstadt-Steinbach, S. 528), 1224/25 (KLAFKI, Erbhofämter, S. 59f), 1226 (RPR I, Nr. 217) oder gar 1228 (HOFMANN, Urkundenwesen, S. 227, Nr. 94) datiert. Vgl. dazu jetzt DAHLHAUS, Älteste Siegel, S. 125, Anm. 67: aufgrund der Zeugenschaft des Philipp von Bolanden, der am 26. November 1220 nicht mehr lebte, bzw. der zweijährigen Abwesenheit Pfalzgraf Ludwigs, der sich vom Juli 1220 bis 1222 auf Rom- bzw. Kreuzzug befand, ist sie „spätestens 1220" einzuordnen. Nicht mehr haltbar sind daher die Spätdatierungen.

zierung unternommen wurde[48]. Denn erst nach der Nennung von Schenk Gerhard an dritter Stelle werden Zeugen genannt, die eindeutig der pfalzgräflichen Ministerialität zugeschrieben werden können. Vor Gerhard von Erbach sind ein Marschall von Rechberg und Philipp von Bolanden genannt, die als staufische Ministeriale bzw. Reichsministeriale belegt sind[49]. Nach Schenk Gerhard werden Franko Balez von Weinheim[50], Ritter Konrad der Rote von Eberbach, Wolfram von Stein, Hartlieb von Laudenbach und Dietrich von Wimpfen aufgeführt, die im Umfeld des Pfalzgrafen anzusiedeln sind[51]. Schenk Gerhard steht also an der „Nahtstelle" zwischen Reichsministerialität und den Dienstmannen des Pfalzgrafen. Diese Aufreihung der Zeugenliste wirft die Frage auf, ob Gerhard von Erbach (vielleicht auch schon Konrad von Erbach) zur Reichsministerialität gezählt werden müssen, ob sie nicht schon vor 1220/22 Königsschenken waren.

Eine ausdrücklich positive Antwort gibt neuerdings Steinmetz. Er sieht in dem Schenken Konrad den Vater des königlichen Schenken Gerhard (13. Mai 1223†) und will daher die Zugehörigkeit der Erbacher zur Reichsministerialität schon früher angesetzt wissen. Gegebenenfalls sei schon Konrad als staufischer Schenk anzusprechen[52]. Die Zugehörigkeit zur staufischen Reichsministerialität würde augenscheinlich gestützt durch eine weitere Namensnennung, hinter der sich Konrad von Erbach verbergen soll. In einer in Italien ausgestellten Urkunde Kaiser Friedrichs II. vom 29. November 1220 tritt unter den Zeugen ein „Conrad, kaiserlicher Schenk" ohne die Angabe eines Herkunftsnamens auf[53]. Diese

[48] Vgl. GUDENUS, Sylloge, Nr. 50, S. 122f: [...] *item Ministeriales Marscalcus de Rechberg, Philippus de Bonlanden, Gerhardus Pincerna de Erpach, Franko Balez de Winheim, Cunradus Rufus, Miles de Eberbach, Wolframus de Lapide, Hartliebus de Lutinbach, Theodericus de Wimpina.*

[49] Nach FICKER, Reichshofbeamte, S. 465, war der Marschall von Rechberg Marschall des Herzogtums Schwaben; Philipp von Bolanden ist sicher der Reichsministeriale, der dem Pfalzgrafen im Juni 1220 zweimal Zeugendienste leistete und im Juli desselben Jahres einen Vertrag in Schönau mitbesiegelte (vgl. DAHLHAUS, Älteste Siegel, S. 125, Anm. 67).

[50] Vgl. WEIß, Weinheim, S. 649.

[51] Vgl. zur Zuordnung auch SCHAAB, Neue Urkunden, S. 235; GUDENUS, Sylloge, Nr. 46, S. 112-114 (Zeugen des Pfalzgrafen).

[52] STEINMETZ, Schenken von Erbach, S. 13.

[53] Druck: HUILLARD-BRÉHOLLES II, S. 58-64: [...] *Corradus prepositus de Tanna, Guarneris de Bolanda imperialis aule dapifer, Anselmus de Justingen imperialis aule marescalcus, Corradus pincerna imperialis aule, et alii* [...]; Regest: RI V/1, Nr. 1241. – Die italienisierten Namensformen deuten auf einen italienischen Schreiber; ausgestellt wurde die Urkunde am 29. November 1220 in Sutri.

Daß der Herkunftsname fehlt, ist nicht so außergewöhnlich, wie STEINMETZ, Schenken von Erbach, S. 13, meint; gelegentlich traten auch die Inhaber der anderen Hofämter ohne einen solchen auf. Vgl. exemplarisch HUILLARD-BRÉHOLLES I, S. 782 (*Ritzchardus camerarius*), S. 808 (*Anselmus marescalcus*, *Wernerus dapifer curie nostre*), S. 842 (*Weneri dapiferi imperii*), S. 858 (*Anselmus marescallus imperii*); HUILLARD-BRÉHOLLES II, S. 32 (*Warnherus dapifer*, *Anselmus marescalcus*), S. 50 (*Anselmus marscalcus*, *Wernherus dapifer*), S. 56 (*Varnerius dapifer imperii*), S. 66 (*Rizzardus camerarius*).

Zuordnung ist aber wenig wahrscheinlich, weil für die maßgebliche Zeit Konrad von Schüpf-Klingenberg als Reichsschenk nachweisbar ist; seit dem 2. Juni 1220 ist auch Konrad von Winterstetten als solcher belegt[54]. Bei dem kaiserlichen Schenken Konrad handelt es sich daher um Konrad von Schüpf oder um Konrad von Winterstetten. Der Vorzug ist hier Konrad von Schüpf-Klingenberg zu geben; denn Konrad von Winterstetten war 1219 mit der persönlichen Erziehung und Ausbildung Heinrichs betraut worden und blieb deshalb in der Umgebung des jungen, achtjährigen Königs, als dessen „vornehmlicher Erzieher"[55].

In dieser Bestimmtheit ist die Zuordnung Konrads von Erbach als kaiserlicher Schenk also zweifelhaft. Eine Zugehörigkeit der Schenken von Erbach zur Reichsministerialität vor 1220 ist bislang nicht eindeutig zu belegen; sie kann allerdings vermutet werden[56]. Denn erst mit der Urkunde Heinrichs (VII.) vom 23. Mai 1223 haben wir den Beweis, daß Gerhard von Erbach königlicher Schenk war. Die Zeugenreihe der obengenannten pfalzgräflichen Urkunde deutet eher auf eine „Doppelministerialität"[57] der Erbacher hin. Seit 1184 sind die Herren von Erbach einerseits im Umfeld des rheinischen Pfalzgrafen zu finden, damit gleichzeitig aber auch in Staufernähe – eine Verbindung, die offenbar in der Zeit Heinrichs VI. noch ausgebaut wurde[58]. Dieser Sachverhalt scheint sich während der Zeit des Thronstreits und der welfischen Pfalzgrafen nicht geändert zu haben. Nachdem 1214 die Pfalzgrafenwürde an die stauferfreundlichen Wittelsbacher übergegangen war, finden wir die Erbacher wieder in deren Umstand sowie in der Nähe der staufischen Klientel.

Um 1220 – vielleicht schon 1218 – schien es Gerhard von Erbach gelungen zu sein, in die unmittelbare Umgebung Heinrichs (VII.) aufzusteigen. Wie sich dieser Aufstieg letztlich vollzogen hat, entzieht sich allerdings unserer genauen Kenntnis. Es ist aber daran zu denken, ihn mit der Erhebung Heinrichs zum Herzog von Schwaben, die vermutlich im Februar 1217 in Ulm erfolgte[59], bzw.

[54] Zu den Reichsschenken von Schüpf vgl. KEUPP, Dienst und Verdienst, S. 228-240; STÜRNER, Friedrich II., S. 201f: „Walther II. von Schüpf [...] behielt sein Amt und läßt sich gleichfalls bis zu seinem Tode Anfang 1218 regelmäßig beim König nachweisen. Danach ging die Schenkenwürde an seinen Bruder Konrad über [...]". – Besonders pikant ist, daß Steinmetz das Ausstellungsdatum der kaiserlichen Urkunde nicht angibt und so den Eindruck ihrer zeitlichen Nähe zur Mainzer Urkunde von 1218 erweckt, so daß seine These, es handele sich bei „Conrad, kaiserlicher Schenk" um Konrad von Erbach, auf den ersten Blick glaubwürdig erscheint.

[55] Burchard von Ursberg, Chronicon, S. 114f: *Filium quoque suum Hainricum iam circiter VIII annos habentem nutriendum et gubernandum commisit Cunrado de Tanne, pincerne et ministeriali suo, in castro Wintersteten.* Vgl. auch RI V/1,2, Nr. *3849; STÜRNER, Friedrich II., S. 239; THORAU, Heinrich (VII.), S. 96f, 114, 120f.

[56] Vgl. zu dieser Interpretation jetzt auch THORAU, Heinrich (VII.), S. 193f, der davon ausgeht, daß die Erbacher bereits unter Kaiser Heinrich VI. in die Reichsministerialität aufgestiegen seien.

[57] Vgl. zu diesem problematischen Begriff jetzt KEUPP, Dienst und Verdienst, S. 286-289.

[58] Vgl. THORAU, Heinrich (VII.), S. 193f.

[59] Zur Herzogserhebung Heinrichs vgl. EBD., S. 36-39.

dessen Wahl zum römisch-deutschen König 1220 (wohl am 23. April[60] durch die in Frankfurt versammelten Großen) sowie der Wahl Konrads von Erbach zum Bischof von Hildesheim 1221 in Verbindung zu bringen. Darüber hinaus ist sicher die zweijährige Abwesenheit Pfalzgraf Ludwigs I. in Rechnung zu stellen, der von Juli 1220 bis 1222 Friedrich II. auf seiner Romfahrt bzw. dem Kreuzzug begleitete[61].

Diese Phase nutzte Gerhard von Erbach, um sich eine günstige Position in Herrschernähe zu verschaffen sowie den Ausbau und die Konsolidierung seiner Herrschaft (auf Kosten der Pfalzgrafschaft?) voranzutreiben. Hierin lag offenbar auch der Grund für die spätere Auseinandersetzung zwischen Schenk Gerhard und Ludwig I., die 1223 zur Übergabe der erbachischen Kinder an den Pfalzgrafen führte. In der Zeit der Abwesenheit des Kaisers und des Pfalzgrafen ist es Gerhard von Erbach offenbar gelungen, zum königlichen Schenken aufzusteigen.

Da Gerhard von Erbach bereits vor 1220 in einer Urkunde Pfalzgraf Ludwigs I. unter den Zeugen vorkommt, die neben Bindungen zum pfalzgräflichen Hof alle engste Kontakte zu den staufischen Herrschern haben und teilweise der Reichsministerialität angehörten, ist Gerhard daher wohl auch unter diese Gruppe zu fassen. Den meisten der in der Zeugenreihe genannten Männern übertrug der Kaiser die „Sorge um den königlichen Haushalt und den minderjährigen Herrscher [...] wahrscheinlich jetzt [...]. Zu diesem Personenkreis, zu dem auch Eberhard von Waldburg und Konrad von Winterstetten nach wie vor zu zählen sind, gehörte auch der Reichstruchseß Werner III. von Bolanden."[62] Neben diese quellenmäßig belegten Männer traten sicher weitere hinzu, deren Namen jedoch nicht genannt sind; dazu können wir vermutlich auch Schenk Gerhard rechnen, zumal, wenn wir die verwandtschaftliche Bindung zu Bischof Konrad II. von Hildesheim und dessen Nähe zu den staufischen Herrschern bedenken[63]. Diesen bat Kaiser Friedrich 1223 persönlich, sich in seiner Abwesenheit weiterhin um

[60] Zum Datum der Königswahl EBD., S. 84.

[61] Ludwig urkundete noch im Juni 1220 in Heidelberg, danach ist er im Juli und August in Augsburg nachzuweisen (RPR I, Nr. 108-112); im September ist er dann Zeuge in einer Urkunde Friedrichs II., ausgestellt am Gardasee (RPR I, Nr. 121). 1222 ist Herzog Ludwig wieder im Deutschen Reich und urkundete in München (RPR I, Nr. 169). Bis in den Herbst 1223 hielt er sich immer wieder in nächster Umgebung König Heinrichs (VII.) auf, was durch mehrere Urkundentestierungen belegt ist (RPR I, Nrr. 172-179). Die Urkunde vom 29. November 1220, ausgestellt in Sutri, nennt Ludwig Herzog von Bayern und Pfalzgraf bei Rhein als ersten Laienzeugen (vgl. HUILLARD-BRÉHOLLES II, S. 64).

[62] THORAU, Heinrich (VII.), S. 115, 121, wo er weitere Namen eines „consilium regis" nennt: Eberhard von Winterstetten, Truchseß Eberhard von Waldburg, Heinrich von Neuffen, Werner von Bolanden und Graf Gerhard von Diez. Teilweise kommen die Namen auch in der Urkunde von 1223 vor, was unsere These der Zugehörigkeit zum engsten Kreis um Heinrich (VII.) stützt.

[63] S. dazu oben S. 49-51. – Bischof Konrad war vielleicht ein älterer Bruder oder Onkel Gerhards.

Heinrich zu kümmern[64]; die Formulierung zeigt, daß ein „Erziehungsverhältnis" schon seit geraumer Zeit bestanden hat.

Die Indizien sprechen dafür, daß die beiden Erbacher Schenken, Konrad und Gerhard, vor 1220 Schenken der Staufer waren, daß sie mit der Herzogserhebung Heinrichs nach 1217 in dessen Umfeld zu verorten sind und Gerhard zum Königsschenken aufgestiegen ist; von Schenk Konrad wissen wir dies nicht[65].

Das heißt entgegen der oben geäußerten ersten Hypothese: Vor 1223 können wir keine Erbacher als Inhaber eines pfalzgräflichen Hofamts feststellen; wir müssen sie der (staufischen) Reichsministerialität zurechnen. Daß sie nicht der pfalzgräflichen Ministerialität zugehörten, macht auch die Übertragung der Kinder Schenk Gerhards an Pfalzgraf Ludwig I. 1223 deutlich. Denn erst jetzt werden sie ausdrücklich durch König Heinrich (VII.) *titulo proprietatis* dem Pfalzgrafen übergeben und sind fortan als Ministeriale Ludwigs zu sehen[66].

Doch wann haben die Herren von Erbach dann das Pfälzer Hofamt erhalten? Die bisherige Forschung ging davon aus, daß dies recht bald nach der Übergabe der beiden erbachischen Kinder an den Pfalzgrafen erfolgt sei[67]. Ein förmlicher Belehnungsakt darüber fehlt. Verschiedene Indizien sprechen jedoch dafür, daß die Belehnung mit dem Erbschenkenamt der Pfalzgrafschaft am Ende der ersten Hälfte des 13. Jahrhunderts erfolgte. Die Hypothese von Steinmetz, „irgendwann nach 1311 müssen die Erbacher sodann das pfälzische Schenkenamt erhalten haben"[68], bleibt im ganzen höchst spekulativ[69].

Nach dem Jahr 1223 ist von einem Schenkenamt der Herren von Erbach nicht mehr die Rede. Dies deutet darauf hin, daß sie in die pfälzische Klientel gelangt waren, was die Urkunde vom 13. Mai 1223 nahelegt. Dieser Übergang läßt sich quellenmäßig aber kaum belegen. Denn bis zur Mitte des 13. Jahrhunderts bricht die Überlieferung für die Herren von Erbach ab, so daß auch der Zeitpunkt der Übertragung des pfalzgräflichen Schenkenamts nur an Hand verschiedener Indizien wahrscheinlich gemacht werden kann. Gerade einmal drei Urkunden geben zwischen 1224 und 1251 Nachricht über die Schenken von Erbach, wobei von zwei Urkunden nach eingehender Betrachtung nicht mehr sicher davon auszugehen ist, daß sie den Sohn Schenk Gerhards des Älteren betreffen. Mög-

[64] Vgl. HUILLARD-BRÉHOLLES II, S. 393f.

[65] SCHOLZ, Erbach, S. 31f, stellt die Frage, ob Gerhard und Konrad bereits unter Friedrich II. vor seiner Kaiserkrönung am 22. November 1220 Königsschenken waren. Sicher ist an dieser Stelle seiner Meinung nach nur, daß beide spätestens 1220 königliche Schenken waren.

[66] S. dazu ausführlich oben Kapitel 1.3.

[67] Vgl. dazu KLEBERGER, Territorialgeschichte, S. 54f (Anm. 20); ihr folgt KLAFKI, Erbhofämter, S. 59. DEMANDT, Geschichte Hessens, S. 490, sieht darin eine Entschädigung, die Pfalzgraf Ludwig I. den Erbachern zukommen läßt, nachdem sie das königliche Schenkenamt verloren hatten.

[68] STEINMETZ, Schenken von Erbach, S. 92.

[69] Neuerdings geht auch Sebastian Scholz davon aus, daß das Erbschenkenamt erst im 14. Jahrhundert an die Schenken von Erbach übertragen worden ist; vgl. SCHOLZ, Erbach, S. 35f.

licherweise ist hier noch der 1223 verstorbene königliche Schenk Gerhard zu fassen.

1224 bestätigte der Propst von Neuhausen als der zuständige Archidiakon die Übergabe der Wieblinger Mühle an das Kloster Schönau[70]. Die zuvor erfolgte Übertragung war mit Einverständnis des Schenken Gerhard von Erbach in seiner Funktion als Patronatsherr geschehen (*de consensu investitoris ipsius ecclesie in Wibelingen, Gerhardi pincerne de Erpach*). Diese Einverständniserklärung liegt in Form einer undatierten, von Schenk Gerhard ausgestellten Urkunde vor[71]. Da die erstgenannte Urkunde des Propstes lediglich die Bestätigung der Schenkung darstellt, ist davon auszugehen, daß die Übertragung bereits früher erfolgte. Das hieße dann auch, daß die Zustimmung von seiten Schenk Gerhards entsprechend früher erfolgt sein müßte. Es ist daher nicht auszuschließen, daß der 1224 erwähnte *investitor ipsius ecclesie* der 1223 verstorbene königliche Schenk Gerhard war. Der Hinweis Klafkis, daß das Formular der Urkunde sicherlich Bezug darauf nehmen würde, wenn es sich um den bereits toten Königsschenken handelte, ist kein zwingendes Argument[72]. Dadurch gerät die Annahme, daß es sich bei dem *investitor* Gerhard um den jüngeren Sohn Gerhards von Erbach und somit um den ersten pfalzgräflichen Schenken handelt, ins Wanken. Es ist daher durchaus nicht sicher, daß wir mit Schenk Gerhard den Sohn des Königsschenken vor uns haben. Dieser hätte dann schon innerhalb eines Jahres nach der Übertragung an Ludwig I. mit dem pfälzischen Schenkenamt betraut worden sein müssen[73], wofür es jedoch keine weiteren Anhaltspunkte gibt.

Bis 1251 schweigen nun die Quellen; nur einmal noch erlangen wir in den Jahren davor indirekt Kenntnis über einen Schenken von Erbach. Zwischen 1239 und vor 1247 siegelte ein Johannes von Frankenstein eine von ihm ausge-

[70] Vgl. GUDENUS, Sylloge, S. 134, Nr. 58; CHRIST, Schönauer Urkunden, Sp. 181f; Nr. 80.

[71] WÜRDTWEIN, Chronicon, S. 251. Dort aber fälschlich zu 1303 datiert; die richtige Datierung wäre demnach wohl „vor 1224". CHRIST, Schönauer Urkunden, ebd., zieht sie zu der 1224 ausgestellten Urkunde des Neuhausener Propstes, was aufgrund der genannten Gründe so nicht stimmen kann. Interessant ist jedoch, daß er hierbei den „genannten Schenk Gerhard (II.)" als den „ältesten Sohn" des Königsschenken bezeichnet. Seine Einschätzung ist wohl auf eine falsche Zuordnung eines „Konrad von Schwetzingen, Sohn des Mundschenks" (urk. 1220) als jüngeren Sohn des königlichen Schenken Gerhard zurückzuführen (CHRIST, ebd., Sp. 52f, Nr. 66). Diese Zuordnung des Konrad ist allein schon aufgrund chronologischer Überlegungen auszuschließen; ANDERMANN, Hofämter, S. 141f, konnte zeigen, daß die Ministerialenfamilie von Wersau, die sich auch „von Hockenheim" nannte, das speyerische Schenkenamt innehatte. Es erscheint viel wahrscheinlicher daß Konrad ein Sohn Schenk Eberhards von Hockenheim (erw. 1198/1201-1220) war.

[72] Vgl. dazu SIMON, Geschichte Erbach, S. 266f; SCHAAB, Schönau, S. 188f.

[73] Vgl. KLAFKI, Erbhofämter, S. 59, der davon ausgeht, daß wir mit dem genannten *investitor* der Wieblinger Kirche den Sohn des königlichen Schenken vor uns haben. Denn wäre es der bereits verstorbene Schenk Heinrichs (VII.), so hätte dies im Formular der Urkunde vermerkt sein müssen, wie dies schon die Urkunde vom Mai 1223 andeutet. – Dagegen wendet sich aber SCHAAB, Schönau, S. 189, der mit SIMON, Erbach, S. 266f, davon ausgeht, daß Schenk Gerhard der Königsschenk ist.

stellte Urkunde mit dem Siegel des Schenken von Erbach[74]. Leider bleibt dessen Vorname unbekannt, so daß die Person nicht greifbar ist. Erst 1251 setzt für das Haus Erbach wieder eine kontinuierliche Überlieferung ein.

Aufgrund dieser Überlieferungslücke ist es für das zweite Viertel des 13. Jahrhunderts kaum möglich, die Entwicklung des Schenkenamts in der Familie Erbach nachzuzeichnen. Gesicherte Aussagen lassen sich erst wieder nach dem Jahr 1250 gewinnen. Auffällig ist jedoch, daß selbst in der urkundenarmen Zeit von einem Siegel *pincerne de Erpach* gesprochen wurde. Da der Schenkentitel aber weiterhin benutzt wurde und offenkundig noch kein Namensbestandteil, sondern Amtsbezeichnung war, weil die weiblichen Angehörigen ihn noch nicht führten[75], müßten die Herren von Erbach bis zur Mitte des Jahrhunderts ein Schenkenamt bekleidet haben. Möglicherweise handelte es sich hierbei um das königliche Schenkenamt, das noch bei den anderen Gliedern des Hauses lag.

Ist es also für die Zeit bis 1250 zweifelhaft, ob die Herren von Erbach bereits als pfalzgräfliche Schenken anzusprechen sind, so wird nach der Jahrhundertmitte mit zunehmendem Quellenmaterial die Situation deutlicher. Die Vergabe des Schenkenamts an die Herren von Erbach spätestens zu diesem Zeitpunkt ergibt sich aus den Lehensbriefen der Pfalzgrafen für die Familie. Die ältesten Aufzeichnungen der Lehen, die die Erbacher von der Pfalz trugen, liegen freilich erst im Jahr 1398/1401 vor[76]. Doch ermöglichen sie Rückschlüsse auf das 13. Jahrhundert: Das Haus Erbach war seit dem letzten Viertel des 13. Jahrhunderts in drei Linien geteilt, was auf die spätere, seit 1398 nachweisbare Belehnungspraxis nicht ohne Auswirkungen bleiben sollte. So geschah die Belehnung mit dem Schenkenamt nach dem folgenden in den Lehensbriefen erkennbaren Schema[77]: Die Hauptlinie zu Erbach wurde mit dem Erbschenkenamt ausgestattet, der Fürstenauer Zweig der Hauptlinie Reichenberg mit dem Schenkenamt der Pfalz, die Linie Reichenberg zu Michelstadt ging stets leer aus. Dieses Phänomen läßt sich bis zum Aussterben der Linien Erbach und Michelstadt 1503 bzw. 1531 verfolgen.

[74] Vgl. Hessisches UB, Nr. 248, S. 185; Reg.: FRANZ, Haina 1, Nr. 111. Vielleicht ist es der unbekannte ältere Sohn des Königsschenken Gerhard.

[75] S. dazu unten Kapitel 3.1.2.1.

[76] S. dazu auch die folgende Anm.

[77] Vgl. dazu SPIEß, Lehnsbuch, S. 20-22; Linie Erbach: *Item Schencke Ebirhart, der eltest herre zu Erpach, hat enpfangen diese nachgeschriben lehen und gutere. Zum ersten daz erbeschenckeampt eyns Pfalzgraven* [...]; Linie Reichenberg zu Fürstenau: *Item Schencke Hans, herre von Erpach, hat enpfangen diese nachgeschriben lehen und gutere mit namen daz schenckeampt der pfalntze myt syner zugehorde* [...]; Linie Reichenberg zu Michelstadt: *Item Schencke Ebirhart, herre von Erpach der junge hat enpfangen zu manlehin diese nachgeschriben gutere myt namen ein virteil an manlehen und kirchsetze, die zu der herschafft zu Erpach gehorent.* Vgl. dazu auch die weiteren Lehensverzeichnisse bzw. -reverse GLA 67/1007, fol. $70^v$-$73^r$, $88^v$-$90^r$; 67/1008, fol. $13^r$-$14^v$, $145^r$-$150^r$; 67/1057, fol. $35^r$-$39^r$; 67/1058, fol. $80^r$-$84^r$; 67/1664, fol. $25^r$-$29^r$ (neu: pag. 49-57); 67/1910, fol. $1^r$-$2^r$ (neu: pag. 1-3), fol. $7^r$-$7^v$ (neu: pag. 13-14), fol. $9^v$-$10^v$ (neu: pag. 18-20), fol. $16^r$-$17^v$ (neu: pag. 31-34); 67/1911, fol. $145^r$-$146^r$; 67/1914, fol. $20^v$-$22^v$.

Dieser Umstand erscheint merkwürdig, denn 1382 war eine endgültige Regelung getroffen worden, die die Ausübung des Schenkenamts im Haus Erbach klärte. Nachdem es offenbar zum Streit innerhalb der Gesamtfamilie über die Führung des Amts gekommen war, mußte Pfalzgraf Ruprecht I. einen Modus der Amtsübung finden, der zukünftig Streitigkeiten verhinderte. Am 5. Mai 1382 führte ein von Ruprecht eingesetztes Schiedsgericht eine Entscheidung zwischen den Kontrahenten herbei[78]. Es verglichen sich dabei die beiden Vettern Schenk Konrad VII. und Schenk Eberhard X. (Linie Erbach) einerseits mit Schenk Konrad VI. gen. Rauch (Linie Reichenberg zu Fürstenau) und Schenk Heinrich II. (Linie Reichenberg zu Michelstadt) andererseits: Aktuell sollte Schenk Konrad Rauch als der derzeit älteste der Gesamtfamilie bis zu seinem Lebensende das Schenkenamt innehaben. Bei Nichtanwesenheit führte Schenk Heinrich das Amt als der nächst-älteste. Fehlte auch dieser, so sind Schenk Eberhard X. und Schenk Johannes, der Sohn Schenk Konrads gen. Rauch, die Berechtigten zur Amtsausübung. Diese Regelung sollte so lange in Kraft bleiben, wie Schenk Konrad VI. lebte. Danach wurde für die Zukunft bestimmt, daß *dornach allezyt, welcher vnder den obgenanten schencken von beiden parthien vnd iren erben der eldiste ist, der sal daz obgenante Schencke Ampt verdienen und verwesen.* Schon hier fällt der Widerspruch zu den knapp 20 Jahre später erstmals überlieferten Lehensbriefen der Pfalz auf. Denn Schenk Konrad VI., der als das älteste Mitglied der Familie das Schenkenamt führen sollte, gehörte der Linie Reichenberg zu Fürstenau an, die gemäß den Lehensbriefen lediglich mit dem „Schenkenamt“ der Pfalz ausgestattet war. Diese Differenzierung ist ebenso deutlich knapp vierzig Jahre später zu beobachten, als Kurfürst Ludwig III. nach dem Tod seines Vaters, König Ruprecht, 1411 die pfälzischen Lehen an Schenk Johannes aus der Linie Fürstenau neu vergab. Am 26. Juni 1411 erhielt Johannes das Schenkenamt und, „weil er der älteste Schenk sei“, den Stab des Schenkenamts[79]. Das heißt: er wurde mit der Amtsführung betraut. An dieser Stelle wird erstmals von einem Schenkenstab gesprochen, der das Amt und die Amtsgewalt symbolisierte. Hier liegt einer der wenigen Hinweise vor, den wir für einen Schenkenstab überhaupt haben. Bislang ist nur noch ein weiterer Hinweis auf einen solchen bekannt: 1298 führte der Erzschenk des Reiches, der König von Böhmen, einen Stab.

Daß diese Unterscheidung bis zum Aussterben der alten Hauptlinie Erbach 1503 aufrechterhalten wurde, zeigen die Lehensbriefe für Schenk Eberhard XIII., die dieser bei der Belehnung nach dem Tod Schenk Erasmus’ erhielt. Am 2. Mai 1504 reversierte Eberhard zunächst die Lehen der Hauptlinie Reichenberg zu Fürstenau, in einem zweiten Lehensrevers vom selben Tag bestätigte er zusätzlich den Empfang der Lehen, die bisher bei der Erbacher Linie lagen. An

[78] Vgl. GLA 67/807, fol. 36$^{r}$-36$^{v}$; Druck bei SIMON, Geschichte Erbach, UB Nr. 105, S. 104f. S. Anhang 2.

[79] GLA 67/1910, fol. 7$^{r/v}$; neu: pag. 13sq: Lehensbriefe von Kurfürst Ludwig 1411 für die Schenken von Erbach. S. ausführlich auch dazu unten Kapitel 3.1.3.

erster Stelle steht dabei das „Erbschenkenamt eines Pfalzgrafen", das neben dem „Schenkenamt" an Eberhard vergeben wurde[80].

Unabhängig von der aus den Lehensbriefen bzw. -reversen erkennbaren Praxis war, wie wir gerade gesehen haben, 1382 dem Geschlechtsältesten ein Vorrecht auf die Wahrnehmung des Schenkenamts eingeräumt worden. Es stand ihm aber offenbar frei, ein anderes Glied der Familie damit zu betrauen[81]. Entgegen den Bestimmungen der Lehensbriefe war es so auch möglich, daß ein Angehöriger der Linie zu Michelstadt das Amt ausübte.

Da sich aber die offenkundig ältere Tradition in den Lehensbriefen nach der Regelung von 1382 noch behaupten konnte, schien sie schon lange Zeit vorher üblich gewesen zu sein, so daß sie fest im Bewußtsein der Zeitgenossen verankert war. Wann sie sich herausgebildet hat, läßt sich nicht mehr mit Sicherheit sagen. Da aber die Linie zu Michelstadt bei der Belehnung mit dem Schenkenamt während der gesamten Zeit ihres Existierens bis zum Aussterben 1531 nie bedacht wurde, ist die Entstehung dieser Tradition zu einer Zeit vorstellbar, als es diese Nebenlinie noch nicht gegeben hat. Dies kann nur vor den siebziger Jahren des 13. Jahrhunderts der Fall gewesen sein, denn um 1270 wurde mit Schenk Eberhard IV. der Ast Reichenberg zu Michelstadt begründet. Wurde die Entstehung eines pfälzischen Schenkenamts bisher für die Jahre 1223/24 vermutet[82], müssen wir jetzt wohl davon ausgehen, daß die Herren von Erbach das Schenkenamt der Pfalzgrafschaft nicht in den zwanziger Jahren des 13. Jahrhunderts erhalten haben.

Möglicherweise ist an die Vergabe des pfälzischen Schenkenamts an die Herren von Erbach unter Pfalzgraf Ludwig II. zu denken, der 1229 in Heidelberg geboren wurde. Unter seiner Regierung deutete sich ein „Politikwandel" an.

[80] GLA 67/1008, fol. $145^r$-$149^r$, Lehensreverse vom 2. Mai 1504: *Vnd sint diß die lehen gutter Zum ersten das Schenck ampt mit aller siner zugehorde nichts vßgenomen* [...]; *Ich Schenck Eberhart her zu Erpach vnd Bickenbach Bekenne offenlich mit dissem briff das der durchluchtig hochgeborn fürst vnd h(e)r her phillips pfalczgraue by Rine herczog inn beyrn* [...] *myn gnedigster her mir nach tode Schenck Aßmußen herren zu erpach etc. selligen mynem vettern diße nachgeschriben slos statt dorffer zinße gult vnd anders zu manlehen* [...] *gnedigklich verluhen hat* [...] *Vnnd sint diß die lehen Zum ersten zu manlehen Item das Erbschenck ampt eines pfalczgrauen* [...].

[81] Später änderte sich diese Praxis nochmals. Konnte der Älteste – aus welchen Gründen auch immer – sein Amt nicht ausführen, so hatte er den Kurfürsten um Erlaubnis zu bitten, sich durch den Verwandten, den die Ordnung dann traf, vertreten zu lassen (vgl. KLAFKI, Erbhofämter, S. 65).

[82] Klafki ging davon aus, daß parallel zu der Übergabe der Kinder des verstorbenen königlichen Schenken Gerhard an Pfalzgraf Ludwig I. das pfälzische Schenkenamt an die Familie übertragen wurde, so daß dieses Amt seit 1224 im erblichen Besitz der Familie Erbach war. Vgl. KLAFKI, Erbhofämter, S. 57-60, der davon ausgeht, daß sich an Hand der Urkunde vom 13. Mai 1223 und den nachfolgenden Ereignissen „der Beginn der Geschichte des pfälzischen Schenkenamtes [...] ziemlich genau bestimmen" läßt. Wie wir schon an anderer Stelle diskutiert haben, scheint diese zeitliche Zuordnung jedoch aufgrund der unsicheren Quellenlage problematisch (s. S. 138-140). Urkunden, die Klafki zur Absicherung seiner These herangezogen hat, müssen heute nach neueren Forschungen umdatiert werden.

Unter seinem Großvater bzw. Vater, den Pfalzgrafen Ludwig I. und Otto II., war die Pfalzgrafschaft eher ein bayerisches Nebenland gewesen: So hielten sich die bayerischen Herzöge als Pfalzgrafen nach 1214 kaum in der Region auf, so daß ein Vorhandensein eines voll ausgebildeten Hofs in Heidelberg nicht zwangsläufig war. Dies hatte zur Folge, daß bis um die Jahrhundertmitte die Vierzahl der Hofämter in der rheinischen Pfalzgrafschaft offenbar noch nicht etabliert war. Weilten Ludwig I. bzw. Otto II. an Rhein und Neckar, so ist festzustellen, daß sie ihr aus dem Herzogtum Bayern stammendes Gefolge bei sich hatten. Darunter befanden sich auch die bayerischen Schenken von Au[83]. Nachdem Ludwig II. 1249 bzw. 1253 an die Regierung gelangt war und die Regierungsaufgaben von seinem Vater übernommen hatte[84], stieg die Pfalzgrafschaft allmählich zu seinem zweiten Herrschaftsmittelpunkt auf[85]. Möglicherweise strebte Ludwig II. in dieser Ausbauphase eine Vervollständigung der Hofämter auch für die Pfalzgrafschaft an, um ihre Bedeutung als Reichsfürstentum zu dokumentieren. Denn neben dem pfalzgräflichen Truchsessen, der erstmals mit Heinrich Truchseß von Alzey 1190 bezeugt ist[86], gab es ein pfälzisches Marschallamt seit 1236, als ein *Zornere marscalcus noster* in einer Urkunde Pfalzgraf Ottos II. für das Kloster Schönau testierte[87]. Wenig später bezeichnete sich Zorno in einer Urkunde für Kloster Eberbach als *Berlewinus dictus Zorno, marscalcus palatini comitis*[88]. Ein pfalzgräfliches Kämmereramt ist nicht durchgehend belegt.

Bemerkenswert ist auch, daß die Schenken von Erbach in der Überlieferung gerade zu dem Zeitpunkt wieder hervortraten, als Herzog Ludwig II. in der Pfalzgrafschaft die Regierung antrat. Daß sie danach stets in der Nähe des Pfalzgrafen anzutreffen sind, spricht für eine Anbindung der Herren von Erbach an die rheinischen Pfalzgrafen kurz vor der Jahrhundertmitte[89].

[83] Vgl. HOFMANN, Urkundenwesen, S. 70, der dies belegt für: 14. Februar 1233 (Uk 126), 1235 (Uk 139); RPR I: für 1234 (Nr. 368), *pincerna de Owia* (Nr. 385).

[84] Vgl. RPR I, Nr. 615ff; ANDERMANN, Berlewin Zurno, S. 90, geht davon aus, daß Ludwig II. seit 1248 „weitgehend selbständig am Rhein regierte", denn seit dem Frühjahr 1248 besuchte Pfalzgraf Otto II. die rheinischen Lande nicht mehr und Ludwig II. ist seither im pfälzischen Raum um Worms und Heidelberg nachweisbar.

[85] Vgl. dazu SCHAAB, Kurpfalz 1, S. 71-78; SPINDLER/KRAUS, Grundzüge, S. 72f; VOLKERT, Rheinische Pfalzgrafschaft, S. 39-44. Vor allem durch die Landesteilung 1255 gewann die Pfalzgrafschaft an Gewicht. Die zunehmende Bedeutung der Pfalzgrafschaft dokumentierte sich auch darin, daß die Zahl der Aufenthalte der Pfalzgrafen in Heidelberg sprunghaft anstieg (vgl. KOLB, Heidelberg, S. 42f, 48f): Sind für die Pfalzgrafen Ludwig I. und Otto II. nur jeweils 5 Aufenthalte in Heidelberg nachweisbar, so war Ludwig II. 20 mal in Heidelberg. Auch die Anzahl der in Heidelberg ausgestellten Urkunden nahm dementsprechend zu. Für die beiden ersten wittelsbachischen Pfalzgrafen sind zusammen 9 Urkunden bekannt, für Ludwig II. sind es bereits 29 bekannte Urkunden.

[86] Vgl. LAMEY, Truchsessen von Alzey, S. 253; KLAFKI, Erbhofämter, S. 37.

[87] GUDENUS, Sylloge, S. 189. Vgl. zur Person Zornos KLAFKI, Erbhofämter, S. 80f; ANDERMANN, Berlewin Zurno, S. 71-98.

[88] UB Eberbach 2, Nr. 574.

[89] Ein ähnliches Phänomen läßt sich für die Truchsessen von Alzey beobachten; auch sie traten in ihrer Truchsessenfunktion Ende der 1220er Jahre mehr oder weniger ganz in den

Daß die Schenken von Erbach seit dieser Zeit im Umfeld des Heidelberger Pfalzgrafen verortet werden müssen, machen die Urkunden deutlich, die seit 1251 überliefert sind. 1251 verzichteten die Schenken Eberhard und Konrad für sich und ihre Erben um ihr und ihres Bruders Gerhard Seelenheil willen auf ihre Rechtsansprüche an das Kloster Schönau, das pfalzgräfliche Hauskloster[90]. 1254 schlichtete Schenk Konrad gemeinsam mit Werner II. Truchseß von Alzey und anderen eine Auseinandersetzung zwischen den Bürgern von Worms und den Herren von Strahlenberg[91]. Offenbar war Werner II. mit Konrad verschwägert. Denn 1277 bezeichnen dessen Söhne Gerhard I. und Philipp den Schenken Konrad als ihren *avunculus*[92]. Diese Verbindung – Erbach mit den Truchsessen von Alzey – deutet darauf hin, daß die Schenken von Erbach spätestens um die Mitte des 13. Jahrhunderts im pfalzgräflichen Einfluß- und Einwirkungsbereich standen und innerhalb des pfälzischen Klientelverbandes heirateten. Vermutlich ist auch daran zu denken, daß der Pfalzgraf selbst Einfluß genommen hat auf das Heiratsverhalten seiner Klientelfamilien, um ein ihm verbundenes Beziehungsgeflecht zu schaffen und so den Zusammenhalt innerhalb des pfalzgräflichen Hofverbands zu sichern[93].

Neben diesen Nachweisen, die die Schenken von Erbach als selbsttätig handelnde Personen zeigen, sind sie seit 1251 immer wieder unter jenen Personen zu finden, die von den Pfalzgrafen zur Zeugenschaft herangezogen wurden[94]. Sie wurden dabei auch in dieser Hinsicht mehr in die pfalzgräfliche Klientel eingebunden.

Hintergrund. Mit der Regierungsübernahme Pfalzgrafs Ludwigs II. erscheinen sie wieder in ihrem Amt und sind dann bis zu ihrem Aussterben zwischen 1357 und 1360 kontinuierlich als pfalzgräfliche Truchsessen nachzuweisen (vgl. dazu KLAFKI, Erbhofämter, S. 38-46).

[90] GLA 67/1304, fol. 45: *Nos Pincerne de Erpach Eberhardus et Conradus tenore p(re)sentium p(ro)fitemur Wir haben alle beschwerungen, so sie etlicher Rechtsachen wegen deme closter Schönau hätten zufügen mögen, die seien Recht oder vnrecht, für sich vnnd ihre erben vmb ihres vnnd ihres bruders Gerhardts seelenheill willen, fallen lassen, Ihren* [.........] *hirmitt befelhendt solicher Sachen wegen an gedacht closter nimmer keine*[?] *anforderung suchen. Zu sicherheitt haben sie den Mönchen disen Breiff mit ihren anhangenden Insiegeln becräfftigt, zugestalet*[?], *Geschehen im Iar 1251.* – Zur Bedeutung von Schönau für die Pfalzgrafen vgl. allgemein SCHAAB, Schönau; auch SCHWERTL, Beziehungen, S. 426-434.

[91] ZORN, Wormser Chronik, S. 102f.

[92] Vgl. KLAFKI, Erbhofämter, S. 39f, 61. Ob es sich tatsächlich bei Schenk Konrad um den Bruder der Mutter handelte, ist nicht sicher. Es kann auch neutral gebraucht sein im Sinne von „Vetter“.

[93] Das Eingreifen des Landesherrn in die Eheschließungen seiner Vasallen ist für die spätere Zeit in der Pfalzgrafschaft – vor allem unter der Regierung von König Ruprecht I. von der Pfalz (1398/1400-1410) – ein gebräuchliches Mittel, eine dem Pfalzgrafen gewogene Gefolgschaft aufzubauen; s. unten Kapitel 5.3.2.

[94] Vgl. dazu die oben aufgelisteten Urkunden (s. S. 66-69), die die enge Anbindung an die Pfalzgrafschaft und die Zugehörigkeit zu den Pfälzer Klientelfamilien deutlich vor Augen führen.

Anhand all dieser Indizien läßt sich eine Belehnung der Herren von Erbach mit dem Schenkenamt der Pfalzgrafschaft um die Mitte des 13. Jahrhunderts wahrscheinlich machen. Die bisherige Forschungsmeinung, die Herren von Erbach seien gleich nach der Tradierung der Kinder an Pfalzgraf Ludwig I. von ihm 1223/24 mit dem Hofamt ausgestattet worden, ist in dieser Form wohl nicht mehr haltbar.

Aber auch eine Spätdatierung der Übertragung dieses Erbamtes erst im 14. Jahrhundert, wie sie neuerdings neben Steinmetz auch Scholz vorschlägt, erscheint ebenso zweifelhaft[95]. Dem steht zum einen die Gepflogenheit der Lehensbriefe entgegen: hier wurden stets nur zwei der drei Linien des Hauses Erbach mit dem Schenkenamt belehnt. Zum anderen ist zu fragen, ob die Einführung der kompletten Hofämterzahl im 14. Jahrhundert, vielleicht gar erst gegen Ende des Jahrhunderts, überhaupt noch Sinn machte[96]. Denn bereits im Verlauf des 13. Jahrhunderts trat ein neues Amt in den Vordergrund, das die klassischen Hofämter (Truchseß, Marschall, Schenk und Kämmerer) zusehends in die Bedeutungslosigkeit abdrängte: das Hofmeisteramt[97]. In der Pfalzgrafschaft ist das Hofmeisteramt seit dem ausgehenden 13. Jahrhundert belegt. Es erlangte bald eine große Bedeutung und entwickelte sich zum wichtigsten Amt im Blick auf die Herrschaftsausübung, so daß die „alten“ Erbhofämter rasch zu reinen Ehrenämtern wurden[98]. Dennoch kann ihnen die Bedeutung auf dem repräsentativen Feld nicht abgesprochen werden; bei besonderen Anlässen traten sie in ihren Funktionen am Hof immer noch hervor. Dies zeigt exemplarisch die Darstellung der Leichenfeier für Kurfürst Friedrich den Siegreichen, wie sie für den 27. Januar 1477 in der Chronik des Anonymus Spirensis berichtet ist[99]. Der Chronist zählt in seiner Darstellung die vornehmsten Anwesenden auf und beschreibt ihre Sitzordnung an sieben Tischen. Am siebten Tisch saßen neben acht weiteren Herren auch die Schenken Georg und Johannes, die Häupter der Linien Fürstenau und Michelstadt, sowie der Mainzer Domherr Schenk Kon-

[95] Vgl. STEINMETZ, Schenken von Erbach, S. 92; SCHOLZ, Erbach, S. 35f.

[96] So ist beispielsweise für Speyer zu belegen, daß im 14. Jahrhundert das Hofämterwesen im Hochstift seine Bedeutung fast gänzlich verloren hatte. Der Versuch einer Neubelebung in der Mitte des 14. Jahrhunderts scheiterte alsbald, so daß man den Eindruck gewinnt, die Hofämter seien nur noch ad hoc bestellt worden und die Ausführenden gehörten zu verdienten bischöflichen Amtleuten bzw. zum „täglichen Hofgesinde“ (vgl. ANDERMANN, Hofämter, S. 152).

[97] Vgl. zur Entstehung und Bedeutung dieses Amts SEELIGER, Hofmeisteramt; WILLOWEIT, Landesherrschaft, S. 116f; RÖSENER, Hofämter, S. 512f (Anm. 133), S. 531. Rösener weist hier darauf hin, daß gerade in bayerisch-wittelsbachischen Landen das Hofmeisteramt schnell eine besondere Bedeutung erlangte, denn aufgrund der bayerischen Landesteilung 1255 wurde eine neue Hoforganisation nötig. Ludwig II. und Heinrich XIII. mußten für ihre Teilherzogtümer je eine eigene Hofverwaltung aufbauen.

[98] Vgl. KLAFKI, Erbhofämter, S. 10f; SCHAAB, Kurpfalz 1, S. 118; KOLB, Heidelberg, S. 121-125 (Schwerpunkt bei ihm jedoch im 14. Jahrhundert).

[99] Vgl. Anonymus Spirensis, § 284, S. 511f.

rad[100]. Konrads Bruder, Schenk Philipp, gehörte zu jenen Adeligen, die während den Feierlichkeiten mit der Ausübung der Hofämter betraut waren[101]. Der Geschlechtsälteste übte also das Amt aus, während die jüngeren Verwandten als Gäste an den Trauerfeierlichkeiten teilnahmen.

Die tagtägliche Verrichtung der Aufgaben eines Schenken am pfalzgräflichen Hof kam dagegen anderen zu. So haben wir für die Jahre 1365, 1374 und 1471 einige der wenigen Hinweise darauf. 1365 nannte Ruprecht I. unter verschiedenen Bürgen den Amtmann in Steinsberg, Blicker Landschad von Steinach, seinen Schenken[102]. Spiegel erwähnt für 1374 einen Edelknecht Stephan Flinsinbek als Schenk Ruprechts II., der neben mehr als zwanzig Personen als Bürge des Pfalzgrafen auftrat[103]. 1471 sind uns in der Chronik des Michel Beheim die Namen zweier Männer überliefert, die das Schenkenamt im Dienst des Pfalzgrafen wirklich ausübten: Konrad von Lamersheim, der *obrister gsindschenk*, und Schenk Burkhart von Tautenberg als *dessmals öbrister schencke*[104].

Daß diese Leute wirklich mit der Ausübung der täglich anfallenden Aufgaben betraut waren, die Herren von Erbach jedoch das prestigeträchtige Amt des pfälzischen Erbschenken inne hatten, läßt sich gerade für den letztgenannten Burkhart von Tautenberg zeigen. Denn in Beheims Chronik werden die 1471 am Zug nach Wachenheim beteiligten Personen namentlich genannt. Darunter befanden sich neben Schenk Philipp II. Herr zu Erbach, der Erbschenk der Pfalz, die Schenken Georg I. und Johannes IV. Herren von Erbach sowie auch Schenk Burkhart Herr zu Tautenberg[105]. Die ausdrückliche Differenzierung in der Charakterisierung der Personen und ihrer Ämter, die der Autor der Chronik vornahm, verweist eindeutig darauf, daß es eine Hierarchie innerhalb des Hofamts gab: der Herr von Tautenberg zu den subalternen Funktionsträgern gehörte, die Familie der Herren von Erbach jedoch das Hofamt selbst bekleidete[106], verbun-

[100] EBD., S. 512.

[101] Vgl. EBD.: *Die vor den deschen dyenten. item graf Hanß von Wertheyn. item eyn her von Epsteyn. item ryngraf Johan erbmarschalck. item graf Craft von Hoenloe. item graf Mychel von Wertheim. item schenck Pfylyps her zů Erbach* [...] – Dieser Vermerk in der Chronik des Anonymus Spirensis ist übrigens der Erstbeleg dafür, daß die Herren von Erbach das pfälzische Erbschenkenamt wirklich ausübten!

[102] Vgl. GLA 67/806, fol. 55; RPR I, Nr. 3546.

[103] Vgl. SPIEGEL, Urkundenwesen, S. 300.

[104] BEHEIM, Chronica, S. 230: *So was von Lamerssheim Cůnrat / obrister gsindschenk vff der stat* (Str. 1321); *Vnd schenck Burckart von tautenbergk / ist auch gewesen vff dem wergk, / ein fryherr vnd ritter gestreng, / was von kind vf ein guͤte leng, / dess ich auch wol gedencke, / dessmals öbrister schencke.* (Str. 1323). Immer wieder werden diese beiden Personen genannt, so beispielsweise S. 112f, 219.

[105] Vgl. dazu EBD., S. 218f, Str. 1253f: *Vnd Schenk Pilips her zu Erpach / erbschenck der Pfaltz ich auch da sah / mit zweyen sinen rittern men, / daz warn Schenk Jörg, Schenk Hanns die zwen, / auch von Erpach beid herren / erkennet wyt vnd verren. // Da ward auch gsehen Schenk Burckhart / herr zu Tautenberg vff der vart* [...].

[106] S. dazu die oben besprochene Urkunde von 1382, die die Modalitäten der Ausübung des Erbschenkenamts regelte.

den mit dem Ehrendienst eines Erbschenken, der ihnen einen Vorrang vor ihren Standesgenossen verschaffte.

## 3 Herrschaftsrepräsentation und -ausübung

Eine Fragestellung, die bei der Betrachtung der Herren von Erbach nicht außer Acht gelassen werden darf, ist die nach der Repräsentation der Herrschaft und ihrer Ausübung. Mit welchen Mitteln konnten die Schenken von Erbach ihre erlangte Herrschaft(-sposition) außenwirksam darstellen? Das heißt – legt man die lateinische Grundbedeutung des Wortes *repraesentatio*, „Vergegenwärtigung", zugrunde –: Wie zeigten die Herren von Erbach ihre Herrschaft?

Mit dem Zeigen von Herrschaft geht freilich gleichermaßen eine Vergewisserung der Herrschaft bzw. des Konsenses zwischen Herrscher und Beherrschten einher. Alexander Sauter führte dies jüngst in seiner Arbeit aus[1]: die herrscherliche Repräsentation erlangte in der politischen Praxis eine entscheidende Rolle bei der Legitimierung von Herrschaft. Dabei stellt sich zunächst die Frage nach der Präsenz der herrschenden Person und, weiterführend, die Frage nach den von ihr verwendeten (bestimmten) Zeichen, um „gewisse Inhalte dem jeweils angesprochenen Adressaten zu übermitteln"[2]. Nach Sauter zählen zu diesen Zeichen: Urkunden, Siegel, bildliche Darstellungen, historiographische und andere Texte, Institutionen, Bauwerke und Grablegen. Darüber hinaus ist es nötig, die vom Herrscher formulierten Herrschaftsvorstellungen und -ansprüche bzw. seine Ziele in den Blick zu nehmen, um eine möglichst umfassende Beschreibung der herrscherlichen Repräsentation zu erreichen. Des weiteren gilt es zu fragen, inwiefern die eingesetzten Mittel die Adressaten überhaupt erreichten. Obgleich sich die mittelalterliche Herrschaft grundsätzlich in der Öffentlichkeit vollzog, ist gerade für das Mittelalter die Frage nach der Vermittelbarkeit zu stellen. Denn es ist hier – mit Sauter[3] – einschränkend zu bemerken, daß es sich nur um „Teilöffentlichkeiten" bzw. um „okkasionelle Öffentlichkeiten" handelte. Es muß also von einem eingeschränkten Kreis der beteiligten Personen sowie von einer zeitlichen Einschränkung auf bestimmte Anlässe ausgegangen werden.

Sind diese Schwierigkeiten den allgemeinen, noch unzureichend ausgeformten „kommunikativen Bedingungen" der untersuchten Zeit zuzuschreiben, zeichnen sich im Falle der Schenken und Herren von Erbach noch weitere Unwägbarkeiten ab, die in dieser Form für eine Herrscherfamilie wie die von Sauter untersuchten Habsburger nicht gegeben sind. Es handelt sich dabei in erster Linie – ganz allgemein gesprochen – um die Überlieferungssituation, wobei wir

[1] Vgl. dazu SAUTER, Herrschaftsrepräsentation, S. 11-14. Auf diesen wenigen Seiten der Einleitung liefert er den theoretischen Hintergrund des Phänomens „Herrschaftsrepräsentation" und erläutert prägnant seine grundsätzliche Bedeutung für den spätmittelalterlichen Herrscher, daher sei an dieser Stelle darauf verwiesen.

[2] EBD., S. 13.

[3] Vgl. EBD., S. 13f.

bei der Schenkenfamilie einer besonderen Konstellation Rechnung tragen müssen. Zum einen handelte es sich um einen mindermächtigen Reichsstand: hier sind die Überlieferungsbedingungen a priori mangelhafter als bei den „Großen" des Reichs. Zum anderen ist der bereits in der Einleitung angesprochene Archivverlust im Zweiten Weltkrieg zu bedenken. Das heißt für unsere Untersuchung: gerade im Hinblick auf die fehlenden oder lediglich kopial überlieferten schriftlichen Quellen können wir eine Herrschaftsrepräsentation oft nur ansatzweise greifen. Dennoch erscheint die Erörterung der Frage lohnend. Eine verstärkte Konzentration auf das Gebiet vor allem der Sachquellen kann eine gewisse Abhilfe schaffen und bei der Beurteilung der Repräsentation von Herrschaft helfen.

Obgleich durch die Quellenlage eingeschränkt, wollen wir trotzdem einen Versuch wagen. Dabei werden – soweit erhalten – Schriftquellen herangezogen[4], besonders aber der Blick auf die Grablegen und die damit verbundene Memoria gelenkt[5]; ebenso darf im Blick auf das Hofamt der Schenken der Gebrauch von Amtssymbolen nicht außer Acht gelassen werden[6].

## 3.1 Herrschaftsrepräsentation und ihr Niederschlag in Schrift- und Sachquellen

### 3.1.1 Titel und Epitheta der Schenken von Erbach in Urkunden

Wenn wir die erlangte Stellung der Schenkenfamilie beschreiben, gilt es auch, die verwendeten Titulaturen in den Blick zu nehmen. Denn auch sie liefern uns wichtige Hinweise auf die Einordnung der Familie innerhalb der Adelshierarchie[7]. Clavadetscher wie auch Spieß können zeigen, daß das Prädikat *nobilis* im 12. und 13. Jahrhundert konsequent für eine geschlossenen Adelsgruppe Verwendung fand, die eigene Herrschaftsrechte ausübte und daher „im spätmittelalterlichen Sinn als reichsunmittelbar angesprochen werden darf"[8]. Doch schon seit dem beginnenden 14. Jahrhundert läßt sich ein einschneidender

[4] Dabei handelt es sich vor allem um Urkunden (und den damit verbundenen Fragen nach verwendeten Titeln, den Zeugenlisten sowie den Siegeln); die weiteren Schriftquellen wie Eheverträge, Testamente oder (Memorial-)Stiftungen werden in den entsprechenden Kapiteln zur Bewertung der Familie herangezogen. Eine „erbachische Chronistik" gibt es (für die Zeit des Mittelalters) nicht. Treten die Herren von Erbach in Chroniken überhaupt auf, so geschieht dies in der Regel im Gefolge des Pfalzgrafen und dann in ihrer Funktion als Erbschenken der Pfalz (s. dazu oben S. 147f).

[5] Dabei soll dieser Komplex in einem weiten Sinne verstanden sein.

[6] Zur Entwicklung des erbachischen Schenkenamts s. oben Kapitel 2.2.

[7] Vgl. hierzu allgemein CLAVADETSCHER, Nobilis, S. 242-251; SPIEß, Ständische Abgrenzung, S. 181-205; DERS., Familie, S. 1-4 (dort jeweils auch mit der kaum noch überschaubaren Literatur zu diesem Themenkomplex). Vgl. auch RÖDEL, Reichslehenswesen, S. 482-493, der den Wandel der standesmäßigen Einordnung der Reichsministerialen auch am veränderten Gebrauch der ihnen beigelegten Epitheta nachzeichnet.

[8] CLAVADETSCHER, ebd., S. 245.

Bedeutungswandel erkennen. Es ist nicht mehr eindeutig, ob das Epitheton *nobilis* weiterhin ausschließlich nur für Edelfreie benutzt wurde. Im 14. Jahrhundert kann man allein aufgrund des Prädikats *nobilis* nicht mehr unbedingt auf Edelfreiheit schließen, wenn auch in der Regel noch eine gewisse Übereinstimmung bestehen blieb. Die Vokabel wurde nun mehr und mehr dafür verwendet, um adelige Personen gegenüber nichtadeligen Personen abzugrenzen. Das heißt: seit der Mitte des 14. Jahrhunderts wurde *nobilis* allmählich zur bloßen Bezeichnung für den Adel, es wurde nicht mehr streng ständisch aufgefaßt. Dennoch blieb der Begriff kennzeichnend für die Inhaber von Herrschaftsrechten – ganz gleich, ob es sich dabei um alte Edelfreie, Vögte, Amtleute oder gar autonome Gemeinden handelte[9].

Die alten edelfreien Familien legten sich im Laufe des 14. Jahrhunderts, als sich dann Deutsch als Urkundensprache durchgesetzt hatte, einen entsprechenden deutschen Begriff zu, der eindeutig die Standesqualität beschrieb. *Nobiles* mit eigenen Herrschaften wurden als *fri* bzw. *fri her* oder ähnlich bezeichnet. Als lateinische Bezeichnung setzte sich zum einen *liber baro* als Rückübersetzung von *fri her* durch; zum anderen galt offenkundig das Prädikat *nobilis vir* (in deutscher Entsprechung *edel her*) als Zeichen für die Zugehörigkeit zum edelfreien Adel[10]. Damit schlossen sich diese Familien als Gruppe eindeutig gegenüber den „Edlen" ab, die nur abgeleitete Herrschaftsrechte ausübten[11].

Betrachten wir nun vor diesem Hintergrund die Entwicklung der erbachischen Epitheta; dabei gilt es zu unterscheiden zwischen Fremd- und Eigenbezeichnungen. Sofern Erbacher Urkunden überhaupt überliefert sind, wurden diese auf die Verwendung von Titeln untersucht. Dabei ergab sich das folgende Bild:

Im 12. Jahrhundert haben wir nur zwei Nachweise, die uns diesbezüglich einen Hinweis liefern. Es handelt sich zum einen um die Erstnennung der Familie im Lorscher Codex: *Eberhardus de Ertbach*[12]; zum anderen um die Pfalzgrafen-Urkunde von 1184, in der Eberhard von Erbach als erster unter den Ministerialen genannt ist: *Eberhardus de Erpach*[13].

Für das 13. Jahrhundert sind nur wenige Stücke – darunter freilich recht prominente Diplome – greifbar, in denen die Angehörigen der Familie unter den

[9] Vgl. EBD., S. 250. In deutschsprachigen Urkunden lesen wir die Entsprechung *edel*.

[10] Vgl. SPIEß, Ständische Abgrenzung, S. 181-183, wo er den Fall schildert, daß 1273 der edelfreie Herr Reinhard von Hanau, der *nobilis vir* Reinhard, König Rudolf ersuchte, seine Ehefrau Adelheid von Münzenberg zu freien, um den Makel der Unfreiheit von der Ministerialentochter zu nehmen.

[11] Gegenüber den „kleinen Edelfreien", die mit dem Prädikat *fri*, *fri her* u.ä. bezeichnet wurden, setzten sich die alten Grafen und Edelfreien durch *wolgeborn*, *edel wolgeborn* ab (vgl. CLAVADETSCHER, ebd., S. 251). Für die Herren von Erbach läßt sich der Gebrauch des Epithetons *edel und wolgeborn* seit dem Ende der 1460er Jahre belegen; so beispielsweise auf der Grabplatte Schenk Ottos († 1468): ... *starb der edel vnd wolgebor schenck Ott here von erpach*... (STEIGER, Grablegen, Nr. 38); s. dazu auch unten Kapitel 3.1.2.1.

[12] CL I, Nr. 155a, S. 436.

[13] Vgl. GUDENUS, Sylloge, Nr. 13, S. 34.

folgenden Titeln und Benennungen auftraten: *Conradus pincerna de Ertbach*[14]; *ministerialem nostrum G. de Erpach*[15]; *Gerhardus pincerna de Erpach*[16]; *Franco de Erpach*[17]; *sigillum pincerne de Erpach*[18]; *sigilli dominorum nobilium Eberhardi dicti Reitz de Bruberch et Cunradi pincerne de Erpach*[19]; *domini Eberhardj pincerne de Erbach*[20]. Es handelt sich hier ausschließlich um Bezeichnungen durch Dritte. In selbständig ausgestellten Urkunden nennen sich die Schenken normalerweise recht stereotyp mit ihrem Vornamen unter Hinzufügung des Schenkentitels. Dabei gibt es folgende Varianten: *Eberhardus et Cůnradus, Pincerne de Erpach, fratres*[21]; *ego Eberhardus pincerna de Erpach*[22]; *Ego Cunradus de Erpach Pincerna*[23]; *Nos Cunradus pincerna de Erpach, Engelhardus et Eberhardus filii sui*[24]; *ego Gerhardus pincerna de Erpach*[25]; *ego Johannes nobilis pincerna dictus de Erppach*[26].

Bis zum Beginn der 70er des 14. Jahrhunderts hielten die Schenken selbst an der Form „Vorname / pincerna de Erbach“ fest, wobei sich der jeweilige Schenk stets in der ersten Person Singular nannte, wie wir dies auch schon für das 13. Jahrhundert beobachten konnten[27]. Diese Art der Namensschreibung verwendeten die Schenken auch in den deutschsprachigen Urkunden, mitunter allerdings in der Variante „Schenk / Vorname / von Erbach“[28]. Schenk Eberhard

[14] Vgl. STEINMETZ, Schenken von Erbach, S. 15 Abb. 2; FRANZ, Haina 1, Nr. 111.

[15] KLEBERGER, Territorialgeschichte, S. 177 (= HStA München, GHA Uk 2373 ½); SIMON, Erbach, UB Nr. 3, S. 5; HUILLARD-BRÉHOLLES II, S. 762f (= LEHMANN, Pfälzer Urkunden, Nr. 9, Heid Hs 430; dort nach dem Stuttgarter Kopialbuch fol. 86r).

[16] GLA 67/1302, fol. 30 = GUDENUS, Sylloge, Nr. 50, S. 122; EBD., Nr. 58, S. 135.

[17] GUDENUS, ebd., Nr. 50, S. 123.

[18] REIMER, UB Herren von Hanau 4, Nr. 248, S. 185.

[19] SIMON, Erbach, UB Nr. 6, S. 7f (18. Mai 1282).

[20] EBD., Nr. 8, S. 9 (1283).

[21] EBD., Nr. 4, S. 6; SCHNEIDER, Historie, UB Nr. 3, S. 17 (22. August 1255).

[22] SIMON, ebd., Nr. 5, S. 7; SCHNEIDER, ebd., Nr. 5, S. 21 (25. November 1267).

[23] GUDENUS, ebd., Nr. 163, S. 294f (1290). In dieser Urkunde bezeichnete Konrad seinen Sohn Eberhard als *miles*, vermutlich in der Bedeutung des noch nicht zur Regierung gelangten Nachfolgers.

[24] GLA 67/865, fol. 169v-170r = SIMON, Erbach, UB Nr. 7, S. 8 (6. Dezember 1282).

[25] SIMON, ebd., Nr. 9, S. 9f (8. Dezember 1292).

[26] GROPP, Amorbach, UB Nr. 15, S. 198 (11. November 1280). Bei dieser Selbstbezeichnung ist die Zuordnung des Prädikats *nobilis* nicht ganz eindeutig, da keine Satzzeichen überliefert sind. Es macht einen gewissen Unterschied, ob sich Johannes als *Johannes, nobilis, pincerna* oder als *Johannes, nobilis pincerna* bezeichnet. Denn in der ersten Form würde er sich selbst als „edel“ ansehen, also dem Adel zurechnen, ohne auf seine ministerialische Herkunft Bezug zu nehmen.

[27] Wenn uns allerdings für das Jahr 1340 eine Urkunde Schenk Konrads IV. vorliegt, in der er sich selbst *schencke Conrad, herre zů Erbach* nannte (SIMON, Erbach, UB Nr. 34, S. 36), so sollte dies bis zum Beginn der 1370er eine Ausnahme bleiben, die wir so in keiner weiteren der überlieferten erbachischen Urkunden finden. Selbst Konrad IV. nannte sich in der Folgezeit wieder nach dem Muster „Schenk / Vorname / von Erbach“.

[28] Besondere Aufmerksamkeit verdient die Benennung „Vorname / **der** Schenk von Erbach“, die vereinzelt vorkam. Offenbar wurde diese Spielart von dem Erbacher gebraucht, der ge-

VIII., der mit Elisabeth von Katzenelnbogen verheiratet war, nannte sich am 4. August 1370 erstmals „Herr zu Erbach". Die Urkunde Eberhards und seiner Frau über die Stiftung einer Kapelle in Erbach beginnt mit *Ich Eberhart Schenk, herre zu Erpach und mit mir frawe Elisabete meine eliche wirtin bekennen*[29]. Es ist dies – soweit ich die Quellenlage überblicke – der erste Beleg dafür, daß sich ein Angehöriger des Hauses in einer von ihm ausgefertigten Urkunde selbst als „Herr zu Erbach" bezeichnet hat[30]; in den darauffolgenden Jahren treffen wir diese Variante immer häufiger an. Eberhards Witwe nannte sich in einer von ihr ausgestellten Urkunde am 12. Juli 1381 selbst *Ich Else von Kaczenelnbogen frauwe zů Erpach*[31]. Eine ähnliche Benennung finden wir 1384 für Raugräfin Jeanette, die Ehefrau Schenk Johannes' II. aus der Reichenberger Linie. In einer Empfangsbestätigung für 1000 Pfund Heller nannte sie sich *fraúwe Schonette Rűgreven, fraúwe von Erpach*[32]. In der Gegenüberstellung der beiden Titel geht auch eindeutig die Unterscheidung in der Namensführung der verschiedenen Linien hervor: Offenbar nannte sich die alte in Erbach ansässige Hauptlinie stets „zu Erbach", die beiden anderen Zweige dagegen „von Erbach"[33]. Noch deutlicher wird diese Differenzierung in einer Urkunde von 1396, bei deren Ausstellung Angehörige aller Erbacher Linien beteiligt waren. Am 20. Dezember schlossen die Schenken von Erbach mit Pfalzgraf Ruprecht II. ein Schutzbündnis gegen die sich mehrenden Überfälle aus Burg Breuberg[34]: *Wir* [...] *mit namen Schenck Eberhart der Elter, herre zu Erpach, Schenck Hans vnd Schenck*

rade mit der Ausübung des pfalzgräflichen Hofamts betraut war. Darauf deutet unter anderem die Verwendung dieser Titulatur durch Schenk Konrad V. († 1380) hin, der sich am 18. März 1373 als *Conrad der Schenke der Eldeste, herre zů Erpach* bezeichnete (SIMON, Erbach, UB Nr. 89, S. 90-92). Hier ist offenbar die Regelung, daß der jeweils Familienälteste das Erbschenkenamt ausüben sollte, innerhalb der Schenkenfamilie de facto bereits vorweggenommen worden. Erst 1382 nach dem Tod Konrads wurde diese Bestimmung durch Pfalzgraf Ruprecht I. schriftlich fixiert.

29 SIMON, Erbach, UB Nr. 82a, S. 85f. In derselben Urkunde nannte sich auch Eberhards Bruder, Schenk Konrad, „Herr zu Erbach".

30 Bereits seit Beginn der 1360er Jahre kam die Bezeichnung *Ich N here zu Erpach* vor. Es ist hierbei jedoch auffällig, daß diese Urkunden in der Regel von einem Schiedsgericht ausgestellt wurden und die Benennung recht formelhaft nur in der Corroboratio des jeweiligen Stücks vorkommt (vgl. beispielhaft SCHNEIDER, Historie, UB Nr. 36.2, S. 90f; Nr. 37.2, S. 92). Diese Gerichte waren meist von Angehörigen des Ritteradels besetzt, die schon frühzeitig den de facto erlangten Herrenstand der Schenken anerkannten. S. auch Anm. 27.

31 SIMON, Erbach, UB Nr. 104, S. 102f. In dieser Urkunde nannte sie auch ihre *lieben kinden*, darunter *Schenck Ebirharten, herren zu Erpach*.

32 SIMON, Erbach, UB Nr. 108, S. 109 (29. Juni 1384).

33 Diese Differenzierung scheint aber nur innerhalb der Familie konsequent befolgt worden zu sein. Bei Urkunden oder Texten, die von Dritten verfaßt worden sind, wurde diese Unterscheidung nicht immer getroffen, wie viele Beispiele zeigen.

34 Vgl. SIMON, Erbach, UB Nr. 140, S. 139-141. Eberhard der Ältere ist Eberhard X. von der Erbacher, Johannes und Konrad gehören der Reichenberger Linie an, Eberhard der Jüngere ist Eberhard XI. von der Michelstädter Linie und endlich Konrad der Junge ist Konrad VII. von der Erbacher Linie, ein Cousin Eberhards X. – Zu den angesprochenen Ereignissen s. oben S. 121f.

*Conrad, herren von Erpach, gebruder, Schenck Eberhart der Junge, herre von Erpach vnd Schenck Conrad der Junge, herre zu Erpach, bekennen* [...].

Bei der Benennung durch Dritte stellen wir seit dem beginnenden 14. Jahrhundert eine große Bandbreite der Titel und Prädikate fest, deren Belegstellen hier nicht alle aufgelistet werden können. Es werden jeweils nur die bekannten Erstbelege genannt: Durch König Ludwig den Bayern werden die Schenken von Erbach im Januar 1315 als *nobiles et strenui viri Eberhardus pincerna de Erpach* [...] *Cvnradus pincerna de Erpach* bzw. *nobiles viros Eberhardum pincernam de Erpach* [...] *Cvnradum pincernam de Erpach* bezeichnet[35]. Karl IV. nannte die Schenken von Erbach 1349, als er sie in seinen Dienst aufnahm, als *die edeln Ebirhard schencke, Conrad Schenke Rouch vnd Heinrich Schencke, gefettirn, schencken von Erpach, vnser lieben getrewin vns eyn Romischen Kung irkennen*[36]. Offenbar unterschied der König allerdings zwischen dem hohen Adel und dem niederen bzw. Ritteradel; denn in derselben Urkunde findet sich eine Formulierung, die diese Unterschiede andeutet: *vzgenomen* [...] *die vnser hausgesinde sein vnd bynamen Rittern, knechten vnd allen vnsern Edeln lewten.* In Urkunden, die mit dem 1389 geschlossenen Egerer Landfrieden in Zusammenhang stehen, wurde Schenk Eberhard mehrfach auch „Schenk Eberhard Herr zu Erbach Landvogt des Landfriedens am Rheine" genannt[37]. In der Bestätigungsurkunde König Wenzels über die Vergabe eines Oppenheimer Burglehens an Schenk Eberhard X. nannte er ihn lediglich *Schenck Eberhart von Erbach den Eltern*[38]. Am 23. Mai 1401 zählte König Ruprecht Schenk Eberhard X. zu seinen Räten, die als Unterhändler im Hinblick auf den geplanten Italienzug befugt waren, *zu reden umb hulfe und dienste*[39]. Er nannte ihn den *edeln Schenck Eberhart herren zu Erpach deme eltern.* Als Ruprecht am 4. Juli desselben Jahres die Rechte und Freiheiten der Stadt Florenz bestätigte, ist Eberhard auch unter den Urkundenzeugen zu finden[40]. Nach den Herzögen und Grafen ist er zusammen mit Engelhard von Weinsberg als *spectabiles Engelhardus de Winsberg, Eberhardus pincerna de Erpach senior barones* genannt. König

[35] SIMON, Erbach, UB Nrr. 17, 18, S. 18f; mit zum Teil sinnentstellenden Fehlern bei den Ortsnamen bei SCHNEIDER, Historie, UB Nrr. 9, 10, S. 49-52.

[36] SIMON, Erbach, UB Nr. 51, S. 54f; fehlerhaft bei SCHNEIDER, Historie, UB Nr. 31.1, S. 81f. Daß Kaiser Karl IV. mit dem Prädikat *edel* durchaus die Zugehörigkeit zum hohen Adel anzeigte bzw. zu den edelfreien Familien, läßt eine weitere Urkunde vermuten, in der er einen Grafen von Wertheim auch in dieser Form ansprach, der dem hohen Adel angehörte (vgl. SIMON, Erbach, UB Nr. 97, S. 97f; zur Einordnung der Wertheimer Grafen vgl. EHMER, Wertheim; SPIEß, Familie, S. 359-361).

[37] Vgl. RTA ä. R. 2, Nr. 73, S. 168; Nr. 74, S. 171; Nr. 86, S. 185-187 (hier ist die Mutter Schenk Eberhards als *frauwe zu Erpach* genannt); Nr. 104, S. 218; Nr. 117, S. 234.

[38] SIMON, Erbach, UB Nr. 138, S. 137f (26. November 1395).

[39] RTA ä. R. 4, Nr. 345, S. 410; die Verhandlungen folgten dann auf dem Reichstag in Mainz im Juni bzw. Juli 1401.

[40] Vgl. RTA ä. R. 4, Nr. 358, S. 433. Etwa einen Monat später bevollmächtigte der König vier Personen, Heiratsverhandlungen mit König Karl VI. von Frankreich zu führen; unter den Urkundenzeugen wiederum nach dem Grafen von Leiningen *Engelhardo de Winsberg et Eberhardo pincerna de Erpach baronibus* (RTA ä. R. 5, Nr. 153, S. 195).

Ruprecht benutzte also (spätestens seit dem Frühjahr 1401) in den königlichen Diplomen durchgängig die Formulierung „Herr von“ bzw. „Herr zu Erbach“ oder die lateinische Entsprechung „(liber) baro“. Offenkundig zählte König Sigismund sie unter die freien Herren, wenngleich er sie zunächst nur die *schencken von Erpach* nannte[41]. Im August 1414 ist die ständische Zuordnung der Schenken klar. Eine Liste der *fursten graven herren und frien, die zu Covelentz gewest sint bi unserm gnedigen hern dem koninge*[42] nennt auch zwei Schenken von Erbach, denen allerdings in der Aufzählung der Herren-Titel nicht beigelegt wurde. Seit dem zweiten Viertel des 15. Jahrhunderts werden die Angehörigen der Schenkenfamilie dann aber vom König bzw. Kaiser durchgängig mit dem Herren-Titel angesprochen[43].

Der Mainzer Erzbischof Peter von Aspelt verwendete am 9. Oktober 1314 das Prädikat *nobilis vir* für Eberhard von Erbach[44]. Mit dem gleichen Epitheton ist die Belehnungsurkunde Peters von Mainz ausgestattet, mit der Schenk Eberhard genannt Rauch das Burglehen zu Fürstenau erhielt[45]. In deutscher Entsprechung wurde Schenk Konrad IV. 1342 als *edel man, her Conradt, schenken von Erpach*[46] genannt. Dieses Prädikat behielten die Erzbischöfe von Mainz offenbar während des gesamten 14. Jahrhunderts bei. In einer Urkunde Erzbischof Johanns vom 12. November 1404 ist (erstmals?) auch der Titel *herr von Erpach* verwendet worden[47].

[41] Vgl. dazu RTA ä. R. 7, Nr. 10, S. 23: Sigismund versprach Pfalzgraf Ludwig am 6. August 1410, daß er im Falle seiner Wahl „genannten und ungenannten Fürsten, Grafen, Herren, Rittern, Stiften und Klöstern“ – sofern sie ihn anerkennen – ihre Lehen und Privilegien als römischer König bestätigen werde. Unter den Herren sind an letzter Stelle die Schenken von Erbach genannt.

[42] RTA ä. R. 7, Nr. 143, S. 201.

[43] Vgl. dazu die Beispiele in den RTA der älteren und mittleren Reihe. Exemplarisch seien hier nur zwei prägnante Beispiele genannt. Als das Reichskontingent gegen die Hussiten aufgestellt wurde, am 1. März 1431 in Nürnberg, ist in der Rubrik *Verschiedene Reichsstaͤnde nachtraͤglich* auch *Schencke Conrat herre zů Erpach* mit 2 Glefen aufgeführt (vgl. RTA ä. R. 9, Nr. 408, S. 534). Am 27. April 1438 überreichte der Rat des Erzbischofs von Mainz, Schenk Konrad IX., das Wahldekret an König Albrecht. Ludwig von Ast, der Kanzler Pfalzgraf Ludwigs, kündigte in seiner Ansprache an, daß das „decretum electionis“ *per generosum baronem dominum Conradum Pincernam dominum in Erpach* übergeben werde (RTA ä. R. 13, Nr. 43, S. 105).

[44] Vgl. SIMON, Erbach, UB Nr. 16, S. 17.

[45] Vgl. EBD., Nr. 19, S. 19f (13. August 1317). Die Urkunde des Erzbischofs ist hier in den Revers Schenk Eberhards inseriert: *quod nobilem virum Ebirhardum Pincernam de Erpach, dictum Rauch recepimus in Castrensem ad Castrum nostrum Furstenauwe.*

[46] EBD., Nr. 39, S. 41f.

[47] Vgl. EBD., Nr. 152, S. 153f. Diese Benennung hatte sich damit wohl durchgesetzt, denn die Mainzer Lehenbriefe der Folgejahre benutzten stets den Titel *dominus* bzw. die deutsche Entsprechung *Herr*, wobei vor den Vornamen des jeweiligen Schenken immer das Epitheton *edel* gesetzt wurde. – Es ist freilich nicht auszuschließen, daß die Erzbischöfe von Mainz den Herren-Titel auch schon früher verwendet haben. Aber aufgrund der disparaten Quellensituation im Hause Erbach haben wir nur dieses Stück als frühesten Nachweis.

Als der Würzburger Bischof Andreas 1310 die Dörfer Mudau und Limbach als Lehen an Schenk Eberhard IV. übertrug, nannte er diesen *nobilis vir Ebirhardus, dominus Pincerna de Erpach*[48]. Als Bischof Hermann von Würzburg 1334 seinen lehensherrlichen Konsens zur Bewittumung der Ida von Steinach, der Ehefrau Schenk Konrads IV., auf das halbe Dorf Mückenloch gab, nannte er den Schenken in der deutschen Entsprechung als der *edel man Chunrat der Schencke von Erpach*[49]. Ida wird in dieser Urkunde als „ehrbare Frau" bezeichnet, was vermutlich daher rührt, daß sie die Erbtochter des letzten edelfreien Herren von Steinach war. 1336 belehnte Bischof Otto den *edel man Eberhart Schenke von Erbach der iūnger* mit der Zent und dem Gericht Mudau, wie sie zuvor schon sein Vater Eberhard VII. besessen hatte[50]. Spätestens seit der Mitte der 1380er Jahre werden Angehörige der Schenkenfamilie von den Würzburger Bischöfen als *dominus in Erpach* bezeichnet[51].

Die Äbte von Fulda unterschieden in der ersten Jahrhunderthälfte bei den den Erbacher Schenken beigelegten Titeln offenbar genauer. Denn Abt Heinrich bezeichnete die Erbacher in den beiden Sühneurkunden vom 9. August 1321 unterschiedlich[52]. In der ersten Urkunde, in der nur Mitglieder der Schenkenfamilie angesprochen sind, nannte er sie lediglich *Schenke Ebirhart den Alten von Erpach* bzw. *Schenke Ebirhart den Jungen*. In der zweiten Urkunde war neben Konrad von Erbach auch Eberhard Herr von Breuberg betroffen, so daß der Abt das Prädikat „ehrbare Herren" verwendete[53]. Er differenzierte hier freilich nochmals: Ist im Text von erbachischen Belangen die Rede, so nennt er den jeweils betroffenen Schenken nur mit dem Schenkentitel unter Hinzufügung des Vorna-

[48] EBD., Nr. 13, S. 14f; dagegen SCHNEIDER, Historie Erbach, UB Nr. 11, S. 52f, der die Stelle mit *dictus pincerna* wiedergibt. Simon verweist bei seinem Abdruck der Urkunde auf den „fehlerhaften" Druck bei Schneider. Offenkundig hatte der Text des Originals hier eine Kürzung (vielleicht *dns* oder *dcs*?), die einer der Editoren falsch aufgelöst hat. Da die Original-Urkunde 1944 mit dem erbachischen Archiv verbrannt ist, werden wir in dieser Frage keine abschließende Klärung mehr erreichen.

[49] SIMON, ebd., Nr. 26, S. 28 (12. August 1334). Interessant ist, daß diese Urkunde einen Passus enthält, der anscheinend einer weiteren Aufsplitterung der ehemals Steinacher, jetzt erbachischen Lehensgüter entgegenwirken sollte. Denn das ausgesetzte Wittum sollte im Fall von Idas Tod auf den Sohn aus der Ehe übergehen und nicht an eine Tochter fallen. So wurde ein weiterer möglicher Erbgang über die Tochter verhindert, und das Gut blieb in erbachischen Händen.

[50] SIMON, Erbach, UB Nr. 29, S. 30f.

[51] Vgl. SIMON, Erbach, UB Nr. 113, S. 114-116 (1386). Die Zuordnung des *dominus*-Titels geht aus der Urkunde nicht klar hervor. Es ist unsicher, ob Schenk Konrad der Ältere († 1393?) oder sein Sohn Johannes den Titel führte. Da aber der Vater zum Zeitpunkt der Niederschrift der Urkunde noch lebte, ist davon auszugehen, daß ihm der Titel beigelegt wurde. Diese Zuordnung wird durch seine Sterbeinschrift gestützt; auch dort ist er als *dominvs de erpach dictvs ravch* bezeichnet (STEIGER, Grablegen, Nr. 22).

[52] Vgl. SIMON, Erbach, UB Nrr. 20, 21, S. 20-24.

[53] Als es 1324 zu einer erneuten Schlichtung in dieser Sache kam, verwendeten die eingesetzten Schiedsrichter das Epitheton „ehrbare Leute". Auch hier ist die Motivation der Verwendung wieder ganz klar; denn neben Schenk Konrad war auch der Graf von Wertheim betroffen.

mens. In einer 1390 von Abt Friedrich ausgestellten Urkunde liegt wohl der Erstbeleg vor, daß Fuldaer Äbte die Schenken von Erbach als „Herren zu Erbach“ ansprechen[54].

Werden die Schenken von Angehörigen des Nieder- bzw. Ritteradels angesprochen – in der Regel handelte es sich bei den meisten Urkunden um solche von erbachischen Lehensleuten –, so können wir pauschal festhalten, daß diese bereits seit dem ausgehenden 13. Jahrhundert den *dominus*-Titel verwendet haben[55]. Dieser steht zunächst noch vor dem Vornamen bzw. kommt zunächst noch in der Kombination „unser Herr, Herr Konrad, dem Schenken von Erbach“[56] oder ähnlich vor, wurde seit der Mitte des 14. Jahrhunderts in der Variante verwendet, bei der der *dominus*-Titel bzw. seine deutsche Entsprechung nach dem Vornamen geführt wird[57].

Betrachten wir diese unterschiedlichen Varianten genauer. Folgt man dabei Karl-Heinz Spieß, hebt dieser hervor, daß die beiden Worte *dominus* bzw. *Herr* vor den Vornamen gestellt lediglich eine ehrende Anrede seien und so den Ritteradel charakterisierten; stehen sie dagegen nach dem Vornamen, so handelte es sich um eine Standesbezeichnung, die eindeutig den edelfreien Inhaber einer Herrschaft meinte[58]. Die Verwendung der zweiten Form seit der Jahrhundertmitte charakterisierte die Schenken von Erbach also eindeutig als Inhaber einer eigenen Herrschaft, zeichnete sie als „Landesherren“ aus und setzte sie den edelfreien Familien gleich.

Dennoch sind die Herren von Erbach für die Zeit davor deshalb nicht gleich zum Ritteradel zu zählen; auch wenn sie der Ministerialität entstammten, woraus in der Regel der Ritteradel entstanden war[59]. Denn den Schenken wurde das Prädikat *miles* normalerweise nicht zugeordnet. Erst die Kombination aus beidem – dem Rittertitel und *Herr* bzw. *dominus* vor dem Vornamen – machte die Zugehörigkeit zum Ritter- und damit zum Niederadel aus[60]. Wurden die Herren von Erbach gelegentlich auch mit dem Titel *miles* gekennzeichnet, so handelte es sich meist um Bezeichnungen für die noch nicht zur Regierung gelangten

[54] Vgl. SIMON, Erbach, UB Nr. 123, S. 124f: *einbiten dem Edeln Schengke Conrat, herre czu Erppach, vnserm lieben getruwin vnsern fruntlichin gruz.* Mit dem gleichen Prädikat wird in derselben Urkunde auch Ulrich von Hanau genannt (*der Edel Ulrich, herre czu Hanauwe*).

[55] Der erste Beleg dafür datiert vom 18. Mai 1282; freilich muß hier einschränkend bemerkt werden, daß in dieser Urkunde des Ulrich von Rosenbach Konrad von Erbach zusammen mit Eberhard Reitz von Breuberg, der als edelfrei galt, genannt ist. Beide werden als *domini nobilium* bezeichnet (SIMON, Erbach, UB Nr. 6, S. 7f).

[56] Vgl. SIMON, Erbach, UB Nr. 27, S. 29.

[57] Beispielhaft sei hier nur genannt ein Revers des Ritters Eberhard von Merlau, der um 1350 die Brüder Eberhard und Konrad von Erbach als *edel herren Schencken Conrad vnde Schencken Eberhart gebruder, herren zů Erpach* bezeichnet (vgl. SIMON, Erbach, UB Nr. 53, S. 56f). Für die weiteren zahlreichen Belege sei auf das Urkundenbuch bei SCHNEIDER, Historie Erbach, bzw. das bei SIMON, Erbach, verwiesen.

[58] Vgl. zu dieser Bedeutungsunterscheidung SPIEß, Ständische Abgrenzung, S. 203f.

[59] Vgl. zu diesem Phänomen zusammenfassend RÖDEL, Reichsministerialität, S. 494-511; DERS., Krieger.

[60] Vgl. SPIEß, ebd., S. 203.

Söhne bzw. um eine Art Ehrentitel, so daß dies eher die Ausnahme von der Regel darstellte[61].

Diese Ansicht wird gestützt durch das Prädikat *nobilis vir*, das in Urkunden Ludwigs des Bayern seit 1314/15 Verwendung fand, und die Schenken von Erbach im Prinzip als Edelfreie kennzeichnete[62]. Im selben Zeitraum erkannten auch die benachbarten Reichsfürsten den Schenken von Erbach dieses Epitheton und seine deutsche Entsprechung (*edel man* oder *edel herr*) zu. Eine Ausnahme bildeten hier, wie wir gesehen haben, freilich die Lehensherrn der Schenken, die Pfalzgrafen bei Rhein. Sie stellten bis zum Ende des 14. Jahrhunderts die vasallitische Bindung der Schenken von Erbach an die Pfalzgrafschaft deutlich heraus und verwendeten den Titel *dominus* bzw. *Herr* erst in den 90er Jahren; davor wurden die Schenken in der Regel nur mit dem Prädikat *edel* bezeichnet.

Das 14. Jahrhundert stellte offenbar für die Herren von Erbach hinsichtlich ihrer ständischen und sozialen Einordnung den Umbruch dar. Am Beginn des Jahrhunderts können wir eindeutig noch Relikte erkennen, die zweifelsfrei auf die ministerialische Herkunft des Geschlechts verweisen: bezeichnend ist die, für Schenk Eberhard ausgestellte Urkunde König Ludwigs IV. vom 29. Januar 1315, in der er die Schenken in ein und demselben Atemzug *nobiles et strenui viri* nannte. Ludwig verwendete also hier Prädikate nebeneinander, die eigentlich den Edelfreien (*nobilis vir*) bzw. dem niederen Adel ministerialischer Herkunft (*strenuus vir*) zukamen[63]. In einer zweiten am selben Tag ausgestellten Urkunde kennzeichnete Ludwig die Schenken der Reichsstadt Sinsheim und dem Reichsdorf Limbach gegenüber als *nobiles viri*. Zweierlei wird hier sichtbar: Zum einen machte der König die erlangte Stellung der Erbacher und deren Bedeutung gegenüber den beiden Orten deutlich; zum anderen zeichnete sich ab, daß der Übergangsprozeß der Schenken von der (Reichs-)Ministerialität zur „de-facto-Edelfreiheit" noch nicht abgeschlossen war und daß hinsichtlich der stan-

[61] Wenn allerdings Schenk Erasmus Herr zu Erbach und Bickenbach im Frühjahr 1486 anläßlich der Krönungsfeierlichkeiten Maximilans I. zum Ritter geschlagen wurde, so handelte es sich dabei eindeutig um eine Auszeichnung durch den König: *und slug der koning ritter* (vgl. RTA m. R. 1, Nr. 915b, S. 937); denn neben Erasmus erhielten auch Pfalzgraf Philipp und weitere seines Gefolges den Ritterschlag.

[62] Vgl. dazu KEUPP, Dienst und Verdienst, S. 44, wo die *nobiles viri* den Grafen und Herren gleichgeordnet sind.

[63] Vgl. zu der Einordnung und Zuschreibung RÖDEL, Reichslehenswesen, S. 430-511, bes.: 497f: Die Zuordnung des Prädikats *strenuus* zu einem ritterbürtigen (ehemals ministerialischen) Adeligen wird in der Freiunsgurkunde Hartmuts von Kronberg noch 1330 deutlich. Ludwig der Bayer bezeichnete den Vater Hartmuts dort als *strenuus vir Hartmannus de Chronberck sacri imperii ministerialis*. Ein weiteres Beispiel, das die Zuordnung dieses Prädikats zum Ritteradel nahelegt, finden wir in einer Urkunde vom 23. September 1353. An diesem Tag verkaufte Schenk Konrad die Herrschaft Lindenberg seinem Schwager, *deme vesten Manne Engelhart vom Hirßhorne* (SIMON, Erbach, UB Nr. 55, S. 58f). In der deutschsprachigen Urkunde verwendete Konrad offenkundig die deutsche Entsprechung „fest", um Engelhart als ritterbürtig zu kennzeichnen. – Zum Gebrauch der Epitheta vgl. auch die Bände des Corpuswerks „Die Deutschen Inschriften", die eine Zusammenschau der (in Inschriften) gebräuchlichen Wendungen bieten.

desmäßigen Zuordnung der Erbacher noch Unklarheit bestand[64]. Doch im Verlauf des Jahrhunderts zeichnete sich der Umschwung immer deutlicher ab. Seit der Mitte des Jahrhunderts wurden die Schenken von Erbach von Angehörigen des Ritter- und Niederadels „Herren“ genannt; seit dem dritten Drittel folgten dem auch die benachbarten Reichsfürsten, wobei die Pfalzgrafen bei Rhein diesbezüglich recht zögerlich waren und erst seit den 1390er Jahren diesem Muster folgten, wie wir gesehen haben. Auf Reichsebene war die Zugehörigkeit der Herren von Erbach zum edelfreien Stand seit der Regierung von König Ruprecht (1400-1410) akzeptiert, was sich widerspiegelte in der Bezeichnung als „Herren“, „freie Herren“, „barones“ oder ähnlich sowie in der Tatsache, daß sie in den Reichsmatrikeln unter die Grafen- und Herrenfamilien gezählt bzw. als Reichsstände angesprochen wurden. Das heißt: An der Wende vom 14. zum 15. Jahrhundert können wir auch an Hand der Titel den Stand der Herren von Erbach eindeutig erkennen. Spätestens seit diesem Zeitpunkt sind sie – betrachtet man alleine ihre standesmäßige Kennzeichnung – als edelfrei und somit hochadelig anzusprechen.

Daß seit der Mitte des 14. Jahrhunderts der Herren-Titel, der den Schenken beigelegt wurde, verstärkt als Standestitel zu sehen ist, zeigt sich auch darin, daß die Ehefrauen die weibliche Form „Frau“ bzw. „domina“ führten. Denn nur im edelfreien Adel wurden die Titel wie „Graf“ oder „Herr“ auch auf weibliche Familienangehörigen übertragen. Das heißt: Die Titel des edelfreien Adels galten zu Recht als Standestitel, die man mit der Geburt erlangte[65].

Bisher haben wir die Titel der Herren von Erbach, die in den zahlreichen Urkunden Verwendung fanden, nur hinsichtlich ihrer inhaltlichen Bedeutung betrachtet[66]. Es bleibt freilich noch zu fragen, welchen Verbreitungsgrad die Ur-

[64] Dies lag unter anderem sicher auch daran, daß nur wenige Jahre zuvor die Schenken von Erbach in der Auseinandersetzung mit der Pfalzgrafschaft ihre gesamte Herrschaft Pfalzgraf Rudolf zu Lehen auftragen mußten, ihre vasallitische Abhängigkeit also überdeutlich in den Vordergrund getreten war.

[65] Vgl. dazu SPIEß, Ständische Abgrenzung, S. 199. Dagegen sind die Bezeichnungen *miles* bzw. *Ritter*, *armiger* bzw. *Edelknecht* überwiegend als Funktionstitel betrachtet worden, so daß sie keine Anwendung auf weibliche Personen fanden. Dazu auch RÖDEL, Reichslehenswesen, der diesbezüglich zwischen „Geburtsstand“ und „Funktionsstand“ unterschei det.

[66] Daß die Betrachtung auf die Titel der Schenken beschränkt bleibt, liegt u.a. daran, daß in den erbachischen Urkunden Arengen so gut wie gar nicht vorkommen; und diese in deutschsprachigen Urkunden generell kaum noch aufgenommen wurden. Vgl. dazu SAUTER, Herrschaftsrepräsentation, S. 69, 80, der vermutet, daß mit dem Vordringen der deutschen Sprache in Urkunden die Arengen zurückgedrängt wurden, weil Deutsch als weniger geeignet für die Verwendung in Arengen erachtet wurde.
Darüber hinaus ist zu fragen, inwieweit bei mindermächtigen Reichsständen überhaupt ein „Staatsdenken“ vorhanden war, das eine „Propagierung“ desselben (FICHTENAU, Arenga, S. 10) in Arengentexten nötig machte. Des weiteren waren die Arengen generell von einer gewissen Traditionalität geprägt, so daß häufig die Texte von einer Urkunde in die nächste oder aus Formelbüchern in die Urkunde kopiert wurden, ohne daß deutlich wurde, inwie-

kunden hatten und mithin: Entstand daraus eine „Öffentlichkeitswirksamkeit“, die den erlangten sozialen Rang durch die geänderten Titel sichtbar machen und verbreiten konnte? Hatten die Urkunden also die Funktion, den erreichten Status zu propagieren? Denn obschon die Promulgatio einer Urkunde immer eine breite Öffentlichkeit suggeriert, ist zu hinterfagen, ob es gerechtfertigt ist, von einem derart großen Rezipientenkreis auszugehen, wie dies demnach der Fall zu sein scheint. Denn die meisten Urkunden wurden in der Regel dem Empfänger übergeben und lagerten anschließend in dessen Archiv, so daß die „allgemeine“ Öffentlichkeit sie normalerweise gar nicht zu Gesicht bekam. Daher muß man pointiert fragen: In welchem Umfang konnten diese Urkunden und somit die verwendeten Titel überhaupt eine Außenwirkung entfalten? Inwieweit konnten sie der Repräsentation von Herrschaft dienlich sein? Um diese Fragen zu beleuchten, müssen wir verschiedene Dinge berücksichtigen.

Zunächst gilt es festzuhalten, daß Urkunden ein wichtiges, wenn nicht das wichtigste, Herrschaftsinstrument überhaupt darstellten. Darüber hinaus dienten sie aber auch als ein bedeutendes Repräsentationsmittel. Das heißt: Bei der Betrachtung einer Urkunde steht ihr rechtlicher Zweck und Gehalt in der Regel im Vordergrund; doch darf ihre Aussage nicht darauf reduziert werden. Denn die „äußere Aufmachung reihte sie in die große Gruppe der ‚Herrschaftszeichen‘ ein; ausführlicher als Inschriften auf Insignien und Siegeln verkündete sie auch mit Worten Wesen und Prinzipien der Herrschaft“[67].

Hat daher die einzelne Urkunde alleine eine eher eingeschränkte (repäsentative) Wirkung, so brachte es jedoch die Vielzahl der Urkunden in der relativen Gleichförmigkeit der Ausstattung und des Formulars sowie die Vielzahl der den verschiedenen mittelalterlichen Ständen entstammenden Empfänger mit sich, daß bestimmte politische Ideen – wie sie in der Intitulatio bzw. der Arenga bevorzugt aufgegriffen wurden – transportiert werden konnten und einen breiten Adressatenkreis erreichten. Den Urkunden war daher eine „Breitenwirkung“ gegeben, die etwa Bauwerke, die auf einen Ort beschränkt waren und die Anwesenheit des Betrachters verlangten, nicht oder nur unzureichend hatten. Noch einen weiteren Punkt gilt es zu beachten: Urkunden symbolisierten den Fürsten oder Herrn. Bei seiner tatsächlichen Abwesenheit gaben sie die Präsenz des Ausstellers vor, wobei den Siegeln eine besondere Bedeutung zukam. Hatte die Siegelurkunde zunächst nur Beweiskraft „für ein Rechtsgeschäft, das ohne diese zu Stande kam“[68], so änderte sich dies im Laufe des 13. Jahrhunderts: Die Besiegelung einer Urkunde entwickelte sich zum „Schlußakt“; erst durch sie war das Rechtsgeschäft abgeschlossen, erst jetzt wurde es verbindlich und rechtskräftig. Damit wurden freilich auch vermehrt hohe Anforderungen an die Korrektheit des Siegels gestellt: Die Intitulationen der Urkunden und Siegel mußten überein-

weit die Intention des ursprünglichen Verfassers dem aktuellen Anlaß zugeschrieben werden konnte (vgl. SAUTER, ebd., S. 79f).

[67] FICHTENAU, Arenga, S. 10; zu diesem Punkt auch SAUTER, Herrschaftsrepräsentation, S. 65-69.

[68] KITTEL, Siegel, S. 122.

stimmen und dem Aussteller auch wirklich zustehen; dies galt auch für die verwendeten Bilder. Andernfalls war die Anerkennung vor Gericht in Frage gestellt[69]. Das Siegel symbolisierte also die Person des Sieglers (durch Namen, Titel oder auch Bildzeichen), der sich gleichfalls mit dem Siegel identifizierte: Durch das Siegel wurde seine Person vertreten. Das heißt: Die besiegelte Urkunde machte die Anwesenheit des Sieglers (bei der Besiegelung) deutlich.

Vor dem Hintergrund des eben Gesagten können wir feststellen, daß eine einzelne erbachische Urkunde wohl kaum eine Breitenwirkung entfalten konnte. In ihrer Fülle erlangten die ausgestellten Urkunden jedoch ihre Außenwirkung. Dies läßt sich gerade an den für die Lehensleute der Schenken ausgefertigten Stücken erkennen. Bei diesen verwendeten die Schenken von Erbach seit den 1360er Jahren durchwegs die Selbstbezeichnung „Herr von/zu Erbach", so daß gerade hier die de facto erlangte Stellung in einem offiziellen Herrschaftsinstrument dokumentiert wurde. So etablierte und festigte sich der Gebrauch des Herren-Titels zusehends, so daß sich die benachbarten Reichsfürsten allmählich in der Benennung der Schenken von Erbach als „Herren von Erbach" anschlossen und schlußendlich zu Beginn des 15. Jahrhunderts auch der König bzw. Kaiser diesem Muster folgte: Die selbständige Stellung der Herren von Erbach war damit allgemein anerkannt. Umgekehrt können wir freilich auch sehen, daß die Lehensleute frühzeitig den Herren von Erbach eine soziale Position zuerkannten, die dem Herren-Stand entsprach. Es hat den Anschein, daß die erbachischen Lehensleute ihre Lehensherrn bereits einige Jahre früher mit dem Herren-Titel ausgestattet hatten, noch bevor dies die Schenken selbst taten. Dabei können wir ein „gestuftes Vorgehen" sehen: Vereinzelt bereits seit dem Ende des 13. Jahrhunderts benennen die Lehensleute ihren Lehensherrn mit dem Titel *dominus*, der bis zur Mitte des 14. Jahrhunderts zwar vor dem Vornamen erscheint, allerdings ohne den *miles*-Titel, so daß er nicht bloß eine ehrende Anrede darstellte, sondern schon einen Verweis auf eine eigenständige Herrschaft bietet. Die Lehensleute hatten also die Schenken von Erbach als ihre Herren anerkannt, die frei über ihre Güter und ihren Besitz verfügen konnten. Seit der Mitte des 14. Jahrhunderts fand dieser Zustand dann seinen Ausdruck in der Verwendung des Titels „Herr von/zu Erbach". Auch innerhalb des Niederadels können wir den fortschreitenden Etablierungsprozeß erkennen, der hinsichtlich der Akzeptanz des Herren-Standes im Niederadel bereits seit dem dritten Drittel des 14. Jahrhunderts abgeschlossen schien.

Darüber hinaus gebrauchten die Herren von Erbach noch weitere Mittel, mit deren Hilfe sie ihren Herrschaftsrang zeigen konnten und die möglicherweise eine größere Wirksamkeit erreichten. Hier ist vor allem der weite Bereich der Memoria anzusprechen.

[69] Vgl. dazu Konrad von Mure, der diese Forderungen um 1250 formulierte: [...] *expedit, ut uerba saltationis et epistole sigillo se conforment. alioquin in arduis causis et foro contentioso parum ualet quod agitur. Unde caueri debet, ne in salutatione titulus mittentis discrepet a sigillo, id est ab ymagine et a literis quas habet circumferentia sigilli* (Summa, S. 474).

### 3.1.2 Die Schenken von Erbach und ihre Memoria

Bei der Darstellung und Repräsentation der Schenken auf Sepulkralzeugnissen gilt es zu differenzieren: Einerseits ist auch hier der den Verstorbenen beigelegte Titel zu betrachten; andererseits muß das Grabmal in seiner Ausgestaltung in den Blick genommen werden. Dies bedeutet auch, daß wir in diesem Bereich nicht mehr streng zwischen Schrift- und Sachquelle unterscheiden. Dennoch sollen die Grabmäler in diesem Fall erst einmal als Schriftquellen aufgefaßt werden, weil zunächst die Aussage der Sterbeinschrift im Vordergrund steht; in einem weiteren Schritt wird der „Sachquellencharakter" zur Sprache kommen, der dann auch die Betrachtung des Begräbnisortes umfassen wird. Nehmen wir zuerst das Formular der Sterbeinschriften in den Blick.

#### 3.1.2.1 Die Sterbeinschriften und ihr Formular

Die älteste original erhaltene Inschrift auf einer Grabplatte ist die für das 1279 verstorbene Ehepaar Schenk Konrad und Gräfin Gertrud von Ziegenhain[70]. Das Paar wurde in der Einhardsbasilika bestattet; die Inschrift lautet: *ANNO DOMINI MCCLXXIX XVII KALENDAS JUNII OBIIT CONRADVS IVNIOR PINCERNA DE ERPACH ET VXSOR SUA FILIA COMITIS DE CIGENHAIN GERTRUDIS QVAE OBIIT IDVS IANVARII*[71]. Die nächste überlieferte Inschrift ist die für den 1296 gestorbenen, ebenfalls in der Einhardsbasilika begrabenen Schenken Johannes, den Begründer der Hauptlinie Reichenberg (zu Fürstenau): *ANNO DOMINI MILLESIMO CC XC SEXTO QVINTO IDVS IVNII OBIIT IOHANNES PINCERNA DE ERBACH*[72]. Diese beiden Beispiele mögen genügen, um den Gebrauch des Titels für die Frühzeit deutlich zu machen. Die Grabschriften, die bis zur Mitte des 14. Jahrhunderts überliefert sind, verwenden ausschließlich die Bezeichnung „N Pincerna de Erpach"; nach der Jahrhundertmitte ist die Hinzufügung des Titels „Dominus" unter Beibehaltung des Schenkentitels üblich geworden. Zu gleicher Zeit erscheint auch bei den weiblichen Mitgliedern des Hauses die Bezeichnung „Domina". Der erste Nachweis für die Verwendung des *dominus*-Titels ist auf der Grabplatte für Schenk Konrad IV. (†

[70] Es existiert zwar noch die Grabplatte für den 1249 verstorbenen Bischof Konrad II. von Hildesheim, der der Schenkenfamilie angehörte, diese ist jedoch nachgewiesenermaßen eine Zweitanfertigung des späten 15. Jahrhunderts, so daß ihr Formular für das 13. Jahrhundert nicht aussagekräftig ist (vgl. dazu STEIGER, Grablegen, Nr. 1).

[71] STEIGER, Grablegen, Nr. 2. – Es wird auf die Wiedergabe der Inschriften nach den Editionsrichtlinien der „Deutschen Inschriften" verzichtet, weil sich dadurch die Lesbarkeit des Textes erheblich erschweren würde. Darüber hinaus soll hier kein kritischer Katalog der Inschriften vorgelegt werden; sie dienen lediglich als Beleg für die im Hause Erbach üblichen standesspezifischen Epitheta und Titel im memorialen Umfeld. Die kritische Edition der Inschriften bei STEIGER, Grablegen, Nr. 1-53.

[72] STEIGER, ebd., Nr. 3.

1363) zu finden. Für ihn ist die Benennung *NOBILIS UIR DOMINVS CONRADVS PINCERNA DE ERPACH*[73] gegeben.

Da „Dominus" bzw. „Domina" seit der Jahrhundertmitte gebräuchlich sind, können wir auch hier festhalten, daß es sich dabei um standesbestimmende Titel handelte und nicht um funktionsgebunde Epitheta, wie wir dies schon oben bezüglich der in Urkunden üblichen Intitulationen bemerkt haben. Auch wenn diese Titel zunächst vor den Vornamen des/der Verstorbenen gesetzt sind, ist doch davon auszugehen, daß es sich um die Auszeichnung für einen eigenständigen Herren, der mit den Edelfreien gleichgesetzt wurde, handelte und nicht um einen Angehörigen des Ritteradels. Denn dieser wurde auf der Grabplatte eindeutig als Ritter gekennzeichnet und trug den *dominus*-Titel nicht, wie es auf der Tumbenplatte für die 1382 verstorbene Margareta Schenkin von Erbach, die Ehefrau Engelhards II. von Hirschhorn, geschehen ist. Es heißt dort: *anno domini m ccc lxxxii feria qvinta ante penthecosten obiit domina margareta schengkin de ertbach uxor engelhardi de hirzhorn militis ivnioris*[74]. Der Margareta wurde der Titel *domina* beigelegt; ihr Ehemann wurde dagegen eindeutig als *miles* benannt. Noch ein weiterer Punkt ist in dieser Inschrift auffällig. Innerhalb des lateinischen Formulars erscheint das deutsche Wort *schengkin* und nicht die lateinische Form *pincerna*, wie man dies erwarten würde. Dieser Umstand verdeutlicht, daß mittlerweile anscheinend ein Bewußtsein dafür vorhanden war, daß der Schenkentitel nicht mehr Funktions- und Amtstitel war, sondern als Namensbestandteil galt. Denn diese Sterbeinschrift verwendet die weibliche Form, also „Schenkin", und zeigt damit den Bedeutungswandel an[75]. Um diesen kenntlich zu machen, wurde das deutsche Wort gebraucht, weil im Lateinischen „pincerna" den Amtsinhaber kennzeichnete und es strenggenommen keine weibliche Form gab, so daß keine Eindeutigkeit gegeben wäre[76].

Noch ein weiterer Hinweis gibt Aufschluß darüber, daß der *dominus*-Titel, wie er seit der Jahrhundertmitte gebräuchlich ist, den freiherrlichen Stand der Erbacher anzeigt. Denn gerade bei der Grabplatte Schenk Konrads IV., wo dieser Titel erstmals Verwendung fand, wird diese Aussage durch die Hinzufügung des *nobilis uir* gestützt. Wie wir oben bereits gesehen haben, zeichnet dieses Epitheton seinen Träger als edelfreie, mithin hochadelige Person aus. In der Fol-

[73] EBD., Nr. 11.

[74] EBD., Nr. 16.

[75] Daß das Bewußtsein deutlich ausgeprägt war, geht eindeutig aus dem Testament der besagten Margareta von Erbach hervor; es beginnt mit den Worten: *Ich Margrede die Schenckin von Erpach frauwe zum Hirßhorn* (BAUR, Hess. Urkunden 1, Nr. 687, S. 471-474).

[76] Ursprünglich hatte diese Vokabel die Bedeutung „Wein" und ist grammatikalisch betrachtet ein Femininum; später wurde das Wort auf das Hofamt des Schenken übertragen. Als Amtstitel bezeichnete es den Inhaber des Hofamts, den Schenken, und wurde dann grammatikalisch dementsprechend auch als Maskulinum behandelt. Als die Hofämter erblich wurden, ist dieser Titel allmählich zu einem Namensbestandteil geworden, so daß es folglich auch eine weibliche Form geben mußte. Beide Formen waren im Lateinischen freilich meist gleichlautend, so daß die Unterscheidung nicht eindeutig getroffen werden konnte und daher die deutsche Entsprechung bevorzugt wurde.

ge wurde in den erbachischen Sterbeinschriften das Prädikat *nobilis* dem Titel *dominus* beigeordnet, so daß diese Kombination sicher im Sinne von „Edelherr", „Freiherr" verstanden werden darf und so den edelfreien Träger auszeichnete. Denn wie wir bei der Beurteilung der Intitulationen der Urkunden gesehen haben, dienten diese Epitheta seit dem zweiten Jahrzehnt des 14. Jahrhunderts zur Charakterisierung der erbachischen „de-facto-Edelfreiheit".

In Sterbeinschriften traten diese Prädikate in der Regel erst gegen Ende des 15. Jahrhunderts häufiger und danach regelmäßig auf. Wurden sie bereits vorher verwendet, so kamen sie bis auf wenige Ausnahmen nur dem Hochadel zu[77]. Für die Schenken von Erbach wurden diese Epitheta seit 1363 vereinzelt, seit 1411 regelmäßig verwendet, womit eine deutliche Darstellung des eigenen Standes in einer bewußten Abgrenzung zum Ritteradel festzustellen ist. Denn die Grabmäler wurden normalerweise von den Hinterbliebenen in Auftrag gegeben, so daß bezüglich verschiedener Details in Formular und Ausführung durchaus von einer Einflußnahme seitens der Auftraggeber auszugehen ist, daß ihre Vorstellungen und Wünsche Berücksichtigung fanden[78].

Vollends deutlich wird diese Abschließung nach unten seit den 1390er Jahren. Der Text auf der Grabplatte des 1393 (?) gestorbenen Schenken Konrad Rauch hat erstmals den Titel „Herr von Erbach" für einen Angehörigen des Hauses: *hic iacet dominvs conraddus pincerna senior dominvs de erpach dictvs ravch qvi obiit...*[79]. Dieser Titel fand in der Folgezeit immer häufiger Verwen-

[77] Vgl. SCHOLZ, DI 49 (Darmstadt), S. XXXI; er verweist dabei freilich auch auf den „Zufall der Inschriftenüberlieferung", da in diesem Gebiet für das 15. Jahrhundert kaum Grabmäler für den Niederadel vorhanden sind. Zieht man allerdings weitere Inschriften-Bände zu Rate, so zeigt sich beispielhaft für den fränkischen Main-Taubergrund und für den ehemaligen Landkreis Mergentheim, daß die Anrede *dominus* bzw. *Herr* (resp. der weiblichen Formen) für Angehörige des Hochadels üblich war; der Nieder- bzw. Ritteradel diese Titel nicht verwendete (vgl. DRÖS, DI 54 [Mergentheim], S. XLI; CUCUEL, DI 1 [Main-Taubergrund]).

[78] Vgl. STEIGER, Grundsteinlegungsinschrift, S. 12 (mit Anm. 31); NEUMÜLLERS-KLAUSER, Schrift und Sprache, S. 81 (Abb. 30f): Die hervorzuhebende Bedeutung der Auftraggeber für Schrift und Formular, die nicht zu gering eingeschätzt werden darf, wird von Neumüllers-Klauser exemplarisch an zwei Bildern aus zwei, vermutlich aus Frankreich stammenden Handschriften gezeigt (Handschriften der 1. Hälfte des 14. Jahrhunderts in der British Library: Ms. Royal Eiii, fol. 66; Add. Ms. 10 292, fol. 55b). Auf beiden Miniaturen sind Werkleute bei der Arbeit an Grabplatten dargestellt; im Hintergrund unterhalten sich die Auftraggeber – wohl Witwen mit ihren Angehörigen – mit dem Werkmeister bzw. dem entwerfenden Künstler, der als Standeszeichen ein Werkzeug in der Hand hält, über die Gestaltung der Platten.

[79] STEIGER, Grablegen, Nr. 22. – Die Sterbeinschrift der schon 1370 gestorbenen Ehefrau Schenk Konrads bringt dieses Formular in der weiblichen Entsprechung: *...obiit anna pincerna domina de erpach* (EBD., Nr. 13). Beide Grabplatten, die der Anna bzw. die ihres Mannes, sind stark beschädigt bzw. nicht mehr erhalten, so daß man nicht mehr prüfen kann, wann die Platten hergestellt wurden (ob bereits 1370 oder erst beim Tod des Ehemannes 1393?) und wann folglich die Formulierung „Herr" bzw. „Frau von Erbach" erstmals verwendet wurde. Da allerdings auch die Grabplatte des 1387 gestorbenen Schenken Heinrich in diese Reihe gehört (vgl. EBD., Nr. 20), mag man eine spätere Entstehung annehmen.

dung und war seit dem dritten Jahrzehnt des 15. Jahrhunderts offenbar etabliert[80].

Eine gleichlaufende Entwicklung läßt sich auch bei den Bauinschriften verfolgen, die die Schenken von Erbach an von ihnen errichteten oder renovierten bzw. ausgebauten Bauwerken anbringen ließen. Wie schon bei den Formularen der Sterbeinschriften verfestigte sich hier seit dem beginnenden 15. Jahrhundert die Verwendung der Bezeichnung „Herr zu/von Erbach", wobei die repräsentative Wirkung der Inschrift, die an einer prominenten, öffentlich zugänglichen Stelle des Baus angebracht war, meist zusätzlich noch durch die Beifügung des Wappens unterstützt wurde[81].

### 3.1.2.2 Die Grabmalgestaltung

Wie gerade bezüglich der Bauwerke angedeutet, dürfen wir bei der Betrachtung der Grabmäler diese nicht bloß auf ihre Inschriften reduzieren. Gleichwertig ist auch ihre äußere Gestaltung zu sehen, der womöglich gar eine größere Bedeutung zukam als den geschriebenen Worten, weil die fehlende Alphabetisierung der Bevölkerung immer noch eine bildhafte Darstellung notwendig machte. Des weiteren symbolisierten die langen Reihen großer Grab(denk)mäler in den Kirchen „handgreiflich" das Vorhandensein der herrschenden Familie; denn in jedem Gottesdienst war die Familie über viele Generationen hinweg präsent. Jeder konnte sie sehen in ihrer repräsentativen Gestaltung: figürliche Darstellung der

[80] Vgl. dazu die Beispiele bei STEIGER, ebd., Nrr. 27, 29, 35, 38, 40 (*baronis*) u.ö. – Interessant ist, daß die Herren von Erbach seit etwa 1470 das standesspezifische Epitheton *edel und wolgeborn* bzw. *wolgeborn* führten (vgl. dazu EBD., Nr. 38 u.ö.). SPIEß, Ständische Abgrenzung; CLAVADETSCHER, Nobilis, betonen, daß Grafen und alte Edelfreie diese seit etwa der Mitte des 14. Jahrhunderts verwendeten, um sich gegenüber dem Briefadel und den Aufsteigern in den Herrenstand abzugrenzen. Offenbar waren auch die Herren von Erbach bestrebt, diese Unterscheidung zu treffen, obleich sie erst 1532 die Reichsgrafenwürde für sich erlangten und ursprünglich der unfreien Ministerialität angehörten – also selbst „Aufsteiger" waren. Doch entsprach es offenkundig ihrem Selbstverständnis, sich ihrerseits durch den Gebrauch dieser Epitheta (wie selbstverständlich?) zu den „alten" Edelfreien zu zählen. Eine Fassung der Reichsmatrikel von 1422 nannte die Herren von Erbach sogar bereits *graf schencke Eberhart von Erbach* bzw. *Graf Cunrat schenke der Jung* (vgl. SENCKENBERG, Reichs-Abschiede I, S. 117-120).

[81] Vgl. die zahlreichen Bauinschriften in Erbach und Michelstadt bei STEIGER, Grablegen; DERS., Grundsteinlegungsinschrift. Es sei hier exemplarisch nur eine Inschrift genannt, die freilich eine Besonderheit aufweist, da sie den Herren von Erbach nicht bloß den Herren-Titel zuweist, sondern sie darüber hinaus ausdrücklich als „Landesherren" charakterisiert. Der 1475 begonnene Bauabschnitt der Michelstädter Stadtkirche wurde durch eine Inschrifttafel kenntlich gemacht, die folgenden Text hat: *Anno domini 1475 Incepta est hec renovatio totius corporis huius ecclesiae Sub pincernis philippo jeorio et johanne* ***dominis terre*** *in et de Erppach et Johanne pistoris plebano* (STEIGER, Grablegen, S. 45). In lateinischen Inschriften des beginnenden 16. Jahrhunderts werden die Schenken schließlich als *barones* – Freiherren – bezeichnet.

Toten (bei Männern in der zeittypischen Rüstung, bei Frauen in üppigen Kleidern) verbunden mit den Wappen (zunächst das Stammwappen, später meist ergänzt um zwei, dann um vier Ahnenwappen). Eine besonders eindrückliche Wirkung auf die Betrachter mußte dann auch die farbliche Ausgestaltung gemacht haben. Denn entgegen unseren Vorstellungen waren die meisten Grabplatten farbig gefaßt, wie Reste von Farbspuren zeigen, so daß der Blick verstärkt auf diese Memorialzeugnisse gelenkt wurde.

Die äußere Gestaltung der Grabplatten läßt darüber hinaus auch Aussagen zum Selbstverständnis einer Adelsfamilie zu. Denn, wie bereits angemerkt, entstanden die Platten nach den Wünschen und Vorstellungen der Angehörigen, so daß sich in der gewählten Form durchaus das Standesbewußtsein ausdrückte und widerspiegelte. Gerade bei den Herren von Erbach wird dies deutlich, wenn wir die überlieferten Grabmäler betrachten. Bereits die ersten erhaltenen Platten aus der Einhardsbasilika sind Figurengrabmäler, bei denen die Figur des Verstorbenen in Hochrelief in einem kastenartigt eingetieften Feld steht. Die älteste Platte von 1279 zeigt den Schenken Konrad im Jagdkostüm mit einem Falken auf der linken Hand, das erbachische Stammwappen ist als Mantelschließe angebracht. Dieser Platte folgen weitere gleichartig gestaltete[82], worunter sich auch solche für die weiblichen Angehörigen des Hauses finden[83].

Diese Figurengrabplatten haben in der Odenwaldgegend keine Entsprechungen und sind in ihrer Ausführung für die Schenken von Erbach singulär. Die Form der Darstellung findet sich in der zweiten Hälfte des 13. Jahrhunderts zwar häufiger bei Bischöfen, bei Laien kam sie dagegen selten vor[84]. Fanden sie bei Laien Verwendung, so können wir sie vor allem im fürstlichen Hochadel und bei Grafen nachweisen. So existiert für einen Grafen von Katzenelnbogen ein vergleichbares Stück. Nahezu zeitgleich ist für Graf Diether († 1276) eine ähnliche Platte entstanden, die heute in Wiesbaden im Landesmuseum aufbewahrt wird[85]. Weitere bekannte Tumbenplatten dieser Art sind die für den 1290 gestorbenen Herzog Heinrich IV. von Schlesien[86] und die Platten für die drei Landgrafen von Thüringen, die im Kloster Reinhardsbrunn beigesetzt sind, aus der Zeit um 1292[87]. Nur ganz vereinzelt kamen diese Platten auch für weniger hochstehende Personen vor, die dann diese besondere Form gewählt haben, um ihre herausragende Bedeutung darzustellen. Ein Beispiel dafür ist die Tumbenplatte für den kaiserlichen Vogt Giselbert von Goslar, der zwischen 1253 und 1256 starb[88]. Der in Urkunden als Ritter und Bürger von Goslar bezeichnete

[82] So die Platten für Eberhard († 1296?) und Johannes († 1296), vgl. STEIGER, Grablegen, Nrr. 3, 4.
[83] Vgl. die Platte für Agnes von Breuberg, die Ehefrau Schenk Eberhards († 1296?), bei STEIGER, ebd., Nr. 5.
[84] Vgl. zur Grabmalentwicklung KÖRNER, Grabmonumente.
[85] Vgl. STEIGER, Grablegen, S. 48; DI 2 (Mainz), Nr. 673.
[86] Vgl. KAHSNITZ, Gründer, S. 187 (Abb. 146).
[87] Vgl. SCHUBERT, Grabmäler, S. 211-213.
[88] Vgl. MAGIN, DI 45 (Goslar), Nr. 10.

Ministeriale tat sich dort durch die Gründung eines Hospitals hervor und hatte einen nicht unbeträchtlichen Reichtum erworben. Um seine erlangte Position zu dokumentieren, dürfte er diese Grabmalform gewählt haben.

In diesem Sinne müssen wir wohl auch das Auftreten dieser Grabmalform bei den Schenken von Erbach im 13. und zu Beginn des 14. Jahrhunderts verstehen. Auch sie wollten damit ihre Bedeutung zum Ausdruck bringen und sich als eine dem Hochadel gleichrangige Familie darstellen. Mit der Wahl dieser Darstellungsart brachten die Herren von Erbach ihren sozialen Aufstieg, der sich nicht zuletzt in ihrem Konnubium mit Grafen- und Herrenfamilien manifestierte, auch in bildlicher Form zum Ausdruck und stellten ihr zunehmendes Sozialprestige sichtbar zur Schau.

Die Grabplatten, die seit den 1320er Jahren entstanden, sind zunächst reine Wappengrabplatten mit einer Umschrift[89]. Seit der Mitte des 14. Jahrhunderts sind alle noch erhaltenen Platten Figurengrabplatten, die sich in die allgemeine Entwicklung der Grabmäler des nichtfürstlichen Hochadels einreihen[90]: Die männlichen Figuren zeigen ein Äußeres, das den entsprechenden zeittypischen Veränderungen der Rüstungen folgte; die weiblichen Verstorbenen zeigen in ihrem Gewand kaum Varianten, lediglich die Kopfbedeckung variiert der Zeit entsprechend. Scholz führt diesen Einbruch in der Darstellungsform im zweiten Viertel des 14. Jahrhunderts auf die Ereignisse zu Beginn des Jahrhunderts zurück, nachdem „sie [die Schenken] 1311 eine schwere Niederlage gegen Pfalzgraf Rudolf erlitten hatten“[91]. Diese Vermutung hat auf den ersten Blick einiges für sich. Doch bleibt zu fragen, ob hier nicht vielmehr auch die allgemeine Entwicklungstendenz der Grabmäler (des nichtfürstlichen Hochadels) in Rechnung gestellt werden muß, bei der sich seit dem beginnenden 14. Jahrhundert die Wappengrabplatte durchsetzte[92]. Daher wird man die Behauptung von Scholz bezüglich der erbachischen Grabmäler relativieren müssen.

[89] So für die 1327, 1334 bzw. 1363 gestorbenen Schenken Eberhard VII., Heinrich I. bzw. Konrad IV. (vgl. STEIGER, Grablegen, Nrr. 6, 8, 11).

[90] Vgl. zu diesem Komplex VALENTINITSCH, Grabmal, S. 273-292; für Grabmäler des Nieder- bzw. Ritteradels, die eine vergleichbare Entwicklung zeigen, vgl. SEELIGER-ZEISS, Grabdenkmäler.

[91] SCHOLZ, Erbach, S. 43f.

[92] So sind zahlreiche Wappengrabplatten für diese Zeit überliefert; vgl. DI 38 (Bergstraße), Nrr. 19, 20, 21, 22, 25, 26, 27, 28 u.ö.; DI 49 (Darmstadt), Nrr. 7, 10, 11, 14 u.ö., um nur einige Beispiele der nächsten Umgebung zu den Schenken von Erbach zu nennen. Vgl. zu dieser Entwicklung auch DRÖS, Heraldik, der durch seine Zusammenstellung verdeutlichen kann, daß es sich um eine allgemeine Tendenz handelte, die Familie auch durch ihre Wappen auf der Grabplatte darzustellen, so daß man wohl nicht von einem „erbach-spezifischen“ Phänomen sprechen kann.

### 3.1.2.3 Die erbachischen Grablegen

Doch neben den Grabmälern sind auch die Begräbnisorte zu bedenken. Die Schenken von Erbach hatten im Mittelalter drei Hauptgrablegen: die Einhardsbasilika in Steinbach, das Kloster Schönau bei Heidelberg und die Stadtkirche in Michelstadt. Dabei war Steinbach die älteste nachweisliche Sepultur für die beiden Linien Reichenberg und Michelstadt, die Ende des 14. Jahrhunderts durch die Michelstädter Stadtkirche abgelöst wurde[93]. Bis zu ihrem Aussterben 1503 diente das Zisterzienserkloster Schönau der alten Erbacher Hauptlinie als Grablege[94].

Das Kloster erfreute sich ohnehin der besonderen Gunst der Erbacher. Bereits um 1220 wird ein *Franco de Erpach* als *frater* erwähnt, der zusammen mit Gerhard von Erbach, dem Königsschenken, Zeuge bei einer Konsenserklärung Pfalzgraf Ludwigs I. zu einer Schenkung war[95]. 1251 ließen die Schenken Eberhard und Konrad um das Seelenheil ihres Bruders Gerhard Willen alle Rechtshändel mit dem Kloster Schönau fallen[96]. Stiftungen an das Kloster erfolgten immer wieder seit 1290, als Schenk Konrad in seinem Testament dem Kloster Einkünfte seiner Güter zu Beerfelden, Lauerbach, Schönnen und Zotzenbach verschrieb[97]. Die Verbundenheit mit dem Kloster muß schließlich so groß gewesen sein, daß die Linie zu Erbach in ihrer dritten Generation das Kloster als Grablege wählte und diese Tradition bis zu ihrem Erlöschen 1503 beibehielt[98]. Die Attraktivität des Zisterzienserklosters muß so enorm gewesen sein, daß die Erbacher die relativ große geographische Distanz von annähernd 45 Kilometern nicht scheuten, und ihre verstorbenen Angehörigen nach Schönau brachten.

Fragen wir nach der Motivation der Schenken von Erbach, Schönau als Begräbnisort zu wählen, so dürften mehrere Gründe ausschlaggebend gewesen sein: Ein Begräbnis in Schönau bedeutete vor allem die Aufnahme in die „Schönauer Gebetsverbrüderung“, eine besondere Gebetsgemeinschaft des Zisterzienserordens im Kloster. Wer also im Kloster in nächster Nähe zu den Heiligen begraben worden war, wurde so der für ihn erbetenen göttlichen Gnade in besonderer Weise teilhaftig[99]. Das Kloster war seit dem Ende des 12. Jahr-

[93] Die erste Bestattung in Michelstadt war die des 1387 verstorbenen Schenken Heinrich aus der Linie zu Michelstadt, der dies testamentarisch festgelegt hatte; ausführlich unten S. 175.

[94] Die erste nachgewiesene erbachische Bestattung dort ist der 1249 gestorbene Konrad von Erbach, der Bischof von Hildesheim war; regelmäßig sind dann Begräbnisse seit 1363 zu verzeichnen. – Zur Geschichte von Schönau vgl. nach wie vor SCHAAB, Schönau.

[95] Vgl. GUDENUS, Sylloge, Nr. 50, S. 121.

[96] Vgl. GLA 67/1304, fol. 45; SCHAAB, Schönau, S. 57. S. Kapitel 2.2 (Anm. 90), dort der Text der Urkunde.

[97] Vgl. SCHAAB, Schönau, S. 57; SCHNEIDER, Historie Erbach, UB Nr. 7, S. 47.

[98] Die erste Bestattung in dieser Reihe war Schenk Konrad IV. († 1363), die letzte war die Schenk Erasmus' († 1503).

[99] Vgl. SCHAAB, Schönau, S. 56f. In der Regel erfolgte die Aufnahme in diese *fraternitas* bereits zu Lebzeiten, so daß man sich damit die Anwartschaft auf einen Begräbnisplatz im Kloster sicherte. So ist Pfalzgraf Ludwig I. 1214 aufgenommen worden (*in Capitulo*

hunderts für etwa 200 Jahre die Grablege der rheinischen Pfalzgrafen und wurde so zum Hauskloster der Pfalzgrafen. Konrad von Staufen, der 1195 starb, war es, der als erster Pfalzgraf Schönau für sich und seine Frau als letzte Ruhestätte wählte und den Bau des Kapitelsaals durch eine Stiftung förderte. Dieser sollte zum *locus sepulture* werden[100]. Ein Erbbegräbnis in demselben Kloster wie die pfalzgräflichen Lehens- und Dienstherren zu haben, bot die Möglichkeit von deren Glanz zu profitieren und machte die Verbundenheit, die offenbar über das reine Lehensverhältnis hinaus bestand, einmal mehr deutlich. Daß gerade die regelmäßigen Begräbnisse mit Schenk Konrad IV. († 1363) einsetzten, lag wohl in dieser Bindung begründet: Konrad hatte ein überaus positives Verhältnis zu Kaiser Ludwig dem Bayer, in dessen Dienst er Mitte der 1320er Jahre aufgenommen worden war. Des weiteren dürfte bei der Wahl als Erbbegräbnis eine nicht unerhebliche Rolle gespielt haben, daß Schönau eine Wormser Gründung war und Schenk Konrads Bruder Engelhard um 1330 Bischof von Worms gewesen ist, so daß auch über diese Ebene die Kontakte zu Schönau nochmals verstärkt wurden. Darüber hinaus darf nicht vergessen werden, daß im Kloster der 1249 verstorbene Bischof Konrad II. von Hildesheim begraben worden war, der aller Wahrscheinlichkeit nach ein Angehöriger des Hauses Erbach war. Es ist daher nur natürlich, daß die Schenken aus der alten Erbacher Linie des ersten Reichsfürsten im Hause Erbach gedachten, ihre Grablege im Kloster einrichteten und sich in seine Tradition stellten[101].

Die Bedeutung von Steinbach als Begräbnisort dürfte dagegen eine andere gewesen sein. Wie schon angemerkt, ist die Einhardsche Gründung Steinbach als die nachweislich älteste Sepultur des Hauses Erbach anzusehen[102], in der bis

*plenaria fraternitate recepta*); vgl. GUDENUS, Sylloge, Nr. 35, S. 85. – Das Begräbnis von Laien in Schönau war seit 1256 erheblich erleichtert worden. Denn seither hatte das Kloster durch päpstliches Privileg die Erlaubnis, jedem die Bestattung innerhalb des Klosters zu gewähren, wenn er zu Lebzeiten kein Exkommunizierter bzw. öffentlicher Wucherer war (s. unten Anm. 101).

[100] Vgl. HUFFSCHMID, Schönau, S. 82.

[101] Es stellt sich dann freilich die Frage, warum die Schenken der Erbacher Linie nicht bald nach 1249 dort ihr Erbbegräbnis einrichteten. Dazu gibt es zweierlei zu sagen: Das Kloster Schönau erhielt erst am 10. Januar 1256 von Papst Alexander IV. die Erlaubnis, all diejenigen Menschen im Kloster zu bestatten, die es wünschten, mit Ausnahme von Wucherern, Gebannten oder solchen, denen das kirchliche Begräbnis nicht gewährt werden könne (vgl. POTTHAST, Nr. 16171; GUDENUS, Sylloge, Nr. 115, S. 226f; WIELAND, Schönau, S. 215; BEISEL-AUTENRIETH, Schönau, S. 17; SCHAAB, Schönau, S. 57). Darüber hinaus fehlen uns für die zweite Hälfte des 13. und für die erste Hälfte des 14. Jahrhunderts für die Schenken Eberhard III. († 1269), Konrad II. († 1290), Gerhard II. († vor 1255), Gerhard III. († vor 1303), Eberhard IV. († 1312) und Eberhard VI. († 1348) Hinweise über deren Begräbnisorte. Bestattungen der Angehörigen aus dem Erbacher Ast der Familie vor Konrad IV. († 1363) in Schönau sind daher nicht generell auszuschließen.

[102] Vgl. zur Geschichte zusammenfassend STEIGER, Grablegen, S. 36-40. – Vermutungen, daß bereits die Kirche von Rehbach (bei Michelstadt) vor Steinbach als Erbacher Grablege gedient haben könnte, sind bislang nicht zu beweisen. Dortige Steinsargfunde erbrachten keine

zum Ende des 14. Jahrhunderts alle Glieder der beiden Reichenberger Linien, Fürstenau und Michelstadt, bestattet wurden[103]. Offenbar entwickelte sich das in der Nachbarschaft zur Stammburg gelegene Steinbacher Kloster recht rasch innerhalb eines knappen Jahrhunderts nach dem Aufscheinen der Herren von Erbach zu deren Hauskloster[104] – verstärkt seit dem zweiten Drittel des 13. Jahrhunderts, was unter anderem darin zum Ausdruck kam, daß seit der Jahrhundertmitte die Stiftungen seitens der Familie erheblich an Umfang zunahmen und das Kloster jetzt auch als Grablege der Familie diente[105]. Die erste Bestattung, die überliefert ist, ist die für Schenk Konrad und seine Frau (beide 1279 gestorben); das letzte nachgewiesene Begräbnis ist das des Schenken Johannes, der 1404 starb[106].

Offenkundig hatte die Familie der Schenken von Erbach in der zweiten Hälfte des 13. Jahrhunderts eine soziale Stellung erreicht, die sie dem Hochadel gleichordnete, was sich unter anderem in der Grabmalgestaltung niederschlug. Zu diesen anspruchsvollen Grabmälern brauchte man natürlich auch eine entsprechend repräsentative Grablege. Da erwies es sich als äußerst günstig, daß das Kloster Steinbach, eine Gründung Einhards[107], kaum 5 Kilometer von der namengebenden Stammburg der Familie entfernt liegt. Mit seiner Wahl zum Hauskloster und Erbbegräbnis konnten die Schenken den gesetzten Ansprüchen gerecht werden. Mit der Entscheidung für die Einhardsbasilika scheinen sich die Schenken bewußt in eine karolingische Tradition gestellt zu haben. Dies führte schließlich soweit, daß am Beginn der Neuzeit, als die Grafenerhebung ins Auge gefaßt wurde, die Abstammung von Einhard und seiner Frau Imma, der Tochter Karls des Großen, tradiert wurde[108]: Einhard galt als der Stammvater der Herren

weiteren Hinweise (vgl. zu dieser vagen Hypothese STEINMETZ, Schenken von Erbach, S. 8-11).

[103] Vielleicht wurden bis in die Mitte des 14. Jahrhunderts auch die Angehörigen der Linie Erbach dort beigesetzt, bevor sie ihre Grablege im Kloster Schönau hatten (s. dazu auch Anm. 101).

[104] Dagegen konnte sich die vermutlich erbachische Stiftung einer Johanniterkommende in Mossau als Grablege gegen Steinbach nicht durchsetzen und behaupten; denn von ein paar wenigen Anniversarstiftungen und Bitten für das Gebetsgedenken abgesehen, spielte Mossau im Bewußtsein der Schenken von Erbach eine eher untergeordnete Rolle. Vgl. zu Mossau zusammenfassend CLEMM, Ober-Mosssau; SATTLER, Johanniter, S. 107-127.

[105] Vgl. KNÖPP, Basilika und Klosterzeit, S. 29f.

[106] Vgl. STEIGER, Grablegen, Nr. 2 u. 25.

[107] Zur Geschichte des Klosters und der Basilika jetzt ausführlich SCHEFERS, Michelstadt-Steinbach, S. 854-875.

[108] In den zwanziger Jahren des 16. Jahrhunderts wurde die Tradition erstmals schriftlich fixiert. 1521 schenkte der kaiserliche Rat Johannes Marquard ein Exemplar der deutschen Übersetzung der „Vita et Gesta Karoli Magni“ von Einhard seinem Zögling Schenk Georg von Erbach, dem späteren Grafen Georg I. In seiner Widmung bezeichnete Marquard Einhard eindeutig als Ahnherren der Schenken und Herren von Erbach (vgl. WOLFERT, Abstammung, S. 54); in deutscher Übersetzung lauten die entscheidenden Zeilen: „Georg, dem Edelsinn angestammt, Du, mein hochherziger Gönner: / Wissen möchtest Du gern, woher entsproß Dein Geschlecht / einst in der Zeit, als des Königs Hof vorstand der große / Karl,

von Erbach[109]. Damit führte sich die Familie letztlich auf Karl den Großen zurück und sah sich im ältesten deutschen Adel verankert[110].

Die enge Verbindung der Herren von Erbach zum Kloster Steinbach war darüber hinaus gegeben durch die Vogtei über das Kloster, die sie bis zum 15. Jahrhundert besaßen. Obwohl 1269 vom Mainzer Erzbischof Werner von Eppstein die Unterordnung des Kloster unter das mittlerweile in eine Prämonstratenserpropstei umgewandelte Lorsch in weltlichen und geistlichen Dingen bestimmt wurde[111], konnte der erbachische Einfluß nicht zurückgedrängt werden. Daß die Erbacher schon im 13. Jahrhundert Vögte des Klosters waren, ergibt sich aus einer Urkunde, die einen Tausch von Äckern und Grundbesitz zu Stockheim gegen einen Mühlen- und Hubenzins zu Stockheim zwischen dem Ritter Hermann von Eicholzheim, einem erbachischen Vasallen, und der Kirche in Steinbach bestätigte[112]. Der Lorscher Propst Heinrich siegelte diese Urkunde als Aussteller

als im Ruhmesglanz trug Franken das römische Reich. / Sein Zögling Einhard war's mächtig im Rat und in Taten, / der des Kaisers Geschichte verfaßt und auch sein Schwiegersohn war! / Sieh', dieser Einhard ist hier: Er erneuert des Ahnenstamms Namen, / huldigt damit auch zugleich wahrhaft edlem Geblüt. / Wann auch immer Du liest dieses Büchlein in solcher Gesinnung, / wird's Dir zu folgen verhelfen stets dem Begründer des Stamms". Diese Überlieferung konnte Schenk Eberhard XIII. bei seinen Bemühungen um die Grafenerhebung natürlich nur recht sein; stellte sie ihn doch mit der gemeinsamen karolingischen Abstammung neben Karl V.

[109] Daß dies über Jahrhunderte hinweg Familientradition war, zeigt ein Gemälde des 17. Jahrhunderts im Schloß Fürstenau, das Einhard und Imma als die Stammeltern des Hauses Erbach abbildet und mit der folgenden Unterschrift versehen ist: *ENHARD DER ERST HER ZV ERPACH IMMA SEIN GEMAHEL DES GROSSEN KAYSERS KAROLI DOCHTER DIESE HABEN DAS KLOSTER SELIGENSTAT AM MAYN GEBAWEN VND GESTIFFT DO FIND MAN IR BAIDER LEBEN VND GESCHIGHT BESCHRIBEN SEIND AVCH DOSELBST BEGRABEN.* Dem Bild beigegeben sind über den Köpfen der beiden das Wappen der Herren von Erbach (rot-silber geteilter Schild mit drei Sternen in verwechselten Farben) und das apokryphe Wappen Karls des Großen (gespaltener Schild; vorne der doppelköpfige Reichsadler, hinten die französischen Lilien). Eine Abbildung bei BECHER, Michelstadt, S. 14f; jetzt auch SCHOLZ, DI (Odenwaldkreis), Nr. 308.

[110] Vgl. WOLFERT, Abstammung, S. 53-78.

[111] Vgl. SCHEFERS, Michelstadt-Steinbach, S. 860.

[112] Drucke bei SCHNEIDER, Historie, UB Nr. 12, S. 53; SIMON, Erbach, UB Nr. 8, S. 9. – Beide Editionen unterscheiden sich jedoch geringfügig in ihren Lesarten. So hat offensichtlich Schneider den Namen des Ritters Hermann von Eicholzheim verlesen zu *Eicholdesbach*, denn eine Familie von Eicholzbach im Umfeld der Herren von Erbach ist nicht bekannt. Dagegen sind die von Eicholzheim schon seit dem 13. Jahrhundert Vasallen der Erbacher (s. unten S. 254), und ein *Hermannus de Eichelsesheim* war Zeuge bei einem Güterverkauf Ulrich von Rosenbachs an das Kloster Höchst 1282 (vgl. SIMON, ebd., Nr. 6, S. 7f). – Auch SCHOLZ, (DI 63 [Odenwaldkreis], S. XXV, Anm. 167) zieht neuerdings diese Urkunde heran, um die erbachische Vogtei über Steinbach zu beweisen, die von HARTMANN, Kloster Steinbach, abgelehnt wurde. Scholz stützt sich dabei auf den Druck bei Schneider und spricht von Eberhard III. von Erbach als *dominus noster*, das heißt als Vogt des Klosters, der gesiegelt habe. Ihm fiel offensichtlich nicht auf, daß von mehreren Siegeln (*sigillis*) die Rede ist, so daß allein aus diesem Grund die von ihm angebene Anrede *dominus noster* so nicht stimmen kann. Des weiteren hat er freilich auch das „&" zwischen *nostri* und *Domini*

selbst und ließ sie zusätzlich durch das Siegel des „Herrn Eberhard Schenk von Erbach" bekräftigen. Die Besiegelung durch Schenk Eberhard III. ist wohl nur dadurch zu erklären, daß er Vogt des Klosters sowie Lehensherr Hermanns von Eicholzheim war und seine Einwilligung zu dieser Gütertransaktion geben mußte.

Was aber die Schenken von Erbach dann allerdings veranlaßte, an der Wende vom 14. zum 15. Jahrhundert Steinbach als Grablege aufzugeben, ist nicht genau zu ermitteln: Vielleicht spielte der Vogteiwechsel eine Rolle, denn das Kloster Steinbach war seit dem beginnenden 15. Jahrhundert unter die Vogtei der Grafen von Wertheim gelangt. Wie die Schirmvogtei allerdings an die Grafen gekommen ist, wissen wir nicht; für 1407 und 1483 sind jedoch wertheimische Weistümer überliefert, die die Vogtei der Grafen über das Kloster in Steinbach deutlich werden lassen[113]. Möglicherweise sahen sich die Herren von Erbach aber auch durch die Nonnen des Klosters in ihrem Gebetsgedenken nicht mehr ordentlich versorgt, so daß sie nach einer Ausweichmöglichkeit suchten. Offenbar erachteten sie es für das Seelenheil der Verstorbenen als dienlicher in einer Kirche bestattet zu werden, über die sie selbst das Patronat hatten und die entsprechende geistliche Versorgung sicherstellen sowie für die wichtige liturgische Memoria Vorsorge treffen konnten[114]. Dies war bezüglich der Kirche in Michelstadt gegeben. Lagen die Patronatsrechte ursprünglich beim Kloster Lorsch, so waren spätestens seit dem 15. Jahrhundert, vermutlich auch schon früher, die Herren von Erbach Patronatsherren[115].

Des weiteren ist zu beachten, daß seit dem letzten Drittel des 14. Jahrhunderts bei den Herren von Erbach eine Herrschaftsverdichtung festzustellen ist, die sich unter anderem in der zunehmenden Verschriftlichung der Verwaltung zeigte. Dadurch war es auch nötig, eine ortsfeste Kanzlei zu schaffen, was einen wie

überlesen, denn es heißt bei Schneider: *Ut autem præscripta nulli existant dubia vel incerta præsentem paginam* ***nostri & Domini*** *Eberhardi Pincernæ de Erbach* ***sigillis*** *tradidimus roboratam*; Simon hat: *nostro ac domini Eberhardj pincerne de Erbach Sigillis*. – Unabhängig davon weist m. E. die zusätzliche Besiegelung durch Schenk Eberhard auf die Abhängigkeit Steinbachs von den Schenken hin, das heißt: Eberhard war wohl tatsächlich Vogt des Klosters. Daß die Besiegelung durch Eberhard nicht ausschließlich auf seinen Status als Lehensherr Hermanns zu beziehen ist, darauf verweist auch die wahrscheinliche Edelfreiheit der von Eicholzheim und damit ihre volle Rechtsfähigkeit hin (s. unten S. 254, Anm. 56).

[113] Vgl. KLEBERGER, Territorialgeschichte, S. 123f, Anhang II (S. 178f), IV (S. 180-184). – Da aber das Weistum von 1483 in Anwesenheit von Amtleuten der Herren von Erbach aufgezeichnet wurde, ist an eine nach wie vor bestehende Abhängigkeit Steinbachs von den Herren von Erbach zu denken.

[114] Eine vergleichbare Entwicklung fand wenig später bei den Herren von Rechberg statt: Mit der Übernahme des Patronats im 15. Jahrhundert hatten sie ihre Grablege in die Donzdorfer Kirche transferiert (freundlicher Hinweis von Dr. Harald Drös, Heidelberg).

[115] Vgl. DEMANDT, Kirchenorganisation, S. 133 (Nr. 157.IX); SIMON, Erbach, S. 67. Vermutlich lagen die Patronatsrechte spätestens seit dem Ende des 14. Jahrhunderts bei den Herren von Erbach, als diese den ersten großen Umbau der Kirche seit dem Jahr 1000 durchführten (vgl. KREBS, Baugeschichte, S. 31-33).

auch immer gearteten Residenzort voraussetzte. Offenbar war Michelstadt zu einem solchen Verwaltungsmittelpunkt der Herrschaft Erbach geworden, wo neben der Administration auch bald das Erbbegräbnis eingerichtet wurde. Möglicherweise erfolgte daher der Wechsel der Grablege im Zuge dieser Herrschaftskonzentration[116].

Ein weiterer Aspekt, der sicherlich nicht von der Hand zu weisen ist – am Ende vielleicht am schwersten wog –, ist die mangelnde Öffentlichkeit der Klöster. Denn wie andere vergleichbare Familien auch waren die Herren von Erbach sicherlich bestrebt, ihren Untertanen ihre Herrschaft ständig bewußt zu machen und im Gedächtnis zu halten. Dazu gehörten natürlich auch die abzuhaltenden Jahrgedächtnisse für die verstorbenen Mitglieder des Hauses. Fanden diese allerdings in den Klöstern statt, so war meist die Öffentlichkeit ausgeschlossen, so daß die Sorge um Fürbitte möglichst vieler Personen und die mit Bildern und Wappen instrumentalisierte Herrschaftsrepräsentation ihr Ziel verfehlten, wenn kaum jemand Zugang zur Klausur oder zur Kirche des als Grablege ausersehenen Klosters fand[117].

Daß dieser Aspekt des Bedürfnisses nach einer breiten Öffentlichkeit bezüglich der Herren von Erbach in Betracht gezogen werden sollte, zeigt das Testament Schenk Heinrichs II. († 1387). Er bestimmte darin ausdrücklich Michelstadt als seinen Begräbnisort und versah die dortige Kirche mit den nötigen Stiftungen. Darüber hinaus bestimmte er aber auch, daß das Jahrgedächtnis an zwölf (!) weiteren Kirchen seiner Herrschaft und darüber hinaus abzuhalten sei[118]. Dies bedeutete naturgegeben eine breite Öffentlichkeit und damit eine gute Möglichkeit zur Herrschaftsrepräsentation im Rahmen der liturgischen Memoria[119]. Zusammen mit den Anniversaren der weiteren Mitglieder des Hauses sowie den zahlreichen Altarstiftungen und den damit verbundenen ewigen Messen führte dies dazu, daß fast täglich der Name der Herrschaft im liturgischen Zusammenhang Erwähnung fand[120].

[116] Vgl. zur Mittelpunktfunktion Michelstadts KLEBERGER, Territorialgeschichte, S. 121-123; s. auch unten S. 183f.

[117] Vgl. zu diesem Aspekt SPIEß, Liturgische Memoria, S. 105-108.

[118] Vgl. SCHNEIDER, Historie Erbach, UB Nr. 55, S. 108f. Es handelt sich – neben Michelstadt – dabei um die Kirchen in: Beerfelden, Güttersbach, Rothenberg, Mossau, Rimbach, Zotzenbach, Neunkirchen, (Fränkisch-)Crumbach, Reichelsheim, Brensbach, Brombach und Steinbach.

[119] Denn man darf nicht vergessen, daß sich das Jahrgedächtnis nicht bloß auf den jeweiligen Todestag und sein Gedenken beschränkte, sondern man verlangte meist vier oder fünf Jahrtage innerhalb eines Jahres, so daß der Name der Herrschaft ständig in den gottesdienstlichen Handlungen aufgerufen wurde und präsent war.

[120] Wie eindrücklich diese Jahrgedächtnisse für die Gottesdienstbesucher gewesen sein müssen, mag der „Ablaufplan“ eines solchen Anniversars verdeutlichen: Bereits am Vorabend wurde das betreffende Grab mit einem wertvollen Bahrtuch, das mit dem Wappen der Familie geschmückt war, abgedeckt und mit vier, sechs oder acht Kerzen umstellt. Dann wurden die Vigilien gefeiert und eine *commemoratio* gehalten. Am darauffolgenden Morgen wurde die Messe begangen und das Totengedenken durchgeführt, wonach man unter

Des weiteren war die Familie in der Kirche natürlich auch symbolisch präsent: „Das optische Signal des Wappens“[121] spielte als Symbol für die Familie eine eminent wichtige Rolle. Es „wucherte förmlich in die Kirchenräume hinein und instrumentalisierte auf diese Weise die liturgische Memoria zur Herrschaftspropaganda“[122]; überall war es in der Kirche zu finden. Seit dem 15. Jahrhundert weitete sich der Wappengebrauch noch aus; durch die aufkommenden Wappengenealogien auf den Grabmonumenten und an anderen exponierten Stellen konnte man dem Betrachter die gesamte kognatische Verwandtschaft vor Augen führen und so dem eigenen Repräsentationsbedürfnis nachkommen[123]. Offenkundig ist die liturgische Memoria fest mit der Herrschaftsrepräsentation verbunden, weil die Erinnerung auch immer dem jeweiligen Geschlecht galt. Dazu war, wie gerade gezeigt, eine breite Öffentlichkeit nötig, die so in den Klöstern nicht gewährleistet war, weshalb viele Adelsfamilien an der Wende vom 14. zum 15. Jahrhundert ihre Erbbegräbnisse aus den Klöstern in die von ihnen gegründeten Stifts- bzw. Pfarrkirchen verlegten[124]. Das bedeutet freilich auch, daß der in der älteren Forschung stets betonte Aspekt der Klöster als generationenübergreifende Hausgrablege bzw. als zentrale Quelle des adeligen Geschlechterdenkens neu überdacht und gegebenenfalls auch relativiert werden muß. Denn es scheint so, daß die Familien ohne zwingende Not ihre alten Grablegen zu Gunsten einer größeren Öffentlichkeit aufgegeben haben.
Ganz in diesem Sinne ist daher wohl auch der Wechsel der erbachischen Sepultur vom Benediktinerinnenkloster Steinbach zur „eigenen“ Pfarrkirche in Michelstadt zu sehen. Der seit 1461 durchgeführte Neubau[125], bei dem die Gesamtfamilie der Herren von Erbach beteiligt war, macht deutlich, daß die Schenken bestrebt waren, die Kirche zu einer repräsentativen Hausgrablege auszubauen, die allen Anforderungen, wie sie die mit der liturgischen Memoria verbundenen Erinnerungskultur notwendig machte, gerecht wurde.

### 3.1.3 Amtsinsignien der Herren von Erbach

Stellen wir abschließend noch die Frage nach der Repräsentation des erbachischen Hofamts: Wie stellten sie ihr Amt dar? Führten sie Insignien, die dieses Amt symbolisierten?

Erstaunlicherweise finden wir in den Wappen oder Siegeln der Herren von Erbach keinerlei Darstellungen ihres Hofamts. Entgegen anderwärtigen Gepflo-

feierlichen Gesängen nochmals das betreffende Grab aufsuchte. Vgl. dazu KROOS, Grabbräuche, S. 299ff; SPIEß, Liturgische Memoria, S. 117.

[121] Vgl. EBD.

[122] EBD.

[123] Vgl. dazu die Wappengenealogie im Gewölbe des Chors der Michelstädter Stadtkirche, die die Verschwägerung mit den rheinischen Pfalzgrafen darstellt.

[124] Einige wichtige Beispiele bringt SPIEß, Liturgische Memoria, S. 106f.

[125] Vgl. zur Baugeschichte der Kirche ausführlich KREBS, Stadtkirche.

genheiten schien in der Pfalz die Belehnung mit einem Erbhofamt nicht zur Aufnahme eines Amtssymbols in das Wappen bzw. Siegel geführt zu haben[126]. So gibt es für die Erbacher Schenkenfamilie auch keine offizielle, nach außen sichtbare Wappen- bzw. Siegelführung, die in irgendeiner Form das Schenkenamt repräsentieren würde[127]; auch auf den Grabplatten findet man keine entsprechenden Wappenabbildungen[128]. Dies steht beispielsweise dem Wappengebrauch bei den Reichsschenken von Limpurg völlig entgegen, die den Schenkenbecher in ihre Wappen und Siegel aufnahmen, um ihr Amt zu symbolisieren[129].

Zeigt das erbachische Wappen, wie es im Grünenbergischen Wappenbuch abgebildet ist, dagegen trotzdem einen Schenkenbecher im Schild und in der Helmzier, so beruht diese Darstellung vermutlich auf einer Parallelisierung der Wappen Limpurg und Erbach durch den Wappenmaler Konrad Grünenberg, der dort unter der Überschrift *Des hailigen richs schenken* die Schenken von Limpurg und die Schenken von Erbach nebeneinander stellte[130]. Da die Limpurger die Erbschenken des Reichs waren und ihr Wappen seit etwa 1480 in der dargestellten Form führten[131], stellte Grünenberg das Wappen Erbach offenbar gleichrangig, quasi im selben Aufbau daneben, obwohl die Herren von Erbach keine Erbschenken des Reichs waren. Weitere Belege für diese oder ähnliche erbachische Wappenformen fehlen.

In der frühen Neuzeit (um 1527/29) kommt nochmals der Schenkenbecher in einem Erbacher Wappen vor[132]: Der Reichsherold Caspar Sturm hat in seinem Wappenbuch für das Wappen des Schenken Valentin von Erbach († 1531) als Helmzier einen mit schwarzem Kreuzchen belegten silbernen (!) Krug bzw. Schenkenbecher zwischen von Rot und Silber übereck geteilten Büffelhörnern dargestellt. Diese Form liegt nur in diesem einzigen Beleg vor, so daß sich auch hier die Frage nach der Authentizität stellt.

Es drängt sich der Verdacht auf, daß es sich bei den beiden genannten Wappen eher um „eigenmächtige", nicht durch die Familie autorisierte Darstellungen der Wappenmaler handelte, als daß sie von den Schenken offiziell geführt wor-

[126] Vgl. KLAFKI, Erbhofämter, S. 119.

[127] Hier stehen wir leider vor dem schon mehrfach thematisierten Überlieferungsproblem. Von den wenigen erhaltenen Urkunden mit Siegeln der Herren von Erbach bzw. von den auf uns gekommenen Umzeichnungen der Siegel (vgl. SCHNEIDER, Historie, Taf. 2-6, 8, 10; SIMON, Erbach, nach S. 282) zeigen keine eine derartige Entwicklung.

[128] Keines der Wappen auf den Grabplatten zeigt den Schenkenbecher in irgendeiner Form (vgl. dazu die Beschreibungen der Grabplatten und Epitaphien bei STEIGER, Grablegen).

[129] Schon seit der Mitte des 13. Jahrhunderts taucht der Schenkenbecher immer wieder in Wappendarstellungen bzw. in Siegeln der Schenken von Limpurg auf (vgl. SIEBMACHER, Hoher Adel I, Anhang S. 28-30, Taf. 30; ALBERTI, Württembergisches Adels- und Wappenbuch, S. 460f); in den Siegeln: links und rechts neben dem Wappenschild (je nach Darstellung in der oberen oder unteren Hälfte); im Wappen: zwischen den oberen drei „Kolben" oder in einem gespaltenen Schild, bzw. im quadrierten Schild aufgelegt.

[130] Vgl. Grünenbergs Wappenbuch, Taf. XII.

[131] S. Anm. 129.

[132] Vgl. Wappenbuch Caspar Sturm, Abb. S. 106f (fol. 11$^{r}$).

den sind. Darüber hinaus muß man auch feststellen, daß das Haus Erbach bis zur Mitte des 16. Jahrhunderts keine Wappenvermehrung vornahm, wenn man von einer kurzzeitigen Aufnahme des Bickenbacher Wappens zwischen 1488 und dem beginnenden 16. Jahrhundert durch Schenk Erasmus und seine Töchter einmal absieht[133].

Dagegen ist als Würdezeichen des Schenkenamts 1411 ein Schenkenstab erwähnt. Bei der Vergabe der pfälzischen Lehen an die Linien des Hauses Erbach durch Pfalzgraf Ludwig III. erhielt Schenk Johannes II. aus der Hauptlinie Reichenberg zu Fürstenau das Schenkenamt und den „Stab des Schenkenamts“[134]. Interessant ist hierbei, daß der mit der Ausübung des Schenkenamts betraute Erbacher nicht der alten Hauptlinie zu Erbach angehörte, die in den Lehensbriefen immer das „Erbschenkenamt“ erhielt, sondern der Linie zu Fürstenau, die stets das „Schenkenamt der Pfalz“ erhielt. Es wurde auch eigens der Umstand betont, daß im Augenblick der Lehensvergabe Schenk Johannes der älteste Schenk aus dem Haus Erbach war und ihm daher die Amtsführung zustand. Dies deutet darauf hin, daß immer der gerade tätige Schenk den Stab als Zeichen seines Amts und seiner Amtsführung erhielt, ihn beim Ausscheiden aus dem Amt zurückzugeben hatte. Wie der Stab ausgesehen hatte, entzieht sich unserer Kenntnis. Vermutlich war es aber ein einfach gestalteter (Holz-)Stab, möglicherweise mit einem Knauf[135].

Als weiteres Zeichen der Schenkenwürde ist möglicherweise ein Doppelpokal anzusehen, den die Familie während des Episkopats des Mainzer Erzbischofs Dietrich von Erbach Mitte des 15. Jahrhunderts von diesem erhielt[136]. Dabei ist es nicht mehr zu klären, ob dieser Doppelpokal jemals als „Schenkenbecher“ benutzt worden ist. Klafki hält es für fragwürdig, ob „dieser jetzt sog. ‚Schenkenbecher'“ bezüglich des Erbschenkenamts jemals eine Funktion hatte: er „steht trotz seines jetzigen Namens offensichtlich in keiner Beziehung zu dem einstigen Erbamt seiner Besitzer. Um die Mitte des 15. Jahrhunderts hat [ihn] Schenk Dietrich, der von 1434 bis 1459 Erzbischof von Mainz war, anfertigen lassen.“[137] Für Klafkis Angabe fehlt aber eine plausible Erklärung.

[133] Vgl. SIMON, Erbach, S. 338; TRUGENBERGER, Wappen, S. 345, Abb. S. 355.

[134] Vgl. GLA 67/1910, fol. 7r/v, neu: pag. 13sq: *Schenck Hans Herre von erpach Item hat empfangen* [...] *zu ersten das Schenckenampte vnd den Stab des schenckenamptes mit siner zugehorde das zu der pfaltze gehoret wann er der Eldiste Schenck sy.*

[135] Vgl. dazu die Amtsstäbe wie sie Richter, Marschälle, Truchsesse etc. führten; Abbildungen aus verschiedenen Jahrhunderten in MGH SS 18, Taf. 1 und 2; BUMKE, Höfische Kultur, S. 249f, Abb. 19f; Kaiser Heinrichs Romfahrt, fol. 3, 8, 24.

[136] Vgl. Dehio: Hessen, S. 208; ausführliche Beschreibung bei SCHÄFER, Kunstdenkmäler, S. 85f, Abb. 51: Es handelt sich um einen ca. 40 cm hohen Doppelpokal mit einer Doppelkuppa aus rotem Jaspis in einer silbervergoldeten und mit Reliefs und Halbedelsteinen verzierten Fassung. Auf den Standflächen des Pokals sind in Emaille-Arbeit die Wappen Mainz und Erbach eingefügt. Zum Gebrauch wird das Gefäß auseinandergeklappt und bildet zwei gleichförmige Trinkschalen.

[137] KLAFKI, Erbhofämter, S. 78.

## 3.2 Herrschaftsausübung

An dieser Stelle muß der Blick noch auf die herrschaftliche Durchdringung und, damit verbunden, die Ausübung der erbachischen Landesherrschaft gerichtet werden. Hier gilt es vor allem darzustellen, inwieweit den Herren von Erbach Instrumente an die Hand gegeben waren, die eine effektive Landesherrschaft ermöglichten. Es ist zu fragen: Gab es in der Herrschaft einen „Hof", der als Kristallisations- und Verdichtungspunkt gesehen werden kann?

### 3.2.1 Ausbau der Schriftlichkeit und Entstehung einer transpersonalen Herrschaft

Ein wichtiger Teilaspekt, der als Gradmesser für eine funktionierende Herrschaftsausübung und Verwaltung gelten muß, ist die Frage nach der in der Herrschaft vorhandenen Schriftlichkeit und der Verschriftlichung von Herrschaft[138]. Denn nur dadurch war der Aufbau einer Kanzlei und einer Schreibstube gewährleistet, und nur so war eine gut funktionierende Verwaltung möglich. Diese Frage wird uns im Blick auf die erbachische Lehensverwaltung, also am konkreten Beispiel, nochmals beschäftigen.

Spätestens seit der Mitte des 14. Jahrhunderts lassen sich für die Herren von Erbach eigene Schreiber nachweisen, was darauf hindeutet: Es war ein Bewußtsein dafür vorhanden, daß eine Verwaltung nur effektiv sein und gut funktionieren kann, wenn die Verwaltungsvorgänge ihre schriftlichen Niederschlag fanden, so daß jederzeit eine Kontrollmöglichkeit zur Verfügung stand. Sicher wird man sich diese „Verwaltung" noch in keiner Weise als voll ausgebildete und ortsfeste Kanzlei vorstellen dürfen. Doch verfestigte sich im Verlauf des 14. Jahrhunderts das Bewußtsein, daß nur durch brauchbare Verwaltungsinstanzen eine funktionierende Landesherrschaft möglich war, immer mehr. Dies zeigte sich nicht zuletzt darin, daß bereits um 1380 ein (erstes?) Lehensverzeichnis der Herrschaft Erbach erstellt wurde[139]. Das heißt: Bereits zwanzig Jahre bevor in der Pfalzgrafschaft das erste Lehensbuch entstand, erkannten die Herren von Erbach die Notwendigkeit, daß sie eine Kontrolle über die von ihnen ausgegeben Lehen brauchten. Gerade im Blick auf dieses erbachische Lehensbuch wird freilich auch deutlich, daß eine Erbacher Kanzlei noch in den „Kinder-

[138] Vgl. allgemein zur Frage nach der Verschriftlichung und ihrer Bedeutung für die Herrschaftspraxis exemplarisch SABLONIER, Verschriftlichung und Herrschaftspraxis, der in seinen einführenden Worten (S. 91-93) die kaum zu überschätzende Bedeutung der Verwendung von Schriftgut in der Herrschaftspraxis herausstellt. Er nennt dort auch die einschlägige Literatur, die sich mit dem lange bekannten Phänomen des herrschaftlichen Schriftguts für die Herrschaftsübung beschäftigt.

[139] Hier können wir uns nur auf die von SIMON, Erbach, S. 94f, 105, 108, gemachten Angaben verlassen, da das Erbacher Archiv im Zweiten Weltkrieg zerstört wurde und damit auch das Lehensbuch (ausführlich unten Kapitel 5.2).

schuhen“ steckte; denn Schenk Eberhard X. hatte das Verzeichnis eigenhändig verfaßt. Das bedeutete allerdings auch, daß die Herren von Erbach offenbar schreiben und lesen konnten, also bei ihnen die Alphabetisierung recht weit fortgeschritten war. Es war ihnen daher möglich, sich selbsttätig ein Bild der Vorgänge zu verschaffen, so daß sie gegebenenfalls korrigierend eingreifen und gezielte (Gegen-)Maßnahmen ergreifen konnten. Dies stellte einen nicht unerheblichen Vorteil dar, der sie vor allem im 14. Jahrhundert vor ihrem mächtigsten Lehensherrn, dem Pfalzgrafen, auszeichnete.

Mit der Wende zum 15. Jahrhundert erfolgte offenbar ein weiterer Modernisierungsschub in der erbachischen Verwaltung. Nachdem am Ende des 14. Jahrhunderts erste Lehensverzeichnisse angelegt worden waren, haben wir nun erste Hinweise auf Zins- und Gültbücher für die Herrschaft Erbach, die in ihrer Auflistung Herrschaftszugehörigkeiten bzw. -rechte schriftlich fixierten und darüber hinaus die der Landesherrschaft zukommenden Einnahmen übersichtlich offenlegten. Leider können wir dies heute nur pauschal feststellen, weil die Zinsbücher seit 1944 unwiederbringlich verloren sind[140]: Die Einnahmen beschränkten sich im wesentlichen auf die üblichen Naturalabgaben und Zolleinnahmen sowie Erträge aus Pfandgütern, die die Herren von Erbach meist von den Pfalzgrafen bei Rhein erhalten hatten. Die Schenken von Erbach blieben also in ihren wirtschaftlichen Entfaltungsmöglichkeiten eingeschränkt. Nur ganz vereinzelt haben wir auch Hinweise, daß es neben den genannten Einkünften auch lukrativere Geschäfte gab, deren Erträgnisse vielversprechender waren, wodurch man sich eine Verbesserung der wirtschaftlichen Lage erhoffte. Im Zinsbuch Schenk Georgs I. († 1481) finden wir einen Eintrag, der darauf hinweist, daß die Herren von Erbach Anteile an Bergwerken hatten. In Erzbach, dessen Gemarkung schon im Lorscher Codex als *Arezgrefte* Erwähnung fand[141], gehörten die Einkünfte aus *ein sehtig teyle am steinzehenden am berge*[142] den beiden jüngeren Linien der Herren von Erbach. Der „Steinzehnte am Berge“ ist der zehnte Teil des Ertrags als Einnahme aus der Vergabe einer Berggerechtigkeit an einen Ausbeuter. Die Herren von Erbach waren anscheinend (zumindest anteilsmäßig) im Besitz von Bergwerken bzw. -gerechtigkeiten, über die sie frei verfügen und die sie verleihen konnten. Schenk Georg hatte offenbar die Lukrativität dieses Wirtschaftszweigs erkannt und strebte selbst danach, weitere Bergwerke auszubeuten. So ließ er unter anderem in Mittelkinzig nach Eisen- und Kupfererz graben. Dabei geriet er jedoch mit seinem Vetter Johannes IV. aus der Michelstädter Linie in Konflikt, weil die Gruben auf dessen Allodialbesitz lagen und er, im Hinblick auf eine gute Einnahmequelle, nun seinerseits seinen Anspruch geltend machte. Am Ende setzte sich Schenk Johannes auch

[140] Die ältere Forschung hat sich fast ausschließlich für die Herrschaftsausübung der Neuzeit nach der Grafenerhebung 1532 interessiert, so daß für das Mittelalter nur ganz vereinzelt punktuelle Hinweise auf die Verwaltungs- und Wirtschaftssituation der Herren von Erbach vorliegen.

[141] Vgl. CL I, Nr. 6, S. 279.

[142] Zit. n. SIMON, Erbach, S. 123 (Zinsbuch Schenk Georgs I., fol. 41).

durch und nahm seinem Vetter das bereits abgebaute Erz gewaltsam weg und brachte es zur Weiterverarbeitung nach Michelstadt[143].

Daß der Besitz von Gruben offenbar auch als prestigeträchtig für die eigene Herrschaft angesehen wurde, macht das Bemühen der Herren von Erbach deutlich, bereits um 1400 von den rheinischen Pfalzgrafen Rechte am Bergsträßer Bergbau zu erlangen[144]. Denn hatte man die Verfügung über Erze und Edelmetalle, so war auch die Möglichkeit gegeben, Münzen zu schlagen. Davon machten die Herren von Erbach dann offenkundig auch Gebrauch, wie beispielhaft ein Lehensbrief Pfalzgraf Ludwigs III. vom 11. Dezember 1414 zeigt[145]. In dieser Urkunde werden die Einkünfte von Höfen in Haisterbach und Günterfürst in *heller Erpacher werung* bzw. *schillinge Erpacher werunge* angegeben[146]. Bereits im 15. Jahrhundert prägten die Schenken demzufolge ihre eigenen Münzen. Daß sie anscheinend schon seit dem beginnenden 15. Jahrhundert eine eigene Münzstätte eingerichtet hatten bzw. eigene Münzen schlagen ließen, wurde bislang nicht zur Kenntnis genommen. Bisher galt als gängige Forschungsmeinung, daß eine erbachische Münzprägung erst 1541 mit der Verleihung des Münzprivilegs durch Kaiser Karl V. einsetzte[147]. Diese Meinung muß offenkundig revidiert werden[148].

Die Zinsbücher der Herrschaft Erbach wurden offenkundig nicht mehr von den Herren von Erbach eigenhändig verfaßt, wie dies beim ersten Lehensregister noch der Fall war. Denn wie aus den Formulierungen hervorgeht, sind sie von

[143] Vgl. SIMON, Erbach, S. 232. – Vor allem in der Neuzeit galten die Herren bzw. Grafen von Erbach als Lieferanten für gute Waffen, insonderheit die in Michelstadt gefertigten Kanonen galten als besonders begehrt. Denn aufgrund des hohen Mangananteils im Odenwälder Eisenerz waren die Waffen sehr widerstandsfähig und belastbar, wodurch sie eine lange Lebensdauer aufwiesen.

[144] Vgl. SIMON, Erbach, S. 344f.

[145] Vgl. EBD., UB Nr. 178, S. 178f. – Da Pfalzgraf Ludwig III., der Lehensherr der Herren von Erbach, diese Urkunde ausstellen ließ und offenbar wissentlich die Erbacher Währung nennt, schien diese allgemein anerkannt gewesen zu sein. Dies deutet darauf hin, daß die Schenken als ein Zeichen unbeschränkter Standeshoheit Münzen schlagen konnten, ohne daß sie Repressalien fürchten mußten.

[146] Dabei sind Schillinge reine Rechnungseinheiten, keine geprägten Münzen, also Werte, mit denen nur gerechnet wurden. Dagegen handelte es sich bei dem Heller um eine tatsächlich geprägte Silbermünze, die seit dem Hochmittelalter auch im Umlauf war. Vgl. zu den Wertverhältnissen der Münzen bzw. Rechnungseinheiten im 15. Jahrhundert zueinander WACKERFUß, Kulturgeschichte, S. 32-34; DERS., Zinsbuch, S. XVII.

[147] Vgl. SIMON, Erbach, S. 398; JOSEPH, Münzen; REBSCHER, Münzen, S. 9-21, der die seit 1546 gemachten Münzprägungen bespricht. Text des Münzprivilegs vom 14. Mai 1541 in: Deduktion 1754, Nr. 80; teilweise bei LUCK, Genealogie, S. 27f.

[148] Ob eine erbachische Münzprägung bereits seit dem letzten Jahrzehnt des 14. Jahrhunderts existiert hat, können wir nicht sicher sagen. Es gibt in einer Urkunde Berthold Echters von Mespelbrunn vom 22. November 1393 den Verweis auf eine *Erpecher werunge* (SIMON, Erbach, UB Nr. 129, S. 130), doch sind dort nur Pfund und Schillinge genannt – also nur Rechnungseinheiten und noch keine tatsächlich geprägten Münzen. Aber dennoch haben wir auch hier den Hinweis, daß es bereits im ausgehenden 14. Jahrhundert ein Erbacher Geld- und Währungssystem gegeben hat.

erbachischen Schreibern oder Kanzleiangestellten geschrieben worden[149]. Das heißt, daß im 15. Jahrhundert Kanzleipersonal vorhanden war, was für eine Weiterentwicklung und damit für eine weitere Verbesserung der Verwaltung spricht. Mit dem Ausbau der Kanzlei dürfte auch eine allmähliche Ortsgebundenheit einhergegangen sein, so daß auch dadurch eine Verbesserung gegeben war, weil die Institution Kanzlei nicht ständig an die Orte verlegt werden mußte, an denen sich der Landesherr gerade aufhielt.

War die Kanzlei schließlich an einem Ort fest eingerichtet, so konnte man auch daran denken, ein Archiv aufzubauen[150]. Denn ein „Archiv setzt eine Institution voraus, die über eine Einzelperson und ihre Familie hinausgreift, in der also Schriftgut einer geistlichen oder weltlichen Gemeinschaft auf Dauer aufbewahrt wird“[151]. Die Bedeutung eines Archivs beschränkte sich freilich nicht bloß auf die Aufbewahrung der für die Herrschaftsübung wichtigen Schriftzeugnisse, es war gleichermaßen ein Ort der Memoria der Familien, bzw. durch die zum Teil Jahrhunderte alten Urkunden, die im Archiv bewahrt wurden und deren Rechtsinhalte oftmals von vitaler Bedeutung für die Adelsfamilie waren, diente es auch in nicht geringem Umfang zur Bildung von Tradition und Familienbewußtsein sowie der Rechts- und Besitzstandswahrung einer Familie. Will man es pointiert formulieren so wird man das bekannte Diktum von Oexle „Ohne Memoria kein Adel“[152] übernehmen können, es freilich ergänzen müssen: „Ohne Memoria und Archiv kein Adel“.

Ein weiterer Schritt, der den Ausbau der erbachischen Landesherrschaft zu einer selbständigen, personenunabhängigen, auf Beamte gestützten Administration andeutet, ist der Wechsel von einer personenbezogenen Herrschaftsübung hin zu einer abstrakt gedachten Landesherrschaft, die auf einer von der Person des jeweiligen Landesherrn unabhängigen, effektiv funktionierenden Verwaltung basierte. Für die Herren von Erbach lassen sich erste Ansätze dafür seit der Regierungszeit Schenk Eberhards X. und seines Sohnes Konrads IX. erkennen; der quellenmäßigen Niederschlag läßt sich seit der zweiten Hälfte der 1420er Jahre fassen. Am 17. Dezember 1426 reversierte Hermann Boos von Waldeck den Empfang seiner Lehen[153]. Er nimmt dabei Bezug auf die Vergabe der Lehen, die zuvor sein Ahnherr *Emiche von Borucze von der herschafft zu Erpach* erhalten hatte, durch *myme gnedien Jungherren vnd sime vettern, Schencke Conraden dem Jungen, herren zu Erpach vnd irer herschafft*. Hier wird zum ersten Mal die „Herrschaft Erbach“ als eigenständige Größe genannt und zur Symbolisierung

[149] So finden sich die gängigen Formeln *is myns jungherren*, *myn Junckherre hot* oder ähnliche Wendungen, die deutlich machen, daß diese Bücher von eigens dafür angestellten Leuten geschrieben wurden (vgl. dazu SIMON, Erbach, S. 123).

[150] Zu den Schwierigkeiten, ein Archiv aufzubauen, so lange es noch keine ortsfeste Verwaltung gab, vgl. SCHWARZMAIER, Hausarchiv, S. 99 u. Anm. 13; zum Erbacher Archiv s. Einleitung.

[151] SCHWARZMAIER, ebd., S. 98.

[152] Vgl. SPIEß, Liturgische Memoria, S. 115; das Zitat von OEXLE, Memoria, S. 38.

[153] Vgl. SIMON, Erbach, UB Nr. 113, S. 211.

einer transpersonal ausgeübten Landesherrschaft herangezogen. Vom 5. Januar 1429 ist ein Lehensbrief Schenk Konrads für Weiprecht Rabenolt überliefert, in dem die Formel *von mir vnd der herschafft zu Erpach zu lehen gehabt hat*[154] im gleichen Sinn Verwendung fand.

### 3.2.2 Gerichtswesen der Herrschaft Erbach

In dem Umfang wie die Abstrahierung der Landesherrschaft seit dem letzten Viertel des 14. Jahrhunderts voranschritt, wurde auch das Gerichtswesen in der Herrschaft Erbach ausgebaut. Ursprünglicher Verwaltungsmittelpunkt war wahrscheinlich Michelstadt, das diese Funktion als Zentralort der früheren Lorscher Mark Michelstadt offenbar bewahrt hatte[155]. Daneben hatte vermutlich noch im 12. Jahrhundert die Burg Erbach als Stammsitz der Herren von Erbach zusätzlich eine Mittelpunktfunktion übernommen, wie Kleberger meint[156]. Aus den pfälzischen Lehensbriefen, die seit 1398 überliefert sind, wird deutlich, daß eine Teilung der Mark Michelstadt in zwei Zenten stattgefunden hatte. Dieser Teilungsvorgang hing vermutlich ursächlich mit der Linienbildung um die Mitte und in den siebziger Jahren des 13. Jahrhunderts zusammen, so daß zunächst eine Teilung zwischen den Linien Erbach und Reichenberg erfolgte, nach der weiteren Aufspaltung der letzteren in Fürstenau und Michelstadt kam es dort zu einer weiteren Besitzteilung. Es muß dabei allerdings offen bleiben, ob es sich um eine strikte Realteilung handelte oder ob nicht vielmehr auch von einer – zumindest teilweisen – Mutschierung des Besitzes ausgegangen werden muß. Nichtsdestotrotz war mit diesen Teilungen auch die Schaffung von verschiedenen Verwaltungs- bzw. Gerichtsbezirken verbunden. Eine weitere Schilderung der erbachischen Gerichte bzw. Ämter in Einzelheiten ist für das Mittelalter aufgrund der lückenhaften Quellenlage nicht möglich; die hier so wichtigen Rechnungen und Zinsbücher fehlen durch die Kriegszerstörung völlig.

Anhand der Lehensbriefe und den Einträgen in den Pfälzer Lehensbüchern ergibt sich freilich eine brauchbare Zusammenfassung nahezu aller Rechte und Besitzungen der Herren von Erbach; sie lassen jedoch keine Rückschlüsse auf die Organisation der mittelalterlichen Ämter und Gerichte der Herren von Erbach zu. Da es im Haus Erbach offenbar auch keine strikt durchgehaltene Teilung im Sinne einer Realteilung gab[157], können wir auch darüber keine weiteren

[154] SIMON, Erbach, UB Nr. 227, S. 223f.

[155] Daß Michelstadt bereits in Lorscher Zeit Gerichts- und Verwaltungssitz war, darauf deutet der Bau des *lapidea domus in castello Michlenstat* um 960 hin wie auch die Lorscher Zollstätte in Michelstadt um 1130/35 (vgl. CL I, Nr. 70, S. 353; Nr. 144, S. 426).

[156] Vgl. KLEBERGER, Territorialgeschichte, S. 121.

[157] Das Haus Erbach hatte offenbar eine Art Zwischenlösung gewählt; denn einerseits gewinnt man den Eindruck, daß hinsichtlich der Verwaltungsorganisation eine „Zentralbehörde“ vorhanden war. So wurden offenbar die Lehen immer vom ältesten Schenken vergeben, der auch das Schenkenamt ausübte, was sich beispielhaft an der Belehnungspraxis des 14. Jahrhunderts feststellen läßt: fast alle Lehensbriefe und lehensherrliche Konsenserklärungen

Informationen einer Ämtereinteilung gewinnen. Nur anhand jüngerer Aufzeichnungen lassen sich die Verhältnisse grob skizzieren[158]: Zentren der Herrschaft Erbach waren die alten Gerichtssitze Michelstadt und Beerfelden, die in der zweiten Hälfte des 13. Jahrhunderts entstandene Zent Erbach sowie der alte Gerichtsort Reichelsheim, der um 1200 als erbachischer Zentort umgestaltet wurde. Diese Orte bzw. die ihnen benachbarten Burgen – Erbach, Freienstein und Reichenberg – fungierten wahrscheinlich schon recht früh als Amtssitze. Daß es eine solche Ämtereinteilung bereits im 14. Jahrhundert gegeben haben muß, darauf verweisen – wenngleich nur punktuell – verschiedene Urkunden. Am 12. Mai 1368 verglich sich Wolz Garteiß mit Schenk Eberhard VIII. dahingehend, daß er die erbachischen Gerichte und ihre Zuständigkeiten anerkannte[159]. In dieser Urkunde ist auch die Rede davon, daß die „armen Leute" und die Untertanen der Herrschaft Erbach nur vor diese Gerichte zitiert werden durften, daß nur sie Recht sprechen konnten. Eine Appellation an ein auswärtiges Gericht war nicht zulässig. Auf eine Ämtereinteilung weist bereits schon die Urkunde von 1303 hin, mit der die Zenten Erbach und Reichelsheim zwischen Schenk Konrad IV. und Gerlach von Breuberg aufgeteilt wurden[160]. Allerdings schienen für die Zent Reichelsheim die Pfarrsprengel zugrunde gelegt worden zu sein, weil die *parochia* Reichelsheim genannt ist; allerdings wird auch ein *advocatus* erwähnt, was auf eine weltliche Verwaltungsperson in Stellvertretung des Herrn verweist.

Können wir eine Ämtereinteilung auch nicht exakt bestimmen, so können wir doch festhalten, daß es sicher seit der Mitte des 14. Jahrhunderts in der Herrschaft Erbach feste Gerichte gab, die ausschließlich für die Rechtsprechung innerhalb des erbachischen „Untertanenverbandes" zuständig waren, und daß offenkundig eine wie auch immer geartete Aufteilung der Herrschaft in Ge-

wurden von Schenk Konrad IV. ausgestellt; vgl. exemplarisch dazu SIMON, Erbach, UB Nr. 25, S. 28; Nr. 34, S. 36; Nr. 66, S. 68f. Andererseits konnten Familienglieder ihren Eigenbesitz veräußern, was sich gut am Beispiel Schenk Gerhards zeigen läßt, der die Hälfte der Erbacher Zent an die Herren von Breuberg verkauft hatte. Das heißt: Jede Linie besaß offenbar einen gewissen Allodialbesitz an der Herrschaft Erbach, sie hatte also einen realen Anteil; darüber hinaus gab es freilich auch der Herrschaft verbundene Rechte und Lehen, die gemeinsam genutzt wurden. Ein weiteres Beispiel mag dies verdeutlichen. Michelstadt war als Grundbesitz zwischen der Hauptlinie Reichenberg und der von ihr abgespaltenen Michelstädter Linie geteilt; die dortige Zent- und Halsgerichtsbarkeit war aber allen drei Linien gemeinsam, während die zu Erbach allein der alten Hauptlinie zu Erbach zustand. Man sieht daran, daß es in der mittelalterlichen Herrschaft Erbach anscheinend ein Nebeneinander von Real- und Nutzungsteilung gab. Eine wirkliche Nutzungsteilung war erst die Landesteilung von 1544; der Teilungsvertrag legte dies eindeutig fest (vgl. Deduktion 1754 § 22, Nrr. 55, 56).

[158] Es handelt sich dabei um ein Amts- und Ortsverzeichnis der Grafschaft von 1564 in einer Abschrift des 19. Jahrhunderts sowie Salbücher der zweiten Hälfte des 16. Jahrhunderts; wichtig dafür ist auch der Bericht von 1765 der Seniorats- und Lehenskanzlei zu Schönberg über sämtliche pfälzische Lehen (vgl. dazu KLEBERGER, Territorialgeschichte, S. 121f).

[159] Vgl. SCHNEIDER, Historie, UB Nr. 45, S. 99.

[160] Vgl. EBD., Nr. 14.1, S. 58f.

richtsbezirke erfolgt war, wie die Nennung der Amtleute in Richterfunktion zeigt.

Diese gesamte Entwicklung macht deutlich, daß die Verwaltung der Herrschaft Erbach am Ende des 14. Jahrhunderts offenbar soweit fortgeschritten und effektiviert worden war, daß alle für eine funktionierende Administration notwendigen Institutionen und Herrschaftsinstrumente vorhanden waren, die es den Herren von Erbach erlaubten, als „freie Herren" die Landesherrschaft über ihr Territorium auszuüben. Das 15. Jahrhundert diente in seinem Verlauf dann dazu, die bereits vorhandenen Institutionen weiter auszubauen und zu perfektionieren, so daß spätestens am Beginn des 16. Jahrhunderts eine transpersonale, auf Beamte gestützte, umfassende Landesherrschaft möglich war, die unter anderem die Basis für die 1532 erfolgte Grafenerhebung bot.

# 4 Die territoriale Entwicklung der Herrschaft Erbach bis ins 15. Jahrhundert

Im folgenden soll die Territorialentwicklung der Herrschaft Erbach geschildert werden. Dem Autor ist bewußt, daß dazu bereits die geradezu klassisch gewordene Arbeit von Elisabeth Kleberger vorliegt[1]. Dennoch scheint es nötig, die „Territorialpolitik" der Schenken von Erbach erneut in den Blick zu nehmen. Denn die Arbeit von Kleberger fokussiert nur den Bereich des hinteren Odenwalds[2]; alle weiteren Erbacher Besitzungen und Rechte blieben bislang weitgehend unbeachtet. Zunächst wird der Blick auf das Kerngebiet der Herrschaft gelenkt[3]. Im weiteren werden verschiedene andere Besitzschwerpunkte herausgearbeitet: an Hand ihres umfangreichen Besitzes ist zu zeigen, daß den Schenken von Erbach gerade in der Frühzeit des Aufscheinens eine zentrale Bedeutung an der Nahtstelle zwischen dem Erzstift Mainz, dem Hochstift Würzburg, der Pfalzgrafschaft bei Rhein sowie der Abtei Amorbach zukam, wo sie schon frühzeitig einen nicht zu übergehenden Machtfaktor darstellten.

Zunächst soll der Blick allerdings auf die vor-erbachische Zeit gerichtet werden.

## 4.1 Der Odenwald vor dem Aufscheinen der Herren von Erbach

Die Kerngebiete der Herrschaft Erbach lagen am Mittellauf der Mümling im östlichen Buntsandstein-Odenwald. Diese Region war bis in die Zeit des späten Mittelalters stets nur sehr spärlich besiedelt. Obgleich die Römer durch den Bau des Limes unter Kaiser Domitian am Ende des ersten nachchristlichen Jahrhunderts das Gebiet rechts des Rheines erschlossen hatten[4], unterblieb zunächst eine

[1] Vgl. KLEBERGER, Territorialgeschichte.

[2] Vgl. EBD., S. 65, wo sie den erbachischen Besitz zusammenfassend skizziert: „Der erbachische Besitz zu Beginn des 13. Jahrhunderts dürfte somit aus den Allodien Michelstadt-Erbach, dem Reichenberg und vielleicht dem Osterner Bezirk (Zent Reichelsheim südlich der Gersprenz) sowie aus den pfalzgräflichen Lehen Schönberg, Beerfelden und allenfalls – wenn nicht Allod – aus dem Osterner Bezirk bestanden haben". Diese Beschreibung greift m. E. jedoch zu kurz – schon für die frühe Zeit und dann erst recht für das weitere Mittelalter. Denn wie zu zeigen sein wird, reichten die Besitzungen und Rechte der Familie weit über den hinteren Odenwald hinaus.

[3] Vgl. ausführlich EBD., S. 60-77.

[4] Von großer Bedeutung war dabei die Errichtung eines römischen Straßennetzes, das vor allem im späten Mittelalter die Erschließung des Odenwaldgebiets maßgeblich erleichterte (vgl. TEUBNER/BONIN, Odenwaldkreis, S. 15).

dauerhafte Besiedelung. Nur an vereinzelten Stellen entstanden römische Gutshöfe[5]. Dieses weitgehend unbesiedelte Gebiet ermöglichte den Alamannen Mitte des 3. Jahrhunderts unter Ausnutzung der vorgefundenen römischen Strukturen die Eingliederung des Odenwaldgebiets in ihr Reich, das sich von der Wetterau bis zum Bodensee erstreckte[6]. Bis zum Ende des 5. Jahrhunderts blieb der Odenwald Teil des alamannischen Reichs. Nach der Schlacht von Zülpich (Tolbiacum 496/97) und dem Sieg des Merowingers Chlodwig gelangte der nördliche Teil des Alamannenreichs – damit auch der Odenwald – in den Herrschaftsbereich der Merowinger[7]. Durch innerdynastische Kämpfe zerrüttet und geschwächt verloren die Merowingerkönige und ihre zentralen, römisch-imperialen Verwaltungsstrukturen zunehmend an Einfluß, so daß seit dem 8. Jahrhundert mehr und mehr die lokalen Großen an Macht gewannen[8]. Ausgehend von den Königshöfen bauten sie eigene Strukturen auf und bildeten allmählich einen nicht zu unterschätzenden Machtfaktor. Eine weitere Institution, die mit dem beginnenden 8. Jahrhundert an Einfluß gewann, war das Christentum. Mit der Missionierung durch Columban und Bonifatius setzte eine Welle von Klostergründungen ein, die dafür sorgte, daß erste Ansätze einer spärlichen Verwaltung entstanden, Bibliotheken und Klosterschulen gegründet wurden. Allmählich bildeten sich so die Klöster als „Verwaltungsstützpunkte“ heraus, die für die territoriale Durchdringung des Reichs von großer Bedeutung waren.

Für den Odenwald bedeutete diese Entwicklung, daß er mit Beginn der karolingischen Herrschaft in den Einflußbereich der Klöster Fulda (gegründet 744), Lorsch (gegründet 764) und Amorbach (gegründet vor 760?) geriet. Grundlage für die Ausbildung der späteren Odenwaldterritorien bildete der Grundbesitz dieser Abteien, das heißt vor allem die großen Odenwaldmarken[9]: Mark Umstadt, Mark Heppenheim, Mark Michelstadt. Lassen sich die Rechts- und Eigentumsverhältnisse im Odenwald bis in die Zeit Karls des Großen kaum nachvollziehen, so gilt jedoch als gesichert, daß sie in der zweiten Hälfte des 8. Jahrhunderts klar umrissen waren. Die Marken wurden in der Karolingerzeit als Königsgut angesehen und von den Herrschern an die Klöster vergeben. 766 schenkte Pippin die Mark Umstadt an das Kloster Fulda[10]; 772 übertrug Karl der

[5] Vgl. dazu LUDWIG, Vor dem Bau der Basilika, S. 2f.

[6] Vgl. allgemein GEUENICH, Alemannen; Alamannen.

[7] Vgl. dazu auch BUTZEN, Merowinger.

[8] Vgl. zur allgemeinen Entwicklung der Merowingerzeit EWIG, Merowinger; in einem prägnanten Überblick jetzt auch HARTMANN, Aufbruch.

[9] Zu den Verhältnissen vor dem Auftreten der Schenken von Erbach vgl. ausführlich: KLEBERGER, Territorialgeschichte, S. 1-52, sie beschreibt die Entwicklung im Odenwald mit den Gauen beginnend; NITZ, Siedlungsformen, der die Kolonisation durch die Reichsklöster sowie den Siedlungssausbau durch Adels- und Ministerialenfamilien beschreibt; SELZER, Lorsch und der Odenwald, S. 231-247, der den Schwerpunkt allerdings auf die Entwicklung des Lorscher Besitzes lenkt und weniger die anderen Klöster beachtet.

[10] Vgl. UB Fulda I, Nr. 43; MGH D Karol. 1, Nr. 21 (Orléans, Juli 766); vgl. NITZ, Siedlungsformen, S. 21. – LACHMANN, Frühmittelalterliche Marken, S. 37, bezweifelt dagegen, daß es eine der Mark Heppenheim entsprechende zum Königshof Umstadt gehörige Wald-

Große die Mark Heppenheim der Reichsabtei Lorsch[11]. Für die sich nördlich und östlich anschließende Mark Michelstadt liegen gesicherte Erkenntnisse erst ab dem Jahr 815 vor, als Kaiser Ludwig der Fromme das Gebiet an Einhard tradierte[12].

Die Übergabe der Waldmarken an die Reichsabteien war für die Erschließung des Odenwaldgebiets von größter Bedeutung; erst diese Schenkungen ermöglichten die Errichtung von geschlossenen Grundherrschaften durch Rodung und Kolonisation. Vor allem die aufstrebenden Klöster Lorsch und Amorbach[13] begannen in der Folgezeit mit der Besiedelung, wobei insbesondere Lorsch die Vorreiterrolle übernahm. Bis zum Ende des 11. Jahrhunderts hatte die Abtei ihre Besiedelung bis an die Ostgrenze der Mark Heppenheim und der Michelstädter Waldmark vorangetrieben, so daß spätestens Mitte des 12. Jahrhunderts die Kolonisation durch die Abtei beendet war. Hatte bis dahin Lorsch die zentrale Lenkung der Erschließung inne gehabt, so wurde sie in der nachfolgenden Zeit von den Vögten bzw. Ministerialen übernommen.

In der Ladenburger Mark, deren Besitz durch das Hochstift Worms beansprucht wurde und die sich von Ladenburg nach Osten entlang des Neckars erstreckte, waren dagegen die Hauptsiedlungsträger die dort ansässigen weltlichen Grundherren, die von der Bergstraße nach Osten in den Odenwald vor-

mark gegeben habe. Die vorgenannte Urkunde Pippins spricht tatsächlich nur von der *villa* [...] *Autmundisstat, qui ponitur in pago Moinigaugio*, doch dürfen wir wohl den Begriff *Munitat* (Immunität), wie er für das Gebiet des *fiscus dominicus* Umstadt (vgl. Vita s. Sturmi, cap. 21, S. 375) in der Michelstädter Markbeschreibung aus dem beginnenden 9. Jahrhundert benutzt wurde (vgl. CL I, Nr. 21, S. 304), im Sinne einer „Mark" verstehen, zumal das Kloster Fulda seinen umfangreichen Besitz unter dem Schutz des ihm 774 erteilten Schutzprivilegs Karls des Großen zusammenfaßte (MGH D Karol. 1, Nr. 85); vgl. dazu auch KLEBERGER, Territorialgeschichte, S. 32f, 37f, 41-47.

[11] Vgl. CL I, Nr. 6, S. 277; die Grenzbeschreibung der Mark Heppenheim folgt CL I, Nr. 6a, S. 278-282; vgl. auch NITZ, Siedlungsformen.

[12] Vgl. CL I, Nr. 19, S. 299f; NITZ, ebd., S. 24-27. – Der Ort Michelstadt ist schon in der jüngeren Vita des Würzburger Bischofs Burchard erstmals genannt (Vita Burchardi, lib. II, cap. 3, S. 54: *Itaque villam, quae dicitur Michilstat, quam ei Karlomannus princeps quondam in proprium ius tradidit, ipse legittima investitura sanctis martyribus confirmavit*; ebd., cap. 12, S. 59: *Est autem viculus quidam Michilstat nominatus, quem eidem Die sacerdoti quondam in proprietatem tradiderit pro remedio animae suae frater Pipini Karlomannus*), und wäre damit zeitlich in die Mitte des 8. Jahrhunderts zu setzen. Problematisch ist jedoch der Quellenwert des erst im 12. Jahrhundert entstandenen Textes. Die Vita „ist fast wertlos, die wenigen Tatsachen, welche darin berichtet werden, sind teils entstellt, teils mit oder ohne Absicht erfunden", so urteilt LEVISON, Deutschlands Geschichtsquellen, S. 177. Bereits der Editor der Vita, Oswald Holder-Egger, identifizierte *Michilstat* aber mit Michelstadt im Odenwald (S. 54, Anm. 2); zu den unterschiedlichen Zuweisungen des Ortsnamens in der älteren Forschung vgl. KLEBERGER, Territorialgeschichte, S. 24f (mit Anm. 90-92).

[13] Vgl. NITZ, Siedlungsformen, S. 21: Für das Kloster Amorbach, eine grundherrliche Gründung, ist eine Schenkung einer Waldmark an Hand einer Urkunde nicht nachweisbar. Doch läßt die spätere geschlossene Grundherrschaft auf die Übertragung einer solchen schließen, deren ursprünglicher Umfang freilich nicht bekannt ist, da auch Amorbach unter mehr oder weniger massiven Entfremdungen zu leiden hatte. Vgl. auch MATZAT, Mark, S. 39-48.

drangen[14]. Dazu gehörten vor allem die Grafen von Lauffen, als die Grafen des Lobdengaus, deren Lehensleute, die Herren von Steinach, sowie die Herren von Strahlenberg bzw. Hirschberg und die Herren von Leutershausen. Die Wormser Kirche machte dagegen von den Möglichkeiten einer Besiedelung des Odenwalds keinen Gebrauch, was einerseits an den für Worms ungünstigen geographischen Gegebenheiten lag[15], insbesondere aber im Vordringen der Reichsabtei Lorsch begründet gewesen sein dürfte. Denn im 8. und 9. Jahrhundert schob sich das Kloster an der Bergstraße nach Süden in Richtung Neckar vor und bildete so einen Riegel, der das Neckartal als natürlichen Odenwaldzugang für das Bistum Worms abschloß[16].

Ein kleiner Teil des Odenwaldes ging jedoch nicht in den Besitz der Reichsabteien Fulda und Lorsch über. Er blieb in allen Lorscher Grenzbeschreibungen des 8. bis 11. Jahrhunderts ausgespart; ebenso endete der fuldische Immunitätsbezirk Umstadt vor ihm. Ausgeschlossen aus dem kirchlichen Gebiet blieben so die Rodensteiner Mark um ihren Hauptort Reichelsheim mit dem strategisch günstig gelegenen Reichenberg und die Ortschaft Fränkisch-Crumbach im oberen Gersprenztal. Diese Mark hatte sich anscheinend bereits früh in der Hand weltlicher Grundherren befunden und galt stets als Allod; wie auch immer geartete Lehensbindungen sind nicht festzustellen[17]. Für das frühe und hohe Mittelalter lag so eine organisch geschlossene Mark vor, die sich nach Norden bis vor die Burg Lichtenberg erstreckte, im Westen und Süden bis an die Heppenheimer Markgrenze reichte und im Osten vom Oberlauf der Gersprenz abgeschlossen wurde. Sie ist dann aber offenbar noch im ausgehenden 12. bzw. mit dem begin-

[14] Vgl. zum folgenden NITZ, Siedlungsformen, S. 27-29; PROBST, Ladenburg; TRAUTZ, Unteres Neckarland, S. 81-84, 125-130.

[15] So lag der Bischofsitz auf dem linken Rheinufer in etwa 15 Kilometer Entfernung zur Bergstraße und ungefähr 33 Kilometer zum Neckartal (jeweils Luftlinie!); im Gegensatz zu Kloster Lorsch, das nur gut 5 Kilometer von der Bergstraße und den sich anschließenden, von West nach Ost verlaufenden großen Odenwaldtälern entfernt lag (vor allem das Weschnitztal bis Lindenfels diente der Abtei als Einfallstor in den Odenwald).

[16] Die aus dieser Situation resultierenden Streitigkeiten zwischen Lorsch und Worms um die grundherrschaftlichen Verhältnisse im südlichen Odenwald wurden erst zu Beginn des 11. Jahrhunderts durch Kaiser Heinrich II. beigelegt. Am 18. August 1012 legte Heinrich die Grenze zwischen den beiden Kontrahenten endgültig fest (MGH D H II. 247); diese Grenzberichtigung folgte im Anschluß an die zuvor geschehenen Vergabe des Wildbanns im Odenwald an das Kloster (MGH D H II. 244 = CL I, Nrr. 92, 93, S. 374f).

[17] Zur Herrschaft Rodenstein und ihrer Geschichte vgl. ausführlich KLEBERGER, Territorialgeschichte, S. 98-120, 166-173. Vermutlich gehörten die beiden Brüder Billung und Mageness von Lindenfels bzw. Crumbach hierher, die 1148 und 1142/48 für Lorsch zeugten (vgl. CL I, Nrr. 153, 154, S. 434-436); unter Billung von Lindenfels haben wir jene Person zu fassen, die wenig später mit Eberhard von Erbach als Bedrücker des Klosters aufschienen (vgl. CL I, Nr. 155a, S. 436f). Offenbar ist es ihnen gelungen, eine eigene Herrschaft nördlich und östlich von Lindenfels aufzubauen. Von den Herren von Crumbach-Lindenfels haben sich im 13. Jahrhundert die Herren von Rodenstein, die späteren Inhaber der gleichnamigen Herrschaft, abgespalten.

nenden 13. Jahrhundert durch äußere Einflüsse in ihrem Bestand angegriffen worden. Wir werden später noch sehen, welche Kräfte dies waren.

Der kleine südöstlich anschließende Bezirk um Ostern[18] blieb von den ersten Lorscher Grenzziehungen im 8. Jahrhundert ausgeklammert, erscheint 1012 dann aber in die Lorscher Wildbannbeschreibung eingeschlossen[19]. Die Abtei mußte also spätestens in den ersten Jahren des 11. Jahrhunderts in den Besitz dieses Gebiets gelangt sein[20].

Für die spätere Herrschaft Erbach erlangte nun die Mark Michelstadt eine herausragende Bedeutung; sie ist zu ihrem Kerngebiet geworden. Denn hier konnten sich die Schenken von Erbach festsetzen; hier liegt die namengebende Stammburg Erbach[21]; und von hier ist es ihnen gelungen, ihre Herrschaft aufzubauen. Diese Mark kam am 11. Januar 815 durch eine Schenkung Kaiser Ludwigs des Frommen an Einhard zur Belohnung seiner treuen Dienste[22]. Zu diesem Zeitpunkt lagen die Grenzen im großen und ganzen fest. In ihrem 819 verfaßten Testament übergaben Einhard und seine Frau Imma die von Ludwig erhaltene Mark Michelstadt *per spontanea et integra uoluntate* an das Kloster Lorsch unter dem ausdrücklichen Vorbehalt der Prekarie für sich sowie noch zu

[18] Ob der Bereich um Ostern beim Übergang des Odenwalds in kirchlichen Besitz zunächst noch in der Hand des Reiches blieb, wie KLEBERGER aufgrund der (eher bescheidenen) Erzvorkommen bei Ostern und Erzbach, die bereits als *arezgrefte* in der älteren Grenzbeschreibung der Mark Heppenheim Erwähnung fanden (vgl. CL I, Nr. 6a, S. 279), vermutete, ist nach neuen Überlegungen nicht mehr als sicher zu betrachten (s. dazu die folgende Anmerkung).

[19] Vgl. KLEBERGER, Territorialgeschichte, S. 17f, 38f, die davon ausgeht, daß Ostern 882 an die Salvatorkirche in Frankfurt kam. Sie beruft sich dabei auf ein Diplom Ludwigs III. vom 17. November 880, der damit verschiedene Schenkungen seines Vaters, Ludwigs des Deutschen, an diese Kirche bestätigte (MGH D Karol. Germ. 1, Nr. 18; MGH D Karol. Germ. 2, Nr. 65). Ostern erscheint dann zum letzten Mal bei St. Salvator in einer Bestätigungsurkunde Ottos II. 977 (MGH DD O II. 152, 152b). Da das Gebiet des Odenwälder Ostertals 1012 von der Lorscher Wildbanngrenze einbezogen ist, muß es in der Zwischenzeit an das Kloster gelangt sein. Dieser Auffassung waren neben Kleberger auch BUXBAUM, Siedlungsgeschichte, S. 33; DEMANDT, Kirchenorganisation, S. 59. Doch ist es mehr als fraglich, ob sich diese Zuschreibung so noch länger halten läßt. Nach Betrachtung aller zwischen 880 und 977 ausgestellten Urkunden ist wohl eher davon auszugehen, daß es sich bei dem dort erwähnten *osterenaha* bzw. *osternaha* um Ober- bzw. Niederkirchen im Ostertal (Pfalz) handelte. Diese Zuweisung ergibt sich, vergleicht man die Urkunden und die darin genannten Orte bzw. deren lokale Begebenheiten (kunsthistorische und archäologische Befunde) im Zusammenhang (vgl. dazu ZÄH, Erste Erwähnung, S. 143-149; die Zusammenfassung der älteren Literatur bei SATTLER, Osternaha, S. 236-240).

[20] Das Gebiet um Ostern kam wohl noch am Ende des 10. Jahrhunderts an das Kloster Lorsch (vgl. BACKHAUS, Reichsgut, Karten 10 a/b, 11 a; DERS., Reichskirchengut).

[21] Ca. 3,5 Kilometer südlich von Michelstadt.

[22] CL I, Nr. 19, S. 300: [...] *libuit celsitudini nostrę fidelem quendam nostrum nomine Einhardum de quibusdam rebus proprietatis nostrę honorare atque in sui iuris potestatem liberalitatis nostrę gratia conferre. Nec inmerito; quippe cum et fidelitatis obsequio et obedientię deuotione hoc apud serenitatem nostram digne mereatur adipisci, qui totis nisibus usque quaque nostro seruitio, nostris iussionibus fideliter parere studet.*

erwartende männliche Nachkommen[23]. Bei dieser Gelegenheit ließ Einhard den Umfang seines Besitzes in einer recht genauen Grenzbeschreibung durch seinen Notar Luther aufzeichnen[24]. Die Mark Michelstadt wurde im ganzen durch 29 Grenzpunkte umschrieben, die teilweise heute nur noch schwer zu bestimmen sind. Dennoch ermöglichen die Angaben Einhards eine ungefähre Beschreibung. Es ergibt sich ein fast herzförmiges Gebilde, das sich von Michelstadt etwa 6 Kilometer nach Norden und bis zu 12 Kilometer nach Süden erstreckte und eine West-Ost-Ausdehnung zwischen 12 und 15 Kilometern erreichte. Es umfaßte so einen Bereich von rund 150 Quadratkilometern. Versucht man den Umfang der Mark Michelstadt mit heutigen geographischen Angaben darzustellen, ergibt sich etwa folgendes Bild[25]: Die Grenze verlief, beginnend am Bergwald bei Momart nördlich von Michelstadt, über die alte Römerstraße entlang des Limes zum ehemaligen Kastell Eulbach, von wo sie in die Nähe des Weilers Mangelsbach führte, dann weiter zum Willbach, einem Nebenlauf des Watterbachs. Von dort knickte sie nach Südwesten ab, führte durch das ehemalige Kastell Würzberg hindurch nach Süden zum Euterbach. Diesem folgte sie bis zum Langenfirst, einem Bergzug auf dem rechten Ufer des Bachs. Schließlich wurde der Bergrücken an der Breitensol überquert und die Grenze verlief nach Westen zum Königsbrunnen unterhalb des Krähbergs[26], von dort bis zur Mündung des Marbachs in die Mümling[27]. Sie folgte dem Bach bis zur „Manegoldescella“ auf der Gemarkung Hüttenthal, wendete sich dann nach Norden entlang des Mossaubachs bis zum Geroldesbrunnen. Die Grenze verlief dann südlich des Morsbergs vorbei bis zum Punkt „Ellbogen“, wo sie nach Osten abknickte und entlang des Brombachs, der Grenze der Maingaugrafschaft sowie entlang der Grenze des fuldischen Immunitätsbezirks Umstadt nach dem Berg Momart zurück-

[23] Vgl. CL I, Nr. 20, S. 301f (Testament vom 12. Sept. 819): *Hanc ut diximus cellam* [Michelstadt] *sub integritate cum omnibus appenditiis et terminis suis et cum omnibus ad se pertinentibus* [...] *donamus et tradimus ad basilicam siue monasterium uenerandi martiris Christi Nazarii, quod uocatur Lauresham* [...] *Post obitum uero nostrum, memorata cella cum omni integritate, ad prenominatum uenerabile monasterium absque ullius contradictione recipiatur.*

[24] Zur Grenzbschreibung vgl. CL I, Nr. 21, S. 302-304; ausführlich erläutert und kommentiert bei LUDWIG, Basilika, S. 8-11; KLEBERGER, Territorialgeschichte, S. 21f; BEUTLER, Einhard in Michelstadt, S. 39-41; NITZ, Siedlungsformen, S. 26. – Als Begründung für die schriftliche Fixierung der Grenzbeschreibung gibt Einhard verschiedene Gründe an. Der nächstliegende ist, daß er für die *donatio* an das Kloster Lorsch den genauen Umfang der Mark festlegen mußte. Interessant ist dann aber, daß er sein Gebiet gegenüber anderen Klöstern, deren Güter hier zusammentreffen, und gegenüber Lehen verschiedener Herren genau abgrenzen wollte. Möglicherweise fürchtete Einhard den unberechtigten Zugriff fremder (Grund-)Herrschaften auf sein Eigentum im Zuge der Übergabe an Lorsch, wie es in der Einleitung zur Grenzbeschreibung anklingt.

[25] S. dazu Karte 1 im Anhang.

[26] Die Grenzpunkte zwischen Breitensol und Königsbrunnen sind kaum zu bestimmen, so daß versuchte Festlegungen umstritten bleiben und daher hier nicht angeführt werden.

[27] Die Mümling entspringt etwa 4 Kilometer weiter südlich in Beerfelden; der Urkundenschreiber setzte sie anscheinend dem heutigen Marbach gleich.

führte. Im Südwesten der Mark Michelstadt waren die Grenzpunkte teilweise gemeinsam mit den nordöstlichen Punkten der Lorscher Waldmark Heppenheim, die Karl der Große 772 der Abtei geschenkt hatte.

Als Einhard 828 die Gegend nach dem Bau der Basilika verließ, um nach Seligenstadt zu gehen, versank Michelstadt für nahezu 150 Jahre im Dunkeln; eine Überlieferung ist für diese Zeit nur bruchstückhaft greifbar. Zweimal scheint Michelstadt in diesen Jahren in den Quellen auf. Anfang des 10. Jahrhunderts gewährt eine Lorscher Hubenliste einen Einblick[28]. Die Liste zeigt, daß eine Fortführung der Besiedelung stattgefunden hatte. Sie erwähnt die Mark Michelstadt mit 8 Herren- und 46 Hörigenhuben. Die weitere Überlieferung fällt in das Abbatiat Gerbodos (951-972). Auch hier wird eine Fortentwicklung deutlich. Denn es wurde ein steinernes Haus *in castello* Michelstadt errichtet[29]. Es handelte sich dabei wohl um einen befestigten Herrenhof, der nun den Mittelpunkt der Grundherrschaft markierte und der ursprünglich vielleicht von Einhard kam[30].

Erst mit der Gründung der Propstei Steinbach durch die Abtei Lorsch 1072/73 traten Michelstadt und die Einhardsche Gründung wieder hervor[31]. Das Lorscher Tochterkloster nahm in der Folgezeit einen kontinuierlichen Aufschwung, was sich deutlich in einer Urkunde von 1095 zeigt, die den Besitzstand sowie die -entwicklung dokumentiert[32].

Zwischen 1130 und 1139 gab Abt Diemo von Lorsch den Zoll und den größten Teil des Zehnten zu Michelstadt als Lehen aus[33]. Die Urkunde nennt den Empfänger der Lehen nicht. Ihre Zeitstellung legt aber die Vermutung nahe, den Aufstieg der Erbacher mit dieser Lehensübertragung in Verbindung zu bringen, die mit Eberhard von Erbach in der zweiten Hälfte des 12. Jahrhunderts erstmals in den Quellen genannt sind[34]. Welche Bedeutung diesem Vorgang von späteren Generationen des Hauses Erbach beigemessen wurde, wird darin deutlich, daß sich die Familie darauf berief, wenn es galt, die eigene Reichsunmittelbarkeit zu

[28] Vgl. CL III, Nr. 3663, S. 170; es wird vermutet, daß es sich dabei um den früheren Besitz Einhards gehandelt hat (Anm. 2: Erworben nach Einhards Tod 840).

[29] CL I, Kap. 70, S. 353: *Domum lapideam in castello Michlenstat edificavit.*

[30] S. Anm. 28.

[31] Zur Gründung von Steinbach vgl. KNÖPP, Basilika und Klosterzeit, S. 27f.

[32] Vgl. CL I, Nr. 141, S. 414-416. Diese Urkunde begründete offensichtlich die Überlieferung der Abstammung der Schenken von Erbach von Einhard, denn hier wurde er erstmals als Schwiegersohn Karls des Großen bezeichnet. Sie enthält darüber hinaus die Erstnennung des Ortes Erbach, wobei hier das heutige Dorf-Erbach gemeint sein dürfte. – Eine weitere Besitzbestätigung erfolgte 1113 durch Kaiser Heinrich V. (vgl. ST. 3094; SIMON, Erbach, UB Nr. 1, S. 3f; SCHNEIDER, Historie, UB Nr. 11, S. 509-511); auch sie zeigt die kontinuierliche Aufwärtstendenz der Lorscher Tochtergründung und den zunehmenden Siedelungsausbau in der Grundherrschaft.

[33] CL I, Nr. 144, S. 426: *theloneum cum plurima parte decimę in Michlinstadt* [...] *distribuit.* – Jener Abt Diemo (1125-1139) war es auch, in dessen Abbatiat die erste große Schwächung der Abtei zu verzeichnen ist, der den „Ausverkauf" von Klostergut einleitete, wie die ältere Forschung ausführte.

[34] Vgl. CL I, Nr. 155a, S. 436f; s. dazu ausführlich oben Kapitel 1.1.

dokumentieren – vor allem im Vorfeld der Grafenerhebung 1532[35]. Verbunden mit dem Belehnungsvorgang im vierten Jahrzehnt des 12. Jahrhunderts war offenbar auch die Übergabe der Geleitrechte, die *über menschen gedechtnüs alwegen und je, so weit die herrschaft und nunmehr graffschaft Erpach geraicht, derorts niemant anders dan die herren zu und von Erpach* inne hatten[36]. Die Schenken von Erbach sahen anscheinend diese *traditio* als „Geburtsstunde" ihrer eigenen Herrschaft im hinteren Odenwald an: Michelstadt unter Einschluß von Erbach als Kerngebiet der Herrschaft[37].

Die Errichtung oder der Ausbau der namengebenden Burg Erbach, vermutlich im späten 12. Jahrhundert, deutet ebenfalls auf die weitere Etablierung bzw. einen bereits fortgeschrittenen Herrschaftsaufbau der Familie im mittleren Mümlingtal hin. Offensichtlich hatte sie bereits in der zweiten Hälfte des 12. Jahrhunderts eine derartige Machtstellung im Gebiet der alten Mark Michelstadt erlangt, daß es ihr möglich geworden war, eine großzügige Stammburg mit einem 36 Meter hohen Bergfried zu errichten.

Wie aber konnte es einer Ministerialenfamilie gelingen, auf ehemaligem Klostergebiet eine eigenständige Herrschaft aufzubauen? Dieser Frage soll im folgenden Kapitel nachgegangen werden.

## 4.2 Der territoriale Kernbesitz der Herren von Erbach

### 4.2.1 Die territoriale Ausgangsposition: Die Mark Michelstadt

Seit dem ersten Auftreten der Schenken von Erbach im dritten Viertel des 12. Jahrhunderts sind sie im Bereich des hinteren Odenwaldes ansässig. Die namengebende Stammburg Erbach liegt im mittleren Mümlingtal. Wie im vorausgehenden Kapitel gezeigt wurde, handelte es sich bei dem Kernbestand der Herrschaft Erbach um ehemaliges Lorscher Klostergut. Dieses Gebiet umfaßte anscheinend im großen und ganzen deckungsgleich die Mark Michelstadt, die

[35] Daß die Schenken die Urkunde des Lorscher Codex gekannt haben können, ist durchaus denkbar, denn die Chronik der Abtei diente immer wieder als Beweisgrundlage bei strittigen Besitzverhältnissen und anderen Streitfällen.

[36] Deduktion 1754, § 26, Nr. 71.

[37] Auf die Tatsache, daß Erbach zur Mark Michelstadt gehörte, deutet auch der Umstand hin, daß Erbach bis zum Ende des 15. Jahrhunderts keine eigene Pfarrei bildete, sondern zu Michelstadt eingepfarrt war. Erst Schenk Erasmus ließ 1498 durch Erzbischof Berthold von Mainz nach einer Prüfung die Kapelle in Erbach zu einer eigenständigen Pfarrkirche erheben (vgl. SCHNEIDER, Historie, S. 255f), nicht schon 1496, wie in der gängigen Forschung zu lesen ist (SIMON, Erbach, S. 338; MÜLLER, Ortsnamenbuch, S. 161; DEMANDT, Kirchenorganisation, S. 105): Die Urkunde Papst Alexanders VI. vom 22. Juni 1496 (SCHNEIDER, ebd., UB Nr. 6, S. 500) besagt lediglich, daß Schenk Erasmus den Papst gebeten hatte, den Erbacher Kaplänen die Spendung der Sakramente zu erlauben und das Tauf- und Bestattungsrecht zuzugestehen. Die Rechte des Michelstädter Pfarrers wurden ausdrücklich nicht gemindert.

von Einhard und seiner Frau am 12. September 819 an das Kloster Lorsch übertragen worden war[38]. Von diesem Bestand ausgehend, ist es den Herren von Erbach gelungen, eine eigene Herrschaft noch im Laufe des 12. Jahrhunderts aufzubauen. Es ist dabei ein ansehnlicher Besitzkomplex entstanden, der offenbar die Basis für die spätmittelalterliche Herrschaft Erbach bildete.

Eine erste Ausbaustufe scheint bereits an der Wende vom 12. zum 13. Jahrhundert erreicht worden zu sein. Will man dieses Gebiet umschreiben, so läßt sich das am ehesten mit den freilich viel jüngeren, später aber gebräuchlichen Ämterbezeichnungen tun[39]: Um 1200 gehörten zur Herrschaft die Gebiete der Ämter Michelstadt-Fürstenau, Erbach, Beerfelden-Freienstein, Schönberg und wohl auch schon der größere Teil des Amtes Reichenberg, wobei die drei letztgenannten Ämter vermutlich erst am Ende des 12. Jahrhunderts in die Hände der Familie fielen. Diese Güter – mit Ausnahme des Burgbezirks Reichenberg und des Bezirks um Ostern, des südlich der Gersprenz liegenden Teils von Reichenberg – waren ehemalige Lorscher Güter. Doch wie gelangten diese Besitzungen in die Hand der Familie Erbach? Ist es möglich, den stets holzschnittartig mit den Begriffen „Entfremdung“ und „Allodisierung“ belegten Entstehungsprozeß der Herrschaft Erbach in seiner Frühzeit näher zu charakterisieren? Bevor diese Fragen untersucht werden, sollen zunächst ein paar klärende Anmerkungen zu den Begriffen „Allod“ und „Lehen“ vorausgeschickt werden.

In der Zeit des frühen und hohen Mittelalters – das heißt in einer fast ausschließlich agrarisch geprägten Epoche – stellte sich adeliger Besitz in der Regel als die Verfügungsgewalt über Grund und Boden dar. Damit verbunden war die Herrschaft über die „Eigenleute“[40], die auf den Gütern lebten, aber persönlich wie wirtschaftlich völlig von ihren geistlichen oder weltlichen Herren abhängig waren. Wie diese Besitzkomplexe entstanden, wie sie sich gegebenenfalls veränderten, läßt sich bis zum Ende des Hochmittelalters nur schwer nachvollziehen und nur in recht groben Umrissen verfolgen. Dies liegt vor allem in der dürftigen Quellensituation begründet[41]. Die Lage besserte sich für die großen Herrschaften der Reichsfürsten erst allmählich im Verlauf des 12. Jahrhunderts;

[38] CL I, Nr. 20, S. 301f. – Zur Beschreibung der Mark Michelstadt und ihres Umfangs vgl. EBD., Nr. 21, S. 302-304; dort sind auch die genannten Grenzpunkte erläutert. Dazu auch das vorangegangene Kapitel.

[39] Dabei ist jedoch zu beachten, daß die Ämterbezeichnungen und die Einrichtung der erbachischen Ämter erst am Beginn der Neuzeit festgeschrieben wurde, also ein großes Maß an „Territorialisierung“ vorausgesetzt werden muß, das im 12. bzw. 13. Jahrhundert noch nicht gegeben war. Für eine erste geographische Orientierung scheint die Bezeichnung nach Ämtern jedoch hilfreich. Vgl. zur Einteilung KLEBERGER, Territorialgeschichte, S. 121-147, Karte IV.

[40] Das Neutrum ihrer lateinischen Bezeichnung *mancipia* erinnert daran, daß sie ursprünglich wie eine Sache behandelt wurden.

[41] Die erzählenden Quellen – wie Annalen, Chroniken, Viten und vergleichbare Texte – verzichteten fast gänzlich auf die Darstellung der weltlichen Herren und ihrer Familien; auf sie wurde allenfalls am Rand eingegangen. Dagegen wurde ausführlich über die Herrscher und Heiligen, Könige und Kaiser sowie über Bischöfe und fromme Äbte bzw. Mönche berichtet.

für Herrschaften von Grafen und Herren trat eine Vermehrung der Quellen erst im Laufe des 13. Jahrhunderts ein.

Bei dem mittelalterlichen Grundbesitz sind in der Hauptsache zwei Arten zu unterscheiden: der Besitz ist entweder „Allod“ oder „Lehen“ eines Adeligen.

Der Begriff „Allod“ oder dann lateinisch *allodium* leitet sich ab von germanisch-fränkisch „al“ für „ganz“, „voll“ und „ōd/ōt“ für „Gut“, „Vermögen“[42]. Darunter wurde jenes Gut gefaßt, über das der Inhaber frei verfügen konnte, weil ihm Eigentum und Besitz an der Sache zustanden. Als im späten Mittelalter deutschsprachige Urkunden die Regel geworden waren, hatte sich daher der Begriff „Eigen“, manchmal auch „freies und lediges Eigen“, durchgesetzt. Allod spielte in Deutschland stets eine hervorragende und in seiner Bedeutung steigende Rolle: Rodungsland wurde als Allod betrachtet und in weitem Umfang faktisch in Eigen umgewandelt (Allodifikation). Durch diese Erhaltung und Vermehrung des Allodialbesitzes wurde die Macht des Adels gegenüber dem Königtum oder kirchlichen Grundherren gestärkt und der Ausbau der Landesherrschaft begünstigt.

Die zweite Form des Besitzes ist das Lehen[43], lateinisch zunächst *beneficium*, später meist *feudum*, das sich vom Allod dadurch unterschied, daß Eigentum und Besitz nicht bei einer Person vereinigt waren. Das Eigentum lag beim Lehensherrn, der Besitz und das Nutzungsrecht standen dagegen dem Lehensmann („Vasall“) zu. Durch die Schaffung einer Lehensbindung entstand ein gegenseitiges Abhängigkeitsverhältnis von Lehensherrn und -mann, dem durch den geleisteten Lehens- und Treueeid lehensrechtliche Verpflichtungen erwuchsen. Lehensverhältnisse konnten so allgemein zur Herrschaftsfestigung und -sicherung eines Lehensherrn dienen[44].

Wer über allodialen Besitz verfügte, konnte diesen als Lehen ausgeben und damit vom Herrscher unabhängige Vasallenverhältnisse begründen. Umgekehrt kam es aber nicht selten vor, daß der Inhaber von Allodien diese einem Herrn übertrug – aus welcher Motivation heraus auch immer –, von dem er sie wiederum als Lehen zurückerhielt, wodurch ein Abhängigkeitsverhältnis zustande kam[45].

Kehren wir nach diesem Exkurs zu den oben gestellten Fragen nach der Entstehung der Herrschaft Erbach zurück.

[42] Vgl. SCHÜTZEICHEL, Althochdeutsches Wörterbuch, S. 84, 230; dort auch S. 85, „alōd“ für „freier Besitz“, „Hinterlassenschaft“. – Vgl. zum Begriff allgemein BURMEISTER, Allod, Sp. 440f; GOEZ, Allod, Sp. 120f; DERS., Allodifikation, Sp. 122f; GIERKE, Allod, Sp. 486-502.

[43] Vgl. allgemein zusammenfassend DIESTELKAMP, Lehen, Sp. 1807-1811; SPIEß, Lehn(s)-recht, Sp. 1725-1741.

[44] Zur Entwicklung und zur Bedeutung des Lehensrechts im Mittelalter vgl. jetzt kompendienhaft zusammengefaßt SPIEß, Lehnswesen, der einen prägnanten Überblick über die Entwicklung des Lehenswesen seit der ottonisch-salischen Zeit bis zum Ende des Mittelalters gibt.

[45] Vgl. SPIEß, Lehensauftrag, Sp. 1700f.

Blickt man auf die ältere Forschung, stellte diese den hochmittelalterlichen Besitz der Herren von Erbach als eine geschlossene, bereits früh konsolidierte Herrschaft dar, deren Entstehung auf die Entfremdung und allmähliche Allodisierung von Lorscher Klosterbesitz zurückzuführen ist[46]. Eine differenziertere Betrachtung der Vorgänge fehlt bislang[47].

Als gesichert darf vorausgesetzt werden, daß Eberhard von Erbach bei seiner Erstnennung, die in die Jahre zwischen 1165 und 1168/70 fällt[48], bereits eine (adelsgleiche) Stellung erreicht hatte, die ihn unter den Adeligen der Umgebung zu einem gewissen Grad hervorhob, was nicht zuletzt auf einer ansehnlichen Besitzhäufung gegründet war. Der Umfang des Besitzes läßt sich freilich nur aus der Zeit des beginnenden 13. Jahrhunderts rückerschließen; auch seine rechtliche Qualität ist nur durch spätere Indizien zu klären: der Schwerpunkt des Besitzes der Herren von Erbach hat in der alten Mark Michelstadt gelegen. Der Besitz dürfte um 1165/70 schon längere Zeit in Händen der Schenkenfamilie befunden haben, denn Eberhard nannte sich bereits nach der namengebenden Stammburg im mittleren Mümlingtal „von Erbach".

Wie und wann war es den Herren von Erbach gelungen, an der mittleren Mümling derart viele Besitzrechte anzuhäufen, die ihnen die Basis für die spätere Herrschaft boten?

Um diese Frage zu beantworten, ist es notwendig, nochmals einen bereits oben geäußerten Gedanken aufzugreifen[49]. 1135 oder 1140 stellte eine B/Gerburg eine Urkunde für das Lorscher Tochterkloster Steinbach aus. Unter den Zeugen kommt neben anderen Personen ein *villicus* vor, dessen Name nur in verderbter Schreibung überliefert ist, jedoch zu „Eberhard" zu emendieren ist. Dieser Eberhard blieb in der bisherigen Forschung nahezu unbeachtet, für sie waren nur die beiden zuvor genannten Steinbacher Vögte Eberhard und Heinrich wichtig. Nur sie wurden mit dem Haus Erbach in Verbindung gebracht, und in dem Vogt Eberhard wurde Eberhard von Erbach vermutet. Probleme bereitete allerdings der zweitgenannte Vogt Heinrich, für den es in der Familie Erbach keinen Anhaltspunkt gibt. Vielleicht gehörte er den Herren von Bickenbach an[50]. Der *villicus* Eberhard ist in dieser Frage bislang unberücksichtigt geblieben. Dabei drängt sich der Gedanke geradezu auf, ihn mit dem Haus Erbach in Ver-

[46] Vgl. dazu wie oben bereits erwähnt KLEBERGER, Territorialgeschichte, S. 60f; aber auch DEMANDT, Hessen, S. 490, beschreibt den frühen, hochmittelalterlichen Besitz der Schenken in dieser Blockhaftigkeit.

[47] STEINMETZ, Schenken von Erbach, S. 54-60, versucht zwar eine differenziertere Darstellung; sie verfängt sich jedoch oftmals allzu sehr im Spekulativen.

[48] Zur Datierung der Erstnennung s. oben Kapitel 1.1.

[49] S. oben Kapitel 1.1. Dort auch die ausführliche Diskussion zu den Entstehungsumständen und zur Überlieferung der Urkunde und zu den problematischen Lesarten der Zeugenliste, daher wird an dieser Stelle darauf kein Bezug mehr genommen.

[50] Vgl. dazu BECHER, Gedanken, S. 118, 120 (Anm. 3); zu dieser Frage jetzt auch HARTMANN, Steinbach, S. 75-91 (bes. S. 86f), der sich für die Zugehörigkeit der beiden Vögte zu den Herren von Bickenbach ausspricht und Erbach – zumindest für das 12. Jahrhundert – gänzlich von der Vogtei des Klosters Steinbach ausschließt.

bindung zu bringen; auszuschließen ist dies nicht[51]. Denn wenige Jahre später wird ein Eberhard als Klosterbedränger in der *annotatio* des Lorscher Codex neben den Hochvögten der Abtei genannt. Eberhard könnte als Ministeriale der Abtei als Verwalter des Lorscher Grundbesitzes in Michelstadt eingesetzt worden sein. Möglicherweise nutzte er dann im weiteren seine Amtsstellung aus, um allmählich Klostergut in seinen Besitz zu bringen und sich von der ministerialischen Abhängigkeit gegenüber Lorsch zu emanzipieren[52].

Doch so stark die Verselbständigungsbestrebungen der Ministerialen auch gewesen sein mögen, sie waren es nicht allein, die die krisenhafte Entwicklung beschleunigten. Als ein weiteres Moment dieses Geschehens ist sicher der „im 12. Jahrhundert generell zu beobachtende Vorgang des zunehmenden Verfalls der Organisations- und Integrationskraft der alten benediktinischen Reichsabteien“[53] zu sehen. Gerade die Mißwirtschaft einiger Äbte und ihre oftmals gegenüber den Ministerialen nachlässig betriebene Politik waren es, die die Rechtspositionen der Klöster in Gefahr brachten, so daß es großer Anstrengungen nachfolgender Äbte bedurfte, die Fehler ihrer Amtsvorgänger zu korrigieren. So stellte vor allem die Vergabe von Mensalgut des Abtes bzw. dem Konvent gehörenden Gütern als Lehen an Ministeriale ein großes Problem dar. Denn daraus leiteten die Dienstleute bald einen dauernden Anspruch und die Erblichkeit der Lehen ab, womit eine allmähliche Entfremdung von Klostergut einherging; auch zunächst nur auf Zeit übertragene Ämter wurden rasch als erblich betrachtet. Dieser Entwicklung entgegenzuwirken war kaum mehr möglich. Es gelang meist nur noch vorübergehend; die seit der ersten Hälfte des 12. Jahrhunderts entstandenen Mißstände konnten oft nur abgeschwächt, aber nicht mehr gänzlich beseitigt werden.

Eine derartige Entwicklung ist im Verlauf des 12. Jahrhunderts auch für die benediktinische Reichsabtei Lorsch festzustellen[54]. Hier waren es vor allem die Äbte Gerhard († 1107), Benno († 1119?) und Diemo († 1139), die bedeutende Klostergüter als Lehen vergaben. Vor allem Abt Benno wurde in der Kloster-

[51] Vgl. STEINMETZ, Schenken von Erbach, S. 58, der diese Frage erstmals aufwarf. Er bezeichnete Eberhard jedoch ohne stichhaltige Gründe als einen vom König eingesetzten Verwalter; diese These läßt sich so aber nicht nachvollziehen. Eberhard ist doch wohl eher als Lorscher bzw. Steinbacher *villicus* zu benennen.

[52] Daß ein entsprechendes Verhalten vorkam, darauf deuten verschiedentlich Anweisungen und Strafandrohungen für Vögte bzw. Verwalter des Klosters hin. So erließ Abt Bruning von Lorsch einen Strafkatalog (vgl. CL I, Nr. 120, S. 387), wobei er sich an den Bestimmungen Kaiser Heinrichs II. zur Beilegung von Streitigkeiten zwischen Lorsch und Worms orientierte (MGH D H II. 501); im Zuge der Ausstattung des Michaelsklosters auf dem Heiligenberg beschrieb Abt Anselm den Aufgabenbereich des klösterlichen *villicus* und fügte einen Strafenkatalog bei für etwaige Kompetenzüberschreitungen, wobei deutlich unterschieden wurde zwischen Freien, Ministerialen und Angehörigen der *familia* des Klosters (vgl. CL I, Nr. 134, 140, S. 407-409, 413f). – S. oben Kapitel 1.1.

[53] JAKOBI, Ministerialität, S. 346. – Vgl. zu dieser Frage allgemein SCHMITZ, Benediktinerorden 3, S. 15-148.

[54] Vgl. jetzt SCHOLZ, Lorsch; zum Niedergang der Abtei WEINFURTER, Untergang.

chronik negativ charakterisiert, hatte er doch sieben Vollehen an Pfalzgraf Gottfried von Calw gegeben und damit das Kloster erheblich geschwächt[55]. Abt Diemo nutzte nach Gottfrieds Tod die Möglichkeit nicht, den übermächtigen Lehensträger abzuschütteln, sondern er beließ – gegen den Wunsch König Lothars III. – die Lehen bei Welf VI., dem Erben des Pfalzgrafen[56]. Auf der anderen Seite steht allerdings der mühsame Erfolg Diemos, der drei wichtige entfremdete Höfe dem Kloster zurückgewinnen konnte[57]. Dennoch verbindet man mit Abt Diemo in erster Linie den „Ausverkauf" des Kloster, wie schon der Lorscher Chronist betonte. Er schrieb dieses Fehlverhalten dem schlichten Gemüt des Abtes zu, der deshalb leicht zu übervorteilen war (*sed mansueti et simplicis ingenii fuit, ac per hoc facile ei subripi poterat*). In einem längeren Katalog reihte der Schreiber des Codex die Versäumnisse Diemos auf[58]. Er hebt dabei vor allem anderen die Besitzungen des Klosters hervor, die der Abt auf Anraten seiner „verdorbenen Vertrauten" als Lehen ausgegeben hatte. So übertrug dieser die Orte Zell bei Bensheim, Einhausen, ein anderes Zell[59], den Zoll mit dem größten Teil des Michelstädter Zehnten und Mörlenbach nicht näher genannten Freunden. Als Burglehen verlieh er den Zoll von Weinheim und einen Teil des herrschaftlichen Ackerlandes; Müllheim bei Weinheim und weitere verstreut liegende Güter kamen hinzu.

1141 gelangte mit Abt Folknand ein Mann an die Spitze des Klosters, der nach anfänglichen Schwierigkeiten die Restitution des entfremdeten Abteigutes plante und Lorsch auf eine breite, wirtschaftlich stabile Basis zurückführen wollte[60]. Nur mit der Hilfe des Königs konnte Folknand 1146 die Höfe Fritzdorf und Ramershofen am Niederrhein wieder für das Kloster zurückerwerben, die aber sogleich nach dem Tode Konrads III. 1152 erneut in die Hände von Ministerialen fielen[61]. Daß diese beiden Höfe bereits längere Zeit in den Händen von unbotmäßigen Dienstleuten der Abtei lagen, macht die Urkunde Konrads deutlich, mit der die Rückgabe gefordert wird. Offenbar bezeichneten die Ministerialen das Klostergut als Lehen, die sie vom König selbst erhalten hatten und verweigerten sich zunächst der Lorscher Forderung. Dessen ungeachtet sollte je-

[55] Vgl. CL I, Nr. 143a, S. 423f.

[56] Vgl. EBD., Nr. 143b, S. 424.

[57] Vgl. EBD. Es gelang ihm, die Höfe Rodau, nördlich von Lorsch, Wieblingen bei Heidelberg und Edigheim bei Frankenthal zurückzuholen. Doch versetzte er bald darauf Edigheim erneut, weil er für eine Romfahrt Geld benötigte; später gab er den Hof den Gläubigern zu Lehen. Wieblingen gelangte 1147 (neben Oppenheim und Giengen) in die Hand des Königs als Ersatz für das nicht geleistete *servitium*. Einzig Rodau verblieb dauerhaft im Besitz des Klosters.

[58] Vgl. zum folgenden CL I, Nr. 144, S. 426.

[59] Offenbar ist hier Zell im Mümlingtal nördlich von Michelstadt gemeint.

[60] Vgl. zu den Problemen seiner Wahl und seiner Durchsetzung CL I, Nr. 144-148, S. 426-430. Erst 1144 erfolgte seine definitive Bestätigung durch Papst Coelestin II. Abt Folknand konnte seinen hochgesteckten Plan jedoch nur teilweise durchsetzen, weil er bereits 1148 gestorben ist.

[61] Vgl. CL I, Nr. 149, S. 430f.

doch der zuständige Klostervogt, Graf Adolf von Saffenberg, den Besitz in die Hand und Verfügung des Abtes und der Mönche zurücklegen, weil die Güter nie zuvor zum Reich gehört hätten. Sie seien „durch Gewalt den Mönchen entzogen worden“. Auch sollte der Vogt darauf achten, daß in Zukunft eine solche Entfremdung von Abteigut nicht mehr vorkomme[62].

Diese Königsurkunde gewährt schlaglichtartig einen Blick auf eine mögliche und offensichtlich auch praktizierte Methode der Entfremdung von Klosterbesitz. Es war Mitte des 12. Jahrhunderts anscheinend schon gang und gäbe, daß Klosterministeriale Güter, die sie zunächst als zeitlich befristete Dienstlehen erhalten hatten, im Falle der Rückforderung als vom König rührende Lehen ausgaben und so ihrerseits die Rückgabe verweigerten. Daß diese Vorgehensweise bereits allgemein bekannt war und von den Ministerialen auch weidlich genutzt wurde, zeigt die diesbezügliche Bemerkung in der vorliegenden Urkunde.

Da dies anscheinend gängige Praxis war, spricht vieles dafür, anzunehmen, daß auch die Herren von Erbach in ihrer Frühzeit Klosterbesitz in dieser Art und Weise der klösterlichen Verfügungsgewalt entzogen und damit der Abtei entfremdeten. Wie dieser Vorgang bezüglich der Erbacher vor sich ging, entzieht sich aufgrund der dürftigen Quellenlage leider unserer genauen Kenntnis.

Innerhalb dieses allodisierten Besitzes trieben offenbar die Schenken die von Lorsch begonnene Rodungspolitik weiter voran. So ist es wahrscheinlich, daß Mossau als Eigenbesitz der Herren von Erbach eine ihrer Ausbausiedlungen ist; weitere erbachische Gründungen sind wohl Güttersbach, Lauerbach, Schönnen, aber auch Falkengesäß, Finkenbach und Sensbach[63]. Dabei ist davon auszugehen, daß die Erbacher mit dem von ihnen gerodetem Gebiet „Neuland“ schufen, das sie fortan als ihr Eigentum ansahen und beanspruchten[64]. Sie beendeten den Landesausbau des inneren Odenwaldes, der im Bereich des Buntsandstein-Odenwaldes sogar erst im 16. Jahrhundert abgeschlossen wurde.

Neben den Entfremdungen von Lorscher Klostergut dürften die Herren von Erbach aber bereits bei ihrem Aufscheinen auch einen gewissen Umfang an „wirklichem“ Allod besessen haben, über das sie frei verfügen konnten. Dabei handelte es sich vermutlich um einzelne, freilich weit verstreute Güter, die unter Umständen einen recht beträchtlichen Umfang haben konnten. Ein Hinweis dafür ist eine Schenkung eines Weinbergs in Zell an der Bergstraße an die Reichsabtei Lorsch. Ein *Eberhardus* übergab den Wingert offenbar Mitte des 12. Jahrhunderts an das Kloster, wie an Hand der im gleichen Eintrag gemachten

[62] CL I, Nr. 149, S. 431; MGH D Ko III. 163.

[63] Vgl. KLEBERGER, Territorialgeschichte, S. 8-10, 51; es handelt sich hier um Waldhubenfluren, die als typische Ausbauform des hochmittelalterlichen Landesausbaus gelten. Sie kommt in der Regel in abseitigen Tälern vor und fällt in das 11. bzw. 12. Jahrhundert. Sie kennzeichnet damit aber auch gleichzeitig die letzte und somit jüngste Ausbauphase.

[64] Vgl. BURMEISTER, Allod, Sp. 440f; GOEZ, Allod, Sp. 120f, wo betont wird, daß Rodungsland allgemein als Allod betrachtet wurde, wodurch der Ausbau der Landesherrschaft begünstigt worden ist.

Nennung des Billung von Lindenfels und seiner Schenkung in Zell gefolgert werden kann[65]. Darüber hinaus sind die recht beträchtlichen erbachischen Besitzungen im Bauland zu nennen, über die die Schenken offenbar frei verfügen konnten[66]. Fehlen für die Frühzeit weitere Informationen zu dem „echten" Eigenbesitz der Erbacher, so lassen sich im Rückblick aber doch verschiedene Aussagen zu den entfremdeten Klostergütern machen:

Daß diese Besitzakkumulation von den Herren von Erbach offenbar als Allod betrachtet und vereinnahmt wurde, wird erst in wesentlich jüngeren Urkunden sichtbar. 1307 gab Pfalzgraf Rudolf I. den Besitz Schenk Eberhards VI. aus der Reichenberger Hauptlinie in Michelstadt zurück, wobei dieser Michelstadt ausdrücklich als „meine Stadt" (*oppidum meum*) bezeichnete, die schon sein Vater Johannes gehalten und besessen hatte (*tenuit et possedit*)[67]. Wenige Jahre später, 1311, als Schenk Eberhard IV. aus der Michelstädter Linie Pfalzgraf Rudolf I. nach der zuvor erfolgten Lehensauftragung Michelstadts das Öffnungsrecht zugestand, wurde sein Anteil an der Stadt von Eberhard als *aigen* bezeichnet[68]. Diese beiden Urkunden zeigen mehrere Dinge. Zum einen machten die Herren von Erbach unzweifelhaft ihr Eigentumsrecht an Michelstadt und dem damit verbundenen Besitz deutlich, der sich offenbar auch auf Burg und Siedlung Erbach erstreckte. Zum anderen war, was in diesem Zusammenhang viel wichtiger erscheint, dieses Erbacher Herrschaftsgebiet von den angrenzenden Fürsten als Eigengut der Schenken anerkannt worden, was eine erhebliche soziale Aufwertung der Familie mit sich brachte. Erst mit den Lehensauftragungen in den Jahren zwischen 1307 und 1311 gelangte die Herrschaft gänzlich unter pfalzgräfliche Oberhoheit und die allodiale Verfügungsgewalt ging bis auf wenige Ausnahmen verloren.

### 4.2.2 Die erste Expansionsphase: Erbachs Ausgreifen nach Westen

Michelstadt und Erbach waren jedoch nicht die einzigen Allodien, die die Herren von Erbach im 12. Jahrhundert besaßen. Spätestens gegen Ende des Jahrhunderts konnten sie nach Nordwesten ausgreifen und einen Teil der Herrschaft Crumbach-Rodenstein an sich bringen. Die Mark Rodenstein reichte im Süden bis an die Gersprenz heran[69]. Das Gebiet südlich der Gersprenz um Ostern und

[65] Vgl. CL III, Nr. 3811, S. 260; die hier wiederum erfolgte gemeinsame Nennung von Billung und Eberhard berechtigt zu der Annahme, in Eberhard den ersten Angehörigen der Schenkenfamilie zu sehen. Denn schon in der *annotatio* treten beide nebeneinander als Bedränger des Klosters auf (s. oben Kapitel 1.1). – Zur Schenkung des Billung vgl. CL I, Nr. 154, S. 435f.

[66] S. ausführlich Kapitel 4.3.5.

[67] SCHAAB/LENZ, Ausgewählte Urkunden, Nr. 39; SIMON, Erbach, UB Nr. 10, S. 10f.

[68] EBD., Nr. 15, S. 16f.

[69] Zum Umfang der ursprünglichen Mark Crumbach-Rodenstein vgl. KLEBERGER, Territorialgeschichte, S. 107: Die Orte der alten Mark waren Fränkisch-Crumbach, Beerfurth, Klein-Gumpen, Winterkasten, Neunkirchen mit Brandau und Lützelbach sowie Steinau; die

Erzbach gehörte seit dem 10. Jahrhundert zur Abtei Lorsch, war dieser aber schon in der zweiten Hälfte des 12. Jahrhunderts durch Erbach entfremdet worden, das den Besitz fortan als Eigengut betrachtete. Mit dem Erwerb von dem ehemaligen Bezirk Ostern (Reichsgut?) hatten die Herren von Erbach den ersten Schritt aus der Mark Michelstadt heraus gewagt und ihre Expansion in das nördliche Odenwaldvorland bzw. nordwestlich an die Bergstraße begonnen.

Ein nächster „geplanter" Schritt war offensichtlich der Ausgriff in die Mark Rodenstein, die unmittelbar an den Bezirk Ostern angrenzte. Hier bildeten der Ort Reichelsheim als Sitz der Herrschaft und die Burg Reichenberg als strategisch wichtiger Punkt besonders attraktive Objekte der Herrschaftserweiterung für die Schenken von Erbach. Denn der Reichenberg war ein Vorposten gegen das pfälzische Lindenfels bzw. das katzenelnbogische Lichtenberg und sicherte so das gesamte obere Gersprenztal gegen mögliche Zugriffe von dieser Seite her ab. Gleichermaßen bot der Besitz dieser Burg der Schenkenfamilie die Möglichkeit, weiter nach Westen in Richtung Bergstraße vorzudringen, um ihre inner-odenwäldischen Besitzungen mit denen um Schönberg zu verbinden.

Daß die Schenken von Erbach die Expansion nach Norden bzw. Westen ernsthaft ins Auge gefaßt hatten, zeigen ihre Bemühungen, die Burg Rodenstein, wenn nicht ganz, so doch wenigsten teilsweise, in ihren Besitz zu bringen. Der Erwerb dieser westlich von Reichelsheim im Eberbacher Tal gelegenen Burg würde einen weiteren Schritt in Richtung der Bergsträßer Besitzungen des Hauses Erbach darstellen und würde somit zur weiteren Besitzverdichtung beitragen können. Freilich waren die Schenken nicht die einzigen Interessenten an der Burg. Auch die Grafen von Katzenelnbogen waren nach dem Verlust des Lichtenbergs 1326 daran interessiert[70], einen neuen Stützpunkt gegen die vordringenden Herren von Erbach zu haben und versuchten gleichfalls, in den Besitz der Burg Rodenstein zu gelangen. Darauf, wie konsequent die Herren von Erbach dennoch diese Expansionsrichtung verfolgten, weisen die Entwicklungen des 14. Jahrhunderts hin, die schließlich am Beginn des dritten Jahrzehnts des 15. Jahrhunderts in die „Rodensteiner Fehde" mündeten[71]. Seit 1348 waren die Herren von Erbach im Besitz eines Achtels der Burg Rodenstein, das Schenk

Grenze hielt sich dabei weitgehend an den Oberlauf der Gersprenz und führte in einem großen Bogen um Lützelbach-Steinau herum zum Bierbach. Dabei blieben Groß-Gumpen, Kolmbach, Gadernheim, Billings-Meßbach, Nonrod, Wersau außerhalb und Laudenau, Erlau, Michelbach und Güttersbach dagegen innerhalb dieses Bereichs. Mit dem Osterner Bezirk hatte das Gebiet wohl nie in einem Verband gestanden. Damit ist die größte Ausdehnung beschrieben; vgl. Karte 1 im Anhang.

[70] Zum Übergang der Burg an die Grafen von Sponheim im Gefolge der Wirren um das Erbe Graf Diethers IV. von Katzenelnbogen († 1312) vgl. ausführlich KUNZE, Burgenpolitik, S. 79-81.

[71] Vgl. zum folgenden auch EBD., S. 78f. Offenbar unterstützten die Grafen von Katzenelnbogen die selbständige Herrschaft Crumbach, um sie als Sperriegel und Puffer gegen die expandierenden Erbacher positionieren zu können.

Konrad VI. von seinem *neben* Heinrich von Rodenstein gekauft hatte[72] und mit dem er von Graf Wilhelm von Katzenelnbogen belehnt wurde. Der Lehensrevers Schenk Konrads datiert vom 26. März 1348[73]. Nachdem die Katzenelnbogener den Rodenstein um die Mitte des 14. Jahrhunderts ganz in ihre Hand bekommen hatten[74], war die Burg für die Erbacher als katzenelnbogisches Lehen nur noch eingeschränkt interessant. Dennoch verfolgten die Schenken ihre Ziele weiter, über den Reichenberg und die Burg Rodenstein nach Westen auszugreifen, da sie zu dieser Zeit schon als Ganerben an der Burg Bickenbach beteiligt waren und 1335 die Hälfte der Burg Dagsberg bei Alsbach gekauft hatten, die sie bis 1356 ganz an sich brachten[75].

Diesen ambitionierten erbachischen Expansionsbestrebungen versuchte Graf Johann IV. von Katzenelnbogen energisch entgegenzutreten: Zu Beginn des 15. Jahrhunderts hatte Johann offenbar mit der Begründung ausgebliebener Lehensreverse das erbachische Achtel an Rodenstein als verfallen eingezogen[76]. Daraufhin unternommene Ausgleichsbemühungen hatten offenbar keinen Erfolg. Denn aus einem Schreiben Schenk Konrads VIII., dem Sohn Konrads VI., vom 13. Mai 1422[77] an Pfalzgraf Ludwig III. geht hervor, daß er sich schon vor längerer Zeit bei Ludwig beklagt hatte, Graf Johann enthalte ihm seinen Teil an Rodenstein weiterhin widerrechtlich vor, obwohl sich Johann zu einem Ausgleich vor dem Pfalzgrafen oder dem Mainzer Erzbischof bzw. deren Räten oder von diesen bestimmten Leuten bereit erklärt habe. Der Graf habe ihm, dem Schenken, in der Folgezeit großen Schaden zugefügt, so daß Konrad den Pfalzgrafen in seinem Schreiben erneut bat, ihn rechtlich zu vertreten und für Hilfe zu sorgen. Daß jedoch auch Schenk Konrad bereits seine Rechte mit Waffengewalt durchzusetzen versucht hatte, zeigt ein Brief Graf Philipps von Katzenelnbogen,

[72] SIMON, Erbach, UB Nr. 49, S. 52f. – Heinrich von Rodenstein war der Neffe von Schenk Konrads Mutter Uta von Rodenstein; er war der Sohn von Konrad I., Utas Bruder, und dessen Frau N von Frankenstein (vgl. MÖLLER, Stamm-Tafeln A.F. I, Taf. XXIV).

[73] Vgl. SIMON, ebd.; DEMANDT, Regesten I, Nr. 1036. – Daß die Herren von Erbach durch die Katzenelnbogener Grafen mit ihrem Teil an der Burg belehnt wurden, weist freilich auch darauf hin, daß der Rodenstein zu diesem Zeitpunkt gar nicht mehr oder jedenfalls nur noch teilweise allodialer Besitz der Herren von Rodenstein war, daß sie ihre Stammburg offenbar schon an die Grafen veräußert hatten (vgl. zur Stellung der Familie Rodenstein im 14. Jahrhundert und zu dem ihr drohenden sozialen Abstieg SPIEß, Familie, S. 348, 356, 362).

[74] Zu der komplexen Besitzentwicklung des Rodenstein im 14. Jahrhundert, die hier nicht ausführlich erörtert werden muß, vgl. KLEBERGER, Territorialgeschichte, S. 111-113; KUNZE, Burgenpolitik, S. 76-79.

[75] S. dazu ausführlich unten Kapitel 4.3.1.

[76] Dies wird deutlich, wenn man einen Brief Graf Johanns vom 9. Juni 1422 an Pfalzgraf Ludwig (DEMANDT, Regesten II, Nr. 3132) heranzieht, in dem er schrieb, daß seit 1402, dem Todesjahr seines Schwiegervaters, Eberhards V. von Katzenelnbogen aus der alten Linie, Schenk Konrad VIII. und sein verstorbener Bruder Schenk Johannes II. die Lehensmutungen unterlassen haben, woraufhin er, Graf Johann, schriftlich mitgeteilt habe, daß „ihr Anteil an Rodenstein verfallen und verjährt sei".

[77] Vgl. DEMANDT, Regesten II, Nr. 3120.

dem Sohn Johanns IV., an den Schenken vom 14. Mai 1422[78]: Der Graf berichtet darin, daß Konrad und Hans Kämmerer von Worms sowie ihre Mitreiter ohne Vorwarnung Bieberau und andere Dörfer, die zu Lichtenberg gehörten, gebrandschatzt und verwüstet hätten. Da er die betroffenen Dörfer seiner Frau Anna von Württemberg als Wittum angewiesen habe, müsse er auf Wiedergutmachung bestehen; sollte sie nicht erfolgen, sei er gezwungen, seine Forderungen auf andere Weise durchzusetzen. Die Positionen waren alsbald auf beiden Seiten verhärtet. Selbst die Einlassung Pfalzgraf Ludwigs, dem Lehensherrn der beiden Kontrahenten, vom 15. Mai, in der er beide Seiten zu einer schiedsgerichtlichen Einigung aufforderte, konnte die Gemüter nicht beruhigen[79]. Alle Ausgleichsbemühungen schlugen fehl, so daß man sich in mehreren Schreiben zwischen dem 19. und 30. Mai gegenseitig die Feindschaft ankündigte[80]. Anfang Juni weitete sich die Fehde noch aus. Waren bislang nur Konrad VIII. von Erbach und Graf Johann IV. von Katzenelnbogen betroffen, gingen nun die Leute des Grafen auch gegen Besitzungen der Schenken aus der Michelstädter Linie vor, plünderten und brandschatzten Reichelsheim und andere Dörfer, an denen Schenk Konrad keinen Anteil hatte, wie dem Bericht des erbachischen Amtmanns auf dem Reichenberg, Klaus von Blafelden, vom 1. Juni zu entnehmen ist[81]. Graf Johann antwortete dem Amtmann am 12. Juni[82], sein Vorgehen und das seiner Leute sei ganz üblich. Denn er, Graf Johann, sei nur gegen erbachischen Besitz gezogen, der Schenk Konrad und dem Schenken Otto sowie dessen Geschwistern gemeinsam gehöre. An solchen Gütern seien dem Schenken auch Schäden zugefügt worden, woraus dieser freilich keine Schadensersatzforderungen ableiten könne. Eine Reaktion Schenk Ottos bzw. seines Amtmanns von Blafelden auf dieses Antwortschreiben Graf Johanns ist uns leider nicht überliefert.

Schließlich wurden die Auseinandersetzungen durch die vier rheinischen Kurfürsten geschlichtet. Am 20. Juni 1422 beschlossen sie in Oberwesel eine Sühne in dieser Sache[83]: Alle gegenseitigen Geld- und Brandschatzforderungen seien nichtig; alle Bürgen seien ihrer Bürgschaft ledig. Jeder, der im Zuge dieser Fehde Lehen aufgesagt hatte, sollte sie wieder erhalten. Eingesetzte Schiedsleute wurden verpflichtet, bis zum darauffolgenden Martinstag (11. November) einen rechtsverbindlichen Spruch zu fällen, nachdem sie beide Seiten gehört hatten. Streitobjekte waren die Burg Rodenstein, Wälder, die zu Tannenberg gehören, und eine „Frau, über die sich Graf Johann und Schenk Konrad streiten“[84]. Die vier Kurfürsten schärften den Parteien ein, daß vor allem die Helfer und Helfers-

[78] Vgl. EBD., Nr. 3122.
[79] Vgl. EBD., Nr. 3123.
[80] Vgl. EBD., Nr. 3124, 3125, 3126.
[81] EBD., Nr. 3127 (1. Juni 1422).
[82] Vgl. EBD., Nr. 3139.
[83] Vgl. EBD., Nr. 3142.
[84] EBD. – Leider ist nichts Näheres über diese „Frau“ gesagt, so daß keine weiteren genaueren Aussagen darüber getroffen werden können.

helfer zu dieser Sühne verpflichtet seien. Und sollte bis zum kommenden Montag[85] nach Bekanntgabe der Entscheidung ein erneuter Überfall erfolgen, muß die schuldige Seite Wiedergutmachung leisten und etwaige Gefangene gegen Urfehde freilassen.

Mit dieser Beschreibung der sogenannten „Rodensteiner Fehde“ haben wir unseren Überlegungen weit vorausgegriffen. Sie macht jedoch deutlich, wie intensiv die beiden betroffenen Parteien ihre Interessen verfolgten, so daß sie selbst vor Kriegszügen nicht zurückschreckten, um ihre „Territorialpolitik“ durchzusetzen. Die fortgesetzten Anstrengungen der Herren von Erbach werden verständlich, wenn man den Aufbau eines zweiten Herrschaftsschwerpunktes um Seeheim-Jugenheim und den Zugriff auf die Herrschaft Bickenbach in Rechnung stellt[86].

Kehren wir bei unseren Betrachtungen noch einmal in die Zeit der ersten Expansionsphase der Herren von Erbach zurück: Inhaber der allodialen Mark Rodenstein scheinen die Herren von Lindenfels-Crumbach gewesen zu sein, deren bekannter Vertreter Billung von Lindenfels zeitgleich mit Eberhard von Erbach als Bedränger der Abtei Lorsch genannt wurde. Er ist offenbar 1165 oder kurz danach gestorben. Möglicherweise ist der erbachische Vorstoß aus dem Osterner Bezirk nach Reichelsheim mit seinem Tod in Zusammenhang zu bringen[87]. Da Billung anscheinend keine direkten Nachkommen hatte, könnten die Herren von Erbach hier eine Chance zum Ausbau und zur Konsolidierung ihrer eigenen Herrschaft gesehen haben. Bereits um 1200 war es also den Schenken von Erbach gelungen, Reichelsheim mit der Burg Reichenberg und den südlichen Teil der Mark Rodenstein ihren Besitzern zu entfremden. Wie dieser Ausgriff letztlich abgelaufen ist, können wir nicht mehr genau sagen. Nur so viel ist auffällig: Diese erste erbachische Expansionsphase fällt augenscheinlich mit der Annäherung an den staufischen Pfalzgrafen Konrad und so mit der in dieser Zeit entstehenden Bindung an die staufischen Herrscher zusammen. Möglicherweise konnten die Schenken von Erbach mit staufischer Unterstützung ihre Ausbaupolitik forcieren[88] und nach dem Tod Billungs in die Mark Rodenstein vorstoßen.

In der Folgezeit bauten die Herren von Erbach den Reichenberg als Festung und Stützpunkt an der Nordwestgrenze ihrer Herrschaft aus. Als vermeintliches Gegengewicht setzten die Herren von Crumbach-Rodenstein, die Nachkommen der Herren von Lindenfels, der erbachischen Burg Reichenberg um die Mitte des 13. Jahrhunderts die Burg Rodenstein entgegen, die jedoch strategisch wenig günstig am Ende des Eberbacher Tals lag und wohl schon seit ihrer Erbauung

[85] Das wäre der 22. Juni 1422, da die Sühne am 20. Juni, einem Samstag, geschlossen wurde.

[86] S. dazu ausführlich unten Kapitel 4.3.1. – Der weitere Ausgriff an die Bergstraße und dann auch in die Rheinebene erfolgte bereits seit dem zweiten Drittel des 13. Jahrhunderts, wurde dann aber im 14. Jahrhundert vor allem unter Schenk Konrad IV. intensiviert.

[87] Vgl. BECHER, Lindenfels, S. 13-18, der von einer Verschwägerung Erbach/Lindenfels ausging und von daher die erbachischen Ansprüche ableitete. Seine These erscheint in vielen Fällen jedoch recht hypothetisch, so daß es schwerfällt, ihm in allen Punkten zu folgen.

[88] Zur Entstehung der Bindung zu den Staufern s. oben Kapitel 1.2.

katzenelnbogisches Lehen war[89]. Dennoch versuchten die Schenken sie zur Absicherung ihrer Herrschaft in ihre Hand zubekommen, wie die gerade skizzierte „Rodensteiner Fehde“ deutlich machte.

Neben dem Erbacher Allodialbesitz waren offenbar bereits am Ende des 12. Jahrhunderts pfalzgräfliche Lehen bei den Schenken vorhanden[90]. Bei den altpfälzischen Lehen handelte es sich wahrscheinlich um die Zent Beerfelden und das spätere Amt Schönberg an der Bergstraße nördlich von Bensheim. 1344 versuchte Mainz als Rechtsnachfolger der Abtei Lorsch sowohl Schönberg als auch Beerfelden als Lorscher Lehen zu revindizieren[91], woraufhin die Pfalzgrafschaft ihren Anspruch auf beide Orte geltend machte. Darüber hinaus habe sie auch Erbach, Michelstadt und die Burg Freienstein als Eigen besessen, das sie an Schenk Konrad IV. zu Lehen ausgegeben habe. Diese Reaktion von seiten der Pfalz deutet darauf hin, daß die genannten Gebiete 1232 bei der Übertragung von Lorsch an das Erzstift Mainz nicht mehr in Lorscher Besitz waren, dem Abteigut bereits entfremdet worden waren.

Schönberg stellt dabei den Typus des durch den Vogt entfremdeten Kirchenbesitzes dar, der in der Folge an Untervögte vergeben worden ist[92]. In unserem Fall ist wohl davon auszugehen, daß bereits Pfalzgraf Konrad von Staufen die Güter dem Kloster entzogen und dann seine Gefolgsleute, die Schenken von Erbach, damit belehnt hat. Daß die Lehensvergabe noch unter Konrad erfolgte, ist sehr wahrscheinlich. Denn seine Nachfolger, Heinrich I. und Heinrich II. von Braunschweig, hielten sich kaum in ihrem pfälzischen Gebiet auf, und unter Pfalzgraf Ludwig I. von Wittelsbach scheint sich das Verhältnis zur Pfalzgrafschaft bald nach 1214 getrübt zu haben, so daß eine erstmalige Belehnung mit Schönberg, der wichtigen den Weg nach Lindenfels beherrschenden Burg, unter seiner Herrschaft kaum erfolgt wäre.

Ein wenig anders ist die Lage von Beerfelden zu beurteilen. Schon zwischen 1032 und 1037 ist es von Abt Humbert neben weiteren Abteigütern namentlich nicht genannten Verwandten zu Lehen gegeben worden[93]. Diese Lehen wurden dem Kloster in der Folge anscheinend durch die Lehensleute widerrechtlich ent-

[89] Vgl. zur Lage und Bedeutung der Burg KUNZE, Burgenpolitik, S. 70, 76-79; er sieht den Erbauer der Burg in Rudolf von Crumbach (1219-1245).

[90] Die in der Übertragungsurkunde von 1223 angesprochenen Lehen, die Pfalzgraf Ludwig I. den Kindern des Erbacher Schenken überlassen und zugestehen sollte, waren vermutlich die Dienstlehen, die Schenk Gerhard von König Heinrich (VII.) erhalten hatten und die nun als pfalzgräfliche Lehen wieder an Erbach gelangen sollten (s. dazu ausführlich oben Kapitel 1.3).

[91] Vgl. REM I, Nr. 5124.

[92] Vgl. KLEBERGER, Territorialgeschichte, S. 64.

[93] CL I, Nr. 120, S. 386: *Nam cognatis suis, quos sibi potius secularis fastus, quam naturę germanitas deuinxerat, et quorum ambitu ad hanc dignitatem aspirauerat, exposuit res ęcclesię distrahendas atque prostituit, et quę ipsi monasterio fratrumque usui stipendiisque seruiebant, sub beneficii nomine distribuit, uidelicet Hagenheim, Cruftillam, Grůnouua, Lůdenbach, Sahssenheim, Bûrrifelden, Heidebach, vineas quoque in Dohssenheim, uberes et perquam optimas* [...].

zogen und gelangten nie mehr an die Abtei zurück, wie dem harschen Ton des Lorscher Chronisten zu entnehmen ist[94]. Wer die *cognati* des Abtes waren, kann nur vermutet werden. Möglicherweise handelte es sich dabei um die Vögte der Abtei, so daß der Lehensbesitz über Erbgang dann an den staufischen Pfalzgrafen gelangt sein könnte. Sicher ist jedoch nur, daß das Amt Beerfelden-Freienstein 1232 bei der Übergabe des Klosters an das Erzbistum Mainz nicht mehr zu den Lorscher Gütern gehörte. Denn die 1344 versuchte Revindikation dieser Güter durch das Erzstift scheiterte am Widerstand der Pfalzgrafschaft, die – wie schon im Fall von Schönberg – ihren Eigentumsanspruch an Beerfelden geltend machte. Beerfelden war 1344 Pfälzer Lehen der Schenken und befand sich im Besitz der älteren Linie zu Erbach.

Seit wann sie es besaßen, ist freilich unsicher; gewiß nicht schon 1032/37[95]. Viel wahrscheinlicher ist, daß die Herren von Erbach nach einer ersten Konsolidierung ihrer dem Kloster entfremdeten Herrschaft einen Vorstoß auch nach Süden zum Neckar hin wagten, um aus dem Odenwald herauszukommen[96]. Einen Zugang zum Neckar konnten sie am ehesten über Beerfelden und das Gammelsbachtal in Richtung Eberbach erlangen. Bei dieser angestrebten Ausdehnung trafen sie jedoch in der Zent Beerfelden auf die Pfalzgrafen, die ihre Expansion vom Neckar aus nach Norden in den Odenwald vorantrieben. Folgt man Kleberger, so ist Beerfelden noch im 12. Jahrhundert als eine „vermittelnde Lösung" als pfalzgräfliches Lehen an Erbach vergeben worden[97]. Der Begriff Klebergers erscheint in diesem Zusammenhang problematisch, evoziert er doch, daß es zuvor eine (gewaltsame?) Auseinandersetzung zwischen den Herren von Erbach und der Pfalzgrafschaft gegeben hat, die durch die Vergabe von Beerfelden beigelegt wurde. In der zweiten Hälfte des 12. Jahrhundert verfolgten aber sowohl Erbach als auch die Pfalzgrafschaft ihre Interessen gegen die Reichsabtei Lorsch. Im Blick auf eine übereinstimmende Vorgehensweise gegen das Kloster sah sich Pfalzgraf Konrad veranlaßt, die Herren von Erbach in seine Politik einzubinden, was ihm nicht zuletzt dadurch gelungen sein dürfte, daß er sie mit Beerfelden belehnte.

[94] Die ausschließlich negative Beurteilung des Abtes durch den Chronisten ist in der Forschung vielfach in Zweifel gezogen worden. Humbert ist offensichtlich durch den Chronisten einseitig negativ charakterisiert worden, von einem ausgewogenen Urteil ist daher kaum zu sprechen (vgl. SCHOLZ, Lorsch, S. 784f).

[95] Die immer wieder geäußerte Vermutung, Abt Humbert habe Beerfelden an die damals noch „kleinen" Erbacher vergeben, ist kaum wahrscheinlich (vgl. zu dieser These exemplarisch ZIMMERMANN, Weistümer, S. 74). Denn 1032 waren die Erbacher sicher noch Ministeriale bzw. Dienstleute der Abtei Lorsch und kaum in der geeigneten Position für ein solch umfangreiches Lehen (folgt man dagegen DRAUDT, Steinbach, so kamen sie sogar erst mit den Staufern, das heißt Mitte des 12. Jahrhunderts, in den Odenwald); eher ist wohl an einen hochadeligen Empfänger der Lehen zu denken.

[96] Offenbar unternahmen die Schenken im ausgehenden 12. Jahrhundert vielfältige Anstrengungen, ihre Herrschaft zu erweitern. Denn in diese Zeit fiel auch der Ausgriff nach Nordwesten in die Herrschaft Crumbach-Lindenfels.

[97] Vgl. KLEBERGER, Territorialgeschichte, S. 64f.

Daß die erbachische Zent Beerfelden im Verhältnis zur Pfalzgrafschaft allerdings stets eine Sonderstellung einnahm, zeigt die spätere Entwicklung. Über die Jahrhunderte hinweg blieb die Bindung immer verhältnismäßig eng. Noch im 15. Jahrhundert waren verschiedene hoheitliche Rechte zwischen Erbach und der Kurpfalz strittig, wobei die Kurpfalz ihre Ansprüche immer wieder durchsetzen konnte, wie die Zentweistümer von 1457 bzw. 1487 zeigen[98]. So ist Beerfelden offenbar aufgrund pfälzischen Einspruchs nie ummauert worden, obwohl es seit 1328 Stadtrechte besaß[99]. Die Pfälzer Rechte wurden 1487 im Zentweistum keineswegs aufgehoben, wie Zimmermann meinte[100], denn in das jüngere Weistum wurde das ältere von 1457, das die Pfälzer Rechte aufführt, inseriert, so daß ein Verzicht seitens der Pfalzgrafschaft auf ihre angestammten Rechte nicht zu sehen ist. Ein weiteres Indiz für den fortgesetzten Pfälzer Rechtsanspruch ist die Tatsache, daß der Ort Hetzbach im Norden der Zent Beerfelden bis 1509 pfälzische Exklave blieb und erst dann im Tausch an Erbach gelangte[101]. Dies könnte auch ein Hinweis auf eine erst später erfolgte Belehnung mit Beerfelden durch die wittelsbachischen Pfalzgrafen sein. Möglicherweise drängten die Herren von Erbach erst nach dem Aussterben der in diesem Gebiet begüterten Grafen von Lauffen um 1218 nach Süden an den Neckar, um die Öffnung ihrer Herrschaft zu erreichen. Das hieße dann freilich: Erst Pfalzgraf Ludwig I. hätte Beerfelden als Lehen ausgegeben und nicht bereits Konrad von Staufen. Dies wird sich aufgrund der dürftigen Quellenlage jedoch nicht letztgültig beweisen lassen und würde auch den politischen Entwicklungen entgegenlaufen[102].

Der erbachische Besitz umfaßte also im beginnenden 13. Jahrhundert die Allodien Michelstadt und Erbach, den allodialen Reichenberg[103] und den vielleicht

[98] Vgl. dazu die Weistümer bei GRIMM, Weistümer 1, S. 446.

[99] Urkunde der Stadtrechtsverleihung vom 25. Juni 1328 bei SCHNEIDER, Historie, UB Nr. 14.5, S. 63. – Kaiser Ludwig der Bayer verlieh den Schenken für Beerfelden dieselben Rechte und Freiheiten, die auch „unsere Stadt" Eberbach am Neckar hatte.

[100] Vgl. ZIMMERMANN, Weistümer, S. 74. – Es ist dagegen festzuhalten, daß im Weistum der Zent Beerfelden von 1450 von einem pfalzgräflichen Anspruch in keiner Weise die Rede ist. Möglicherweise war dieses Weistum der Grund dafür, daß kaum sieben Jahre später die Pfalzgrafschaft derart vehement ihre Rechte einforderte.

[101] Vgl. SIMON, Erbach, UB Nr. 324, S. 286f: Schenk Eberhard von Erbach erhielt am 5. Juli 1509 das Dorf Hetzbach und 40 Gulden Leibesbede von einigen außerhalb des Dorfes wohnenden Leibeigenen; im Gegenzug erhielt Pfalzgraf Ludwig die Orte Siedelsbrunn, Affolterbach, Laudenweschnitz, die Rechte an Scharbach sowie die Einkünfte in Kreidach und Hammelbach von Erbach. Darüber hinaus wurde ein Vergleich wegen Jagdstreitigkeiten zwischen beiden Parteien geschlossen.

[102] Ob aber Beerfelden vielleicht zu den königlichen Lehen gehörte, die Schenk Gerhard innehatte, und der nicht genannte Verwandte des Abts gar ein Staufer war, führt doch zu sehr in Spekulationen, da hierzu jegliche Quelle fehlt!

[103] Daß der Reichenberg und Reichelsheim Allodialbesitz der Erbacher waren und nicht aus Lorscher Besitz stammten, zeigt nicht zuletzt die Tatsache, daß das Erzstift Mainz 1344 keine Ansprüche auf das Gebiet erhob. Im Gegensatz dazu wurden die Lehen Schönberg und Beerfelden von Mainz zurückgefordert (vgl. REM I., Nr. 5124).

allodialen Osterner Bezirk (das heißt: die spätere Zent Reichelsheim südlich der Gersprenz) sowie die pfalzgräflichen Lehen Schönberg und Beerfelden. Noch im 13. Jahrhundert wurde das gesamte Gebiet zwischen der Linie Erbach und der seit 1270 in zwei Äste verzweigten Reichenberger Linie geteilt. Strittig ist dabei nach wie vor in der Forschung, ob es sich dabei um reine Nutz- oder doch um Realteilungen handelte[104]. Offenkundig hat es bis in die Mitte des 16. Jahrhunderts weder das eine noch das andere gegeben; erst mit der Landesteilung 1544 wurde eine Nutzteilung festgeschrieben. Bis in die frühe Neuzeit hinein müssen wir für die Herrschaft Erbach wohl von einer Mischform ausgehen, weil – wie wir zeigen konnten[105] – bestimmte Herrschaftsrechte und auch Güter bei der Gesamtfamilie verblieben und nur der nach den Lehensauftragungen zu Beginn des 14. Jahrhunderts verbliebene spärliche allodiale Besitz einer Realteilung unterworfen war. Festzuhalten ist aber – unabhängig von der Art der Teilung –, daß spätestens seit dem letzten Drittel des 13. Jahrhunderts eine „einheitliche Hauspolitik" der Herren von Erbach nicht mehr stillschweigend vorausgesetzt werden kann, wie dies die ältere Forschung unterschwellig immer getan hat. Eine differenziertere Betrachtungsweise ist unbedingt angezeigt.

Ältere Arbeiten blieben bei ihren Betrachtungen des erbachischen Kernbesitzes auf den hinteren Odenwald beschränkt; doch ist dies nicht ausreichend. Denn es treten immer wieder Hinweise auf, die es als wahrscheinlich erscheinen lassen, daß der erbachische Besitz – gerade und vor allem im 13. Jahrhundert – doch umfangreicher und weiter gestreut war, als dies bisher von der Forschung zur Kenntnis genommen worden ist. Dieser Frage soll in Kapitel 4.3 nachgegangen werden. Doch wenden wir uns zunächst der Konsolidierung der Kerngebiete der Herrschaft zu.

### 4.2.3 Die innere Abschließung der Herrschaft Erbach

Neben der Betrachtung der versuchten Expansionen über die Kerngebiete der Herrschaft hinaus dürfen die Anstrengungen der Herren von Erbach für eine innerherrschaftliche territoriale Arrondierung nicht vernachlässigt werden.

In mehreren Schritten ist es den Schenken in der zweiten Hälfte des 14. Jahrhunderts auch gelungen, Exklaven fremder Herren ihrem Herrschaftsbereich einzugliedern bzw. 1365/71 die Herren von Eppstein und Weinsberg sowie die Grafen von Wertheim aus dem Mitbesitz ihrer Stammburg Erbach zu verdrängen.

Lukardis von Eppstein, geb. von Breuberg, verzichtete 1365 im Namen ihrer Söhne, der Stiefbrüder Konrad von Weinsberg und Eberhard von Eppstein, in einer von Pfalzgraf Ruprecht I. gemachten Sühne auf ihr Viertel an der Burg Er-

[104] So geht KLEBERGER, Territorialgeschichte, S. 65, von einer Nutzteilung aus; dieser Meinung schließt sich DEMANDT, Hessen, S. 490f, an. Dagegen SIMON, Erbach, S. 286f, der von einer Realteilung ausgeht.
[105] S. oben S. 181-183.

bach, nachdem es fortwährend zu Streitigkeiten zwischen ihr und den Schenken Konrad V. und Eberhard VIII. gekommen war[106]. Die eppsteinische Partei verzichtete zukünftig *vff alle furderunge, ansprach vnd rechte, die sie gehabt haben oder meyneten zu haben an Erpach vnd waz darzu gehoret*[107]. Dieser Schritt wurde dank der Protektion der Schenken durch den Pfalzgrafen begünstigt; ebenso wie der Verzicht Wertheims wenige Jahre später. 1365 war so nur noch ein Viertel in fremder, das heißt: wertheimischer Hand. Darauf verzichtete schließlich Graf Johann am 25. September 1371[108]. Zusammen mit seiner Frau Margarete trat er von dem gemeinsamen erbachischen Besitz, den sein Vater Eberhard erlangt hatte, zurück: *Auch richten und scheiden vns die vorgen. schiedeliche vmb solich Ansprach die der edel vnser lieber Vater Grafe Euerhart zu Wertheim vnd wir Johans obgen. hatte zu einem Viertel des Slosses Erpach vnd waz darzu vnd daryn gehoret, daz wir Eberhart vnd Johans obgenant fur vns vnd all vnser Erben vns der Ansprach verzihen sollen genzlich vnd gar also verzihen vnd verschriben wir vns mit diesem Briefe für vns vnd all vnser Erben aller Ansprach, Vorderunge vnd rechte die wir zu dem vorgen. Vierteil des Slosses Erpach haben oder gehaben mochten.* Damit wurde der seit 1303 währende Mitbesitz an diesen Gütern zunächst durch die Herren von Breuberg, nach deren Aussterben 1323 durch deren Erben, die Grafen von Wertheim und die Herren von Weinsberg bzw. Eppstein, beendet. Nun waren die Herren von Erbach (aus der Erbacher Linie) wieder im Alleinbesitz ihrer Stammgüter.

Aber auch die Herren von Erbach aus der Reichenberger Linie trieben die innerherrschaftliche Konsolidierung voran. Ihnen ist es gelungen, das Erzstift Mainz weitgehend aus seinen Odenwald-Besitzungen zu verdrängen. Am 23. Februar 1355 kaufte Schenk Konrad VI. Rauch die mainzische Burg Fürstenau und das halbe Dorf König[109]; 1356 wurde er zum Erbburgmann auf Fürstenau ernannt und erhielt in der Burg selbst ein Haus[110]. Seither war die Burg für die Erzbischöfe von Mainz durch den realen Mitbesitz der Herren von Erbach als Stützpunkt wertlos geworden. Spätestens 1459, vermutlich aber schon 1419 sind die Schenken dann im Alleinbesitz der Burg als Mainzer Lehen[111].

Diese Entwicklung veranschaulicht das zunehmende Desinteresse des Erzstifts an der Burg, das schon im zweiten Jahrzehnt des 14. Jahrhunderts mit ersten Verpfändungen begonnen hatte. Danach war Fürstenau immer wieder Pfandobjekt gewesen. Sogar die Pfalzgrafen bei Rhein hatten 1347 vorüber-

[106] Vgl. SCHNEIDER, Erbach, UB Nr. 25, S 72 (aus dem heute zerstörten Original); SIMON, Erbach, S. 90f, UB Nr. 74, S. 74f (aus einem pfälzischen Kopialbuch, dort allerdings mit falscher Jahreszahl 1364). Bei RPR I, Nr. 3537 (dort allerdings mit der falschen Tagesdatierung „12. Februar").

[107] SIMON, Erbach, UB Nr. 74, S. 75.

[108] Vgl. SCHNEIDER, Erbach, UB Nr. 44, S. 97-99. Der Vergleich zwischen den Parteien Erbach und Wertheim umfaßte darüber hinaus auch noch das bickenbachische Erbe betreffs Bickenbach, Habitzheim, Rohrheim, Zimmern (Groß-Zimmern) und Umstadt.

[109] S. Anm. 118.

[110] S. Anm. 119; SIMON, Erbach, S. 76, Anm. 3..

[111] Vgl. EBD., UB Nr. 107.1, S. 171f: zu 1459; EBD., Nr. 38, S 477f: zu 1419.

gehend die Burg pfandeshalber in ihrem Besitz, doch konnten sie sich nicht dauerhaft festsetzen[112]. Am 12. September 1348 erfolgte die mainzische Verpfändung an Schenk Konrad IV. aus der Erbacher Linie und seine Erben durch den Verwalter des Erzstifts Kuno von Falkenstein mit Zustimmung des Erzbischofs Heinrich für 2000 Pfund Heller[113]. Ein Teil dieser Summe, 1000 Pfund Heller, schuldete Mainz dem Schenken für geleistete Dienste; es handelte sich dabei vermutlich um die ausstehende Bezahlung für den Dienst auf der Starkenburg. Burg Fürstenau sollte allerdings dem Erzstift offen sein gegen jedermann, ohne daß daraus Schaden für die Schenken entstünde; und das Erzstift sagte seine Hilfe zu, falls es wegen der Verpfändung zu *dedinge oder kriege* kommen sollte. Offenbar beinhaltete die Verpfändung auch die Einsetzung Schenk Konrads als Amtmann in Fürstenau, da er die Leute haben sollte, die der bisherige Amtmann, Peter von Hochhausen, hatte. Es wurde dem Schenken auch gestattet, die Burg weiter zu verpfänden einschließlich dem Lösungsrecht – aber freilich nur an jemanden, der dem Erzstift gehorsam sei. Am 27. Februar 1350 wurde die Pfandsumme um 550 Pfund Heller erhöht, wovon 275 Pfund auf Fürstenau versetzt wurden; für die anderen 275 Pfund wies Kuno von Falkenstein 27 ½ Pfund Heller Geld auf die Weingülte von Groß-Wallstadt an[114]. Noch am selben Tag erlaubte Kuno den Schenken an der Burg Fürstenau 200 Pfund Heller zu verbauen, die er ihnen auf die Pfandsumme schlug[115].

Dagegen verpfändete am 26. April 1349 der konkurrierende Erzbischof Gerlach von Mainz mit Rat seines Domkapitels die Burg Fürstenau und das halbe Dorf König an die Schenken Konrad VI. Rauch aus der Reichenberger Linie sowie Eberhard IX. und Heinrich II. aus der Michelstädter Linie für 1000 Pfund Heller[116]. Die Burg blieb dem Stift weiterhin offen. Ein und dasselbe Pfandobjekt wurde zu gleicher Zeit zweimal an die Schenken von Erbach aus den verschiedenen Linien verpfändet!

Dieser mißliche Zustand änderte sich erst, als Erzbischof Gerlach am 22. Februar 1355, wie schon erwähnt, Fürstenau und das halbe Dorf König für 702 Pfund Heller an Schenk Johannes, Mainzer Domkanoniker, und dessen Bruder, Schenk Konrad VI., mit Zustimmung des Dekans Rudolf, des Kustos Heinrich und des gesamten Domkapitels verkaufte[117]. Er war dabei gezwungen, zunächst Schenk Konrad IV. mit 2475 Pfund Heller auszubezahlen. Die Kaufsumme von 702 Pfund Heller verwendete der Erzbischof für die Auslösung Fürstenaus von Schenk Konrad IV. Die Käufer erhielten zusätzlich zur Burg die Leute, die von Peter von Hochhausen an Konrad IV. überantwortet waren, die Mühle, die ebenfalls von Peter von Hochhausen stammte, das Pennigsager-Gut sowie einen Hof,

[112] Vgl. KLEBERGER, Territorialgeschichte, S. 71; auch bei RPR I, Nr. 2583: zu 1347.
[113] Vgl. REM I, Nr. 5691; gedruckt bei Simon, Erbach, UB Nr. 50, S. 53f.
[114] Vgl. REM I, Nr. 5823.
[115] Vgl. REM I, Nr. 5824; gedruckt bei SIMON, Erbach, UB Nr. 52, S. 55.
[116] Vgl. REM I, Nr. 6269; gedruckt bei SCHNEIDER, Erbach, UB Nr. 27.1, S. 544.
[117] Vgl. SIMON, Erbach, UB Nr. 60, S. 62-64 (nach dem jüngeren, im 15. Jahrhundert entstandenen Ingrossaturbuch 3, fol. 80, mit Fehlern in der Abschrift); vgl. besser REM II, Nr. 291.

den das Erzstift von dem Hofmann ausgelöst hatte. Der Erzbischof behielt für sich bzw. für seine Nachfolger das jederzeitige Rückkaufsrecht vor.

Davon machte die Mainzer Kirche allerdings keinen Gebrauch, so daß die Burg seit 1355 faktisch im Besitz der Herren von Erbach war. Durch die Ernennung Schenk Konrads VI. Rauch zum Erbburgmann auf Fürstenau am 7. Mai 1356 mit Zustimmung des Domdekans und des Domkapitels wurde diese Situation weiter manifestiert, zumal Konrad in der Burg ein Haus zugesprochen bekam, das er auf eigene Kosten ausbauen und aus dem er sich behelfen konnte[118]. Das heißt im Klartext: Konrad von Erbach hatte die Möglichkeit, Fürstenau nach seinem Gutdünken zu befestigen und für sich nutzbar zu machen, so daß die Mainzer Kirche ihre Verfügungsgewalt über die Festung geradezu fahrlässig aus der Hand gegeben hatte. Das immer noch bestehende Öffnungsrecht mußte vor diesem Hintergrund zu einer reinen Formalie verblassen. Somit war das Erzstift letzten Endes völlig aus dem Innern des Odenwaldes verdrängt und seine Einflußnahme blieb fortan auf die erbachischen Außenbesitzungen beschränkt; hier sind vor allem die Güter zu nennen, die aus dem Erwerb der Herrschaft Jossa und dem katzenelnbogischen Erbe stammten und Mainzer Lehen waren.

Damit war es den Herren von Erbach gelungen, bis auf die pfälzische Exklave Hetzbach[119], alle fremden Herren aus dem Inneren ihrer Herrschaft zu verdrängen und einen in sich geschlossenen Herrschaftsbereich im Odenwald zu errichten, der dann bis 1806 in nahezu unverändertem Umfang als reichsunmittelbare Grafschaft bestehen sollte.

Ist es den Herren von Erbach so gelungen, den Besitz auswärtiger Fürsten, Grafen und Herren innerhalb ihres eigenen Territoriums zum größten Teil an sich zu bringen, waren sie darüber hinaus bereits seit der Regierungszeit Konrads IV. bestrebt, das Eindringen und Festsetzen benachbarter Mächte in ihren Herrschaftsbereich generell zu verhindern. Diese Gefahr bestand vor allem dann, wenn Niederadelsfamilien, die Lehensleute der Schenken waren, in finanzielle Nöte gerieten und sich dann gezwungen sahen, ihren Besitz zu veräußern.

Ein beredtes Beispiel dafür ist der Ausverkauf des freiensteinischen Besitzes. Die Edelknechte von Freienstein sind seit 1280 in den Quellen greifbar; vermutlich stammten sie von den Ministerialen von Sinzheim (bei Baden-Baden) ab. Noch vor der Wende zum 14. Jahrhundert müssen sie in den Odenwald gekommen sein, wie sich anhand verschiedener Urkunden zeigen läßt[120]. Bald darauf scheinen sie umfangreiche Lehen, die sogenannten „Waldauer Lehen“, von

[118] Vgl. SCHNEIDER, Historie, UB Nr. 27.2, S. 545; REM II, Nr. 588. Das dort erwähnte Original der Urkunde im Erbacher Archiv (Rep. Nr. 92) war bereits 1913 bei der Abfassung der REM nicht mehr aufzufinden.

[119] Hetzbach gelangte erst 1509 im Tausch mit der Pfalzgrafschaft an Erbach, das im Gegenzug auf Besitzungen im Ulfenbachtal und im vorderen Odenwald verzichtete; vgl. zur Sache KLEBERGER, Territorialgeschichte, S. 65, 130f; SIMON, Erbach, UB Nr. 324, S. 286f; s. auch oben S. 206.

[120] Vgl. dazu BECHER, Echter, S. 86-96; STEINMETZ, Freienstein, S. 47-49; s. auch unten Kapitel 5.2, S. 255.

den Herren von Erbach erhalten zu haben; dazu gehörten auch die Burglehen der erbachischen Burg Freienstein im Gammelsbachtal, die als Grenzbefestigung gegen die Pfalzgrafschaft an der Südgrenze der Herrschaft Erbach errichtet worden war und nach der sich die Vasallenfamilie nannte[121]. Daß die Freienstein im Besitz dieser Lehen waren, läßt sich freilich nur aus der Rückschau zeigen; erst die Urkunden über die Veräußerung der Lehensgüter machen dies deutlich. Seit dem zweiten Drittel des 14. Jahrhunderts war die Familie anscheinend in große wirtschaftliche Schwierigkeiten gekommen, denn 1344 begannen umfangreiche Verpfändungen bzw. Veräußerungen durch Arnold von Freienstein[122]: Am 29. Juni 1344 verkaufte der Edelknecht seine von Erbach lehenrührigen Güter in Schöllenbach und auf dem Hohberg an Schenk Konrad IV.[123]; am 14. November 1354 veräußerten Arnold von Freienstein und seine Frau Anna das Dorf Gammelsbach an ihn, wobei die auf das Dorf bewittumte Anna gegen die Auszahlung durch den Schenken auf ihre Witwenversorgung verzichtete[124]. 1364 und 1373[125] erfolgte mit der Zustimmung des Lehensherrn, Schenk Konrads V., der Verkauf von Nieder-Sensbach an Erbacher Lehensleute in zwei Schritten. Mit der Veräußerung der Sensbacher Teile Arnold von Freiensteins an Peter Ruppel und Konrad Echter scheint 1373 gleichzeitig der Schlußpunkt im Ausverkauf der freiensteinischen Besitzungen erreicht worden zu sein; danach trat die Familie im erbachischen Umfeld nicht mehr auf.

Daß gerade in diesem Fall des wirtschaftlichen Niedergangs einer dem Ritteradel angehörenden Familie die Schenken von Erbach besonders daran interessiert waren, den Besitz der eigenen Familie zu erhalten, wird schnell deutlich, wenn man die betroffenen Güter betrachtet. Es bestand die Gefahr, daß die Burg Freienstein in die Verfügungsmasse hätte fallen können und so zum Spielball benachbarter Fürsten, vor allem der Pfalzgrafen, geworden wäre. Denn gerade diese waren daran interessiert, die Herren von Erbach territorial zu beschneiden und ihrem Herrschaftssystem einzugliedern, wie wir bereits ausführlich dargestellt haben. Die Schenken trachteten hier offenbar danach, den Übergang der

[121] Ein konkreter Umfang läßt sich nicht sicher feststellen, aber offenbar sind die „Waldauer Lehen“ mit den Freiensteiner Burglehen in Verbindung zu bringen, die Zehntanteile in Affolterbach, in Hetzbach, die Vogtei und Huben in Würzburg und Unter-Sensbach, die Kolbenhube in Gammelsbach sowie Rechte und Besitz in Schöllenbach und auf dem Hohberg umfaßten. Erstmals erwähnt sind die „Waldauer Lehen“ im Lehenssalbuch Schenk Eberhards X. von 1380: *die gud, die er* [Bertold Echter von Mespelbrunn] *zo lehen hat von Freienstein her, die die Waltawer lehen heissen* (zitiert nach SIMON, Erbach, S. 108, Anm. 1); vgl. dazu die Zusammenstellung und die Nachweise bei BECHER, Echter, S. 86-96; STEINMETZ, Freienstein, S. 53-60.

[122] Daß diese Veräußerungen durch die wirtschaftliche Notlage bedingt waren, wird ersichtlich, wenn wir den Text der lehensherrlichen Konsenserklärung zum Verkauf von Sensbach anschauen. Schenk Konrad V. formulierte 1373, daß Arnold von Freienstein seinen Besitz *von siner Notdorfte wegen müße virkeufen* (SIMON, Erbach, UB Nr. 89, S. 90).

[123] Vgl. EBD., Nr. 42, S. 46.

[124] Vgl. EBD., Nr. 59, S. 61f.

[125] Vgl. EBD., Nr. 73, S. 74; Nr. 89, S. 90-92.

Burg an die rheinische Pfalzgrafschaft zu verhindern, damit dieser kein befestigter Stützpunkt unmittelbar an der Südgrenze der Herrschaft Erbach zufiel.

Dieses Beispiel ist nicht das einzige, das zeigt, daß die Herren von Erbach Güter und Gefälle aufkauften, um ihre Herrschaft zu festigen[126]. Ob in allen Fällen wirtschaftliche Notlagen den Verkauf bedingten, läßt sich nicht mehr mit Sicherheit feststellen. Doch erwarben die Schenken nicht nur Land, Immobilien und Einkünfte von niederadeligen Vasallenfamilien, sondern, wie sich in einem Fall sicher nachweisen läßt, auch Leibeigene dieser Familien. Am 31. März 1394 verkauften die Edelknechte Rüdiger und Hugo von Weckbach *alle vnser Eygenlůde*[127] an Schenk Eberhard XI.[128]. Auch durch den Erwerb von Leibeigenen konnten die Herren von Erbach so ihre Herrschaft ausweiten und festigen. Gleichzeitig ist es ihnen damit ebenso gelungen, die früheren Besitzer dieser Eigenleute an sich zu binden und für ihr Klientelsystem zu gewinnen, das bestehende Beziehungsgeflecht zu den benachbarten Niederadelsfamilien also auszubauen und zu festigen.

## 4.3 Der erbachische Besitz außerhalb der Mark Michelstadt

Über den in Kapitel 4.2 genannten Allodial- bzw. Lehensbesitz im hinteren Odenwald hinaus, der die Keimzelle für die spätmittelalterliche Herrschaft darstellte, besaßen die Erbacher noch weiteren Besitz, der oftmals in großer räumlicher Entfernung zum erbachischen Kernbesitz lag. Meist waren diese Titel und Rechte bereits zum Zeitpunkt ihrer Erstnennung seit längerem in Händen der Schenken von Erbach, so daß ihre Erwerbumstände nicht mehr immer eindeutig zu klären sind; oftmals kann der frühere Besitz nur aus jüngeren Nachweisen rückerschlossen und vermutet werden. Daher entstehen Schwierigkeiten, will man die Besitzentwicklung streng chronologisch darstellen. Es erscheint deshalb an dieser Stelle sinnvoll, diese verstreuten Besitzungen ihrer Lage nach zu skizzieren. Dabei wurden die regionalen Einheiten so gewählt, daß sie leicht zu überschauen blieben und daß mögliche expansive Stoßrichtungen der Herren von Erbach erkennbar wurden. Es wurde dabei eine rein summarische Auflistung vermieden, die doch allzu leicht ermüdend geworden wäre bei etwa 150

[126] Vgl. zu weiteren Transaktionen exemplarisch SIMON, Erbach, UB Nr. 58, S. 60f; Nr. 62, S. 65f; Nr. 71, S. 72f; Nr. 77, S. 78f; Nr. 83, S. 86f; Nr. 120, S. 121f; Nr. 125, S. 126f und öfter. An dieser Stelle sind bei weitem nicht alle Erwerbungen genannt; es soll nur gezeigt werden, daß die Herren von Erbach dieses Mittel für ihre Territorialpolitik zu nutzen wußten.

[127] Vgl. SIMON, Erbach, UB Nr. 131, S. 131f.

[128] Es müßte Eberhard XI. aus der Michelstädter Linie sein. Es lebte zu diesem Zeitpunkt zwar auch noch Schenk Eberhard X. aus der Erbacher Linie, der jedoch in diesen Jahren als „Eberhard der Ältere" genannt ist. In der Verkaufsurkunde ist dagegen von „Schenk Eberhard dem Jungen" die Rede, der der Linie zu Michelstadt angehörte. Vgl. zu den Beinamen SIMON, Erbach, UB Nr. 140, S. 139: in dieser Urkunde sind alle lebenden Schenken genannt und von Simon den einzelnen Linien zugeordnet.

Orten, in denen die Schenken von Erbach Besitz hatten. Vielmehr soll die Darstellung dazu dienen, eine Tendenz in der Entwicklung hinsichtlich der erbachischen Herrschaft über Orte zu verdeutlichen, Herrschaftsschwerpunkte herauszuarbeiten bzw. den Verlust von Herrschaft zu skizzieren[129]. Auseinandersetzungen um jede einzelne Ortsherrschaft der Schenken von Erbach mit anderen Herren können aus Raum- und Zeitgründen hier nicht in jeder Phase geschildert werden. Obgleich es eine durchaus lohnenswerte Aufgabe wäre, für alle Orte dieser Frage nachzugehen, wurde in diesem Punkt eine Selbstbeschränkung notwendig, um die Arbeit nicht über Gebühr aufzublähen; lediglich für den Fortgang der Arbeit wichtige Aspekte finden Berücksichtigung.

### 4.3.1 Die Besitzungen an der nördlichen Bergstraße und im Raum Darmstadt

Bereits recht früh – wohl noch im 13. Jahrhundert – müssen die Schenken von Erbach in den Besitz von Rechten und Gütern an der nördlichen Bergstraße gekommen sein. Hier zeichneten sich drei Besitzschwerpunkte ab, die am Ende allesamt auf ehemalige Besitzungen der mit Erbach verschwägerten Herren von Bickenbach zurückgeführt werden können[130], im 13. Jahrhundert allerdings großteils bereits unter den Erben bzw. verwandten Familien dieser im Abstieg befindlichen Herren aufgeteilt worden waren.

Dabei ist ein Kristallisationspunkt das später sogenannte Amt Tannenberg mit der gleichnamigen Burg über Seeheim an der Bergstraße, das sich in der ersten Hälfte des 13. Jahrhunderts in der Hand der Herren von Tannenberg befand[131]. Diese scheinen aber noch im selben Jahrhundert ausgestorben zu sein. Schon Simon stellte dies in seiner Geschichte Erbachs fest[132]. Nach seiner Auffassung sind die Herren von Erbach durch eine Heirat in den Besitz des halben Amtes und der Burg Tannenberg gelangt; im 14. Jahrhundert besaßen sie die Vogtei sowie beträchtliche Güter und Gefälle. Mitbesitzer an Burg Tannenberg waren zu gleichen Teilen die beiden Hauptlinien zu Erbach und zu Reichenberg. Dies deutet nach Simon darauf hin, daß die Herren von Erbach schon vor der ersten Teilung in der Mitte des 13. Jahrhunderts im Besitz der Herrschaftsanteile Tannenbergs waren. Die Michelstädter Linie hatte dagegen keinen Anteil an Tannenberg.

Bis ins letzte Viertel des 14. Jahrhunderts bleibt man bei der Beschreibung dieser Besitzentwicklung allerdings auf Vermutungen angewiesen. Denn erstmals urkundlich greifbar werden die Schenken von Erbach als Ganerben von

[129] Die Karten 2 u. 3 (Vorsatz- bzw. Nachsatzblatt) bieten die Möglichkeit, die Besitzentwicklung nachzuvollziehen.
[130] Vgl. SIMON, Erbach, S. 151-155.
[131] Nach SIMON, Erbach, S. 153, sollen sie ein Seitenzweig der Herren von Bickenbach sein. Nach den Beobachtungen von KEUNECKE, Münzenberger, S. 156, könnten die Herren von Tannenberg aber auch Angehörige der Reichsministerialen von Münzenberg sein.
[132] Vgl. zum folgenden bei SIMON, Erbach, S. 155f.

Tannenberg freilich erst zu Beginn der 1380er Jahre. 1382 kam es zu einer Erneuerung des Burgfriedens[133]; bei dieser Gelegenheit wurden alle beteiligten Ganerben namentlich genannt. Unter ihnen befanden sich Schenk Konrad (genannt Rauch) und der Mainzer Domherr Schenk Johannes sowie Schenk Eberhard, Herr zu Erbach[134]. Aufgrund der hier beteiligten Schenken von Erbach läßt sich die oben skizzierte Hypothese von Simon verstärken. Bei den Schenken Konrad bzw. Johannes handelte es sich um die Brüder Konrad VI. und Johannes I. von der Hauptlinie Reichenberg. Die Anteile der beiden Brüder an Tannenberg deuten darauf hin, daß bereits ihr Vater, der 1348 verstorbene Eberhard VI. Rauch, im Besitz der Tannenberger Anteile war und sie an seine Söhne vererbte[135]. Darüber hinaus ist weiterhin auffällig, daß die Hauptlinie zu Erbach ebenfalls zu den Ganerben gehörte, denn mit dem genannten Schenken Eberhard X. haben wir einen Angehörigen dieser Linie vor uns. Auch schienen bereits der Vater (Schenk Eberhard VIII.) bzw. der Großvater (Schenk Konrad IV.) Eberhards diese Güter besessen zu haben. Zumindest für Eberhard VIII. ist dies sehr wahrscheinlich, denn er war offenbar bestrebt, die Besitzungen für das Haus Erbach an der nördlichen Bergstraße zu konsolidieren[136]. Die dargelegten Verhältnisse stützen die Vermutung Simons, bereits vor der ersten Teilung habe das Haus Erbach Anteile an Amt und Burg Tannenberg besessen. Wie diese allerdings an die Schenken von Erbach kamen, deutete Simon nur an. Er erwähnt eine Heirat eines Schenken von Erbach mit einer Tochter Konrads von Tannenberg[137]. Da mit diesem Konrad augenscheinlich die Familie im Mannesstamm erlosch, muß diese Tochter eine Erbtochter gewesen sein, wodurch die Hälfte Tannenbergs über den Erbgang an Erbach gelangte.

[133] Vgl. REIMER, UB Herren von Hanau 4, Nr. 277, S. 239 (Urkunde vom 29. August 1382).

[134] Die weiteren Ganerben auf Tannenberg sind Wilhelm Graf von Katzenelnbogen, Ulrich Herr von Hanau, Johann von Kronberg, Konrad von Büches, Gottfried von Stockheim, Konrad von Rüdesheim, Johann von Frankenstein, Friedrich von Schonenberg, Wilhelm Löwe von Steinfurt, Gilbrecht Löwe von Steinfurt, Ritter Johann Krieg von Fodesberg, Iligan (?) von Dahn, Grete Kämmerer (die Witwe des Herrn Hartmann Beyer), Gude von Fodensberg, die Edelknechte Diether Kämmerer von Worms und Werner Kalb von Reinheim.

[135] Damit ist die bisherige Annahme widerlegt, die Schenken von Erbach seien erst in der Mitte des 14. Jahrhunderts durch den Erwerb des Fleckensteiner Teils in den Besitz des Ganerbiats gelangt, wie dies KUNZ, Seeheim-Jugenheim, S. 39, noch äußert.

[136] Eberhards Konsoldierungsbestrebungen werden besonders deutlich, wenn man seine Politik betrachtet, die er im Hinblick auf das Erbe seiner Frau betrieb. Er unternahm enorme Anstrengungen, das katzenelnbogische Erbe seiner Frau für seine Linie zu erwerben und zu sichern.

[137] Vgl. zum folgenden SIMON, Erbach, S. 156. – Möglicherweise gehörte dieser Kuno von Tannenberg der Familie der Münzenberger an; denn KEUNECKE, Münzenberger, S. 156 (Reg. Nr. 216), identifiziert den Reichskämmerer Kuno von Tannenberg als Kuno II. von Münzenberg. Vielleicht ist der 1255 gestorbene Kuno von Tannenberg sein Sohn, dessen Tochter einen Angehörigen der Familie der Schenken von Erbach heiratete. – Hier erst fand die Verbindung zum Haus Münzenberg statt, nicht schon in der ersten Hälfte des 12. Jahrhunderts, wie STEINMETZ, Schenken von Erbach, postuliert!

Neben der Burg Tannenberg und dem zugehörigen Pfarrdorf Seeheim, wohin nach der Zerstörung der Burg 1399 der Amtssitz verlegt wurde, umfaßte das Amt die Orte Bickenbach, Balkhausen, Quatelbach, Malchen, Langwaden, Beedenkirchen, Staffel und Wurzelbach[138]. In diesen Orten hatte Erbach die Vogtei und das Gericht sowie vielfältige Gefälle und Einkünfte. Darüber hinaus hatten die Schenken von Erbach noch zahlreiche Einkünfte aus den umliegenden Dörfern, die von Seeheim aus verwaltet wurden[139]. So standen ihnen in Groß-Rohrheim Gülten an Korn und Hühnern sowie Geldzinsen von 40 Höfen, Äckern und Wiesen zu. Des weiteren hatten die Schenken in diesem Dorf Anteil am Gericht, am Wertheimischen und am Schenkenhof; zwei Huben *uff der horte* und die Vogtei auf dem Domherrnhof gehörten dazu. Schließlich zählten noch Gefälle in Stettbach, Winthane (?), Hahn und Neutsch dazu. Mitbesitzer in den genannten Dörfern waren die Grafen von Wertheim. 1420 verkaufte Johann von Wertheim seinen Anteil an Kurfürst Ludwig III. von der Pfalz[140]. Die erworbenen Anteile und Rechte scheinen jedoch nicht sehr umfangreich und wenig bedeutend gewesen zu sein. Denn im weiteren ist davon nicht mehr die Rede[141].

[138] Vgl. zur Geschichte der genannten Orte einführend MÜLLER, Hessisches Ortsnamenbuch; auch SIMON, Erbach, S. 160-163.

[139] Vgl. zum folgenden SIMON, Erbach, S. 163f; Salbuch des Schenken Georg 1450, fol. 59, 60, 64, 70 (zit. n. SIMON, ebd.).

[140] Vgl. SCRIBA, Regesten, Nr. 1533, der jedoch die Grafen von Löwenstein (!) als Mitbesitzer angibt; ihm folgt auch SIMON, Erbach, S. 164. Scriba nennt als Quelle TOLNER, Additiones, S. 74, 76b, der dort tatsächlich einen Johann von Löwenstein angibt, der 1420 seine Güter an Kurfürst Ludwig III. verkaufte. Diese Namensnennung beruht m. E. jedoch auf einem Irrtum, denn zu diesem Zeitpunkt gab es keinen Angehörigen der Grafen von Löwenstein, der Johann(es) hieß. Ein Johannes-Rudolf von Löwenstein war bereits 1406 (?) gestorben (vgl. FRITZ, Grafschaft Löwenstein, S. 212f); die 1420 noch lebenden männlichen Löwensteiner waren ein Domherr Georg († 1464) und Heinrich († 1443), der mit Anna von Erbach verheiratet war (vgl. EBD., S. 201-212). Da wir über Annas Mitgift nicht informiert sind, können wir keine Rückschlüsse darüber anstellen, ob möglicherweise Tannenberger Güter über diesen Weg an die Grafen von Löwenstein gelangt sein könnten, die dann auch innerhalb der Familie an einen Johann gegeben worden sein müßten. Diese Konstruktion wäre doch allzu gewagt und wäre darüber hinaus auch gar nicht mit den bekannten genealogischen Fakten zur Deckung zu bringen. Dagegen hatte Graf Johann I. von Wertheim († 1407) Anteil an der Herrschaft Bickenbach, der wiederum Teile von Tannenberg zugehörten (vgl. EHMER, Grafschaft Wertheim, S. 62). Gemäß dem Teilungsstatut von 1398 wurden neben Wertheim, Freudenberg, Homburg, Laudenbach, Riedern und Remlingen auch die Anteile an Bickenbach Johann II. zugesprochen, der sie offenbar 1420 veräußerte (vgl. ASCHBACH, Wertheim, UB Nr. 124, S. 163-168, hier S. 163: [...] *das graff Johans vnser elter sone vnd sin erben inhaben vnd besiczen sollen diss hernachgeschriben: herrschaft, schloss vnd gut mit namen Wertheim, Freydenbergk, Bickenbach, Hoenburgk, Lauttenbach, Riedern vnd Remlingen* [...]. Eine Verwechselung der Grafen von Löwenstein mit den Grafen von Wertheim schon bei Tolner, die von Scriba und Simon übernommen wurde, erscheint also mehr als wahrscheinlich. – Zur Besitzentwicklung der Herrschaft Bickenbach s. ausführlich unten S. 218-223.

[141] Möglicherweise fielen diese Rechte im Pfälzisch-bayerischen Erbfolgekrieg 1504 an Hessen; Genaues ist darüber aber nicht bekannt.

Die andere Hälfte Tannenbergs fiel offenbar an die Herren von Bickenbach, die ihren Anteil an Amt und Burg 1333 an die Ritter Hartmut von Kronberg und Klas von Scharfenstein verkauften[142], sowie an die Herren von Jossa[143]. Diese waren eine Seitenlinie der Herren von Steckelberg und waren im Joßgrund ostwärtig von Bad Orb im Spessart ansässig, hatten dort aber ihre Stammburg Burgjossa 1313 an Apel Küchenmeister verkauft[144]. Im weiteren erwarben die Herren von Hanau, namentlich Ulrich III., Anteile an der Herrschaft Jossa[145]. Einige Jahre zuvor hatten die Brüder Giso und Gerhard von Jossa die Burg Dagsberg bei Jugenheim auf einem Berg neben der Burg Tannenberg errichtet. Diese Burg mit den dazugehörigen Gütern trugen die Brüder 1312 dem Mainzer Erzbischof Peter von Aspelt zu Lehen auf[146].

Lukhardis, eine Schwester Schenk Konrads IV., war mit Gerhard von Jossa verheiratet[147]. Aus dieser Ehe leitete Schenk Konrad offenbar einen Anspruch auf die Güter seines Schwagers ab. Denn als dieser im Jahr 1335 starb, machte Konrad gerade diese Ansprüche auf das Erbe Gerhards geltend. Konrad konnte sich mit seinen Interessen durchsetzen; und so gelangte allmählich die gesamte an der Bergstraße gelegene Herrschaft Jossa in die Hände der Schenken von Erbach aus der alten Erbacher Hauptlinie. Noch im Jahr 1335 verkauften die Brüder Gerlach und Reinhard von Jossa die Hälfte der Burg Dagsberg mit dem Dorf Jugenheim, dem dortigen Gericht und allen Zubehörs sowie einer jährlichen Karrade Weins an Schenk Konrad[148]. Am 19. Juni wurde der Verkauf durch Erzbischof Balduin von Trier, dem Verweser des Mainzer Erzstuhls, genehmigt. Noch am selben Tag wurde Schenk Konrad mit den erworbenen

[142] Wie es dazu kam, kann auch nur vermutet werden. Aber eine Urkunde von 1272 deutet darauf hin, daß eine weitere Tochter Kunos von Tannenberg einen Herren von Bickenbach heiratete, wodurch Anteile in die Hände dieser Familie gelangten. Denn in der Urkunde ist unter anderem die Rede davon, daß Konrad von Bickenbach seinen Bruder Otto für den Verzicht an seinem Anteil von Tannenberg mit 150 Mark Kölner Pfennige auszahlte (vgl. STEINMETZ, Schenken von Erbach, S. 45).

[143] Die Herren von Jossa gelangten vermutlich ebenfalls durch Heirat in den Besitz der Tannenberger Anteile (vgl. SIMON, Erbach, S. 164). – Zur Famile vgl. KNETSCH, Herren von Jossa.

[144] Vgl. SIMON, Erbach, S. 164. Apel Küchenmeister veräußerte die Burg an die von Isenburg, später gelangte sie von diesen an die Herren von Hutten.

[145] Vgl. DEMANDT, Geschichte Hessens, S. 290f.

[146] Vgl. GUDENUS, Cod. diplom. 3, S. 77f ; SIMON, Erbach, S. 164. DEMANDT, ebd., S. 321, sieht darin einen der letzten, vergeblichen Versuche, die mainzische Territorialpolitik, wie sie im 13. Jahrhundert zur Arrondierung des Erzstifts von den Eppsteiner Erzbischöfen begonnen wurde, fortzusetzen. Denn „Anfang des 14. Jahrhunderts lief diese Politik jedoch ergebnislos aus“, was nicht zuletzt an der mittlerweile bedeutenden Stellung der Schenken von Erbach lag, die eine mainzische Durchdringung des Odenwaldes von der Bergstraße aus vereitelten (vgl. EBD., S. 321f).

[147] S. Stammtafel Erbach im Anhang; vgl. MARTIN, Luckarte von Jossa.

[148] Vgl. WENCK, Hessische Geschichte, UB S. 303, Nr. 394; SCRIBA, Regesten, Nr. 952; SIMON, Erbach, S. 165.

Besitzungen belehnt[149]. Wenige Jahre später, am 28. Februar 1339, verkaufte Lukhardis ihrem Bruder ihren Anteil ihres *gut*[s] *zů Dasperg vnn zů Gůgenheim vnd zů Dythersclingen* für 500 Pfund Heller, wofür sie die Einwilligung ihres Schwagers Giso von Jossa sowie ihrer Söhne Gerlach, Reinhard und Engelhard beibrachte[150]. Die Söhne der Lukhardis bestätigten, daß sie über ihre Rechte als Erben und Besitzer aufgeklärt wurden und gelobten eidesstattlich, daß sie nicht übervorteilt wurden und auf jegliche weiteren Ansprüche am Gut ihrer Mutter verzichteten[151]. Gerlach von Jossa sorgte dann offenbar dafür, daß Schenk Konrad durch den Erzbischof von Mainz mit den Gütern belehnt wurde[152]. Abschließend verzichtete er am 1. März 1339 selbst auf jegliche Belehnung mit den genannten Gütern[153]. Lukhardis selbst erklärte ausdrücklich, daß sie gegenüber den Heiligen einen Eid geleistet habe, mit dem sie auf jegliche Ansprüche verzichten und in keiner Weise jemals gegen den Verkauf einschreiten werde. Damit kam sie einer kaiserlichen Bestimmung nach, wonach Witwen ihr Wittum nur dann verkaufen durften, wenn sie bei den Heiligen schworen und bestätigten, daß der Verkauf endgültig ist und sie in der Folge keinerlei Regreßansprüche geltend machen würden, wie sie in der Urkunde selbst sagt[154]. Diesem Vertrag gab abschließend auch Lukhardis' Schwager Giso von Jossa als Teilhaber an den genannten Gütern seine Zustimmung.

1346 erfolgte der Verkauf des halben Dorfs Jugenheim durch Giso von Jossa und seine Mutter Hedwig für 230 Pfund Heller. Den lehensherrlichen Konsens gab Erzbischof Heinrich von Mainz am 20. Juni 1346; die Belehnung Konrads von Erbach erfolgte noch am selben Tag[155]. 1353 veräußerte Giso schließlich seinen Teil an Burg und Burgstadel Dagsberg an Schenk Konrad IV.[156]. Inter-

[149] Vgl. GUDENUS, Cod. diplom. 3, S. 290, Nr. 210; SCRIBA, Regesten, Nr. 953; REM I, Nr. 3435.

[150] SIMON, Erbach, UB Nr. 30, S. 31f. Es handelte sich dabei um das Witwengut der Lukhardis, das nun Schenk Konrad sowie seine Erben besitzen und haben sollen *ewiclichen ane alle wyder rede* – wie es in der Urkunde heißt. Dazu gaben auch die Tochter der Lukhardis, Elisabeth, und deren Mann Albrecht von Buchenau ihr Einverständnis (vgl. SCHNEIDER, Historie, UB Nr. 19, S. 67; SCRIBA, Regesten, Nr. 973).

[151] Vgl. SIMON, ebd., S. 32. Offenbar waren die Söhne der Lukhardis noch nicht 25 Jahre alt, aber zumindest Gerlach von Jossa war bereits geschäftsfähig, wie aus dem Weiteren hervorgeht. Denn die Urkunde enthält einen Passus, der besagt, daß Kinder zwischen 14 und 25 Jahren gegen den Verkauf klagen können, wenn sie sich dadurch geschädigt fühlten. Darauf verzichteten die Kinder Lukhardis' allerdings nach erfolgter Belehrung.

[152] Vgl. SCRIBA, Regesten, Nr. 972.

[153] Vgl. EBD., Nr. 974.

[154] Vgl. SIMON, Erbach, UB Nr. 30, S. 32: *der friheide, die wideme von keisern ist geben, daz sie ir wy$^{e}$demen nicht verkeifen sollent noch mogent, sie ensweren danne zů den heilgen, wy$^{e}$der den kauf nich zů důnen, darvmme so bekennen ich mich offenlich mit diesem briefe, daz ich zů den heilgen gesworn han einen eit, den vo$^{e}$rgenanten kauf* [...] *nummer zů hindern oder zů irren, oder dar wy$^{e}$der zů kůmmen in keine weise.*

[155] Vgl. SCHNEIDER, Historie, UB Nr. 16.2, S. 65; SIMON, Erbach, UB Nr. 46, S. 48.

[156] Vgl. HesStA E 12 Nr. 76/1, fol. 1$^{r/v}$. Gedruckt bei SCHNEIDER, ebd., UB Nr. 16.1, S. 64f; dort fälschlich in das Jahr 1356 datiert (so dann auch bei SCRIBA, Regesten, Nr. 1095).

essant ist, daß Gisos Teil der Burg von den Grafen von Katzenelnbogen zu Lehen ging, woran offenbar auch Konrad von Frankenstein Anteil hatte. Denn in der Verkaufsurkunde vom 6. August wird Graf Johann von Katzenelnbogen von Giso als *min herre* bezeichnet. Ebenso ist Konrad von Frankenstein am Geschäft beteiligt. Beide mußten dem Verkauf zustimmen und siegelten auf Verlangen die Urkunde mit[157]; ein lehensherrlicher Konsens des Mainzer Erzbischofs liegt daher bezeichnender Weise auch nicht vor[158].

Damit war das gesamte Amt Jossa an die Schenken von Erbach gelangt. Die Burg wurde von den Schenken anscheinend aber bald nicht mehr unterhalten und verfiel; Sitz des Zentgerichts wurde das unterhalb der Burg gelegene Jugenheim. Mit dem Verkauf an die Herren von Erbach fiel auch das Gericht an sie[159]. Zu dem kleinen Amt Jossa gehörte schließlich noch das Dorf Diethersklingen, das mit Jugenheim ein Dorfgericht bildete. Darüber hinaus gehörten zu Jossa der Zehnte zu Pfungstadt und Anteile an verschiedenen dortigen Höfen[160]. Bis zum Aussterben der Linie Erbach 1503 blieb das Amt so unverändert in ihren Händen und gelangte dann an die Fürstenauer Hauptlinie, die es 1714 an die Landgrafschaft Hessen-Darmstadt verkaufte[161].

Ein weiterer Besitzschwerpunkt an der nördlichen Bergstraße bildete sich um die Burg Bickenbach mit den Dörfern Alsbach und Hähnlein heraus. Hier waren seit dem 12. Jahrhundert die Herren von Bickenbach ansässig. In der zweiten Hälfte des 13. Jahrhunderts waren drei Viertel der Herrschaft unter den Brüdern Otto und Konrad II. von Bickenbach geteilt, wobei Otto zwei, Konrad dagegen ein Viertel besaß; das letzte Viertel der Herrschaft lag beim Erzstift Mainz[162]. Die von Konrad II. begründete jüngere Linie erlangte durch dessen Heirat mit Guda, der Witwe Konrads III. von Klingenberg, um 1256 das Erbe der Schenken von Klingenberg hinzu und hatte fortan deren Herrschaft am Main inne. Die ältere Linie der Herren von Bickenbach erlosch mit Ulrich I. († 1347) im Mannesstamm. Der ottonische Teil der Herrschaft gelangte so über die beiden Erb-

[157] Vgl. SCHNEIDER, ebd., S. 65.

[158] Offen bleibt aber, ob nicht vielleicht die Grafen von Katzenelnbogen bereits durch Mainz mit der Hälfte von Dagsberg belehnt worden waren, die dann von ihnen als Afterlehen an Giso von Jossa vergeben worden war. – SIMON, Erbach, S. 152, weist darauf hin, daß die Grafen von Katzenelnbogen das Zentgericht in Jugenheim besaßen und es „später von Mainz zu Lehen trugen". Dies könnte darauf hindeuten, daß auch weitere Rechte und Besitzungen – wie beispielsweise Teile der Burg Dagsberg – in den Händen der Katzenelnbogen gelegen haben.

[159] Vgl. SIMON, Erbach, S. 166.

[160] Der Umfang des Amts Jossa läßt sich an einem Lehensrevers des Schenken Eberhard VIII. ablesen, in dem er die von Mainz für sich und seinen Bruder Konrad V. empfangenen Mannlehen bestätigt. Vgl. dazu SIMON, Erbach, UB S. 69, Nr. 67, der den Revers um das Jahr 1360 datiert. Ob diese Datierung so richtig ist, erscheint fraglich, denn für das Jahr 1370 liegt die Belehnung der Schenken Eberhard und Konrad mit den genannten, ehemals jossaischen Gütern durch Erzbischof Gerlach von Mainz vor, so daß der Revers wohl in dasselbe Jahr gehört (vgl. SCHNEIDER, Historie, UB Nr. 25.2, S. 72).

[161] Vgl. SIMON, Erbach, S. 165.

[162] Vgl. EBD., S. 168f.

töchter Agnes und Imagina je zur Hälfte – das heißt: je ein Viertel der Herrschaft Bickenbach – an die Schwiegerfamilien der beiden[163]. Agnes war mit Eberhard III. von Katzenelnbogen verheiratet; Imagina hatte Graf Gerhard von Rieneck zum Mann. Aus der Ehe der Agnes mit Eberhard von Katzenelnbogen gingen zwei Kinder hervor – nämlich Eberhard IV. und Elisabeth. Elisabeth war seit 1347 mit Schenk Eberhard VIII. aus der Erbacher Linie verheiratet, wodurch Erbach eine Anwartschaft zunächst auf ein Achtel der Herrschaft Bickenbach erlangte. Mitte des 14. Jahrhunderts starb nun Graf Eberhard IV. unverheiratet und kinderlos, so daß letzten Endes ein Viertel der Herrschaft Bikckenbach über Elisabeth von Katzenelnbogen an Schenk Eberhard VIII. kam. Es handelte sich dabei um Anteile an den Burgen Bickenbach und Habitzheim[164].

Über den gemeinsamen Besitz an der Burg Bickenbach schlossen die Eigner 1357 einen Burgfrieden ab. Die Urkunde wurde am 22. August in Eltville ausgestellt, nachdem sich Erzbischof Gerlach von Mainz, Gerhard Graf von Rieneck und seine Frau Imagina, Schenk Eberhard VIII. von Erbach und seine Frau Elisabeth sowie Konrad IV. von Bickenbach über den Umfang des Burgfriedens, die Aufteilung und den Unterhalt der Burg sowie das dortige Zusammenleben der genannten Ganerben geeinigt hatten[165].

Das rieneckische Viertel der Herrschaft Bickenbach kam durch die Heirat der Tochter Graf Gerhards, Margarethe, mit Johann I. von Wertheim an diesen. Es umfaßte den Teil an der Burg Bickenbach mit all seinen Zugehörungen sowie den Teil am Dorf Rohrheim, den Anteil am Zehnten in Sachsenheim und in Umstadt, *daz vun vns Margareden Grevinne zu Wertheim vnd von vnserm Erbe an vns* [Graf Johann von Wertheim] *kommen ist*[166]. Graf Johann verkaufte, zwischen 1368 und 1371 (?)[167], den Anteil im Namen seiner Frau für 2100 Gulden an Elisabeth von Katzenelnbogen, die Frau Schenk Eberhards VIII. von Erbach (*Elzabeth von Katzenellnbogen Frauwen zu Erpach*)[168]. Damit verbunden war

[163] In einer Mutschierung vom 1. Juni 1347 (*an dem nechsten Fritage nach vnsirs Herren Lychnamstag*) legten die beiden Schwestern und ihre Ehemänner die genaue Aufteilung *vnsir vesten vnd Husir Byckenbach vnd Habelsheim vnd alle ander vnsir Gut* fest; vgl. dazu SCHNEIDER, Historie, UB Nr. 30.1, S. 77-79.

[164] Vgl. SIMON, Erbach, S. 169; DEMANDT, Geschichte Hessens, S. 491.

[165] Vgl. WÜRDTWEIN, Nova Subsidia Diplom. 7, Nr. 97, S. 290-297.

[166] Vgl. SCHNEIDER, Historie, UB Nr. 43, S. 96.

[167] Die Datierung bleibt unklar. ASCHBACH, Wertheim, S. 180f, geht davon aus, daß der Verkauf am 24. September 1371 stattfand. Er zieht dabei offenbar die Verkaufsurkunde, die selbst kein Datum enthält, zu der Schlichtungsurkunde vom 24. September 1371, da beide Urkunden bei SCHNEIDER, Historie, UB Nr. 43f, S. 95-99, direkt aufeinander folgen. Einen ersten Hinweis darauf, daß Graf Johann I. von Wertheim offenbar an den Verkauf der bickenbachischen Besitzanteile dachte, haben wir für den 5. Dezember 1368 vorliegen, als Graf Johann versicherte, seinen Anteil der Burgen Bickenbach und Habitzheim nicht ohne die Zustimmung seiner Frau zu veräußern (vgl. ASCHBACH, Wertheim, UB Nr. 105, S. 126f).

[168] Vgl. SCHNEIDER, ebd., S. 95-97. – Interessant ist hier, daß von Elisabeth als der *Suster vnd Swegerin* die Rede ist, obwohl beide Cousinen zueinander waren (Margarethes Mutter und Elisabeths Mutter waren Schwestern: Imagina [Mene] und Agnes von Bickenbach). Diese

auch der Übergang der wertheimischen Burgleute auf Bickenbach an Elisabeth. Graf Johann behielt sich allerdings den Wiederkauf vor. In fünf Punkten wurden die dazugehörigen Bestimmungen aufgeführt, die neben der Auslösung der Güter[169] auch die Bauunterhaltung der Burg umfaßten. Weitere Bestimmungen betrafen den Kriegsfall. So durfte Wertheim im Falle eines Krieges zwar Soldaten auf Burg Bickenbach unterbringen; sie mußten sich jedoch strikt an den Burgfrieden halten und durften nicht gegen Elisabeth von Katzenelnbogen und ihre Erben vorgehen.

Ganz deutlich geht aus der Urkunde hervor, daß der wertheimische Anteil an der Herrschaft Bickenbach ausdrücklich an Elisabeth von Katzenelnbogen und ihre Erben verkauft wurde. Von ihrem Mann, Schenk Eberhard, ist in keiner Weise die Rede. Dieser Umstand muß hier eigens betont werden, denn über den Verkauf kam es offenbar zu Streitigkeiten zwischen dem Grafen von Wertheim und Schenk Eberhard VIII. von Erbach, wie wir aus einer Schlichtungsurkunde von 1371 erfahren[170]. Ob sich der Streit letztlich wirklich an einer geforderten Auslösung der bickenbachischen Güter entzündet hat, ist gar nicht sicher. Denn neben den Querelen um Bickenbach ist die Rede davon, daß auch ein Viertel des Schlosses Erbach betroffen war, das Graf Johann und sein Vater Eberhard von Wertheim aufgrund des Breuberger Erbes für sich beanspruchten[171]. Das am 24. September 1371 zusammengekommene Schiedsgericht, bestehend aus den sechs Leuten Ritter Ulrich von Pavey, Hermann Semann von Könighheim, Fritz von Brensbach, Werner Tuborn, Sienand von Rosenbach und Diether Gans von Otzberg, regelte die strittigen Punkte in sechs Artikeln[172]: (1) Für den wertheimischen Besitz an Bickenbach, Rohrheim, Habitzheim, Zimmern und den Anteil am Zehnten von Umstadt wird die wertheimische Nutznießung festgeschrieben so lange Johann und Margarethe lebten. (2) Stirbt die Gräfin Margarethe von Wertheim vor ihrem Mann Graf Johann, so soll dieser die Nutznießung haben; nach seinem Tod soll der Besitz erblich an die Herrschaft Wertheim übergehen, namentlich an den nächsten Grafen von Wertheim. (3) Die Lehen in den genannten Orten sollten dagegen so lange in erbachischer Hand bleiben, bis sie vom Lehensherrn wieder an die Grafen von Wertheim verliehen werden. Bis

Formulierung deutet darauf hin, daß hier der im Adel übergreifende Familienverband besonders betont ist (vgl. dazu SPIEß, Familie, S. 496-500).

169 Vgl. SCHNEIDER, ebd., S. 97: *Auch haid vnß vnd vnser Erben die vorgenante Suster die Fruntschofft gedan, welches Jars wir adir vnser Erben kemen zu ire adir zu iren Erben vierzehen Dage vor sant Peters Dage den man nennt zu Latin ad Kathedram oder vierzehen Dage darnach mit eyn vnd zwentzig hundert Gulden gut von Gewicht vnd Golde,* [...] *so svllen sie vnß daz vorgenant Huß vnser Deil mit allen sinen Zugehörden vnd alle dy Gut dy mit diese vorgenant Sloße vnsers Deils verkaufft sin, als vorgeschriben stet wider zu Kauffe geben ledig vnd los vnd vnser Briffe wider geben, vnd sullen wir in daz Gelt wern vnd bezaln zu Bickenbach adir zu Erpach an der zweyer Stede eyne, welche sie wollen one Geverde.*

170 Vgl. SCHNEIDER, Historie, UB Nr. 44, S. 97-99.

171 Vgl. EBD., S. 97.

172 Vgl. zum folgenden EBD., S. 97f.

dies der Fall ist, sollten Eberhard von Erbach und Elisabeth von Katzenelnbogen oder ihr Erbe die Lehen zu treuen Händen verwalten, dann aber ohne Widerrede abgeben. (4) Graf Johann von Wertheim verzichtete für sich und seine Erben unwiderruflich auf wertheimische Ansprüche, Forderungen und Rechte am Viertel der Burg Erbach. (5) Würde Graf Johann vor seiner Frau sterben, so sollten alle Rechte und Ansprüche an den bickenbachischen Gütern ihr zufallen, da dieser Besitz ursprünglich aus ihrer eigenen Erbmasse stammte. (6) Die gemachten Entscheidungen und Sprüche sollten so wie sie getroffen wurden auch für die ehelichen Leibeserben von Johann und Margarethe gelten – ganz gleich, ob es sich dabei um männliche oder weibliche Nachkommen handelte. Abschließend wurden die getroffenen Beschlüsse von allen Beteiligten beeidet, und sie gelobten, alle Bestimmungen zu halten und ausführen zu wollen.
Wichtig für die Schenken von Erbach war vor allem die unter Punkt vier gefaßte Bestimmung. Denn damit war die Stammburg und der damit verbundene Besitz wieder in der Hand der Schenken vereint und keine fremde Familie hatte mehr unmittelbaren Einfluß auf erbachische Stammgüter, nachdem bereits 1365 Eppstein auf seine Ansprüche an einem weiteren Viertel der Burg Erbach verzichtet hatte[173].

Der Sohn Graf Johanns, Johann II., machte von seinem Rückkaufsrecht 1411 Gebrauch, aber schon 1427 verkaufte er seinen Anteil widerruflich an Hamann Ulner von Dieburg und Hamann Echter von Mespelbrunn für 4000 Gulden. Dieses Wiederkaufsrecht veräußerte Johann II. am 22. Februar 1436 endgültig an Schenk Konrad VIII. aus der Erbacher Linie[174]. Für den Erwerb des wertheimisch-rieneckischen Anteils der Herrschaft Bickenbach zahlte Schenk Konrad dem Grafen von Wertheim 1000 Gulden und löste bei Hamann Ulner das Wiederkaufsrecht entsprechend dem wertheimischen Vertrag von 1427 mit 4000 Gulden ab. Dieser Veräußerung der Burg Bickenbach stimmten der Bruder Johanns, Graf Michael von Wertheim, und sein Sohn, Graf Georg, ausdrücklich zu und bestätigten dies mit ihren Siegeln[175]. Damit waren die gesamten Besitzungen der älteren bickenbachischen Linie in die Hand der Schenken von Erbach aus der alten Erbacher Hauptlinie gelangt. Allerdings mußte Konrad VIII. nach einem langwierigen Prozeß 1455 einen Teil der Herrschaft an die Kronberger abtreten; darüber hinaus wurde das Schloß Bickenbach 1463 durch Truppen der Stadt Frankfurt zerstört[176].

[173] Vgl. KLEBERGER, Territorialgeschichte, S. 70. Diese Ansprüche resultierten ebenfalls aus dem breubergischen Erbfall: Eppstein hatte in zweiter Generation die Herren von Trimberg beerbt, die 1323 zunächst ein Viertel der Herrschaft Breuberg erlangt hatten. – S. zum Vorgang auch oben S. 210.
[174] Vgl. SIMON, Erbach, UB Nr. 237, S. 236f.
[175] Vgl. EBD.
[176] Vgl. DEMANDT, Geschichte Hessens, S. 492.

Konrad VIII. war mit Anna von Bickenbach aus der jüngeren, konradinischen Linie verheiratet[177]. Diese Heirat ist sicher vor dem Hintergrund des Erwerbs der gesamten Herrschaft Bickenbach zu sehen. So sicherte Schenk Konrad damit den erlangten Teil der ottonischen Herrschaft Bickenbach ab, indem er in den Familienverband der Herren von Bickenbach eintrat, und erlangte gleichzeitig die Anwartschaft auf den konradinischen Teil der Herrschaft.

Die Besitzverhältnisse des konradinischen Viertels gestalten sich schwer durchschaubar[178], so daß sie hier nicht im einzelnen verfolgt werden können. Denn in der Mitte des 14. Jahrhunderts teilte sich diese jüngere bickenbachische Linie abermals, so daß dieser Teil der Herrschaft Bickenbach vielfach aufgesplittet wurde. Festzuhalten gilt es hier nur soviel, daß der Teil des nunmehr mittleren Zweigs der Herren von Bickenbach durch Heirat der Susanna von Bickenbach mit Graf Ernst von Mansfeld an diesen gelangte[179]. 1488 verkaufte die mansfeldische Vormundschaftsregierung ihren Anteil an den Schenken Erasmus von Erbach[180]. Vielfältige Gründe gaben dazu den Ausschlag. Neben vermehrten Streitigkeiten der verschiedenen bickenbachischen Ganerben untereinander veranlaßte nicht zuletzt die große geographische Distanz zu den mansfeldischen Stammlanden die dortige Regierung zum Verkauf.

1502 konnte Schenk Erasmus dann noch den 1455 an Kronberg abgetretenen Teil der Herrschaft Bickenbach von Frank von Kronberg für 270 Gulden erwerben[181], so daß nunmehr die gesamte Herrschaft Bickenbach bis auf wenige, unerhebliche Ausnahmen an das Haus Erbach gekommen war. Wie wichtig dieser Erwerb für die Schenken war, erhellt die Tatsache, daß sich Schenk Erasmus fortan „Erasmus Herr zu Erbach und Bickenbach" nannte und neben seinem erbachischen das bickenbachische Wappen führte[182].

[177] Vgl. dazu Stammtafel Erbach im Anhang; SIMON, Erbach, S. 170. Das Haus Erbach war bereits seit Beginn des 14. Jahrhunderts immer wieder mit dem älteren Zweig der konradinischen Linie der Herren von Bickenbach verschwägert; zum Hintergrund des Konnubiums und seiner Bedeutung für Erbach s. ausführlich Kapitel 5.3.2.

[178] Zur Aufteilung des konradinischen Teils der Herrschaft Bickenbach s. unten S. 227.

[179] Wohl ein Achtel; das andere Achtel lag bei Schenk Konrad VIII. – Von dem oben erwähnten Mainzer Viertel an der Herrschaft Bickenbach ist abschließend nicht mehr die Rede; was aus ihm geworden ist, bleibt unklar.

[180] Vgl. SIMON, Erbach, S. 170. Eine Abschrift des Vertrags vgl. HesStA E 12, Nr. 77/1.

[181] Vgl. DEMANDT, Geschichte Hessens, S. 492; SIMON, Erbach, S. 338, der auf eine Urkunde darüber im Staatsarchiv Darmstadt verweist, die allerdings heute dort nicht mehr vorhanden ist.

[182] Vgl. SIMON, Erbach, S. 338. Zur Wappenführung vgl. das Allianzwappen für den Schenken und seine Frau Elisabeth von Werdenberg am Schloßturm in Erbach: dort ist das Wappen des Erasmus geviert von Erbach und Bickenbach (letzteres in falscher Tingierung: anstelle des roten Schildes ist dieser nach der letzten Renovierung blau angemalt worden). Auch die mit Johann Werner d. J. von Zimmern verheiratete Tochter Katharina führte das Wappen geviert von Erbach und Bickenbach (vgl. dazu TRUGENBERGER, Wappen, S. 355 (Abb.), 358); dieses Wappen begegnet auch in der Illustration der Zimmerischen Chronik (vgl. EBD., S. 341, Anm. 9).

Kaum zwei Jahre später erfuhr der erbachische Besitz Bickenbach erhebliche Einbußen. Im Landshuter Erbfolgekrieg 1504 bekriegte Landgraf Wilhelm von Hessen die pfälzischen und damit auch die erbachischen Besitzungen an der Bergstraße und im nördlichen Odenwaldvorland, wo er Bickenbach, Schönberg und auch Habitzheim einnahm. Bickenbach blieb für immer in hessischer Hand; wegen der weiteren Erbacher Besitzungen kam es 1510 zum Vergleich: fortan mußte Erbach diese von Hessen zu Lehen nehmen[183].

### 4.3.2 Die Besitzungen entlang der Gersprenz und im nördlichen Odenwaldvorland

Die Basis für diesen Besitz bildeten die Lehen des Klosters Fulda. Bereits zu Beginn des 13. Jahrhunderts waren die Schenken von Erbach durch das Kloster mit Lehen ausgestattet worden, die sich nach Norden entlang der Gersprenz in Richtung Dieburg und Groß-Umstadt erstreckten. Die fuldischen Lehen werden in einem Nachtrag zum „Codex Eberhardi" erstmals genannt[184]. Der Schenk von Erbach trug demnach von Fulda zu Lehen die Dörfer Kainsbach, Brensbach, eine Hube, sechs *mansionarii* und den Zehnten in Klingen sowie eine Hube und die Mühle in Huppelnheim[185].

Die fuldischen Lehen wurden dann seit etwa der Mitte des 14. Jahrhunderts erheblich umfangreicher und langten weit über die im „Codex Eberhardi" erwähnten Lehen hinaus. Dabei handelte es sich neben den oben schon genannten Lehen um Rechte und Besitztitel in Habitzheim, Umstadt, Spachbrücken, Zeilhard und Georgenhausen. Diese genannten Besitzungen und Rechte gehörten ursprünglich als fuldische Lehen zur Herrschaft Bickenbach und gelangten durch die Heirat Schenk Eberhards VIII. mit Gräfin Elisabeth von Katzenelnbogen an diesen[186]. Die Grafen von Katzenelnbogen waren durch den

[183] Vgl. dazu DEMANDT, Geschichte Hessens, S. 493.

[184] Codex Eberhardi I, S. 337: *Istud est beneficium pincerne de Erbach: Cunnisbach, Brendisbach, Clingen huba et sex mansionarii et decima, Hvfilheim huba et molendinum.* – Der „Codex Eberhardi" wurde nach der Mitte des 12. Jahrhunderts durch einen fuldischen Mönch Eberhard als Kopialbuch angelegt; die erwähnte Passage ist ein Nachtrag, den Meyer zu Ermgassen, der Editor des Codex, in die erste Hälfte des 13. Jahrhunderts datiert.

[185] Bei Huppelnheim handelt es sich um die Wüstung eines Dorfs, das ehemals bei Klingen gelegen hat.

[186] S. dazu oben Kapitel 4.3.1. Wie dort beschrieben, waren die Habitzheimer Besitzungen auch zunächst zwischen der ottonischen und konradinischen Linie der Bickenbacher geteilt (nämlich 2/3 bzw. 1/3). Nach dem Tod Ulrichs I. von Bickenbach gelangte durch die Heiraten seiner Töchter so 1/3 an die Grafen von Katzenelnbogen und 1/3 an die Grafen von Rieneck, das später an Wertheim fiel; das letzte Drittel blieb bei der konradinischen Linie. Das Erzstift Mainz hatte an Habitzheim offenbar keinen Anteil, so daß man von einer Drittelung des Besitzes ausgehen muß; dies wird auch darin deutlich, daß sich der Burgfriedensvertrag 1357 auf Burg Bickenbach beschränkte und Habitzheim nicht mit einschloß (s. oben S. 221).

oben beschriebenen Erbgang in den Besitz eines Drittels von Habitzheim gekommen.

Der vermehrte Umfang zeigte sich erstmals in den von der Pfalzgrafschaft an Erbach vergebenen Lehen. Seit 1398 bzw. 1401 sind diese überliefert. Bereits im ältesten Lehensbuch der Pfalzgrafen wird bei der Lehensvergabe immer kenntlich gemacht, daß die *Fuldische*[n] *lehin* folgen[187]. Daß die Schenken von Erbach die ausdrücklich als fuldische Lehen bezeichneten Besitzungen und Rechte nun in einem pfälzischen Lehensbrief erhielten, hängt mit dem Verkauf des Otzbergs, von Umstadt und Hering an Pfalzgraf Ruprecht I. zusammen. Nach dem Ankauf am 24. August 1390 vergaben fortan die Pfalzgrafen die Lehen in den entsprechenden Orten[188]. Noch am Tag des Verkaufs forderte Abt Friedrich von Fulda Schenk Konrad zu Reichenberg, den Vater Schenk Johannes' II., auf, seine Lehen zukünftig von der Pfalz zu empfangen[189]. Ebenfalls vom 24. August liegt eine inhaltlich identische Anweisung des Abtes an Gräfin Elisabeth von Katzenelnbogen, die Witwe Schenk Eberhards VIII. aus der alten Erbacher Hauptlinie, vor[190].

In den Lehensreversen bzw. -briefen wird auch erstmals deutlich, wie die fuldischen Besitzungen zwischen den erbachischen Linien aufgeteilt waren. Die schon im Eberhard-Codex genannten Lehen wurden stets zu gleichen Teilen an die beiden Zweige der Reichenberger Hauptlinie, Fürstenau und Michelstadt, vergeben[191]. So erhielt Schenk Johannes II. am 30. Juni 1399 ein Viertel des Dorfes Brensbach, das halbe Dorf Niederkainsbach. In Klingen besaß er eineinhalb Huben, einen halben Hof und ein Drittel des dortigen Zehnten[192].

[187] SPIEß, Lehnsbuch, Nr. 35-37, S. 116f; RPR I, Nr. 5239-5250; SIMON, Erbach, UB Nr. 123, S. 124f; vgl. KLEBERGER, Territorialgeschichte, S. 43.

[188] Vgl. SPIEß, Lehensbuch, S. 117.

[189] Vgl. SIMON, Erbach, UB Nr. 123, S. 124f. – Der Todestag von Schenk Konrad ist unklar. Eine Urkunde seines Sohnes von 1390 erwähnt ihn bereits als tot; sie weist allerdings keine Tagesdatierung auf, so daß zu der Urkunde des Fuldaer Abtes vom 24. August kein Widerspruch entstünde. Aber seine Grabplatte gibt den 7. März 1393 als Todestag an. Bisher konnte diese Diskrepanz nicht befriedigend geklärt werden (vgl. zu dieser Frage STEIGER, Grablegen, Nr. 22).

[190] Vgl. SIMON, ebd., S. 125. – Bei dem 1397 im Lehensrevers von Schenk Eberhard X. erwähnten „Geheißbrief" handelt es sich wohl um dasselbe Stück (vgl. SIMON, UB Nr. 141, S. 141f). Davon ist auszugehen, weil Schenk Eberhard der (älteste) Sohn Elisabeths und ihres verstorbenen Mannes, Schenk Eberhard VIII., war.

[191] Die noch in der ersten Hälfte des 13. Jahrhunderts genannten Besitzungen in Huppelnheim werden in allen Lehensbriefen, die seit 1397 überliefert sind, nicht mehr aufgeführt. Seitdem die Belehnung durch die Pfalzgrafschaft erfolgte, wurden die Hube und die Mühle in Huppelnheim offenbar nicht mehr an Erbach ausgegeben – ein stichhaltiger Grund dafür läßt sich nicht festmachen.

[192] SPIEß, Lehnsbuch, Nr. 36, S. 22: *diese nachgeschriben gutere und Fuldische lehin, mit namen daz virteil an dem dorffe zu Brenspach myt synen zugehorungen. Item Nydernconspache daz dorffe halbs myt synen zugehorungen. Item in dem dorffe zu Clyngen anderhalb hube und eynen halben hoff und das dritteil an dem zehenden daselbs nach Fuldischer lehen recht.*

Schenk Eberhard aus der Michelstädter Linie wurde am 11. Juli 1399 mit einen Viertel am Dorf Brensbach ausgestattet, wobei ausdrücklich vermerkt wurde, daß dies ohne die Vergabe des Zolls erfolgte[193]. Dies erscheint merkwürdig, denn noch bei der Vergabe eines Lindenfelser Burglehens an Schenk Heinrich, den Vater Eberhards, 1374 trägt dieser seinen Zoll in Brenspach Ruprecht I. auf[194]. Des weiteren erhielt Schenk Eberhard die andere Hälfte von Kainsbach sowie eineinhalb Huben, einen halben Hof und ein Drittel des Zehnten in Oberklingen[195].

Am 20. Januar 1398 hatte Schenk Eberhard der *eltest herre zu Erpach* aus der alten Hauptlinie zu Erbach die 1401 im Pfälzer Lehensbuch genannten Güter erhalten[196]: Eberhard wurde mit seinem Teil an Burg und Dorf Habitzheim belehnt; verbunden damit waren die dortige Vogtei und das Gericht. Hinzu kamen ein Teil des Zehnten in Umstadt sowie ein halber Hof vor der Stadt zusammen mit den *uzeckern*. Die nördlich von Umstadt gelegenen Dörfer Georgenhausen, Spachbrücken und Zeilhard gehörten ebenso zu den ehemals fuldischen Lehen. In den beiden letztgenannten Orten hatte Schenk Eberhard auch Anteil am Zehnten[197].

Der erste pfalzgräfliche Lehensbrief über die ehemals fuldischen Lehen für Eberhard X. datiert dagegen schon vom 11. März 1397[198]. In die Urkunde Pfalzgraf Ruprechts II. ist der Lehensrevers von Schenk Eberhard inseriert. Dieser betonte nochmals ausdrücklich, daß Ruprecht die fuldischen Güter Otzberg, Hering und Umstadt rechtmäßig gekauft habe und ihm folglich auch die Vergabe der Lehen zustehe. Der Abt von Fulda habe ihn, Schenk Eberhard, daher von seinen Lehen *genczlich ledig gesaget*, ebenso von seinen gegenüber dem Kloster Fulda geleisteten *globde vnd eide, die ich yn darvmb getan hatte*, wie der *geheiß brieff* aussagt. Schenk Eberhard leistete daraufhin den Lehenseid.

[193] Vgl. SPIEß, Lehnsbuch, Nr. 37, S. 23: *diese nachgeschriben Fuldischen lehen myt namen Brenspach daz dorff ein virteil myt aller zugehorde ane den zolle* [!].

[194] Vgl. EBD., Nr. 527, S. 89: *hat darumb uffgeben* [...] *uff syme zolle zu Brenspach in dem dorffe gelegen*. Der zugehörige Lehensrevers bei SIMON, Erbach, UB Nr. 91, S. 93f. – Es erscheint freilich nicht minder merkwürdig, daß der Zoll in Brensbach, der 1374 sicher noch – wie das ganze Dorf – fuldisches Lehen war, den Pfalzgrafen aufgetragen wurde. Eine befriedigende Erklärung dafür findet sich bislang nicht.

[195] EBD., Nr. 37, S. 23: *diese nachgeschriben Fuldischen lehen* [...]. *Item Kongspach daz dorff halbs myt aller zugehorde. Item Oberenklingen anderhalb hube und eynen halben hoff und daz dritteil an dem zehenden.*

[196] Vgl. EBD., Nr. 35, S. 21, 116f.

[197] EBD., S. 21: *Habitzheim, die vesten, synen teil, und synen teil an dem dorffe dafur myt vogtie und gerichte, und gerichte daselbs und alles, daz er daselbs hat, ane den hoff, den er kaufft umb die Geylinge, und heißet der Ulner hoff, der ist syn eigen. Item synen teil des zehenden zu Omstadt mit aller zugehorde. Item den hoff halben vor der stad Omstadt myt den uzeckern. Item Spachbrucken, Zilhard und Jorgenhusen myt vogtien, walt, waßern, weyden und gerichten und die zweiteil der zehende zu Spachbrucken und zu Zilhard. Und die obgenanten gutere, Habitzheim, die vesten, und wie sie darnach geschriben sten, hat er enpfangen nach Fuldischem rechten, wan sie Fuldische lehen synt.*

[198] RPR I, Nr. 5692; Druck bei SIMON, Erbach, UB Nr. 141, S. 141f.

Gegenüber dem Pfalzgrafen versprach er Treue und Gehorsam und empfing die Lehen aus dessen Hand[199]. Anschließend zählte Eberhard die Lehen namentlich auf. Es handelte sich dabei um seinen Teil der Burg Habitzheim, seinen Teil mit Vogtei und Gericht am Dorf Habitzheim, den Anteil am Zehnten zu Umstadt und die Hälfte des vor der Stadt gelegenen Hofs. Des weiteren nannte Eberhard die Dörfer Spachbrücken und Zeilhard mit ihren Vogteien und Gerichten, bei Zeilhard zusätzlich noch den Zehnten[200]. Es fällt auf, daß Schenk Eberhard bei dieser Belehnung das Dorf Georgenhausen nicht erwähnt; es wird erst in der Auflistung der Lehen im pfälzischen Lehensbuch 1401 genannt. Ebenso ist von einer Teilhabe am Zehnten von Spachbrücken 1397 noch nicht die Rede.

Wie bereits skizziert, hatte Schenk Eberhard VIII. ein Drittel des Amts Habitzheim aus dem Erbe seiner Frau erhalten. Die beiden anderen Drittel waren Mitte des 13. Jahrhunderts im Besitz der Grafen von Wertheim bzw. der jüngeren Linie der Herren von Bickenbach. Bis zur Mitte des 15. Jahrhunderts ist es Erbach jedoch gelungen, auch diese Teile des Amtes Habitzheim an sich zu bringen[201]. Doch in der Folge mußten die Herren von Erbach das Amt bald wieder aufgeben.

Auf diese anfängliche Besitzarrondierung in Habitzheim und den anschließenden Verlust der erbachischen Rechte ist an dieser Stelle gesondert einzugehen, zeigt das Verhalten Erbachs hier doch beispielhaft die recht geschickte und pragmatische Territorialpolitik, die die Schenken im späten Mittelalter verfolgten.

Nachdem Schenk Eberhard VIII. durch seine Heirat mit Gräfin Elisabeth von Katzenelnbogen um das Jahr 1347 das katzenelnbogische Drittel an Habitzheim erlangt hatte, waren er und seine Erben stets bemüht, in den Gesamtbesitz des Amts Habitzheim zu kommen. Dieses Vorhaben gestaltete sich allerdings erheblich mühsamer und langwieriger, nachdem Graf Johann von Wertheim 1373 in einem Vergleich sein Drittel an Pfalzgraf Ruprecht I. gegeben hatte und *furbaz nummer kein ansprache, noch forderunge, nv oder hernach darnach haben, noch gewynnen* [...], *noch schaffen* wollte[202]. Damit hatte die Kurpfalz ein Drittel von Habitzheim erworben und strebte nun ihrerseits nach einer Abrundung des dortigen Besitzes.

[199] Vgl. SIMON, ebd.
[200] EBD., S. 142: *Zu deme ersten: mynen deil an der burge zu Habiczheim vnd mynen deil an deme dorffe, an vogtye vnd gerichte daselbes vnd allez, daz ich da selbes han, ane den hoiff daselbes, den ich kaufft vme die Geylinge, der da heißet der Vlnner hoiff, der ist myn eigen. Item han ich auch enpfangen also vorgeschriben stet mynen deil des zehenden zu Omstadt vnd den hoiff halben, der vor der statt lihett, der selbe hoiff auch halber ist myns obgenanten herren herczoge Rupprechts des Eltern vnd mynen deil an den vßeckern daselbes. Item Spachbrucken vnd Zilhart die dorffer mit vogtyen vnd gerichten vnd den zehenden zu Zilhart vnd allez, daz ich da han vnd die obgeschriben dorffere, zehende, hofe vnd gude horent alle zu dem huse Habiczheim* [...].
[201] Vgl. DEMANDT, Geschichte Hessens, S. 492.
[202] Vgl. SIMON, Erbach, S. 181, UB Nr. 90, S. 92f.

Mittlerweile hatte sich die jüngere, konradinische Linie der Herren von Bickenbach ihrerseits geteilt, so daß die entstandenen Zweige jeweils ein Sechstel an Habitzheim erhielten. Am 9. Februar 1398 verkaufte dann Konrad VI. von Bickenbach[203] als Vormund seiner Neffen Ulrich und Konrad[204] *vmb irs beßern kuntlichen nuczes willen* deren Anteil an Habitzheim an Pfalzgraf Ruprecht III.[205], so daß damit die Kurpfalz im Besitz eines weiteren Sechstels dieser Herrschaft war. Mit dem erhaltenen Geld wollte Konrad dann seine Nichte Anna *zu der ee beraten*[206]. Dem gegenüber hielt die alte Erbacher Hauptlinie zu Erbach ein Drittel des Amts; das letzte Sechstel blieb bei Konrad VI. von Bickenbach aus dem älteren Zweig der nunmehr aufgespaltenen konradinischen Linie. Faktisch bedeutete dies, daß die Pfalzgrafschaft Lehensherr über ganz Habitzheim war, nachdem 1390 Fulda seine Lehensrechte daran an Pfalzgraf Ruprecht verkauft hatte, und gleichermaßen Eigentümer der Hälfte des Amts. Doch schon wenige Jahre später am 20. April 1407 verkaufte König Ruprecht I. den pfälzischen Anteil an Habitzheim an Schenk Eberhard X. aus der Erbacher Linie[207]. Der König behielt sich das jederzeitige Wiederkaufsrecht zum Verkaufspreis bei dreimonatiger Ankündigung vor; der Preis sollte dann in Oppenheim oder Frankfurt an die Schenken von Erbach entrichtet werden[208]. Für einen Preis von 6739 *Rynischer Gulden guter und geber Franckfurter Werunge gut an Golde vnd schwer gnug an rechtem Gewichte* erhielten Schenk Eberhard und seine Erben den Pfälzer Teil *an dem Sloß Habenzheim vnd den Dorffen die darzu gehoren*. Darüber hinaus bot König Ruprecht seinerseits Schutz und Schirm für den Fall, daß ein Dritter den Schenken von Erbach den Besitz an Habitzheim streitig machen würde. Dafür behielt sich der König allerdings vor, daß Habitzheim allzeit für die Pfalz ein offenes Schloß sein sollte und daß es so im Notfall dieser als Stützpunkt hätte dienen können. Die „armen Leute" wurden angehalten, Schenk Eberhard Gehorsam und Verbundenheit zu *holden, globen vnd sweren*, wie sie es bislang der Pfalzgrafschaft gegenüber getan hatten. Als Gegenleistung sollte er sie aber bei ihren angestammten Rechten und Gewohnheiten belassen; auch durfte er keine weiteren Beden und Steuern erheben. Neben dem König bestätigten dessen Söhne, die Pfalzgrafen Ludwig, Johann, Stephan und Otto, die Urkunde mit ihren Siegeln.

Damit hatte nun Erbach den größten Teil (fünf Sechstel) des Amts Habitzheim in seinen Besitz gebracht und konnte ihn fortan quasi wie Eigentum behan-

[203] Er gehört dem älteren Zweig der konradinischen Linie an.
[204] Sie bildeten den jüngeren Zweig dieser bickenbachischen Linie.
[205] Vgl. EBD., UB Nr. 143, S. 143f. Als weitere Bestimmung ist der Urkunde beigefügt, daß Ulrich und Konrad von Bickenbach mit der Erlangung ihrer Großjährigkeit den Verkauf anerkennen sollten und keine wie auch immer gearteten Ansprüche auf ihren Teil an Habitzheim geltend machen dürften.
[206] EBD., S. 143.
[207] Vgl. SCHNEIDER, Historie, UB Nr. 74, S. 122f; Regest in RPR II, Nr. 4757.
[208] Vgl. RPR II, Nr. 4757.

deln[209]. Davon machte Schenk Eberhard bald schon Gebrauch. Denn bereits am 16. Oktober 1407 wies er Lukhardis von Waldburg, der Frau seines Sohnes Eberhard XII., ihr Wittum auf Habitzheim an, sowohl auf den Teil, den er von König Ruprecht gekauft hatte, als auch auf jenen Teil, den er von der Pfalz zu Lehen trug[210]. Die Anweisung ist *gescheen mit verhengniß, gunst vnd willen vnd wißen des Allerdurchluchtigsten Hochgebornen fursten vnd herren, hern Ruprechts, von gots gnaden Romischen koniges, zu allen zyten merer des Richs, myns lieben gnedigen herren obgenant*[211] – der lehensherrliche Konsens lag damit vor. Der von Ruprecht als Verkauf bezeichnete Vorgang vom April 1407 wird in der Urkunde Eberhards – offenbar von pfälzischer Seite unwidersprochen – als Pfandschaft apostrophiert. Nach der Auffassung von Schenk Eberhard handelte es sich augenscheinlich um eine Verpfändung von seiten Ruprechts. Deutlich wird dies an den von Eberhard verwendeten Begriffen; so spricht er von einer Nutznießung *nach lute der phantbriefe daruber*, von allem, was er *in phandes wyse Inne* habe, bzw. allem, was Ruprecht von *Ine lose wolde fur also vil geldes als in den phantbriefen daruber benant* ist[212]. De facto wurde das Geschäft wohl auch von Pfälzer Seite als eine Verpfändung betrachtet, wenngleich es sich formal um einen Verkauf mit Rückkaufsklausel handelte[213].

Bis 1450 blieb so Habitzheim in der Hand der alten Erbacher Linie. Um dieses Jahr verpfändete nun Schenk Konrad VIII. seinen gesamten Anteil daran an Schenk Johannes III. aus der Michelstädter Linie[214]. Konrad hatte 1430/31 eine Wallfahrt nach Jerusalem unternommen, wodurch er offenbar in drückende Geldnöte geraten war[215]. 1432 erhob er deshalb eine außerordentliche Steuer[216]. Er schien aber trotzdem wiederholt in finanziellen Schwierigkeiten gewesen zu sein. Denn in der Folgezeit hören wir immer wieder von Verpfändungen, deren umfangreichste anscheinend die gerade genannte war. Die Verpfändung wichtiger Besitztitel innerhalb der Familie deutet darauf hin, daß die Herren von

[209] In der königlichen Verkaufsurkunde heißt es dazu: *ihn nutzen, nießen vnd gebrvchen* [...] *als wie mit andern ihren eygen Gutern* (SCHNEIDER, Historie, UB Nr. 74, S. 122).

[210] Vgl. SIMON, Erbach, S. 181f; EBD., UB Nr. 156, S. 157-159; RPR II, Nr. 5020 (dort allerdings zum 28. Oktober). Der Vertrag regelte dabei auch die schwierigen Verhältnisse, die durch den pfälzischen Vorbehalt des Wiederkaufs berücksichtigt werden mußten; am 14. November desselben Jahres stimmte Lukhardis diesen Bedingungen zu (vgl. SIMON, Erbach, UB Nr. 157, S. 160). Nachdem Lukhardis nach dem frühen Tod ihres Mannes Schenk Eberhard XII. ein zweites Mal geheiratet hatte (um 1414), gab sie ihr Wittum gegen Zahlung eines jährlichen Zinses an Erbach zurück; s. dazu Kapitel 5.3.2.

[211] SIMON, Erbach, UB Nr. 156, S. 159.

[212] Zitate EBD.

[213] Zu der großen Zahl von Verpfändungen, die König Ruprecht machte, und zu seinen Beweggründen vgl. RÖDEL, Reichspfandschaften, S. 85-96; PARZER, Burgenpolitik, S. 201-203. Unter Ruprecht wurde zu Beginn des 15. Jahrhunderts ein Höhepunkt der pfalzgräflichen Verpfändungspolitik erreicht, als er nach seiner Wahl zum deutschen König sehr viel Geld benötigte, um seine reichspolitischen Ziele zu verwirklichen.

[214] Vgl. SIMON, Erbach, S. 182.

[215] Vgl. EBD., S. 332.

[216] Vgl. MONE, Urkunden, Nr. 12, S. 313f.

Erbach so versuchten, den Besitz der Gesamtherrschaft zu erhalten; denn nur so war gewährleistet, daß er nicht in fremde Hände gelangte.

### 4.3.3 Die Herrschaft Breuberg in der erbachischen Territorialpolitik

Neben der Gebietserweiterung nach Norden und Westen strebten die Herren von Erbach auch stets danach, die Öffnung ihrer Herrschaft nach Osten zum Main hin zu erreichen. Dazu versuchten sie offenbar die alten Besitzrechte, die sie seit dem 13. Jahrhundert im Bauland hatten, zu nutzen, was jedoch abschließend nicht gelungen ist[217], so daß sie seit dem beginnenden 14. Jahrhundert ihre Politik darauf ausrichteten, die Herrschaft Breuberg in ihren Herrschaftsverband einzugliedern[218]. Eine begründete Chance, dies durchsetzen zu können, sahen die Herren von Erbach offenbar durch die seit den letzten Jahrzehnten des 13. Jahrhunderts bestehenden Verschwägerung mit den Herren von Breuberg: Schenk Eberhard V. war mit Agnes von Breuberg vermählt[219]. Als um 1323 die Herren von Breuberg im Mannesstamm ausgestorben waren, sahen die Schenken eine gute Möglichkeit, ihre Ansprüche anzumelden. Doch war diesem Unternehmen zunächst kein schneller Erfolg beschieden. Denn die Herrschaft Breuberg gelangte über die weibliche Erbfolge an vier verschiedene Grafen- bzw. Herrenfamilien, was zur Folge hatte, daß der Erwerb der halben Herrschaft Breuberg nach weiteren komplizierten Erbgängen und mehreren Teilverpfändungen erst in der Mitte des 16. Jahrhunderts gelang. Im Reichenberger Vertrag erhielten die Grafen von Erbach 1551 die Zusage, daß sie nach dem Tod des letzten Grafen von Wertheim die Hälfte der Herrschaft Breuberg erhalten sollten[220]. Dafür maßgeblich war sicherlich die Heirat Schenk Eberhards XIII. mit Maria von Wertheim 1503, die den Schenken die Aussichten auf den Erwerb der Herrschaft Breuberg erneut eröffnete.

[217] S. unten Kapitel 4.3.5.

[218] Zur Geschichte der Herrschaft Breuberg bis zum Aussterben der Breuberger vgl. nach wie vor KLEBERGER, Territorialgeschichte, S. 78-89.

[219] Vermutlich um 1285 fand die Heirat statt. Die Zeitstellung dieser Eheschließung ergibt sich sowohl aus dem ungefähren Geburtsjahr von Schenk Konrad IV., dem ältesten Sohn des Ehepaares (s. dazu oben S. 112f, Anm. 399), und seinen fünf Geschwistern sowie der Tatsache, daß Schenk Eberhard V. bereits 1293 starb (vgl. dazu jetzt SCHOLZ, DI 63 [Odenwaldkreis], Nr. 7, der erstmals das korrekte Sterbedatum ermitteln konnte; bei STEIGER, Grablegen, Nr. 4, noch „1296?"). – Agnes von Breuberg war die Tochter Eberhards I. Reiz von Breuberg und seiner Frau Mechtild von Büdingen, damit war sie die Schwester Arrosius' von Breuberg, der seit etwa 1290 den südmainischen Teil der Herrschaft Breuberg besaß und 1323 ohne männliche Nachkommen starb. Sein Neffe, Eberhard II. von Breuberg, der seit 1303 im Besitz eines Anteils von Erbach war, starb 1323 kurz vor seinem Onkel ebenfalls ohne männliche Nachkommen. Den Töchtern der beiden sicherte König Ludwig der Bayer im Oktober 1317 die Nachfolge im Besitz zu, vor allem setzte er sie in die Nachfolge der Reichslehen ein (vgl. REIMER, UB Herren von Hanau 2, Nr. 181, S. 177).

[220] Vgl. KLEBERGER, Territorialgeschichte, S. 76, 92f, dort zu den genaueren Vertragsbestimmungen; der Vertrag ist teilweise abgedruckt bei SCHNEIDER, Historie, S. 157.

Doch kehren wir zunächst ins 14. Jahrhundert zurück: Mit dem Breubergischen Erbfall nach dem Tod des Eberhard und Arrosius von Breuberg fiel die Herrschaft zur Hälfte an die Witwe Eberhards bzw. deren Töchter Elisabeth, verheiratet mit Graf Rudolf von Wertheim, und Lukhardis, verheiratet mit Konrad von Weinsberg, zur anderen Hälfte an die Töchter Arrosius', Konradine (Kunizza), die Konrad von Trimberg geheiratet hatte, und Mechtild[221]. Nach dem Tod von Eberhards Witwe erfolgte die weitere Aufteilung des Besitzes in vier Viertel: Von nun an waren die Grafen von Wertheim, die Herren von Weinsberg und von Trimberg sowie die nicht bekannte Schwägerfamilie der Mechthild im Besitz der ehemaligen Herrschaft Breuberg, woraus sich vielfältige Verwicklungen ergaben[222].

Ob die Herren von Erbach bereits in dieser Situation ebenfalls Anspruch auf die Herrschaft Breuberg erhoben, muß mangels Quellen offen bleiben. Denkbar wäre durchaus, daß Schenk Konrad IV., der älteste Sohn aus der angesprochenen Ehe Eberhards V. mit Agnes von Breuberg, die durch seine Mutter begründete Anwartschaft versuchte durchzusetzen. Doch bis ins Jahr 1336 erfahren wir nichts von einem direkten erbachischen Eingreifen, das zum (Teil-)Erwerb der Herrschaft Breuberg geführt hätte.

Unter den Erben der Herrschaft Breuberg scheint bald nach 1323 Wertheim hervorgetreten zu sein. Immer wieder können wir Versuche Graf Rudolfs III. erkennen, seine neu erlangte Machtstellung im hinteren Odenwald auszubauen und zu festigen. So hatte er 1331 den Anteil Konrads von Trimberg an Burg und Stadt Wörth gekauft; umgekehrt verkaufte Rudolf 1333 sein Viertel an der Burg und Stadt Ortenberg und die dazugehörigen Rechte an Konrad von Trimberg und die Herren von Eppstein[223]. Am 29. Januar 1336 erwarben Graf Rudolf von Wertheim und Gottfried von Eppstein den trimbergischen Anteil an der Burg Breuberg um 3200 Pfund Heller, ausgenommen blieben die Kirchsätze und Mannlehen[224]. Dieser Verkauf wurde am 2. April desselben Jahres von Abt Heinrich VI. von Fulda bestätigt[225]. Im Umfeld dieses Verkaufs unternahm Konrad von Trimberg den Vorstoß, seine weiteren Besitzungen an der Herrschaft Breuberg für 1000 Pfund Heller an Schenk Konrad IV. zu verpfänden[226]. Konrad IV. hätte eine solche Verpfändung sicherlich nicht ungern gesehen, kam sie doch seinen Expansionsbestrebungen entgegen. Denn so wäre es ihm zukünftig

[221] Am 21. September 1323 bzw. am 5. Mai 1324 belehnte Abt Heinrich VI. von Fulda als Lehensherr der Herrschaft Breuberg die Nachkommen Arrosius' bzw. die Witwe Eberhards mit ihren Anteilen an der Herrschaft Breuberg (SCRIBA, Hesssiche Regesten, Nr. 872f; vgl. dazu WEBER, Herrschaft Breuberg, S. 31). – Über den Umfang der Herrschaft zur Zeit der Teilung informiert uns WEBER, ebd.

[222] Auf die weiteren komplizierten Besitzverhältnisse in der Herrschaft Breuberg brauchen wir hier nicht genauer einzugehen, da sie für unsere Belange nicht relevant sind; vgl. dazu ausführlich KLEBERGER, Territorialgeschichte, S. 89-93.

[223] Vgl. ASCHBACH, Wertheim UB Nr. ad 82.8, S. 95.

[224] Vgl. EBD., Nr. 82, S. 91-94; vgl. auch WEBER, Herrschhaft Breuberg, S. 32.

[225] Vgl. SCRIBA, Regesten I, Nr. 957.

[226] Vgl. KLEBERGER, Territorialgeschichte, S. 74, 90 (mit Anm. 103).

möglich geworden, seine Herrschaft über das untere Mümlingtal bis hin zum Main zu erweitern.

Doch scheiterte der Versuch Konrads von Trimberg am Einspruch der anderen Breuberger Ganerben[227]: Sie sorgten dafür, daß der trimbergische Teil in ihre Hände überging. Wertheim kam hier den Schenken zuvor, so daß Konrad von Trimberg sein Viertel schließlich an Graf Rudolf von Wertheim und Gottfried den Jüngeren von Eppstein versetzte. Ob hier auch noch das Mainzer Erzstift „seine Hand im Spiel hatte", weil es die Herrschaft Breuberg immer noch als seine eigene Einflußsphäre betrachtete und ein eine Beeinträchtigung seiner Verbindungen nach Osten durch die Herren von Erbach verhindern wollte, oder ob die alte Verbindung der Breuberger zu den Herren von Eppstein auf dem Mainzer Erzbischofsstuhl noch nachwirkten, wie Kleberger mutmaßte[228], können wir mangels Quellen nicht weiter erhärten. Es muß daher reine Spekulation bleiben. Sicher ist jedoch, daß der neuerlich ausbrechende Bistumsstreit nach dem Tod des Erzbischofs Matthias 1328 bzw. nach dem Ausscheiden Balduins 1337 die Schenken von Erbach von einer weiteren Rücksichtnahme gegenüber dem Erzstift weitgehend befreite[229]. Sie setzten daher ihre Versuche fort, in der Herrschaft Breuberg schrittweise Fuß zu fassen.

Einen ersten Hinweis, daß dies gelungen sein muß, bringt eine Belehnung des Albrecht Duborn von Breuberg durch Schenk Konrad IV.[230]. Dieser belehnte ihn 1359 mit einigen Gütern in Kimbach und Langen-Brombach, also an Orten, die zur Herrschaft Breuberg gehörten[231]. Das heißt: Schenk Konrad muß in den Jahren zuvor dort Besitzrechte erlangt haben, die es ihm ermöglichten, Lehen auszugeben. 1398 hatten die Erbacher das breubergische Gericht in Etzengesäß in Besitz, mit dem sie Konrad Krieg von Altheim noch im selben Jahr belehnten[232]. Einen zusätzlichen Hinweis auf ein geplantes Ausgreifen in die Herrschaft Breuberg bietet darüber hinaus der bereits 1377 erfolgte Erwerb der im Besitz von Wertheim befindlichen Vogteien von Höchst und Wersau durch den Schenken Johannes II. für eine Summe von 1900 Gulden[233]. Diese beiden Vogteien gelangten allerdings 1418 über Walburga von Erbach, die Tochter Schenk Johannes', in den Besitz ihres Mannes Hadamar von Laber, der diese „prefecturas" noch 1418 an Kurfürst Ludwig III. verkaufte[234]. 1399 deutet ein weiterer Vertrag zwischen Erbach und Wertheim darauf hin, daß die Schenken ihre Versuche zum Erwerb der Herrschaft fortgesetzt hatten[235]. Am 23. März

[227] Vgl. ASCHBACH, Wertheim, UB ad Nr. 82.1, S. 94; WEBER, Herrschaft Breuberg, S. 32.

[228] Vgl. KLEBERGER, ebd., S. 74.

[229] Vgl. dazu HEINIG, Restituierung, S. 459-470, der die Situation nach dem Tode Matthias' von Buchegg ausführlich beschreibt.

[230] Vgl. SIMON, Erbach, UB Nr. 66, S. 68.

[231] Zum Besitz der Herrschaft vgl. WEBER, Herrschaft Breuberg; KLEBERGER, Territorialgeschichte, S. 74f.

[232] Vgl. SIMON, ebd., Nr. 145, S. 145.

[233] Vgl. ASCHBACH, Wertheim, S. 179.

[234] Vgl. EBD.; KLEBERGER, Territorialgeschichte, S. 75; s. auch unten S. 290.

[235] Vgl. KLEBERGER, Territorialgeschichte, S. 91.

1399 verabredeten die Schenken Johannes II. von der Reichenberger und Schenk Eberhard X. von der Erbacher Linie mit Graf Johann von Wertheim, daß Graf Johann den Schenken sein Viertel an Breuberg einräumt, so lange die Schelm von Bergen, die Krieg von Altheim und die von Bellersheim im Besitz des eppsteinischen Achtels am Breuberg waren[236]. Nach ihrem Abzug könnten die vertragsschließenden Parteien den Vertrag jederzeit gegenseitig kündigen. Für die Zeit der Vertragsdauer sollten die genannten Schenken zwei wertheimische Pfandschaften aussetzen und Schenk Johannes sicherte den Wertheimern das Öffnungsrecht für den Reichenberg zu. Von der Übertragung an die Schenken von Erbach waren jedoch die wertheimischen Vasallen, die Kirchsätze und der Ort Neustadt ausgenommen, so daß Erbach nur die teilweise Verfügungsgewalt über den Breuberg hatte.

Dieser Vertrag stand sicher im Zusammenhang mit dem 1396 abgeschlossenen Bündnis zwischen allen Herren von Erbach und allen Pfalzgrafen, die sie damit gegenüber Angriffen, die aus der Burg Breuberg gegen Erbach erfolgt waren – vermutlich durch die Pfandnehmer des eppsteinischen Viertels –, in Schutz nahmen[237], und dieser Vertrag wurde von der Pfalz protegiert. Damit wurde zweierlei erreicht: Erbach war in seinem Bestreben, sich in der Herrschaft Breuberg festzusetzen einen guten Schritt weiter gekommen. Zum anderen hatte die Pfalzgrafschaft ihren größten und wichtigsten Vasallen im Odenwald erneut gegen das Erzstift Mainz positioniert. Denn mit der Verdrängung der Grafen von Wertheim aus der Burg Breuberg bzw. mit der Einsetzung der Schenken in das Wertheimer Viertel hatte die Pfalzgrafschaft im nördlichen Odenwald in unmittelbarer Nähe zum pfälzischen Amt Umstadt einen weiteren Stützpunkt gegen das Erzstift geschaffen.

Doch sollte dieser Zustand nicht lange erhalten bleiben. Am 16. Oktober 1400 ist es den Grafen von Wertheim gelungen, das verpfändete eppsteinische Viertel für 5400 Gulden zu erwerben[238]. Sie gestanden den Herren von Eppstein wiederum das Löserecht zu. Damit war der Vertrag vom 23. März 1399 in Frage gestellt, da laut den Vertragsbestimmungen die Abmachungen gekündigt werden konnten, sobald die „Breuberger Unruhestifter“ aus ihrem Besitz verdrängt worden waren. Dies war de facto durch den wertheimischen Erwerbsvorgang geschehen. Wertheim setzte daraufhin den Vertrag außer Kraft und war so in den Besitz der gesamten Herrschaft Breuberg gelangt. Gemäß dem Erbstatut von

[236] Wertheim war allerdings zwischenzeitlich als Pfandnehmer auch in den Besitz des trimbergischen und des trimbergisch-eppsteinischen Viertels gelangt, besaß also drei Viertel an der Herrschaft Breuberg. Eppstein hatte zusammen mit Weinsberg ein Viertel der Herrschaft inne (vgl. KLEBERGER, Territorialgeschichte, S. 89f). Aufgrund von nicht mehr eindeutig nachvollziehbaren Entwicklungen erschienen 1395 als Besitzer der Herrschaft Breuberg Wertheim (die Hälfte), Hanau (ein Viertel) sowie Philipp VII. und Philipp VIII. von Falkenstein, Kraft von Bellersheim, Konrad Krieg von Altheim und Sibold Schelm von Bergen (ein Viertel, das diese Ganerbengemeinschaft von den Eppsteinern erhalten hatte). Zu den verworrenen Besitzverhältnissen vgl. ausführlich SCHÄFER, Eppstein, S. 387-394.

[237] Vgl. den Vertrag bei SIMON, Erbach, UB Nr. 140, S. 139.

[238] Vgl. StAWt, GA Wertheim, Breuberg Nr. 12; KLEBERGER, Territorialgeschichte, S. 91f.

Graf Johann dem Älteren vom 4. Mai 1398 war die Burg und Herrschaft Breuberg als Sitz und Mittelpunkt der jüngeren Wertheimer Grafenlinie vorgesehen und wurde in der Folgezeit dazu ausgebaut[239]. Das heißt: Seit dem beginnenden 15. Jahrhundert war Breuberg unangefochten im Besitz der Grafen von Wertheim. Daß es im Verlaufe der nächsten gut eineinhalb Jahrhunderten, bis die Hälfte der Herrschaft Breuberg 1556 an Erbach fiel, zu keinen Streitigkeiten mit den Herren von Erbach gekommen war, lag auch daran, daß es immer wieder Teilverpfändungen gab, wie wir noch sehen werden.

1418 waren die Herren von Eppstein wieder im Besitz ihres Viertels; dies geht aus dem Burgfrieden hervor, der zwischen Wertheim und Eppstein abgeschlossen wurde[240]. Doch sollte dies nur vorübergehend sein. Obwohl Erbach 1400 das wertheimische Viertel an Breuberg wieder aufgeben mußte, versuchten die Schenken weiterhin ihre versprengten Rechte in der Herrschaft Breuberg, die sie darüber hinaus im 14. Jahrhundert erworben hatten, zu erweitern und zusammenzufassen. Das Jahr 1433 bot dazu eine erste Möglichkeit. Eberhard von Eppstein versetzte dem Schenken Otto aus der Michelstädter Linie ein Achtel an den Nutzungsrechten der Herrschaft Breuberg für 1000 Gulden auf mindestens sechs Jahre[241]. Es handelte sich dabei um Rechte in der Zent Kirch-Brombach und um solche in der Zent Lützelbach; dort amtierten um 1433 ein wertheimischer und ein erbachischer Schultheiß gemeinsam. Diese Pfandschaft bestand noch im Jahr 1462[242]. Im Jahr 1441 verpfändete Eberhard von Eppstein seinen gesamten Anteil an Breuberg Schenk Philipp I. aus der Reichenberger Linie und dessen Frau Lukardis von Eppstein um 9000 Gulden auf Wiederkauf. Von diesen 9000 Gulden wurden allerdings 4000 Gulden als Mitgift angerechnet[243]. Diese Ehe wurde allem Anschein nach unter dem territorialen Aspekt „Breuberg“ geschlossen, da die Mitgift auf die Herrschaft verschrieben wurde. In die Wege leitete diese Heirat möglicherweise Philipps Vetter, Schenk Otto, der seit 1440 mit Gräfin Amalie von Wertheim verheiratet war. Offenbar wurden hier bewußt zwei Ehen geschlossen, die der Herrschaftserweiterung nur dienlich sein konnten[244].
Erbach war also in die Nutzungsrechte über ein Viertel der Herrschaft Breuberg eingetreten, bis die Schenken Eberhard XIII. und Georg am 18. November 1496 diese Pfandschaft an Wertheim verkauften – allerdings unter dem ausdrücklichen Vorbehalt, daß das eppsteinische Lösungsrecht nunmehr für Erbach gelten sollte[245]. Dieser Verkauf bedeutete wiederum einen Rückschlag der er-

[239] Vgl. dazu ASCHBACH, Wertheim, S. 192f, EBD., UB Nr. 124, S. 163.
[240] Vgl. SCRIBA, Regesten 6, Nr. 1507.
[241] Vgl. SCHNEIDER, Historie, UB Nr. 119, S. 283; SIMON, Erbach, S. 194.
[242] Vgl. KLEBERGER, Territorialgeschichte, S. 75.
[243] Vgl. SCHNEIDER, Historie, UB Nr. 111, S. 162. Aus den Zinsbüchern der Herrschaft Breuberg geht hervor, daß es sich dabei in erster Linie um die Nutzung der Zent Kirch-Brombach handelte (vgl. KLEBERGER, Territorialgeschichte, S. 75).
[244] Zu den vielfältigen Motiven, die zu den erbachischen Eheschließungen führten, s. Kapitel 5.3.
[245] Vgl. SIMON, Erbach, UB Nr. 320, S. 285. Simon hat hier offenbar in seiner Datierung einen Fehler, denn die Urkunde gehört nicht zum 17. November 1497, sondern zum 18. No-

bachischen Erwerbspolitik die Herrschaft Breuberg betreffend. Jedoch waren die beiden Schenken dazu gezwungen; denn ihr Vater, Georg I., hatte ihnen Schuldenberg von 9000 Gulden hinterlassen. Zur Tilgung dieser Verbindlichkeiten veräußerten sie daher für 8500 Gulden ihren Anteil an der Herrschaft Breuberg auf Wiederkauf[246].

Bis ins Jahr 1556 war Wertheim nun wiederum im Alleinbesitz Breubergs. Erst nach dem Tod des letzten Grafen Michael III. von Wertheim erhielten die Grafen von Erbach gemeinsam mit den Grafen von Stolberg-Königstein die Herrschaft Breuberg, wie dies 1551 im Reichenberger Vertrag festgelegt worden war. Die neuerliche Anwartschaft auf die Herrschaft Breuberg war durch die Heirat Schenk Eberhards XIII. mit Maria von Wertheim 1503 begründet worden, weil Gräfin Maria entgegen dem wertheimischen Familienbrauch nicht auf ihr väterliches Erbe verzichtete[247].

### 4.3.4 Erbachischer Besitz am unteren Neckar

Schon früh müssen die Schenken auch im Besitz von Rechten und Einkünften im Gebiet um Heidelberg und westlich davon entlang des Neckars gewesen sein. Es handelte sich dabei um das Patronatsrecht in Wieblingen, über das oben bereits ausführlich berichtet wurde[248]. Damit verbunden war auch der Besitz der zur Kirche gehörenden Mühle, wie aus Urkunden von 1224 hervorgeht, in denen Schenk Gerhard als Patronatsherr der Wieblinger Kirche genannt wurde. Das Kirchenpatronat verkauften die Herren von Erbach 1418 an Pfalzgraf Ludwig III., der damit das Heidelberger Heiliggeiststift dotierte[249]. Auch in Ilvesheim besaßen die Herren von Erbach einen Hof mit seinem Zubehör und 140 Malter Fruchtgülte, die sie als Pfand von Markgraf Rudolf von Baden erhalten hatten (*ab ipso domino nostro Rudolfo, marchione de Baden titulo pignoris*

vember 1496, wie sich aus den Geschehnissen ergibt. Denn unter Nummer 319 bringt Simon ein Regest (zum 28. Januar 1497), nach dem der Verkauf erfolgt war, Graf Michael von Wertheim den Schenken allerdings noch die Kaufsumme von 8500 Gulden schuldig war. Bis zur endgültigen Bezahlung sollte der erkaufte Teil der Herrschaft Breuberg noch als Sicherheit in den Händen der Schenken bleiben.

[246] Bereits 1482 klagten die Schenken Eberhard und Georg über die drückende Schuldenlast; vgl. dazu GLA 67/829, fol. 247r-249r.

[247] Vgl. dazu zusammenfassend KLEBERGER, Territorialgeschichte, S. 76; SIMON, Erbach, S. 194, 377; ASCHBACH, Wertheim, S. 328.

[248] S. oben Kapitel 1.1; dort auch zum Übergang an die Schenken von Erbach. Inwieweit die anderen Besitztitel auch von Lorsch an Erbach gekommen sind, läßt sich nicht mehr ermitteln. Es ist jedoch wahrscheinlich, daß diese pfalzgräfliche Lehen waren und nicht direkt von Lorsch an Erbach kamen. Möglicherweise waren diese Besitzrechte bereits durch Pfalzgraf Konrad von Staufen der Abtei entfremdet worden und gelangten dann als Lehen an die Herren von Erbach, so wären sie vielleicht auch unter die „altpfälzischen Lehen" zu fassen. Für den Hof in Ilvesheim und das Hohenhardter Ackerland läßt sich die Herkunft dagegen klar belegen: Pfand des Markgrafen von Baden bzw. Vorbesitz der Herren von Hohenhart.

[249] Vgl. GLA 67/1057, fol. 38.

*tenuimus*)[250]. Am 6. Dezember 1282 verkauften Schenk Konrad, seine Söhne Engelhard und Eberhard sowie Konrads Neffe Schenk Gerhard den Hof und die dortigen Einkünfte an Pfalzgraf Ludwig II. für 200 Mark Silber[251]. Offenbar war es zu Auseinandersetzungen zwischen den Schenken von Erbach sowie den Beamten des Pfalzgrafen und den Bürgern von Heidelberg gekommen, so daß die Schenken anscheinend gezwungen waren, den Hof und seine Einkünfte in Ilvesheim zur Wiedergutmachung an den Pfalzgrafen abzutreten. Sie verzichteten auch mit Datum der Urkunde auf ihre Rechte und Privilegien, die sie in Ilvesheim pfandhalber hatten. Wodurch der Streit ausgelöst wurde, läßt sich nicht mehr nachvollziehen[252].

Darüber hinaus müssen die Schenken auch Wiesen und Ackerland in Ketschau (Stadt Hockenheim) besessen haben. Diese erhielt das Kloster Schönau von Schenk Eberhard 1419 als Ausgleich für die dem Kloster abgelösten Einkünfte in Beerfelden, Schönnen, Lauerbach, Laudenbach und Galmbach[253]. Die Gülten in den genannten Orten waren 1290 an Schönau gekommen, als Schenk Konrad seine Seelgerätstiftung für eine Pitanz an seinen Todestag und an jedem Quatember machte[254].

Nach dem Aussterben der edelfreien Herren von Hohenhart sind die Herren von Erbach offenbar deren Besitznachfolger geworden. So werden noch 1267 als Besitzer von Ackerflächen bei Rohrbach und Bruchhausen Gerhart von Hohenhart und seine Frau Agnes erwähnt. Dieses Ackerland befindet sich dann

[250] GLA 67/865, fol. $169^{v}$-$170^{r}$; gedruckt bei SIMON, Erbach, UB Nr. 7, S. 8; RMB I, Nr. 540; RPR I, Nr. 1087. Vgl. zu den badischen Rechten in Ilvesheim seit 1215 RMB I, Nr. 180. – Seit wann die Herren von Erbach im pfandweisen Besitz des Hofes in Ilvesheim waren, läßt sich nicht genau ermitteln. 1233 trugen Markgraf Hermann und seine Frau Irmgard mit Zustimmung der Kinder all ihr Eigengut in Oppau und Ilvesheim der Wormser Kirche zu Lehen auf (RMB I, Nr. 326). Diese Lehenseigenschaft scheint aber bald wieder in Vergessenheit geraten zu sein, denn 1260 erlaubte Markgraf Rudolf I. dem Abt von Schönau, die Güter in Oppau, die von Baden lehenrührig waren, zu verkaufen, nachdem auch Pfalzgraf Ludwig II. eingewilligt hatte (RMB I, Nr. 445). Offenkundig behandelte der Markgraf diesen Besitz wie Allodialgut Badens; deutlich wird hier ebenso, daß offenbar die Pfalzgrafschaft – wie bei Ilvesheim – auch in Oppau im Mitbesitz war.

[251] Vgl. SIMON, ebd. – Simon übersetzte *nepos* mit „Enkel", wie im klassischen Latein richtig, doch in mittelalterlichen Texten bedeutet es in der Regel „Neffe", so daß sich daraus Fehler in der erbachischen Stammtafel ergaben.

[252] Ob es sich hier schon um erste Scharmützel der bevorstehenden Pfälzer Fehde handelte, wie Steinmetz neuerdings mutmaßt (vgl. STEINMETZ, Schenken von Erbach, S. 87f), läßt sich mangels Quellen von Erbacher Seite nicht erhärten. Denn alle Umstände deuten darauf hin, daß gerade die Schenken der Erbacher Linie, deren Begründer der genannte Schenk Konrad war, in recht gutem Einvernehmen mit den rheinischen Pfalzgrafen lebten; auch Schenk Gerhard hatte offenbar eine gute Beziehung zu Pfalzgraf Ludwig, wie seine wiederholte Zeugentätigkeit belegt (s. ausführlich oben Kapitel 1.3).

[253] Vgl. SCHAAB, Schönau, S. 151; SIMON, Erbach, S. 191.

[254] Vgl. SCHAAB, ebd., S. 130; der Text der Seelgerätstiftung bei GUDENUS, Sylloge, Nr. 163, S. 294f.

aber noch vor 1300 im Besitz der Schenkenfamilie[255]. Nach neuen Forschungen vermutet Hildebrandt, daß die in der Urkunde genannte Ehefrau Gerhards eine Angehörige der Schenkenfamilie gewesen sein könnte, so daß über diese Verschwägerung die Besitzübertragung am einfachsten zu erklären wäre[256].

Bei weiteren Besitztiteln, die die Herren von Erbach in Handschuhsheim und Neuenheim inne hatten, handelte es sich in der Regel um kleinere Weinberge bzw. -gülten, die meist an Vasallen aus der näheren Umgebung verliehen waren[257].

Offenbar haben diese Rechte und Einkünfte für die Herren von Erbach im Laufe des 14. und 15. Jahrhunderts an Bedeutung verloren, so daß sie zum Teil an die Pfalzgrafen veräußert wurden bzw. als Tauschobjekt dienten, um beispielsweise Rechte Dritter, die diese mitten in der Herrschaft Erbach hatten, abzulösen, um so auch eine Herrschaftskonsolidierung im Inneren zu erreichen[258].

### 4.3.5 Besitzungen im Bauland sowie zwischen Jagst und Kocher

Als Schenk Johannes I. 1280 im Streit mit dem Kloster Amorbach lag und darauf hin dem Mainzer Bann anheimfiel, erfahren wir von erbachischem Besitz in der Gegend von Buchen. Denn Johann konnte sich vom Kirchenbann loskaufen, indem er die Einkünfte seiner Güter in Neudorf bei Buchen an das Kloster versetzte, bis seine Schuld getilgt war[259]. In diesem Zusammenhang hören wir erstmals von diesem erbachischen Besitz im östlichen Odenwald bzw. Bauland. Wie er an die Herren von Erbach gekommen ist, entzieht sich unserer Kenntnis[260]. Womöglich hatten diese Rechte allodialen Charakter gehabt, da sie Schenk Johannes als Pfand einsetzen konnte, ohne daß eine Konsenserklärung eines Lehensherrn bekannt geworden wäre; sie lagen dann vermutlich schon länger in der Hand der Schenken.

[255] Vgl. HILDEBRANDT, Mittelalterliche Urkunden, S. 47 (HE 37). Die Diskussion um die Entstehungsumstände dieser Urkunde sowie um die Identifizierung der Person des „Gerhard von Hohenhart" kann hier nicht erneut aufgerollt werden; s. dazu oben Kapitel 1.3.

[256] Vgl. Brief Dr. L. H. Hildebrandts, Wiesloch, vom 10. Mai 2004.

[257] So hatten die Handschuhsheim im 15. und 16. Jahrhundert diese Güter und Einkünfte in Neuenheim und Handschuhsheim zu Lehen (vgl. SIMON, Erbach, S. 255).

[258] Vgl. beispielhaft die oben erwähnte Besitztransaktion zwischen den Herren von Erbach und dem Kloster Schönau 1419. Solche Konsolidierungen zogen sich bis in das beginnende 16. Jahrhundert hinein hin, wie das Beispiel Hetzbach zeigt, das erst 1509 im Tausch gegen die Dörfer Siedelsbrunn, Affolterbach, Laudenweschnitz, den erbachischen Anteil an Scharbach und den Zehnten in Hammelbach von der Pfalzgrafschaft an Erbach gelangte (vgl. zusammenfassend SIMON, Erbach, S. 104). – S. dazu auch oben Kapitel 4.2.3.

[259] Zu den Geschehnissen s. oben S. 76f.

[260] BECHER, Familienhändel, S. 45, vermutet, daß die Besitzrechte vielleicht durch eine frühe Heirat eines Mitglieds der Schenkenfamilie mit den von Eicholzheim an die Familie gelangt seien. Doch dafür gibt es keine Belege; es ist freilich richtig, daß frühzeitig Beziehungen zwischen beiden Adelsfamilien bestanden, weil die Eicholzheim bereits im 13. Jahrhundert zu den erbachischen Lehensleuten zählten.

1271 wurde die Wildenburg von den Herren von Dürn zusammen mit den Dörfern Kirchzell, Buch, Preunschen, Durnbach, Mörschenhart, Schlossau und Mudau an Mainz verkauft[261]. Ausgenommen von diesem Verkauf war offenbar die Zenthoheit im Mudauer Distrikt. Denn diese wurde am 18. Juli 1310 Schenk Eberhard IV. aus der Michelstädter Linie durch den Würzburger Bischof Hermann II. lehensweise übertragen (*in foedum contulimus*)[262]. Die Belehnung umfaßte neben der Mudauer Zent auch das Dorf Limbach samt Zent[263]. Bereits 1318 kaufte allerdings Konrad Rüdt, der Mainzer Offizial, im Namen des Mainzer Erzbischofs Peter von Aspelt Schenk Eberhard VII., dem Sohn Eberhards IV., seine dortigen Besitzrechte ab. Hier wird auch der eigentliche Umfang dieses Besitzes erstmals deutlich. Als Kaufobjekte werden erwähnt: die Dörfer Limbach, Scheringen, Scheidental, erbachische Besitzungen in Reichenbuch sowie die *Mudagercente*[264]. Dieser Verkauf brachte aber anscheinend keine letzte Klarheit über die Besitz- und Zentverhältnisse, da die Schenken von Erbach aus der Michelstädter Linie nochmals 1336 und 1347 durch die Würzburger Bischöfe mit der Zent belehnt wurden. Erst in der zweiten Hälfte des 14. Jahrhunderts konnte sich Mainz als Zentherr gegen die weiterhin von Würzburg behaupteten Ansprüche hier durchsetzen[265]. Das heißt: Seit der zweiten Hälfte des 14. Jahrhunderts traten die Schenken in der Mudauer Zent kaum noch in Erscheinung. Der erbachische Ausgriff nach Südosten konnte sich so auf Dauer nicht durchsetzen. Dennoch scheinen sich gewisse Ansprüche der Herren von Erbach gehalten zu haben. Denn als Hans der Ältere vom Habern und sein Bruder Henne 1412 ihre Rechte an ganz Mülben und dem halben Dorf Robern für 400 Gulden an die Brüder Hans und Eberhard von Hirschhorn verkauften, mußten die Schenken Eberhard X. und Konrad VII. aus der Erbacher Linie als ihre „lieben Herrn und Jungherrn“ diesem Verkauf ausdrücklich zustimmen[266]. Dies deutet darauf hin, daß die zum Verkauf stehenden Rechte von Erbach rührende Lehen waren, die die Habern erhalten hatten. Dies wiederum zeigt, daß die Herren von Erbach auch noch zu Beginn des 15. Jahrhunderts Besitz im

[261] Vgl. CHRIST, Erzstift und Territorium, S. 148f.
[262] Vgl. SIMON, Erbach, UB Nr. 13, S. 14f.
[263] Darüber hinaus muß das Reich in Limbach auch Rechte besessen haben. Denn 1315 wurden Schenk Eberhard VII., dem Sohn Schenk Eberhards IV., und seinem Vetter Konrad aus der Erbacher Linie wegen ihrer Unterstützung Ludwigs des Bayern bei der Königswahl die Einkünfte und Steuern des Reichs in Limbach und Sinsheim zugesprochen; s. oben Kapitel 1.4.3.
[264] REM I, Nr. 1964; vgl. auch CHRIST, Erzstift und Territorium, S. 149.
[265] Vgl. dazu CHRIST, ebd.; SIMON, Erbach, UB Nr. 29, S. 30f, zu 1336: *daz fuͤr vns ist kommen der Edel man Eberhart Schenke von Erpach der iünger* [...] *vnd bat vns, wann er vnd sin Eltern die Cent vnd daz geriht ze Mu̍dach vns swaz dar zu̍ gehoͤrt* [...] *von vnserm Styft ze lehen bis her gehabt vnd braht haben, daz wir im die geru̍hten vnd welten verlihen. [...] vnd haben im die vorgeschribenn Cent vnd gerihte vnd swas darzu̍ gehoͤrt, gelihen* [...]; HOFFMANN, Lehenbuch Hohenlohe, Nr. 546, zu 1347: *Item Johannes Pincerna de Erpach recepit centam in Muta cum pertinenciis suis universis ac iuribus.*
[266] Vgl. MARTIN, Habern, Nr. 43, S. 30.

Bauland hatten und ihre Zustimmung zur Veräußerung, wenn auch nur pro forma, so doch eingeholt werden mußte[267].

Über diese Besitzrechte im östlichen Odenwald um Mudau bzw. Buchen hinaus lassen sich Güter und Einkünfte der Herren von Erbach auch bei Gundelsheim, an der Jagstmündung und südostwärtig von Heilbronn nachweisen. Vor 1330 ist im Kanonissenstift Oberstenfeld eine Irmtrud von Erbach belegt[268]. Diese hat als Zuwendung bei ihrem Eintritt in das Stift einen Weinberg „am Forst" geschenkt, der nordwestlich des Klosters lag. Dieser Weinberg schien Erbacher Allod gewesen zu sein, weil keine Zustimmung eines Lehensherrn zu der Schenkung erfolgte[269]. Wäre dies tatsächlich der Fall, so bliebe zu fragen, wie die Herren von Erbach in den Besitz des Weingartens gekommen waren. Hier bietet sich eine Verschwägerung mit den in nächster Umgebung ansässigen Weinsbergern an, durch die in Form der Mitgift möglicherweise Güter an die Schenken gelangt waren. Vermutlich war die Tochter Konrads von Weinsberg, Jutta, mit Schenk Eberhard († 1312) verheiratet[270]. Sein Onkel, Schenk Konrad, der Begründer der Erbacher Hauptlinie, war ebenfalls mit einer Weinsbergerin verheiratet[271]. Irmtrud könnte der Zeitstellung nach vielleicht eine Tochter Eberhards und der Jutta von Weinsberg gewesen sein.

1427 reversierte Hans vom Habern für Wilhelm von Wittstatt den Empfang der Lehen, die dieser von Schenk Konrad IX. († 1464) erhalten hatte. Es handelte sich dabei um ein Drittel der Vogtei von Bachenau bei Gundelsheim am Neckar und von Jagstfeld sowie dortige Einkünfte[272]. Die Herkunft dieser erbachischen Besitztitel können wir nur vermuten. Einiges spricht freilich dafür,

[267] Ob freilich das Lehen Zittenfelden, zwischen Amorbach und Mudau gelegen, das Johann Philipp von Gemmingen am 26. Juli 1634 von Graf Ludwig zu Erbach erhalten hatte, aus den früheren erbachischen Besitzungen und Rechten herrührte, ist nicht wahrscheinlich (auf die Belehnung hat mich freundlicherweise Dr. K. Andermann, Blankenloch, aufmerksam gemacht). Es ist wohl vielmehr mit der Übertragung des Klosters Amorbach an die Grafen zu Erbach während des Dreißigjährigen Kriegs in Verbindung zu bringen. Im Oktober 1631 schenkte König Gustav Adolf von Schweden die Abtei den Grafen, und als „praefectus" wurde ein Herr von Gemmingen eingesetzt. Bereits am 19. Oktober 1634 verloren die Grafen zu Erbach das Kloster wieder, es wurde restituiert und erhielt von König Ferdinand einen Schutzbrief (vgl. GROPP, Historia, S. 25, Probatio Nr. 66). Zittenfelden war ein Ausbauort des Klosters, und Amorbach hatte dort bis zu seiner Auflösung 1803 die Dorf- und Gemeindeherrschaft inne sowie auch die Zehntrechte (vgl. MATZAT, Rodungssiedlungen, S. 58; STÖRMER, Miltenberg, S. 30f, 36-46; SCHÄFER, Zehntrechte, S. 63-71; CHRIST, Staatlichkeit, S. 405-422).

[268] Diese Irmtrud von Erbach ist nur durch einen Eintrag in dem 1228 entstandenen Oberstenfelder Nekrolog belegt. Dort heißt es zum 26. April: „Es starb Irmendrut Chorfrau von Ertbach, die gab uns 3 Pfund Heller und einen Weingarten am Forst" (MARTIN, Habern, S. 94). Da sie zusammen mit Jutta von Frankenstein und Ite von Lindenfels genannt ist, dürfen wir wohl von einer Zuweisung zu den Schenken von Erbach ausgehen.

[269] MARTIN, Habern, S. 94f.

[270] Vgl. Stammtafel Erbach im Anhang.

[271] S. unten Kapitel 5.3.

[272] Vgl. SIMON, Erbach, UB Nr. 215, S. 212f.

daß auch hier an eine Verschwägerung mit den Herren von Weinsberg zu denken ist[273]: Eine Tochter Konrads IV. von Erbach war um 1335 mit Engelhard VII. von Weinsberg verheiratet; Maragreta, eine Tochter Schenk Eberhards VIII. heiratete um 1350 Konrad VI. von Weinsberg gen. von Breuberg. Hier wäre an einen Besitzwechsel in Form einer Mitgift zu denken. Daß diese Rechte zuvor in den Händen der Weinsberger lagen, wird dadurch deutlich, daß 1375 die Zustimmung Engelhards von Weinsberg nötig war, als Agnes von Minneberg ihre Bachenauer Lehen an Hermann von Wittstatt verkaufte, bzw. daß derselbe Hermann 1376 ein Drittel der Vogtei zu Jagstfeld von Konrad von Weinsberg erworben hat. Jedoch scheinen die Herren von Erbach noch im 15. Jahrhundert diese Besitzrechte verloren oder aufgegeben zu haben. Denn 1501 finden wir den Deutschen Orden in Bachenau begütert[274].

Am 12. Juli 1334 bezeichnete Bischof Hermann II. von Würzburg den Schenken Konrad IV. als seinen Amtmann auf den Burgen *Wylre* und *V°ethenheym*[275]. Bei *Wylre* dürfte es sich um die Burg Weiler bei Weinsberg handeln[276]. Ob es sich bei *V°etenheym* tatsächlich um Oedheim im Landkreis Heilbronn handelte, läßt sich aufgrund der geographisch benachbarten Lage der beiden Burgen nur vermuten[277]. Aber auch die Benennung des Grafen Konrad von Löwenstein im Zusammenhang mit der Verpfändung der Burgen würde die Nähe zu Heilbronn und Weinsberg wahrscheinlich machen[278]. Darüber hinaus benannte sich ein Zweig der Herren von Weiler nach Oedheim[279], was die Zuordnung „Oedheim“ stützen würde.

Offenbar planten die Herren von Erbach zunächst auch in dem Gebiet zwischen Gundelsheim und Heilbronn bishin nach Oberstenfeld eine Verdichtung ihrer dort verhandenen versprengten Besitztitel; doch scheinen sie dieses Vorhaben im Verlauf des 15. Jahrhunderts aufgegeben zu haben und konzentrierten sich in der Folge auf den Ausbau der Landesherrschaft in den Kerngebieten ihres Territoriums.

[273] S. Stammtafel Erbach im Anhang.

[274] Vgl. MARTIN, Habern, S. 91.

[275] Vgl. MON. BOICA 39, Nr. 249, S. 530-533.

[276] Vgl. Baden-Württemberg IV, S. 134: Der Ort war bis 1480 Filial von Sülzbach, dessen Kirchensatz von Würzburg zu Lehenging; MARTIN, Habern, S. 93 (Anm. 82).

[277] Vgl. dazu Baden-Württemberg IV, S. 48f. – Ob sich freilich die Burg Udenheim (heute Philippsburg) dahinter verbirgt, muß offen bleiben. Die Urkunde enthält zwar einen schwer nachvollziehbaren Hinweis darauf, daß *man sal sie* [Burg V°etenheym] *wider antwerthen ledig vnde los deme styfte zů Spire mit den andern vesten vnde guden* (MON. BOICA 39, Nr. 249, S. 531), was eine Zugehörigkeit zum Hochstift Speyer nahe legen würde. Dann ergäbe sich jedoch die Frage, wie 1334 ein Würzburger Bischof über eine Burg verfügen konnte, die 1316 von Bischof Emicho von Speyer gekauft worden war (vgl. dazu Baden-Württemberg V, S. 54f und 116f).

[278] Vgl. MON. BOICA 39, Nr. 249, S. 530.

[279] Vgl. ALBERTI, Wappenbuch, S. 566.

### 4.3.6 Weiterer erbachischer Streubesitz

Neben diesen genannten Besitztiteln gab es eine ganze Reihe von erbachischen Gütern während des Mittelalters, die eher unter den Begriff „Streubesitz" zu fassen sind. Sie konnten wegen ihrer geographischen Lage weit entfernt von den erbachischen Stammlanden kaum mit diesen verbunden werden, so daß sie auf Dauer für die Herren von Erbach an Attraktivität verloren und über kurz oder lang zu Gunsten einer Herrschaftskonsolidierung im Innern vernachlässigt wurden. Der Vollständigkeit halber seien sie hier dennoch aufgeführt, da sie bisher noch nicht im Zusammenhang genannt worden sind.

Es handelt sich dabei um ein Burglehen in Homburg am Main, das als Würzburger Lehen bei der Hauptlinie zu Erbach lag und aus 3 Fudern Wein bestand. 1384 ist es erstmals nachgewiesen für die Schenken Konrad VII. und Eberhard X.[280]. In aller Regel wurde der Wein jedoch in Geld vergütet, und die Schenken erhielten meist 100 Gulden für das Fuder. Dabei waren die Würzburger Bischöfe allerdings recht säumige Zahler, so daß Schenk Erasmus einen Prozeß anstrengte, um zu seinem Recht zu kommen. 1486 erging ein für den Schenken positives Urteil; doch nach seinem Tod 1503 zog das Bistum Würzburg das Lehen ein.

Das Mainzer Lehen Mönchberg im Spessart war nur vorübergehend im Besitz der Schenken von Erbach[281]. Die kleine Herrschaft, die neben Mönchberg auch Streit sowie Ober- und Unterschippach umfaßte, war nur in der Regierungszeit Schenk Konrads IV. erbachisch. 1345 verpfändete Erzbischof Heinrich Burg und Dorf Mönchberg, Ober- und Unterschippach und Streit, den Hof zu Groß-Wallstadt, den zu Klein-Wallstadt, den zu Elsenfeld sowie eine Korngülte von 7 Malter jährlich in Rück für 1764 Pfund und 5 Schilling Heller, weil er seinen Zahlungen für die von Konrad geleisteten Dienste auf der Starkenburg nicht nachkommen konnte[282]. Der Rückkauf dieser Pfandschaft muß allerdings vor dem 28. Oktober 1357 erfolgt sein, weil an diesem Tag Erzbischof Gerlach die Herrschaft Mönchberg mit den genannten Gütern an die Rüdt von Collenberg pfandweise verkaufte[283]. Wahrscheinlich erfolgte die Auslösung nicht lange zuvor, denn der Urkundentext verweist noch auf Schenk Konrad als den Vorbesitzer, und die Urkunde von 1345 trägt als Dorsualnotiz den Vermerk, daß Erzbischof Gerlach Mönchberg wieder losgekauft habe.

Ein weitaus umfangreicherer Besitz, den die Herren von Erbach allerdings auch bald nach dem Erwerb weiter veräußerten, war die Herrschaft Lindenberg in der Pfalz zwischen Neustadt und Bad Dürkheim. Das speyerische Lehen war offenbar durch die Verschwägerung mit der Familie der Herren von Bruck im zweiten Viertel des 14. Jahrhunderts an die Schenkenfamilie gelangt. Doch schon 1353 verkaufte Schenk Konrad V. die gesamte Herrschaft mit allen Rechten und Vasallen an seinen Schwager Engelhard I. von Hirschhorn für 4000

[280] Vgl. SIMON, Erbach, S. 246, UB Nr. 109, S. 247f.
[281] Vgl. CHRIST, Erzstift und Territorium, S. 100f; s. ausführlich oben S. 116f, Kapitel 1.5.2.
[282] Vgl. REM I, Nr. 5361 (13. Oktober 1345).
[283] Vgl. REM II, Nr. 910.

Goldgulden[284]. Warum Schenk Konrad noch zu Lebzeiten seines Vaters, Schenk Konrad IV. († 1363), die Herrschaft verkaufte, wird nicht recht ersichtlich; möglicherweise spielte hier die geographische Distanz zum erbachischen Kerngebiet eine nicht zu unterschätzenden Rolle.

Im Zuge der Übertragung von Teilen der Herrschaft Bickenbach an Schenk Konrad IV. bzw. seinen Sohn Eberhard VIII. erfahren wir zweimal von einer Belehnung Erbachs in Guntersblum. Am 15. November 1353 reversierte Konrad IV. den Empfang der Hälfte der kölnischen Lehen in Guntersblum, mit denen Konrad auf Bitten Konrads von Bickenbach ausgestattet worden war[285]. Diese Übertragung gehört sicher in das Umfeld der Heirat Schenk Eberhards VIII. mit Elisabeth von Katzenelnbogen, deren Mutter eine Bickenbacherin war, wodurch Elisabeth Ansprüche auf Teile der Herrschaft Bickenbach erwachsen waren. Wie aus der Urkunde hervorgeht, stellte diese Hälfte jetzt ein eigenes Lehen dar, wodurch Schenk Konrad IV. und seine Erben der kölnischen Kirche als Vasallen verbunden blieben. Den zweiten Hinweis auf die Belehnung mit einem Hof in Guntersblum ordnet der Herausgeber der Regesten der Erzbischöfe von Köln in die Zeit zwischen 1364 und 1366 ein. In diesen Jahren soll Erzbischof Engelbert von der Mark Schenk Konrad IV. das Lehen übertragen haben[286]. Dabei stehen wir jedoch vor der Schwierigkeit, daß Konrad bereits am 3. Juni 1363 gestorben war, so daß die Belehnung eigentlich nur an seinen Sohn Eberhard VIII. erfolgt sein konnte. Vielleicht sind aber die schwierigen Verhältnisse um die Besetzung des Erzstuhls Köln dieser Jahre in Rechnung zu stellen, so daß der Tod Schenk Konrads, der in die Zeit der Sedisvakanz fiel, zunächst nicht zur Kenntnis genommen worden war.

### 4.4 Zusammenfassung

Es ist festzuhalten, daß Erbach bereits im 13. Jahrhundert verschiedene Besitzschwerpunkte hatte, die sich bis zur Lehensnahme durch Pfalzgraf Rudolf I. 1307 und 1311 auf folgende Regionen verteilten: (1) Das Kerngebiet der Herrschaft im hinteren Odenwald um Erbach-Michelstadt, Beerfelden und den Reichenberg; (2) verschiedene Besitzungen an der nördlichen Bergstraße und im nördlichen Odenwaldvorland (Schönberg, Bickenbach und Jossa); (3) am Unterlauf des Neckars um Heidelberg herum zeigt sich eine Anhäufung erbachischer

[284] Vgl. SIMON, Erbach, S. 296, UB Nr. 55f, S. 58f; LOHMANN, Hirschhorn, S. 56, 282-295, zeigt den umfangreichen Bestand der Herrschaft Lindenberg. – Dieser Verkauf provozierte einen Streit mit dem Bischof von Speyer, der als Lehensherr nicht nach seiner Einwilligung gefragt worden war und sich folglich übergangen fühlte. Diese Auseinandersetzung schien aber bald wieder beigelegt worden zu sein, denn in der Folge hören wir davon nichts mehr.

[285] Vgl. REK 6, Nr. 445. – Der offenbar zeitgenössische Rückvermerk auf der Urkunde lautet bezeichnenderweise: *Litera fidelitatis d*(omini?) *Conradi pincerne de Erbach senioris militis*.

[286] Vgl. REK 7, Nr. 555.

Güter; (4) im östlichen Odenwald bzw. im Bauland um Mudau und Buchen findet sich eine Besitzhäufung sowie (5) in einiger Entfernung davon auch am mittleren Neckar nordwestlich und südostwärtig von Heilbronn.
Seit dem dritten Jahrzehnt des 14. Jahrhunderts können wir eine Umorientierung der erbachischen Territorialpolitik feststellen: Entgegen den Tendenzen des 13. und beginnenden 14. Jahrhunderts wendeten sich die Herren von Erbach seither verstärkt der Erweiterung ihrer Herrschaft nach Nordwesten bzw. Nordosten zu, wobei offenbar die schon im 13. Jahrhundert erlangten Besitztitel an der Bergstraße und im Odenwaldvorland die Basis boten. Hier versuchten die Schenken sowohl über den Erwerb der Herrschaft Bickenbach nach Westen in die Rheinebene auszugreifen wie auch durch den Erwerb der Herrschaft Breuberg nach Osten an den Main zu gelangen. Darüber hinaus konzentrierten sie sich vor allem unter der Regierung der Schenken Konrad IV., Eberhard VIII. und Eberhard X. aus der alten Erbacher Hauptlinie auf den Herrschaftsausbau im Inneren; im selben Zeitraum verstärkten sie ihre Anstrengungen, die Herrschaft Erbach auch administrativ zu durchdringen[287]. Dieser Politikwechsel hängt vermutlich damit zusammen, daß die Herren von Erbach seit der Lehennahme durch Pfalzgraf Rudolf in ihrem weiteren Ausgreifen nach Süden bzw. Südosten massiv zurückgedrängt worden waren und sich nun auf die vermeintlich schwächeren Herrschaften Bickenbach, Breuberg und Rodenstein konzentrierten, also auf drei Herrschaften, die im Laufe des 14. Jahrhunderts immer weiter in die Abhängigkeiten der benachbarten Fürsten gerieten bzw. deren Inhaber ausstarben, so daß sie als leichte „Verfügungsmasse“ erschienen. Doch die Herren von Erbach waren verständlicherweise nicht die einzigen, die sich von der Schwäche dieser Herrschaften Profit versprachen, so daß auch hier weiteres Konfliktpotential vorhanden war, wie wir gesehen haben.

[287] S. dazu die Kapitel 4.2 und 5.2.

# 5 Die Beziehungsfelder der Herren von Erbach

Die Untersuchung der verschiedenen Verbindungen und Abhängigkeiten der Herren von Erbach gibt uns einen Einblick in ein über die Jahrhunderte hinweg entstandenes, zum Teil aber erheblichen Veränderungen unterworfenes Geflecht von Loyalitätsverpflichtungen und Beziehungen, das das Verhalten der Familie im politischen und sozialen Bereich in starkem Maße beeinflussen konnte und mußte. Die Eingebundenheit der Schenkenfamilie in dieses Beziehungssystem soll an drei für die Familie prägnanten und aussagekräftigen Bereichen gezeigt werden. Dabei soll zunächst (1) die Verbindung zum Königtum betrachtet werden, die über die eigene Herrschaft hinaus auf die Reichsebene verweist. Zum anderen werden (2) der erbachische Lehensverband und (3) das erbachische Konnubium analysiert. Anhand der Beziehungsgeflechte, wie sie aus den Punkten (2) und (3) entstehen, können wir die Verbindungen und Abhängigkeiten zum umliegenden Ritteradel sowie zu den umliegenden Grafen- und Herrenfamilien aufzeigen[1].

## 5.1 „Unser[e] und des Reichs liebe Getreue" – Die Beziehungen zum Königtum

In den vorausgegangenen Kapiteln wurden auch immer wieder die Verbindungen Erbachs zum König bzw. Kaiser zur Sprache gebracht. Da sie aber einen wichtigen Faktor in der Politik der Herren von Erbach darstellten, sollen sie an dieser Stelle noch einmal zusammengefaßt dargeboten werden. Denn die Orientierung der mindermächtigen Reichsstände auf das Königtum bedeutete für sie quasi eine Überlebensstrategie gegenüber den reichsfürstlichen Hegemonialbestrebungen[2]. Im Falle der Herrschaft Erbach waren dies, wie wir gesehen haben, im wesentlichen Eingriffe durch die Pfalzgrafschaft und durch das Erzstift Mainz, wobei es den Mainzer Erzbischöfen nicht gelungen ist, auf Dauer Fuß zu fassen[3]. Im Gegensatz dazu konnten die Pfalzgrafen zu Beginn des 14. Jahrhunderts die Herrschaft Erbach machtpolitisch ihrem Herrschaftssystem eingliedern. Listen wir zunächst einmal die Kontakte der Schenken von Erbach zum Königtum skizzenhaft und summarisch auf:

[1] Die Beziehungen zu den benachbarten Fürstentümern Mainz und Pfalzgrafschaft werden hier nicht mehr eigens betrachtet, weil dies eingebunden in die politisch-strukturelle Betrachtung der Schenkenfamilie bereits erfolgt ist (s. Kapitel 1).

[2] Vgl. dazu allgemein SPIEß, Grafen und Herren.

[3] Das hatte seine Ursache nicht zuletzt in den Schismen und Stiftsfehden, die das Erzbistum immer wieder betrafen (vgl. HEINIG, Spätmittelalter).

| | |
|---|---|
| 1223 | der verstorbene Schenk Gerhard von Erbach wird als königlicher Schenk bezeichnet[4]. |
| 1314/15 | Die Schenken Eberhard und Konrad IV. unterstützten Ludwig den Bayern bei der Erlangung der Königswürde[5]. |
| 1328 | Schenk Konrad IV. erhielt von Kaiser Ludwig dem Bayern wegen seiner dem Kaiser geleisteten Dienste die Erlaubnis, Beerfelden zur Stadt zu erheben. |
| 1349 | Die Schenken von Erbach unterstützten Karl IV. im Kampf gegen Günther von Schwarzburg[6]. |
| seit 1347 | Schenk Konrad IV. ist Hauptmann des Rheinischen Landfriedens Die Schenken Konrad VII. und Eberhard X. werden als „Aufseher, Beschützer und Landvögte“ der von Kaiser Karl IV. und König Wenzel errichteten Landfrieden genannt[7]. |
| 1400-1410 | Vor allem Schenk Eberhard X. findet sich mehrfach mit verschiedenen Aufgaben betraut am Hof König Ruprechts. |

Die Beziehungen zur staufischen Herrscherfamilie sollen hier nicht mehr in extenso entfaltet werden; sie sind in Kapitel 1.2 und 1.3 ausführlich dargestellt: Seit der Übertragung der rheinischen Pfalzgrafschaft in der Mitte des 12. Jahrhunderts an Konrad von Staufen durch seinen Bruder Friedrich Barbarossa bestanden Beziehungen zu den Staufern, die allmählich intensiviert wurden und schließlich die Übertragung des Schenkenamts König Heinrichs (VII.) an die Herren von Erbach zur Folge hatten. In diesem Amt verblieben die Erbacher möglicherweise bis zum Ende Heinrichs (VII.).

Als in den Jahren des Interregnums die Stütze des Königtums weggebrochen war, suchten viele ehemalige Reichsministeriale Anschluß an benachbarte Reichsfürsten, die ihrerseits bestrebt waren, diese Reichsministeriale in ihren eigenen Klientelverband einzubinden. Eine solche Entwicklung stellen wir auch im Falle der Schenken von Erbach fest. Sie orientierten sich seit der zweiten Hälfte des 13. Jahrhunderts vor allem auf die zusehends erstarkende wittelsbachische Pfalzgrafschaft, versuchten freilich gleichermaßen eine eigene, unabhängige Herrschaft zu etablieren.

Nach dieser Phase, in der kaum Kontakte zum König(-tum) überliefert sind, ergab sich aus der Beziehung zur wittelsbachischen Pfalzgrafschaft bei Rhein schließlich auch die erneute Nähe zum Reichsoberhaupt. Bei der zwiespältigen Wahl 1314 unterstützten die Schenken Eberhard (VII. aus der Michelstädter Linie?) und Konrad IV. aus der Erbacher Hauptlinie den Kandidaten der luxemburgischen Partei, den Wittelsbacherherzog Ludwig[8]. Für ihre geleisteten Dienste erhielten sie am 29. Januar 1315 3000 Pfund Heller, die ihnen der König auf

[4] Vgl. KLEBERGER, Territorialgeschichte, S. 177.
[5] Vgl. SIMON, Erbach, S. 300, UB Nr. 17f, S. 18f.
[6] Vgl. EBD., Nr. 51, S. 54f.
[7] Vgl. Deduktion 1754, § 7, Nrr. 6, 7.
[8] Zu den Hintergründen s. oben Kapitel 1.4.3.

die Reichseinkünfte in Sinsheim und Limbach verschrieb[9]. Mit der gleichen Urkunde übertrug Ludwig IV. auch offiziell die Verwaltung dieser Orte an die Schenken, die dann so lange im Besitz der beiden Orte blieben, bis die besagte Schuld von 3000 Pfund Heller ausgeglichen war.

In der Folgezeit intensivierte sich die Verbindung der Schenken von Erbach zu Ludwig dem Bayern mehr und mehr. Wie aus verschiedenen Urkunden hervorgeht[10], war offenbar Schenk Konrad IV. für längere Zeit in königlichen Diensten und begleitete Ludwig anscheinend auch auf seinem Romzug zur Kaiserkrönung. Denn wenige Tage nach der Kaiserkrönung stellte am 25. Juni 1328 Ludwig der Bayer eine Urkunde für Schenk Konrad in Rom aus, mit der er Konrad gestattete, das Dorf Beerfelden mit den Rechten auszustatten, wie sie auch der königlichen Stadt Eberbach (*oppido regali Eberbach*) zustehen[11]. Der Kaiser zeigte sich mit dieser Stadtrechtsprivilegierung für die ihm geleistete Unterstützung in den Kriegen um das Königtum gegen König Friedrich von Österreich erkenntlich. Aber auch in den Jahren nach der Kaiserkrönung Ludwigs brach die Verbindung nicht ab.

Für Ludwig war Konrad ein geschätzter Partner, vor allem dann, wenn es darum ging, für die Einhaltung der verkündeten Landfrieden zu sorgen[12]. Als der Kaiser am 30. November 1334 einen Landfrieden am Rhein aufrichtete, setzte er den Schenken als Obmann des Schiedsgerichts („Siebenergerichts") ein[13]. Auch für den wenige Jahre später geschlossenen Landfrieden benannte Ludwig den Schenken am 29. November 1339 als den *gemeine Man* des Schiedsgerichts[14].

Daß die Familie der Herren von Erbach in der Regierungszeit Kaiser Ludwigs offenbar enger an das Königtum gebunden war als später unter den beiden luxemburgischen Herrschern Karl IV. und Wenzel, wird des weiteren auch in der Unterstützung des Wormser Bischofs Gerlach von Erbach deutlich. Mit der Unterstützung der Stadt, großer Teile des Klerus und vor allem mit Hilfe des Kaisers setzte sich Gerlach 1329 gegen den von Papst Johannes XXII. favorisierten Gegenkandidaten Salman Klemann aus Mainz zunächst durch[15]. Während seiner kurzen Amtszeit konnte sich Gerlach immer auch des kaiserlichen Rückhalts gewiß sein, so daß hier ein doppeltes Band zur Schenkenfamilie geknüpft war: Bischof Gerlach und sein Bruder, Schenk Konrad IV., standen in der Gunst des Kaisers.

[9] Vgl. SIMON, Erbach, UB Nr. 17, S. 16.

[10] Vgl. EBD., S. 292f.

[11] Vgl. SCHNEIDER, Erbach, UB Nr. 14.5, S. 63f.

[12] Vgl. SIMON, ebd., S. 292.

[13] Druck der Urkunde in UB Straßburg 5, Nr. 37, S. 49-55, v.a. S. 50, Z. 26f (weitere Druckorte bei REM I, Nr. 3399 angegeben); Zusammenfassung des Textes bei RUSER, Urkunden und Akten 1, Nr. 328, S. 269-372 (hier: Artikel 6f).

[14] Druck der Urkunde in SCHAAB, Rheinischer Städtebund 2, Nr. 107, S. 144-155, v.a. S. 147; zusammenfassend, RUSER, Urkunden und Akten 1, Nr. 342, S. 278-280 (hier: Artikel 6).

[15] Vgl. zu seiner Person KEILMANN, Gerlach, S. 872f; auch STEIGER, Grablegen, Nr. 7. Auf die schwierige Wahl und den Schaden, der daraus für das Bistum Worms entstand, brauchen wir hier nicht näher einzugehen; vgl. dazu KEILMANN, Bistum, S. 92-103.

Doch diese „Doppelverbindung" hatte keinen langen Bestand; denn schon am 18. Dezember 1332 ist der Bischof gestorben. Sein Bruder witterte offenbar ein Komplott gegen Gerlach von Seiten der Gegenpartei um Bischof Salman, da Konrad davon spricht, daß *er* [Salman] *im* [Gerlach] *moertlich gedoedet habe, daz er* [Konrad] *nimerme vergetzzen konne*[16]. Diese Anschuldigung weist der Mainzer Rat entrüstet zurück, er hätte *von* [...] *soelcher missdat nie gehoert*[17]. Für diese Vermutung Schenk Konrads sind freilich keine weiteren Indizien überliefert. Dennoch erhielt Schenk Konrad die Wormser Festung Stein an der Weschnitzmündung auf dem rechten Rheinufer auf Befehl und Mandat (*jussu & mandato*) des Kaisers sowie des Mainzer Erzbischofs zugesprochen[18], wodurch den Herren von Erbach ein Stützpunkt in der Rheinebene direkt am Fluß zugefallen war, den sie möglicherweise als Sprungbrett für weitere Expansionsbestrebungen zu nutzen trachteten.

Bei aller Unterstützung durch den Kaiser dürfen dessen Eigeninteressen nicht unbeachtet bleiben. Denn neben der römisch-deutschen Kaiserwürde war er auch als Reichsfürst seiner Hausmacht – nämlich dem Herzogtum Bayern und bis 1329 der rheinischen Pfalzgrafschaft – verpflichtet. Dies machte Ludwig auch stets deutlich. Als 1329 mit dem Hausvertrag von Pavia der seit dem ersten Jahrzehnt des 14. Jahrhunderts schwelende Streit um die Herrschaftsausübung in der Pfalz beigelegt wurde, trat Kaiser Ludwig der Bayer auch in seiner Funktion als Herzog von Bayern und Pfalzgraf auf. In der Passage des Vertragstexts, in der die Aufteilung der wittelsbachischen Lande geregelt wurde, ist die Burg Erbach und damit wohl auch die zugehörige Herrschaft eindeutig zu den *gůt, di zů der Pfalentz gehoerent und gehoeren sůln*[19], aufgeführt. Das heißt: Die Pfalzgrafschaft hielt an der Herrschaft Erbach als ihrem Eigentum fest, sah darin ein von der Pfalz rührendes Lehen und die Herren von Erbach als ihre Lehensleute, die damit fest in das pfalzgräfliche Herrschaftssystem eingebunden waren. Dieser Zustand wurde auch vom Kaiser nie angezweifelt.

Für die Regierungszeit der beiden nachfolgenden luxemburgischen Herrscher sind die Kontakte zum Königtum schwächer ausgeprägt, was möglicherweise einfach damit zusammenhing, daß die Luxemburger Dynastie als böhmische Königsdynastie allein schon räumlich-geographisch zu weit entfernt war, um eine dauerhafte Nahbeziehung aufzubauen; im Gegensatz zum Wittelsbacherkaiser, der als Pfalzgraf bei Rhein in unmittelbarer geographischer Nachbarschaft zu den Herren von Erbach angesiedelt war. Dennoch sind auch in dieser Zeit die Beziehungen zum Reich nicht abgerissen. So ist hier zunächst die Unterstützung Karls IV. in seinem Kampf gegen Günther von Schwarzburg zu nennen: am 11. Mai 1349 sagten die Schenken Eberhard VIII., Konrad VI. Rauch und Heinrich II. ihre Hilfe zu (*vns* [Karl IV.] *ze helfen mit zwelfen mit*

[16] UB Worms 2, Nr. 242, S. 169f.

[17] EBD.

[18] Vgl. SCHNEIDER, Historie Erbach, UB Nr. 13.4, S. 57. Nach dem Tode Ludwigs des Bayern mußten die Schenken die Festung offenbar wieder an das Bistum Worms abtreten.

[19] SCHAAB/LENZ, Ausgewählte Urkunden, Nr. 48, S. 69.

*helmen vnd mit echten in panczerin* [...] *lewt* [...] *wider Gunthern von Swarczburch)*[20]. Neben der Bereitstellung des Kontingentes sicherten die Herren von Erbach auch die Öffnung *ire Sloz ze vnserm Criege vnd ze allen vnsern vnd des Reichs noten* gegen alle zu, die den König und das Reich angreifen. Die Bestimmungen gingen sogar so weit, daß sich die Herren von Erbach verpflichteten, gegen *iren herren* Pfalzgraf Ruprecht I. vorzugehen, sollte sich dieser gegen Karl IV. erheben. Als Entschädigung für ihren Aufwand sicherte der König ihnen eine Zahlung von 2000 Pfund Heller in zwei Raten von je 1000 Pfund zu; sollte Karl die zweite Teilzahlung säumig bleiben, so *mugen sy vns darumb pfenden, wo si pfant an vns gewinnen mugen on allen iren schaden.* Des weiteren sagte er zu, daß er für die Versorgung der Leute aufkommen werde, die er im Verteidungsfalle zusätzlich zur erbachischen Besatzung *in ire Sloz* [der Herren von Erbach] *legen welde.*

1388 erhielt Schenk Eberhard ein Burglehen zu Oppenheim durch Pfalzgraf Ruprecht II., das zuvor Götz zum Jungen innehatte und das durch seinen Tod ledig geworden war[21]. Am 26. November 1395 ließ sich Schenk Eberhard diese Belehnung durch König Wenzel bestätigen[22]. Dies ist aus verschiedenen Gründen bemerkenswert: Zum einen übergeht die königliche Urkunde die Differenz von sieben Jahren und nennt das Lehen als *yetzund ledig worden.* Die Urkunde ist in Prag ausgestellt; das heißt, Schenk Eberhard hat offenbar in Prag selbst um die Bestätigung nachgesucht, nicht bloß anläßlich eines gelegentlichen Besuchs des Königs in den Rheinlanden, so daß dahinter möglicherweise ein politisches Motiv zu vermuten ist. Wenzel bestätigte ausdrücklich, daß *Schenk Eberhart vnd sine lehenserben das egenante Burklehen* [...] *von vns vnd dem Reiche haben* – es wird also eindeutig als Reichslehen charakterisiert. Damit stand Schenk Eberhard als Burgmann von Oppenheim im Dienste des Reichs, was umso mehr erstaunt, als daß Oppenheim seit 1375 an die Pfalzgrafschaft verpfändet war[23]. Die Urkunde Wenzels steht auch im Widerspruch zu einer Urkunde Karls IV. vom 31. Mai 1376 für die Pfalzgrafen Ruprecht I. und Ruprecht II.[24], in der der Kaiser den beiden Pfalzgrafen die Vergabe aller in den Pfandorten und -burgen anfallenden Lehen zusicherte. Die Lehensempfänger sollten dem Pfalzgrafen sowie dem Herrscher Treue schwören und dienen. Diesen Umstand versuchten die Pfalzgrafen zu nutzen, um in der Folgezeit vor allem die Reichsburglehen stellvertretend zu verleihen, die Lehenseide entgegenzunehmen und die Gerichtsbarkeit über diese Lehen an sich zu ziehen sowie die Burgmannschaften in ihrem Sinne zu prägen und personell umzustrukturieren[25]. Hinderlich waren dabei die besonderen Privilegierungen der Reichsburgmannen, wie wir sie auch für Oppenheim feststellen können, wo die Reichsburgmann-

[20] Vgl. SIMON, Erbach, UB Nr. 51, S. 54f; dort auch die folgenden Zitate.
[21] RPR I, Nr. 4800.
[22] Vgl. SIMON, Erbach, UB Nr. 138, S. 137f.
[23] Vgl. RPR I, Nr. 4090.
[24] Vgl. EBD., Nr. 4134; dazu auch RÖDEL, Oppenheim, S. 42f (mit Anm. 118).
[25] Vgl. RÖDEL, ebd., S. 43f; DERS., Reichspfandschaften, S. 92.

schaft dadurch eine recht eigenständige Gemeinschaft geworden war[26]. Offenbar versuchte Schenk Eberhard durch die Bitte um Bestätigung bei Wenzel, seine Privilegien als Reichsburgmann gegenüber der Pfalzgrafschaft zu behaupten. Doch ist es der Pfalzgrafschaft gelungen, sich die Reichsburglehen einzuverleiben und so ihren Herrschaftsanspruch auf die Besitzungen des Reichs auf Dauer durchzusetzen. An der allmählichen Durchdringung der betroffenen Reichsburgmannschaften durch den Pfälzer Lehenshof konnten so auch die später noch von König Wenzel vereinzelt vorgenommenen Vergaben von Reichsburglehen nichts mehr ändern. Letzten Endes bedeutete diese Entwicklung auch für Eberhard von Erbach eine Verstetigung der Anbindung an die Pfalzgrafschaft in einer Zeit als ein schwacher König Wenzel den Pfalzgrafen wenig entgegenzusetzen hatte[27].

Für die von Karl IV. und seinem Sohn verkündeten rheinischen Landfrieden sind wiederum die Schenken von Erbach als Vögte bzw. Hauptleute genannt. Nachdem Konrad IV. schon 1347 als Landfriedenshauptmann aufgetreten war, in dieser Funktion sogar ein eigenes Siegel führte[28], erschien er 1351 erneut als Obmann des Landfriedens am Rhein: *soll der Notveste strenge Ritter Conrad Schenck von Erbach der Elter ein gemein neundt Mann seyn*[29]. Am 5. Mai 1389 ist Schenk Eberhard X. als Obmann bzw. Landvogt des Landfriedens am Rhein belegt. Seine Mutter Elisabeth und sein Vetter Schenk Johannes II. haben am 14. September desselben Jahres diesen Landfrieden auch beschworen[30].

Nachdem im August 1400 Ruprecht III. von der Pfalz dem als König abgesetzten Wenzel nachgefolgt war, können wir erneut eine Intensivierung der erbachischen Kontakte zum Königtum beobachten. Der Ausbau der Beziehungen braucht freilich nicht zu verwundern. Denn mit dem Pfälzer Ruprecht war der unmittelbare Lehensherr der Schenken von Erbach auf den römisch-deutschen Thron gelangt, wodurch die bereits vor der Königserhebung bestandenen Kontakte und Verbindungen zur Pfalz eigentlich nur verlagert wurden. Der Inhaber des pfalzgräflichen Erbschenkenamts war geradezu prädestiniert, am königlichen Hof mit besonderen Aufgaben betraut zu werden. Noch im Jahr 1400 wurde Schenk Eberhard X. als Nachfolger des Grafen Philipp von Nassau Obmann und Hauptmann des Landfriedens am Rhein und in der Wetterau[31]. Er

[26] Vgl. dazu ausführlich RÖDEL, Oppenheim (v. a. S. 22-36).

[27] Die schwache Position Wenzels wird besonders deutlich in der seit 1396 drohenden Absetzung des Königs (vgl. exemplarisch GERLICH, Weg zum Königtum, S. 37-52).

[28] Vgl. POSSE, Siegel II (Taf. 61, Nr. 1); V, S. 125 (18): Kleines Siegel des Rheinischen Landfriedens mit der Umschrift *† S*[igillum] *PACIS GENERALIS AD CAVSAS*. Das Siegelbild zeigt den doppelköpfigen Adler belegt mit einem Brustschild, darauf das Erbacher Wappen.

[29] Vgl. SIMON, Erbach, S. 293; SCHAAB, Städtebund I, S. 257, II, Nr. 107; SCHNEIDER Historie Erbach, UB Nr. 49, S. 101-105 (Landfriedensurkunde, dort auch das Zitat).

[30] Vgl. RTA ä. R. 2, Nr. 73, S. 168, Nr. 86, S. 185-187; dort auch noch weitere Belege für Schenk Eberhard in der Funktion als Landvogt des Landfriedens.

[31] Vgl. RTA ä. R. 3, Nr. 12, S. 29.

erhielt dafür eine jährliche Besoldung von 1200 Gulden[32]. Im August 1401 huldigte er unter den Burgmannen und Bürgern von Oppenheim als erster Burgmann seinem König, nach Eberhard folgte Hans von Hirschhorn[33]. Offenbar hielt sich Eberhard während der ersten Regierungsjahre des Königs immer wieder in dessen unmittelbarer Nähe auf: am 23. Mai 1401 wurde der Schenk neben weiteren Räten und Beratern Ruprechts dazu bestimmt, für den geplanten Italienzug des Königs *hulfe und dienste*[34] einzuwerben. Die dazu nötigen Verhandlungen fanden dann auf dem Reichstag in Mainz im Juni und Juli 1401 statt. Auf demselben Reichstag wurden auch die Rechte und Freiheiten der Stadt Florenz bestätigt; wiederum war Schenk Eberhard bei diesen Verhandlungen anwesend. Er war Zeuge zusammen mit Engelhard von Weinsberg für die königliche Bestätigungsurkunde. Die beiden folgten in der Zeugenreihe direkt nach den Herzögen und Grafen, wobei sie als *spectabiles* [...] *barones*[35] bezeichnet werden.

Wenige Tage später werden die weiteren Vorkehrungen für den Italienzug Ruprechts getroffen. Unter anderem sind uns die Listen der Leibwachen für den König und die Königin überliefert[36]. In der ersten Fassung der königlichen Leibgarde sind neben Schenk Eberhard X. auch sein Sohn Eberhard XII. sowie sein Vetter Johannes II. genannt. In einem überarbeiteten Verzeichnis wurde nur noch Schenk Eberhard XII. erwähnt, der zur Leibwache des Königs gehören sollte. Sein zuvor genannter Vater wurde dann der Leibwache der Königin zugeteilt, wozu er noch drei weitere Leute beibringen mußte.

Für das erste Viertel des Jahres 1403 ist Eberhard X. von Erbach mehrfach als Richter am königlichen Hofgericht genannt. Als am 17. Januar 1403 die Stadt Rothenburg ob der Tauber um die Bestätigung ihrer königlichen und kaiserlichen Privilegien beim königlichen Hofgericht in Nürnberg nachsuchte, ernannte der Hofrichter Engelhard von Weinsberg unter anderen auch Eberhard von Erbach zu einem Richter[37]. Ein weiteres Verzeichnis der Spruchrichter vom 3. Februar, die zwischen Mainz, Hessen und Braunschweig urteilten, nennt an achter Stelle wiederum *Schenck Eberhard herre zu Erpach*[38].

Seit der Jahresmitte 1403 tauchte in den königlichen Urkunden und Schriftstücken, die Verhandlungen mit Mainz betrafen, neben Schenk Eberhard auch

[32] Vgl. LEHMANN, Chronica, pag. 853[a]; Speyer hatte davon einen Anteil von 180 Gulden zu zahlen. Für seine Aufgabe als Landfriedenshauptmann hatte Eberhard 1389 ebenfalls eine Bezahlung von jährlich 1200 Gulden erhalten (vgl. SCHWIND, Landvogtei, S. 255f).

[33] Vgl. RTA ä. R. 4, Nr. 227, S. 267.

[34] EBD., Nr. 345, S. 410.

[35] RTA ä. R. 4, Nr. 358, S. 433 (4. Juli 1401). Die beiden kommen noch mehrfach in den Zeugenlisten der königlichen Urkunden vor; so unter anderem in der Urkunde, mit der der König vier seiner Getreuen und Räte bevollmächtigte, mit Karl VI. von Frankreich in Verhandlungen wegen der Heirat seines Sohnes mit der französischen Prinzessin zu treten (Heidelberg, 5. August 1401).

[36] Vgl. RTA ä. R. 4, Nr. 385f, S. 457 bzw. 461 (um den 18. Juli 1401 niedergeschrieben).

[37] Vgl. RTA ä. R. 5, Nr. 332, S. 450.

[38] EBD., Nr. 338, S. 479.

immer wieder Schenk Konrad auf. Konrad war Domherr in Mainz und vertrat den Mainzer Erzbischof bei den Verhandlungen. Er ist mehrfach für die Zeit des Pfälzer Königtums belegt[39], später auch noch für die Anfangszeit König Sigismunds[40]. Es handelte sich dabei offenbar nicht um den Bruder Schenk Eberhards X., den Wormser Domcustos und späteren Mainzer Domherrn Konrad, da dieser entgegen den Angaben in den Stammtafeln noch in den 80er Jahren des 14. Jahrhunderts gestorben ist[41]. Der genannte Schenk Konrad ist vielmehr der Bruder Schenk Johannes' II. aus der Reichenberger Linie, der 1411/12 seine geistlichen Ämtern resignierte und heiratete, als sich abzeichnete, daß sein Bruder Johannes keine männlichen Nachkommen haben würde und so der Reichenberger Zweig auszusterben drohte[42]. Das heißt ganz offensichtlich, daß im Haus Erbach auch immer wieder Beziehungen zum Erzstift Mainz bestanden haben, was nicht unbedingt mit den allgemeinen Hausinteressen kollidieren mußte. Es wird aber einmal mehr deutlich, daß jedoch innerhalb eines Zweigs der Familie Einigkeit bezüglich der Beziehungen zu benachbarten Fürsten herrschte.

Doch kehren wir zu Schenk Eberhard X. und seinen Beziehungen zu König Ruprecht zurück. Diese reichten über die zuvor beschriebenen Aufgaben als Rat und Zeuge sowie seine Richter- oder Verhandlungstätigkeiten noch hinaus. Der stets an chronischem Geldmangel leidende König war immer auf finanzielle Hilfe angewiesen, die er meist in seinem direkten Umfeld bei den pfälzischen Räten und Klientelfamilien suchte. Mehrfach finden wir auch Schenk Eberhard, der dem König immer wieder erkleckliche Summen geliehen hatte. Meist trat er dabei zusammen mit Engelhard von Weinsberg auf. So liehen sie Ruprecht im November 1406 zweimal je 200 Gulden[43]. Doch schon zuvor war Eberhard mit 27 weiteren *reten und lieben getruwen*[44] für 17500 Gulden gut, die der König dringend für seinen zweiten Zug in die Lombardei benötigte. Als Sicherheit verschrieb Ruprecht ihnen am 21. Juni 1406 Burg und Stadt Kaub sowie den dortigen Rheinzoll.

Als nach dem Tod König Ruprechts 1410 dessen Nachfolger Sigismund gewählt werden sollte, machte dieser auch die seit dem Ende des 13. Jahrhunderts üblich gewordenen Wahlversprechungen. Sigismund sagte Pfalzgraf Ludwig III. für den Fall, daß er dessen Kurstimme erhalte, zu, „genannten und ungenannten Fürsten, Grafen, Herren, Rittern, Stiften und Klöstern – sofern sie ihn anerkennen – binnen Jahresfrist ihre Lehen und Privilegien als römischer König und einst als Kaiser zu bestätigen“[45]. Unter den namentlich aufgelisteten Herren-

[39] Vgl. EBD. 5, Nr. 373, S. 517; 6, Nr. 24, S. 55, Nr. 67, S. 98, Nr. 80, S. 115.
[40] Vgl. beispielhaft RTA ä. R. 7, Nr. 22, S. 35 (1. September 1410).
[41] Vgl. zu seinem Todesdatum STEIGER, Grablegen, Nr. 21. Die Europäischen Stammtafeln N.F. V, Taf. 2, und MÖLLER, Stamm-Tafeln N.F. 1, Taf. XIV, haben fälschlich 1427.
[42] S. unten Kapitel 5.3.
[43] Vgl. RTA ä. R. 6, Nr. 435, S. 766. Die beiden Zahlungen folgten am 4. und am 6. November im Abstand von nur zwei Tagen rasch aufeinander.
[44] RTA ä. R. 5, Nr. 339, S. 539.
[45] RTA ä. R. 7, Nr. 10, S. 23 (Ofen, 6. August 1410).

familien sind an letzter Stelle die *schencken von Erpach*[46] aufgeführt. Eine konkrete Benennung der Privilegien und Lehen für die einzelnen Familien und Institutionen konnte begreiflicherweise nicht erfolgen. Denn zum einen war Sigismund noch gar nicht gewählt, zum anderen würden später nach erfolgter Wahl diesbezüglich Einzelurkunden ausgestellt werden, wie dies beispielsweise Ludwig der Bayer im Anschluß an seine Wahl 1314 getan hatte. So stattete dieser Schenk Eberhard mit Reichspfandschaften für seine geleistete Unterstützung aus[47].

Nach der Wahl Sigismunds ist für Erbach zwar keine solche Urkunde bekannt geworden; doch deutete das Versprechen Sigismunds im Falle seiner Wahl eine neuerliche Unterstützung eines mindermächtigen Reichsstandes an, wie dies die Herren von Erbach waren. Denn nur durch königliche Privilegierungen konnte der Rechts- und Besitzstand der Grafen- und Herrenfamilien gewahrt bleiben. Wie gesagt, für die Herren von Erbach ist eine solches Privileg nicht überliefert. Ihr Auftreten und ihr Verhalten nach der Wahl Sigismunds lassen freilich daran denken, das pauschale Versprechen vom 6. August 1410 gegenüber Ludwig III. von der Pfalz bereits als ein solches aufzufassen, da in der Folge die Herren von Erbach erstmals in den Reichsmatrikeln geführt werden. Dort werden sie eindeutig als Herren bzw. als „frei“ charakterisiert, so daß sie damit endgültig ihre ministerialische Herkunft abgestreift haben[48].

## 5.2 Der erbachische Lehenshof

Eine wichtige Komponente für das soziale und politische Umfeld einer Adelsfamilie stellte auch der von dieser abhängige Lehensverband dar. In diesem Zusammenhang ist es aufschlußreich, die Herkunft und das soziale Umfeld der Lehensleute zu betrachten; darüber hinaus ist zu prüfen, ob es in der

[46] EBD.

[47] S. ausführlich oben Kapitel 1.4.3.

[48] Im August 1414 waren zwei Schenken von Erbach (*Item zwene schenken von Erpach*) auf dem königlichen Tag in Koblenz anwesend. Dabei werden sie eindeutig als „Freie“ charakterisiert, wie die Überschrift des Eintrags zeigt: *Dit sint die fursten graven herren und frien, die zu Covelentz gewest sint bi unserm gnedigen hern dem koninge* (RTA ä. R. 7, Nr. 143, S. 199-201, Eintrag Erbach S. 201, Z. 32). Auf dem Reichstag in Nürnberg im April 1421 traten die Herren von Erbach selbständig auf, wie aus den Aufstellungen der Kosten Nürnbergs hervorgeht. So hat die Stadt am 26. März einem Schenken von Erbach seine Kosten erstattet: *propinavimus hern Ulrichen von Pickembach, und dem schenken von Erembach 8 qr.; summa 1 lb. 2 sh 8 hllr.* (RTA ä. R. 8, Nr. 38, hier S. 46, Z. 18-20). Im August 1422 finden wir die Schenken von Erbach erstmals mit drei Gleven im Reichskontingent vertreten. In der Auflistung sind sie unter die Rubrik „Grafen und Herren“ eingeordnet (vgl. ebd., Nr. 145, S. 162). Ein weiterer Gleven-Anschlag die Hussitenkriege betreffend vom 1. März 1431 ordnet Konrad IX. von Erbach aus der Erbacher Hauptlinie als Reichsstand ein; in der Rubrik *Verschiedene Reichsstaͤnde nachtraͤglich* wird er geführt: *item Schencke Conrat herre zů Erpach 2 glefen* (RTA ä. R. Nr. 408, hier S. 534, Z. 6).

Zusammensetzung im Laufe der Zeit möglicherweise Veränderungen gab, die Rückschlüsse auf die Struktur des Lehenshofs und die politische Orientierung der Lehensherren zulassen. Des weiteren liefert eine Untersuchung des erbachischen Lehensverbandes auch einen ergänzenden Beitrag zum Bestand der Herrschaft, da der Überblick über die ausgegebenen Lehen gleichermaßen einen Einblick in deren territorialen Umfang gewährt.

Eine eingehendere Betrachtung dieser Fragen ist jedoch erst für die Zeit des ausgehenden 14. Jahrhunderts möglich. Denn um 1380 scheinen die Herren von Erbach erstmals die von ihnen ausgegebenen Lehen in einem Lehensbuch schriftlich fixiert zu haben. Offenbar hatte man in der Regierungszeit Schenk Eberhards X. († 1425) damit begonnen, Aufzeichnungen über die Lehen des Hauses zu führen[49]. Eberhard war ein Sohn Schenk Eberhards VIII. und seiner Frau Elisabeth von Katzenelnbogen. Diese Heirat würde vielleicht auch eine Erklärung dafür bieten, daß die erbachische Verwaltung seit dem letzten Viertel des 14. Jahrhunderts (erneut?) einen „Innovationsschub“ erhalten hat. Denn für das Katzenelnbogener Grafenhaus läßt sich schon recht früh eine vergleichsweise hochentwickelte Hofhaltung feststellen, die möglicherweise auch prägend für den Erbacher Hof gewirkt haben mag[50].

Für die Folgezeit sind uns dann auch immer wieder Reverse der Lehensleute, in die oftmals Lehensbriefe inseriert worden sind, sowie erbachische Lehensbriefe überliefert, die Rückschlüsse auf den Lehenshof zulassen. Für die Jahre des 13. und für die erste Hälfte des 14. Jahrhunderts gewähren vereinzelt in Abschrift erhaltene Lehensreverse und lehensherrliche Zustimmungen, die bei Verfügungen über die Lehen erforderlich wurden, punktuelle Einblicke in den erbachischen Lehensverband.

[49] Vgl. SIMON, Erbach, S. 94f, der dort mehrfach auf ein „Lehnsalbuch Schenk Eberhards IX. [sic] aus ca. 1380“ verweist, das dieser sogar eigenhändig angelegt haben soll. Leider ist dieses Lehensbuch der Herrschaft Erbach nicht mehr erhalten. Es ist, wie fast alle anderen Archivalien des Hauses, im September 1944 der Zerstörung des Darmstädter Archivs zum Opfer gefallen, so daß wir auf die Zusammenstellungen der Lehensleute bei SIMON, Erbach, und SCHNEIDER, Historie Erbach, angewiesen sind; s. dazu Anm. 52.

[50] Vgl. zu der fortgeschrittenen Verwaltung der Grafen von Katzenelnbogen DEMANDT, Regesten 1, S. 19f: 1257 ist ein Peter als erster Schreiber genannt. – Daß die Schriftlichkeit dort weit entwickelt war, läßt sich auch in einer weiteren Hinsicht verdeutlichen. Denn nicht nur das für die täglichen Belange wichtige Geschäftsschriftgut war gut ausgebildet, auch ein gutes Maß an literarischem Interesse war offenkundig vorhanden. So sind verschiedene Übersetzungen der Elisabeth von Katzenelnbogen, Frau von Erbach gewidmet; beispielhaft sei hier die Übersetzung der Historia Trium Regum genannt, wo es im Vorwort dort heißt: *Diß buchlin ist vom latine zu dutschem bracht* [...] *zu dinste der erbin frauwen Elsen von Katzenylnbogen frauwen zu Erpach Inne dem jare, da man zalte nach Christuß geburte dusent vierhundert und in dem vierten jar uff sant Valentinß dag* (STEIGER, Mandeville, S. 212, Anm. 18). S. auch S. 277f.

### 5.2.1 Die Zusammensetzung des erbachischen Lehenshofs

Um einen ersten Einblick zu geben, sollen an dieser Stelle die erbachischen Lehensleute in einer tabellarischen Übersicht präsentiert werden[51]. Sie sind alphabetisch, nach den Jahrhunderten getrennt aufgelistet (die jeweils erste Nennung gibt dabei den Ausschlag)[52]. Zunächst ist der Name genannt, dann pauschal zusammengefaßt die von Erbach rührenden Lehen:

13. Jahrhundert:

| | |
|---|---|
| Faber[53] | Güter zu Bensheim |

13. und 14. Jahrhundert:

| | |
|---|---|
| Stockheim[54] | Güter zu Stockheim[55] |

[51] Im wesentlichen folgt diese Zusammenstellung den Angaben bei SIMON, Erbach, S. 253-258, weil die meisten Originalquellen (wie Lehensbriefe, -reverse bzw. -bücher), die Simon für seine Darstellung noch verwenden konnte, aufgrund der Zerstörung des Erbachischen Gesamthausarchivs 1944 nicht mehr erhalten sind – ergänzt um die Hinweise bei SCHNEIDER, Historie Erbach, UB 1. Satz, der jedoch oft nur die Namen der Lehensleute nennt, die Lehen selbst aber kaum lokalisiert und meist nur summarisch angibt. Bei der Übersicht handelt es sich ausschließlich um die Vasallen, die von der Herrschaft Erbach rührende Lehen inne hatten.

[52] Eine genauere zeitliche Einordnung ist meist nicht möglich, da aufgrund der Kriegsverluste die den erbachischen Lehenshof betreffenden Quellen nur vereinzelt überliefert sind.

[53] Die Faber waren offenbar eine nicht-adelige Familie aus Bensheim. Am 22. August 1255 trug Ludwig Ranwart die Hälfte seines Hofes in Bensheim den Schenken Eberhard und Konrad mit der Maßgabe auf, diesen Besitz seinem zukünftigen Schwiegervater, Hermann Faber, zu Lehen zu geben (vgl. SIMON, Erbach, UB Nr. 4, S. 6).

[54] Niederadel aus der Wetterau, der mit Gottfried I. von Stockheim 1195 erstmals erwähnt wurde (vgl. PHILIPPI, Territorialgeschichte, S. 86f, 202); unklar ist, ob der Stammsitz Stockheim, heute Stockheimer Hof, bei Usingen (so MÖLLER, Stamm-Tafeln A.F. 2, S. 195-198; SANTE, Historische Stätten, S. 395) oder Stockheim nördlich von Büdingen (so MARTIN, Habern, S. 22) war. Die Familie teilte sich bald schon in mehrere Linien: in die Gottfriedische (= Linie zu Heldenbergen), die Gerhardische (= ein Seitenzweig der heldenbergischen Linie) sowie in die Friedrichsche (= Linie zu Usingen). Ob der 1135/40 genannte Zeuge Vocker von Stockheim (SIMON, Erbach, UB Nr. 2, S. 4) zur Familie gehörte, muß offen bleiben. Am 27. Juli 1391 reversierte Konrad vom Habern die Lehen, die zuvor sein verstorbener Schwiegervater Johann von Stockheim trug (vgl. SIMON, Erbach, UB Nr. 127, S. 128f; MARTIN, Habern, Reg. 14).

[55] Ob hier wirklich Güter in Stockheim (Stadt Michelstadt) gemeint sind, wie dies Simon angibt, erscheint fraglich. Denn für Stockheim lassen sich keine Vasallen gleichen Namens nachweisen; Lehensleute der Erbacher waren dort: die von Eicholzheim, die 1427 von den vom Habern beerbt wurden, die von Hochhausen, Rosenbach und Pavey, die Echter von Mespelbrunn sowie die Duborn von Breuberg (MÜLLER, Ortsnamenbuch, S. 692f). Die von Simon herangezogene Urkunde über die Reversierung der heimgefallenen Stockheimer Lehen gibt nur nicht näher genannte Gülten an (s. Anm. 54), die nach SCHNEIDER, Historie, UB Lit. C., Nr. 18.1, S. 8, auf Güter in Erbach verschrieben waren.

13. bis 15. Jahrhundert:

| | |
|---|---|
| Eicholzheim[56] | Burglehen zu Erbach; Güter zu Stockheim, Steinbach |

14. Jahrhundert:

| | |
|---|---|
| Aumann[57] | Burglehen zu Habitzheim |
| Bensheim[58] | ein Waldauer Lehen; Zehnte zu Spachbrücken Poppenheim[59], Quadelbach |
| Reiprecht v. Büdingen[60] | Gefälle zu Düdelsheim[61] |
| Dienheim[62] | ein Zehnten zu Poppenheim |
| Dodelsheim[63] | Einkünfte zu Habitzheim |

[56] Vgl. WOLFERT, Wappengruppen, S. 395, der zwischen den von Eicholzheim mit dem Rad-Wappen (erwähnt seit 1380 mit Hans von Eicholzheim), Dienstadel im Umfeld des Klosters Schöntal und vermutlich eine Seitenlinie der Berlichingen aufgrund der vollständigen Wappengleichheit, und einem in Eicholzheim ansässigen Ortsadel, beginnend mit Volknand von Eicholzheim (erwähnt 1276), unterscheidet. Die Erbacher Lehensleute von Eicholzheim waren die zweitgenannten, die schon seit dem 13. Jahrhundert belegt sind. Denn 1427, als Hans vom Habern seine Lehen von Schenk Konrad IX. aus der Erbacher Linie erhielt, waren darunter unter anderem auch die Mannlehen und Burglehen, die *Volkenands von Eicheltzheim vor zyten gewest sint* (SIMON, Erbach, UB Nr. 214, S. 213). Wolfert bringt diese Familie in Verbindung mit den Edelherren von Krautheim, da sie einen gespaltenen Schild führte wie auch der edelfreie Krafto *de Lare* aus dem Hause Krautheim. Der letzte aus dieser Familie war wohl der Deutschordenskomtur Berenger von Eicholzheim (erwähnt noch 1420).

[57] Die Aumann sind eine seit der Mitte des 13. Jahrhunderts existierende Seitenlinie der Niederadelsfamilie der Groschlag von Dieburg, die bis ins letzte Drittel des 14. Jahrhunderts nachzuweisen ist (vgl. MÖLLER, Stamm-Tafeln A.F. I, S. 107f; MÜLLER, Ortsnamenbuch, S. 115).

[58] Niederadelsfamilie, die sich nach Bensheim an der Bergstraße benannte (vgl. MÜLLER, Ortsnamenbuch, S. 45). Leider können wir durch den Verlust der Lehensbriefe nicht mehr nachweisen, wann die von Bensheim in den Besitz der genannten Lehen gekommen sind; vermutlich waren die Bensheim erst nach 1380 im Besitz des „Waldauer Lehens", denn 1380 hatten die Echter von Mespelbrunn diese inne (vgl. SIMON, Erbach, S. 108, mit Anm. 1). Folgt man MÜLLER, Ortsnamenbuch, S. 564-566, 675-677, so sind die von Bensheim nicht im Besitz vom Zehnt in den genannten Orten festzustellen, in Quadelbach und Spachbrücken wohl aber die von Beldersheim. Vielleicht liegt hier eine Verlesung vor.

[59] Wüstung nordwestlich von Erfelden (vgl. MÜLLER, Ortsnamenbuch, S. 564f).

[60] Eine der Niederadelsfamilien, die wohl in Büdingen ansässig war, sich danach nannte und ursprünglich im Umfeld der Herren von Büdingen zu verorten ist, wie die Lage der Lehen vermuten läßt (vgl. PHILIPPI, Territorialgeschichte, S. 199f).

[61] Ort westlich von Büdingen in der Wetterau.

[62] Vgl. KNESCHKE, Adelslexikon II, S. 480f: Rheinländischer Niederadel der sich nach Dienheim, südlich von Oppenheim, nennt und der auch im pfalzgräflichen Lehensverband nachzuweisen ist (vgl. SPIEß, Lehnsbuch, S. 129). Zu dieser Familie gehört wohl auch Wiegand von Dienheim, der 1493 von Schenk Erasmus zusammen mit seinem Schwager Gernand von Schwalbach (?) mit dem Dorf Rodau belehnt wurde (vgl. BECHER, Stumpf, S. 108).

[63] Dieser Name muß wohl als Düdelsheim gelesen werden. Dann handelt es sich um eine Niederadelsfamilie, die sich nach dem Ort Düdelsheim, westlich von Büdingen in der Wetterau

| | |
|---|---|
| Dugel v. Karben[64] | Güter zu Weiten-Gesäß |
| Freienstein[65] | Burglehen zu Freienstein („Waldauer Lehen“) |
| Frischenbach[66] | Burglehen zu Erbach; Wiesen in Poppenheim |
| Gans vom Werde[67] | Burglehen zu Freienstein |
| Hirt v. Saulheim[68] | Güter, Einkünfte zu Ober- und Nieder-Rohrheim |
| Hochhausen[69] | Güter, Hofstätten zu Stockheim |

gelegen, nannte. Die Familie hatte einen erklecklichen Eigenbesitz, mußte sich das Gericht und die Ortsherrschaft in Düdelsheim jedoch mit den Herren von Büdingen teilen (vgl. dazu PHILIPPI, Territorialgeschichte, S. 86f, 111, 200).

[64] Vgl. MÖLLER, Stamm-Tafeln A.F. III, S. 248-250, Taf. 107; KNESCHKE, Adelslexikon II, S. 603: Adelsfamilie, die wohl ursprünglich aus Bergen stammte, in Klein-Karben bei Frankfurt ein befestigtes Haus besaß und um 1300 mit Friedrich Dugel von Karben im Burggrafenamt von Friedberg erwähnt ist; erloschen um 1520 mit Erwin Dugel von Karben. Verschwägerungen mit der in Groß-Karben ansässigen Familie von Karben, die zu den ältesten Burggrafenfamilien von Friedberg zählte, sowie den von Wolfskehlen und von Geiling.

[65] Die von Freienstein scheinen Abkömmlinge der Ministerialenfamilie von Sinzheim (bei Baden-Baden) gewesen zu sein (vgl. LENZ, Königliche Territorialpolitik, S. 28; STEINMETZ, Herkunft, S. 150-153; DERS., Burg Freienstein, S. 47-49). Sie waren zunächst Ministeriale der Grafen von Eberstein, dann auch kurzzeitig der Markgrafen von Baden und gelangten wohl um 1280 in den Besitz des Freienstein im Gammelsbachtal. Vgl. zu den genannten „Waldauer Lehen“ die ausführliche Beschreibung bei STEINMETZ, Burg Freienstein, S. 53-55, 59f, der jedoch bisweilen sehr spekulativ wird.

[66] Die niederadeligen von Frisch(en)bach gehörten ursprünglich zu den wertheimischen Lehensleuten, wie ein Eintrag im jüngeren Wertheimer Lehensbuch zeigt: *Item die guttere zu Fawlenbach, die Frischenbachs waren mit allen iren rechten, tzinssen und gulten, als das von alter herkumen ist* (FRIESE, Lehenhof, Nr. 56, S. 26). Sie nannten sich nach dem Ort Frischbach, der in der Gemeinde Faulbach am Main westlich von Wertheim aufgegangen ist.

[67] Zur Familie der Gans von Wörth/Werde vgl. MÖLLER, Genealogische Beiträge, S. 142-147, mit Stammtafel; WOLFERT, Wappengruppen, S. 356f: 1288 ist erstmals ein ein Werner Gans von Werde genannt, 1300 ein *Herbodus de Werde dictus Gans* als Zeuge der Herren von Bickenbach (GUDENUS, Codex diplom. I, S. 922-925); der älteste Hinweis auf einen Ritter Hermann Gans ohne Ortsangabe ist 1246 bei seiner Zeugenschaft für die Herren von Breuberg (vgl. SIMON, Erbach, UB Nr. 3, S. 292f). *Henne von Werde* ist als *mann* Schenk Johannes' II. im Lehensbrief vom 30. Juni 1399 genannt (vgl. SPIEß, Lehnsbuch, Nr. 36). Seit der zweiten Hälfte des 14. Jahrhunderts nannte sich der von Diether II. (1385-1439) begründete Zweig nach der Burg Otzberg, wo dessen Vater Diether I. pfalzgräflicher Amtmann war, Gans von Otzberg. Diethers II. jüngerer Bruder Hans I. behielt den Beinamen von Werde; vielleicht ist dies der oben aufgeführte *Henne*.

[68] Vgl. KNESCHKE, Adelslexikon IV, S. 529, VIII, S. 58: Rheinländischer Niederadel, der sich nach Ober- bzw. Niedersaulheim, südwestlich von Mainz, nannte. Die Familie teilte sich nach ihren Besitzungen in sechs Linien: die Erlenhaupt von S., die Hund von S., die Hirt von S., die Kreiss von S., die Mohn von S. sowie die Selten von S.; von diesen sind die Hund bis ins 18. Jahrhundert nachweisbar. Die Beziehung dorthin ist gegeben, da die Herren von Erbach in Ober-Saulheim vier Morgen Land besaßen (vgl. SPIEß, Lehnsbuch, Nr. 91).

| | |
|---|---|
| Kind v. Minneberg[70] | 1/3 der Vogtei zu Bachenau und Jagsthausen |
| Kilian[71] | Zehnte zu Beerfurth, Burglehen zu Habitzheim |
| Kemel v. Heppenheim[72] | ein Waldauer Lehen |

[69] Die Herkunft der (Ruckel/Ruppel) von Hochhausen läßt sich nicht abschließend klären. BECHER, Echter von Mespelbrunn, bringt sie in das Umfeld der Echter und sieht in ihnen eine verwandte Familie, die er in Hochhausen an der Tauber verortet, da „dieses Hochhausen später als alter, echterischer Besitz erscheint" (S. 89). STEINMETZ, Burg Freienstein, S. 57-59, sieht die Burg auf dem Schnellerts im Gersprenztal als namengebende Burg an, da der „ursprüngliche Name ‚Hausen' des zu Füßen des Schnellerts gelegenen Haalhofes [...] den Burgnamen ‚Hochhausen' nahelegt" (Zitat in Anm. 48 bei Steinmetz); Beziehungen zu Hochhausen an der Tauber oder am Neckar kann er nicht erkennen. S. auch Anm. 82.

[70] Die Kind von Minne(n)berg werden von LENZ, Minneburg, S. 104 (Anm. 16), mit der niederadeligen Familie von Minne(n)berg, die, in staufischen Diensten stehend, die Burg Minneberg am Neckar bei Neckargerach erbaut hat, gleichgesetzt. Lenz geht dabei freilich davon aus, daß es sich bei „Kind" um einen Vornamen handelt, denn er spricht immer wieder davon, daß „*Kynt von Mynneburg* [...] im 14. Jahrhundert ein Drittel der Vogtei zu Bachenau und Jagstfeld als Lehen der Schenken von Erbach" trug (so beispielsweise in LENZ, Formen der Herrschaft, S. 51). Er bezieht sich dabei auf SIMON, Erbach, S. 255, der dort aber nur die „Familiennamen" der erbachischen Lehensleute tabellarisch auflistet und in der mehr als einhundert Namen umfassenden Aufzählung nie einen Vornamen angibt, so daß wir wohl davon ausgehen müssen, daß es sich bei der Benennung Kind von Minne(n)berg um einen zusammengesetzten Adelsnamen handelt, ähnlich wie bei den Echter von Mespelbrunn, den Landschaden von Steinach oder den Starkerad von Breuberg. Nach LENZ, Formen der Herrschaft, S. 51, waren die von Minne(n)berg mit dem Ministerialengeschlecht der Nest von Obrigheim verwandt. Möglicherweise hatten sie darüberhinaus verwandtschaftliche Beziehungen zu den Rüdt von Kollenberg, die sich seit 1338 im Besitz der Burg befanden und ebenso wie die Minne(n)berg einen Hundekopf (Rüdenkopf) im Wappen führten. Die der Minne(n)berg Bedeutung schwand jedoch rapide, so daß sie bereits im frühen 15. Jahrhundert wohl in den bürgerlichen Stand abgesunken waren. Vgl. dazu ausführlich LENZ, Minneburg, S. 101-111 (mit weiterer Literatur). – Die zu den Nest von Obrigheim bestehende Verwandtschaft verführt zu der Spekulation, ob nicht hierüber vielleicht eine Verbindung zu den Kind von Obrigheim, einer ebenfalls in Obrigheim ansässigen Ministerialenfamilie, bestehen könnte, die Kind von Minne(n)berg eventuell mit diesen identisch sein könnten. Aufgrund fehlender Quellen wird sich diese Vermutung letztendlich jedoch nicht beweisen lassen.

[71] MÖLLER, Stamm-Tafeln A.F. I, S. 108, Taf. 28, sieht in den Kilian Angehörige einer Seitenlinie der von der Adelsfamilie Groschlag von Dieburg abstammenden Aumann, die mit Hermann *dictus Kilian* 1254 erstmals genannt sind. Vgl. auch WOLFERT, Wappengruppen, S. 344. Am 29. April 1336 verkauften *Růdolf Kilian ein edelknecht vnd Cristin*, seine Ehefrau, mit der Einwilligung ihres Lehensherrn, Schenk Konrad IV., den Zehnten in Beerfurth an Albrecht Echter (von Mespelbrunn) und Wortwin Ungelaube (SIMON, Erbach, UB Nr. 28, S. 29f).

[72] Hier ist es unsicher, ob es sich um eine Niederadelsfamilie handelt, die aus Heppenheim an der Bergstraße oder aus Gau-Heppenheim bei Alzey stammte (vgl. dazu WOLFERT, Wappengruppen, S. 329f).

| | |
|---|---|
| Kreis v. Babenhausen[73] | Güter, Einkünfte zu Roden, Hainstadt, Semd, Wenig-Umstadt |
| Krieg v. Altheim[74] | Vogtei zu Etzengesäß; Güter zu Habitzheim |
| von der Linden[75] | ein Waldauer Lehen |
| Laudenbach[76] | Burglehen zu Freienstein |
| Ortenberg[77] | Zehnte zu Eschollbrücken, zum Hane, zu Pfungstadt; ein Hof in Klingen |
| Rauch[78] | Burglehen zu Michelstadt |
| Reckershausen[79] | Güter, Einkünfte zu Bickenbach, Stockstadt, Malchen, Seeheim, Alsbach |
| Ruckingen[80] | Güter zu Romfeldishausen (?) |

[73] Die Kreis von Babenhausen sind möglicherweise eine Nebenlinie der von Babenhausen (vgl. dazu KNESCHKE, Adelslexikon I, S. 488f).

[74] Ältester Nachweis der Familie durch einen *Wernerus dictus Criek* für 1276, wahrscheinlich identisch mit Werner Krig von Ysenbach, der 1285 Breuberger Lehen zu Eisenbach im unteren Mümlingtal trug (vgl. dazu WOLFERT, Wappengruppen, S. 333); seit dem 14. Jahrhundert der Namenszusatz „von Altheim“ (nördlich von Dieburg); nach MÖLLER, Genealogische Beiträge, S. 132f, eine jüngere Nebenlinie der Geiling von Altheim (vgl. zu diesen KNESCHKE, Adelslexikon I, S. 60f), wobei dann die Trennung schon sehr früh erfolgt sein müßte.

[75] Ob hier eine Verbindung zu den „von Linden“, die aus dem Fürstbistum Lüttich stammten und durch Peter von Linden 1650 einen Hof in Habitzheim erwarben, ist mehr als fraglich (vgl. HUECK, Adelslexikon VII, S. 384f; KNESCHKE, Adelslexikon V, S. 551-553). Bislang ist eine genaue Identifizierung dieser Adelsfamilie nicht möglich.

[76] Vielleicht Angehörige eines Zweigs der Rüdt, die um 1400 in Trennfurt und Laudenbach begütert waren. Eine Abtrennung nimmt Wolfert für die Zeit nach 1300 an (vgl. WOLFERT, Wappengruppen, S. 365).

[77] Niederadel, der sich nach Ortenberg in der Wetterau benannte und wohl ursprünglich im Umfeld der Edelherren von Ortenberg, einer Seitenlinie der von Büdingen, zu suchen ist (vgl. PHILIPPI, Territorialgeschichte, S. 201). Mitte des 14. Jahrhunderts wird ein Dietrich von Ortenberg neben acht weiteren Personen (darunter auch Schenk Konrad IV. von Erbach und sein Sohn Eberhard) als Bürge beim Verkauf eines Viertels von Breuberg genannt (vgl. SIMON, Erbach, UB Nr. 36, S. 38-40).

[78] Im Lehensbucheintrag für Schenk Eberhard X. vom 11. Juli 1399 ist ein Diether Rauch genannt, der dem Schenken seinen Hof in Michelstadt verkauft hat (vgl. SPIEß, Lehnsbuch, Nr. 37). Es handelt sich dabei vermutlich um eine nicht-adelige Familie.

[79] Ortsadel, der sich nach der Wüstung Reckershausen (bei Nieder-Ramstadt) nannte; 1252 ist ein *Hen de Regershusen* Burgmann Konrad Reiz' von Breuberg auf Burg Frankenstein, 1305 erscheinen die von Reckershausen als Lehensleute der Herren von Bickenbach, 1347 dann auch als Lehensleute der Grafen von Katzenelnbogen (vgl. MÜLLER, Ortsnamenbuch, S. 571f). 1363 tauchen die Reckershausen erstmals im Umfeld der Schenken von Erbach auf: Heinrich von Reckershausen und seine Frau Elisabeth (Else) beurkunden, daß Graf Gerhard von Rieneck und Schenk Eberhard VIII. 4 Ohm Weingülte, die Else auf den Gütern Ulrichs von Bickenbach als Wittum hatte, gelöst haben (SCHNEIDER, Historie, UB Nr. 40, S. 94f); 1376 ist ein Konrad von Reckershausen erbachischer Amtmann (vgl. REIMER, UB Herren von Hanau 4, Nr. 15, S. 15). Vgl. auch WOLFERT, Wappengruppen, S. 339f.

| | |
|---|---|
| Ruckel v. Bensheim[81] | Güter zu Zeilhardt |
| Ruppel[82] | 1/3 Zehnte zu Schöllenbach, Affolterbach; Einkünfte zu Sensbach; Burglehen zu Freienstein |
| Sachsenhausen[83] | Güter zu Heppenheim |
| Schellenbach[84] | Güter zu Heppenheim |
| Weckbach[85] | Geldeinkünfte |
| Wolfskehlen[86] | Güter zu Durenheim (Wetterau) |

14. und 15. Jahrhundert:

| | |
|---|---|
| Bellersheim[87] | Burglehen zu Habitzheim; Einkünfte zu Balkhausen, Erfelden, Stockstadt |
| Brensbach[88] | Güter zu Dorferbach, Haisterbach, Lau- |

[80] Niederadel, der sich nach der Burg Rückingen (Gde. Erlensee, Main-Kinzig-Kreis) nannte und ursprünlich isenburgische und brauneckische Lehensleute waren. Vgl. PHILIPPI, Territorialgeschichte, S. 86, 201f.

[81] Familie, die sich nach Bensheim an der Bergstraße benannte; ursprünglich wohl Lehenleute der Herren von Bickenbach, um 1366 wohl schon längere Zeit Lehenleute der Herren von Erbach (vgl. MÜLLER, Ortsnamenbuch, S. 45; SIMON, Erbach, UB Nr. 80, S. 83f)

[82] Möglicherweise sind die Ruppel/Ruckel ein Zweig der von Hochhausen, da sie dasselbe Wappen wie diese führen und immer wieder als Siegelzeuge bei Verkäufen dieser Familie auftraten (vgl. BECHER, Echter von Mespelbrunn, S. 89 u. Stammtafel); s. auch Anm. 69.

[83] Alter rheinischer Adel mit Stammsitz Sachsenhausen bei Frankfurt; nachweisbar seit dem 12. Jahrhundert bis zur Mitte des 15. Jahrhunderts. Ein Heinrich († 1299) war kurpfälzischer Vitztum am Rhein. Zur Familie vgl. MÖLLER, Stamm-Tafeln A.F. 3, S. 261f, 264-266.

[84] Vermutlich die Weinheimer Adelsfamilie von Schellenbuch (vgl. dazu WEIß, Weinheim, S. 652). Die von Schellenbuch gehören wohl nicht nach Schöllenbach (Odenwaldkreis), wie MÜLLER, Ortsnamenbuch, S. 639, angibt. Denn alle Nachweise, die er nennt, beziehen sich auf die Schellenbuch von Weinheim und betreffen nur Besitz und Lehen an der Bergstraße; von Schöllenbach im Odenwald ist nicht die Rede. Auch BECHER, Echter von Mespelbrunn, S. 86-96, verortet die von Schellenbach in Schöllenbach im Odenwald, muß freilich zugeben, daß „wir auch keinen Besitz derer ‚v. Schöllenbach' in Schöllenbach selbst direkt nachweisen können" (S. 91); über weite Strecken basiert seine Darstellung auf Vermutungen, die von STEINMETZ, Burg Freienstein, S. 55f, übernommen und weitergesponnen werden.

[85] BECHER, Echter von Mespelbrunn, S. 89f u. Stammtafel, sieht in den von Weckbach einen Zweig der Echter, der sich nach dem Ort im Ohrnbachtal (südwestlich von Miltenberg) nannte.

[86] Rheinische Reichsministerialenfamilie mit dem Stammsitz bei Darmstadt; urkundlich belegbar seit dem 12. Jahrhundert; ausgestorben 1609. Vgl. zur Familie KNESCHKE, Adelslexikon IX, S. 600f; MÖLLER, Stamm-Tafeln A.F. 1, S. 117-120, Taf. 42f; MÜLLER, Ortsnamenbuch, S. 755-759.

[87] Die weit verzweigte Wetterauer Niederadelsfamilie nannte sich wohl nach dem gleichnamigen Dorf zwischen Münzenberg und Hungen; im 13. Jahrhundert verschwägert mit den von Düdelsheim (vgl. zur Familie DRAUDT, Bellersheim; KNESCHKE, Adelslexikon I, S. 289f).

[88] Ortsadel, der sich nach dem Dorf Brensbach, nordöstlich von Fränkisch-Crumbach, nannte (vgl. MÜLLER, Ortsnamenbuch, S. 87f; WOLFERT, Wappengruppen, S. 337). Seit Friedrich

| | |
|---|---|
| | denbach (Bergstraße) |
| Buchis[89] | Güter zu Semd u. Kaichen |
| Drunkel v. Dieburg[90] | Güter zu Dieburg, Klein-Zimmern |
| Dürn[91] | Güter, Einkünfte zu Michelstadt, Erlenbach |
| Gans v. Otzberg[92] | Burglehen zu Erbach; Güter u. Zehnte zu Nieder-Rohrheim, Poppenheim, Erfelden, Balkhausen, Staffel, Breitenbrunn |
| Kesselhut v. Seeheim[93] | Burglehen zu Reichenberg |
| Merlau[94] | Wiesen zu Langendiebach; Güter zu Düdelsheim |
| Mosbach[95] | Burglehen zu Erbach; Zehnte zu Zotzenbach |
| Pavey[96] | Burglehen zu Erbach, Habitzheim; |

von Brensbach (1257-1276) hat die Familie in Brensbach keinen erkennbaren Sitz mehr, dieser war als erbachisches Lehen zeitweise im Besitz mehrerer Ganerben; dagegen hatte sie im Erbacher Städtel einen Burgmannensitz. Mit Konrad von Brensbach († vor 1414) ist die Familie erloschen; ihr Hof in Erbach ging 1427 an die vom Habern über (vgl. SIMON, Erbach, UB Nr. 178, S. 178f, Nr. 214, S. 213-215).

89 Weit verzweigte Niederadelsfamilie, die sich nach Büches, nordwestlich von Büdingen, nannte (vgl. SPIEß, Lehnsbuch, Nr. 300: ein Hermann von Buchiß empfing von Ruprecht III. Lehen zu Raibach, östlich von Groß-Umstadt, und in Groß-Umstadt). Vgl. zusammenfassend zur Familie MÖLLER, Stamm-Tafeln A.F. I, S. 52f, Taf. 21f.

90 Eine der 13 Niederadelsfamilie, die in Dieburg ihren Sitz hatte und sich danach benannte; 1253 wird ein Werner Drunkelen erstmals erwähnt (vgl. MÜLLER, Ortsnamenbuch, S. 115), Mitte des 14. Jahrhunderts offenbar erstmals mit dem Zusatz „von Dieburg“: 1361 wird ein Konrad Drunkel von Dieburg als Lehensmann der Schenken von Erbach genannt, der zuvor Lehensmann der Herren von Bickenbach gewesen war (vgl. SCHNEIDER, Historie, UB Nr. 28, S. 93)

91 Fränkischer Adel, Ministeriale der Herren von Dürn; seit 1197 urkundlich belegt, sind sie 1582 mit Michael von Dürn erloschen (vgl. WOLFERT, Wappengruppen, S. 358f).

92 S. zur Familie Anm. 67.

93 Ortsadel von Seeheim an der Bergstraße (vgl. MÜLLER, Ortsnamenbuch, S. 649f). Am 30. September 1402 reversierte Hans Kesselhut von Seeheim den Empfang eines Burglehens zu Reichenberg von Schenk Johannes III. aus der Fürstenauer Linie (vgl. SIMON, Erbach, UB Nr. 151, S. 152; irrig zum 29. September).

94 Am Rande des Vogelsbergs ansässige Niederadelsfamilie mit dem Stammsitz Merlau bei Grünberg (vgl. KNESCHKE, Adelslexikon VI, S. 246).

95 Vgl. zur Familie MÖLLER, Genealogische Beiträge, S. 133-137; WOLFERT, Wappengruppen, S. 333f: Niederadelsfamilie, die sich nach Mosbach im Bachgau bei Wenigumstadt benannte; auch Lehensleute der Grafen von Wertheim. Seit dem 15. Jahrhundert führte die Familie den Ortszusatz „von Lindenfels“, nachdem ab 1370 mit Heinrich I. von Mosbach die Vogtei von Lindenfels in den Händen der Familie lag. Vgl auch KNESCHKE, Adelslexikon VI, S. 360f, der die Familie allerdings fälschlicherweise auf Mosbach/Baden bezieht, dann aber von „rheinländischem“ bzw. „hessischem Adel“ spricht.

96 Vgl. WOLFERT, Wappengruppen, S. 398: Adelsfamilie, die zunächst im Spessart in Mechenhard und Mönchberg begütert war, als Breuberger Lehensleute erfolgte dann eine Schwerpunktverlagerung in den Odenwald, wo sie in Bad König auch einen allodialen Hof besaßen. Mit dem Aussterben der Herren von Breuberg wohl auch Erbacher Lehensleute geworden. Vgl. ausführlich zur Familie BECHER, Pavey, S. 89-99.

| | |
|---|---|
| | Güter zu König, Brensbach, Stockheim, Asselbrunn, Michelstadt |
| Rauch v. Rimbach[97] | ein Hof zu Rimbach |
| Rosenbach[98] | Burglehen zu Erbach, Michelstadt; Hof zu Dorferbach; Güter zu Michelstadt; Zehnte zu Affolterbach |
| Rabenolt v. Tannenberg[99] | Hof zu Stockheim; Güter, Einkünfte zu Asselbrunn, Stockheim, Habitzheim, König |
| Wamboldt v. Umstadt[100] | Güter in Umstadt; Weineinkünfte in Oberlaudenbach |
| Zwingenberg[101] | Zehnte zu Nieder-Rohrheim, Poppenheim; eine Hufe zu Erfelden; Güter, Einkünfte zu Zwingenberg, Balkhausen, Quadelbach, Staffel, Spachbrücken |

[97] Ortsadel aus Rimbach östlich von Heppenheim; weiterer Adel dort sind die Vetzer von Rimbach (vgl. MÜLLER, Ortsnamenbuch, S. 598). 1411 wurde Bechtold Rauch von Rimbach mit einem Hof von Schenk Eberhard X. belehnt (vgl. SIMON, Erbach, UB Nr. 169, S. 171f).

[98] Vgl. zur Familie KNESCHKE, Adelslexikon VII, S. 576; MÜLLER, Ortsnamenbuch, S. 609f; WOLFERT, Wappengruppen, S. 346: Adel, der sich nach Rosenbach östlich von Breuberg, nannte; zunächst Breuberger Lehensleute, nach deren Aussterben trugen sie Lehen der Grafen von Wertheim, der Herren von Eppstein sowie der Herren von Erbach. Konrad von Rosenbach wird als Mann Schenk Johannes' II. genannt (vgl. SPIEß, Lehnsbuch, Nr. 36). S. zur Familie auch S. 107, Anm. 377.

[99] Eine im nördlichen Odenwald ansässige, vielleicht aus dem Kinzigtal am Spessart stammende Niederadelsfamilie, die vor allem im Umfeld der Herren von Bickenbach und der Schenken von Erbach zu finden ist. Seit der Mitte des 14. Jahrhunderts im Odenwald in zwei Linien nachweisbar: Rabenolt von Ernsthofen, erloschen nach 1465 (Ernsthofen seit 1464 schon im Besitz der von Wallbrunn), und Rabenolt von Tannenberg, die um 1505 ausgestorben ist. 1490 veräußerte Konrad Rabenolt von Tannenberg seine erbachischen Lehen an Schenk Erasmus (vgl. SIMON, Erbach, UB Nr. 227, S. 224, Anm.). Zur Familie vgl. MÖLLER, Beiträge, S. 149-152, mit Stammtafel; MÜLLER, Ortsnamenbuch, S. 697-699, dort auch die erste greifbare Belehnung der Rabenolt durch Schenk Konrad IX. 1429 mit den obigen Gütern (die Urkunde ist abgedruckt bei SIMON, Erbach, UB Nr. 227, S. 223f).

[100] Vgl. KNESCHKE, Adelslexikon IX, S. 470f: Rheinischer Niederadel, auch hessische und kurpfälzische Vasallen. Den Beinamen „von Umstadt" führen sie seit 1306 nach ihren Lehensgütern im Odenwald, seit 1664 Freiherren; die Familie blüht noch. Am 2. Juli 1378 trugen der Ritter Heinrich Wambold und seine Frau Agnes die obengenannten Güter Schenk Eberhard X. zu Lehen auf (SIMON, Erbach, UB Nr. 98, S. 98f); ob der 1361 genannte erbachische, vormals bickenbachische Lehensmann Heinrich Wambold *von Mumelingen* mit dem vorgenannten identisch ist, läßt sich nicht abschließend klären (vgl. SCHNEIDER, Historie, UB Nr. 38, S. 93)

[101] Ortsadel in Zwingenberg an der Bergstraße (vgl. MÜLLER, Ortsnamenbuch, S. 773f), der seit 1400 mit den genannten Gütern und Gefällen belehnt war.

14. bis 16. Jahrhundert:

| | |
|---|---|
| Kottwitz v. Aulenbach[102] | Güter zu Dorferbach, Erlenbach, Erlenbach a. Main, Groß- u. Kleinzimmern, Biebigheim; ein Haus in Erbach; Burglehen zu Freienstein |
| Stumpf v. Asbach u. v. Tannenberg[103] | Vogtei zu Roden; ein Gut zu Pfungstadt |

14. bis 17. Jahrhundert:

| | |
|---|---|
| Echter (v. Mespelbrunn)[104] | Burglehen zu Erbach, Michelstadt, Freienstein; Güter, Einkünfte zu Würzberg, Etzean, Unter-Mossau, Stockheim, Erbach, Rimbach, Reichelsheim, Rohrbach, Ostern, Umstadt, Zotzenbach, Mörlenbach |
| Habern[105] | Burglehen zu Erbach, Michelstadt, Habitzheim; Güter zu Stockheim, Bens- |

[102] Die fränkische Niederadelsfamilie Kodebuz, später Kottwitz (von Aulenbach), mit ihrem Stammsitz bei Obernburg am Main erscheint erstmals 1222 urkundlich und ist 1699 im Mannesstamm erloschen (vgl. WOLFERT, Wappengruppen, S. 362; KNESCHKE, Adelslexikon V, S. 251). Ein Konrad Kottwitz (von Aulenbach) ist 1399 als Mann von Schenk Johannes II. genannt (vgl. SPIEß, Lehnsbuch, Nr. 36). S. auch Anm. 144.

[103] Niederadelsfamilie, die vor allem im Bereich der Obergrafschaft Katzenelnbogen anzusiedeln ist (eine Ausnahme stellen die Stumpf von Schweinburg, nach der Burg im Bauland benannt, dar) und sich nach den unterschiedlichsten Orten nannte: von Asbach, von Lindenfels, von Rodau, von Tannenberg und von Zwingenberg. Stammsitz dieser Familie ist wohl der Ort Asbach 3 Kilometer westlich von der katzenelnbogischen Burg Lichtenberg; der älteste Nachweis für die Familie bieten die beiden katzenelnbogischen Zeugen Gerlach und Konrad von Asbach 1219. Der Beiname „Stumpf" trat erstmals 1300 mit Peter Stumpf von Tannenberg auf. Als Lehensherren hatten sie neben den Herren von Erbach in erster Linie die Grafen von Katzenelnbogen wie auch die Pfalzgrafen und die Herren von Bickenbach. Vgl. BECHER, Stumpf, S. 104-109; WOLFERT, Wappengruppen, S. 343f; DERS., Stumpf, S. 110-113.

[104] Bedeutende (Nieder-)Adelsfamilie, die im 13. Jahrhundert erstmals genannt wurde und seit dem 14. Jahrhundert bis zu ihrem Erlöschen im Mannesstamm 1635/43 erbachische Lehen hatte. Wichtigster Vertreter dieser Familie war Julius Echter von Mespelbrunn († 1617), Bischof von Würzburg und Gründer der dortigen Universität. Das Allianzwappen seiner Eltern, Peters III. und Gertruds von Adelsheim, ist am 1545 neu erbauten Burgsitz in Erbach zu sehen. Die Tochter des letzten Echter, Maria Ottilia, war mit Philipp Ludwig von Ingelheim verheiratet; über sie wurden die Echter in weiblicher Folge fortgesetzt. Die Familie blüht noch, heute unter dem Namen „Reichsgraf von Ingelheim gen. Echter von und zu Mespelbrunn". Vgl. ausführlich BECHER, Echter von Mespelbrunn, S. 86-96; KITTEL, Freiherrn v. Mespelbrunn; KNESCHKE, Adelslexikon III, S. 14f.

[105] Zur Familie vgl. ausführlich MARTIN, Habern, S. 10-137; dazu auch KNESCHKE, Adelslexikon IV, S. 121: rheinländisch-fränkischer Niederadel. Ursprünglich Lehensleute der Herren von Bickenbach wurden sie 1361 bei der Teilung der Herrschaft Bickenbach Vasallen der Schenken von Erbach (SCHNEIDER, Historie, UB Nr. 38, S. 93).

| | |
|---|---|
| | heim, Zell, Habitzheim, Ludenburg[106] |
| Heusenstamm[107] | Haus u. Güter zu Habitzheim |
| 14. bis 18. Jahrhundert: | |
| Walbrunn (zu Ernsthofen)[108] | Kirchensatz in Pfungstadt; Burglehen zu Reichenberg; Schloß Ernsthofen; Einkünfte in Groß-Zimmern, Spachbrücken, Zeilhart, Unrode, Oberkainsbach, Zotzenbach, Mörlenbach |
| 15. Jahrhundert: | |
| Ackerloch (v. Zimmern)[109] | Güter zu Großzimmern |
| Angersbach[110] | Burglehen zu Erbach |
| Beyer v. Boppard[111] | Einkünfte, Güter zu Rimbach |
| Boos v. Waldeck[112] | Zehnte zu Liedersbach |

[106] Hier handelt es sich mit großer Wahrscheinlichkeit um das Dorf Laudenberg bei Buchen. Am 1. November 1417 hatte Hans vom Habern seinen allodialen halben Teil an dem Dorf mit Zustimmung seines Bruders Heinrich übertragen und nahm ihn als Lehen zurück (vgl. SIMON, Erbach, UB Nr. 185, S. 187f; MARTIN, Habern, Reg. 52, S. 32-34).

[107] Vgl. KNESCHKE, Adelslexikon IV, S. 351f. Adel, der sich nach seinem Sitz Heusenstamm bei Offenbach benannte; seit 1381 Lehensleute der Herren von Erbach; zuvor Vasallen und Pfandnehmer des Reichs, der Herren von Bickenbach sowie der von Eppstein (vgl. zu den Belegen ausführlich MÜLLER, Ortsnamenbuch, S. 327-331).

[108] Die niederadeligen Walbrunn waren in Nieder-Ramstadt bei Darmstadt ansässig und nannten sich ursprünglich auch nach diesem Ort „von Ramstadt", seit 1204 trat der Name „von Walbrunn" immer wieder auf, bis er sich schließlich durchsetzte. Eine Linie der von Ramstadt-Walbrunn saß in dem südlich von Nieder-Ramstadt gelegenen Ernsthofen. Ursprünglich waren sie wohl Dienstleute der Herren von Dornberg, die von den Grafen von Katzenelnbogen beerbt wurden. Ein erstes erbachische Lehen läßt sich für 1357 nachweisen: Schenk Konrad IV. belehnte Hans von Walbrunn mit dem Kirchensatz zu Pfungstadt (vgl. SCHNEIDER, Historie, UB Nr. 107, S. 159). Vgl. zusammenfassend WOLFERT, Wappengruppen, S. 329f; MÜLLER, Ortsnamenbuch, S. 177-180 (mit Belegen).

[109] Niederadelsfamilie, die sich mit dem Ortszusatz „von Zimmern", das ist Großzimmern bei Dieburg, nannte (vgl. MÜLLER, Ortsnamenbuch, S. 272).

[110] BECHER, Echter von Mespelbrunn, S. 95, erwähnt einen „Paulus Angersbach", der im Erbacher Städtel den Nordostturm als Burglehen besaß. Es bleibt unklar, ob es sich hier um einen Angehörigen einer Niederadelsfamilie handelt oder ob es ein nicht-adeliger Burgmann war. Becher verweist an derselben Stelle jedoch auf eine mögliche Verwandtschaft zu der Niederadelsfamilie der Snelrad; es bleibt jedoch unklar, wie er zu dieser Aussage kommt.

[111] Vgl. KNESCHKE, Adelslexikon I, S. 405; MÖLLER, Stamm-Tafeln A.F. I, S. 50f, Taf. 20. Rheinisches Rittergeschlecht, das erstmals mit *Conradus bawarus* (1216-1237), der von 1234 bis 1236 Reichsschultheiß in Boppard war, auftrat und 1421 von König Sigismund in den Freiherrenstand erhoben wurde.

[112] Vgl. KNESCHKE, Adelslexikon I, S. 561f; MÖLLER, Stamm-Tafeln A.F. I, S. 110, Taf. 40: rheinischer Niederadel mit dem Stammsitz Burg Waldeck im Hunsrück; mit Bosso I. (noch 1248 erwähnt) erstmals genannt.

| | |
|---|---|
| Betzel v. Heppenheim[113] | Güter zu Heppenheim |
| Bache v. Neustatt[114] | Burglehen zu Erbach |
| Carsbach v. Alesberg[115] | Einkünfte, Güter zu Bickenbach, Alsbach, Klingenberg, Klein-Zimmern |
| Clinghart (v. Fockenrode)[116] | Burglehen zu Michelstadt |
| Coppe v. Heppenheim[117] | Güter zu Heppenheim |
| Clemm v. Hohenberg[118] | Güter zu Weiten-Gesäß |
| Drautwein[119] | Burglehen zu Erbach |
| Erlenbach[120] | Güter zu Michelstadt |

[113] Hier bleibt die Zuordnung der Niederadelsfamilie unsicher; es ließ sich letztlich nicht schlüssig ermitteln, ob sich die Familie nach Heppenheim an der Bergstraße, nach Heppenheim an der Wiese bei Worms oder nach (Gau-)Heppenheim bei Alzey nannte.

[114] Ein Zweig der Niederadelsfamilie Bache (erwähnt seit 1256), der seit der Mitte des 14. Jahrhunderts Lehen in der Herrschaft Breuberg trug (vgl. WOLFERT, Wappengruppen, S. 343; SIMON, Erbach, S. 203, 205; MÜLLER, Ortsnamenbuch, S. 500). Vertreter dieser Linie nannten sich auch zeitweise „Bache von Raibach" nach dem Ort unterhalb der Burg Breuberg (Peter 1388-1400, Heinrich 1397-1419); Jörg Bache (1397-1433) errichtete um 1400 zwischen Mömlingen und Eisenbach eine kleine Wasserburg neben dem Neustädter Hof, die er 1404 den Grafen von Wertheim zu Lehen auftrug. Bis zum Erlöschen der Familie 1471 nannte sie sich nun mit dem Zusatz „von Neustatt".

[115] Vgl. KNESCHKE, Adelslexikon II, S. 232f; WOLFERT, Wappengruppen, S. 382f: fränkischer Niederadel mit dem Stammsitz in Karsbach (etwa 7 Kilometer östlich von Gemünden am Main). Seit 1159 als Würzburger Ministeriale erwähnt; seit dem Ende des 13. Jahrhunderts meist im Umfeld der Grafen von Rieneck zu verorten. Hier liegt bei Simon wohl eine Verlesung vor: C. von Adelsberg, so daß wir hier eine Linie der von Carsbach vor uns hätten, die sich nach dem Ort Adelsberg am Main (südöstlich von Gemünden) benannte.

[116] Klinkhardt von Vockenrot: Angehörige einer 1564 erloschenen Niederadelsfamilie, die ursprünglich zum Wertheimer Lehensverband zählte und sich nach Vockenrot, einem Stadtteil von Wertheim, nannte, der im späten Mittelalter meist als *Vockenrode* o.ä. bezeichnet wurde (vgl. EHMER, Wertheim, S. 67, 70; FRIESE, Lehenshof, Nr. 56, 100).

[117] Wie bei den Betzel von Heppenheim ist auch hier ein sichere Zuordnung der Niederadelsfamilie nicht zu leisten; es ließ sich letztlich nicht schlüssig ermitteln, ob sich die Familie nach Heppenheim an der Bergstraße, nach Heppenheim an der Wiese bei Worms oder nach (Gau-)Heppenheim bei Alzey nannte.

[118] Nassauischer Adel, dessen sichere Stammreihe mit Fritz Clemm von Hohenberg (1450/60 Schultheiß in Usingen), begann. 1912/14 verlieh der Großherzog von Hessen Titel und Wappen der ausgestorbenen Familie an Adolf und Gustav Clemm. Vgl. zusammenfassend HUECK, Adelslexikon II, S. 304 (mit weiterer Literatur).

[119] Eine Niederadelsfamilie Drautwein, Trautwein o.ä. ließ sich nicht nachweisen, so daß hier wohl eine nicht-adelige Familie ein erbachisches Burglehen erhalten hat.

[120] Vgl. MÖLLER, Genealogische Beiträge, S. 147-149: Niederadelsfamilie, die sich nach Erlenbach am Main nannte. Der 1236 bis 1249 bezeugte Wortwin von Erlenbach ist wohl der erste sicher zuweisbare Vertreter der Familie; den Nachweis bleibt Wolfert leider schuldig. Wenn er dagegen schon den 1206 als Zeuge für die Herren von Riedern genannten „Gernod

| | |
|---|---|
| Erligheim[121] | Vogtei zu Knoden, Breidenwiesen u. Hohenstein |
| Faut (Vogt)[122] | 1/2 des Zehnten in Breitendiel |
| Forstmeister v. Gelnhausen[123] | Vogtei u. Güter in Ritschweier u. Kantzenbach |
| Giffeltze[124] | Güter (bei Reinheim ?) |
| Hagenbach (?)[125] | Vogtei u. Einkünfte zu Bachenau |

von Erlenbach" zu dieser Familie zählt, so beruht dies auf einem Lesefehler (vgl. WOLFERT, Wappengruppen, S. 356). Denn es handelt sich bei Gernod um *Gernodus de Ertbach* (vgl. StAWt, Urkunde R US 1206; StAWt, R A 436, fol. 13v; Druck bei MONE, Dynasten, S. 436f); s. oben S. 45-48.

[121] Vgl. KNESCHKE, Adelslexikon III, S. 145: Schwäbisches Ministerialengeschlecht mit Stammsitz bei Besigheim; auch pfalzgräfliche Vasallen, die die Burg Stolzeneck am Neckar zu Lehen trugen. Urkundlich erwähnt sind die von Erligheim zwischen 1143 (?) und 1544.

[122] Am 20. Juni 1426 wurde der Bürger Hans Faut aus Miltenberg (*Hans Fawt, Heynrich Fawt seligen son, burger zu Miltenberg*) von Schenk Konrad VII. mit dem halben Zehnten in Breitendiel belehnt (vgl. SIMON, Erbach, UB Nr. 210, S. 206-208). In den Revers sind drei Lehensbriefe inseriert, die deutlich machen, daß seit 1353 mit Hans Faut verschwägerte Familien mit diesem Lehen ausgestattet worden waren.

[123] Vgl. zur Familie MÖLLER, Stamm-Tafeln A.F. III, S. 257f, Taf. 113; KNESCHKE, Adelslexikon III, S. 302f: Niederadel, der in einer ersten Linie seit dem zweiten Drittel des 13. Jahrhunderts nachweisbar ist, um 1350 jedoch erlosch. Ob die späteren Forstmeister Verwandte dieser früheren Familie waren, läßt sich nicht eindeutig nachweisen. Am 28. September 1354 wurde Friedrich Forstmeister von Karl IV. mit „dem Burglehen und dem Forstamt zu Gelnhausen" belehnt, Lehen, die nach dem Tod Heinrich Forstmeisters ledig geworden waren (vgl. REIMER, UB Herren von Hanau 3, Nr. 119, S. 132). 1356 erhielt Friedrich auch das Forstmeisteramt im Büdinger Wald, das ursprünglich nicht mit dem Gelnhäusener identisch war. 1395 wurden erstmals die Grafen von Isenburg mit dem Burggrafenamt belehnt; das Forstmeisteramt verblieb jedoch in der Familie der Forstmeister. 1484 verkaufte Balthasar Forstmeister von Gelnhausen das Amt an die Grafen von Isenburg. Ausgestorben ist die Familie 1802. – S. auch Anm. 132.

[124] Offenbar niederadelige Lehensleute der Herren von Erbach; am 7. Juni 1414 reversierte *Bechtolt von Giffelcze* ein Lehen über *zwene morgen ackers gelegen in der Ame an dem Rynbeymer* [sic] *wege*; vgl. SIMON, Erbach, UB Nr. 174, S. 175f, der jedoch im Kopfregest „Rynheymer Wege" (= Reinheimer Weg) angibt und das Lehen somit in der Nähe von Reinheim verortet; dagegen hat MÜLLER, Ortsnamenbuch, S. 161, das Lehen unter den Grundbesitz in Erbach gerechnet. Der Lehensrevers ist auch erwähnt bei SCHNEIDER, Historie, UB Lit. C, Nr. 16, S. 8, der jedoch die Lage der zwei Morgen Ackerland nicht näher beschreibt). Weitere Nennungen dieser Familie und dieses Lehens gibt es nicht, so daß das Lehen möglicherweise nur kurz in der Hand Bechtolts gewesen und nach seinem Tod wieder an die Schenken zurückgefallen ist. Denn die heute verlorene Reversurkunde trägt nach SIMON, ebd., den Rückvermerk: *Diese lehen sein heimgeuallen.* In dem Lehensbrief für Bechtolt, der vom selben Tag datiert, nannte ihn Schenk Eberhard X. „seinen Kellner" (nach SIMON, ebd.).

[125] Wohl Ortsadel, der sich nach dem Ort Hagenbach, einem Stadtteil von Bad Friedrichshall, nannte. Es ist wohl nicht Hagenbach, Stadt Möckmühl, da sich die genannten Lehen in Bachenau, einem benachbarten Ort zu dem erstgenannten Hagenbach, befinden. Vgl. dazu Land Baden-Württemberg IV, S. 46 und 108; in der Darstellung bestehen Unsicherheiten:

| | |
|---|---|
| Hardenau[126] | der Heborten-Hof zu Bensheim, zugehörige Güter |
| Hebestreit | |
| v. Lindenfels[127] | Güter in Igelsbach |
| Heubach | |
| (v. Otzberg)[128] | Einkünfte, Güter in Brensbach |
| Heyer[129] | Burglehen in Erbach |
| Jude vom Stein[130] | Güter in Heppenheim |
| Kalb v. Reinheim[131] | Hofgut in der Strude |
| Kreis v. Lindenfels[132] | die Dörfer Ritschweier, Kantzenbach |

die Wittstatt nannten sich seit 1405 (?) mit dem Zusatz „Hagenbach", der einmal auf Hagenbach (Bad Friedrichshall), dann aber auch auf Hagenbach (Möckmühl) bezogen wird (vgl. EBD.). S. Anm. 150.

126 Niederadel, der sich nach dem Ort Hartenau bei Bickenbach nannte; vermutlich seit ihrem ersten Aufscheinen in der Mitte des 14. Jahrhunderts bereits Lehensleute der Herren von Bickenbach; seit 1406 auch Vasallen der Herren von Erbach (vgl. MÜLLER, Ortsnamenbuch, S. 298f).

127 Niederadelige Burgmannenfamilie, die sich nach der Burg Lindenfels benannte. 1222 ist erstmals ein Hebestreit erwähnt; er bezeugte als Propst des Michaelsklosters auf dem Heiligenberg eine in Heppenheim ausgestellte Urkunde des Lorscher Abts (vgl. BAUR, Hess. UB 5, Nr. 13, S. 14f). 1420 reversierte Hermann Hebestreit von Lindenfels den Empfang des halben Teils der Güter in Igelsbach bei Lindenfels von Schenk Eberhard X. (vgl. SIMON, Erbach, UB Nr. 195, S. 196).

128 Niederadelsfamilie aus Groß-Heubach am Main nordwestlich von Miltenberg, auch „von Heidebach", nach der alten Namensform für den Ort. Ursprünglich Lehensleute der Reichsschenken von Klingenberg und ihren Nachfolgern, den Herren von Bickenbach; in geringem Umfang auch der Herren von Crumbach-Rodenstein. Angehörige der Familie sind seit 1229 mit Friedrich von Heidebach nachweisbar; im Lehensbuch Friedrichs I. von der Pfalz ist ein Bernhard „von Heupach" verzeichnet (nachweisbar 1431-1477), der pfalzgräflicher Burgmann auf Burg Otzberg war, Erbacher Lehen zu Brensbach hatte und sich erstmals „Heubach von Otzberg" nannte. Vgl. dazu WOLFERT, Wappengruppen, S. 354f.

129 Zu dieser Familie ließen sich keine Nachweise erbringen. Es ist nicht sicher, ob es sich um eine Niederadelsfamilie handelte; möglicherweise gehörten die Heyer zu den nicht-adeligen Burgmannen der Herren von Erbach.

130 Ein Zweig der Niederadelsfamilie Jude, der sich nach der Burg Stein an der Weschnitzmündung nannte (weitere Zweige der Familie nennen sich nach Worms, Mainz, Bensheim und Eltville). Erstnennung offenbar 1355 mit Ritter Helfrich Jude, einem Lehensmann des St.-Albans-Stifts in Mainz (vgl. MÜLLER, Ortsnamenbuch, S. 685f); 1361 ist dieser Helfrich Siegelzeuge in einer Urkunde, die die Übertragung bickenbachischer Leute an die Schenken von Erbach fixierte (vgl. SCHNEIDER, Historie, UB Nr. 38, S. 93).

131 Niederadel aus Reinheim (südlich von Dieburg), der mit einem *Kalp miles* 1292 erstmals sicher nachweisbar ist (nach einer frankensteinischen Urkunde aus Darmstadt, so MÜLLER, Ortsnamenbuch, S. 578). Lehensleute und Burgmannen der Grafen von Katzenelnbogen zu Lichtenberg; darüber hinaus hatten sie auch Lehen der Pfalzgrafen, der Grafen von Sponheim sowie der Herren von Bickenbach inne. Am 7. September 1408 trug Werner Kalb von Reinheim seinen allodialen Hof *in der strüde gelegen* Schenk Eberhard X. zu Lehen auf; seither erbachisches Lehen (vgl. SIMON, Erbach, UB Nr. 163, S. 166, dort irrig zum 8. September; SCHNEIDER, Historie, UB Nr. Lit. C, 27.1, S. 10 [Auszug der Urkunde]; MÜLLER, Ortsnamenbuch, S. 578, 696). Zusammenfassend zur Familie WOLFERT, Wappengruppen, S. 341f.

| | |
|---|---|
| Landschaden v. Steinach[133] | ein Hof zu Fürth |
| Rodenstein[134] | Burglehen in Michelstadt; Güter in Rimbach |
| Roden[135] | Vogtei zu Roden (Radheim) |
| Schade v. Altheim[136] | Burglehen in Michelstadt; Güter in |

[132] Niederadel in Lindenfels, der in drei weiteren Nebenlinien existierte: Kreis von Weinheim, von Babenhausen und von Düdelsheim. Der nachweislich erste Vertreter der Familie Kreis ist ein *Hertwicus Crez*, der 1208 sehr vereinzelt auftrat (MÖLLER, Beiträge, S. 139). Seit 1392 bzw. 1399 als Lehensleute der Pfalzgrafschaft nachweisbar (vgl. SPIEß, Lehnsbuch Nr. 395f), seit dem 14. Jahrhundert auch immer wieder Burgmannen in Lindenfels. 1317 sind die Kreis auch als Lehenleute der Herren von Bickenbach greifbar; darüber hinaus trugen sie auch Lehen der Grafen von Katzenelnbogen und Sponheim sowie der Herren von Rodenstein (vgl. MÜLLER, Ortsnamenbuch, S. 433). Am 22. Juli 1431 verkaufte Schenk Konrad IX. die Orte Ritschweier und Kanzenbach (Mainzer Lehen) wiederkäuflich binnen sechs Jahren für 400 Gulden an Bernhard Kreis von Lindenfels (vgl. SIMON, Erbach, UB Nr. 228, S. 224-226); Besitznachfolger werden die Forstmeister von Gelnhausen, die Ende des 15. Jahrhunderts die Güter und Orte von Bernhard kauften bzw. diesen beerbten (vgl. MÜLLER, Ortsnamenbuch, S. 343; SPIEß, Lehnsbuch, S. 169f). Ob die Kreis von Lindenfels sich wirklich nach Bürgstadt bei Miltenberg nannten und auch dort ihren Sitz hatten, wie WOLFERT, Wappengruppen, S. 335f, annimmt, erscheint fraglich. Denn die Kreis/Kreiz von Bürgstadt sind Mainzer Dienstmannen; eine Verbindung, die sich für die Kreis von Lindenfels nicht aufzeigen läßt, da sie schon bei der ersten Erwähnung im Umfeld Pfalzgraf Heinrichs I. zu verorten sind: Hertwik ist Zeuge in einer am 30. Mai 1208 in Lindenfels (!) ausgestellten Schenkungsurkunde des Pfalzgrafen (vgl. LAMEY, Truchsessen von Alzey, S. 271, Nr. 1; Abb. der Urkunde bei DEBUS, Regesten, Abb. 25, der *trez* liest, was m. E. vom Buchstabenbestand nicht stimmen kann). Zusammenfassend zur Familie vgl. MÖLLER, Genealogische Beiträge, S. 138-142 (mit Stammtafel).

[133] Ministeriale der Herren von (Neckar-)Steinach, möglicherweise auch eine Seitenlinie der alten, um die Mitte des 14. Jahrhunderts erloschenen Herrenfamilie (vgl. IRSCHLINGER, Herren von Steinach, S. 412-508; RITSERT, Herren von Neckar-Steinach, S. 331-440; LANGENDÖRFER, Landschaden).

[134] Vgl. KLEBERGER, Territorialgeschichte, S. 98-106; KNESCHKE, Adelslexikon VII, S. 533f; FRANCK, Herren von Rodenstein. Alter edelfreier rheinischer Adel mit Stammsitz im Odenwald, jüngere Linie der Herren von Crumbach, die urkundlich bereits 1150 erscheinen; seit der Mitte des 13. Jahrhunderts „von Rodenstein" genannt. 1671 starb die Familie aus.

[135] Niederadel, der sich vermutlich nach Radheim (Gde. Schaafheim, östlich von Groß-Umstadt) nannte und im Codex Eberhardi erstmals erwähnt ist: dort *Rôdem* heißt (vgl. Codex Eberhardi 2, fol. 113[vb] [S. 216]). Im Textband des Urkundenbuch des Klosters Fulda identifizierte der Herausgeber Edmund Stengel *Rôdem* 1956 noch mit Ober- bzw. Nieder-Roden; im Registerband 1958 bereits mit Radheim. Daß Roden wohl nicht mit Ober- bzw. Nieder-Roden (Stadt Rödermark bzw. Stadt Rodgau) gleichzusetzen ist, darauf deuten die älteren Namensformen der Orte hin: *Rotaha*, *Rotahen* (*R. superior*, *R. inferior*) oder ähnlich (vgl. exemplarisch CL I, Nr. 12, S. 289f: Schenkung des Klosters in Roden [*monasterium Rotaha*] an Lorsch 786). Des weiteren ist in der Neuedition des Codex Eberhardi durch Meyer von Ermgassen auf fol. 114[ra] der Eintrag einer Schenkung des Hiltger und seiner Frau zu finden, die dem Fuldaer Kloster *bona sua in Ostheim et Roden cum mancipiis* schenken (vgl. Codex Eberhardi 2, fol. 114[ra] [S. 217]). Der genannte Ort Ostheim ist vermutlich das heutige Großostheim, in dessen unmittelbarer Nachbarschaft Radheim (*Roden*) liegt.

| | |
|---|---|
| | Brensbach |
| Schelm v. Bergen[137] | ein Zehnte in Groß-Zimmern; Einkünfte in Wald-Michelbach, Kreidach; Burglehen zu Reichenberg |
| Schelle v. Umstadt[138] | Burglehen in Erbach; Güter in Haisterbach, Güntherfürst |
| Schlüchterer v. Erffenstein[139] | 1/4 vom Hahnensand in Poppenheim |
| Schweinheim[140] | Burglehen in Erbach; Güter in Haisterbach |
| Schwarzenberg[141] | Güter in Heppenheim |

[136] Niederadelsfamilie, die sich wie die Geiling und Krieg von Altheim auch nach Altheim nordöstlich von Dieburg nannte, mit ihnen aber wohl nicht verwandt war, weil sie ein völlig anderes Wappen führte (vgl. WOLFERT, Wappengruppen, S. 344). Der erste greifbare Angehörige dieser Familie war der Ritter Johann Schade noch ohne Namenszusatz, der 1342 als Schiedsrichter auftrat (vgl. GUDENUS, Codex diplom. 5, S. 816). Seit 1452 als Lehensleute der Herren von Erbach belegt (vgl. SIMON, Erbach, UB, Nr. 266, S. 267).

[137] Niederadel, der sich nach (dem heute Frankfurter Stadtteil) Bergen nannte und mit den Rödelheim, Sachsenhausen, Preungesheim und den Bommersheim(-Praunheim) stammverwandt war. Vgl. zur Familie MÖLLER, Stamm-Tafeln A.F. III, S. 262-269, v.a. 266f, Taf. 119.

[138] Niederadel, der sich nach seinem Sitz (Groß-)Umstadt nannte und 1445 ein erbachisches Burglehen erhielt (vgl. MÜLLER, Ortsnamenbuch, S. 261). Sie waren ein Zweig der Schelle von Amorbach (Wald-Amorbach bei Breuberg-Neustadt).

[139] Niederadelsfamilie, die sich nach der Mitte des 13. Jahrhunderts an die Grafen von Leiningen gekommene Lehensburg Erfenstein (Gde. Esthal) westlich von Neustadt an der Weinstraße nannte und die ursprünglich vielleicht zu den Lehensleuten der Bolanden gehörte; Ende des 13. Jahrhunderts waren verschiedene Angehörige der Familie von Erfenstein auch Burgmannen des Speyerer Bischofs. Seit der Mitte des 14. Jahrhunderts lassen sich die Linien Bock von Erfenstein (v.a. Lehensleute der Grafen von Leiningen) und Schlüchterer von Erfenstein nachweisen. Neben den Herren von Erbach waren auch der Pfalzgraf und der Landgrafen von Hessen sowie die Wolfskehlen Lehensherren der letzteren. Vgl. Dehio: Rheinland-Pfalz, Saarland, S. 263; LEHMANN, Burgen II, S. 354-359; PUHL, Erfenstein, S. 504-516; TOUSSAINT, Leiningen, S. 184f; Landgrafen-Regesten online (http://lgr.online.uni-marburg.de), Nr. 8589, Bearbeitungsstand vom 13.1.2005.

[140] Es handelt sich hier um die 1373 erstmals (?) erwähnte Niederadelsfamilie „von Schwanheim“, die in Schwanheim nordwestlich von Bensheim ansässig war; bis ins 17. Jahrhundert wurde der Ort auch S(ch)weinheim/Schwainheim genannt, bei der Erstnennung 765 *villa, que dicitur Suainheim* (vgl. MÜLLER, Ortsnamenbuch, S. 644). Seit der Mitte des 15. Jahrhunderts trugen die von Schwanheim erbachische Lehen.

[141] Es ist nicht sicher, ob es sich hierbei um die Familie der heutigen Fürsten von Schwarzenberg, deren Stammvater Erkinger von Seinsheim in der ersten Hälfte des 15. Jahrhunderts die würzburgische Herrschaft Schwarzenberg nahe Scheinfeld im Steigerwald an sich bringen konnte und den Titel „Freiherr zu Schwarzenberg“ erwarb, handelte. Der Eintrag könnte sich vielmehr auch auf die Niederadelsfamilie von Schwarzenberg beziehen, die sich nach der gleichnamigen Burg in Lockweiler (Stadt Wadern, LKr. Merzig-Wadern) nannte und mit der mit Erbach verschwägerten Familie der Vogt von Hunolstein stammverwandt war. Ihre Angehörige waren trierische Lehensleute im Mitbesitz der seit 1348 trierischen Burg Wartenstein (LKr. Bad Kreuznach); vgl. Handbuch der Historischen Stätten: Rheinlandpfalz, Saarland, S. 209, 395. Ein Seitenzweig der Familie sind die Flach von Schwarzen-

| | |
|---|---|
| Starkerad v. Breuberg[142] (= Duborn v. B.) | Einkünfte, Güter in Fürstengrund, Wörth, Affolterbach, Kimbach, Kirchbrombach, Rimhorn |
| Synold v. Reinheim[143] | Burglehen in Michelstadt oder Reichelsheim |
| Ulnbach[144] | Hof in Erlenbach (bei Erbach) |
| Ulner v. Dieburg[145] | Zehnte in Ober-Kinzig; Burglehen in Habitzheim |
| Waltmann[146] | Unrode bei Otzberg, Oberkainsbach; ein Zehnte in Igelsbach (bei Lindenfels) |

berg, die seit 1399 mit einem Burglehen zu Oppenheim ausgestattet waren, (vgl. SPIEß, Lehnsbuch, Nr. 338, S. 64, 160). Vgl. zusammenfassend zur Familie MÖLLER, Stamm-Tafeln A.F. III, S. 221-224, Taf. 90-92.

142 Bedeutender Niederadel, der zunächst im Umfeld der Herren von Breuberg zu verorten ist, möglicherweise zu deren Ministerialen gezählt werden muß. Seit dem beginnenden 14. Jahrhundert in zwei Linien geteilt: die Duborn und die Starkerad von Breuberg. Die Familie trug Lehen der Pfalzgrafen bei Rhein, der Herren von Breuberg, Rodenstein und Bickenbach sowie der Schenken von Erbach (vgl. zur Familie ausführlich BECHER, Duborn-Starkerad, S. 61-70; zusammenfassend MÜLLER, Ortsnamenbuch, S. 91f; WOLFERT, Wappengruppen, S. 338).

143 Niederadelsfamilie, die in Reinheim katzenelnbogische Lehen hatte, deren Angehöriger Haman 1403 als Truchseß der Grafen von Katzenelnbogen nachgewiesen ist, und die sich offenbar nach dem Ort nannte; ursprünglich wohl Synolt von Breuberg bzw. eine davon abgezweigte Linie dieser Ritterfamilie (vgl. WOLFERT, Wappengruppen, S. 334; MÖLLER, Beiträge, S. 138). Eine Stammverwandtschaft mit der Familie der Synolt von Rosenbach läßt sich aufgrund der verschiedenen Wappenbilder wohl nicht herstellen.

144 Wohl die Familie von Aulenbach mit ihrem Stammsitz nordöstlich von Eschau im Spessart. Vgl. WOLFERT, Wappengruppen, S. 361f: die Familie trat erstmals 1303 mit einem Gottfried auf. Ob sie mit der älteren Familie Kottwitz (von Aulenbach) verwandt ist, läßt sich nicht nachweisen. Else von Aulenbach („von Mönchberg") heiratete um 1479 Leonhard Kottwitz, der im Pfandbesitz der aulenbachischen Burglehen in Mönchberg war; erst danach nennen sich die alten *Kodebuz* nun Kottwitz von Aulenbach (s. Anm. 101).

145 Eine der vielen Niederadelsfamilien, die sich nach ihrem Sitz Dieburg nannten (vgl. KNESCHKE, Adelslexikon IX, S. 336; ausführlich MÜLLER, Ortsnamenbuch, S. 118-120, mit Belegen). Als Stammvater gilt der älteste Sohn Anselms von Dieburg (erw. 1236), Konrad, der 1255 erstmals „Ulner" (Töpfer) genannt wurde, abgeleitet von ahd. aul, mhd. ûle = Topf (mlat. „olla"): *Conradus, dictus figulus, Anshelmus et Fridericus, filii quondam domini Anshelmi Dypurgensis* (GUDENUS, Codex diplom. 2, Nr. 90, S. 124; vgl. auch MÖLLER, Stamm-Tafeln A.F. I, S. 106f, Taf. 27).

146 Ein Rucker Waltmann findet sich im Umfeld des Dieter Gans von Otzberg, der am 8. Januar 1385 ein Lehen des verstorbenen Rucker erhalten hatte (vgl. SPIEß, Lehensbuch, Nr. 406, S. 172); 1427 ist ein Hamann Waltman Amtmann zu Otzberg, vor 1485 ist Hamman Waltmann Burgmann auf dem Otzberg (WOLFERT, Otzberg, S. 4f). Nachdem Hartmann Waltmann 1450 Güter zu Igelsbach bei Lindenfels von Schenk Konrad zu Lehen erhalten hatte (SCHNEIDER, Historie, UB Lit. C, Nr. 52, S. 13), nannte er sich offenbar wenig später Hartmann Waltmann von Lindenfels. Möglicherweise sind sie alle Angehörige der Familie der Edelknechte Waltmann von Breuberg, die um die Mitte des 14. Jahrhunderts erstmals auftauchte, wobei hier die Zuordnungen nicht immer eindeutig sind (vgl. MÜLLER, Ortsnamenbuch, S. 92f).

| | |
|---|---|
| Wasen[147] | Wiesen bei Hildenhausen |
| Weiler[148] | Zehnte in Roden; 1/2 Zehnt in Breitendiel |
| Wilberg[149] | Einkünfte in Haisterbach, Günterfürst, Erbach, Groß-Zimmern |
| Wittstatt[150] | 1/3 der Vogtei in Bachenau u. Jagstfeld |
| Yring | |
| v. Mauchenheim[151] | 1/2 Zehnt in Ober-Kinzig u. Eberdiel; 1/2 Mühle in Dorferbach; ein Gut in Wallbach; Güter bei Heppenheim |
| Zotzenbach[152] | Güter in Igelsbach (bei Lindenfels) |

15. und 16. Jahrhundert:

| | |
|---|---|
| Handschuhsheim[153] | Einkünfte, Güter in Handschuhsheim, Neuenheim |
| Ingelheim[154] | ein Hof in Fürth |

[147] Ein Stammsitz dieser Niederadelsfamilie läßt sich bislang nicht finden; jedoch scheinen sie schon früh in Aschaffenburg gesessen zu haben und sind im Umfeld des St. Peter und Alexander Stifts zu finden. Um die Mitte des 13. Jahrhunderts teilte sich die Familie in einen Aschaffenburger (erloschen um die Mitte des 16. Jahrhunderts) und einen Babenhausener Zweig, der 1611 bzw. 1612 ausstarb. Zusammenfassend DRÖS, Wappenbuch, Nr. 111; WOLFERT, Wappengruppen, S. 351f.

[148] Vermutlich ein Zweig der Niederadelsfamilie von Bessenbach, die sich nach dem Ort Bessenbach östlich von Aschaffenburg nannte. Die Weiler (seit 1257 bekannt) waren auf der Burg Weiler nur zwei Kilometer von Bessenbach entfernt ansässig und stellten als Lehnsleute des Peter-und-Alexander-Stifts in Aschaffenburg dort viele Kanoniker, und sie lassen sich mehrfach als Aschaffenburger Schultheißen nachweisen. Die Familie erlosch 1655 mit dem Mainzer und Würzburger Domkanoniker Jodokus Philipp. Vgl. zusammenfassend WOLFERT, Wappengruppen, S. 353f.

[149] Vielleicht die Niederadelsfamilie von Wildberg, die sich nach ihrem Stammsitz Wildburg südlich von Simmern im Hunsrück nannte (vgl. KNESCHKE, Adelslexikon IX, S. 573).

[150] Die Wittstatt traten 1245 als Ministeriale der Herren von Boxberg auf und waren stammverwandt mit den von Dörzbach; der namengebende Ort Unter- bzw. Ober-Wittstadt liegt etwa 10 Kilometer südlich von Boxberg im Bauland. Um 1500 nahmen sie den Namenszusatz „gen. von Hagenbach" an, wohl kurz vor 1600 erloschen. Vgl. zusammenfassend WOLFERT, Wappengruppen, S. 368; ALBERTI, Adels- und Wappenbuch, S. 1076. S. Anm. 125.

[151] Adel, der sich wohl nach Mauchenheim südwestlich von Alzey nannte; vgl. dazu auch die Bechtoltsheim gen. Mauchenbach sowie die Mauchenbach gen. Bechtoltsheim (KNESCHKE, Adelslexikon I, S. 250-252; VI, S. 174f).

[152] Von dieser Familie ist nicht sicher zu sagen, ob sie tatsächlich dem Niederadel angehörte. 1510 kaufte ein Hans (von Zotzenbach), Schultheiß von Lindenfels, die ehemals Hebestreitschen Lehen in Igelsbach (SIMON, Erbach, UB Nr. 195, S. 196, Anm.). Vgl. allgemein zu Zotzenbach MÜLLER, Ortsnamenbuch, S. 772.

[153] Ursprünglich Ministeriale der Herren von Schauenburg, später bedeutende pfalzgräfliche Vasallen, erloschen 1600 (vgl. Amtliche Kreisbeschreibung II, S. 101-104; zusammenfassend DRÖS, Wappenbuch, Nr. 4; KNESCHKE, Adelslexikon IV, S. 186; MÖLLER, Stamm-Tafeln A.F. I, S. 75f, Taf. 28).

| | |
|---|---|
| Rohrbach[155] | Burglehen in Erbach; Weineinkünfte bei Alsbach |

Schon ein einfacher Blick auf diese lange Liste genügt, um festzustellen, daß der erbachische Lehensverband eine enorm große Anzahl von Lehensleuten umfaßte. Seit dem 13. Jahrhundert bis zum Ende des Mittelalters gehörten – zumindest zeitweise – bis zu 100 Familien zum Lehenshof der Herren von Erbach[156]. Berücksichtigt man die stets gegebene Fluktuation, so waren dennoch viele von ihnen über einen längeren Zeitraum lehensabhängig. Betrachtet man allein die Anzahl der Lehensleute, so scheint sich darin eine große Attraktivität und Bedeutung der Schenkenfamilie widerzuspiegeln. Der weit gespannte erbachische Lehensverband scheint also eine eindeutige Sprache zu sprechen – gerade auch dann, wenn man bedenkt, daß die Lehenshöfe mancher Fürsten oftmals einen geringeren oder zumindest gleichartigen Umfang hatten[157].

Diese Einschätzung muß jedoch zu einem guten Teil relativiert werden. Wenn die Zusammensetzung eingehender in den Blick genommen wird, müssen wir ein differenzierteres Bild zeichnen. Betrachten wir zunächst die geographische Verteilung der Vasallenfamilien: Der Schwerpunkt liegt klar in der Herrschaft Erbach selbst und den ihr benachbarten Regionen zwischen Bergstraße, Rhein, Main und Neckar; darüber hinaus lassen sich freilich auch Familien aus entfernteren Gebieten nachweisen. So stammten die Forstmeister von Gelnhausen vom Westrand des Spessarts, die Wittstatt kamen ursprünglich von Krautheim bei Tauberbischofsheim. Das schwäbische Ministerialengeschlecht von Erligheim hatte seinen Stammsitz bei Besigheim. Mit den Beyer von Boppard und den Boos von Waldeck finden sich auch Vertreter der am Mittelrhein ansässigen Familien im erbachischen Lehenshof wieder. Und ein nicht unerheblicher Teil der Familien stammte aus der nördlichen Wetterau und dem südwestlichen Vogelsberg (wie die Büches und die Merlau).

[154] Möglicherweise Niederadel von Ingelheim aus Edigheim nordwestlich von Ludwigshafen am Rhein (vgl. SPIEß, Lehnsbuch, Nr. 182); fraglich, ob es sich um die Grafen von Ingelheim handelte, die 1140 erstmals als Reichsministeriale erwähnt wurden (zu diesen zusammenfassend DRÖS, Wappenbuch, Nr. 123).

[155] Niederadel, der sich nach Rohrbach bei Groß-Bieberau nannte; wohl nicht nach dem Dorf Rohrbach bei Erzbach (westlich von Erbach), vgl. MÜLLER, Ortsnamenbuch, S. 607.

[156] Die Zahl der Lehensträger ist dann entsprechend höher. Da allerdings die Masse der Quellen zum erbachischen Lehensverband nicht mehr erhalten sind, können wir hier keine absoluten Zahlen angeben.

[157] Vgl. SPIEß, Lehnsherren, S. 55, der für den badischen Lehensverband für das Jahr 1381 70 Lehensempfänger aus 41 Familien angibt. Nach absoluten Zahlen hatte die Pfalzgrafschaft einen Lehenshof mittlerer Größe (1471 waren ca. 400 Vasallen bekannt). Das älteste Lehensbuch von 1401 weist 545 Einträge für einen Fürsten, 23 Grafen, 26 freie Herren und fast 400 Niederadelige auf, so daß hier weniger die Anzahl eine Rolle spielte, als vielmehr die Zusammensetzung das Prestige ausmachte. Dagegen hatten bischöfliche Lehenverbände offenbar einen weitaus größeren Umfang; für Münster sind Zahlen überliefert, die schon Ende des 14. Jahrhunderts auf eine Größe von 550 bis 600 Vasallen schließen lassen; Würzburg verfügte im selben Zeitraum über mehr als 1000 Lehensleute.

Spricht die weit gestreute geographische Herkunft der Lehensleute für eine einflußreiche Herrenfamilie, der es aufgrund ihrer Attraktivität gelungen ist, viele Familien an sich zu binden, so wird allerdings hinsichtlich der sozialen Struktur des erbachischen Lehenshofs rasch deutlich, daß dieser mit einer Ausnahme auf den Ritter- und Dienstadel beschränkt blieb, ihm vereinzelt auch nicht-adelige Familien angehörten. Wie aus den Nachweisen in der obigen Tabelle hervorgeht, stammten 93 bzw. 94 der 100 Familien aus dem Niederadel; vier bzw. fünf der genannten Familien waren aller Wahrscheinlichkeit nach nicht-adelig[158]. Die einzige nachgewiesenermaßen edelfreie Familie[159], die im 15. Jahrhundert in der Liste auftritt, ist die der Herren von Rodenstein, die jedoch zum Zeitpunkt der Belehnung bereits „auf der Schwelle zwischen Ritteradel und nichtfürstlichem Hochadel"[160] standen. Gehörten demnach 94 % der genannten Vasallen dem Ritteradel an, so muß jedoch auch innerhalb dieser großen Gruppe nochmals differenziert werden. Es handelte sich keinesfalls nur um unbedeutenden, wenig bekannten und kaum in Erscheinung getretenen Ortsadel, den die Herren von Erbach belehnt haben. Vielmehr finden wir unter den Lehensleuten Familien, die zur Spitzengruppe des Ritteradels zu zählen sind, deren Angehörige auch immer wieder in bedeutenden Ämtern, vor allem auch am Kurpfälzer Hof, anzutreffen sind. Dazu gehören die Handschuhsheim, die Echter von Mespelbrunn, die Erligheim, die vom Habern, die Landschade von Steinach, um nur einige Namen exemplarisch zu nennen[161].

Damit ist freilich auch ein weiteres Phänomen angesprochen, das bislang in der Forschung kaum beachtet wurde. Um die Bedeutung der Herren von Erbach hervorzuheben, stand in der Regel bisher nur die Frage nach der Anzahl der Lehensleute im Vordergrund, was jedoch zu einer Verzerrung des Bildes führte, wie wir gesehen haben. Gänzlich ausgeblendet blieb – neben der Sozialstruktur des Lehensverbandes – dagegen auch der Aspekt der Mehrfachbelehnung bzw. der Ausbildung weiterer Bezugssysteme, in die die erbachischen Lehensleute

[158] Es sind die Familien Drautwein, Faber, Heyer, Rauch und Vogt (Faut), wobei nur bei der letzten mit Sicherheit die Zugehörigkeit zum Nicht-Adel nachgewiesen werden kann (s. dazu Anm. 122); bei der Familie Rauch (s. Anm. 78) ist nicht auszuschließen, daß mit den niederadeligen Rauch von Rimbach in Verbindung zu bringen ist (s. Anm. 97).

[159] Möglicherweise sind auch die von Eicholzheim unter den edelfreien Adel zu fassen, wenn die von Wolfert aufgrund der Wappengleichheit hergestellte Verbindung zu Kraft von Lare aus dem Haus der Edelherren von Krautheim stimmen sollte (s. Anm. 56).

[160] SPIEẞ, Familie, S. 356.

[161] Vgl. beispielhaft die Zeit Ruprechts III. von der Pfalz. In seiner Regierungszeit gehörten Vertreter aus allen genannten Familien zu seinem Rat bzw. sie hatten wichtige Ämter bei Hof inne (vgl. SANDER, Adel, S. 97-115; zu den einzelnen Belegen, die hier nicht alle genannt werden können, vgl. auch RPR II).
Interessanterweise sind die mit den Erbachern verschwägerten Hirschhorner nicht im erbachischen Lehensverband zu finden, obschon Hans V. von Hirschhorn, ein Sohn Margarets von Erbach, „als der hervorragendste Rat (König) Ruprechts aus dem territorialen Bereich" galt (LOHMANN, Hirschhorn, S. 152). Wie SIMON, Erbach, S. 258, zeigt, übernahmen sie nur gelegentlich die Ausübung der Hofämter, wenn diese im Haus Erbach benötigt wurden.

möglicherweise gleichfalls eingebunden waren. Es wurde daher auch nicht gefragt, inwieweit die erbachischen Vasallen des 15. Jahrhunderts „von Haus aus" zum erbachischen Lehensverband gehörten. Das heißt: Existierte der Lehenshof des ausgehenden Mittelalters in dieser ausgeprägten Form bereits in der Frühzeit der Schenken? Oder muß nicht vielmehr daran gedacht werden, daß die Herren von Erbach viele ihrer Vasallen auch „ererbt" haben könnten?
Dieser Gedanke ist nicht gänzlich von der Hand zu weisen. Denn für die zweite Hälfte des 14. Jahrhunderts haben wir einen kräftigen Anstieg der Vasallenzahlen zu verzeichnen. Dies hängt zum einen sicher mit der deutlich besseren Überlieferungssituation durch die Anlage von Lehensverzeichnissen seit Schenk Eberhard X. zusammen. Doch scheinen auch noch andere Phänomene zu einem Anwachsen des Lehenshofs beigetragen zu haben. Um diese aufzuzeigen, müssen wir uns die von Erbach vergebenen Lehen genauer anschauen.

Es ist auffällig, daß seit der Mitte des 14. Jahrhunderts vermehrt Lehen ausgegeben wurden, die in einem Gebiet vom Rhein im Westen, der Bergstraße über Darmstadt und Groß-Umstadt bis nach Klingenberg bzw. Wörth am Main im Osten lagen. Dieser Besitz gehörte nicht bzw. nur zu einem ganz geringen Bruchteil zum Altbestand der Herrschaft Erbach[162]. Gerade die Besitzkonzentration zwischen Darmstadt und Groß-Umstadt sowie an der Bergstraße westlich von Bickenbach und der Erwerbszeitpunkt dieser Rechte weisen auf die Heirat Eberhards VIII. mit Elisabeth von Katzenelnbogen und auf den Ankauf der Herrschaft Jossa bereits durch Eberhards Vater, Schenk Konrad IV., hin. Denn vor allem die katzenelnbogische Heirat brachte für Erbach einen großen Gebietsgewinn in dem genannten Bereich[163]. Für das 15. Jahrhundert läßt sich dieses Phänomen, wenn auch schwächer ausgeprägt, nochmals erkennen, als weitere Teile der Herrschaft Bickenbach an die Herren von Erbach gelangten[164]. Mit dem Anfall dieser Güter und Besitzrechte haben die Herren von Erbach offenkundig auch die damit belehnten Vasallen übernommen, so daß der erbachische Lehenshof einen Zuwachs an ehemals katzenelnbogischen bzw. bickenbachischen Vasallen erfuhr[165]. Es bleibt also festzuhalten, daß bis zur

[162] S. oben Kapitel 4.3.1f; nur im Bereich der nördlichen Gersprenz um Habitzheim sind seit den 1220er Jahren fuldische Lehen für Erbach nachzuweisen.

[163] Elisabeth hatte durch ihre Mutter (Agnes von Bickenbach) große Anteile am Bickenbacher Besitz geerbt, über ihren kinderlos verstorbenen Bruder, Graf Eberhard IV. von Katzenelnbogen, fielen um Darmstadt gelegene Besitzrechte zunächst an sie, dann an das Haus Erbach.

[164] S. oben Kapitel 4.3.2.

[165] Vgl. zu dieser Übertragung der katzenelnbogischen bzw. bickenbachischen Vasallen SCHNEIDER, Historie, UB Nr. 38, S. 93: Wilhelm von Bensheim, Konrad von Babenhausen, Heinrich Wambold von Mömlingen, Johann von Aschbach, Heinrich von Zimmern, Herbort von Handschuhsheim, Werner vom Habern, Konrad von Reckershausen, Johann Guthart von Osthofen, Hans von Renneberg und Konrad Drunkel von Dieburg wurden am 31. Juli 1361 an Schenk Eberhard VIII. übertragen, von dem sie künftig die bisher von Bickenbach empfangenen Lehen erhalten sollten. – Johann Guthart von Osthofen und Hans von Renneberg werden nachfolgend aber nicht mehr im erbachischen Lehensverband genannt.

Mitte des 14. Jahrhunderts bereits ein Grundstock des erbachischen Lehensverbands vorhanden war[166], der im Verlauf der nächsten 150 Jahre vor allem durch Eheschließungen und den daraus erwachsenen Erbansprüchen bis zum Ende des 15. Jahrhunderts wesentlich erweitert wurde.

Auch bezüglich der aufgeworfenen Frage nach einer Mehrfachvasallität lassen sich neue Erkenntnisse gewinnen. Natürlich existierte der Lehensverband der Schenken nicht im luftleeren Raum – ganz im Gegenteil. Wie auch die Schenken von Erbach mehr als nur einem Lehensherrn verpflichtet waren, hatten die erbachischen Vasallen auch mehreren Herren den Lehenseid geschworen: Im 14. Jahrhundert sind weder die Grafen von Katzenelnbogen noch die Herren von Bickenbach in allen Linien ausgestorben, sondern nur die mit Erbach verschwägerten Zweige, so daß auf der anderen Seite noch die Verwandtschaft existierte, die auf die „familien-eigenen" Vasallen Anspruch erhob. Das würde bedeuten, daß die katzenelnbogischen bzw. bickenbachischen Lehensleute nur partiell an Erbach übergingen, so daß gewissermaßen eine Konkurrenzsituation unter den Familien der Lehensherrn entstand.

Konnten diese gegenseitigen Ansprüche und Einflußnahmen noch durch die gegebenen Eheschließungen in verwandtschaftlichem Konsens gemildert und ausgeglichen werden, muß noch auf eine weitaus schwerwiegendere Beeinträchtigung des erbachischen Lehensverbands hingewiesen werden. Allein die Menge der von Erbach ausgegebenen Lehen verweist darauf, daß diese nicht alle aus dem Allodialbesitz gekommen sein können; denn so umfangreich war dieser nach der Lehensauftragung an Pfalzgraf Rudolf zu Beginn des 14. Jahrhunderts bei weitem nicht mehr. Das heißt: Die Herren von Erbach vergaben auch Besitz und Rechte, die sie ihrerseits von benachbarten Fürsten zu Lehen trugen, als Afterlehen an ihre Lehensleute. Dies wird beispielhaft deutlich an den beiden Dörfern Ritschweier und Kantzenbach, mit denen die Herren von Erbach seit 1392 vom Erzstift Mainz belehnt wurden[167]. Die Schenken verliehen nun ihrerseits verschiedene Güter und die Vogtei in diesen Dörfern im 15. Jahrhundet an die Forstmeister von Gelnhausen[168]. Noch im selben Jahrhundert erhielten die Kreis

[166] Es handelt sich dabei wohl um die von Stockheim, Eicholzheim, die Dügel von Karben, die von Freienstein, die Gans vom Werde, die von Hochhausen, die Kemel von Heppenheim, die von Laudenbach, Rauch, Ruppel, Sachsenhausen, Schellenbach, Weckbach, Kottwitz sowie die Echter von Mespelbrunn. Diese Familien blieben dann auch bezeichnenderweise über Jahrhunderte hinweg erbachische Vasallen – es sei denn, sie sind ausgestorben (wie die Eicholzheim).

[167] Vgl. SIMON, Erbach, S. 305; SCHNEIDER, Historie Erbach, UB Nr. 62, S. 115. Schenk Eberhard X. erhielt die beiden Dörfer für sich und *sines libes Lehns-Erben*, mit denen zuvor Johann von Sayn gen. von Greiffenstein belehnt war, der die beiden Lehen jedoch aufgesagt hatte. – Güter aus diesen Dörfern dienten nicht nur als Afterlehen; Einkünfte daraus wurden bereits 1407/08 als Wittum für Lukhardis Truchsessin von Waldburg, Eberhards X. Schwiegertochter, vergeben (vgl. SIMON, Erbach, UB Nr. 140, S. 164).

[168] S. obige Tabelle.

von Lindenfels die beiden Dörfer im gesamten als Lehen von den Schenken zugesprochen[169].

Waren die Bindungen zum Erzstift Mainz zu Beginn des 15. Jahrhunderts vergleichsweise wenig ausgeprägt und daher eine mögliche Beeinflussung der erbachischen Politik von dieser Seite wenig wahrscheinlich, so steht diesen die seit mehr als zweihundert Jahren bestehende, traditionell starke Verbindung zur rheinischen Pfalzgrafschaft gegenüber. Die seit der Eingliederung Erbachs in das pfalzgräfliche Hegemonialsystem zu Beginn des 14. Jahrhunderts geradezu unauflöslich gewordene Klientelbeziehung erfuhr in der Regierungszeit König Ruprechts eine erneute Verfestigung, so daß für den Fall eines neuerlichen erbachischen Emanzipationsversuchs sicher mit einem Pfälzer Einschreiten zu rechnen gewesen wäre. Dieses mußte nicht zwingend durch direkte Aktionen der Pfalzgrafen erfolgen. Denn sie bedienten sich offenbar auch subtilerer Mittel, die, oberflächlich betrachtet, die Freiheit der Herren von Erbach nicht einschränkten, hintergründig allerdings dafür sorgten, daß die Eigenständigkeit der Pfälzer Schenken nicht zu groß wurde.

In den ersten Jahren des 15. Jahrhunderts erfuhren Attraktivität und Anziehungskraft der Herren von Erbach einen positiven Schub. Dies mag in erster Linie damit zusammenhängen, daß Schenk Eberhard X. in den unmittelbaren Königsdienst aufgestiegen war, so daß sich viele Angehörige des Ritteradels Profit davon erhofften[170]. Ein Gradmesser für diesen Prestigezuwachs ist der weitere Ausbau des erbachischen Lehenshofs in dieser Zeit. Denn „viele vom niedern Adel beeiferten sich, auf diese Weise in seine [Eberhards X.] Dienste zu treten, unter seinem Schutze zu stehen und ihm als Vasallen zu dienen“[171]. Nimmt man diese Lehensleute der Schenken genauer in den Blick, so zeigt sich, daß der überwiegende Teil dieser neuen Vasallen schon vorher dem pfalzgräflichen Lehenshof angehörten, also bereits dem Pfalzgrafen den Lehenseid geleistet hatten[172]. Stellt man die Lehenspolitik der Pfalz in Rechnung, nach der eine Lehensaufsagung nicht möglich und ein Treuevorbehalt verlangt war[173], wird schnell deutlich, daß im Falle einer Auseinandersetzung die beiderseits gebundenen Vasallen in einen Treuekonflikt geraten mußten. Das dann folgende Verhaltensmuster dürfte klar auf der Hand liegen: Allein schon durch das faktisch gegebene Machtgefälle zwischen der mächtigen Pfalzgrafschaft und den mindermächtigen Herren von Erbach sowie den damit verbundenen Eingriffs-

[169] S. ebd.

[170] Meist handelte es sich um solche, die bereits dem erbachischen Lehensverband angehörten, jetzt aber ihre Beziehungen intensivierten (wie die Echter von Mespelbrunn, die vom Habern, um nur zwei wichtige Familien zu nennen).

[171] SIMON, Erbach, S. 305.

[172] Vgl. die jeweiligen Einträge im ältesten Lehensbuch der Pfalzgrafschaft (SPIEß, Lehnsbuch). Doch nicht nur bei den neu hinzugekommenen Lehensleuten ist dies zu beobachten; auch eine große Zahl der bereits im 14. Jahrhundert zum erbachischen Lehensverband zählenden Vasallen reihte sich hier ein.

[173] Vgl. dazu SPIEß, Lehnspolitik, S. 201-210. Freilich ist auch festzuhalten, daß bestimmte Klauseln den Treuevorbehalt abschwächen konnten.

möglichkeiten würden sich die Lehensleute im Zweifesfall wohl für die Seite der Pfälzer Kurfürsten entschieden haben. Hinzu kommt, daß die Herren von Erbach ja selbst zu den pfalzgräflichen Vasallen zählten, so daß diese ebenso in eine Konfliktsituation geraten mußten, falls sie gegen ihre Lehensherrn aufbegehrten.

So bedeutete der Ausbau des erbachischen Lehensverbandes einerseits zwar einen Prestigegewinn für die Schenken; andererseits war damit anscheinend aber kein faktischer Machtzuwachs verbunden, weil die meisten Erbacher Vasallen gleichzeitig auch dem Pfälzer Lehensverband angehörten und dort gebunden waren[174]. Darüber hinaus müssen weitere Lehensbindungen der erbachischen Vasallen berücksichtigt werden, die deren Handlungsfreiheit und -möglichkeiten zusätzlich einengten. So waren beispielsweise die Herren von Rodenstein unter anderem auch Vasallen der Grafen von Katzenelnbogen, der Erzbischöfe von Mainz und der Landgrafen von Hessen[175]; die Echter von Mespelbrunn trugen auch viele ihrer Besitzungen vom Bistum Würzburg zu Lehen, ebenso wie vom Erzstift Mainz[176]; die Habern hatten neben Mainzer auch Bickenbacher Lehen inne, genauso wie solche der Grafen von Falkenstein-Münzenberg, die in deren Nachfolge an die Grafen von Isenburg gekommen sind, und der Grafen von Wertheim[177]. Die Landschaden von Steinach hatten neben den Schenken von Erbach und den Pfalzgrafen während des Spätmittelalters noch 12 weitere Lehensherrn: darunter den Erzbischof von Mainz, die Bischöfe von Worms und Speyer, die Grafen von Katzenelnbogen, in deren Nachfolge die Landgrafen von Hessen, sowie den Kaiser selbst[178]. Auch wenn wir hier nur die wichtigsten Vasallen der Erbacher Schenken genannt haben, wird deren allseitige Verwobenheit in vielfältigen Lehensbeziehungen hinreichend deutlich: Sie konnten gar nicht mehr losgelöst von diesem Beziehungsgeflecht handeln. Denn letzten Endes war stets einer der anderen Lehensherrn in seinen (vitalen) Interessen betroffen, so daß ein einvernehmliches Miteinander nur gelingen konnte, wenn alle Seiten den Konsens suchten.

Dennoch darf die Integrationsfähigkeit des erbachischen Lehenshofs für den benachbarten Ritteradel nicht zu gering geschätzt werden[179]. Die Lehensleute der Schenken bildeten immer wieder das Reservoir, aus dem diese ihre Dienstleute, Räte bzw. Richter und Amtleute rekrutierten. Aus den vielen Familien des Erbacher Lehensverbands ragten nur wenige hervor, die auch am „Hof“ der Herren von Erbach zu finden sind – soweit wir dies aufgrund der disparaten

[174] Überblickt man die weiteren mittelalterlichen Lehensbücher der Pfalzgrafschaft, so hatte diese Situation während des gesamten späten Mittelalters bis in die Neuzeit hinein Bestand.

[175] Vgl. KLEBERGER, Territorialgeschichte, S. 106-115; DEMANDT, Hessen, S. 216.

[176] Vgl. KITTEL, Echter von Mespelbrunn.

[177] Vgl. MARTIN, Habern, S. 14, 23, 26f, 41 u.ö.

[178] Vgl. LANGENDÖRFER, Landschaden, S. 165-169.

[179] Vgl. dazu auch SCHÄFER, Eppstein, S. 153.

Quellenlage für diesen Bereich überblicken können[180]. Vier oder fünf Familien stellten im Verlauf des 15. Jahrhunderts Räte bzw. Richter sowie Vögte und übten im Bedarfsfalle die Hofämter aus. Es handelte sich um die vom Habern: Hans vom Habern wird 1404 als *Rade bei den schenken von Erpach* bezeichnet[181]; um die Forstmeister von Gelnhausen: Philipp Forstmeister wird 1508 als *Lehn-Richter* faßbar[182]; die Herren von Rodenstein und die Gans von Otzberg nahmen zusammen mit den Herren von Hirschhorn im Bedarfsfalle die Hofämter der Herren von Erbach wahr[183].

### 5.2.2 Die Lehensverwaltung in der Herrschaft Erbach[184]

Abschließend müssen wir noch den Blick auf die Lehensverwaltung richten. Dabei stehen wir freilich vor dem großen Problem, daß die Archivalien, die uns diesbezüglich eine exakte Beschreibung ermöglichen würden, zum überwiegenden Teil der Kriegszerstörung 1944 zum Opfer fielen. Dennoch lassen es die wenigen überlieferten Stücke zu, ein ungefähres Bild der Gegebenheiten zu entwerfen[185].

Eine effektive (Lehens-)Verwaltung setzte ihrerseits eine entwickelte Schriftlichkeit und somit eine funktionierende Kanzlei voraus, denn nur so war eine kontinuierliche Arbeit gewährleistet. Offenbar verfügten die Herren von Erbach (spätestens?) seit der Mitte des 14. Jahrhunderts über eine solche Institution, was anhand von verschiedenen Indizien wahrscheinlich gemacht werden kann[186]. Wie oben schon angedeutet, setzte eine Verschriftlichung des Lehenswesen in der Herrschaft Erbach in vermehrten Maße im letzten Viertel des 14. Jahrhunderts ein. Zunächst ist ein Anstieg der Zahl der Lehensbriefe festzustellen.

[180] Dieser Umstand ist sicher auch aus der Überlieferungssituation zu erklären. Denn durch die Kriegszerstörungen können wir keine statistisch-prosopographischen Untersuchungen mehr anstellen und sind daher auf Zufallsfunde angewiesen (zur Quellenlage und den Kriegszerstörungen 1944 s. oben „Einleitung“). Wir sind daher leider nicht in der Lage, den Erbacher „Hof“ in seiner Gänze zu beschreiben, wie dies wegweisend kürzlich Regina SCHÄFER, ebd., S. 152-167, für die Herren von Eppstein anhand der dort vorhandenen Archivalien tun konnte.

[181] Vgl. MARTIN, Habern, R 26, S. 25.

[182] Vgl. SCHNEIDER, Historie, UB Lit. D, S. 14.

[183] Vgl. dazu SIMON, Erbach, S. 258.

[184] Der Aspekt der „Verschriftlichung von Herrschaft“ wurde bereits schon einmal im Kapitel 3.2 diskutiert; er soll aber hier am konkreten Beispiel der Lehensverwaltung dargestellt werden, weil dadurch noch weitere Aspekte in der Verstetigung der erbachischen Herrschaft gezeigt werden können.

[185] Es handelt sich dabei um vereinzelt überlieferte Lehensbriefe und -reverse, die oftmals die ausgestellten Lehensbriefe als Insert enthalten; darüber hinaus müssen wir auf die ältere Forschung zurückgreifen, die verschiedentlich Quellenmaterial – freilich unter anderen Zusammenhängen – bereitstellt.

[186] So ist unter anderem für Schenk Konrad IV. im Jahr 1344 ein Schreiber belegt (vgl. REM I, Nr. 5163). Auch die reiche Urkundenproduktion läßt eine Kanzlei vermuten.

Seit ungefähr 1380 wurde ein Lehensbuch bzw. -register angelegt, das seither kontinuierlich geführt wurde. Darauf deuten Nachträge des 15. Jahrhunderts hin, die dem Lehensbuch angefügt wurden[187]. Dieses erste Lehensbuch scheint in der Regierungszeit Schenk Eberhards X. aus der alten Hauptlinie zu Erbach angelegt worden zu sein. Wie Simon in seiner Geschichte des Grafenhauses ausführte, existierte ein „Lehnssalbuch Schenk Eberhards“[188]. Folgt man Simon weiter, so soll dieses „eigenhändig von demselben [Schenk Eberhard X.] geschrieben“[189] worden sein. Wenn diese Angaben zutreffen, was wir leider aufgrund der Vernichtung des Lehensverzeichnisses nicht mehr nachprüfen können, so würde das bedeuten, daß Schenk Eberhard schreiben und lesen konnte. Diese Fähigkeit muß hier eigens betont werden, weil sie in dieser Zeit noch nicht selbstverständlich war. Auch Adelige bildeten dabei keine Ausnahme: So ist noch für Pfalzgraf Ruprecht I. († 1390) belegt, daß er zwar seine Muttersprache benutzen konnte, sonst aber kaum das Schreiben und Lesen beherrschte. Er galt seinen Zeitgenossen offenbar als weitestgehend schriftunkundig[190]. Dem gegenüber war offenbar Schenk Eberhard, der Lehensmann des Pfalzgrafen, wohl in der Lage zu schreiben und war sich auch der dadurch entstehenden Vorteile bewußt. So konnte er beispielsweise selbst Einblick in die Verwaltungstätigkeit nehmen und seine Schreiber und Amtleute kontrollieren.

Wie Eberhard diese Fähigkeiten erworben hat, darüber können wir nur gewisse Vermutungen anstellen. Zunächst ist darauf hinzuweisen, daß seine Mutter Elisabeth aus der Familie der Grafen von Katzenelnbogen stammte, wo offenbar schon ein Interesse an der zeitgenössischen Literatur vorhanden war. Möglicherweise ist es ihr gelungen, auch ihre Kinder dafür zu begeistern. Sie selbst hatte ein überdurchschnittliches Interesse an literarischen Werken. Denn Elisabeth wurden verschiedentlich deutsche Übersetzungen lateinischer Texte gewidmet. So ist eine Zueignung sicher belegt: Die älteste, 1404 entstandene, deutschsprachige Ausgabe der „Historia Trium Regum“ des Johannes von Hildesheim wurde *der erbin frauwen Elsen von Katzenylnbogen frauwen zu Erpach*[191] gewidmet.

[187] Vgl. SIMON, Erbach, S. 105.

[188] Vgl. EBD., S. 94f, 105, 108.

[189] EBD., S. 94, Anm. 3.

[190] Vgl. KOLB, Heidelberg, S. 33. In einem Brief an den französischen König Karl V. sagte Ruprecht über sich selbst 1379: [...] *quia sola materna lingua utimur et simplex laicus sumus et litteras ignoramus* (RTA ä. R. 1, Nr. 149, S. 263).

[191] STEIGER, Mandeville, S. 207, 212 (Anm. 18); vgl. WORSTBROCK/HARRIS, Johannes von Hildesheim, Sp. 642-647. – Ein Exemplar der Reisebeschreibungen des Johannes von Mandeville muß offenbar auch in der erbachischen Hofbibliothek vorhanden gewesen sein. Denn eine im dritten Viertel des 15. Jahrhunderts entstandene Handschrift dieses Textes zeigt auf fol. 35$^{vb}$ die Wappen von Erbach (*Erpach*) und Hirschhorn (*Hirßhorn*). Es handelt sich dabei um eine in der Heidelberger Universitätsbibliothek unter der Signatur cpg 65 aufbewahrte Handschrift. Die beiden Wappen deuten darauf hin, daß sie im Umfeld der Herren von Erbach und der von Hirschhorn zu verorten ist. Aufgrund der Wappenkombination wäre eine Verbindung zu der Eheschließung Margareta von Erbach, der Schwägerin Elisa-

Zu gleicher Zeit war Schenk Johannes († 1383) aus der Reichenberger Linie der Familie Domkanoniker in Würzburg. Dieser Johannes wird seit geraumer Zeit mit dem sog. „König vom Odenwald" identifiziert, einem Dichter, der vornehmlich parodistische Gedichte sowie anspielungsreiche Tierfabeln verfaßte und am Würzburger Bischofshof lebte[192].

Diese knappe Skizze zeigt, daß in der zweiten Hälfte des 14. Jahrhunderts die Etablierung der Schriftlichkeit – vor allem auch auf dem literarischen Sektor – in der Schenkenfamilie einen wirklichen Schub erhielt, der offenbar wesentlich durch die Verbindung mit dem katzenelnbogischen Grafenhaus und durch die Präsenz der geistlichen Glieder des Hauses Erbach forciert wurde[193]. Damit dürfte gleichermaßen auch eine Weiterentwicklung der Verwaltungsschriftlichkeit und -tätigkeit verbunden gewesen sein: ein Schreiber der Schenken ist erstmals, wie oben schon gesagt, für diese Jahre nachgewiesen[194].

Doch wird man sicher nicht davon ausgehen dürfen, daß es sich dabei um eine vollständig ausgebildete und durchstrukturierte Kanzlei gehandelt hat; daher ist die Bezeichnung als Kanzlei auch nur unter Vorbehalt zu verwenden. Denn der Hinweis Simons, daß Schenk Eberhard X. das Lehensbuch selbst geschrieben habe, läßt vermuten, daß die Kanzlei noch nicht über das notwendige Personal verfügte, geschweige denn, eine Arbeitsteilung stattgefunden hätte[195]. Eine solche Ausdifferenzierung hat offenbar erst seit dem 15. Jahrhundert begonnen und war dann bis zum Beginn des 16. Jahrhunderts im wesentlichen abgeschlossen. Angestoßen wurde diese erneute Fortentwicklung wohl durch die vermehrte Hofpräsenz und die Einbindung der Schenken als Räte des Königs in der Regierungszeit Ruprechts von der Pfalz, wobei der königliche bzw. pfalzgräfliche Hof mit seiner ausgebauten Verwaltung als Vorbild gedient haben mag.

beths von Katzenelnbogen, mit Engelhard II. von Hirschhorn denkbar, doch stimmte hier die Entstehungszeit der Handschrift nicht mit der Heirat überein, die 1347 geschlossen wurde. Vielmehr scheint die Verbindung mit der Handschrift auf Schenk Konrad IX. († 1464) hinzuweisen. Dieser unternahm um das Jahr 1430 eine Wallfahrt nach Jerusalem und auf den Sinai; vielleicht gab er aus eigenem Interesse dann nach seiner Rückkehr eine Ausgabe des Textes in Auftrag (vgl. STEIGER, Mandeville, S. 201-213). Konrad hatte sich mit seiner Palästinareise offenbar finanziell übernommen, denn 1432 erhob er zur Tilgung seiner Schulden eine Sondersteuer (vgl. MONE, Urkunden, Nr. 12, S. 313f).

[192] Vgl. STEIGER, Grablegen, Nr. 17; OLT, König vom Odenwald, S. 4-14; FERTIG, Literaturtradition, S. 33f; zum Werk des „Königs" vgl. KORNRUMPF, König vom Odenwald, Sp. 78-82.

[193] Eine wesentliche Weiterentwicklung der erbachischen Kanzlei und Verwaltung dürfte wahrscheinlich auch aus der Königsnähe Schenk Konrads IV. resultiert haben und den dort gemachten Erfahrungen sowie damit, daß Gerlach, der Bruder Konrads, bis 1332 Bischof von Worms war, wo es eine gut funktionierende Kanzlei gegeben hat, die möglicherweise der erbachischen als Vorbild dienen konnte (s. oben Kapitel 5.1).

[194] S. Anm. 186.

[195] Zu vermuten, daß die sechs in diesem Zeitraum geistlichen Angehörigen der Familie „Schreiberfunktionen" übernommen haben könnten, ist sicherlich zu weit gegriffen.

Diese Weiterentwicklung können wir wiederum nur anhand von Indizien feststellen. Gerade auf dem Feld der Lehensverwaltung erforderte die vermehrte Schriftlichkeit, die seit der Mitte bzw. dem Ende des 14. Jahrhunderts allerorten festzustellen ist, auch verfeinerte Verwaltungsstrukturen[196]. In der Herrschaft Erbach macht sich dies zunächst rein statistisch in der zunehmenden Anzahl der ausgefertigten Lehensbriefe bemerkbar[197]. Allein um diesen Mehraufwand an Schreibarbeit zu bewältigen, war es sicher geraten, die eigene Kanzlei zu vergrößern, so daß deshalb schon von einer personellen Erweiterung auszugehen ist.

Ein weiterer Aspekt läßt sich anhand der Lehensbriefe zeigen: In den Urkunden wird immer in der Eidesformel gelobt, daß die Lehensleute bereit sind, ihrem Herrn die Treue zu halten und ihre Dienste zu leisten, wie *es solcher man lehen recht vnd gewohnheyt ist*[198]. Diese Formel kommt so oder ähnlich in den einzelnen Urkunden immer wieder vor. Sie zeigt zweierlei: Einerseits war im Bereich der Lehensvergabe noch Vieles durch die Gewohnheit bestimmt, wofür es offenkundig keine schriftliche Bestimmungen gab. Andererseits zeichnete es sich aber ab, daß seit dem 15. Jahrhundert offenbar eine Verfestigung dieser Gewohnheiten zu verzeichnen ist, die allmählich das Lehensrecht verdichteten. Auch in dieser Entwicklung machte die Herrschaft Erbach keine Ausnahme. Gab es dann allerdings ein Lehensrecht, so mußte es auch die notwendigen Überwachungsorgane geben, die im Konfliktfall für eine Entscheidung sorgen konnten[199]. Kam es zu Streitfällen unter den Vasallen, so wurde das Lehensgericht – bestehend aus dem Lehensherrn und mehreren seiner Vasallen – bemüht, eine schiedsgerichtliche Entscheidung zu treffen[200].

Für den Lehensverband der Herren von Erbach haben wir auch Nachricht über ein solches Lehensgericht[201]. Am Mittwoch nach Sankt Jakobstag (= 26. Juli) 1508 fand ein solches Schiedsgericht statt. Offenbar war es zwischen Wilhelm von Wasen, dem Vormund Prisinks von Rosenbach, und Michael

[196] Zur Ausbildung einer vermehrten Schriftlichkeit im Lehenswesen vgl. SPIESS, Lehnsrecht, S. 26-34, am Beispiel der Pfalzgrafschaft.

[197] Nach SIMON, Erbach, UB, sind (vorbehaltlich der Quellenproblematik im Haus Erbach) für das 13. Jahrhundert: 1; für das 1. Drittel des 14. Jahrhunderts: 2; für das 2. Drittel: 10; für das 3. Drittel: 28 Lehensbriefe bzw. -reverse sowie lehensherrliche Konsenserklärungen überliefert, die die stetig ansteigende Urkundenproduktion der erbachischen (Lehens-)Kanzlei verdeutlichen. Das heißt knapp 68 % der überlieferten Urkunden stammen aus der Zeit zwischen 1366 und 1400; die verbleibenden 32 % verteilen sich auf etwa 100 Jahre zwischen 1255 und 1366, davon wiederum fast 25 % in die Jahre zwischen 1333 und 1366. Das bedeutet, daß wir seit der Regierungszeit von Schenk Konrad IV. aus der Erbacher Hauptlinie einen sprunghaften Zuwachs in der Schriftlichkeit feststellen können. Daß hier die Lehensreverse mit aufgelistet werden, erklärt sich dadurch, daß sie eine Lehensurkunde voraussetzen, so daß wir sie quasi mit diesen gleichsetzen können.

[198] SIMON, Erbach, UB Nr. 111, S. 210 (24. Juni 1426).

[199] Vgl. am Beispiel der Pfalzgrafen ausführlich SPIEß, Lehnsrecht, S. 72-134.

[200] Zum Ablauf einer solchen Entscheidungsfindung im Lehensgericht und zu seinen Kompetenzen vgl. EBD., S. 125-134.

[201] Vgl. SCHNEIDER, Historie, UB Lit. D, S. 14.

Haberkorn um verschiedene Lehen zum Streit gekommen. Dieser bestehende Konflikt sollte nun durch den von Schenk Eberhard XIII. Herrn zu Erbach und Bickenbach bestimmten Lehensrichter Philipp Forstmeister von Gelnhausen sowie Leonhart von Dürn und Hans von Walbrunn als den Mitschiedsrichtern entschieden werden. Dieses Verfahren ist sicherlich nicht das erste, das am Lehenshof der Herren von Erbach stattgefunden hatte, aber durch die schlechte Überlieferungssituation ist dies der erste Hinweis für ein erbachisches Lehensgericht. Es ist wohl davon auszugehen, daß es spätestens seit der ersten Hälfte des 15. Jahrhunderts derartige Entscheidungsfindungen gegeben hat. Für die Pfalzgrafschaft und ihren Lehensverband sind Lehensgerichtsversammlungen schon seit der Mitte des 14. Jahrhunderts belegt[202]; mit einer gewissen Verzögerung dürfte diese Praxis dann auch von den Herren von Erbach für ihren Lehensverband übernommen worden sein. Hierfür mußten die notwendigen logistisch-administrativen Bedingungen gegeben sein; auch muß man einen Schriftverkehr voraussetzen, wofür die erbachische Kanzlei als Kanzlei des Lehensherrn zuständig war.

Wir können also abschließend festhalten: Die Tätigkeit der erbachischen Kanzlei erschöpfte sich nicht in bloßer Schreibarbeit, sie muß auch als „Keimzelle der Verwaltungsorganisation" gesehen werden[203]. Gerade die zunehmende Verschriftlichung der Verwaltung im Spätmittelalter mußte ihre Bedeutung erhöhen. Haben diese Feststellungen für die allgemeine Administration ihre Gültigkeit, so gelten sie in besonderem Maße auch für das Lehenswesen, denn dessen fortschreitende Verschriftlichung führte zu einem enormen Anschwellen der damit verbundenen Lehensverwaltung. Der Kanzlei kamen dabei vielfältige Aufgaben zu: Beurkundung der Lehensakte, Überprüfung der ausgegebenen Lehen, Anlage von Lehensbüchern zur Kontrolle und vieles andere mehr. Das heißt im Umkehrschluß: Angesichts dieser zahlreichen Tätigkeiten war eine gut organisierte und funktionierende Kanzlei unabdingbar nötig; ohne sie war eine effektive Verwaltung nicht mehr vorstellbar. Für die Verwaltung der Herren von Erbach ist davon auszugehen, daß spätestens mit dem beginnenden 16. Jahrhundert der Ausbau der Kanzlei zu einem gewissen Ende gekommen war, wobei die Zusammenführung der Güter der 1503 ausgestorbenen Linie zu Erbach mit denen der Reichenberger Linie sicher nochmals eine Intensivierung der Verwaltungsaufgaben bedeutete und eine neuerliche Vergrößerung der Kanzlei verlangte.

### 5.3 Das Konnubium der Schenken von Erbach im Mittelalter

Mit dem Konnubium, also dem Heiratsverhalten, einer Adelsfamilie ist ein wichtiger Punkt in der Betrachtung von Familienbeziehungen angesprochen.

[202] Vgl. SPIEß, Lehensrecht, S. 133.
[203] S. dazu auch Kapitel 3.2; vgl. SPIEß, Lehensrecht, S. 135f.

Denn anhand des Konnubiums lassen sich vielfältige Fragen beleuchten und erörtern: Neben den rein genealogischen Gesichtspunkten sind vor allem sozialgeschichtliche Fragen interessant[204]. Dabei können die Eheverbindungen als Indikatoren für die soziale Stellung der untersuchten Familie dienen, um ihre soziale Position zu erschließen, wenn man das Ansehen und die Herkunft der verschwägerten Familie betrachtet. Dabei ist jedoch zu beachten, daß auch immer wieder Schwägerfamilien betroffen sind, von denen der soziale Stand aufgrund mangelnder Forschungsergebnisse kaum oder gar nicht bekannt ist, so daß in diesen Fällen Rückschlüsse auf das untersuchte Geschlecht nur mit der nötigen Vorsicht gemacht werden können[205].

Stellt die Frage nach Prestige und Ansehen einen Teilaspekt dar, so ist daneben auch grundsätzlich nach den verwandtschaftlichen Beziehungen einer Familie und nach den Intentionen bei den Eheschließungen zu fragen. Als mögliche Motive kommen neben den besitzrechtlichen Überlegungen und dem möglichen Prestigezuwachs auch und gerade die politischen Beziehungen der verschwägerten Familien in Betracht, die unter Umständen die entscheidende Rolle bei der Partnerwahl spielen konnten. Im folgenden soll nun diesen Fragestellungen am Heiratsverhalten der Herren von Erbach nachgegangen werden.

Wie aufgrund der Quellenlage nicht anders zu erwarten ist, können gesicherte Aussagen zum erbachischen Konnubium erst seit dem letzten Drittel des 13. Jahrhunderts gemacht werden. Für die Zeit davor bleiben wir auf Vermutugen angewiesen, die nur in den seltensten Fällen verifiziert werden können; gesetzt den Fall, die Heiraten fanden überhaupt ihren quellenmäßigen Niederschlag.
Die ersten nachweisbaren Eheschließungen der Schenken von Erbach lassen sich freilich noch nicht über schriftlich fixierte Wittumsverschreibungen oder gar Eheberedungen nachweisen; hier sind wir auf Zeugnisse der Memoria angewiesen[206]. Wittumsverschreibungen, über die wir Heiraten greifen können, sind für die Schenkenfamilie seit dem zweiten Drittel des 14. Jahrhunderts überliefert[207]; einen ersten Ehevertrag haben wir für das Jahr 1412[208].

[204] Vgl. MÜLLER, Fleckenstein, S. 297-322; LOHMANN, Hirschhorn, S. 50-78; LANGENDÖRFER, Landschaden, S. 15-26; mehrere Familien des Niederadels untersuchte diesbezüglich ANDERMANN, Niederadel.

[205] Vgl. zu den Möglichkeiten, die soziale Stellung der Familie zu ermitteln, LANGENDÖRFER, Landschaden, S. 15; LOHMANN, Hirschhorn, S. 9, 80; und auch ANDERMANN, Niederadel, S. 19f, der dort freilich auch gleich auf die damit verbundenen methodischen Schwierigkeiten hinweist.

[206] Vgl. dazu die frühen Grabmäler der Schenken aus der Einhardsbasilika in Michelstadt-Steinbach (BEEH-LUSTENBERGER, Grabmäler; STEIGER, Grablegen; SCHOLZ, DI 63 (Odenwaldkreis); die Ehe Schenk Konrads († 1296) ist uns durch das Nekrolog des Aschaffenburger Stifts St. Peter und Alexander überliefert; s. unten Kapitel 5.3.1.

[207] Eine erste Wittumsverschreibung stammt aus dem August 1334: Schenk Konrad weist seiner Frau Ida von Steinach 400 Pfund Heller auf das halbe Dorf Mückenloch an; am 12. August 1334 liegt die lehensherrliche Konsenserklärung des Bischofs Hermann von Würzburg vor (vgl. SIMON, Erbach, UB Nr. 26, S. 28).

Und um ein weiteres gleich vorweg zu nehmen: Wie auch bei anderen Adelsfamilien wird man bei den mittelalterlichen Eheschließungen der Schenken wohl kaum von „Liebesheiraten" reden können. Bei den Heiraten handelte es sich vor allem um Verbindungen, die sich „prinzipiell an der Leitlinie ‚Erhaltung und Erhöhung des Stammes und Namens' orientierten"[209]. Dazu wurde alles Erdenkliche unternommen, um die Familie fortzupflanzen, wobei der Auswahl der Ehepartner natürlich ein besonderes Gewicht zukam.

Wie ernst gerade der Adel die Sache nahm, zeigt die Tatsache, daß bereits bei der Eheabredung unter den Unterhändlern nach „Ersatzkandidaten" geschaut wurde. So wurden direkt beim Vertragsabschluß Klauseln in den Text eingebaut, die ein späteres Scheitern des Heiratsprojekts verhindern sollten. In dieser Hinsicht machten auch die Schenken von Erbach keine Ausnahme. Am 15. Oktober 1441 beschlossen Kraft von Hohenlohe und Schenk Konrad VIII. († 1464) in Möckmühl, daß Krafts Tochter Margarethe einen der Söhne des Schenken heiraten sollte[210]. Auf die Nennung eines Namens wurde hier offenbar bewußt verzichtet; die beiden Väter vereinbarten dagegen die Auswahlmöglichkeit zwischen den Söhnen. Es sollten die Knaben also *besehen werden vnd welcher dan vnder In beyden herren gefellt vnd eben ist, demselben son sol myn her Schenck Conrat die herrschaft verschreiben nach der besten forme zu stund an darnach*[211] und dieser sollte Margarethe heiraten. Damit war gesichert, daß die bestmöglichen „biologischen Voraussetzungen" zur Erhaltung der Familie geschaffen waren. Gleichzeitig war so auch die Gefahr eines Scheiterns bei einem vorzeitigen Tod des zukünftigen Schwiegersohns im Laufe der Verlobungszeit gebannt. Denn gerade bei der genannten Eheabredung sollte es noch zehn Jahre dauern, bis die Ehe vollzogen wurde. Die lange Verlobungszeit lag unter anderem darin begründet, daß die Braut beim Vollzug der Ehe ein Alter von

[208] Vgl. SCHNEIDER, Historie, UB Nr. 87, S. 134f: Ehevertrag für Schenk Konrad VII. und seine Frau Agnes von Erbach vom 14. Mai 1412; eine weitere Eheabredung zwischen Schenk Otto und Gräfin Amalie von Wertheim datiert vom 29. November 1440 (Amalie war die Witwe des Wieland von Freiberg, des unehelichen Sohns Herzog Ludwigs von Bayern-Ingolstadt); vgl. SIMON, Erbach, UB Nr. 243, S. 241-243. Die dritte überlieferte Eheabredung ist die erwähnte zwischen Kraft von Hohenlohe und Schenk Konrad vom 15. Oktober 1441; vgl. SIMON, Erbach, UB Nr. 244, S. 243-245, dazu auch EBD., Nr. 260f, S. 265f (Morgengabe und Zugeldzahlung).

[209] Vgl. SPIEß, Familie, S. 532.

[210] Vgl. SIMON, Erbach, UB Nr. 244, S. 243-245; teilweise bei SCHNEIDER, Historie, UB Nr. 127, S. 287.

[211] An dieser Stelle wird auch deutlich, daß demnach die Nachfolge in der Herrschaft Erbach nicht unbedingt beim ältesten Sohn eines Zweiges liegen mußte. Denn wie der Ehevertrag ausdrücklich formulierte, sollte der am besten Geeignete die Ehe eingehen und damit auch die Herrschaft erben. Man kann daher nicht schon im Mittelalter von einer „erbachischen Senioratsordnung" sprechen, wie dies die ältere Forschung immer wieder tat (vgl. dazu exemplarisch SIMON, Erbach, S. 287). Eine wirkliche Seniorats- und Primogeniturordnung für das Haus Erbach wurde erst im 18. Jahrhundert festgelegt (vgl. EBD., S. 480).

mindestens 15 Jahren haben sollte[212]. Doch mit diesem Ausblick haben wir unseren Überlegungen bereits weit vorausgegriffen.

### 5.3.1 Das Konnubium in der Frühzeit der Herren von Erbach

Betrachten wir zunächst das 13. Jahrhundert, für dessen erste Hälfte schon erbachische Eheschließungen bekannt sind: hier wissen wir von einer Verschwägerung mit den Truchsessen von Alzey. Dabei kann jedoch nur eine vage, nachträgliche Überlieferung zu Grunde gelegt werden. 1277 bezeichneten Philipp und Gerhard Truchsessen von Alzey, die Söhne Werners II., Konrad II. von Erbach als ihren *avunculus*[213]. Der Gebrauch dieser Bezeichnung muß nun nicht zwingend heißen, daß Schenk Konrad der Bruder der Mutter war, es kann damit auch lediglich die Verwandtschaft bzw. Verschwägerung der beiden Familien angedeutet worden sein. Von dieser Erbacherin wissen wir nicht einmal den Vornamen; folgt man Lamey in seiner Beschreibung der Truchsessen von Alzey[214], so war sie die Tochter eines Philipp von Erbach, für den es allerdings keine weiteren quellenmäßig faßbaren Nachrichten gibt. Nach der bisher gängigen Forschungsmeinung war sie aber eine Tochter des 1223 bereits verstorbenen Königsschenken Gerhard von Erbach und wurde – vielleicht auf Betreiben des Pfalzgrafen – mit Werner II. Truchseß von Alzey verheiratet[215]. Davon müssen wir wohl weiterhin ausgehen, so lange sich die vage Quellenangabe bei Lamey nicht weiter erhärten läßt.

Nach Simon war ein Sohn des verstorbenen Königsschenken mit einer Tochter Konrads von Bickenbach-Tannenberg verheiratet[216]; als Begründung führt er hier die „Familientradition“ an, wonach eine 1255 verstorbene Anna von Bickenbach mit einem Eberhard von Erbach verheiratet war. An dieser Stelle ist jedoch aufgrund der Zeitstellung der Anna von Bickenbach davon auszugehen, daß hier nicht der Sohn des Königsschenken gemeint sein kann, sondern Schenk Eberhard III., der um 1250 die Reichenberger Linie stiftete und 1269 starb[217].

[212] Vgl. die Eheabredung der beiden Väter (Anm. 210, S. 243). – Dieses Alter entsprach auch nahezu dem Mindestalter von 12 Jahren, das kirchenrechtlich gefordert war, meist aber nicht wahrgenommen wurde, weil man Rücksicht auf die körperliche Konstituion der Ehefrau nehmen mußte (vgl. dazu SPIEß, Familie, S. 417f).

[213] Vgl. RPR I, Nr. 992; LAMEY, Truchsessen, S. 258f; ausführlicher zu den Umständen bei KLAFKI, Erbhofämter, S. 40, 61.

[214] Vgl. LAMEY, Truchsessen, S. 257.

[215] Vgl. SIMON, Erbach, S. 269f.

[216] Vgl. EBD., S. 270f. – Zum Status der Herren von Bickenbach vgl. zusammenfassend SPIEß, Familie, S. 400-402, 407f, der sie als ein „abstiegsbedrohtes Herrengeschlecht“ charakterisiert.

[217] Die Europäischen Stammtafeln N.F. XVI, Taf. 156, haben hier „Gerhard III. Schenk von Erbach † 1269“, was offenbar auf einer Verwechselung mit Schenk Eberhard III. beruht, denn sonst wären die Zeitstellung und das Todesjahr Gerhards falsch, der um 1302 gestorben ist.

Eine vage Bestätigung erfährt diese Vermutung darin, daß die Söhne Eberhards III., Johannes I. und Eberhard IV., Otto und Gottfried von Bickenbach als ihre *avunculi* bezeichnen[218]. Auch hier ist freilich zu bedenken, daß die Vokabel nicht zwingend wörtlich gebraucht worden sein muß; Otto und Gottfried müssen also nicht unbedingt die Brüder der Mutter Johannes' und Eberhards gewesen sein. Es kann sich auch um enge Verwandte handeln. Dennoch ist damit der Hinweis auf eine frühe Verschwägerung der beiden Familien Erbach und Bickenbach gegeben. Letzten Endes sind die Eheschließungen der ersten Hälfte des 13. Jahrhunderts nur über diese Indizien zu greifen. Eine quellenmäßig belegbare Begründung für die Motivation zu diesen Heiraten wird sich daher schwerlich finden lassen.

Seit der zweiten Jahrhunderthälfte fanden die Ehen der Herren von Erbach dann aber auch ihren Niederschlag in den Quellen, so daß diese besser faßbar hervortreten. Die Ehefrau Schenk Konrads II., des Begründers der alten Erbacher Hauptlinie, kennen wir zwar lediglich mit ihrem Vornamen; doch ist dieser im ältesten 1267/68 entstandenen Stiftsnekrolog von St. Peter und Alexander in Aschaffenburg überliefert. Unter dem 28. März heißt es dort[219]: *Alheidis vxor Cunradi pinc*(er)*nę de Erpach o*(biit); im weiteren folgen die Bestimmungen für das Jahrgedächtnis, das am Dienstag vor Palmsonntag abzuhalten ist. Geht man davon aus, daß Adelheids Todestag folglich der Dienstag vor Palmsonntag war, so läßt sich für die Zeit vor 1267/68 neben dem Jahr 1200 nur das Jahr 1262 ermitteln, in dem der 28. März auf diesen Tag fiel[220]. Das heißt, aus der Zeitstellung heraus kann nur 1262 das Todesjahr der Adelheid gewesen sein. Möglicherweise stammte Adelheid aus der Familie der Weinsberg, wie Becher aufgrund des Vornamens Engelhard vermutete, der unter den Kindern des Ehepaars erstmals auftauchte[221].

Auf dem ältesten erhaltenen Grabmal der Schenkenfamilie ist erstmals der vollständige Namen einer Erbacher Ehefrau genannt: Auf der Grabplatte des 1279 gestorbenen Konrad III. von Erbach ist seine im selben Jahr verstorbene Frau genannt. Konrad war mit Gertrud, einer Gräfin von Ziegenhain, verheiratet:

[218] Vgl. CLEMM, Ober-Mossau, Nr. 6, S. 126f. In dieser Urkunde wird als *patruus* (Bruder des Vaters) der beiden Schenken Schenk Konrad der Ältere bezeichnet, der zusammen mit seinem Sohn Eberhard siegelte. Im Gegensatz zu „avunculus" wurde „patruus" wörtlich verwendet, also als „Onkel väterlicherseits".

[219] Vgl. SPIES, Ergänzung, S. 72-75 (mit Faksimile des Eintrags).

[220] Vgl. allgemein zur Berechnung der Daten GROTEFEND, Zeitrechnung.

[221] Vgl. BECHER, Familienhändel, S. 44. Dies ist freilich eine Behauptung, die mit der nötigen Vorsicht zu betrachten ist, denn allein aufgrund von Namensgleichheiten können nicht immer Familienzusammenhänge konstruiert werden, wenn dies auch hie und da zutreffen mag. Ein weiterer Hinweis, der die Verbindung Erbach-Weinsberg zu dieser Zeit jedoch stützen mag, ist die Zeugenschaft des Schenken Eberhard, des Bruders von Konrad, am 30. Juni 1256 in einer von Engelhard und Konrad von Weinsberg ausgestellten Urkunde (vgl. STEINMETZ, Schenken von Erbach, S. 22 mit Anm. 53).

*et vxsor* [sic] *sva filia comitis de Cigenhain Gertrudis* [*quae*] *obiit idvs ianvarii*[222].

Eine Entwicklung zeichnet sich hier bereits ab, die sich in den folgenden Jahren noch verdeutlichen wird: Den Schenken von Erbach ist es seit der zweiten Hälfte des 13. Jahrhunderts offenkundig gelungen, in Grafen- und Herrenfamilien einzuheiraten. Dies ist umso erstaunlicher, wenn man bedenkt, daß sie ursprünglich dem Ministerialenstand angehörten, letztlich also unfrei waren. Die Familie konnte im Laufe des 13. Jahrhunderts offenbar den Makel der ursprünglichen Unfreiheit zum überwiegenden Teil abstreifen, so daß sie als adelsgleich von den benachbarten Grafen- und Herrenfamilien akzeptiert wurden und ihre Söhne nun ihrerseits attraktive Ehepartner darstellten. Daß sich diese Tendenz verfestigte, machen die weiteren Heiraten deutlich. Betrachten wir dazu zuerst die Ehen der Schenkensöhne.

### 5.3.2 Das Konnubium der Schenkensöhne

Um die Heiraten der Schenkensöhne schnell überblicken zu können, soll unseren Überlegungen zunächst eine tabellenartig-pauschale Auflistung Erbacher Linien vorangestellt werden. Seit der Mitte des 13. Jahrhunderts bis zum Ende des Mittelalters sind folgende Eheschließungen zu verzeichnen[223]:

Linie Erbach:

| | | |
|---|---|---|
| Konrad II. | ux. (vor 1262) | Adelheid (von Weinsberg?) (Reichsministeriale), |
| Eberhard V. | ux. (um 1290?) | Agnes von Breuberg (Herren), |
| Konrad IV. | ux. (um 1305?) | Ida von Steinach (Herren)[224], |
| Konrad V. | 1. ux. (1339?) | Kunigunde von Bruck (Herren)[225] |
| | 2. ux. (1358?) | Margarete von Erbach |
| Eberhard VIII. | ux. (1347) | Elisabeth von Katzenelnbogen (Grafen), |
| Konrad VII. | ux. (um 1395?) | Margarete Landschad von Steinach (Ritteradel) |
| Eberhard X. | ux. (um 1380?) | Elisabeth von Kronberg |

[222] Vgl. dazu STEIGER, Grablegen, Nr. 2. – Wann genau die Ehe geschlossen wurde, läßt sich nicht mit Bestimmtheit sagen; vermutlich aber 1269 oder 1270; Gertrud war die Tochter Graf Bertolds I. und der Eilika von Tecklenburg (vgl. EBD.).

[223] Die Tabelle bietet anhand der Auflistung eine relative zeitliche und eine statusmäßige Einordnung der Heiraten; zu den genauen (Lebens-)Daten der Personen s. Stammtafel Erbach im Anhang; dort auch die Nachweise.

[224] Es handelt sich dabei um die präsumptive Erbtochter der edelfreien Herren von Steinach.

[225] Die von Bruck sind nach MÖLLER, Stamm-Tafeln NF 2, S. 72, Taf. XLVI, eine ursprünglich edelfreie Familie, die aus der Nähe von Bliesbrücken (heute: Bliesbruck, Dep. Moselle) stammte und seit dem 14. Jahrhundert auch Ehen mit dem Dienstadel schloß.

| | | |
|---|---|---|
| | | (gefreiter Ritteradel), |
| Konrad IX. | ux. (vor 1416) | Anna von Bickenbach (Herren), |
| Eberhard XII. | ux. (1407) | Lukardis Truchseß von Waldburg (Reichsministeriale)[226] |
| Philipp II. | ux. (1451) | Margarete von Hohenlohe (Herren, Grafen seit 1450) |
| Erasmus | ux. (1485) | Elisabeth von Werdenberg (Grafen); |

Linie Reichenberg:

| | | |
|---|---|---|
| Eberhard III. | ux. (vor 1255) | Anna von Bickenbach (Herren) |
| Konrad III. | ux. (1269/70?) | Gertrud von Ziegenhain (Grafen) |
| Johannes I.[227] | ux. (vor 1296) | Anna von Rieneck (Grafen), |
| Eberhard IV.[228] | ux. (1269?) | Jutta von Weinsberg (Reichsministeriale), |

Linie Reichenberg (zu Fürstenau):

| | | |
|---|---|---|
| Eberhard VI. | ux. (1307?) | Uda von Rodenstein (Herren), |
| Konrad VI. | ux. (1348?) | Anna von Bruck (Herren)[229], |
| Johannes II. | ux. (1381) | Jeanette Raugräfin von Altenbaumburg (Grafen)[230], |
| Konrad VIII. | ux. (1412) | Agnes von Erbach, |
| Philipp I. | ux. (1431?) | Lukardis von Eppstein (Herren), |
| Georg I. | ux. (1472) | Kordula von Fraunberg zum Haag (Herren)[231], |
| Eberhard XIII. | ux. (1503) | Maria von Wertheim (Grafen); |

Linie Reichenberg zu Michelstadt:

| | | |
|---|---|---|
| Eberhard VII. | ux. (1307?) | Imagina von Sponheim (Grafen), |
| Heinrich II. | ux. (1357) | Anna von Erbach, |
| Eberhard X. | ux. (nach 1387) | Maria von Bickenbach (Herren), |
| Otto | ux. (1440) | Amalie von Wertheim (Grafen) |
| Johannes III. | ux. (nach 1422) | Margarete von Erbach[232] |
| Johannes IV. | ux. (um 1469) | Stöffeln-Justingen (Herren)[233]. |

[226] Zu den Truchsessen von Waldburg vgl. zusammenfassend STIEVERMANN, Waldburg (mit weiterführender Literatur).
[227] Begründer des Fürstenauer Astes der Linie Reichenberg.
[228] Begründer des Michelstädter Astes der Linie Reichenberg.
[229] Zur Familie s. Anm. 225.
[230] Zu den Raugrafen vgl. zusammenfassend SCHNEPP, Raugrafen, S. 147-206; SPIEß, Raugrafen, Sp. 477 (mit Literatur).
[231] Vgl. zu den Herren Fraunberg zum Haag: JANKER, Grafschaft Haag; MÜNCH, Grafschaft Haag; zu Kordula von Fraunberg vgl. STEIGER, Grablegen, Nr. 47.
[232] Margarete soll seine 2. Ehefraugewesen sein; nach SCHNEIDER, Historie, Stammtafel A, Nr. 39, 56, 67, war er in erster Ehe mit Agnes von Erbach († 1422), einer Tochter Konrads VII. und einer Landschadin von Steinach, verheiratet.

Ein Aspekt, der bei den Eheabredungen offensichtlich immer wieder im Vordergrund stand, ist unter die Schlagworte „Heirat zur Herrschaftserweiterung“ bzw. „Heirat als Mittel der Territorialpolitik“ zu fassen. Wie oben schon angesprochen, ist gerade Schenk Konrad IV. ein Paradebeispiel für diese Heiratspolitik[234]. Zu seinen Lebzeiten wird einmal mehr deutlich, daß die Ehepartner ganz bewußt gewählt wurden, um dem Wohl und der Prosperität der eigenen Familie zu dienen.

Betrachten wir die Situation genauer, ist zum einen seine eigene Ehe anzuführen. Er war mit Ida von Steinach, der Tochter Boppos, des letzten Herren von Steinach, verheiratet und erhob folglich Ansprüche auf das Erbe seiner Frau. Darüber sind wir durch eine Passage in der Konsenserklärung Bischof Andreas' von Würzburg für ihre Wittumsverschreibung informiert[235]. Formuliert man es pointiert, werden die Töchter dieser Ehe von der Erbfolge quasi ausgeschlossen, denn nur die Söhne sollen beim Tod der Mutter das ausgesetzte Wittum zurückerhalten. Dies deutet darauf hin, daß das Erbe der Mutter im Haus Erbach gehalten werden sollte, damit auf lange Sicht der Herrschaftserhalt gesichert blieb.

Des weiteren darf die Heirat von Konrads Sohn, Schenk Eberhards VIII., mit Elisabeth von Katzenelnbogen nicht vergessen werden. Durch diese vor April 1347 geschlossene Ehe[236] erlangten die Schenken von Erbach die Anwartschaft auf das umfangreiche Erbe, das Elisabeth mit in die Ehe brachte[237]. Nach dem Tod ihres kinderlosen Bruders, Graf Eberhards IV., fielen ihr Teile der Herrschaften Bickenbach und Habitzheim zu (aus dem Erbe der Mutter stammend). Darüber hinaus erlangte Elisabeth ein Anrecht auf ein Viertel der Schlösser Homburg und Steinheim sowie weitere katzenelnbogische Güter und Einkünfte rund um Darmstadt und Groß-Gerau. Daß Schenk Konrad diese Entwicklung bewußt in seine Rechnung einbezogen hatte, zeigen die Verhandlungen und die daraus resultierende Mutschar vom 1. Juni 1347, die im Umfeld der Eheschließung zwischen Elisabeth, ihrem Bruder Eberhard IV. und ihrer Mutter Agnes geführt und beschlossen wurden. Denn diese Vereinbarungen bedeuteten die Aufteilung des (mütterlichen) Erbes auf die Kinder noch zu Lebzeiten der Mutter[238].

233 Vgl. zu dieser Familie GÖHLER, Herren von Stöffeln; SCHILLING, Reichsherrschaft Justingen.

234 S. oben Kapitel 1.5.2.

235 Vgl. SIMON, Erbach, UB Nr. 26, S. 28: *wanne die vorgenant frowe Yda niht en ist, sol daz vorgeschrieben gelt vf ir Sune wallen vnd niht vf ir Tohtter*.

236 Der Terminus ante quem der Eheschließung ergibt sich daraus, daß Graf Eberhard IV. von Katzenelnbogen in einer am 23. April 1347 ausgestellten Urkunde Eberhard von Erbach als seinen Schwager bezeichnet (vgl. SIMON, Erbach, UB Nr. 47, S. 49f).

237 S. ausführlich dazu oben Kapitel 4.3.

238 Vgl. SIMON, Erbach, UB Nr. 48, S. 50-52; SCHNEIDER, Historie, UB Nr. 30.2, S. 79 (nur teilweiser Druck der Urkunde). Vom selben Tag liegt eine Urkunde der Schwester der

Sind bereits die wirtschaftlichen Hintergründe einer Eheschließung angeklungen, so treten diese augenfällig hervor, wenn wir die für die erbachischen Eheschließungen erlangten Mitgiften überblicken, wodurch wir zugleich, über den bloßen „Einnahmenaspekt" hinaus, eine erste Orientierung hinsichtlich der Stellung der Schenken von Erbach innerhalb der Gruppe der Grafen und Herren zu erhalten. Die Herren von Erbach haben durchschnittlich eine Heimsteuer von 2785 Gulden erhalten[239]. Damit lagen sie um rund 1600 Gulden unter der für den Grafen- und Herrenstand üblichen Summe von durchschnittlich 4350 Gulden. Diese Zahl liefert einen ersten groben Anhaltspunkt für die soziale Einordnung der Familie innerhalb der Gruppe der Grafen- und Herrenfamilien: Die Spanne der von Spieß für Grafen- und Herrenfamilien des Rhein-Main-Odenwald-Raums ermittelten Summen reicht von 1200 Gulden bei den Herren von Rodenstein bis zu 8977 Gulden bei den Grafen von Katzenelnbogen. Das heißt, die Schenken von Erbach bewegten sich in dieser Hinsicht im unteren Drittel der Rangfolge. Hier gilt es jedoch zu beachten, daß exakte Beträge erst für das 14. und 15. Jahrhundert überliefert sind, so daß wir diese Einordnung nur unter einem gewissen Vorbehalt angeben können.

Davon zu unterscheiden ist sicherlich der Zeitraum des 13. Jahrhunderts bis zum ersten Jahrzehnt des 14. Jahrhunderts. Denn für diese Jahre bewegte sich das erbachische Konnubium ausschließlich im Bereich von Grafen- und Herrenfamilien bzw. bei hochstehenden Reichsministerialen, wie aus der oben angeführten Übersicht deutlich hervorgeht. Ist für die Zeit danach bis etwa in die Mitte des 14. Jahrhunderts dann ein gewisser Einbruch des Konnubiums zu verzeichnen, so ist dieser vermutlich auf die Krise der Familie zwischen 1307 und 1314 zurückzuführen, als die Schenken große Teile ihrer allodialen Herrschaft nach der Auseinandersezung mit Pfalzgraf Rudolf diesem zu Lehen auftragen mußten, um sie für die Familie zu erhalten. Offenbar belastete die nun seitens der Pfalzgrafschaft allzu deutlich betonte vasallitische Bindung der Schenkenfamilie deren Sozialprestige doch mehr, als bislang gedacht[240]. Von diesem „sozialen Niveauverlust" hinsichtlich der Eheschließungen waren vor allem die Linien Reichenberg und Michelstadt betroffen, weniger die Linie zu Erbach. Dies ist auffällig; denn es handelte sich bei den betroffenen Linien um die Zweige des Hauses, die am meisten unter den Auswirkungen der Auseinandersetzungen mit der Pfalzgrafschaft zu leiden hatten, weil sie offenbar bis in das beginnende 14. Jahrhundert hinein eher zu den Mainzer Parteigängern zu zählen

Agnes von Katzenelnbogen, Imagina von Rieneck, vor. In ihr stimmte sie den Teilungsmodalitäten zu (vgl. SCHNEIDER, ebd., Nr. 30.1, S. 77-79).

239 Die folgenden Zahlen ermittelte SPIEẞ, Familie, S. 344f, 348, nach den überlieferten Eheverträge für das Haus Erbach; zu den einzelnen Summen vgl. die Graphik EBD. S. 350. Vgl. für die Beurteilung der Mitgiften für die soziale Stellung einer Familie EBD., S. 361-368.

240 SCHOLZ, Erbach, S. 43f, stellt diese Hypothese erstmals zur Diskussion. Er verweist dabei auch auf den „Einbruch" in der Grabmaldarstellung der Familie, wobei m. E. dieser Befund jedoch zu relativieren ist (s. dazu ausführlich Kapitel 3.1.2.2).

waren. Die Erbacher Hauptlinie war hingegen schon seit der Mitte des 13. Jahrhunderts in der Klientel der rheinischen Pfalzgrafschaft zu verorten; darüber hinaus hatte Schenk Konrad IV. seit den 1320er Jahren ein überaus gutes Verhältnis zum König, Ludwig dem Bayer, so daß dieser Zweig der Familie relativ unbeschadet aus der Sache hervorging. Die beiden anderen Linien der Schenkenfamilie befanden sich nach 1314 offenbar in einer Konsolidierungsphase, die ihre Wirkungsmöglichkeiten anscheinend stark einschränkte.

Dieser Umstand hat sich so auch auf das weitere Konnubium ausgewirkt. In der Zeit bis zu Beginn des 15. Jahrhunderts lassen sich beim Michelstädter Zweig vermehrt Linienheiraten feststellen[241]. Die Reichenberger Hauptlinie war in ihrem Heiratsverhalten in diesem Zeitraum hauptsächlich auf Herrenfamilien reduziert. Seit den achtziger Jahren des 14. Jahrhunderts finden wir hier wieder vereinzelt Verschwägerungen mit Grafenfamilien: 1381 heiratete Schenk Johannes II. Raugräfin Jeanette; erst 1503 folgte die Hochzeit Schenk Eberhards XIII., des späteren ersten Reichsgraf der Familie, mit Gräfin Maria von Wertheim. Bei dem bessergestellten Erbacher Zweig haben wir mit der Eheschließung Schenk Eberhards VIII. mit Elisabeth von Katzenelnbogen 1347 noch in der ersten Hälfte des 14. Jahrhunderts bereits wieder eine Verschwägerung mit einer Grafentochter zu verzeichnen[242].

Der Einbruch im Heiratsniveau zeigt sich deutlich an den innerhalb der Gesamtfamilie geschlossenen Ehen: für die Linien Reichenberg und Michelstadt eine bzw. zwei Ehen. Darüber hinaus wird das soziale Gefälle der Heiratspartner eindrücklich sichtbar, wenn den Eheschließungen des 14. und 15. Jahrhunderts das Konnubium des ausgehenden 13. Jahrhunderts gegenübergestellt wird: denn zu diesem Zeitpunkt war bereits der Anschluß an Grafenfamilien gelungen, wie aus der obigen tabellarischen Übersicht hervorgeht.

Aus dem Michelstädter Zweig heiratete Schenk Heinrich II. († 1387) Anna aus der Erbacher Hauptlinie[243]: Anna war die Tochter Schenk Konrads VII. des Jüngeren († 1380) und seiner ersten Frau Kunigunde von Bruck († 1357). Da bei Kunigundes Tod noch kein männlicher Nachkomme geboren war – Annas Vater heiratete erst 1366 ein zweites Mal –, galt sie als präsumptive Erbtochter, die Konrad seinem Vetter Heinrich aus der Michelstädter Linie vor dem 16. April 1357 zur Frau gab[244] – möglicherweise wollte er damit einer Besitzaufsplitterung vorbeugen. Noch deutlicher trat diese Intention hervor, wenn man Kon-

[241] Die Heirat Schenk Ottos, der 1440 Gräfin Amalie von Wertheim heiratete, ist nur auf die Initiative des Mainzer Erzbischofs Dietrich von Erbach zurückzuführen und stellt daher eine Ausnahme im Konnubium der Schenken von Erbach-Michelstadt dar (s. ausführlich dazu unten S. 294f).

[242] Vgl. dazu SIMON, Erbach, S. 300f.

[243] Zur Veranschaulichung der doch recht komplizierten Verwandtschaftsverhältnisse s. die Zusammenstellung der Linienheiraten im Anhang (Taf. 2) sowie die Stammtafel.

[244] Von diesem Tag datiert der lehensherrliche Konsens Pfalzgraf Ruprechts I. zur Wittumsverschreibung Schenk Heinrichs für seine Frau (vgl. SIMON, Erbach, UB Nr. 63, S. 66f). Derselbe Kurfürst bestätigte die Morgengabe Heinrichs für Anna von Erbach am 17. Juli 1363 (vgl. EBD., UB Nr. 72, S. 73).

rads zweite Ehe in Betracht zieht: Seine zweite Frau Margarete war die Tochter Schenk Konrads VI. aus der Reichenberger Linie und dessen Frau Anna von Bruck. Nach dem Tod Konrads 1380 heiratete Margarete Konrad VI. von Bickenbach. Hierbei gilt es noch ein weiteres Phänomen zu beachten: Anna von Bruck, also die zweite Schwiegermutter Konrads VII., war die jüngere Stiefschwester seiner ersten Frau, der Kunigunde von Bruck. Bei diesen Eheschließungen trat ganz deutlich das Bestreben hervor, den Besitz innerhalb der Familie zu halten. Darüber hinaus konnte man an den Mitgiften sparen, blieben sie doch innerhalb der Gesamtfamilie erhalten.

Wie sehr eine Besitzaufsplitterung als Gefahr für den Bestand der Herrschaft gesehen wurde, macht die nächste Heirat deutlich: Schenk Johannes III. ehelichte Margarete aus der Reichenberger Hauptlinie. Sie war die Tochter Schenk Konrads VIII. und der Agnes von Erbach (diese Heirat ist an anderer Stelle noch ausführlicher zu würdigen). Margaretes Bruder, Philipp I., heiratete Lukardis von Eppstein[245]. Um nun etwaige Erbansprüche von Dritten zu verhindern, gab Schenk Konrad VIII. seine Tochter seinem Vetter Johannes III. aus der Michelstädter Linie zur Frau. Offenbar war Konrad VIII. vorsichtig geworden, als nach dem Tod seines Bruders Johannes' II. Hadamar von Laber Ansprüche auf die Hinterlassenschaft seines Schwiegervaters im Namen seiner Frau, Schenkin Walburga, geltend machte. Im Juni 1405 hatte Hadamar von Laber Walburga geheiratet[246]. Da Schenk Johannes II. keine Söhne hatte, galt sie als präsumptive Erbtochter; dieser Fall trat ein, als Johannes 1417 gestorben war. Der Streit um das Erbe konnte erst nach zähen Verhandlungen auf Betreiben Pfalzgraf Ludwigs III. 1419 endgültig verglichen werden. Eine Einigung, die schon zuvor durch ein vom Pfalzgrafen eingesetztes Schiedsgericht am 23. August 1418 herbeigeführt worden war, hatte eine erste Entspannung gebracht[247]. Der pfalzgräfliche Vergleich führte dazu, daß nicht unerhebliche Teile des allodialen Erbes und des Pfandbesitzes in die Verfügungsgewalt Hadamars gelangten. Diese konnten jedoch teilweise für das Haus Erbach erhalten werden, weil es sich letztlich um das Erbe seiner Frau, Schenkin Walburga, handelte, streng genommen also ihr Besitz war. Teile davon verkaufte Hadamar anscheinend bald wieder, da er später nicht mehr in deren Besitz erwähnt wurde[248].

Wie schon angedeutet, muß die Eheschließung Schenk Konrads VIII. gesondert gewürdigt werden. Er heiratete 1412 Agnes von Erbach, die eine Tochter

[245] S. Stammtafel im Anhang.

[246] Die Wittumsverschreibung dieser Ehe datiert vom 15. Juni 1405, und verweist eindeutig darauf, daß König Ruprecht die Heirat initiiert hatte; der König hängte auf Bitten Hadamars von Laber auch sein Siegel zur Bestätigung der Heirat an die Urkunde (vgl. SCHNEIDER, Historie Erbach, UB Nr. 234, S. 472-474).

[247] Vgl. dazu SCHNEIDER, Historie, UB Nr. 236-238, S. 474-484. Federführend bei diesem Schiedsgericht war Schenk Eberhard X. aus der Erbacher Hauptlinie.

[248] Vgl. SIMON, Erbach, S. 316. Am 12. November 1418 hatte Pfalzgraf Ludwig III. Hadamar von Laber mit den ihm zugesprochenen Gütern belehnt (vgl. GLA 67/1910, fol. 17$^{v}$). Bereits zwei Tage zuvor, am 10. November 1418, war die Belehnung des Schenken Konrad erfolgt (vgl. GLA 67/1910, fol. 16$^{r}$-17$^{v}$). – S. ausführlich oben S. 231f.

Schenk Eberhards XI. und der Maria von Bickenbach gewesen sein soll[249]. Schenk Konrad war zunächst für den geistlichen Stand vorgesehen. Sein älterer Bruder Johannes II. war mit der Raugräfin Jeanette verheiratet[250]. Als sich jedoch abzeichnete, daß das Paar keine männlichen Nachkommen mehr haben würde, kehrte Konrad in den Laienstand zurück, um die Linie Reichenberg weiterzuführen. Er trat zunächst in den Besitz der Lehengüter ein und heiratete dann 1412 Agnes von Erbach[251]. Daß Schenk Konrad als Erbe der Herrschaft nun vorgesehen war, zeigt die Eheabredung eindeutig[252]: Würde Konrad seinen Bruder überleben, sollte „die Herrschaft zu seiner Hand kommen"; er war dann aber auch verpflichtet, das Wittum der Agnes auf das Doppelte zu bessern. Bemerkenswert ist auch, daß im Todesfall eines der Ehepartner ohne Nachkommenschaft – ganz gleich, ob Konrad oder Agnes zuerst sterben würde –, die Nutznießung des Besitzes für den Überlebenden fixiert wurde. Nach dem Tod des verwitweten Partners sollte freilich der Besitz zur Gänze an das Haus Erbach zurückfallen: *so soll dan jglich Gut an die Erben vnd Stam wider gefallen, da es herkommen ist.* Auch hier wurde Vorkehrung getroffen für den Fall, daß aus dieser Ehe keine (männlichen) Erben hervorgehen sollten und der Fortbestand der Reichenberger Linie in Frage stehen würde: Unter allen Umständen sollte die Herrschaft Erbach in ihrem Gesamtbestand erhalten bleiben. Daraus erklärt sich die eingefügte Klausel, daß der Reichenberger Herrschaftsteil beim kinderlosen Tod der Eheleute an die Stammfamilie fallen muß.

Den Schwiegereltern Konrads dürfte diese Situation sehr entgegengekommen sein. Denn sie konnten nun durch die familieninterne Heirat an der Mitgift sparen. Wie schwer die Beschaffung der Mitgift offenkundig gewesen war, zeigt die Tatsache, daß Schenk Eberhard XI. dafür die durch den Tod Gerhard Fetzers heimgefallenen Lehen brauchte, die er nicht wieder ausgab, und zusätzlich ein Viertel des Schlosses Schönberg einsetzte. Ein weiterer Hinweis auf die eingeschränkte wirtschaftliche Ausstattung der Schenken ist die Tatsache, daß Kon-

249 Zu der Frage nach den Eltern der Agnes vgl. STEIGER, Grablegen, Nr. 27: Ob Agnes tatsächlich die Tochter Schenk Eberhards XI. aus der Michelstädter Linie und seiner Frau Maria von Bickenbach gewesen ist (so auch SPIEß, Familie, S. 89f, 314), erscheint eher fraglich, denn dann hätte in der nächsten Generation Margareta, die Tochter der Agnes, ihren Onkel mütterlicherseits geheiratet – eine vielleicht doch allzu nahe verwandtschaftliche Bindung. Dennoch belegt der Ehevertrag, daß sie die Tochter Schenk Eberhards des Jungen war (als Schenk Eberhard d. Ä. gilt zu dieser Zeit Eberhard X., der Sohn Eberhards VIII., vgl. SIMON, Erbach, UB Nr. 140, S. 139-141, wo alle lebenden Schenken mit Beinamen genannt sind), wohingegen Schenk Eberhard VIII., der nach Möller und den Europäischen Stammtafeln ihr Vater war, zusammen mit seinem Bruder Schenk Konrad als Initiator der Ehe auftrat (vgl. SCHNEIDER, UB Nr. 87, S. 134f). – Zu der Ehe Schenk Eberhards mit Maria von Bickenbach vgl. auch FEINEIS, Bickenbach, S. 191f, der das Heiratsjahr „bald nach 1387" angibt.

250 S. Stammtafel Erbach im Anhang.

251 Der Ehevertrag bei SCHNEIDER, Historie, UB Nr. 87, S. 134f; die Lehenübernahme nennt SIMON, Erbach, S. 316f; dort auch skizzenhafte biographische Angaben.

252 Zum folgenden vgl. SCHNEIDER, ebd.

rad erst nach dem Tod seines Bruders eine Wittumsbesserung veranlassen konnte, nachdem er sein Erbe angetreten hatte[253]. Oftmals war es bei den Herren von Erbach sogar der Fall, daß mehrere Witwen auf demselben Besitz versorgt werden mußten, um ihnen ein einigermaßen standesgemäßes Auskommen zu sichern[254]. Daher kam es den Schenken von Erbach offenbar sehr entgegen, wenn die Witwen eine neue Ehe eingingen und ihnen so nicht mehr weiter zur Last fielen, wobei die Schenken immer wieder danach trachteten, das Wittum einzubehalten. Als Beispiel möge hier die Auseinandersetzungen zwischen Schenk Eberhard XIII. und Elisabeth von Werdenberg, der Witwe Schenk Erasmus', genannt sein: Sie heiratete noch vor Ablauf des Trauerjahres Philipp Echter von Mespelbrunn, um versorgt zu sein, da die Schenkenfamilie ihr das Wittum vorenthielt und sie von ihrem Bruder Christoph als dem für ihren Schutz zuständigen Angehörigen im Stich gelassen worden war. Diese erneute Eheschließung sah Schenk Eberhard XIII. als eine ohne Konsens erfolgte Mißheirat an und bemächtigte sich daraufhin auch noch der beiden Töchter Elisabeths, nachdem er sie schon am Genuß ihres Wittums gehindert hatte[255]. Ein anderes, positives Beispiel ist dagegen das der Luckardis von Waldburg. Nach dem Tod ihres Ehemannes, Schenk Eberhards XII., verzichtete sie 1414 auf ihre Morgengabe und gab ihr Wittum zurück[256]. Dafür wies ihr Schenk Eberhard X., der Vater Eberhards XII., eine jährliche Gülte von 210 Gulden zu, um ihre Witwenversorgung sicherzustellen.

Kehren wir zur Heirat Konrads und der Agnes zurück: Besonders attraktiv für Agnes' Eltern war offenkundig die Tatsache, daß Schenk Konrad VIII. die von ihm erworbenen Präbenden in die Eheverhandlungen einbrachte[257]. Er versprach, daß seine Würzburger Pfründen und sein dortiger Hof, der Kollenberg, den Söhnen Eberhards XI. zukommen sollten. Die Rechnung ging auf, denn noch 1412 wurde Konrads Schwager Dieter/Dietrich von Erbach Domherr in Würzburg[258].

[253] Vgl. SCHNEIDER, Historie, UB Nr. 87, S. 134f.

[254] Dies wird indirekt deutlich, wenn man sieht, daß die Herren von Erbach ihren Ehefrauen oft nur den vierten Teil einer Burg als Wittum zuweisen konnten, was nicht zuletzt auch damit zusammenhing, daß die Herrschaft dreigeteilt war, so daß die jeweils am Besitz beteiligten Linien stets um Zustimmung gebeten werden mußten; vgl. SIMON, Erbach, UB Nr. 31, S. 32f, Nr. 78a, S. 81f; SCHNEIDER, Historie, UB Nr. 52, S. 107.

[255] Vgl. zu diesem Vorfall DECKER-HAUFF, Zimmerische Chronik II, S. 60ff.

[256] Vgl. SIMON, Erbach, UB Nr. 181, S. 181-183, UB Nr. 184, S. 184-187.

[257] Vgl. dazu SCHNEIDER, Historie, UB Nr. 87, S. 134f.

[258] Vgl. SPIEß, Familie, S. 314; AMRHEIN, Mitglieder Domstift 1, S. 264; STEIGER, Grablegen, Nrr. 27, 30. Dieter ist nicht mit seinem gleichnamigen Bruder, dem Erzbischof von Mainz, zu verwechseln.
Ob der Grund für die Bestimmung im Ehevertrag, daß der Beischlaf zwar zwischen dem Abschluß der Eheabredung (14. Mai 1412) und dem Johannestag (24. Juni 1412) erfolgen sollte, dann aber Agnes wieder für ein Jahr in die Obhut ihres Vaters zurückkehren mußte, darin zu suchen ist, daß die Übertragung der Präbenden erst sichergestellt werden sollte – die Tochter quasi als Pfand diente –, muß offen bleiben. Vgl. zur Bestimmung SCHNEIDER, Historie, UB Nr. 87, S. 134f.

Diese Linienheiraten zeigen zweierlei: für die Schenken von Erbach bedeuteten sie die gegenseitige Einbringung der – möglicherweise verminderten – Mitgiften von einem Zweig der Familie in den anderen und die Verhinderung einer zukünftig drohenden Aufsplitterung der Herrschaft über präsumptive Erbtöchter. Des weiteren gilt es zu berücksichtigen, daß die Partnerwahl stark im Sinne einer endogamen Strategie beeinflußt und manipuliert wurde, was dazu führte, daß Familiennetzwerke mit langfristigen freundschaftlichen Bindungen entstanden, daß eine politische Kohärenz sowie eine gegenseitige Unterstützung im Wettbewerb um die Besetzung von geistlichen Pfründen gegeben war und daß nicht zuletzt die Familien durch „Mitgiftentausch“ finanziell entlastet wurden[259].

Sollte der Eindruck entstanden sein, daß dies in erster Linie nur für Eheschließungen zwischen den verschiedenen Linien der Familie galt, so täuscht dies. Denn gerade im Umfeld der besprochenen erbachischen Linienheirat Schenk Konrads VIII. mit Agnes von Erbach wird darüber hinaus schnell deutlich, daß hier weitere Familien ins Spiel kommen[260]. Um dies zu zeigen, müssen wir etwas weiter ausholen: Konrad III. von Bickenbach war in zweiter Ehe mit Agnes von Erbach verheiratet. Der Sohn aus dieser Ehe, Konrad IV., ehelichte Christine von Hohenberg, die Erbtochter des Dietrich von Hohenberg. Deren Mutter war die Raugräfin Jeanette, die in zweiter Ehe mit Schenk Johannes II. von Erbach verheiratet war. Dessen Bruder Konrad VIII. ist der oben erwähnte, der 1412 Agnes von Erbach zur Frau nahm. Margarete, die Schwester Johannes' und Konrads, war wiederum in ihrer zweiten Ehe mit Konrad VI. von Bickenbach verheiratet; sie war darüber hinaus die Witwe Schenk Konrads VI. aus der Erbacher Linie. Der genannte Konrad VI. von Bickenbach heiratete in zweiter Ehe eine Jutta von Runkel. Die beiden Töchter aus dieser Verbindung heirateten Mitglieder der Hofklientel des rheinischen Pfalzgrafen. Eva ehelichte um 1430 Georg Truchseß von Waldburg; Anna schloß die Ehe mit Konrad IX. von Erbach. Dessen Bruder, Schenk Eberhard XII., war seit 1407 mit Lukardis Truchsessin von Waldburg, der Schwester des obengenannten Truchsessen Georg, verheiratet.

Ganz offensichtlich trat hier das Bestreben der genannten Familien hervor, ein in sich geschlossenes Netzwerk zur Absicherung und Festigung der eigenen Herrschaft zu errichten, in das den Fürsten oder gar den Reichsfürsten der Zugang nach Möglichkeit verwehrt wurde, um den Bestand der Familien und ihrer Herrschaften vor allem durch überhöhte Mitgiftforderungen nicht zu gefährden. Daß diese Gefahr durchaus bestanden hat, zeigt deutlich ein Gutachten zur Reform des Grafenstandes, das endogame Heiraten forderte, um die

259 Vgl. zu diesem Aspekt der „endogamen Strategie“ ausführlich SPIESS, Familie, S. 61-73, der an mehreren Beispielen dieses Heiratsverhalten beleuchtet und zu dem Schluß kommt, daß die „Auswirkungen der Endogamie [...] kaum überschätzt werden [können]“ (S. 73).

260 Um die Verhältnisse transparenter zu machen, sei wiederum auf den Ausschnitt der Stammtafel verwiesen; s. auch Taf. 1 im Anhang.

Mitgiften innerhalb der Grafen- und Herrenfamilien zu halten[261]. Damit war diesen Familien quasi die Verpflichtung auferlegt worden, zur eigenen Sicherheit und Absicherung einen Tauschring innerhalb eines größeren Familienverbandes zu schaffen, der Mitgiften und Besitz beieinander hielt[262].

Mit diesen letzten Sätzen ist bereits ein nächster Aspekt angesprochen, der bei der Betrachtung des Heiratsverhaltens einer Grafen- bzw. Herrenfamilie nicht übergangen werden darf: nämlich die Einflußnahme und die Beteiligung von Dritten unter Betonung von deren eigenen Interessen. Daß dies bei den Eheschließungen der Herren von Erbach immer wieder vorkam, soll im folgenden gezeigt werden.

Beispielhaft deutlich wird diese Einflußnahme bei der Eheberedung und Heirat Schenk Ottos von Erbach mit Amalie Gräfin von Wertheim am 29. November 1440[263]. Bezeichnenderweise wurde diese Ehe von Dietrich von Erbach, dem Mainzer Erzbischof und Bruder Ottos, selbst beredet. Nachdem Graf Michael I. von Wertheim, der mit dem Erzbischof in heftigen Auseinandersetzungen gelegen hatte, am 25. Juli 1440 gestorben war, wagte Dietrich mit Michaels Sohn Wilhelm I. einen Neuanfang[264]. Am Ende dieser Wiederannäherung stand die Aussöhnung und die Eheabredung (*das wir ein fruntschaft vnd ein ehe zuschen dem wolgepornen Wilhelmen grauen zu Wertheim als von siner swester Amlien wegen an eynem vnd dem edeln Schengk Otten herren von Erpach ... an dem andern teile, beredt vnd beteidingt haben*), die die Wertheimer Fehde letztlich beendeten. Eindeutig sind hier die Positionen: Erzbischof Dietrich von Mainz verfolgte offenkundig eine Heiratspolitik, bei der er ganz bewußt Verwandte im Interesse des Erzstifts einsetzte[265]. Wie bei solchen Eheberedungen üblich, verzichtete Gräfin Amalie auf das väterliche und mütterliche Erbe an der Grafschaft Wertheim und der Herrschaft Breuberg; darüber hinaus leistete sie auch Verzicht auf etwaige Ansprüche, die ihr aus ihrer ersten Ehe mit Wieland von Freiberg, dem unehelichen Sohn des Herzogs von Bayern-Ingol-

[261] Vgl. SPIEß, Familie, S. 55, 73. Der Text des Gutachtens (vgl. SENCKENBERG, Selecta VI, S. 59) stammt freilich aus dem Jahr 1597, dennoch dürfen wir getrost annehmen, daß entsprechende Situationen auch bereits für das 14. und 15. Jahrhundert galten, nimmt doch das Gutachten selbst Bezug auf diese vergangenen Zeiten. Die Wetterauer Grafengruppe forderte, daß Töchter, die eine reiche Mitgift einbrachten nur an Standesgenossen und nicht an höhere zu verheiraten. Des weiteren sollten die Grafen selbst aktiv werden und nach dem Beispiel ihrer Vorfahren Land und Leute erheiraten.

[262] Vgl. dazu SPIEß, Familie, S. 70f.

[263] Vgl. SIMON, Erbach, UB Nr. 243, S. 241-243; teilweise bei SCHNEIDER, Historie, UB Nr. 120, S. 283.

[264] Zu den Gründen dieser Fehde, die hier nicht näher erläutert werden müssen, vgl. VOSS, Dietrich von Erbach, S. 36-39; SPIEß, Familie, S. 99 (Anm. 292).

[265] Wilhelm I. war seit 1442 im Gefolge des Erzbischofs nachweisbar, mit einer kurzen Unterbrechung seit dem Ende der 1440er Jahre bis 1453, danach ist er Burggraf und Amtmann von Miltenberg bis 1461 (vgl. VOSS, ebd., S. 419-421).

stadt, erwachsen waren. Lediglich einen Anteil der Fahrhabe, der Barschaft und vom Kleinod ihrer Mutter sollte sie als Erbe erhalten[266].

Doch nicht nur der Mainzer Erzbischof war tatkräftig an den Eheabredungen beteiligt[267], auch der Pfalzgraf bei Rhein nahm gehörigen Einfluß auf die Eheschließungen seiner (reichsständischen) Vasallen. Vor allem in der Zeit des pfälzischen Königtums 1400-1410 ist dieses Phänomen zu beobachten. Wie schon seine pfalzgräflichen Vorgänger setzte König Ruprecht die pfälzische Heiratspolitik fort: Zum einen sollten Heiraten verhindert werden, die zwei benachbarte Herrschaften vereinen und so das territoriale Gleichgewicht in nächster Nachbarschaft zur Pfalz stören würden, dagegen wurden Ehen weit auseinander lebender Partner gefördert; zum anderen bestand das Interesse, eine den Pfalzgrafen genehme Hofklientel auf- bzw. auszubauen und deren Zusammenhalt zu stärken[268].

Sicher lassen sich vier Ehen, vielleicht auch noch eine fünfte, feststellen, die Ruprecht zwischen den Schenken von Erbach und seinen königlichen Räten bzw. Vertrauten respektive deren Verwandten *beret und gemacht* hat[269]. Es handelte sich dabei um die Heiraten der Walburga von Erbach mit Hadamar von Laber (1405) sowie ihrer Schwester Dorothea, die 1409 mit Konrad Marschall von Pappenheim verheiratet wurde. Schon 1407 fand die Eheschließung Schenk Eberhards XII. mit der Lukhardis Truchsessin von Waldburg statt. In diese Reihe gehört sicherlich auch die Vermählung der Anna von Erbach mit Graf Heinrich von Löwenstein (wohl 1407), die durch persönliche Kontakte am Königshof herbeigeführt wurde – Heinrich war ein enger Berater des Königs und war mit mehreren Räten verwandt, kannte so die Schenkenfamilie. Ob freilich die 1405 erfolgte Hochzeit der Schwester Eberhards mit Philipp von Kronberg auch auf königliche Einflußnahme zurückzuführen oder ob hier nicht eine endogame Strategie beider Familien zu veranschlagen ist, können wir mangels Quellen nicht mehr feststellen.

Seit dem ersten Jahrzehnt des 15. Jahrhunderts bis zum Ende des zweiten Jahrhundertdrittels ist die Beteiligung von Reichsfürsten bei Eheanbahnungen im Hause Erbach besonders deutlich zu erkennen. Eine massive Einflußnahme im eigenen Interesse wurde durch den rheinischen Pfalzgrafen ausgeübt, der vor allem in der Zeit des pfälzischen Königtums 1400 bis 1410 vehement das Heiratsverhalten einer seiner bedeutendesten Vasallenfamilien in seinem Sinne

266 Jedoch erst, wenn Graf Wilhelm, Graf Erasmus sowie ihre Mutter Gräfin Sophia tot sind (vgl. SIMON, Erbach, UB Nr. 243, S. 242f).

267 Neben der exemplarisch erwähnten Eheabredung zwischen Schenk Otto und Amalie von Wertheim vermittelte der Erzbischof vermutlich auch die Heirat seiner Nichte Agnes mit Wilhelm von Finstingen, was die vom Erzbischof geleistete Zahlung der Mitgift über 3000 Gulden vermuten läßt (vgl. SPIEß, Familie, S. 99). Ein Regest der Eheabredung vom 25. September 1453 bei SIMON, Erbach, UB Nr. 268, S. 268.

268 Vgl. zusammenfassen SPIEß, Familie, S. 105-113.

269 Zitat bei LUCK, Historische Genealogie, S. 17; vgl. zum folgenden SPIEß, Familie, S. 106f; STEIGER, Grablegen, S. 31-33.

arrangierte. Dagegen erschien der Mainzer Erzbischof Dietrich von Erbach geradezu zurückhaltend bei seinen Ehestiftungen; denn für seinen nahezu 25-jährigen Episkopat sind nur zwei erbachische Heiraten hinreichend belegt, die auf seine Initiative zurückgehen.

Neben dieser reichsfürstlichen Einflußnahme dürfen die Eheanbahnungen durch die eigene Familie nicht außer Acht gelassen werden. Auch in diesem Fall gilt es, die vielen unterschiedlichen Interessen zu beachten. Nimmt man die „familieninternen" Ehestiftungen in den Blick, so zeigt sich, daß in den wenigsten Fällen bloß die erbachischen, agnatischen Verwandten beteiligt waren. In der Regel hatten die kognatisch angeheirateten Verwandten ein großes Mitspracherecht und waren an den Verhandlungen über die Eheberedungen beteiligt, bzw. sie betrieben die Ehestiftungen gleich selbst ohne die Einbeziehung der erbachischen Verwandten. So ist die Vermählung Schenk Erasmus' mit Gräfin Elisabeth von Werdenberg auf die Vermittlung durch kognatische und angeheiratete Verwandtschaft zurückzuführen, wobei hier in der Wahl der Verhandlungspartner recht weit ausgegriffen wurde. Wie aus dem Heiratsvertrag deutlich wird[270], haben der Onkel mütterlicherseits, Kraft VI. von Hohenlohe, und der Ehemann der Nichte von Schenk Erasmus, Hans von Rodenstein, die Ehe beredet; keiner der zahlreichen erbachischen Verwandten war daran beteiligt. Als weiteres Beispiel dieser Verhandlungsform reiht sich auch die oben schon angeführte Heirat Schenk Konrads mit Agnes von Erbach ein[271]: hier waren neben zwei Angehörigen des Hauses Erbach auch noch Konrad von Bickenbach, Johann und Eberhard von Hirschhorn sowie Heinrich Rüdt von Kollenberg beteiligt. Es handelte sich dabei um den Schwager aus der zweiten Ehe der Schwester des Bräutigams bzw. um die Söhne der Schwäger aus deren erster Ehe. Damit fügt sich auch die Schenkenfamilie in das allgemeine Muster ein: In der Regel vermittelten die kognatischen bzw. angeheirateten Verwandten die Ehen, eine Beteiligung ausschließlich der agnatischen Angehörigen ist nur in den seltesten Fällen zu belegen[272].

### 5.3.3 Das Konnubium der Schenkentöchter

Bei den bisherigen Betrachtungen stand das Heiratsverhalten der männlichen Glieder des Hauses im Vordergrund. Doch auch das Konnubium der Töchter der Schenken bietet interessante Einblicke und Ergebnisse, die für eine Familie, die unter die mindermächtigen Reichsstände zu fassen ist, typisch sind.
Untersucht man die bekannten Eheschließungen hinsichtlich ihrer geographischen Verteilung, so wird rasch augenfällig, daß die Ehemänner meist aus

[270] Vgl. SIMON, Erbach, UB Nr. 308, S. 282 (27. September 1485).
[271] Vgl. die Eheabredung bei SCHNEIDER, Historie, UB Nr. 87, S. 134f.
[272] Vgl. als eines der wenigen Beispiele die Ehevermittlung Eberhards II. von Eppstein und der Anna von Kronberg 1403 (SPIEß, Familie, S. 94f).

regional weit auseinanderliegenden Gebieten stammten[273]. Dieser Umstand dürfte zum einen seine Erklärung in der Tatsache finden, einen Erbfall, aus dem eine benachbarte Familie territorialen Gewinn schlagen könnte, möglichst zu verhindern. Die Ausweitung des Kreises der Ehekandidaten dürfte freilich auch mit der verstärkten Einbindung der Herren von Erbach in das pfalzgräfliche Klientelsystem und der damit einhergehenden größeren Einflußnahmemöglichkeit des Pfalzgrafen auf die Ehen seiner Hofklientel in Zusammenhang stehen, wie gezeigt werden konnte.

Neben der geographischen Streuung fällt auf, daß es sich bei etwa 50 % der Ehemänner um Angehörige des Ritteradels bzw. der anderen Erbacher Linien handelte[274]. Offenbar waren hier die „wirtschaftlich nicht sehr standfesten"[275] Herren von Erbach darauf bedacht, die auszuzahlende Mitgift so gering wie möglich zu halten und damit die Ausgaben möglichst zu minimieren. So betrug die bezahlte Mitgift in der Regel durchschnittlich knapp 1900 Gulden; die erhaltene Mitgift bei der Einheirat von Frauen durchschnittlich knapp 2800 Gulden[276]. Das heißt: Auch hinsichtlich der ausgezahlten Heimsteuer bewegten sich die Herren von Erbach am unteren Rand der in dieser Gruppe üblichen Summen, was die soziale Eindordnung der Schenken nur in das untere Drittel der Grafen- und Herrenfamilien zuläßt. Doch war ihr Sozialprestige mittlerweile so angewachsen, daß sie die verarmten Edelfreien von Rodenstein und die Kronberger Ritter mit einer weit unter dem Durchschnitt liegenden Mitgift abfertigen konnten; so erhielten die Rodenstein 1200 Gulden, während sich die Ritter von Kronberg mit 1000 Gulden zufrieden geben mußten[277].

Obwohl die Schenken von Erbach hier offenbar auch auf Sparsamkeit bedacht waren – soweit dies überhaupt möglich war, ohne die soziale Stellung allzu sehr zu schmälern –, hatten sie bis zum Ende des Mittelalters von 50 ihrer Töchter, die in den Stammtafeln belegt sind, 32 verheiratet; 18 Schenkentöchter blieben ledig, von denen aber auch nicht alle in Klöstern versorgt wurden[278].

Dies erscheint auffällig; eigentlich würde man eher das umgekehrte Phänomen erwarten: möglichst viele Töchter nach erfolgtem Erbverzicht mit geistlichen Stellen zu versorgen. Doch ergab sich dabei ein Problem. Die geistlichen Töchter mußten während ihres gesamten Lebens unterstützt werden. Sie hatten zwar ihrem Erbe entsagt, erhielten dann allerdings ein Kapital zugesprochen, das meist 10 % der in der Familie üblichen Mitgift ausmachte. Es wurde auf einen Besitzkomplex verschrieben, meist zu einem Zinsfuß von 10 % (bis 1390 der übliche, dann in der Regel 5 %), und die daraus fließenden Beträge wurden als

273 S. Karte 4 im Anhang.
274 S. Stammtafel Erbach in Anhang.
275 SPIEß, Familie, S. 402.
276 Zu den Zahlen und der Ermittelung der Durchschnittsbeträge vgl. EBD., S. 348 und Graphik S. 350; s. dazu auch oben S. 288.
277 Vgl. Graphik 24 bei SPIEß, Familie, S. 350.
278 Vgl. die Zusammenstellung bei EBD., S. 367.

Leibrenten meist jährlich ausbezahlt[279]. Konnten die Unterhaltszahlungen bei geistlichen Söhnen bei genügender Pfründenanhäufung wegfallen, so war dies bei geistlichen Töchtern nicht der Fall, weil eine Pfründenakkumulation hier nicht möglich war. Lediglich der Aufstieg innerhalb des Klosters ermöglichte eine finanzielle Besserstellung, so daß die geistliche Tochter hier eventuell ihr Leibgeding zurückstellte. Für die Schenken von Erbach hätte diese übliche Regelung also bedeutet, daß jedes Jahr recht hohe Zahlungen fällig geworden wären, wenn sie alle 18 unverheirateten Töchter in Klöstern versorgt haben wollten[280]. Daher ist es nur allzu verständlich, daß von einer solchen Versorgungsregelung Abstand genommen und versucht wurde, möglichst viele Töchter zu verheiraten. Denn die verheirateten Töchter wurden mit der Hochzeit aus der Munt des Vaters entlassen und gingen in die der Familie des Ehemannes über[281]: Sie belasteten also die Vaterfamilie nicht mehr. Darüber hinaus mußte der zukünftige Ehemann die Mitgiftzahlung, die die Brauteltern leisteten, widerlegen, in der Regel war dies in derselben Höhe der Mitgift zu tun, und er hatte für die Versorgung der Frau im Falle ihrer Witwenschaft aufzukommen. Meist lagen diese Beträge durch die Zahlung der sogenannten Morgengabe noch um Einiges höher.

Daß bei der Vergabe der heiratsfähigen Töchter freilich nicht nur mit der Möglichkeit der Reduktion der Mitgift geliebäugelt wurde, wird klar, wenn wir die Eheschließung der Schenkin Luckardis von Erbach betrachten. Sie war mit Gerhard von Jossa verheiratet gewesen, der aber vor 1335 schon gestorben war. Die Herren von Jossa, die 1313 ihre Stammburg und -güter Jossa an Apel Kuchenmeister verkauften, hatten bereits im Jahr zuvor ihre Bergsträßer Allodialgüter dem Mainzer Erzbischof zu Lehen aufgetragen[282]. Was die Brüder Giso und Gerhard von Jossa schlußendlich zu diesem Vorgehen veranlaßte, wissen wir nicht. Jedoch deuten sowohl der Verkauf der Stammgüter als auch die Lehensauftragung darauf hin, daß sie sich in einer gewissen Zwangslage

[279] Vgl. EBD., S. 373f: Diese Leibrente war freilich nicht nur eine Abfindung für die Absage an das Erbe, sondern sie war gleichzeitig der von den Klosterstatuten vorgeschriebene Beitrag zum Unterhalt der Nonne.

[280] Will man dies einmal durchrechnen, so bedeutete das, geht man von 10 % der üblichen Mitgift aus (im Fall von Erbach durchschnittlich 1900 Gulden), bei der üblichen Verzinsung, daß pro Jahr und Tochter ein Betrag von 19 Gulden fällig geworden wäre. Im schlimmsten Fall, als Mitte des 15. Jahrhunderts 14 unverheiratete Töchter lebten, wären so Jahr für Jahr nahezu 250 Gulden zusammen gekommen, eine Summe, die die wirtschaftlich schwachen Schenken kaum aufzubringen vermocht hätten. Geht man in dieser Rechnung noch weiter und zieht die Lebenszeit der Nonnen in Betracht, die leicht 50 und mehr Jahre betragen konnte, so laufen hier derart hohe Summen auf, die eine mindermächtige Grafen- bzw. Herrenfamilie nur durch Schulden finanzieren konnte. Vgl. zu den ermittelten Einnahmen dieser Familien SPIEß, Familie, S. 394f, der eine Spanne von 2000 bis 20000 Gulden jährliches Einkommen nennt; das Beispiel Eppstein erscheint besonders eklatant: hier stehen 1488 den Einnahmen von 1910 Gulden Ausgaben von 1602 Gulden gegenüber.

[281] Vgl. zusammenfassend MIKAT, Ehe, Sp. 809-815; OGRIS, Munt, Muntwalt, v.a. Sp. 757f.

[282] Vgl. SIMON, Erbach, S. 164.

befunden haben. Diese Situation nutzte Schenk Konrad IV. offenbar geschickt und stiftete die zwischen seiner Schwester Lukardis und Gerhard von Jossa geschlossene Ehe. Giso blieb anscheinend unverheiratet; Nachkommen sind jedenfalls nicht bekannt. Aus der Ehe seines Bruders sind vier Kinder genannt: die Söhne Gerlach, Reinhard und Engelhard sowie die Tochter Elisabeth. Bald nach dem Tod des Vaters, nämlich 1335, begann der Ausverkauf der Bergsträßer Herrschaft; sukzessive kaufte Schenk Konrad den Besitz der mit ihm verschwägerten Familie auf, so daß 1356 dieser gänzlich an Erbach gelangt war. Daß diese Vorgehensweise keinen Einzelfall darstellte, beweisen die weiteren Eheschließungen, die in Konrads Umfeld gehören, wie wir oben bereits gesehen haben[283].

Bei den erbachischen Töchtern, die ledig blieben und nicht im geistlichen Stand versorgt wurden, ist seit dem 15. Jahrhundert der Erbverzicht üblich geworden. An dieser Stelle sei nur ein Beispiel angeführt, das für die Familie besonders prägnant erscheint. Denn hier werden vor allem auch die innerfamiliären Spannungen deutlich, die ein solcher Erbverzicht mit sich brachte. 1489, am 30. Januar, verzichtete die Schenkin Magdalena von Erbach gegenüber ihrem Bruder Schenk Erasmus auf ihr väterliches und mütterliches Erbe[284]. Die Motivation Erasmus' dürfte klar sein: Er wollte offenbar eine Zersplitterung des erbachischen Besitzes bzw. eine weitere finanzielle Belastung unterbinden. So heißt es auch in der Verzichtsurkunde, daß Magdalena *irem stam zu uffgang und gut* ihrem Erbe entsagte. Im Gegenzug verpflichtete sich ihr Bruder, ihr im Erbacher Schloß Wohnung und Versorgung bereitzustellen, wie es ihr zukomme. Womöglich fiel der Schenkin der Verzicht deshalb auch leichter, weil ihr Bruder ihr Leibgeding in einer zweiten Urkunde unter demselben Datum nochmals erhöht hatte und weil sie *diser Zitt in vnser lieb gemahel frauwen zymer* (d.h. bei der Kurfürstin von der Pfalz) eine Anstellung hatte.

In der Folgezeit muß es aber über diese Vereinbarungen zu einem erbitterten Streit zwischen den Geschwistern gekommen sein. Offenbar nutzte Erasmus die Abhängigkeit seiner Schwester aus und hielt sich nicht an die Abmachungen. Denn Magdalena beschuldigte ihren Bruder, er komme seinen Versprechen nicht nach und verweigere die zugesagten Zahlungen, was Schenk Erasmus dagegen vehement bestritt[285]. Vom 18. Januar 1498 ist nun ein Spruch überliefert, mit

283 S. oben S. 291f.

284 Vgl. GLA 67/820, fol. $195^r$-$197^r$: *Wie Jungfraw Magdalen schenckin zu erpach vff vetterlich muterlich vnd alle anfallend erb verzugen vnd Irem brud*(er) *schenck asmus h*(err)*n zu erpach vbergeben hat Ir gerechtigkeit.* Der Vertrag wurde im Beisein Kurfürst Philipps abgeschlossen, der sich im Text mehrfach als der *landsfurst vnd ordentliche Richter* bezeichnete, was darauf hindeutet, daß er einerseits zwar die Herrschaft Erbach anerkannte, im selben Atemzug aber auch seine lehensherrliche Position hervorkehrte und durch seine Richterfunktion versuchte, die Herren von Erbach allmählich seiner Verfügungsgewalt zu unterwerfen.

285 Man gewinnt den Eindruck, daß Erasmus glaubte, mit seiner Schwester ein leichtes Spiel zu haben, da sie als unverheiratete Frau noch immer der Munt der Familie des Vaters bzw. des Bruders unterstand und nur bedingt rechtsfähig war. Offenkundig hoffte er, die Ausein-

dem Kurfürst Philipp diesen Streit beendete[286]. In länger andauernden Verhandlungen war eine Einigung zwischen den Geschwistern herbeigeführt worden, die sie *angenommen vnd dem zuleben vnd nacher* [zu] *kommen* [sie] *zugesagt haben*. Dabei wurde die Zahlung des Leibgedings exakt festgelegt: Jedes Jahr am Martinstag (dem 11. November) hatte Erasmus ihr zu zahlen: 100 Gulden, 30 Malter Korn, 10 Malter Hafer, 3 Fuder Wein von der Bergstraße; darüber hinaus: 2 Mastochsen, 8 Hammel und 8 Schafe sowie 50 Hühner. Dann wurde der ihr zustehende Hausrat aufgelistet: *funff guter betth* [...] *mit ihrer zugehörung gedeck, kuslin, pfuwlen, vnd zu ieglichen zwei par leglach*, des wieteren erhielt Magdalena zwei silberne Becher mit Deckeln, Zinngeschirr, ein Handfaß und Becken, Pfannen, Kessel *vnd allen andern hußratt, das zur notturfft eim frewlin Ihres stands gehörtt.*

Gemäß dem ersten Verzichtsvertrag, der unter Beteiligung Kurfürst Philipps 1489 zustande gekommen war, sollte die Schenkin zusammen mit ihrem Bruder und dessen Familie im Erbacher Schloß leben[287]. Diese offenbar für beide Seiten ungewohnte Situation des familiären Zusammenlebens, die „beide Geschwister unter ein Dach zwang“[288], hatte aber immer wieder zu Streitigkeiten geführt. Daher mußte Erasmus ihr nun in der Stadt Erbach außerhalb des Schlosses ein *zimlichte eerliche behusung*[,] *die Irem stand bequem und gelegen ist*, zuweisen, um zukünftig solchen Auseinandersetzungen aus dem Weg zu gehen.

Da der Vertrag im Januar abgeschlossen wurde, traf der Kurfürst für das laufende erste Jahr eine Sonderregelung: die Zahlungen wurden um ein Viertel reduziert, sollten dann aber ab dem zweiten Jahr in der skizzierten Form erfolgen. Im Falle ihres Todes sollte der gesamte Hausrat, den Magdalena nicht verkaufen oder weggeben durfte, da er offenbar Teil der Herrschaft Erbach war, wieder an den Bruder bzw. seine Erben zurückfallen.

Interessant sind die Bestimmungen, die der Kurfürst für den Fall erließ, daß Schenk Erasmus einen oder mehrere Vertragspunkte nicht einhielt. Magdalena sollte dann als „ihre Leibzucht und Pension“ die beiden Dörfer Beerfelden und Gammelsbach erhalten mit allen „Zinsen, Renten, Nutzen, Gesellen, Leuten, Gütern und allen dazugehörenden Gerechtigkeiten“. Erasmus sollte in diesem Fall die dortigen Schultheißen und Einwohner *der pflicht damit sie Im verwant sint* [...] *ledig sagen*. Sie sollten daraufhin der Schenkin *ir leben lang* huldigen und Gehorsam geloben. Neben den Einkünften aus den beiden Orten sollte Magdalena offenbar auch alle Gerechtigkeiten und die Verfügungsgewalt über

andersetzung rasch beilegen zu können. Doch Madalena ließ sich vor dem pfälzischen Schiedsgericht durch die Grafen Kraft von Hohenlohe und zu Ziegenhain, *ir vetter und vogt*, und Bernhart den Jungen von Eberstein sowie *ettlich mee ander Ir nesten frűnd* vertreten und focht ihre berechtigten Ansprüche durch (vgl. GLA 67/820, fol. 195$^r$).

286 Vgl. zum folgenden GLA 67/824, fol. 269$^r$-271$^v$: *Vertrag zuschen Schenck Eraßmus h*(err)*n zu Erpach und syner Swester magdalena vmb vatterlich vnd mutterlich erbe*; dort auch die angeführten Zitate.

287 Vgl. GLA 67/820, fol. 195$^r$-197$^r$.

288 SPIEß, Familie, S. 380.

die dortigen Einwohner und Leibeigenen erhalten. Drängte sich zuvor der Eindruck auf, Magdalena habe stark unter ihrer eingeschränkten Rechtsfähigkeit zu leiden, so deuten diese Bestimmungen freilich eher das Gegenteil an: Über die beiden Dörfer, die ihr im Fall des Vertragsbruchs zufallen sollten, schien sie dann frei verfügen zu können, wozu natürlich die volle Rechtsfähigkeit unabdingbar war. Das deutet darauf hin, daß Frauen in umfassenderem Umfang rechts- und selbständig handlungsfähig gewesen sein müssen. Nach dem Tod Magdalenas verloren diese Bestimmungen naturgemäß ihre Wirksamkeit und der gesamte Besitz sollte wieder an Schenk Erasmus bzw. seine Erben zurückfallen.

Im Falle der Magdalena wurde der Erbverzicht also aufrechterhalten, wie wir gesehen haben. Wenn jedoch eine Tochter bei der Heirat den üblichen Verzicht nicht leistete und hartnäckig auf ihrem Recht beharrte, so konnte die Auseinandersetzung bis vor das Reichskammergericht führen; so geschehen bei der Heirat Schenk Eberhards XIII. mit Marie von Wertheim 1503, die ihrem Erbe an der Grafschaft Wertheim nicht entsagte. Ihre Ablehnung des Erbverzichts verursachte einen jahrelangen Prozeß vor dem Reichskammergericht, den sie jedoch am Ende gewinnen konnte, so daß die Grafen von Erbach gemäß dem Reichenberger Vertrag (von 1551) 1556 nach dem Tod des letzten Grafen von Wertheim in den Besitz der halben Herrschaft Breuberg gelangten und so letztlich ein umfangreicher territorialer Zugewinn aus dieser Heirat resultierte[289].

### 5.3.4 Zusammenfassung

Fassen wir das bisher Gesagte an dieser Stelle knapp zusammen: Das Konnubium der Schenken spiegelt deutlich das Bemühen, mit hochwertigen Heiraten die soziale Anerkennung des nichtfürstlichen Hochadels zu erlangen bzw. zu festigen. Ein willkommener Nebeneffekt waren dabei die lukrativen Erbschaften, die sich abzeichneten. Vor allem die Ehen der erbachischen Söhne zeigen dies. Bei dem Konnubium der Töchter waren die „wirtschaftlich nicht sehr standfesten Schenken“ oft nicht in der Lage, die üblichen Mitgiften zu entrichten und waren so gezwungen, ein für Grafen- und Herrenfamilien untypisches Konnubium mit dem Ritteradel einzugehen. Dennoch trachteten sie danach, möglichst viele ihrer Töchter zu verheiraten, um sie versorgt zu wissen, bzw. um in vorausschauend kluger Planung aus möglichen, sich andeutenden Erbschaften Kapital für die eigene Herrschaft zu schlagen. Deutlich zeigt sich hier der Konflikt: Bemühung um ein standesgemäßes Heiratsverhalten bzw. eine standesgemäße Versorgung der Töchter einerseits bei gleichzeitigem, ungeschmälerten Erhalt der Herrschaft andererseits. Dies veranlaßte die Schenken von Erbach, endogame Tauschringe verbunden mit Linienheiraten auszubilden, um Mitgiften in der Familie zu erhalten und zukünftigen Erbteilungen vorzubeugen.

[289] Vgl. dazu ausführlich KLEBERGER, Territorialgeschichte, S. 76, 92f.

Die Ausweitung des Konnubiums nach Franken, Bayern und Schwaben ist weniger einem Prestigezuwachs oder einem wirtschaftlichen Aufschwung seit dem beginnenden 15. Jahrhundert zuzuschreiben als vielmehr der Einflußnahme bzw. Vermittlung von König und Kurfürsten sowie der kognatischen Verwandten. Dabei setzten die Reichsfürsten und der König die Ehen ganz in ihrem Sinne ein: als Bündnis- und Friedensinstrument (so Erzbischof Dietrich von Mainz) oder zur Schaffung eines den Fürsten genehmen Hofverbandes (so vor allem Pfalzgraf bzw. König Ruprecht).

# Zusammenfassung und Ergebnis

Auf dem Nürnberger Reichstag vom August 1422 sind die Herren von Erbach in den Matrikeln erstmals genannt und werden unter die freien Grafen- und Herrenfamilien gezählt. Nach einem langen, nahezu 250jährigen Weg war die ursprünglich der Reichsministerialität angehörende Familie der Schenken von Erbach nun auch von Reichsseite öffentlich als Reichsstand anerkannt und den „alten" edelfreien Familien gleichgestellt worden. Wenn auch keine förmliche Erhebung durch den König vorliegt, so haben es die Herren von Erbach de facto doch erreicht, alle wesentlichen Bedingungen für die Reichsunmittelbarkeit zu erfüllen.

Doch der Weg dahin war steinig. Es lassen sich bereits seit der ersten Erwähnung der Herren von Erbach im Lorscher Codex Tendenzen erkennen, die immer wieder die Aufstiegsbestrebungen der Familie zeigen. Oftmals mußten sie dabei jedoch auch Rückschläge hinnehmen, die den Aufstieg und die Emanzipation der Familie zwar verlangsamen, aber nicht stoppen konnten.

Die Herren von Erbach sind ursprünglich im ministerialen Umfeld der Reichsabtei Lorsch zu verorten, in deren Chronik sie auch erstmals genannt sind. Die vorliegende Untersuchung konnte zeigen, daß der Zeitpunkt der Ersterwähnung der Familie im Lorscher Codex, bislang auf 1148 bzw. 1150 datiert, nicht mehr haltbar ist. Aufgrund der detaillierten Auswertung des Eintrags im Zusammenhang mit weiteren Urkunden der Grafen von Wertheim bzw. Papsturkunden wurde klar, daß die schriftliche Erstnennung der Herren von Erbach wohl in die Jahre 1165 bis 1170 gehört, also gleichzeitig mit der Niederschrift der Lorscher Klosterchronik anzusetzen ist. Das Jahr 1165 ergibt sich durch den Tod des mit Eberhard von Erbach gemeinsam genannten Billung von Lindenfels, der 1165 oder kurz danach, jedoch vor Eberhard gestorben ist; das Jahr 1170 ist durch die Abfassung des Lorscher Codex gegeben, die in diesem Jahr begonnen wurde.

Die Nennung in der Chronik stellt die Verbindung der Erbacher zum Kloster Lorsch her. Ob sie tatsächlich zu den Untervögten gehörten, wie die ältere Forschung ausführte, ist fraglich. Sie waren vermutlich vielmehr *villici* des Klosters (Verwalter der Klostergüter) in der Mark Michelstadt, worauf eine Urkunde vom Ende der 1130er Jahre hindeutet. Gleichzeitig wird ihre Bindung an die Pfalzgrafen bei Rhein deutlich, werden sie doch in einem Atemzug mit ihnen genannt – *quam officiales quam domini*, berichtet die Quelle, galten als Bedränger der Abtei Lorsch. Das heißt, daß die Herren von Erbach vermutlich schon bei ihrer Erstnennung in den Klientelverband der rheinischen Pfalzgrafen gewechselt waren, also Mitte des 12. Jahrhunderts nicht mehr der Lorscher Ministerialität angehörten. Die genaue Betrachtung der Quellen erhellt gerade für die frühe Zeit der Erbacher deren Beziehungen zur Pfalzgrafschaft bei Rhein und – daraus resultierend – ihre Verbindung zu den staufischen Herrschern. Bereits Bosl hatte 1952/53 diese These geäußert. Bald nach der Übertragung der Pfalzgrafschaft an den Stiefbruder Barbarossas, Konrad von Staufen, 1156 hatte dieser die im Landesausbau des Odenwalds führenden Schenken von Erbach in seine Klientel einbinden und für den pfälzischen Herrschaftsausbau einsetzen können. Die Erbacher bildeten so die Brücke zwischen den Pfälzer Besitzungen an der Bergstraße bzw. am Neckar und denen an der Mudmündung bei Miltenberg. Dadurch gelangten sie unweigerlich in das Umfeld der staufischen „Reichslandpolitik".

Bereits König Konrad III. versuchte, den staufischen Besitz an Rhein und Main mit dem an der Tauber um Rothenburg zu verbinden. In diesen Berührungspunkten lag der erste Kontakt der Schenkenfamilie zu den staufischen Herrschern, so daß sie nach dem Tod Pfalzgraf Konrads 1195 bis in die Mitte der 20er Jahre des 13. Jahrhunderts weit enger an die Staufer gebunden waren, als dies bislang angenommen wurde. Heinrich VI. ermöglichte der Familie den Aufstieg in die Reichsministerialität und setzte sie als Gegengewicht zur welfischen und später dann wittelsbachischen Pfalzgrafschaft ein. Die ministerialische Bindung an die Staufer lockerte sich jedoch, als die Unterstützung durch König Heinrich (VII.) abnahm und Pfalzgraf Ludwig I. diese Schwäche ausnutzte, um die Herren von Erbach in seine Abhängigkeit zu bringen.

Die enge Anbindung an die Staufer kam auch darin zum Ausdruck, daß bereits 1218 ein Konrad von Erbach als Schenk genannt ist, um 1220 ein Gerhard von Erbach in derselben Funktion. Diese beiden Angehörigen der Schenkenfamilie waren vermutlich schon staufische Schenken. Ob Schenk Konrad allerdings schon das Schenkenamt Heinrichs (VII.) innehatte, wie dies 1223 für Gerhard bezeugt ist, ist nicht sicher. Er war aber wohl weder Schenk des Mainzer Erzbischofs, wie dies an anderer Stelle vorgeschlagen wurde, noch war er pfälzischer Schenk. Das Mainzer Oberste Schenkenamt lag bei den Grafen von Tecklenburg; für die Pfalzgrafschaft ist in dieser frühen Zeit ein solches Hofamt noch nicht nachweisbar.

Es schien also Schenk Gerhard und auch Schenk Konrad 1218/20 gelungen zu sein, in die unmittelbare Umgebung Heinrichs (VII.) aufzusteigen. Wie sich dieser Aufstieg letztlich vollzogen hat, entzieht sich unserer genauen Kenntnis. Es ist aber daran zu denken, ihn mit der Erhebung Heinrichs zum Herzog von Schwaben, die vermutlich im Februar 1217 in Ulm erfolgte, bzw. dessen Wahl zum römisch-deutschen König 1220 in Verbindung zu bringen. Darüber hinaus ist eine zweijährige Abwesenheit Pfalzgraf Ludwigs I. in Rechnung zu stellen – sicher ein günstiger Umstand in der Aufstiegs- und Emanzipationsphase der Erbacher. Das heißt: Die Indizien sprechen dafür, daß die beiden Erbacher Schenken, Konrad und Gerhard, vor 1220 Schenken der Staufer waren, daß sie mit der Herzogserhebung Heinrichs nach 1217 in dessen Umfeld zu verorten sind und Gerhard zum Königsschenken aufgestiegen ist, wie die Urkunde Heinrichs (VII.) vom 13. Mai 1223 vermerkt: *pincerna noster*.

Das heißt aber auch: Für die Zeit der beginnenden 1220er Jahre können wir keine Erbacher als Inhaber eines pfälzischen Hofamts feststellen. Doch wann haben sie es dann erhalten? Die erneute Durchsicht und Auswertung der Quellen brachte auch in diesem Fall Klarheit: Die bisherige Forschung ging davon aus, daß das Hofamt im Zuge der *traditio* des jüngeren Sohnes und der älteren Tochter Schenk Gerhards an Pfalzgraf Ludwig I. an eben diesen jüngeren Sohn übertragen worden sei. Nach eingehender Betrachtung der Überlieferung unter Berücksichtigung der Pfälzer Lehensbriefe bzw. -bücher kristallisierte sich heraus, daß die Belehnung mit dem Erbschenkenamt erst um die Mitte des 13. Jahrhunderts, aber vor 1270 durch Pfalzgraf Ludwig II. erfolgte. Denn nach 1270 existierte mit der Linie Reichenberg zu Michelstadt eine dritte Linie des Hauses Erbach, die allerdings nie mit dem Schenkenamt der Pfalz belehnt worden ist. Dies legt den Schluß nahe, daß die Belehnung mit dem Erbschenkenamt vor der Teilung geschah. Dies allein widerspräche einer Frühdatierung der Übertragung allerdings noch nicht, aber die Urkunden, die stets als Beweis dafür herangezogen wurden, müssen nach neuerlichen Untersuchungen umdatiert und noch Schenk Gerhard (Mai 1223 †), dem Königsschenken, zugeschrieben werden. Damit wird einer Frühdatierung die Basis entzogen. Eine Spätdatierung, wie sie jetzt Steinmetz und Scholz propagieren, erscheint ebenfalls wenig realistisch aufgrund der aus den Lehensbriefen ersichtlich gewordenen Belehnungspraxis. Auch die Argumentation von Steinmetz, daß „Schenk" noch im 13. Jahrhundert Namensbestandteil geworden sei und deshalb auch in der „schenkenlosen" Zeit in der Familie überdauert habe, ist skeptisch zu beurteilen. Denn erst seit der Mitte des 14. Jahrhunderts haben wir Belege dafür, daß auch Frauen der Familie den Zusatz „Schenkin" führten. Seit dieser Zeit ist der Wandel vom Amtstitel zum Namensteil endgültig vollzogen, so daß wir für die Zeit davor davon ausgehen müssen, daß der Zusatz „Schenk" nach wie vor mit einer konkreten Aufgabe verbunden, also Amtstitel, war: nämlich mit dem Erbschenkenamt der rheinischen Pfalzgrafschaft.

Im Zusammenhang mit der Übergabe der Kinder Schenk Gerhards an Pfalzgraf Ludwig I. stellte die ältere Forschung immer wieder erstaunt fest, daß dieser *traditio titulo proprietatis* offenbar keine Minderung der Standesqualität der Schenken von Erbach folgte. Denn im Prinzip müßte ein Ausscheiden aus der Reichsministerialität für die nachfolgenden Erbacher eine Standesminderung bedeutet haben. Auch in dieser Frage konnte Klärung erlangt werden: Die Gleichzeitigkeit von Schenk Gerhard und Schenk Konrad 1218/20 deutet auf eine (erste?) Linienbildung im Hause Erbach schon zu Beginn des zweiten Jahrzehnts des 13. Jahrhunderts hin – wahrscheinlich waren die beiden Schenken Brüder. Im Blick auf den Spruch von 1223 gilt es daher zu differenzieren. Offenbar war der „Konrad-Zweig" davon nicht betroffen und verblieb in der Reichsministerialität, trat aber in der Folge quellenmäßig nicht mehr in Erscheinung. Der „Gerhard-Zweig" geriet wohl in die mittelbare Abhängigkeit zu den Pfalzgrafen. Über ihn ist die Familie auch fortgeführt worden: Vielleicht nicht über den jüngeren Sohn – wie stets angenommen –, sondern über den unbekannt gebliebenen älteren Sohn, der möglicherweise noch länger Reichsministeriale geblieben war. Unter Umständen wäre dann dieser namentlich nicht bekannte Sohn Schenk Gerhards mit dem unbekannten Erbacher Schenken gleichzusetzen, dessen Siegel ein Frankenstein zwischen 1239 und 1247 benutzt hat. Diese Hypothese böte darüber hinaus auch einen Erklärungsansatz, der den hohen sozialen Status der Schenken von Erbach auch noch in der zweiten Hälfte des 13. Jahrhunderts plausibel machte.

Der soziale Aufstieg der Schenken dokumentierte sich in ihrem Heiratsverhalten, das in der zweiten Hälfte des 13. Jahrhunderts gleichermaßen Grafen-, Herren- und führende Reichsministerialenfamilien umfaßte; das Konnubium zeigt auch das hohe Ansehen, das die Familie in ihrem Umfeld bei anderen Adelsfamilien genoß. Nicht zuletzt fand das Selbstverständnis der Familie Ausdruck in der Wahl der Grablegen und der Grabmalgestaltung. Hier wurde offenbar ganz bewußt die Einhardsbasilika in Steinbach als Sepultur gewählt, womit man sich in die Tradition Karls des Großen bzw. der Karolinger stellte! Dabei griffen die Herren von Erbach auf eine Grabmalart zurück, die zwar häufig bei Bischöfen Verwendung fand, bei Laien eher selten vorkam – wenn überhaupt, dann nur bei Grafen- und Herrenfamilien. Offensichtlich stellten sich die Erbacher mit diesen gleich und setzten die faktisch erlangte Stellung damit ins Bild.

Dennoch scheint die Entscheidung des Jahres 1223 langfristig ihre Folgen gezeitigt zu haben. Ist hierdurch der eindeutige Übergang der Schenken von Erbach in die pfalzgräfliche Ministerialität bei weitem nicht so klar gegeben, wie dies stets behauptet wurde, so ist jetzt doch eine gewisse Richtung der weiteren Entwicklung vorgezeichnet. Die Schenken wurden mit der Entscheidung 1223 offenbar in einem ersten Schritt an die Pfalzgrafschaft gebunden. Pfalzgraf Ludwig I. gab so ein Signal, welche Politik er gegenüber der Schenkenfamilie verfolgte. Er versuchte mit dieser Aktion seinen größten Widersacher im Bereich des Odenwalds und der Bergstraße an sich zu binden und dadurch die Bedrohung der pfälzischen Expansionspolitik im mittleren und hinteren Odenwald zu mindern, wenn nicht gar auszuschalten. In der Vergabe des Hofamts an die Herren von Erbach können wir einen weiteren Schritt der Einbindung der Familie in die pfalzgräfliche Klientel erkennen, der jedoch gleichermaßen einen Prestigegewinn für das Haus Erbach bedeutete.

Letztendlich wurden aber diese pfälzischen „Mediatisierungsversuche" des 13. Jahrhunderts ganz entscheidend abgemildert durch den vor allem in diesem Jahrhundert stark ausgeprägten Gegensatz „Mainz vs. Pfalzgrafschaft". Denn die beiden Mächte standen seit 1232 in ständiger Konkurrenz um das Lorscher Erbe, das sie sich gegenseitig streitig machten. Im Windschatten der beiden Kontrahenten ist es den Schenken von Erbach trotz aller Widrigkeiten gelungen, ihre Herrschaft auszubauen bzw. zu sichern; und sie konnten so ihre Stellung im hinteren Odenwald festigen und behaupten. Grundlage für die frühe Herrschaft Erbach waren einerseits die entfremdeten und allodisierten Lorscher Klostergüter, aber auch das wichtige, emanzipatorisch wirkende Recht zum Besitz echter Lehen. Solche hatten sie als Ministeriale der staufischen Pfalzgrafschaft bereits von Konrad von Staufen erhalten sowie durch König Heinrich (VII.), dessen Schenken sie waren. Darauf konnten sie seit dem 13. Jahrhundert ihren Aufstieg begründen. Ihr sozialer Rang, der die Schenken dem freien Adel faktisch gleichstellte, und auch ihre Herrschaft als Eigengut waren offenbar durch die benachbarten Reichsfürsten, Grafen und Herren noch im 13. Jahrhundert anerkannt worden. Dies zeigen beispielhaft die Urkunden, die im Umfeld der Lehensauftragungen an Pfalzgraf Rudolf I. 1307 entstanden sind: große Teile der bislang als Allodialbesitz der Herren von Erbach geltenden Herrschaft wurden dem Pfalzgrafen zu Lehen aufgetragen.

Dieser Akt markierte zugleich auch einen Wendepunkt in der Geschichte der Herren von Erbach. Waren die Pfalzgrafen des 13. Jahrhunderts bestrebt, die Schenken durch politisch motivierte Aktionen ihrem Herrschaftssystem einzugliedern, so beschritt Rudolf I. nach dem Tod seines Vaters 1294 alsbald den militärischen Weg. Der Pfalzgrafschaft ist es offenbar gelungen, unter Ausnutzung der Schwächung der Schenkenfamilie durch innerfamiliäre Streitigkeiten, diese in einer Fehde zwischen 1307 und 1311 zu unterwerfen: Als Konsequenz waren die Schenken von Erbach gezwungen, (nahezu) ihre gesamte Herrschaft Pfalzgraf Rudolf zu Lehen aufzutragen. Das heißt: Innerhalb weniger Jahre ist es Rudolf I. gelungen, die Herren von Erbach vollständig in das pfälzische Herrschaftssystem einzubinden. Aus der allodialen Herrschaft war eine von der Pfalzgrafschaft lehensabhängige Herrschaft geworden.

In der Forschung galt dieser Einschnitt bisher immer als die Beinahe-Katastrophe für die Herrschaft Erbach, die 1311 kurz vor ihrem Untergang stand. Diese holzschnittartige Feststellung greift jedoch zu kurz. Denn in jeder Krise steckt auch neues Potential; jede Krise bietet auch ihre Chancen. Offenkundig erkannten die Herren von Erbach diese Möglichkeiten und waren bereit, diese zu nutzen. Dabei kam ihnen freilich auch zugute, daß ihre Lehensherren, die rheinischen Pfalzgrafen, durch den Bruderzwist zu Beginn des 14. Jahrhunderts selbst in erhebliche innere Streitigkeiten verstrickt waren, die sie lähmten und in ihrem Aktionsradius massiv einschränkten. Die Königswahl 1314 tat dazu ein Übriges: Da der Wittelsbacher Ludwig dringend auf Unterstützung angewiesen war, mußte er seine Politik daraufhin ausrichten. Von dieser Lage profitierten die Herren von Erbach insofern, als daß sie eine Ausgangsposition schaffen konnten, die die Basis für den erneuten Aufstieg bildete.

Zur neuerlichen Konsolidierung der Herrschaft trug nicht unwesentlich die lange Lebenszeit Schenk Konrads IV. aus der alten Erbacher Hauptlinie bei. Durch ihn wurde der Aufstieg in die Reichsstandschaft vorbereitet. In seiner Regierungszeit wird erstmals eine administrative Durchdringung der Landesherrschaft erkennbar. Wenn schon 1303 Vögte, Fischer, Jäger (zum Teil namentlich) genannt sind, so dürfte es sich vermutlich lediglich um rudimentäre Ansätze einer „Verwaltung“ gehandelt haben, die jedoch noch tief in den Kinderschuhen steckte. Schenk Konrads Nachfolger, vor allem seine Söhne, Konrad V. und Eberhard VIII., sowie sein Enkel, Eberhard X., bauten die bereits vorhandene Administration weiter aus und verfeinerten sie, so daß die

Herrschaft Erbach an der Wende vom 14. zum 15. Jahrhundert über eine vergleichsweise „moderne Verwaltung" verfügte.

Dies zeigt sich einerseits anhand der Zins- und Gültbücher, die im Spätmittelalter für die Herrschaft Erbach vorgelegen haben müssen, aufgrund der Kriegszerstörung aber nicht mehr vorhanden sind, die sowohl die Einkünfte als auch die Besitzrechte in den einzelnen Orten der Herren von Erbach klarlegten. Hier wird zweierlei deutlich: zum einen war die Herrschaft Erbach in der überwiegenden Zeit ihres Bestehens wirtschaftlich eher schwach ausgestattet, was sich in vielfältiger Weise negativ für die Entwicklung Erbachs auswirkte und den Aufstieg zum Reichsstand immer wieder verzögerte; zum anderen wird der weitgestreute Besitz der Herren von Erbach bereits im 13. Jahrhundert deutlich. Dabei handelte es sich um Besitzkonzentrationen bei Erbach, Michelstadt und Beerfelden, an der nördlichen Bergstraße bzw. dem nördlichen Odenwaldvorland zwischen Darmstadt und Bickenbach bis an den Rhein, bei Dieburg und Habitzheim, am Unterlauf des Neckars westlich von Heidelberg, im östlichen Odenwald um Mudau und Buchen herum sowie an der Jagstmündung bei Bad Friedrichshall und südöstlich von Heilbronn. Diese Besitzungen waren zum Teil allodisierte Lorscher Klostergüter (Erbach, Michelstadt) und wirkliches Allod (Reichenberg und Ostern), oder sie gelangten durch Kauf bzw. Verpfändungen (Jossa bzw. Mönchberg), auf dem Erbwege (wie das katzenelnbogische Erbe) an Erbach. In der Masse aber kamen sie durch Belehnungen (von den Pfalzgrafen, durch das Erzstift Mainz, das Kloster Fulda sowie die Bischöfe von Speyer und Würzburg) in den Besitz der Herren von Erbach.

Für eine gut funktionierende Verwaltung und eine herrschaftliche Durchdringung des Territoriums spricht auch der beachtliche Lehenshof der Schenken von Erbach, der im Laufe des Mittelalters neben zwei Herrenfamilien viele wichtige Ritter- und Niederadelsfamilien des Rhein-Main-Gebiets und der Wetterau umfaßte; 100 Familien gehörten in dieser Zeit – zum Teil nur für kurze Zeit und vorübergehend – zur Klientel der Schenken von Erbach und trugen von diesen Lehen. In der Regel bildete dieser Lehensverband auch das Reservoir, aus dem die Herren von Erbach ihr Hofpersonal, ihre Räte bzw. ihre Vögte und Richter rekrutierten.

Mit einem solch großen Lehenshof war eine umfangreiche Schriftlichkeit verbunden, die eine effektive Kanzlei voraussetzte, die einerseits die Ausfertigung der vielen Lehensbriefe übernahm, andererseits aber auch als Kontrollinstanz des Lehensverbandes diente. Dieser Aspekt wird deutlich sichtbar in dem seit etwa 1380 entstandenen Lehensbuch der Herrschaft Erbach, das die ausgebenen Lehen erstmals verzeichnete. Neben der Kanzlei als Überwachungsorgan des erbachischen Lehensverbandes tritt in den Quellen auch ein Lehensgericht hervor, das in lehensrechtlichen Streitfällen auf Ladung der Herren von Erbach zusammentrat und Entscheidungen herbeiführte. Doch war in der Herrschaft Erbach nicht nur eine Lehensgerichtsbarkeit vorhanden. Um die Mitte des 14. Jahrhunderts hatten sich offenbar auch andere Erbacher Gerichte entwickelt, die für die Urteilsfindung in allgemeinen Streitsachen zuständig waren. Diese Gerichte waren so weit ausgeformt, daß sie als alleinige Instanz zuständig waren für die Untertanen der Schenken (*die armen man vnd auch ander leut die* [den Herren von Erbach] *zu verantworten stent*). Es durfte in Streitfällen an keine anderen, außerhalb der Herrschaft befindlichen Gerichte appelliert werden. Zusammen mit den von den Schenken eingesetzten Amtleuten und Vögten, die in Vertretung der Person des Herrn handelten, bildeten diese Gerichte mit der zuständigen Kanzlei das rechtlich-administrative Rückgrat der Herrschaft. Dies zeigt auch, daß bereits im 14. Jahrhundert bis zu einem gewissen Grade ein transpersonales Verständnis von Herrschaft vorhanden war. Denn die Landesherrschaft war durch die administrativen und gerichtlichen Institutionen in der Herrschaft Erbach von der Person des Herrn abstrahiert; die Herrschaft wurde durch diese Institutionen verkörpert und symbolisiert.

Daß gerade der Verwaltungsausbau unter Schenk Konrad IV. und seinen Söhnen einen ersten wichtigen Schub erhalten hatte, ist nicht zufällig. Konrads Bruder war Bischof Gerlach von Worms. Sicher kamen von daher nicht zu unterschätzende Einflüsse in den Odenwald, zumal Schenk Konrad intensive Kontake zu seinem Bruder pflegte. Eine weitere positive Beeinflussung bei der Herrschaftsbildung stellten in dieser Zeit die regen Kontakte zum Königtum dar. Konrad IV. war bereits in den ersten Landfriedensverträgen, die von Kaiser Ludwig dem Bayer geschlossen wurden, als Obmann des Landfriedens am Rhein benannt. Unabhängig davon bestimmte ihn der Kaiser auch immer wieder zum Schiedsrichter in Streitfällen zwischen Reichsfürsten, Grafen und Herren. Konrad hatte dadurch sicherlich ein Bewußtsein dafür erlangt, wie wichtig eine in allen Belangen funktionierende Administration sein mußte. Denn nur mit ihr war letzten Endes eine effektive Landesherrschaft möglich. Dieses Herrschaftsverständnis wurde unter seinen Nachkommen noch verstärkt, wozu in einem nicht unerheblichen Maße der fortwährende Königsdienst beitrug, der in Zeiten der Könige aus dem Hause Wittelsbach verständlicherweise besonders ausgeprägt war. Des weiteren sollte man sicher auch die Vorbildfunktion der bereits im 14. Jahrhundert gut funktionierenden katzenelnbogischen Verwaltung verbunden mit einer effektiven Kanzlei für den Ausbau der erbachischen Administration in Betracht ziehen, nachdem 1347 die Verschwägerung mit dem Grafenhaus Katzenelnbogen durch die Heirat Schenk Eberhards VIII. mit Gräfin Elisabeth erfolgt war.

Neben der verwaltungstechnischen Durchdringung unternahmen die Herren von Erbach während des 14. Jahrhunderts auch auf anderen Gebieten Anstrengungen, um sich erneut als wichtige Größe im Rhein-Main-Neckar-Gebiet zu etablieren. So ist bereits unter Schenk Konrad IV. und seinen Vettern aus der Reichenberger bzw. Michelstädter Linie die Tendenz zu erkennen, den Landesausbau vor allem im Inneren der Herrschaft Erbach voranzutreiben. Das heißt: Die Herren von Erbach konzentrierten sich in zunehmendem Maße darauf, fremde Herren aus den Kerngebieten ihres Landes zu verdrängen. Das bedeutete unter anderem, daß sie alles daransetzten, die mainzische Festung Fürstenau bei Michelstadt für ihr Haus zu erwerben. Seit 1355 waren die Schenken aus der Reichenberger Linie im Mitbesitz der Burg und wurden 1356 zu Erbburgmannen mit weitreichenden Befugnissen ernannt. Dies hieß faktisch, daß das Erzstift die Verfügungsgewalt verloren hatte und damit vollends aus dem Odenwaldinneren verdrängt worden war. Dies konnte um so leichter geschehen, da die Mainzer Kirche in der Mitte des 14. Jahrhunderts durch schismatische Wahlen einmal mehr zerstritten und in inneren Schwierigkeiten gefangen war. Obwohl das Erzstift vielfältige Möglichkeiten gehabt hätte, die Herren von Erbach für sich zu gewinnen, so waren es gerade diese inneren Zerwürfnisse, die den erfolgreichen Gebrauch vorhandener Instrumentarien verhinderten.

Diese Intensivierung des Herrschaftsausbaus in den unmittelbaren erbachischen Kerngebieten hatte auch eine „Politik der territorialen Konzentration" zur Folge. Die Herren von Erbach betrieben seit der Mitte des 14. Jahrhunderts eine Territorialpolitik mit dem Ziel, weit entfernt liegenden Besitz zu veräußern, verstreut liegenden Besitz in unmittelbarer Nachbarschaft zum Kernland der Herrschaft dagegen mit diesem zu verbinden, um so ein möglichst geschlossenes Territorium zu erhalten. Dies zeigt sich unter anderem darin, daß die bauländischen Besitztitel bei Mudau und Buchen sowie die umfangreiche, allerdings linksrheinisch gelegene, Herrschaft Lindenberg bald nach ihrem Erwerb wieder verkauft wurden. Dagegen strebten die Schenken danach, in den Besitz der Herrschaft Breuberg zu gelangen, um eine Öffnung ihrer Herrschaft nach Osten zum Main zu erreichen. Versprengter Besitz der Breuberger Herrschaft lag auch im Gersprenztal, wo die Schenken seit dem 13. Jahrhundert fuldische Lehen hatten. Mit diesen zusammen und dem Mitbesitz an der Burg Rodenstein forcierten sie im 14. Jahrhundert erneut den Ausgriff nach Westen, um die Bergsträßer Besitzungen des Hauses (hier sind es neben Schönberg vor allem die Herrschaft Jossa und das bickenbachisch-katzenelnbogische Erbe) mit den Kerngebieten zu verbinden. Wie sehr dieses Ansinnen verfolgt wurde, zeigt die Rodensteiner Fehde, die zu Beginn des 15. Jahrhunderts gegen die Grafen von Katzenelnbogen geführt wurde, als diese die Lehensmutung wegen Rodenstein verweigerten und so die erbachische Verbindung nach Westen verlorenzugehen drohte. Letzten Endes konnten sich die Herren von Erbach nicht durchsetzen, so daß der Bergsträßer Besitz immer losgelöst von den Kernlanden existierte, leicht angreifbar war und schließlich im Verlauf des Landshuter Erbfolgekriegs 1504 von der Landgrafschaft Hessen annektiert wurde.

Doch nicht nur auf dem Gebiet der Verwaltung und der Territorialpolitik werden Konsolidierungsanstrengungen erkennbar, auch im familiären Bereich wird seit dem 14. Jahrhundert ein geplantes und durchdachtes Vorgehen sichtbar. So war es gerade Schenk Konrad IV., der eine verantwortungsbewußte Heiratspolitik betrieb. Durch die Ehe seines Sohnes Eberhard VIII. mit Gräfin Elisabeth von Katzenelnbogen ist der Familie erneut der Eintritt in die höchsten Kreise der rheinischen Grafen- und Herrenfamilien gelungen, und sie konnte so ihr Konnubium erneut ausbauen. Elisabeth galt als präsumptive Erbtochter eines

Zweigs der jüngeren Linie der Grafen von Katzenelnbogen, so daß diese Heirat zum Herrschaftsausbau erheblich beitragen würde.

Inwieweit konnte eine Familie wie die der Herren von Erbach, die seit 1307 gänzlich von der Pfalzgrafschaft lehensabhängig geworden waren, jedoch ihre Heiratspolitik selbst gestalten? War sie in ihrem Heiratsverhalten nicht vielmehr von äußeren Zwängen geleitet? Betrachtet man die Eheschließungen diesbezüglich genauer, so wird die zum Teil massive Einflußnahme benachbarter Reichsfürsten deutlich. Vor allem die unmittelbaren Lehensherrn, die Pfalzgrafen bei Rhein, sind mehrfach an den erbachischen Ehestiftungen beteiligt, woraus erhebliche Schwierigkeiten für die Schenkenfamilie entstanden. Für die Pfalzgrafschaft waren die von ihr gestifteten Ehen eine Absicherung und führten zum Aufbau einer sicheren Hofklientel. Für die Schenken von Erbach bedeuteten sie jedoch eine Gefahr für den Bestand ihrer Herrschaft. Denn die adeligen Söhne, die in die Familie einheirateten, beanspruchten später als Witwer selbstverständlich ihren Anteil am Erbe. Dies führte oftmals zu langwierigen Auseinandersetzungen zwischen den Parteien, endete nicht selten im Zerwürfnis und brachte so die Herrschaft in Gefahr. Beispielhaft dafür stehen die Streitigkeiten, die sich ergaben, als Hadamar von Laber den Besitz seines um 1418 verstorbenen Schwiegervaters Schenk Johannes' II. für sich und seine Frau Walburga beanspruchte, mit der er seit 1408 verheiratet war. Der so drohenden Aufsplitterung des Erbacher Besitzes versuchte der Bruder von Johannes II., Schenk Konrad VIII., entgegenzutreten. Nach langwierigen und zähen Verhandlungen, bei denen Kurfürst Ludwig III. dreimal als Schiedsrichter auftrat, konnte eine Lösung gefunden werden: Walburga wurde die Hälfte der Eigengüter und Pfandschaften ihres Vaters zugesprochen; dessen Lehen wurden aber vorab an Schenk Konrad vergeben. Damit war der Versuch unternommen worden, darauf hinzuwirken, daß die erbachischen Güter nach dem Tod Walburgas wieder an die Schenkenfamilie zurückfielen.

Diesen Mißständen vorzubeugen, war das Ansinnen von verschiedenen Bestimmungen und Vorschriften, die auf Erbverzichte der erbachischen Töchter hinwirkten. Machen dies die entsprechenden Heiratsverträge bereits zur Genüge deutlich, so wurde im besonderen bei den ledig gebliebenen Töchtern darauf geachtet, daß hier kein Erbanspruch von dritter Seite entstand. Magdalena, die Schwester von Schenk Erasmus, verzichtete zunächst auf ihr Erbe, forderte dies aber später wieder ein. Erst als Schenk Erasmus ihr umfangreiche Nutzungsrechte innerhalb der Herrschaft Erbach vertraglich zusicherte, räumte Magdalena 1489 den Verzicht auf das väterliche und mütterliche Erbe erneut ein, um „der mannigfaltigen Freundschafft und Gutthat ihres Bruders und ihrem Stamme zum Aufgang und Gut" zu dienen.

Faßt man die hier skizzierten Aspekte und Ergebnisse abschließend zusammen, so wird deutlich, daß die Schenken von Erbach am Ende des 14. Jahrhunderts alle Kriterien, die für die Reichsstandschaft notwendig waren, bei sich vereinten. Sie hatten eine umfangreiche Herrschaft im hinteren Odenwald etablieren können, in der sie Zoll- und Geleitrechte inne hatten, eine effektiv arbeitende

Administration sowie ein funktionierendes Gerichtswesen installieren konnten, so daß eine herrscherliche Durchdringung gewährleistet war. Die (Wieder-)Erlangung des Befestigungsrechts 1394 bedeutete einen weiteren Baustein hin zur Landesherrschaft. Darüber hinaus war es den Schenken bereits in den 90er Jahren des 14. Jahrhunderts möglich, unter den Augen ihres mächtigen Lehensherrn Münzen zu prägen, was ein untrügliches Zeichen für die faktisch erlangte landesherrliche Stellung war. Durch die Annahme des *dominus*- bzw. Herren-Titels im letzten Drittel des Jahrhunderts verdeutlichten sie ihren standesmäßigen Rang auch nach außen. Dieser war schließlich auch 1397 durch die Pfalzgrafschaft anerkannt worden, als Pfalzgraf Ruprecht II. den Titel an offizieller Stelle in seinen Lehensbriefen verwendete. Wenige Jahre später benutzte auch König Ruprecht von der Pfalz erstmals diesen Standestitel in königlichen Schreiben, so daß damit der Stand der Herren von Erbach auch von seiten des Reichsoberhaupts sanktioniert war. Wenn auch der Eintrag in die Reichsmatrikel des Nürnberger Reichstags 1422 noch etwa zwanzig Jahre auf sich warten ließ, so waren die Erbacher doch auch auf den früheren königlichen Tagen Sigismunds anwesend und zählten dort unter die Rubrik der *fursten graven herren und frien*.

So waren am Ende des 14. Jahrhunderts bzw. zu Beginn des 15. Jahrhunderts aus der ehemaligen Reichsministerialenfamilie der Schenken von Erbach die Herren von Erbach geworden, die zwar ihre Herrschaft im hinteren Odenwald von den rheinischen Pfalzgrafen zu Lehen trugen, die freilich de facto als eine reichsunmittelbare Herrschaft in den Händen reichsständischer Vasallen angesehen wurde, wie dies auch die Lehensherren selbst mehrfach ausführten. Dies ist sicher nicht das Resultat eines „planmäßig“ verfolgten Aufstiegs gewesen, wie man anhand der für den Aufstieg herausgearbeiteten notwendigen Bedingungen vermuten könnte: Der Erwerb von Lehen- und Allodialbesitz, die Vogtei-, Gerichts-, Münz- und Geleitsrechte, die Behauptung im Mächtespiel von Pfalzgrafschaft, Erzstift Mainz und anderen sowie die administrative Durchdringung der Herrschaft verleiten allzu leicht zu einer solchen Annahme. Vielmehr sieht man auch für die Familie der Herren von Erbach die für den Adel charakteristische Dynamik einer durch geschickte Politik, durch reiche Heiratsverbindungen und glückliche Zufälle prosperierenden, durch politisches Fehlverhalten, Teilungen bei Kinderreichtum und wirtschaftliche Fehlinvestitionen sich erschöpfenden Familie, die sich jedoch behaupten konnte.

# Anhang

## Anhang 1

Frankfurt, 13. Mai 1223

*Der Römische König Heinrich (VII.) überträgt dem Herzog Ludwig von Bayern, Pfalzgrafen bei Rhein, für den Schaden, den demselben sein, des Königs verstorbener Schenk G(erhard) von Erbach getan hat, dessen jüngeren Sohn und dessen ältere Tochter zu Eigen, unter der Bedingung, daß der Herzog den Kindern des Schenken die Lehen, die dieselben von ihm haben, beläßt.*
*Orig.: Pergament, BayHStA München, GehHausA (Urkunde Nr. 2373½); Siegel verloren; gleichzeitig Indorsat: Chunic Heinrich hantveste, daz er den ivngen schenchen von Ertpach und diu ivngeren tohtir gap fvr eigen herzog Ludv. – Abschriften: Pfälzisches Kopiar der LBibl Stuttgart, fol. 86$^r$ (heute verloren); Lehmann, Pfälzer Urkunden, Urkunde 9 (Heidelberger Handschriften 430, UBibl Heidelberg). – Druck: KLEBERGER, Territorialgeschichte, S. 177 (ex orig.); SIMON, Erbach, UB Nr. 3 (nach Abschrift im pfälz. Kopiar der LBibl Stuttgart); HUILLARD-BRÉHOLLES II, S. 762 (nach Abschrift im pfälz. Kopiar der LBibl Stuttgart). – Reg.: RPR I, Nr. 174 (ex orig.); RI V, Nr. 3894; BÖHMER-WILL II, Nr. 441 (aus Simon).*

H(einricus) die gr(ati)a Romanorum rex et semper augustus. Noverint universi presens scriptum intuentes, quod coram nobis et in presentia dilectorum fidelium nostrorum S. venerabilis Maguntini archiepiscopi, maioris prepositi Spirensis G. comitis de Diets, B. de Alnvelt, C de Steyna, G. de Bv$^o$tingen, F. de Kelberowe et R. de Eschenbrucke, lis et controversia, que vertebatur inter delictum consanguinem nostrum L. ducem Bawarie, Pal(a)t(inum) com(item) Reni, et ministerialem nostrum G. de Ertpach, sic est sopita et determinata: pro omni dampno, predicto duci a pincerna nostro G. beate memorie illato Nos de gracia nostra iuniorem filium[1] et filiam seniorem ipsius pincerne prefato duci Bawarie titulo proprietatis contulimus, ea videlicet condictione [sic], ut prememoratus dux pueris ipsius pincerne feuda, que ab ipso tenere debent, iure feudali concedat et recognoscat. Verum si hec, sicut in presentia predictorum imperii fidelium tractata sunt, serenissimus dominus imperator, pater noster, grata non habuerit et rata, iuxta consilium et providentiam G. comitis de Diets, maioris

[1] Lehmann hat hier eindeutig *minorem filium*; klar ist der „i-Punkt" über der vierten Haste zu erkennen.

prepositi Spirensis, B. de Alnvelt, C. de Steyna, F. de Kelberowe dampna et rapine illate duci prelibato sunt a pueris pincerne in itegrum restituende; quicquid autem sepefati pueri super bonis illis, que vulgariter anefelch[2] dicuntur, medio tempore utilitatis perceperint, seu dampni sepedictus dux in eisdem bonis sustinuerit[3], cum integritate sibi debent ab ipsis pueris resarciri. Huius rei testes sunt: D. comes de Ravinsperc, G. de Eppinsteine, G. frater ipsius, H. de Libisperc, R. de Hagenawe, G. de Bickenbach, burcgravius de Frideberc et alii quam plures. Datum apud Frankinfort, iii. idus maii, indictione XI.

## Anhang 2

Heidelberg, 5. Mai 1382

*Entscheid des Pfalzgrafen Ruprecht I. darüber, daß alle Zeit der Älteste im Haus Erbach das Schenkenamt zu verwalten habe und wie es mit den gemeinschaftlichen geistlichen und weltlichen Lehen derselben gehalten werden soll.*
*Orig.: ?; Kopial: GLA Karlsruhe 67/807, fol. 36r-36v; Drucke: Simon, Erbach, UB Nr. 105 (nach GLA).*

Wir Rupert der Elter etc. Bekenen etc. vmb soliche stoße vnd mißhelle, als vnser lieben getruwen Schencke Conrad von Erpach, genant Schencke Rauch vnd Schencke Heinrich von Erpach off eine syte vnd Schencke Eberhart von Erpach vnd Schencke Conrad von Erpach der Junge off die andere syte gehabt hant vmb daz Schencke ampt, manschaft vnd Kirchensacz, die sie zu lehen hant von vns vnd vnser Palcz an dem Rine, darvmb wir yn beiden partheien funff geben hatten mit namen: Damme Knebel den Alten, Blicker lantschaden, hofemeister, Friderich Kamerer, kamermeister, Rittere, vnd Diether von Hentschußheim, edelknecht vnd Hansen von Venigen, Ritter, zu eime obermanne, sie vß denselben zweiungen vnd missehellungen zu entscheiden mit dem rechten, des hant dieselben funff furgenanten die obgenanten parthien entrichtet gutlich vnd frvntlich mit ir beider wißen vnd willen in aller der maße, als hienach geschriben stet.
Zum ersten vmb daz Schencke Ampt, daz sal Schencke rauch furgenant, der itzunt vnder yn der eldiste ist, als lange er gelebit, verdinen vnd des gewarten, als dicke vnd an welchen enden daz not dut. Wer ez aber, daz der obgenant Schencke Rauch nit geinwortig wer, so man daz obgenante Schencke Ampt gedienen vnd verwesen sollte vnd er doch in libe vnd leben were, so solte schencke Heinrich furgenant, ob er geinwortig were, daz verdinen vnd verwesen, wann er der eldiste darnach ist, vnd weren Schencke Rauch vnd

[2] Erbanfall; zu *anefelch* bzw. *angefälle* vgl. DRW 1, S. 619; RÖDEL, Lehensvormundschaft, in: HRG II, Sp. 1750-1752.
[3] Lehmann: *sustina verit*.

Schencke Heinrich, bede furgenant, nit geinwortig, vnd weren Schencke Ebirhart vnd schencke Hans, schencke Rauchs son off dieselbe zyt geinwortig, so solde dieselben schencke Ebirhart, schencke Hans, schencke Rauchs son vortreten vnd er daz schencke Ampt verdinen vnd verwesen, als dicke sich daz gebůrt, als lange der obgenant schencke Rauch, schencke Hans vatter gelebit, vnd dornach allezyt, welcher vnder den obgenanten schencken von beiden parthien vnd iren erben der eldiste ist, der sal daz obgenante Schencke Ampt verdienen vnd verwesen, vnd welcher vnder yn der eldiste vnd geinwortig ist, vnd welcher vnder yn allen da geinwordig, so man daz Schenckenampt verdienen und verwesen sal, der sal ez also verdienen vnd verwesen, als yn daz billich zugehort, doch ie dem eldisten vnschedelich ane geuerde.

Auch ist geret vmb die Manne, der sechse zu Erpach gesessen sint, der sal Schencke Ebirhart furgenant vnd sin vetter, schencke Conrat der Junge dry forvß nehmen, welche sie wollent, vnd schencke Rauch vnd schencke Heinrich obgenant sollen auch dri off der bach Momle dargegen nehmen, ob sie die da off finden mogen ane geuerde. Mochten sie der aber davff nit finden, so sollen sie die anderswo nehmen ane geuerde. Doch alles daz die dri den andern drien glich vnd als gut sin ane geuerde. Item vmb die andern dri manne, die zu Erpach gesessen sint, sollent die obgenanten bede partheien dri andere manne, als gut vnd glich dargegen nehmen vnd dann ein loß darvmb werffen, welch parthien die selben dri manne zu Erpach wirdent, die sal sie haben vnd die andere parthie sal die andern haben.

Item vmb andrre alle ir werigen manne, die sie gemeine hant, die sollent sie glich deilen vnd ein loß darvmb werffen vnd welche dieselben manne igliche der obgenante parthien zu teill werdent, als furgeschriben stet, derselben partheien sollen dieselben manne alleine sweren vnd hulden vnd die andern parthien sal dieselben manne irre eide ledig vnd loß sagen an alle geuerde.

Item all ir gemeine kirchensetze sollent die obgenante bede parthien glich teilen vnd ein loß darvmb werffen on alle geuerde, vnd waz manne vnd kirchensetze alsus [?] iglicher parthien obgenant zu teile wurdent, die sollent auch dieselben parthien vnd ire erben hernach alleczyt bliben an hindernisse der andern parthien vnd ir erben. Auch ist geret waz schencke Conrat selige der Alte, der nuwelich gestorben ist, die obgenanten ir gemeinen kirchensetze vnd ir gemeinen lehin verlihen sint, die sollent ir lebetage daby bliben sitzen vnd die, den die lehen gelihen sint, sollent auch bliben sitzen, als lehens recht ist. Aber dieselben manne, die die lehen hant, die sollen sie empfahen von der parthien, der sie itzunt zu dißer teilung gefallent vnd dornach, wann dieselben kirchensecze vnd lehin ledig wurden, so sollent sie furbaß me [?] alleczyt emphangen vnd gehaben wurden von der parthien vnd iren erben, der sie itzunt zu dißer teilunge gefallen.

Vnd wir Herczog Rupert der Elter obgenant han vm flißiger bede willen beider parthien obgenant, zu orkunde vnd fester stetekeit allir vnd iglicher obgenanten stucke vnd deilungen vnd die bede obgenanter parthien vnd ir erben der ewiclichen zu besagen, vnser eigen Ingesigel an diesen brieff tun hencken, vnd wir, die obgenanten beden parthien, schencke Conrad von Erpach vnd schencke Heinrich von Erpach off eine syte vnd schencke Ebirhard von Erpach vnd schencke Conrad von Erpach der Junge off die ander syten, bekenen alle, daz wir mit vnßerm guten willen vnd wißen gutlich verricht, vereinet vnd geteilt sin in aller maße, als hieuor geschriben stet vnd han sementlich alle diese obgenanten stucke vnd deilungen vnd ir iglicher fur vns vnd vnsir erben globt mit guten truwen an eits stat, stete vnd vnverzichelich eweklich zu halten fur vns vnd alle vnser erben, vnser Ingesigel by des obgenanten durchluchtigen, hochgebornen fursten vnd herren, vnßers lieben gnedigen herren Ingesigel durch vnsewr aller flißiger bede willen zu merem gezugnisse vnd gantzer stedekeit alle vnd iglich obgenante stucke vnd teilunge, vnd vns, die obgenanten vede parthien vnd alle vnser erben, der ewiklich zu besagen, an diesen brief gehangen, der geben ist zu Heidelberg off den Montag nach des heiligen Cruces tag, als daz funden wart, zu latine genant Inuencio, nach Cristus geburt drutzehenhundert Jar vnd an dem zwei vnd achtzigsten Jahre.

Anhang 3

Die Lehen der Schenken von Erbach nach den Einträgen im ältesten Lehenbuch der Pfalzgrafschaft von 1401 (SPIEß, Lehnsbuch).

20. Januar 1398

Lehen für Schenk Eberhard aus der Hauptlinie Erbach

[35.] Item Schencke Ebirhart, der eltest herre zu Erpach, hat enpfangen diese nachgeschriben lehen und gutere. Zum ersten daz erbeschenckeampt eyns pfaltzgraven; Erpach, burg und stad, und allez, daz darzu gehoret, es sij manschafft, wilpan, fischerie, die zente und halsgerichte, und die zweyteil des zehenden in der marck daselbs und diese | nachgeschriben dorffere mit namen Zelle, Kuntbuch, Furstengrunt, Widengeseße, Ulnbuch, Yringsbach, Erlebach, Lurbach, Heisterbuch, Gundersfirst, Ellingspach, Mosa, Rosswach, Schonauwe, myt vogtie und gerichten, walt, waßer und weyden. Item die zwei teil der zehende zu Riepach, zu Widengeseße, zu Ulnbach. Item Buerfelden, Etzelshan, Nydernsentzelspach, Schelnbuch, Keilbach, Heselbuch, Hebstad[4], Gamelspach, Finckenbach, Valckengesesße, Erlebach, Guderspach, Ulfen und Hiltegersklingen und die zente und halsgerichte yn den obgenannten, dorffern, und dieselben dorffere myt vogtien und gerichten, walt, waßern und weyden und allen yren zugehorungen. Item Fryenstein die vesten myt allen yren zugehorungen, manschafft, wiltpan, fyscherie, walt, waßern und weyden, und die zweyteil der zehende zu Schelnbuch, zu Hebstal, zu Gamelspach, zu Valcken-

[4] Wohl verschrieben für *Hebstal* = Hebstahl, Gde. Sensbachtal (Odenwaldkreis).

geseße, zu Finckenbach, zu Huttendal, zu Hiltegersclingen off dem Kohlhauwe und zu Hamelbach. Item Affelterbach daz dorff myt aller syner zugehorde, vogtie und gerichten, walt, waßern und weyden. Item Zotzenbach, Rymbach, Lutzelnrynpach und Scharpach die dorffere myt walt, waßern und weyden, vogtie und gerichten und die zwey teil des zehenden zu Zotzenbach. Item die kirchsetze Buerfelden, Richelsheim und Brenspach. Item die zente und halsgerichte zu Richelsheim und die wiltpand und die fischerie und die dorffere Rorbach und Oisterna mit vogtie und gerichten, walt waßern und weyden und die zweiteil der zehende yn Richelsheymer zente, als die syn altern off yn und er die bisher gehabt und bracht hat. Item Schonberg, die vesten halb, und sinen teil an dorffern, mit namen daz dorff darunder, Elmshusen, Wilmeshusen, Gruna, Zelle, Mittershusen, Mittelechter, Knoden und Breydenwiesen, Obernludenbach und Schandenbach mit walt, waßern, weyden, vogtien, und gerichten, wiltpan, und fischerien. Item den hoff zu Richenbach myt allen synen fryheyden, als den sin altern uff yn bisher bracht hant, und synen teil der zehende zu Gruna, zu Elmeshusen und zu Urbach. Item Habitzheim, die vesten, synen teil, und synen teil an dem dorffe dafur myt vogtie und gerichte, und gerichte daselbs und alles, daz er daselbs hat, ane den hoff, den er kaufft umb | die Geylinge, und heißet der Ulner hoff, der ist syn eigen. Item synen teil des zehenden zu Omstad mit aller zugehorde. Item den hoff halben vor der stad Omstad myt den uzeckern. Item Spachbrucken, Zilhard und Jorgenhusen myt vogtien, walt, waßern, weyden und gerichten und die zweiteil der zehende zu Spachbrucken und zu Zilhard. Und die obgenanten gutere, Habitzheim, die vesten, und wie sie darnach geschriben sten, hat er enpfangen nach Fuldischem rechten, wan sie Fuldische lehen synt. Item hat er auch enpfangen ein burglehen zu Lyndenfels, myt namen yn Dossenheimer mark zwene morgen wingarten an dem walsperg gelegen. Item zwene morgen wingarten, heißent der Barfuß. Item ein morgen, heißet der Slußel. Item ein morge, heißet der Krenchen wingart. Item eynen garten, heißet der Wydengarte etc.

30. Juni 1399

Lehen für Schenk Hans aus der Hauptlinie Reichenberg zu Fürstenau

[36.] Item Schencke Hans, herre von Erpach, hat enpfangen diese nachgeschriben lehen und gutere mit namen daz schenckeampt der pfalntze myt syner zugehorde. Item alle die manlehin, die syn vater selige geluhen hat und zu der herschafft zu Erpach gehorent, myt namen diese nachgeschriben manne her Ulrich Lantschade, Gerhart Vetzer, Henne von Hattenheim, Conrad von Rosenbach, Fritze von Ryperg, Contze Kodebose, Hannemann Echter, Henne Gans von Werde. Item so sint dieß die kirchensetze myt namen den kirchensatz zu Wiblingen. Item den kirchensatz zu Gunderspach. Item den kirchensatz zu Rynbach und den kirchensatz zu Pfungstad. So sint diß die gerichte, dorffere, zehenden und gutere. Item Michelstad halbs myt syner zugehorde, uzgescheiden daz hus und hofreide, die er gekaufft hat umb Werner Dubern myt yren zugehorden. Item die dorffere Steynbach und Ansalborne yglichs halbs myt siner zugehorde. Item den hoff zu Stockheim myt syner zugehorde. Item synen teil an dem dorffe zu Ebertzberg. Item synen teil an dem dorffe Heselbuch myt | syner zugehorde. Item daz halbteil an dem dorffe zu Sentzelspach myt synen zugehorden. Item synen teil an dem zehenden zu Burfelden. Item synen teil an dem dorffe Olffen. Item synen teil an dem dorffe Guderspach myt synen zugehorden. Item synen teil an dem dorffe Rospach myt syner zugehorde. Item funff pfunt gelts an der bete Boxbrunne. Item synen teil an dem dorffe Finckinbach. Item Bolauw das dorff gantze myt synen zuhorden. Item Richenburg daz sloße halbs myt syner zugehorde. Item synen teil an dem dorffe zu Richelscheim und daz virteil an der zente daselbs. Item den hoff zu Fronhofen. Item synen teil an dem dorffe zu ertzbach myt syner zugehorde. Item synen teil an den dorffern Rorbache und Bockenrode, ez sin zehenden oder anders. Item synen teil an dem sloße Schonberg. Item synen teil der gutere, die gen Schonberg gehorent, myt namen yn diesen nachgeschriben dorffern zu Schonberg, zu Zelle, zu Elmßhusen, zu Welmßhusen, zu Gruelnbach, zu Grunauwe, zu Mittelechter, zu Scharpache, zu Cozenbach und zu Obernludenbach myt allen iren zugehorungen. Die obgenanten gerichte, dorffere, zehenden und gutere auch alle von der pfalntze gantze zu manlehin rurent und gent, und habent syne vettern, die andern Schencken, den neben teil daran. Auch hat er diese nachgeschriben gutere und Fuldische lehin, mit namen daz virteil an dem dorffe zu Brenspach myt synen zugehorungen. Item Nydernconspache daz dorffe halbs myt synen zugehorungen. Item in dem dorffe zu Clyngen anderhalb hube und eynen halben hoff und daz dritteil an dem zehenden daselbs nach Fuldischer lehen recht etc.

11. Juli 1399

Lehen für Schenk Eberhard aus der Linie Reichenberg zu Michelstadt

[37.] Item Schencke Ebirhart, herre von Erpach der junge hat enpfangen zu manlehin diese nachgesc[h]riben gutere myt namen ein vierteil an manlehen und kirchensetzen, die zu der herschafft zu Erpach gehorent, und darzu diese nachgeschriben gutere. Michelstads die stad halb myt yre zugehorungen, uzgenomen den hoff, den er kaufft umb Diether Rauch myt syner zugehorden. | Item daz virteil an der zente und an dem halsgerichte zu Michelstad. Item Steynbach daz dorff halbs myt syner zugehorungen, uzgenomen daz gerichte. Item Anselborne halbs myt syner zugehorde. Item Erpuch daz dorff gantz myt aller zugehorde. Item Ulnbuche daz dorffe halbs myt dem gerichte und zehende myt syner zugehorde. Item zu Dorfferpach anderhalb hoff myt ire zugehorde. Item zu Stockheim einen hoff myt syner zugehorde und zwo hoffstete. Item zu

Schonauwe daz dorff, daz virteil gerichte und ander. Item Ebirsperg daz dorff halbs, gericht und ander. Item Heselbuche daz dorff daz virteil myt syner zugehorde, uzgenomen daz gerichte. Item Sentzelspach daz dorff halbs myt syner zugehorde, gerichte und zehenden. Item zu Nydernsentzelspach an eim hofe daz sehste teil. Item an dem zehenden zu Burefelden daz halb teil. Item Falkengeseße daz dorff daz achtige teil myt dem zehenden und gerichte. Item zu Erlebach virdehalb hube myt ire zugehorde und daz virteil an dem zehenden. Item Olffen daz dorff daz virteil myt syner zugehorde. Item Guderspache eyn hube myt yre zugehorde, eynen teil an dem gerichte. Item zu Huten-Mosa zwo halbe hube myt iren zugehorungen. Item zu Hildersclyngen ein hube mit ihre zugehorde. Item Roßpach ein virteil an dem dorffe myt syner zugehorde. Item zu Finckenbach ane ein virteil ein hube myt ire zugehorde. Item den walt an der Hinderbach mit syner zugehorde. Item den walt bij Guderspach, den man nennet den Speßhart. Item den walt zu Hildisklingen. Item Keilbach und Gallenbache myt aller yre zugehorde, gerichte und andere. Item Repach daz dorff mit aller zugehorungen. Item zu Obern-Kintzege zwo hube und ein gerichte. Item zu Langenbrambach anderhalb und achte hoffstete und eyn eigen gerichte. Item Richenburg daz sloße halbs myt syner zugehorde, myt namen daz zentgerichte daz virteil. Item sinen fronhoff, zu demselben sloß gehort, myt syner zugehorde. Item Richelßheim daz dorff halbs myt syner zugehorde. Item Ebirbach daz dorff halbs myt syner zugehorde. Item zu Ludena in dem dorffe zwo hube und ein virteil und daz gericht halbs. Item Winterkasten daz dorff halbs myt syner zugehorde, gerichte | zehend und anderte. Item Gumpen daz dorff uff der eynen sijten myt aller syner zugehorde, gerichte, zehende und andere. Item Gumpen in der langen Erlin funff virteil gutes myt synen zugehorungen. Item Ertzbach daz dorff halbs gerichte myt syner zugehorde. Item zzu Nydern-Osterna ein halb hube [und] daz zweiteil an dem zehende zu Nydern-Osternauwe. Item zu Fronhofen den hoff und ein virteil gutes myt synen zugehorungen. Item zu Bockenrode an dem dorffe ein virteil myt aller zugehorde. Item uff dem wasen ein hube und ein gerichte. Item Bernfurte halbs andersijt der bach myt syner zugehorde. Item zu Bernfurte hie dissijte der bache ein virteil gudes myt siner zugehorde. Item Schonenberg daz sloße halbs und alle die gute, die zu dem sloße gehorent, daz virteil, myt namen an dem dorffe Schoinenberg ein virteil myt aller zugehorde. Iten an dem dorffe Zelle ein virteil myt aller zugehorde. Item Elmershusen daz dorff ein virteil myt aller zugehorde. Item Wilmeshusen daz dorff ein virteil. Item zu Richenbach eyn hube. Item Hunrode ein virteil. Item Gruwelnbach ein virteil. Item Grunauwe ein virteil myt aller zugehorde. Item zu Schurberg an dem dorff ein virteil. Item Mittelechter an dem dorffe eyn virteil mytsyner zugehorde. Item zu Scharpach eyn virteil myt syner zugehorde. Item Zotzenbach ein virteil myt syner zugehorde. Item Obernludenbach daz virteil mit syner zugehorde. Auch hat er enpfangen diese nachgeschriben Fuldischen lehen myt namen Brenspach daz dorff ein virteil myt aller zugehorde ane den zolle. Item Kongspach daz dorff halbs myt aller zugehorde. Item

Oberebklingen anderhalb hube und eynen halben hoff und daz dritteil an dem zehenden etc.

**Abb. 1** Übertragungsurkunde vom 13. Mai 1223
(HStA München, Abt. GHA, Urkunde Nr. 2373 ½)

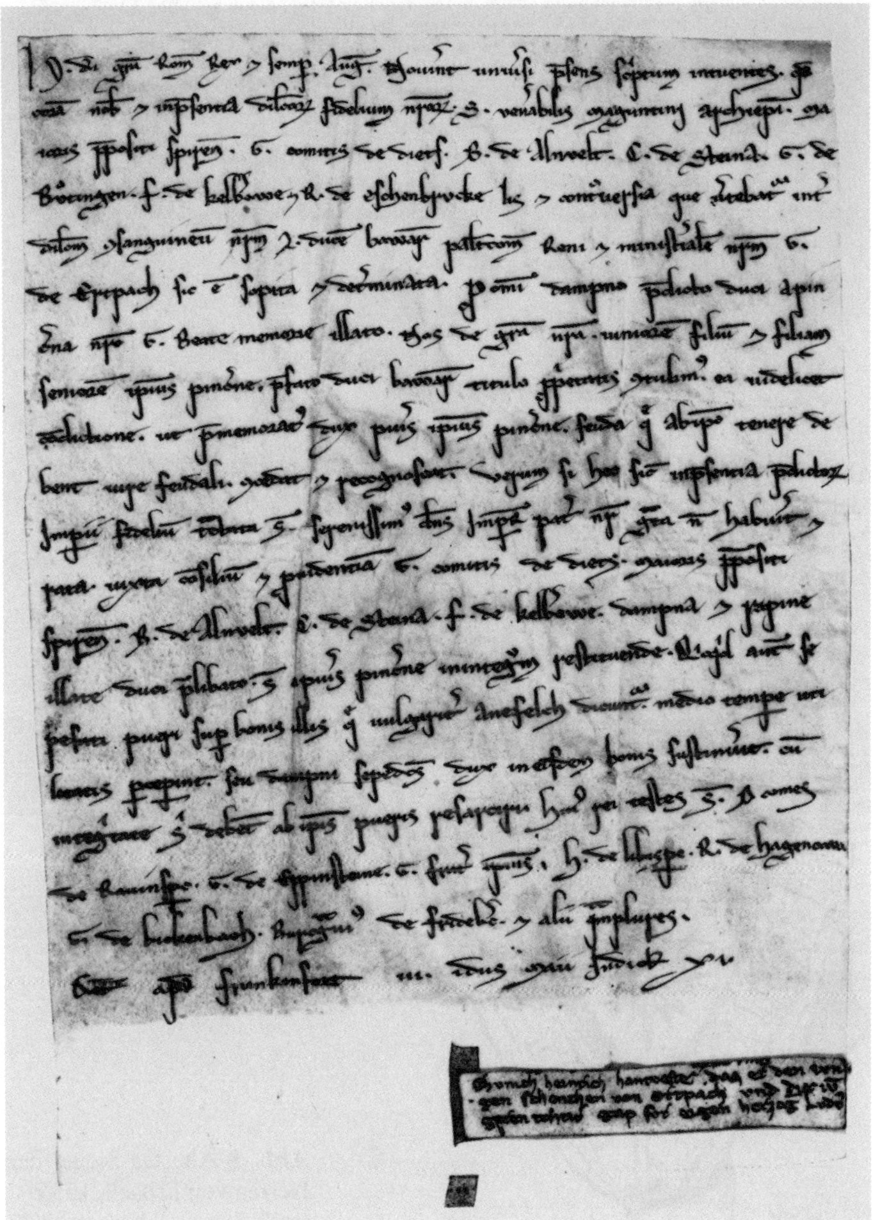

In nomine domini. Sifrid dei gra sce Moguntin sedis archieps; fidel e litrar custodia q reru serie
eloqr euidet. 7 emgentib calupniis firma obuiat ueritate; accedens qdem ad nos Egnolfus pleban de Vedin
gen. petiit i sna sibi dari an sup oferendi bonis suis cenobio Aulesburg. licet 7 ei qm uellz elige Mundibou. eo
qd hii q mundiburdia ei prestare deberet. adeo teneri esset. qd huimodi n sufficeret putere. 7 seretatam e. id q
de iure lic. ppt qd nos Mundibou elegit. nob danb; electoni sue cu libtate osensu; bos q donatone pdcoz
bonor i man nras nomine mundiburdie collator facta. pfato cenobio ofirmam. Testes hui rei sunt.
prepositi Aschafembg Theodric. Cunrad decan. heinric Cantor. heinric de Rauenesbg. heinric Ca
mari. Frideric Schikko. Reinold. canonici; laici uero. Gerard de Eppenstein. Fridic de Kelberowe. Cun
rad pincna de Ertbach. Cunrad Cinco Marescalc. Emercho aduocat. Cunrad uicedns. heinric Motatere.
Acta st h anno dnice icarnatonis. m. cc. xviii. Dat i Aschafebg pdie id septebs. pontificat nri anno. xviii.

**Abb. 2** Urkunde vom 12. September 1218; Erstnennung eines Schenken von Erbach, Z. 8f: *Cunrad(us) pinc(er)na de Ertbach*
(nach STEINMETZ, Schenken von Erbach, S. 15)

**Abb. 3** Ältestes Siegel der Herren von Erbach, 1255
(nach SIMON, Erbach, nach S. 282)

Besitz der Herren von Erbach um 1450

Zusammengestellt nach heute zerstörten Zinsbüchern (HÖRETH, Das Gräfliche Gesamthausarchiv, in: Rheinische Sippen 6, 1942, S. 1-3).

Affolterbach
Afhöllerbach
Airlenbach
Alsbach
Asselbrunn
Aue (bei Rohrbach)
Auerbach
Balkhausen
Beedenkirchen
Beerfelden
Biblis
Bickenbach
Biebesheim
Bierbach
Bockenrod
Böllstein
Brensbach
Breuberg
Brombach
Bürstadt
Bullau
Crumstadt (?)
Dorf-Erbach
Dossenheim
Eberbach (bei Reichelsheim)
Ebersberg
Elmshausen
Elsbach
Eisenbach
Erbach
Erlenbach
Ernsbach
Erzbach
Etzean
† Eulbach
Fahrenbach
Falken-Gesäß
Finkenbach
Fronhofen
Fürstengrund
Fürth
† Galmbach (heute Eduardstal)
Gammelsbach
Gernsheim
Gladenbach
Gronau
Gumpen
Güntherfürst
Güttersbach
Hahn
Hähnlein
Haisterbach
Hammelbach
Hebstahl
Hembach
Hemsbach
Heppenheim
Hesselbach
Hiltersklingen
Hohenstein
Höllerbach
Hüttenthal
Igelsbach
Jugenheim
Kailbach
† Kanzenbach
Kimbach
Kirch-Brombach
Kirschhausen
Knoden
Kolmbach
König
Krumbach (Mümling-Cr.)
Langwaden
Laudenbach
Lauten-Weschnitz
Lorsch
Lützelbach

Lützelrimbach
Malchen
Mittlechtern
Mittershausen
Momart
Mossau
Neutsch
Niederkainsbach
Ober-Kinzig
Ober-Klingen
Ober-Laudenbach
Ober-Ostern
Ober-Sensbach
Olfen
Pfungstatt
Reichelsheim
Reichenbach
Rimbach
Ritschweier
Rohrbach
Rohrheim
Roßbach
Sandbach
Schannenbach
Scheuerberg
Schöllenbach
Schönberg
Schönnen
Seeheim
Seidenbuch
Sonderbach
Steinbach
Stettbach
Stockheim
Stockstadt (am Rhein)
Tannenberg
Traisa
Umstadt
Unter-Mossau
Unter-Ostern
Unter-Sensbach
Vielbrunn
Wald-Erlenbach
Wallbach
Wattenheim
Weiten-Gesäß
Wenig-Umstadt
Wersau
† Wilmshausen (bei Bensheim)
Wörth (am Main?)
Wurzelbach
Würzberg
Zell (bei Bad König)
Zell (bei Bensheim)
Zotzenbach

Vgl. dazu die Karte 3 auf dem Nachsatzblatt.

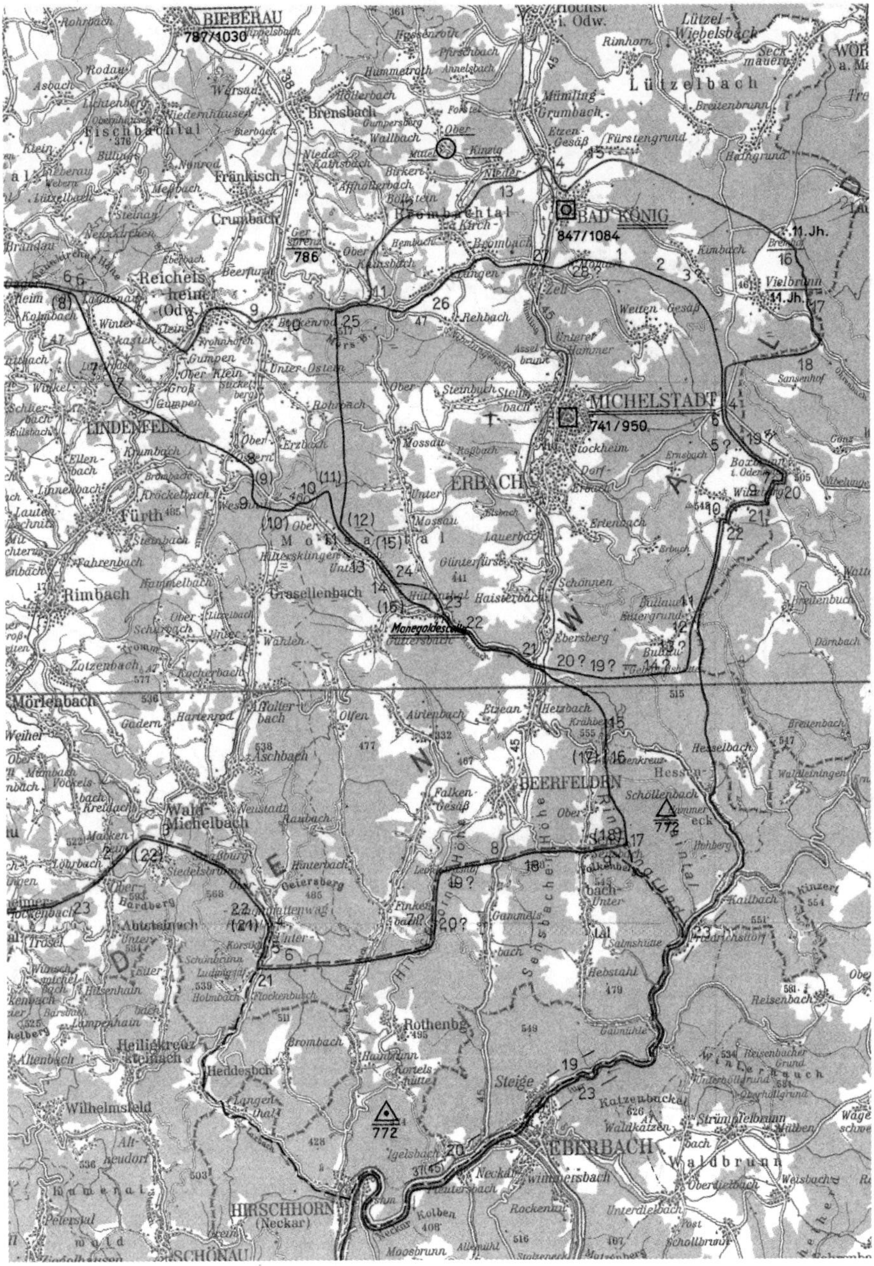


**Karte 1** Mark Michelstadt
(nach KLEBERGER, Territorialgeschichte, Karte II)

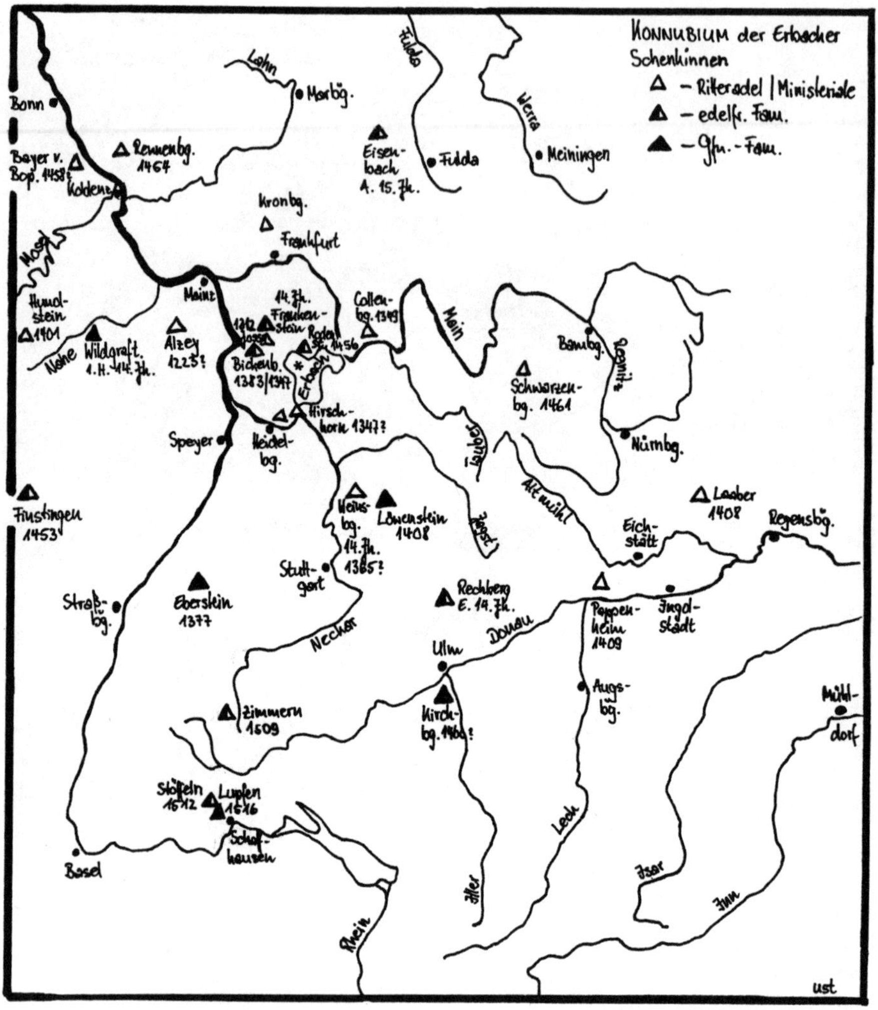


* Linienheiraten

| | | |
|---|---|---|
| um 1363 | zu Erbach ∞ zu Michelstadt | |
| um 1365 (1) | zu Fürstenau ∞ zu Erbach | |
| 1412 ? | zu Erbach ∞ zu Fürstenau | |
| 2. V. 15. Jh. | zu Fürstenau ∞ zu Michelstadt | |

**Karte 4** Konnubium der Schenken-Töchter
(Entwurf: Steiger)

# STAMMTAFEL DER HERREN VON ERBACH IM MITTELALTER

(bearb. von Uli Steiger)

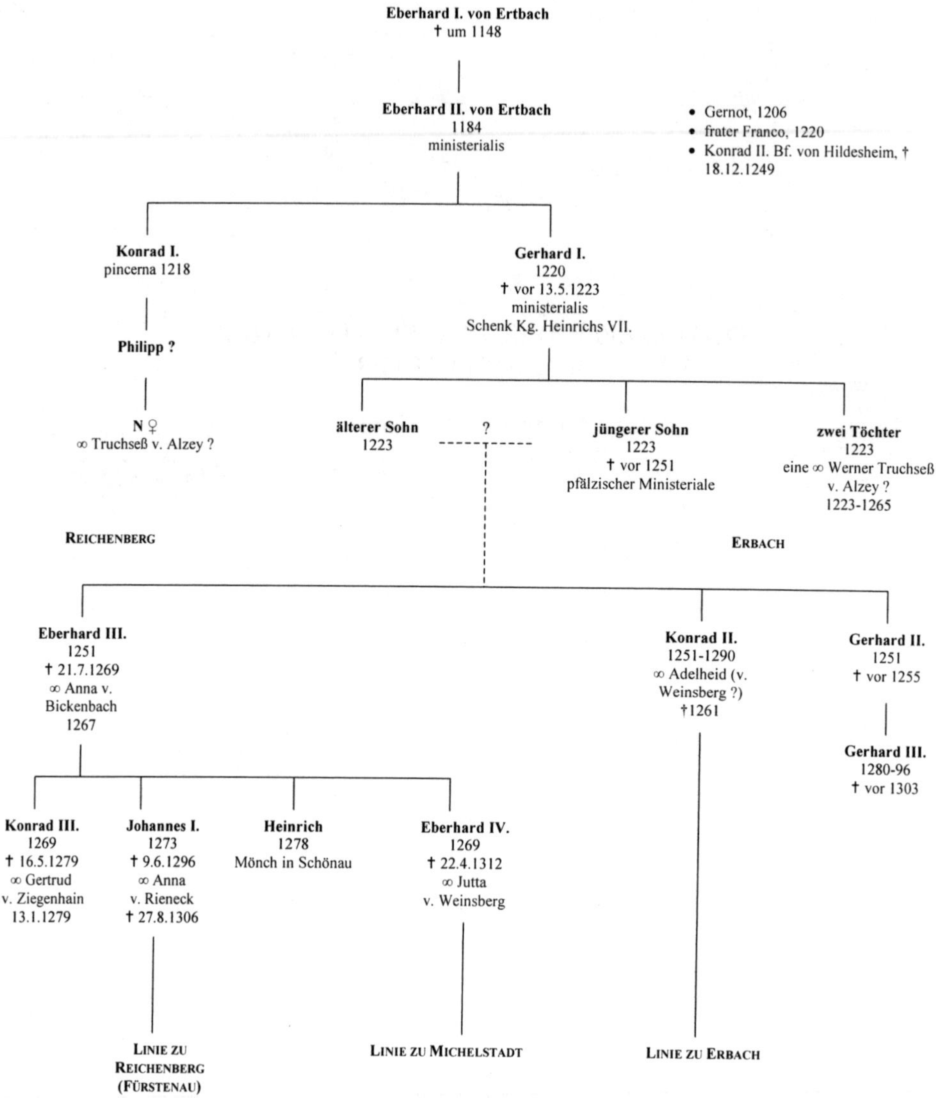
Eberhard I. von Ertbach
† um 1148
Eberhard II. von Ertbach
1184
ministerialis
• Gernot, 1206
• frater Franco, 1220
• Konrad II. Bf. von Hildesheim, † 18.12.1249
Konrad I.
pincerna 1218
Gerhard I.
1220
† vor 13.5.1223
ministerialis
Schenk Kg. Heinrichs VII.
Philipp ?
N ♀
∞ Truchseß v. Alzey ?
älterer Sohn
1223
?
jüngerer Sohn
1223
† vor 1251
pfälzischer Ministeriale
zwei Töchter
1223
eine ∞ Werner Truchseß v. Alzey ?
1223-1265
REICHENBERG
ERBACH
Eberhard III.
1251
† 21.7.1269
∞ Anna v. Bickenbach
1267
Konrad II.
1251-1290
∞ Adelheid (v. Weinsberg ?)
†1261
Gerhard II.
1251
† vor 1255
Gerhard III.
1280-96
† vor 1303
Konrad III.
1269
† 16.5.1279
∞ Gertrud v. Ziegenhain
13.1.1279
Johannes I.
1273
† 9.6.1296
∞ Anna v. Rieneck
† 27.8.1306
Heinrich
1278
Mönch in Schönau
Eberhard IV.
1269
† 22.4.1312
∞ Jutta v. Weinsberg
LINIE ZU REICHENBERG (FÜRSTENAU)
LINIE ZU MICHELSTADT
LINIE ZU ERBACH

- **Konrad II.** 1251-1290

  LINIE ZU ERBACH

  - **Eberhard V.** 1277, † 1293 ?, ∞ Agnes v. Breuberg † 10.6.1307 ?
    - **Lukardis** 1312-1339, ∞ Gerhard v. (Burg-) Jossa †1335
    - **Konrad IV.** 1303, † 3.6.1363, ∞ Ida v. Steinach 1316-41
      - **Konrad V. d. J.** 1333, †24.5.1380, ∞ 1. Kunigunde v. Bruck 1353, †13.9.1357, ∞ 2. Margarete v. Erbach 1366, † 19.8.1396
        - 1. Ehe: **Anna** 1363, †29.11.1375, ∞ Heinrich II. v. Erbach †24.2.1387
        - 2. Ehe: **Konrad VII.** 1381, † 31.1.1427, ∞ Margarete Landschad v. Steinach †1407
          - **Konrad** 1396 d. Junge † 1407
        - 2. Ehe: **Anna** 1408, † nach 14.10.1444, ∞ 1408 Heinrich Gf. v. Löwenstein 1382, † Okt./Nov. 1443
        - 2. Ehe: **Elisabeth** 1380-1411 Priorin zu Liebenau
      - **Ida** 1331, †4.5.1345, Meisterin zu Höchst im Odw.
      - **Eberhard VIII.** 1341, † 7.9.1373, ∞ Elisabeth v. Katzenelnbogen † 10.2. 1391
        - **Elisabeth** †25.7.1368 und **Ulrich** † 10.5.1369 als Kinder
        - **Eberhard IX.** 1374, †13.4.1425, 1390 Landvogt im Elsaß, ∞ Elisabeth v. Kronberg † 18.10.1411
          - **Johannes** 1404-1408 Johanniter
          - **Ludwig** 1414-1438 Domherr zu Speyer und Worms
          - **Engelhard** 1414-1464 Johanniter
          - **Konrad IX.** 1417, † 5.6. 1464, ∞ Anna v. Bickenbach 1416, †28.4.1451 ↓
          - **Eberhard** † 14.0.1441, 1422 Domherr zu Mainz
          - **Eberhard XII.** 1407, † 11.12.1414, ∞ 1407 Lukardis v. Waldburg
          - **Adelheid** 1405-1409, ∞ Philipp d. Ält. V. Kronberg *1393, †1453
          - **Ida** 1405 Priorin zu Liebenau 1447-52 zu Höchst i. Odw.
          - **Else** 1408 Klosterfrau zu Höchst i. Odw.
        - **Konrad** † 1387 ? Custos zu Worms Domherr zu Mainz
        - **Margarete** 1365, †1395, ∞ 1. Konrad v. Weinsberg † 1366, ∞ 2. Wilh. v. Eberstein 1377 † 9.3. 1385
          - **Ida** ∞ 1. Konrad v. Hohenfels 1368-1382, ∞ 2. 1401 Nicolas Vogt v. Hunolstein 1383-1430
      - **Hedwig** 1336-1345, ∞ Engelhard v. Weinsberg 1323, † 20.12.1391
      - **Margarete** 1347, † 22.5.1382, ∞ Engelhard v. Hirschhorn 1347, † 1383
      - **Agnes** 1349, †1352, ∞ Eberhard Rüdt v. Collenberg 1331-1364
      - **Magdalene** 1350-1366, ∞ Konrad II. v. Frankenstein 1321-1366
    - **Gerlach** 1303, † 18.12.1332, 1329 Bischof von Worms
    - **Engelhard** 1303-1339 Domherr zu Speyer und Würzburg
    - **Eberhard** 1303
    - **Agnes** 1347, ∞ Konrad v. Bickenbach 1298-1354
  - **Engelhard** 1278-1318 Domherr zu Würzburg und Speyer

**Johannes**
14 69
† Sept. ? 1480
Domherr in Köln
und Worms
Stiftsherr von
St. Gereon in Köln

**Philipp II.**
* um 1430
† 21.4.1477
∞ Margarete v.
Hohenlohe
1462, † 19.2.1469

**Elisabeth**
1460-1476
∞ Wilhelm Gf. v.
Kirchberg
† 22.3.1488

**Jutta**
1456
†22.1.1491
∞ Engelhard v.
Rodenstein
1421, † 24.9.1470

**Erasmus**
* um 1466
† 8. ? 1503
∞ Elisabeth v. Werdenberg-
Heiligenberg
† 20.12.1536

**Magdalene**
1489
†17.12.1510
Hofdame zu
Heidelberg

**Anna**
1505-1519
Meisterin in
Konradsdorf

**Philipp**
† klein

**Katharina**
* um 1486
† 13.2.1549
∞ Joh. Werner v.
Zimmern
* 1480, † 1548

**Anna**
1512
† 1551
∞ 1. 1512 Heinr. Onagrius v.
Stoffeln
† 1515
∞ 2. 1516 Georg Gf. v. Lupfen
*13.7.1494, † 1546

†††

**Johannes I.**
1237
† 9.6.1296
∞ Anna v. Rieneck
† 27.8.1306

LINIE ZU REICHENBERG (FÜRSTENNAU)

**Heinrich I.**
gen. Rauch
† 1. od. 10.10.1334

**Eberhard VI.**
gen. Rauch
1307,
† 1348
∞ Uda v.
Rodenstein
† 6.5.1345

**Euphemia**
1321
∞ Erkinger v.
Frankenstein
1309-1321

**Eberhard**
†17.11.1318
Domicellar
Zu Würzburg

**Johannes**
* 1309
† 24.1.1383
Domherr zu
Mainz, Würzburg u.
Bamberg (?)

**Konrad VI.**
gen. Rauch
1348
† 7.3.1393 ?
∞ Anna v. Bruck
† 22.5.1370

**Rudolf**
1351
† 22.2.1384
Domherr zu
Mainz u. Würzburg

**Heinrich**
1321-1359
Domherr zu
Worms

**Johannes II.**
1381,
†1418
∞ 1381 Raugfin Jeanette
(Schonette)
v. Altenbeymburg
1384-1390

**Konrad VIII.**
1366,
† 23.6.1423
bis 1411 geistlich
∞ Agnes v. Erbach
1415, † 1423

**Margarete**
1366
† 19.8.1396
∞ 1. Konrad VI. zu Erbach
† 1381
∞ 2. 1383 Konrad VI. v.
Bickenbach
1357, †1429

**Walpurgis**
* 1382
†1434
∞ 1408 Hadamar v. Laber

**Dorothea**
* 1384
† 1452
∞ 1409 Konrad Marschall
v. Pappenheim

**Philipp I.**
1425
† 20.1.1461
∞ Luccardis v. Eppstein
† 1.6.1477

**Margarete**
† 20.5.1448
∞ Johannes III. v.
Erbach-Michelstadt
† 8.2. 1458

**Elisabeth**
1452 fg.
Äbtissin des Stifts
Borghorst

**Eberhard**
1451
†5.6.1454
Stiftsherr zu
Aschaffenburg

**Konrad**
1452
†22.6.1482
Stiftsherr zu
Aschaffenburg
Domcustos zu
Worms

**Georg I.**
*1438
† 17.3.1481
∞ 1472 Cordula v.
Frauenberg zum Haag
† 28. 3.(?) 1501

**Adolar**
1451-1497
Domherr zu
Worms

**Elisabeth**
1459-1495
Pröpstin zu
Vreden
Äbtissin zu
Borghorst

**Maria**
1466-1514
Äbtissin zu
Vreden
resign. 1511

**Genovefa**
1466-1514
1472
Pröpstin zu
Vreden

**Sabine**
1489
† 1492
Amtsfrau zu
Kitzingen

**Eberhard XIII.**
*22.4.1475
† 14.11.1539
Reichsgraf seit 15.8.1532
∞ 7.8.1503 Maria v. Wertheim
* 23.2.1485, † 28.9.1553

⇩ **setzt die Familie fort!**

**Georg**
* 1476
† 16.2.1509
Domherr zu Speyer

**Magdalene**
1525
Priorin im Kloster Clarenthal

**Maria**
† 2.12.1541
Äbtissin des Klosters
Schmerlenbach

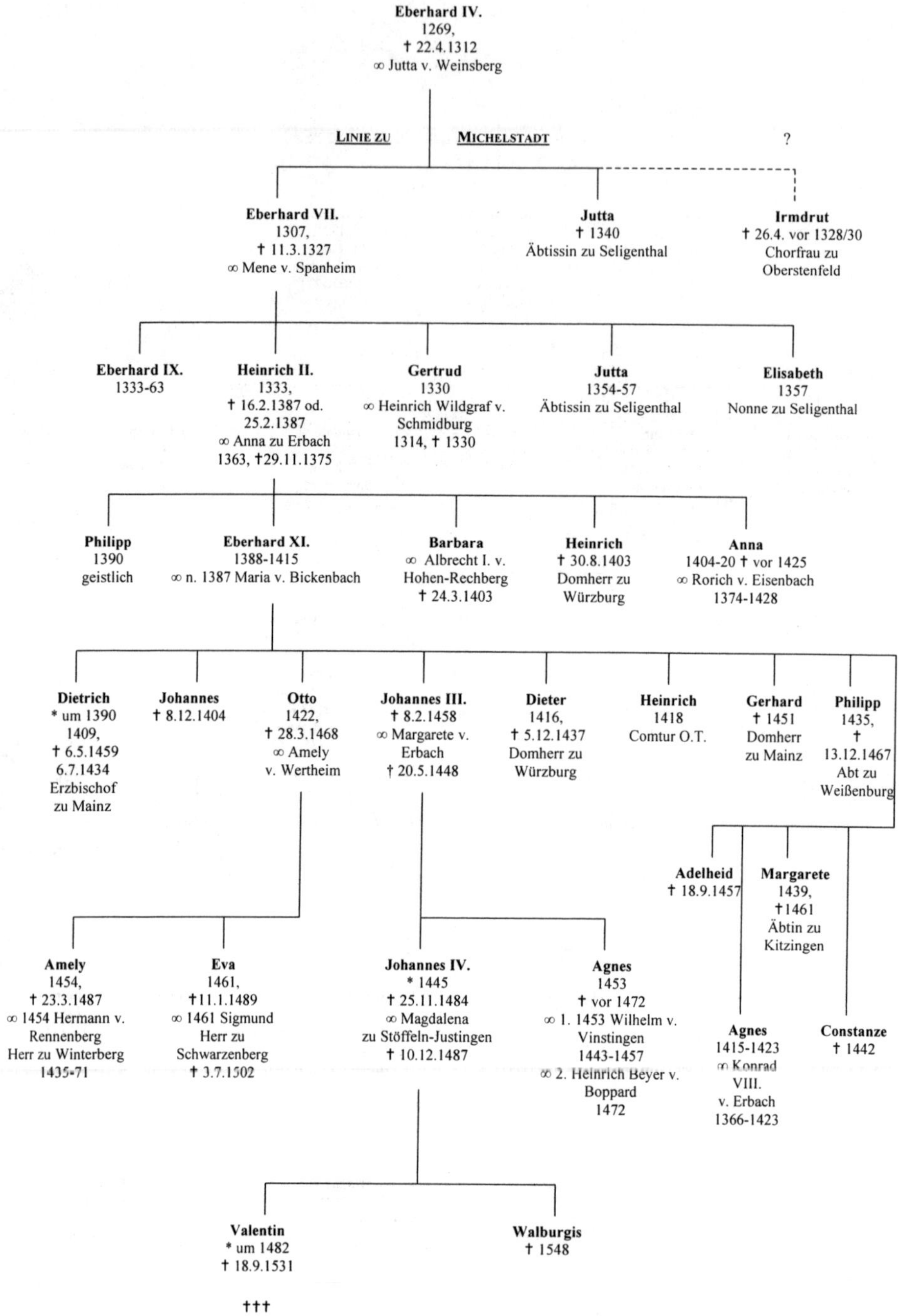
Eberhard IV.
1269,
† 22.4.1312
∞ Jutta v. Weinsberg
Linie zu Michelstadt
?
Eberhard VII.
1307,
† 11.3.1327
∞ Mene v. Spanheim
Jutta
† 1340
Äbtissin zu Seligenthal
Irmdrut
† 26.4. vor 1328/30
Chorfrau zu
Oberstenfeld
Eberhard IX.
1333-63
Heinrich II.
1333,
† 16.2.1387 od.
25.2.1387
∞ Anna zu Erbach
1363, †29.11.1375
Gertrud
1330
∞ Heinrich Wildgraf v.
Schmidburg
1314, † 1330
Jutta
1354-57
Äbtissin zu Seligenthal
Elisabeth
1357
Nonne zu Seligenthal
Philipp
1390
geistlich
Eberhard XI.
1388-1415
∞ n. 1387 Maria v. Bickenbach
Barbara
∞ Albrecht I. v.
Hohen-Rechberg
† 24.3.1403
Heinrich
† 30.8.1403
Domherr zu
Würzburg
Anna
1404-20 † vor 1425
∞ Rorich v. Eisenbach
1374-1428
Dietrich
* um 1390
1409,
† 6.5.1459
6.7.1434
Erzbischof
zu Mainz
Johannes
† 8.12.1404
Otto
1422,
† 28.3.1468
∞ Amely
v. Wertheim
Johannes III.
† 8.2.1458
∞ Margarete v.
Erbach
† 20.5.1448
Dieter
1416,
† 5.12.1437
Domherr zu
Würzburg
Heinrich
1418
Comtur O.T.
Gerhard
† 1451
Domherr
zu Mainz
Philipp
1435,
†
13.12.1467
Abt zu
Weißenburg
Adelheid
† 18.9.1457
Margarete
1439,
†1461
Äbtin zu
Kitzingen
Amely
1454,
† 23.3.1487
∞ 1454 Hermann v.
Rennenberg
Herr zu Winterberg
1435-71
Eva
1461,
†11.1.1489
∞ 1461 Sigmund
Herr zu
Schwarzenberg
† 3.7.1502
Johannes IV.
* 1445
† 25.11.1484
∞ Magdalena
zu Stöffeln-Justingen
† 10.12.1487
Agnes
1453
† vor 1472
∞ 1. 1453 Wilhelm v.
Vinstingen
1443-1457
∞ 2. Heinrich Beyer v.
Boppard
1472
Agnes
1415-1423
∞ Konrad
VIII.
v. Erbach
1366-1423
Constanze
† 1442
Valentin
* um 1482
† 18.9.1531
†††
Walburgis
† 1548

**Taf. 1 Endogamer Familienverband Erbach / Bickenbach**
(nach SPIEß, Familie, S. 70)

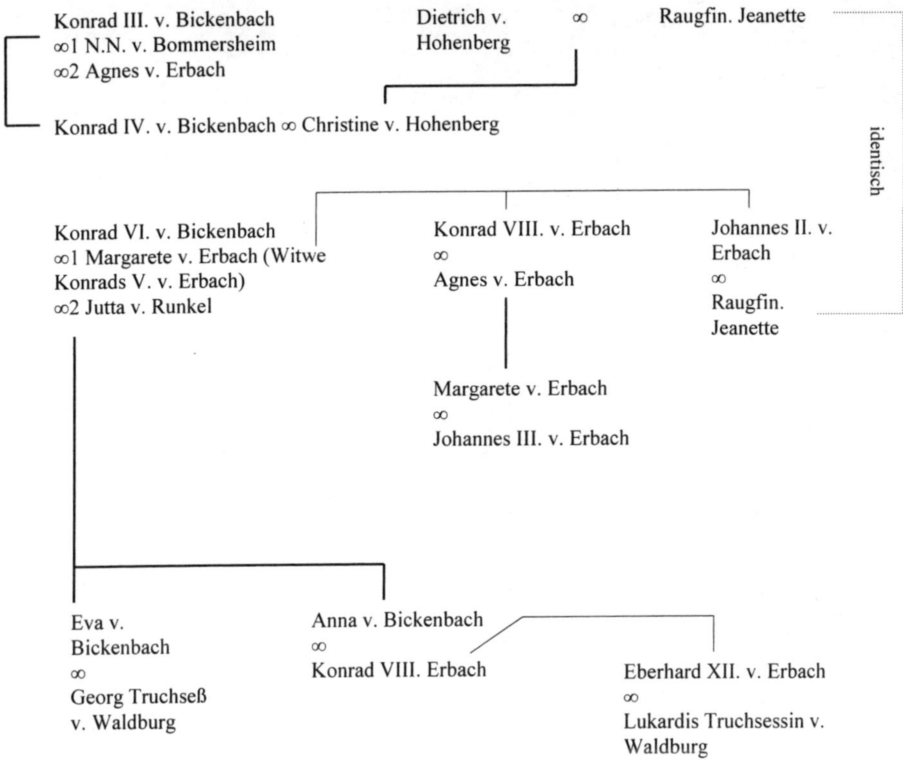


Die erste Frau Konrads VI. von Bickenbach, Margarete von Erbach, ist die zweite Frau des 1380 verstorbenen Schenken Konrad V. gewesen (s. Taf. 2).
Die dünneren Linien verweisen ausschließlich auf eine Geschwisterschaft der Personen; die fett gesetzten Linien zeigen die Nachkommen aus den Ehen an. Zu den Jahreszahlen und weiteren Familienverhältnissen s. Stammtafel der Familie.

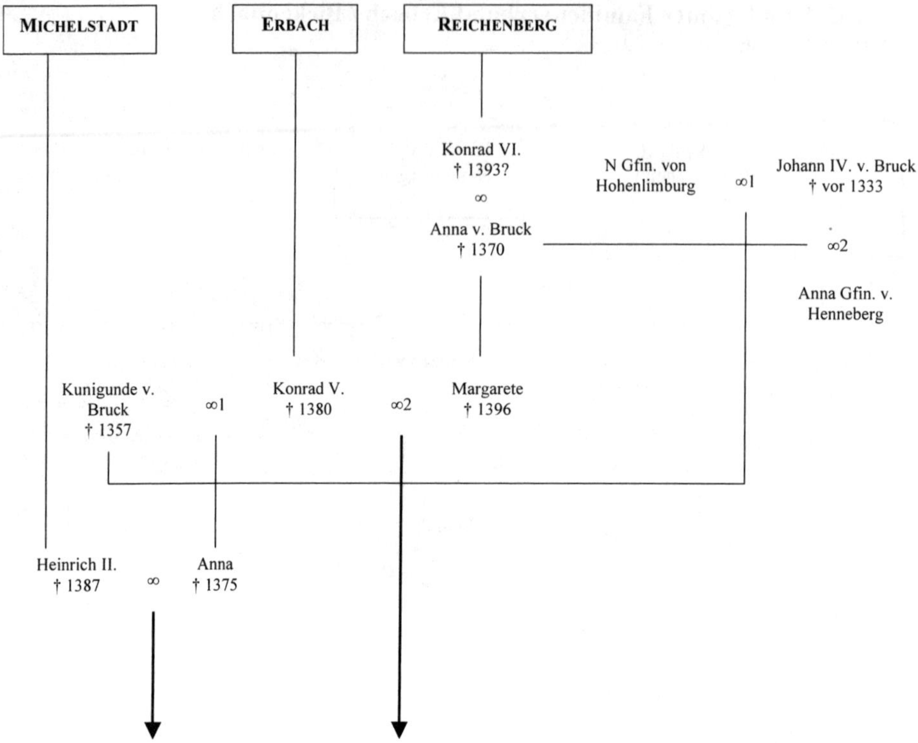


**Taf. 2** Übersicht der erbachischen Linienheiraten im 14. Jahrhundert
(Entwurf: Steiger)

# Quellen- und Literaturverzeichnis

## Anmerkungen zur Zitierweise

In den Anmerkungen wird durchgängig mit Kurztiteln gearbeitet, die über das Quellen- und Literaturverzeichnis leicht zu erschließen sind. Alle verwendeten Titel sind in das Literaturverzeichnis aufgenommen.
Ist einer Literaturangabe in einer Anmerkung „vgl." vorangestellt, so ist damit ein indirektes Zitat gekennzeichnet. Direkte Zitate werden ohne weitere Vorsätze nachgewiesen. Mit „s." (siehe) wird innerhalb der vorliegenden Arbeit verwiesen.

## Abkürzungsverzeichnis

| | |
|---|---|
| Abb. | Abbildung |
| AGEF | Archiv der Grafen zu Erbach-Fürstenau, Steinbach |
| AHG | Archiv für Hessische Geschichte und Altertumskunde |
| AfD | Archiv für Diplomatik |
| Aufl. | Auflage |
| Bd., Bdd. | Band, Bände |
| bearb. | bearbeitet |
| bericht. | berichtigt(er) |
| CL | Codex Laureshamensis (mit Bandzählung) |
| CL Faks. | Codex Laureshamensis, Faksimile |
| DA | Deutsches Archiv für die Erforschung des Mittelalters |
| Germ. pont. | Germania pontificia (Regesta pontificum) |
| ges. | gesammelt(e,r) |
| GLA | Generallandesarchiv Karlsruhe |
| HesStA | Hessisches Staatsarchiv Darmstadt |
| HStA | Hauptstaatsarchiv München |
| HRG | Handwörterbuch zur deutschen Rechtsgeschichte |
| JL | Jaffé-Loewenfeld (Regesta pontificum) |

| | |
|---|---|
| LA | Landesarchiv Speyer |
| LexMA | Lexikon des Mittelalters |
| LThK | Lexikon für Theologie und Kirche (2. Aufl.) |
| | |
| MGH | Monumenta Germaniae Historica |
| Const. | Constitutiones et acta publica imperatorem et regum |
| DD | Diplomata regum et imperatorem Germaniae. Die Urkunden der deutschen Könige und Kaiser |
| Dt. Chron. | Deutsche Chroniken und andere Geschichtsbücher des Mittelalters |
| Font. iur. | Fontes iuris (Germanici antiqui in usum scholarum) |
| Leg. in fol. | Legum in folio |
| SS | Scriptores |
| SS rer. Germ. | Scriptores rerum Germanicarum |
| | |
| MIÖG | Mitteilungen des Instituts für österreichische Geschichtsforschung |
| Mon. | Monumenta |
| MUB | Mainzer Urkundenbuch |
| | |
| NDB | Neue Deutsche Biographie |
| Nr., Nrr. | Nummer(n) |
| | |
| Reg., Regg. | Regest(en) |
| REK | Regesten der Erzbischöfe von Köln |
| REM | Regesten der Erzbischöfe von Mainz (Vogt-Vigener) |
| rev. | revidiert(e,r) |
| RGME | Regesten zur Geschichte der Mainzer Erzbischöfe (Böhmer-Will) |
| RI | Regesta Imperii (mit Bandzählung) |
| RPR | Regesten der Pfalzgrafen bei Rhein |
| | |
| S. | Seite |
| s. | siehe |
| Sp. | Spalte |
| St. | Stumpf/Brentano, Die Reichskanzler |
| StAWt | Staatsarchiv Wertheim |
| | |
| Taf., Taff. | Tafel(n) |
| | |
| UB | Urkundenbuch |
| Übers./übers. | Übersetzung/übersetzt |
| unveränd. | unverändert(e,r) |

| | |
|---|---|
| ux. | uxor (Ehefrau) |
| vgl. | vergleiche |
| Veröff. | Veröffentlichung(en) |
| VjBll. | Vierteljahresblätter |
| VuF | Vorträge und Forschungen |
| WUB | Wirttembergisches Urkundenbuch |
| ZGO | Zeitschrift für die Geschichte des Oberrheins |
| zit. n. | zitiert nach |

## QUELLEN

### 1. Ungedruckte Quellen

Darmstadt, Hessisches Staatsarchiv (HesStA):
Urkunden (Best. A): Einzelnachweise in den Anmerkungen.

Heidelberg, Universitätsbibliothek:
Lehmann, Pfälzer Urkunden (Heid Hs 430)

Karlsruhe, Generallandesarchiv (GLA):
Urkunden Pfalz (Best. 43): Einzelnachweise in den Anmerkungen.
Kopialbücher (Best. 67): Einzelnachweise in den Anmerkungen.

München, Hauptstaatsarchiv (HStA), Abt. Geheim. Hausarchiv (GHA):
Urkunde: Nr. 2373 ½

Steinbach, Archiv der Grafen zu Erbach-Fürstenau (AGEF):
Deduktion: Gründliche Ausführung der Immedietaet und Reichs-Standschaft derer Herren Grafen von Erbach gegen die von Seiten des Hohen Chur-Hauses Pfalz neuerlich praetenzierenden Iurisdictionem privilegiatam über dieselbe und ihre Unterthanen von Christian Adam Weiss, Hochgräflich-Erbach-Schönberg'schem Geheimen Hofrath, 1754 (Tit. II, Vol. 3, Fasz. 27)

Wertheim, Staatsarchiv (StAWt):
Urkunde: R US 1206
Kopialbuch: R A 436 Kopialbuch B des Klosters Bronnbach

## 2. Gedruckte Quellen

### *A. Historiographische und andere Quellen*

Acta Muriensi oder Acta Fundationis, hg. von M[?] KIEM (Quellen zur Schweizer Geschichte 3.3), Basel 1883.

Annales Hildesheimenses, hg. von Georg WAITZ (MGH SS rer. Germ. 8), Hannover 1878.

Anonymus Spirensis (Speyerische Chronik), in: Quellensammlung der badischen Landesgeschichte 1, hg. von Franz J. MONE, Karlsruhe 1848, S. 367-520.

BEHEIM, Michael, Chronica und geschicht Pfaltzgrave Friderichs Churfursten, in: Quellen zur Geschichte Friedrichs I. des Siegreichen Kurfürsten von der Pfalz 2 (Quellen und Erörterungen zur bayerischen und deutschen Geschichte 3), hg. von Conrad HOFMANN, München 1863, ND Aalen 1969, S. 1-258.

Burchardi praepositi Urspergensis Chronicon, hg. von Oswald HOLDER-EGGER u. Bernhard v. SIMSON (MGH SS rer. Germ. 16), Hannover 1923.

DECKER-HAUFF, Hansmartin/SEIGEL, Rudolf, Die Chronik der Grafen von Zimmern, 3 Bdd., Sigmaringen 1964-1972.

Eigil, Vita s. Sturmi abbatis, in: MGH SS 2, hg. von Georg PERTZ, Hannover 1829, S. 365-377.

FRIESE, Alfred, Der Lehenhof der Grafen von Wertheim im späten Mittelalter (Mainfränkische Hefte), Würzburg 1955.

Gesta Marcuardi abbatis Fuldensis (1150-1165), in: Fontes rerum Germanicarum 3, hg. von Johann Friedrich BOEHMER, Stuttgart 1853, S. 165-171.

HEYEN, Franz-Josef, Kaiser Heinrichs Romfahrt. Die Bilderchronik von Kaiser Heinrich VII. und Kurfürst Balduin von Luxemburg (1308-1313), Boppard a. Rh. 1965.

Hinkmar von Reims, De ordine palatii, hg. u. übers. von Thomas GROSS u. Rudolf SCHIEFFER (MGH Font. iur. Germ. ant. 3), Hannover 1980.

Historia Welforum (Schwäbische Chroniken der Stauferzeit 1), hg. von Erich KÖNIG, Sigmaringen ²1978.

Die Inschriften des badischen Main- und Taubergrundes, Wertheim-Tauberbischofsheim, ges. u. bearb. von Ernst CUCUEL u. Hermann ECKERT (Die Deutschen Inschriften 1), Stuttgart 1942.

Die Inschriften der Stadt Mainz von frühmittelalterlicher Zeit bis 1650, ges. u. bearb. von Fritz V. ARENS (Die Deutschen Inschriften 2), Stuttgart 1958.

Die Inschriften des Landkreises Bergstraße, ges. u. bearb. von Sebastian SCHOLZ (Die Deutschen Inschriften 38), Wiesbaden 1994.

Die Inschriften der Stadt Darmstadt und der Landkreise Darmstadt-Dieburg und Groß-Gerau, ges. u. bearb. von Sebastian SCHOLZ (Die Deutschen Inschriften 49), Wiesbaden 1999.

Die Inschriften der Stadt Goslar, ges. u. bearb. von Christine MAGIN (Die Deutschen Inschriften 45), Wiesbaden 1997.

Die Inschriften des ehemaligen Landkreises Mergentheim, ges. u. bearb. von Harald DRÖS (Die Deutschen Inschriften 54), Wiesbaden 2002.

Konrad von Mure, Summa de arte prosandi, in: Briefsteller und formelbücher des eilften bis vierzehnten Jahrhunderts 1 (Quellen und Erörterungen zur bayerischen und deutschen Geschichte 9.1), bearb. von Ludwig ROCKINGER, München 1863, S. 403-482.

LEHMANN, Christoph, Chronica der freyen Reichsstatt Speyr..., Frankfurt am Mayn, 1612.

Ottokar von Steiermark, Österreichische Reimchronik, hg. von Joseph SEEMÜLLER (MGH Deutsche Chroniken und andere Geschichtsbücher des Mittelalters 5.1/2), Hannover 1890-1893.

RÜXNER, Georg, Thurnierbuch. Von Anfang, vrsachen, vrsprung vnd herkommen der Thurnier im heyligen Römischen Reich Teutscher Nation..., von Sigmund FEYERABEND, Bürger und Buchhändler in Frankfurt 1566.

J. Siebmacher's großes und allgemeines Wappenbuch. I. Band, 3. Abt.: GRITZNER, Maximilian/HILDEBRANDT, Adolf M., Hoher Adel II. Reihe: Die erlauchten Grafengeschlechter in Deutschland, Nürnberg 1874-1878.

Die Siegel der Deutschen Kaiser und Könige von 751-1806. II. Band 1347-1493, hg. von Otto POSSE, Dresden 1910.

Die Siegel der Deutschen Kaiser und Könige von 751-1913. V. Band (Das Siegelwesen der deutschen Kaiser und Könige von 751 bis 1913), hg. von Otto POSSE, Dresden 1913.

Ex vita Burchardi episcopi Wirziburgensis auctore ut traditur Egilwardo, in: MGH SS 15.1, hg. von Oswald HOLDER-EGGER, Hannover 1887, S. 50-62.

WACKERFUẞ, Winfried, Kultur-, Wirtschafts- und Sozialgeschichte des Odenwaldes im 15. Jahrhundert. Die ältesten Rechnungen für die Grafen von Wertheim in der Herrschaft Breuberg (1409-1484), Breuberg-Neustadt 1991.

Das Wappenbuch des Reichsherolds Caspar Sturm (Wappenbücher des Mittelalters 1), bearb. von Jürgen ARNDT, Neustadt a. d. Aisch 1984.

WEBER, Stefan, Das Leben des Eberhard von Kumbd. Heidelbergs Anfänge und weibliche Frömmigkeit am Mittelrhein. Neuedition – Übersetzung – Kommentar (Heidelberger Veröffentlichungen zur Landesgeschichte und Landeskunde 11), Heidelberg 2004.

Wibaldi epistolae, in: Monumenta Corbeiensia (Bibliotheca rerum Germanicarum 1), hg. von Philipp JAFFÉ, Berlin 1864, ND Aalen 1964, S. 76-622.

Wipo, Gesta Chuonradi II imperatoris, in: Wiponis opera (MGH SS rer. Germ. 61), hg. von Harry BREẞLAU, Hannover u. Leipzig 1915, ND 1993, S. 1-62.

Das Zinsbuch der Herrschaft Breuberg von 1426, bearb. von Winfried WACKERFUẞ, Breuberg-Neustadt 2004.

ZORN, Friedrich (mit Zusätzen von Franz B. Flersheim), Wormser Chronik, hg. von W. ARNOLD, Stuttgart 1857.

## B. Urkunden- und Regestenwerke


Acta imperii selecta. Urkunden deutscher Könige und Kaiser mit einem Anhange von Reichssachen, ges. von Joh. Friedrich BÖHMER, hg. aus seinem Nachlasse, Innsbruck 1870.

ASCHBACH, Joseph, Geschichte der Grafen von Wertheim von den ältesten Zeiten bis zu ihrem Erlöschen im Mannesstamm im Jahr 1556, Teil 2: Urkundenbuch, Frankfurt/Main 1843.

BAUR, Ludwig, Hessische Urkunden aus dem Grossherzoglich Hessischen Haus- und Staatsarchive (5 Bdd.), Darmstadt 1860-1873, ND Aalen 1979.

CLEMM, Ludwig, Zur Geschichte der Johanniterkommende Ober-Mossau, in: AHG N.F. 24, 1952/53, S. 119-128.

Der Codex Eberhardi des Klosters Fulda I (Veröffentlichungen der Historischen Kommission für Hessen 58.1), hg. von Heinrich MEYER ZU ERMGASSEN, Marburg 1995.

Codex Laureshamensis. Erster Band: Einleitung, Regesten, Chronik (Arbeiten der Historischen Kommission für den Volksstaat Hessen), bearb. u. neu hg. von Karl KLÖCKNER, Darmstadt 1929.

Codex Laureshamensis. Zweiter Band: Kopialbuch I. Teil: Oberrhein-, Lobden-, Worms-, Nahe- und Speiergau (Arbeiten der Historischen Kommission für den Volksstaat Hessen), bearb. u. neu hg. von Karl KLÖCKNER, Darmstadt 1933.

Codex Laureshamensis. Dritter Band: Kopialbuch II. Teil: Die übrigen fränkischen und die schwäbischen Gaue. Güterlisten. Späte Schenkungen und Zinslisten (Arbeiten der Historischen Kommission für den Volksstaat Hessen), bearb. u. neu hg. von Karl KLÖCKNER, Darmstadt 1936.

Codex Laureshamensis. Urkundenbuch der ehemaligen Fürstabtei Lorsch. Faksimileausgabe der Handschrift im Staatsarchiv Würzburg, Band 1: Faksimie, hg. von der Generaldirektion der Staatlichen Archive Bayerns und dem Kuratorium Weltkulturdenkmal Kloster Lorsch e.V., Neustadt a. d. Aisch 2002.

Constitutio de expeditione Romana. Angebliche Verordnung Karls des Großen zum Romzug, in: Ausgewählte Quellen zur deutschen Verfassungs-, Wirtschafts- und Sozialgeschichte bis 1250 (Ausgewählte Quellen zur deutschen Geschichte des Mittelalters, FSGA 32), hg. von Lorenz WEINRICH, Darmstadt 1977, S. 260-265.

Chronicon Laureshamense, ed. Karolus PERTZ, in: MGH SS 21, Hannoverae 1869, unveränd. ND Stuttgart 1988, S. 334-453.

DEBUS, Karl Heinz, Regesten der Urkunden des Zisterzienserklosters Schönau vor 1300 im Bestand F 7 (Gatterer-Apparat) des Landesarchivs Speyer, in: Kloster und Hühnerfautei Schönau (Bausteine zur Kreisgeschichte 5), hg. vom Kreisarchiv u. d. Referat für Öffentlichkeitsarbeit d. Rhein-Neckar-Kreises, Heidelberg 2002, S. 35-113.

Deutsche Reichstagsakten. A Ältere Reihe (1376-1486), hg. von der Historischen Kommission bei der bayerischen Akademie der Wissenschaften, München 1867ff.

Deutsche Reichstagsakten. B Mittlere Reihe (1486-1518), hg. von der Historischen Kommission bei der bayerischen Akademie der Wissenschaften, Göttingen 1972ff.

FRANZ, Eckardt G., Kloster Haina. Regesten und Urkunden. Erster Band: 1144-1300 (Veröffentlichungen der Historischen Kommission für Hessen und Waldeck 9, Klosterarchive Regesten und Urkunden 5), Marburg 1962.

FREHER, Marquard, Origines Palatinae, 2 Teile, Heidelberg $^{3}$1686.

GRIMM, Jacob u.a. (Hgg.), Weisthümer, 7 Bdd., Göttingen 1840-1878.

GUDENUS, Valentinus de, Sylloge I variorum diplomatariorum monumentorumque veterum ineditorum adhuc..., Frankfurt a. M. 1728.

DERS., Codex diplomaticus exhibens Anecdota ab anno DCCCLXXXI ad MCCC ..., 5 Bdd., Goettingiae 1743-1768.

HELWICH, Georg, Antiqvitates Lavrishaimenes, seu Chronologia ... Monasterij S. Nazarii Laurishaimensis..., Francofurti 1631.

HILDEBRANDT, Ludwig H., Mittelalterliche Urkunden über Wiesloch und Walldorf und die Ortsteile Alt-Wiesloch, Baiertal, Frauenweiler, Hohenhardt und Schatthausen, sowie der Herren von Hohenhart, von Schadehusen, von Walldorf und von Wissenloch, Ubstadt-Weiher 2001.

DERS., Die edelfreie Familie von Hohenhart, in: Kraichgau. Beiträge zur Landschafts-und Heimatforschung 17, 2002, S. 201-214.

DERS., Ergänzungen zu den mittelalterlichen Urkunden von Wiesloch und Walldorf, in: Kraichgau. Beiträge zur Landschafts-und Heimatforschung 18, 2003, S. 47-56.

Historia diplomatica Friderici secundi (6 Bdd.), hg. von Jean L. A. HUILLARD-BRÉHOLLES, Paris 1852-1861.

HOFFMANN, Hermann, Das Lehenbuch des Fürstbischofs Albrecht von Hohenlohe 1345-1372 (Quellen und Forschungen zur Geschichte des Bistums und Hochstifts Würzburg 23.1/2), Würzburg 1982.

Hohenlohisches Urkundenbuch, im Auftrag des Gesamthauses der Fürsten zu Hohenlohe hg. von Karl WELLER, Stuttgart 1899-1912.

Das längere Kölner Dienstrecht (etwa 1165), in: Ausgewählte Quellen zur deutschen Verfassungs-, Wirtschafts- und Sozialgeschichte bis 1250 (Ausgewählte Quellen zur deutschen Geschichte des Mittelalters, FSGA 32), hg. von Lorenz WEINRICH, Darmstadt 1977, S. 266-279.

LUCK, Johann Ph. W., Historische Genealogie des Reichsgräflichen Hauses Erbach, die als Zusätze und Verbesserungen zu Daniel Schneiders im Jahr 1735 [sic] herausgegebenen Erbachischen Historie und auch als eigenes Werk gebraucht werden kann in vielvermehrten Tabellen und beygefügten richtigen Beweisthümern entworfen ..., Frankfurt am Mayn 1786.

MONE, Franz J., Auszüge ungedruckter Urkunden des Klosters Bronnbach von 1170 bis 1230, in: ZGO 2, 1851, S. 231-309.

DERS., Hessische Urkunden, Briefe und Regesten 13.-16. Jahrhundert, in: ZGO 6, 1855, S. 305-322.
DERS., Urkunden zur Geschichte des Klosters Schönau bei Heidelberg, in: ZGO 7, 1856, S. 29-55.
DERS., Zur Geschichte fränkischer Dynasten 12.-15. Jahrhundert, in: ZGO 9, 1858, S. 44-64.
Monumenta Boica, hg. von der Bayerischen Akademie der Wissenschaften (60 Bdd.), München 1763-1916.
Monumenta Germaniae Historica. Legum II in folio, ed. Georgius H. PERTZ, Hannoverae 1837.
Monumenta Germaniae Historica. Constitutiones et acta publica imperatorum et regum, Tomus I et II, ed. Ludewicus WEILAND, Hannoverae 1893-1896.
Monumenta Germaniae Historica. Constitutiones et acta publica imperatorum et regum, Tomus IV inde ab anno MCCXCVIII usque ad annum MCCCXIII, ed. Iacobus SCHWALM, Hannoverae et Lipsiae 1906-1911, ND 1981.
Monumenta Germaniae Historica. Constitutiones et acta publica imperatorum et regum, Tomus V inde ab anno MCCCXIII usque ad annum MCCCXXIV, ed. Iacobus SCHWALM, Hannoverae et Lipsiae 1909-1913, ND 1981.
Monumenta Germaniae Historica. Constitutiones et acta publica imperatorum et regum, Tomus VI Pars I inde ab anno MCCCXXV usque ad annum MCCCXXX, ed. Iacobus SCHWALM, Hannoverae et Lipsiae 1914-1927, ND 1982.
Monumenta Wittelsbacensia, Bd. 1: von 1204 bis 1292 (Quellen und Erörterungen zur bayerischen und deutschen Geschichte 5), hg. von Franz M. WITTMANN, München 1857, ND Aalen 1969.
Monumenta Zollerana. Urkundenbuch zur Geschichte des Hauses Hohenzollern, 8 Bdd., hg. von Rudolph Frhr. VON STILLFRIED u. Traugott MÄRCKER, Berlin 1852-1890.
Probationes historiae monasterii Amorbacensis, sive Varia tum Pontificium, Imperatorem, Regum, Archi- & Episcoporum, Comitum, Nobilium &c. Diplomata, Privilegia, Traditiones, Venditiones, Infeudationes, aliarumque Chartarum, & Documentorum Monumentua complectens, ex quibus praedicta historia plurimam partem emitur [sic] & probatur, in: Aetas mille annorum antiquissimi et regalis monasterii B. M. V. in Amorbach ord. s. Bened. in archi-dioecesi Mogunt. gloria et honore coronata, atque historica methodo adumbrata ex ejusdem monasterii chartis et documentis (quorum hic centum proferuntur) aliisque probatis authoribus eruta et probata opera et studio P. Ignatii GROPP, Francofurti Anno MDCCXXXVI (1736).
Regesta pontificum Romanorum inde ab anno post Christum natum MCXCVIII ad anno MCCCIV, ed. Augustus POTTHAST, Berolini MDCCCLXXIV-MDCCCLXXV.
Regesta Pontificum Romanorum ab conditat ecclesia ad annum post Christum natum MCXCVIII, ed. Philippus JAFFÉ, III Ab anno DCCCLXXXII usque ad annum MCXCVIII, ed. S[?] LOEWENFELD, Lipsiae 1885.

Regesta Pontificum Romanorum. Germania Pontificia sive Repertorium privilegiorum et litterarum a romanis pontificibus ante annum MCLXXXXVIII Germaniae ecclesiis, monasteriis, civitatibus, singulisque personis concessorum (Vol. III Provincia Maguntinensis, pars III Dioceses Strassburgensis, Spirensis, Wormatiensis, Wirciburgensis, Bambergensis), congessit Albertus BRACKMANN, Berolini MCMXXXV.
Regesten der Erzbischöfe von Köln im Mittelalter (313-1414), 12 Bdd., bearb. von Friedrich Wilh. OEDIGER u.a. (Publikationen der Gesellschaft für rheinische Geschichtskunde XXI), Bonn u.a. 1901-2001.
Regesten der Erzbischöfe von Mainz von 1289-1396. Bd. I, Abt. 1-2; Bd. II, Abt. 1, bearb. von Ernst VOGT u.a., Leipzig 1913, 1958.
Regesten der Erzbischöfe zu Trier von Hetti bis Johann II. 814 –1503, hg. von Adam GOERZ, bericht. ND der Ausgabe Trier 1861, Aalen 1969.
Regesten zur Geschichte der Mainzer Erzbischöfe von Bonifatius bis Uriel von Gemmingen 742? – 1514. II. Band von Konrad I. bis Heinrich II. 1161 – 1288 (J. F. Böhmer, Regesta archiepiscoporum Maguntinensium), mit Benützung des Nachlasses von Johann Friedrich BÖHMER, bearb. u. hg. von Cornelius WILL, Innsbruck 1886.
Regesten der Grafen von Katzenelnbogen 1060-1486, 4 Bdd. (Veröff. der Historischen Kommission Nassau 11), bearb. von Karl E. DEMANDT, Wiesbaden 1953-57.
Die Regesten des Kaiserreichs unter Konrad II. 1024-1039 (J. F. Böhmer, Regesta Imperii III/1). Salisches Haus: 1024-1125, neu bearb. von Heinrich APPELT unter Mitwirkung von Norbert v. BISCHOFF, Graz 1951.
Die Regesten des Kaiserreichs unter Philipp, Otto IV., Friedrich II., Heinrich (VII.), Conrad IV., Heinrich Raspe, Wilhelm und Richard 1198-1272 (J. F. Böhmer, Regesta Imperii V/1). Kaiser und Könige (Philipp – Richard mit Manfred von Sizilien, Konradin, Alfons von Kastilien sowie Königinnen und Kaiserinnen), neu hg. von Julius FICKER u. Eduard WINCKELMANN, Innsbruck 1881-1882, bericht. ND Hildesheim 1971.
Regesten zur Landes- und Ortsgeschichte des Grossherzogthums Hessen, 1. Abt., Starkenburg, hg. von Heinrich E. SCRIBA, Darmstadt 1847.
Die Regesten Ludwigs des Bayern (1314-1347) nach Archiven und Bibliotheken geordnet (Regesta Imperii VII – Vorarbeiten), bisher 7 Hefte, hg. von Peter ACHT.
Regesten der Markgrafen von Baden mit Hachberg 1050-1515, bearb. von Richard FESTER, Innsbruck 1900.
Regesten der Pfalzgrafen am Rhein 1214-1508, 1. Bd.: 1214-1400, hg. von der Badischen Historischen Commission, bearb. von Adolf KOCH u. Jakob WILLE, Innsbruck 1894.
Regesten der Pfalzgrafen am Rhein 1214-1508, 2. Bd.: Regesten König Ruprechts, hg. von der Badischen Historischen Commission, bearb. von Ludwig VON OBERNDORFF, Innsbruck 1912, [und] Nachträge, Ergänzungen und Be-

richtigungen zum I. und II. Band, Namen- und Sachregister zum II. Band, bearb. von Manfred KREBS, Innsbruck 1939.

ROTTER, Ekkehart, Urkundenregesten zur Tätigkeit des deutschen Königs- und Hofgerichts bis 1451, Band 2: Die Zeit von Philipp von Schwaben bis Richard von Cornwall 1198-1272 (Quellen und Forschungen zur höchsten Gerichtsbarkeit im Alten Reich 2), Köln/Weimar/Wien 1994.

SCHAAB, Meinrad, Neue Urkunden zur Geschichte des Klosters Neuburg bei Heidelberg, in: ZGO 108, 1960, S. 233-243.

SCHAAB, Meinrad/LENZ, Rüdiger, Ausgewählte Urkunden zur Territorialgeschichte der Kurpfalz 1156-1505 (Veröffentlichungen der Kommission für geschichtliche Landeskunde in Baden-Württemberg A 41), Stuttgart 1998.

SCHAAB, K. A., Geschichte des großen Rheinischen Städtebundes, gestiftet zu Mainz im Jahre 1254 durch Arnold Walpod, 2. Bd.: Urkunden, Mainz ²1855.

Sachsenspiegel. Lehnrecht, hg. von Karl A. ECKHARDT (MGH Font. iur. Germ. ant. N.S. I.2), Göttingen ³1973.

SCHNEIDER, Daniel, Vollständige Hoch-Gräflich-Erbachische Stamm-Tafel, nebst deren Erklär und Bewährungen, Oder Hoch-Gräflich-Erbachische Historie, aus angefügten wahren und größten Theils noch niemals heraus gekommenen Urkunden ..., Urkundenanhang, Frankfurt 1736.

Schwabenspiegel. Kurzform, hg. von Karl A. ECKHARDT (MGH Font. iur. N.S. IV.1 u. 2), Hannover 1960-61.

SENCKENBERG, Heinrich Chr., Selecta Juris et Historiarum, 6 Bdd., Frankfurt 1734-1742.

DERS., Neue und vollständigere Sammlung der Reichsabschiede..., 4 Bdd., Frankfurt 1747, ND Osnabrück 1967.

SIMON, Gustav, Die Geschichte der Dynasten und Grafen zu Erbach und ihres Landes. 3. Theil: Urkundenbuch, Frankfurt a. Main 1858 (ND ebd. 1983).

SPIEß, Karl-Heinz, Das älteste Lehnsbuch der Pfalzgrafen bei Rhein vom Jahr 1401. Edition und Erläuterungen (Veröffentlichungen der Kommission für geschichtliche Landeskunde in Baden-Württemberg A 30), Stuttgart 1981.

STUMPF-BRENTANO, Karl Friedrich, Die Reichskanzler vornehmlich des X., XI. und XII. Jahrhunderts. Band 2: Verzeichnis der Kaiserurkunden (919-1197), Innsbruck 1865-1883, ²ND Aalen 1964.

TOLLNER, Carl L., Additiones ad Historiam Palatinam..., Heidelberg 1709.

Die Urkunden Pippins, Karlmanns und Karls des Großen, bearb. von Engelbert MÜHLBACHER (MGH Die Urkunden der Karolinger 1), Hannover 1906.

Die Urkunden Ludwigs des Deutschen, Karlmanns und Ludwigs des Jüngeren, bearb. von Paul KEHR (MGH Die Urkunden der deutschen Karolinger 2), Berlin ²1956.

Die Urkunden Karls III., bearb. von Paul Kehr (MGH Die Urkunden der deutschen Karolinger 2), Berlin 1937.

Die Urkunden Otto des II. [sic], bearb. von Theodor SICKEL (MGH Die Urkunden der deutschen Könige und Kaiser 2), Berlin ²1956.

Die Urkunden Heinrichs II. und Arduins, hg. von Harry Bresslau (MGH Die Urkunden der deutschen Könige und Kaiser 3), Berlin ²1957.
Die Urkunden Konrads II. mit Nachträgen zu den Urkunden Heinrichs II., hg. von Harry BRESSLAU (MGH Die Urkunden der deutschen Könige und Kaiser 4), Hannover 1909.
Die Urkunden Heinrichs IV., bearb. von Dietrich von GLADISS u. Alfred GAWLIK (MGH Die Urkunden der deutschen Könige und Kaiser 6), Berlin/Weimar/Hannover 1941-1978.
Die Urkunden Konrads III. und seines Sohnes Heinrich, bearb. von Friedrich HAUSMANN (MGH Die Urkunden der deutschen Könige und Kaiser 9), Wien/Köln/Graz 1969.
Die Urkunden Friedrichs I., bearb. von Heinrich APPELT unter Mitwirkung von Rainer M. HERKENRATH u.a. (MGH Die Urkunden der deutschen Könige und Kaiser 10), Hannover 1975-1990.
Die Urkunden des Klosters Oberschönenfeld (Reihe 2: Urkunden und Regesten 2), bearb. von Karl PUCHNER, Augsburg 1953.
Urkunden zur Geschichte der Stadt Speyer, hg. von Alfred HILGARD, Straßburg 1885.
Urkunden und Akten der oberdeutschen Städtebünde vom 13. Jahrhundert bis 1549, bisher 3 Bdd., bearb. von Konrad RUSER, Göttingen 1979-1988.
Urkundenbuch der Abtei Eberbach im Rheingau (I, II.1/2), im Auftrag des Historischen Vereins für Nassau hg. von K[?] ROSSEL, Wiesbaden 1862-1870.
Urkundenbuch des Klosters Fulda, 1. Band: Die Zeit der Äbte Sturmi und Baugulf (Veröffentlichungen der Historischen Kommission für Hessen und Waldeck X.1), bearb. von Edmund E. STENGEL, Marburg 1958.
Urkundenbuch zur Geschichte der mittelrheinischen Territorien, 3 Bdd. ca. 340-1260, bearb. von Heinrich BEYER, Leopold ELTESTER u. Adam GOERZ, Koblenz 1860-1874, ND Aalen 1974.
Urkundenbuch des Hochstiftes Hildesheim und seiner Bischöfe 1 (Publicationen aus den K. Preußischen Staatsarchiven 65), hg. von Karl JANICKE, Leipzig 1896.
Urkundenbuch des Hochstifts Hildesheim und seiner Bischöfe. Zweiter Theil, 1221-1260 (Quellen und Darstellungen zur Geschichte Niedersachsens 4), bearb. von H[ermann] HOOGEWEG, Hannover/Leipzig 1901.
Urkundenbuch zur Geschichte der Herren von Hanau und der ehemaligen Provinz Hanau (Hessisches Urkundenbuch. Zweite Abtheilung; Publicationen aus den K. Preußischen Staatsarchiven 48, 51, 60, 69), von Heinrich REIMER, Marburg 1891-1897, ND Osnabrück 1965.
Urkundenbuch der Stadt Worms, 2 Bdd.: 627-1400 (Quellen zur Geschichte der Stadt Worms I u. II), hg. von Heinrich BOOS, Berlin 1886-1890.
Mainzer Urkundenbuch. Zweiter Band: Die Urkunden seit dem Tode Erzbischof Adalberts I. (1137) bis zum Tode Bischof Konrads (1200), Teil II: 1176-1200, bearb. von Peter ACHT, Darmstadt 1971.

WENCK, Helfrich B., Hessische Landesgeschichte mit einem Urkundenbuch (getrennte Zählung), Darmstadt/Gießen 1783.
Wirttembergisches Urkundenbuch, 11 Bdd., hg. vom Königlichen Haus- und Staatsarchiv Stuttgart, Stuttgart 1849-1858.
WÜRDTWEIN, Stephan A., Subsidia diplomatica ad selecta juris ecclesiastici Germaniae..., 13 Bdd., Heidelberg 1772-1780.
DERS., Nova Subsidia diplomatica ad selecta juris ecclesiastici Germaniae…, 12 Bdd., Heidelberg 1781-1789.
DERS., Chronicon diplomaticum monasterii Schönau in Sylva Odonia, Mannheim 1792.

## LITERATUR

Die Alamannen. Begleitband zur Ausstellung „Die Alamannen", hg. vom Archäologischen Landesmuseum Banden-Württemberg, Stuttgart $^{2}$1997.
ALBERTI, Otto von, Württembergisches Adels- und Wappenbuch, 2 Bdd.: Bd. 1, Stuttgart 1889; Bd. 2 begonnen von O. v. ALBERTI, fortgef. von Friedrich Frhr. v. GAISBERG-SCHÖCKINGEN, Theodor SCHÖN u. Adolf STATTMANN, 1899-1916, ND Neustadt a. d. Aisch 1975 als Bd. E von J. Siebmacher's Großem Wappenbuch.
ALTHOFF, Gerd, Konrad III. (1138-1152). Mit Heinrich (1147-1150), in: Die deutschen Herrscher des Mittelalters. Historische Portraits von Heinrich I. bis Maximilian I. (919-1519), hg. von Bernd SCHNEIDMÜLLER u. Stefan WEINFURTER, München 2003, S. 217-231.
Aetas mille annorum antiquissimi et regalis monasterii B. M. V. in Amorbach ord. s. Bened. in archi-dioecesi Mogunt. gloria et honore coronata, atque historica methodo adumbrata ex ejusdem monasterii chartis et documentis (quorum hic centum proferuntur) aliisque probatis authoribus eruta et probata opera et studio P. Ignatii GROPP, Francofurti Anno MDCCXXXVI (1736).
Amtliche Kreisbeschreibung Heidelberg (s. Die Stadt- und Landkreise Heidelberg...)
ANDERMANN, Kurt, Studien zur Geschichte der Familie von Weingarten (mit 1 Stammtafel und 3 Abbildungen), in: Mitteilungen des Historischen Vereins der Pfalz 77, 1979, S. 77-120.
DERS., Studien zur Geschichte des pfälzischen Niederadels im späten Mittelalter. Eine vergleichende Untersuchung an ausgewählten Beispielen (Schriftenreihe der Bezirksgruppe Neustadt im Historischen Verein der Pfalz 10), Speyer 1982.
DERS., Der pfalzgräfliche Marschall Berlewin Zurno. Versuch einer Würdigung, in: Alzeyer Geschichtsblätter 18, 1983, S. 71-98.
DERS., Die Hofämter der Bischöfe von Speyer, in: ZGO 140, 1992, S. 127-187.

ASCHBACH, Joseph, Geschichte der Grafen von Wertheim von den ältesten Zeiten bis zu ihrem Erlöschen im Mannesstamm im Jahr 1556, Frankfurt/Main 1843.

BACKHAUS, Fritz, Reichskirchengut vom 10. bis zum 13. Jahrhundert, in: Geschichtlicher Atlas von Hessen. Text- und Erläuterungsband, hg. von Fred SCHWIND, Marburg 1984, S. 51-55.

DERS., Karolingisch-ottonisches und salisch-staufisches Reichsgut, in: ebd., S. 56-62.

BATTENBERG, Friedrich, Pfungstadt in katzenelnbogischer Zeit, in: Pfungstadt – Vom fränkischen Mühlendorf zur modernen Stadt, bearb. von DEMS., Pfungstadt 1985, S. 43ff.

DERS., Gericht und Verwaltung der Stadt Michelstadt in der frühen Neuzeit, in: Michelstadt – vom Mittelalter zur Neuzeit (Rathaus- und Museumsreihe 6), hg. von der Stadt Michelstadt, Michelstadt 1986.

BECHER, Wolfram, Die Geleitrechte in der Grafschaft Erbach, in: DO 11, 1964, S. 79-87.

DERS., Lindenfels, ein Knotenpunkt der frühen Territorialgeschichte des Odenwaldes, in: DO 20, 1973, S. 3-21.

DERS., Gedanken über eine Urkunde zur frühesten Erbacher Geschichte, in: DO 21, 1974, S. 111-120.

DERS., Michelstadt und Erbach. Zwei romantische Städte im Odenwald, Amorbach 1980.

DERS., Der Schiedsspruch von Hemsbach aus dem Jahre 1264, in: DO 27, 1980, S. 3-13.

DERS., Familienhändel zwischen Erbach und Breuberg um 1300 und der Versuch, eine alte Grenzangabe zu deuten, in: DO 28, 1981, S. 39-58.

DERS., Anmerkungen zum Versuch einer genealogischen Übersicht der adeligen Familie „Echter“ (von Mespelbrunn) in Vergleichung mit den mutmaßlich verwandten Familien „von Brensbach“, „von Weckbach“, „von Eicholzheim“, „von Schöllenbach“, „von Hochhausen“ („Ruppel“), von Freienstein“, „Rauch“ und „Unglaube“, in DO 31, 1984, S. 86-96.

DERS., Anmerkungen zum Versuch einer genealogischen Übersicht der adeligen Familien „Duborn-Starkerad“ (von Breuberg) und verwandter Geschlechter, in: DO 32, 1985, S. 61-70.

DERS., Anmerkungen zur genealogischen Übersicht der adeligen Familie „Pavey“, in: DO 33, 1986, S. 89-99.

DERS., Anmerkungen zum Versuch einer genealogischen Übersicht der Familien, die im Odenwald unter dem Namen „Stumpf“ urkundlich nachgewiesen sind, in: DO 37, 1990, S. 104-109.

BEEH-LUSTENBERGER, Suzanne, Grabdenkmäler, in: Die Einhards-Basilika in Steinbach bei Michelstadt im Odenwald. Text, hg. von Thomas LUDWIG, Otto MÜLLER, Irmgard WIDDRA-SPIEß, Mainz 1996, S. .

BERCHEM, Egon v., Siegel (Bibliothek für Kunst- und Antiquitätensammler 11), Berlin 1918.

BERGHAUS, Peter, Münze, Münzwesen, in: LexMA VI, 1993, Sp. 924-930, 934f.

BEUTLER, Christian, Einhard in Michelstadt, in: Michelstadt vom Mittelalter bis zur Neuzeit (Rathaus- und Museumsreihe 6), Michelstadt 1986, S. 33-48.

BLÄSING, Wolfgang, Gerlach von Breuberg – Eine Studie zum Verhältnis von Königtum und Edelfreiheit nach dem Interregnum, in: Beiträge zur Erforschung des Odenwaldes und seiner Randlandschaften 3, Breuberg-Neustadt 1980, S. 1-52.

BÖHME, Ernst, Das fränkische Reichsgrafenkollegium im 16. und 17. Jahrhundert. Untersuchungen zu den Möglichkeiten und Grenzen der korporativen Politik mindermächtiger Reichsstände (Beiträge zur Sozial- und Verfassungsgeschichte des Alten Reichs 8), Stuttgart 1989.

BORMUTH, Heinz, Zwei Totschlagsühnen aus dem Odenwald, in: DO 27, 1980, S. 52-68.

BOSL, Karl, Die Reichministerialität der Salier und Staufer. Ein Beitrag zur Geschichte des hochmittelalterlichen deutschen Volkes, Staates und Reiches, 2 Teile (Schriften der MGH 10), Stuttgart 1950/51.

BRADLER, Günther, Studien zur Geschichte der Ministerialität im Allgäu und in Oberschwaben (Göppinger akademische Beiträge 50), Göppingen 1973.

BRANDENSTEIN, Christoph von, Urkundenwesen und Kanzlei, Rat und Regierungssystem des Pfälzer Kurfürsten Ludwig III. (1410-1436) (Veröff. d. Max-Planck-Instituts f. Geschichte 71), Göttingen 1983.

BRAUNEDER, Wilhelm, Alter, in: LexMA I, 1980, Sp. 471.

BREINBAUER, Josef, Kaiser Friedrich Barbarossa und das Kloster Tegernsee, in: Von Sacerdotium und Regnum. Festschrift für Egon Boshof zum 65. Geburtstag (Passauer Historische Forschungen 12), hg. von Franz-Rainer ERKENS u. Hartmut WOLFF, Köln u.a. 2002, S. 471-489.

BREUER, Hans-Jürgen, Die politische Orientierung von Ministerialität und Niederadel des Wormser Raumes im Spätmittelalter (Quellen und Forschungen zur Hessischen Geschichte 111), Darmstadt/Marburg 1997.

BRINKEN, Bernd, Die Politik Konrads von Staufen in der Tradition der Rheinischen Pfalzgrafschaft. Der Widerstand gegen die Verdrängung der Pfalzgrafschaft aus dem Rheinland in der 2. Hälfte des 12. Jahrhunderts (Rheinisches Archiv 92), Bonn 1974.

Kloster Bronnbach 1153-1803. 650 Jahre Zisterzienser im Taubertal, hg. von Peter MÜLLER, Wertheim 2003.

BRUNN, Hermann, 1200 Jahre Schriesheim, Mannheim 1964.

BUMKE, Joachim, Höfische Kultur. Literatur und Gesellschaft im hohen Mittelalter, München $^{11}$2005.

BURMEISTER, Karl Heinz, Allod, in: LexMA I, 1980, Sp. 440f.

BUTZEN, Reiner, Die Merowinger östlich des mittleren Rheins. Studien zur militärischen, politischen, rechtlichen, religiösen, kulturellen Erfassung durch Königtum und Adel im 6. sowie 7. Jahrhundert (Mainfränkische Studien 38), Würzburg 1987.

BUXBAUM, Philipp, Beiträge zur Siedlungs- und Wirtschaftsgeschichte des Odenwaldes, Michelstadt 1928.

CHRIST, Günther, Kurmainzische Staatlichkeit im Amorbacher Gebiet, in: Die Abtei Amorbach im Odenwald, hg. von Friedrich OSWALD u. Wilhelm STÖRMER, Sigmaringen 1984, S. 405-422.

DERS., Erzstift und Territorium Mainz, in: Handbuch der Mainzer Kirchengeschichte 2: Erzstift und Erzbistum Mainz. Territoriale und kirchliche Strukturen (Beiträge zur Mainzer Kirchengeschichte 6), hg. von Friedhelm JÜRGENSMEIER, Würzburg 1997, S. 17-443.

CLAVADETSCHER, Otto P., Nobilis, edel, fry, in: Historische Forschungen für Walter Schlesinger, hg. von Helmut BEUMANN, Köln/Wien 1974, S. 242-251.

CLEMM, Ludwig, Zur Geschichte der Johanniterkommende Obermossau, in: AHG N.F. 24, 1952/53, S. 119-128.

DERS., Erbach, in: NDB 4, 1959, S. 562-564.

CRUSIUS, Irene, Bischof Konrad II. von Hildesheim: Wahl und Herkunft, in: Institutionen, Kultur und Gesellschaft im Mittelalter. Festschrift für Josef Fleckenstein zum 65. Geburtstag, Sigmaringen 1984, S. 431-468.

DAHLHAUS, Joachim, Zu den ältesten Siegeln der Städte Heidelberg und Neustadt an der Weinstraße, in: ZGO 147, 1999, S. 113-143.

DEBUS, Friedhelm, Der Name „Lorsch“, in: Die Reichsabtei Lorsch. Festschrift zum Gedenken an ihre Stiftung 764, 1. Teil, hg. von Friedrich KNÖPP, Darmstadt 1973, S. 35-57.

DEHIO, Georg, Handbuch der deutschen Kunstdenkmäler: Hessen, bearb. von Magnus BACKES, München ²1982.

DEHIO, Georg, Handbuch der deutschen Kunstdenkmäler. Rheinland-Pfalz, Saarland, bearb. von Hans CASPARY u.a., München ²1984.

DEMANDT, Barbara, Die mittelalterliche Kirchenorganisation in Hessen südlich des Mains (Schriften des Hessischen Landesamtes für geschichtliche Landeskunde 29), Marburg 1966.

DEMANDT, Karl E., Geschichte des Landes Hessen, rev. ND der zweiten, neubearb. u. erw. Auflage 1972, Kassel 1980.

DIESTELKAMP, Bernhard, homo ligius, in: HRG 2, 1978, Sp. 234-237.

DERS., Lehen, -swesen; Lehensrecht, in: LexMA V, 1991, Sp. 1807-1811.

DERS., Lehnrecht und Lehnspolitik als Mittel des Territorialausbaus, in: Rheinische Vierteljahresblätter 63, 1999, S. 26-38.

DOTZAUER, Winfried, Die Truchsessen von Alzey. Zur Geschichte einer Familie zwischen Adel und Ministerialität, in: Geschichtliche Landeskunde 10, 1974, S. 97-125.

DRAUDT, [N], Das Kloster Michelstadt, Steinbach im Odenwald, in: AHG 13, 1874, S. 385-408, 538-540.

DRÖS, Harald, Heidelberger Wappenbuch. Wappen an Gebäuden und Grabmälern auf dem Heidelberger Schloß, in der Altstadt und in Handschuhsheim (Buchreihe der Stadt Heidelberg II), Heidelberg 1991.

DERS., Zur Heraldik fränkischer Adelsgrabmäler, in: Zum ewigen Gedächtnis (Forschungen aus Württembergisch-Franken 50), hg. von Peter SCHIFFER, Ostfildern 2003, S. 63-85.

EHMER, Hermann, Geschichte der Grafschaft Wertheim, Wertheim 1989.

ENGELS, Odilo, Beiträge zur Geschichte der Staufer im 12. Jahrhundert (I), in: DERS., Stauferstudien. Beiträge zur Geschichte der Staufer im 12. Jahrhundert, hg. von Erich MEUTHEN u. Stefan WEINFURTER, Sigmaringen 1996, S. 32-115 (Erstdruck: DA 27, 1971, S. 373-456).

DERS., Die Staufer (Urban-Taschenbücher 154), Stuttgart [8]2005.

Europäische Stammtafeln. Stammtafeln zur Geschichte der europäischen Staaten. Neue Folge V, Standesherrliche Häuser II, hg. von Detlev SCHWENNICKE, Marburg 1988.

Europäische Stammtafeln. Stammtafeln zur Geschichte der europäischen Staaten. Neue Folge XVI, Bayern und Franken, Berlin 1995.

Europäische Stammtafeln. Neue Folge I.1, Die fränkischen Könige und die Könige und Kaiser, Stammesherzoge, Kurfürsten, Markgrafen und Herzoge des Heiligen Römischen Reiches Deutscher Nation, hg. von Detlev SCHWENNICKE, Frankfurt 1998.

Europäische Stammtafeln. Neue Folge XVII, Hessen und das Stammesherzogtum Sachsen, hg. von Detlev SCHWENNICKE, Frankfurt 1998.

EWALD, Wilhelm, Siegelkunde (Handbuch der mittelalterlichen und neueren Geschichte, Abt. 4.4), München/Leipzig 1914, ND München/Wien 1969 u. 1975.

EWIG, Eugen, Die Merowinger und das Frankenreich (Urban-Taschenbücher 392), Stuttgart [4]2001.

FAUST, Ulrich, Konrad († 1249), in: Die Bischöfe des Heiligen Römischen Reiches 1198 bis 1448. Ein biographisches Lexikon, Berlin 2001, S. 242f.

FEINEIS, Michael, Die Stammtafel der Herren von Bickenbach, in: Würzburger Diözesangeschichtsblätter 62/63, 2001, S. 1003-1019.

DERS., Die Bickenbacher und die Herrschaft Hohenberg, in: Würzburger Diözesangeschichtsblätter 64, 2002, S. 159-238.

FERTIG, Ludwig, Landleben und Literaturtradition. Der Odenwald und seine Dichter, Darmstadt 1997.

FICHTENAU, Heinrich, Arenga. Spätantike und Mittelalter im Spiegel von Urkundenformeln (MIÖG Ergänzungsband 18), Graz/Köln 1957.

FICKER, Julius, Vom Reichsfürstenstande. Forschungen zur Geschichte der Reichsverfassung zunächst im XII. und XIII. Jahrhunderte, 2 Bdd., von Bd. 2.1 an bearb. von Paul PUNTSCHART, Innsbruck 1861-1923.

FOUQUET, Gerhard, Das Speyerer Domkapitel im späten Mittelalter (ca. 1350-1540). Adlige Freundschaft, fürstliche Patronage und päpstliche Klientel (Quellen und Abhandlungen zur mittelrheinischen Kirchengeschichte 57, 1/2), Mainz 1987.

FRANCK, Wilhelm, Urkundliche Geschichte der Herren von Rodenstein und ihrer Besitzungen (1293-1617), in: AHG 11, 1867, S. 561-645.

FREED, John B., The formation of the Salzburg Ministerialage in the early middle ages, in: Viator 9, 1978, S. 67-102.
DERS., Die Dienstmannschaft von St. Peter, in: Studien und Mitteilungen zur Geschichte des Benediktinerordens 93, 1982, S. 56-75.
FREISEN, Joseph, Geschichte des kanonischen Eherechts, Paderborn 1963.
FRIED, Johannes, Die Wirtschaftspolitik Friedrich Barbarossas in Deutschland, in: Blätter für deutsche Landesgeschichte 120, 1984, S. 195-239.
FRITZ, Gerhard, Die Geschichte der Grafschaft Löwenstein und der Grafen von Löwenstein-Habsburg vom späten 13. bis zur Mitte des 15. Jahrhunderts (Forschungen aus Württembergisch-Franken 29), Sigmaringen 1986.
GENSICKE, Hellmuth, Untersuchungen zur Genealogie und Besitzgeschichte der Herren von Eschollbrücken, Weiterstadt, Lützelbach, Breuberg und Frankenstein, in: AHG N.F. 28, 1963 (= Hessische Historische Forschungen. Festschrift für Ludwig Clemm), S. 99-114.
GERLICH, Alois, Pfalzgraf Ruprechts III. Weg zum Königtum, in: Der Griff nach der Krone. Die Pfalzgrafschaft bei Rhein im Mittelalter (Schätze aus unseren Schlössern 4), hg. von Volker RÖDEL, Regensburg 2000, S. 37-52.
DERS., Könige, Fürsten, Adel und Städte am Mittelrhein und in Franken zwischen Thronstreit und Mainzer Reichslandfrieden 1198-1235 (Quellen und Forschungen zur hessischen Geschichte 127), Darmstadt/Marburg 2001.
GEUENICH, Dieter, Geschichte der Alemannen (Urban Taschenbücher 575), Stuttgart ²2005.
GIERKE, Otto von, Allod, in: Deutsches Rechtswörterbuch 1, 1914-1932, Sp. 486-502.
GÖHLER, Irene, Die Herren von Stöffeln: Zur Geschichte einer mittelalterlichen Adelsherrschaft, in: Liutold von Achalm: Graf und Klostergründer. Reutlinger Symposium zum 900. Todesjahr, hg. von Heinz A. GEMEINHARDT, Reutlingen 2000, S. 147-163.
GOEZ, Werner, Allod, in: HRG 1, 1971, Sp. 120f.
DERS., Allodifikation, in: ebd., Sp. 122f.
GROPP, Ignatius, Historia Monasterii Amorbacensis... (s. Aetas mille annorum)
GROTEFEND, Hermann, Taschenbuch der Zeitrechnung des deutschen Mittelalters und der Neuzeit, Hannover ¹³1991.
HAAS, Wolfdieter, Welt im Wandel. Das Hochmittelalter, Stuttgart 2002.
HAGEMANN, Hans-Rudolf, Alter, in: HRG I, 1971, Sp. 134-137.
Handbuch der historischen Stätten Deutschlands 4: Hessen, hg. von Georg W. SANTE, Stuttgart ³1976.
Handbuch der historischen Stätten Deutschlands 5: Rheinland-Pfalz und Saarland, hg. von Ludwig PETRY, Stuttgart ³1976.
HARTMANN, Martina, Aufbruch ins Mittelalter. Die Zeit der Merowinger, Darmstadt 2003.
HARTMANN, Wolfgang, Vom Kloster Steinbach zu den Freiherren von Schneidt – Untersuchungen zur Besitzgeschichte eines Mömlinger Adelshofes und Be-

trachtungen zu den Vogteiverhältnissen des Klosters Steinbach, in: DO 32, 1985, S. 75-91.

HASSE, Claus-Peter, Die welfischen Hofämter und die welfische Ministerialität in Sachsen. Studien zur Sozialgeschichte des 12. und 13. Jahrhunderts (Historische Studien 443), Husum 1995.

HEINIG, Paul-Joachim, Die Mainzer Kirche am Ende des Hochmittelalters (1249-1305), in: Handbuch der Mainzer Kirchengeschichte 1: Christliche Antike und Mittelalter, Teil 1 (Beiträge zur Mainzer Kirchengeschichte 6), hg. von Friedhelm JÜRGENSMEIER, Würzburg 2000, S. 347-415.

DERS., Die Mainzer Kirche im Spätmittelalter (1305-1484), in: ebd., S. 416-554.

DERS., § 14 Krise und Reinstallation des tradierten Systems (1249-1288), in: ebd., S. 347-386.

DERS., § 15 Kurfürstliche Hybris und Desaster: Erzbischof Gerhard II. von Eppstein (1288/89-1305), in: ebd., S. 387-415.

DERS., § 17 Restitutierung, Gewinn und Gefährdung (1306-1346/53), in: ebd., S.438-470.

HENGST, Karl, Simon, Edelherr zur Lippe (um 1200-1277), in: Die Bischöfe des Heiligen Römischen Reiches 1198 bis 1448. Ein biographisches Lexikon, Berlin 2001, S. 540f.

Das Hessische Staatsarchiv und das Stadtarchiv in Darmstadt. Übersicht über ihre Bestände, bearb. von Albercht ECKHARDT unter Mitwirkung von Carl Horst HOFERICHTER, Darmstadt 1969.

HILLEBRAND, Friedrich, Das Öffnungsrecht bei Burgen – seine Anfänge und seine Entwicklung in den Territorien des 13.-16. Jahrhunderts, unter besonderer Berücksichtigung Württembergs, Tübingen 1967.

HOFMANN, Siegfried, Urkundenwesen, Kanzlei und Regierungssystem der Herzöge von Bayern und Pfalzgrafen bei Rhein von 1180 bzw. 1214 bis 1255 bzw. 1294 (Münchner Historische Studien, Abt. Geschichtl. Hilfswissenschaften 3), Kallmünz/OPf. 1967.

HÖRETH, Friedrich, Das Gräfliche Gesamthausarchiv, in: Rheinische Sippen 6, 1942, S. 1-3.

DERS., Das ehemalige gräfliche Gesamthausarchiv und seine Archivare, in: Geschichte und Geschichten aus dem Odenwald, hg. vom Kreisausschuß des Odenwaldkreises, bearb. von Werner HARDES, Beerfelden [3]1985, S. 80-91.

DERS., Archivrat Karl Morneweg, in: ebd., S. 91-94.

DERS., Das Erbacher Archiv und die Familienkunde, in: ebd., S. 94-98.

DERS., Johann Philipp Wilhelm Luck. Oberpfarrer von Michelstadt und Kirchenhistoriker der Grafschaft Erbach, in: ebd., S. 104-108.

DERS., Daniel Schneider. Der erste Genealoge und Landeshistoriker der Grafschaft Erbach, in: ebd., S. 108-113.

DERS., Gustav Ludwig Georg Friedrich Simon. Oberpfarrer von Michelstadt und Historiker der Grafschaft Erbach, in: ebd., S. 113-119.

HUECK, Walter von, Adelslexikon, 16 Bdd. (Genealogisaches Handbuch des Adels), Limburg a. d. Lahn, 1972-2005.

HUFFSCHMID, Maximilian, Beiträge zur Geschichte der Cisterzienserabtei Schönau bei Heidelberg, in: ZGO 46, 1892, S. 69-103.

IRSCHLINGER, Robert, Zur Geschichte der Herren von Steinach und der Landschaden von Steinach, in: ZGO 86, 1934, S. 421-508.

JAKOBI, Franz-Josef, Ministerialität und ‚ius ministerialium' in Reichsabteien der frühen Stauferzeit, in: Sprache und Recht, 1. Band. Beiträge zur Kulturgeschichte des Mittelalters. Festschrift für Ruth Schmidt-Wiegand zum 60. Geburtstag, hg. von Karl HAUCK u.a., Berlin/New York 1986, S. 321-352.

JANKER, Stephan M., Grafschaft Haag (Historischer Atlas von Bayern. Altbayern 59), München 1996.

JOSEPH, Paul, Die Münzen von Worms nebst einer münzgeschichtlichen Einleitung, Darmstadt 1906.

JÜRGENSMEIER, Friedhelm, Das Bistum Mainz von der Römerzeit bis zum II. Vatikanischen Konzil (Beiträge zur Mainzer Kirchengeschichte 2), Frankfurt a. Main 1988.

DERS., § 13 Pro und Contra: Die Stellung der Erzbischöfe (1160-1249) im Reichsgeschehen, in: Handbuch der Mainzer Kirchengeschichte 1. Christliche Antike und Mittelalter, Teil 1 (Beiträge zur Mainzer Kirchengeschichte 6), hg. von Friedhelm JÜRGENSMEIER, Würzburg 2000, S. 332-346.

KAHSNITZ, Rainer, Die Gründer von Laach und Sayn. Fürstenbildnisse des 13. Jahrhunderts, mit Beiträgen von Walter HAAS u.a., Nürnberg 1992.

KALLER, Gerhard, Die Herren von Schmalenstein. Herkunft und Wirkungskreis, in: ZGO 112, 1964, S. 469-496.

KAUFHOLD, Martin, Deutsches Interregnum und europäische Politik. Konfliktlösungen und Entscheidungsstrukturen 1230-1280 (MGH Schriften 49), Hannover 2000.

DERS., Interregnum (Geschichte kompakt), Darmstadt 2002.

KAUFMANN, Alexander, Zur Geschichte der Abtei Bronnbach an der Tauber, in: ZGO 34, 1882, S. 467-484.

KEILMANN, Burkard, Das Bistum vom Hochmittelalter bis zur Frühen Neuzeit, in: Das Bistum Worms. Von der Römerzeit bis zur Auflösung 1801 (Beiträge zur Mainzer Kirchengeschichte 5), hg. von Friedhelm JÜRGENSMEIER, Würzburg 1997, S. 44-193.

DERS., Gerlach Schenk von Erbach († 1332), in: Die Bischöfe des Heiligen Römischen Reiches 1198 bis 1448. Ein biografisches Lexikon, hg. von Erwin GATZ, Berlin 2000, S. 872f.

KELLER, Hagen, Zwischen Regionaler Begrenzung und universalem Horizont. Deutschland im Imperium der Salier und Staufer (Propyläen Geschichte Deutschlands 2), Frankfurt 1990.

KEUNECKE, Hans-Otto, Die Münzenberger. Quellen und Studien zur Emancipation [sic] einer Reichsdienstmannenfamilie (Quellen und Forschungen zur hessischen Geschichte 35), Darmstadt/Marburg 1978.

KEUPP, Jan U., Dienst und Verdienst. Die Ministerialen Friedrich Barbarossas und Heinrichs VI. (Monographien zur Geschichte des Mittelalters 48), Stuttgart 2002.

KITTEL, A[?], Beiträge zur Geschichte der Freiherrn Echter von Mespelbrunn, Würzburg 1882.

KITTEL, Erich, Siegel (Bibliothek für Kunst- und Antiquitätenfreunde 11), Braunschweig 1970.

KLAFKI, Eberhard, Die kurpfälzischen Erbhofämter. Mit einem Überblick über die bayrischen Erbhofämter unter den wittelsbachischen Herzögen bis zur Trennung der Pfalz von Bayern 1329 (Veröff. der Kommission für geschichtliche Landeskunde in Baden-Württemberg B 35), Stuttgart 1966.

KLEBERGER, Elisabeth, Territorialgeschichte des hinteren Odenwaldes. Grafschaft Erbach, Herrschaft Breuberg, Herrschaft Fränkisch-Crumbach (Quellen und Forschungen zur hessischen Geschichte 19), Darmstadt/Marburg 1958, unveränd. ND ebd. 1987.

KLUCKHOHN, Paul, Die Ministerialität in Südostdeutschland vom 10. bis zum Ende des 13. Jahrhunderts (Quellen und Studien zur Verfassungsgeschichte des Deutschen Reiches in Mittelalter und Neuzeit 4), Weimar 1910.

KNESCHKE, Ernst H., Neues allgemeines Deutsches Adels-Lexicon, 9 Bdd., Leipzig 1859-1870.

KNETSCH, Carl, Die Herren von Jossa und andere Geschlechter des Namens in Hessen und Nassau, in: Zeitschrift des Vereins für hesssische Geschichte und Landeskunde 50, 1917, S. 1-52.

KNÖPP, Friedrich, Der Oberrheingau, in: Die Reichsabtei Lorsch. Festschrift zum Gedenken an ihre Stiftung 764, 1. Teil, Darmstadt 1973, S. 373-424.

DERS., Das letzte Jahrhundert der Abtei. Vom Ende des Investiturstreits bis zu den Auseinandersetzungen um die Selbständigkeit der Abtei, in: Die Reichsabtei Lorsch. Festschrift zum Gedenken an ihre Stiftung 764, I. Teil, hg. von Friedrich Knöpp, Darmstadt 1973, S. 175-226.

DERS., Entstehung der Basilika und die Klosterzeit, in: Die Einhards-Basilika in Steinbach bei Michelstadt im Odenwald. Text, hg. von Thomas LUDWIG, Otto MÜLLER, Irmgard WIDDRA-SPIEß, Mainz 1996, S. 23-32.

KÖRNER, Hans, Grabmonumente des Mittelalters, Darmstadt 1997.

KOLB, Johann, Heidelberg. Die Entstehung einer landesherrlichen Residenz im 14. Jahrhundert (Residenzenforschung 8), Sigmaringen 1999.

KORNRUMPF, Gisela, Der König vom Odenwald, in: Verfasserlexikon 5, ²1985, Sp. 78-82.

KREBS, Falk, Schloß Fürstenau Michelstadt-Steinbach im Odenwald. Baugeschichtliche Entwicklung von der Burg der Mainzer Erzbischöfe zum Residenzschloß der Grafen zu Erbach-Fürstenau, Michelstadt 1982 (= ND Dissertation Kaiserslautern 1980).

DERS., Zur Baugeschichte der Stadtkirche Michelstadt, in: Michelstadt – 500 Jahre Stadtkirche (Rathaus- und Museumsreihe 9), hg. von der Stadt Michelstadt, Michelstadt 1991, S. 31-57.

Krieger... (s. Rödel)
KRIEGER, Albert, Topographisches Wörterbuch des Großherzogtums Baden (2 Bdd.), Heidelberg $^{2}$1904.
KRIEGER, Karl-F., Burglehen, in: LexMA II, 1983, Sp. 1055f.
DERS., König, Reich und Reichsreform im Spätmittelalter (Enzyklopädie Deutscher Geschichte 14), München 1992.
DERS., Die Habsburger im Mittelalter. Von Rudolf I. bis Friedrich III. (Urban-Taschenbücher 452), Stuttgart/Berlin/Köln 1994.
KROOS, Renate, Grabbräuche – Grabbilder, in: Memoria. Der geschichtliche Zeugniswert des liturgischen Gedenkens im Mittelalter (Münstersche Mittelalter-Schriften 48), hg. von Karl Schmid u. Joachim Wollasch, München 1984, S. 285-353.
Kulturdenkmäler in Hessen: Odenwaldkreis (Denkmaltopographie der Bundesrepublik Deutschland), hg. vom Landesamt für Denkmalpflege von Hans TEUBNER u. Sonja BONIN, Braunschweig/Wiesbaden 1998.
Kunstdenkmäler im Großherzogthum Hessen. A. Provinz Starkenburg, Kreis Erbach, bearb. von Georg SCHÄFER, Darmstadt 1891.
KUNZ, Rudolf/SCHNITZER, Paul, Die Prämonstratenser-Pröpste des Klosters Lorsch, in: Beiträge zur Geschichte des Klosters Lorsch, Lorsch 1978, S. 335-349.
KUNZE, Rainer, Burgenpolitik und Burgbau der Grafen von Katzenelnbogen bis zum Ausgang des 14. Jahrhunderts, Braubach/Gerabronn 1969.
KURRAS, Lotte, Georg Rixner, der Reichsherold „Jerusalem“, in: Mitteilungen des Vereins für Geschichte der Stadt Nürnberg, 69, 1982, S. 341-344.
LACHMANN, Hans-Peter, Frühmittelalterliche Marken zwischen Rhein und Odenwald unter besonderer Brücksichtigung der Mark Heppenheim, in: 1200 Jahre Mark Heppenheim (Veröffentlichungen zur Geschichte der Stadt Heppenheim 3), hg. vom Magistrat der Kreisstadt Heppenheim, Heppenheim 1973, S. 23-54.
LAMEY, Andreas, Dapiferi Palatinatus Rheni de Alceia dicti, in: Acta Academiae Palatinae, Tomus VII historicus, Mannheim 1794, S. 249-284.
Das Land Baden-Württemberg. Amtliche Beschreibung nach Kreisen und Gemeinden, 8 Bdd., hg. von der Landesarchivdirektion Baden-Württemberg, Stuttgart 1974-1983.
LANGENDÖRFER, Friedhelm, Die Landschaden von Steinach. Zur Geschichte einer Familie des niederen Adels im Mittelalters und in der frühen Neuzeit, Augsburg 1971.
LEHMANN, Johann G., Urkundliche Geschichte der Burgen und Bergschlösser der ehemaligen Gauen, Grafschaften und Herrschaften der Pfalz, 5 Bdd. (Pfälzische Bibliothek 3-7), Kaiserslautern 1913.
LENZ, Rüdiger, Formen der Herrschaft in Neunkirchen und Neckarkatzenbach, in: 1298-1998: 700 Jahre Neunkirchen. Neckar-Odenwald-Kreis, hg. vom Bürgermeisteramt Neunkirchen, Buchen-Walldürn 1998, S. 44-68.
DERS., Geschichte der Minneburg am Neckar, in: DO 46, 1999, S. 101-111.

LEVISON, Deutschlands Geschichtsquellen (s. Wattenbach-Levison)

LINCK, Jürgen, Sozialer Wandel in klösterlichen Grundherrschaften des 11. bis 13. Jahrhunderts. Studien zu den familiae von Gembloux, Stablo-Malmedy und St. Trond (Veröff. d. Max-Planck-Instituts f. Geschichte 75), Göttingen 1979.

LOHMANN, Eberhard, Die Herrschaft Hirschhorn. Studien zur Herrschaftsbildung eines Rittergeschlechts (Quellen und Forschungen zur hessischen Geschichte 66), Darmstadt/Marburg 1986.

LUCK, Johann Ph. W., Historische Genealogie des Reichsgräflichen Hauses Erbach, die als Zusätze und Verbesserungen zu Daniel Schneiders im Jahr 1735 [sic] herausgegebenen Erbachischen Historie und auch als eigenes Werk gebraucht werden kann in vielvermehrten Tabellen und beygefügten richtigen Beweisthümern entworfen ..., Frankfurt am Mayn 1786.

LUDWIG, Thomas, Vor dem Bau der Basilika, in: Die Einhards-Basilika in Steinbach bei Michelstadt im Odenwald. Text, hg. von Thomas LUDWIG, Otto MÜLLER u. Irmgard WIDDRA-SPIEß, Mainz 1996, S. 1-23.

MARCHAND, C[?] F. M., Lindenfels. Ein Beitrag zur Ortsgeschichte des Großherzogthums Hessen, Darmstadt 1858.

MARTIN, Wolfgang, Wichmannus „centenarius“ oder „cemetarius“? Eine Frage zu den Standesverhältnissen im mittelalterlichen Michelstadt, in: DO 34, 1987, S. 111-113.

DERS., Luckharte von Jossa (1312-1339) und ihre Familie – Überlegungen zur Genealogie und Heraldik, in: DO 35, 1988, S. 51-55.

DERS., Vom Habern. Ein Niederadelsgeschlecht im Spiegel der Urkunden und anderer Überlieferungen (1303-1560/99 und, posthum, 1661), in: Aus dem alten Erbach. Mit Beiträgen von Wolfgang MARTIN u.a. (Aus der Geschichte von Stadt und Grafschaft Erbach 4), hg. vom Historischen Verein für die Kreisstadt und ehemalige Grafschaft Erbach, Michelstadt 1993, S. 8-137.

DERS., Zu Genealogie und Geschichte des Hauses Erbach im 13. Jahrhundert – Korrekturen und Ergänzungen, in: DO 41, 1994, S. 76-79.

MATZAT, Wilhelm, Mark und Binnenkolonisation im Bereich der Abtei Amorbach im östlichen Odenwald, in: Berichte zur deutschen Landeskunde 49, 1975, S. 39-48.

DERS., Königsleute und Altstraßen im Hinteren Odenwald und Bauland, in: Beiträge zur Erforschung des Odenwaldes und seiner Randlandschaften 2, Breuberg-Neustadt 1977, S. 309-324.

DERS., Die Rodungssiedlungen der Benediktinerabtei Amorbach, in: Die Abtei Amorbach im Odenwald, hg. von Friedrich OSWALD u. Wilhelm STÖRMER, Sigmaringen 1984, S. 55-62.

MAY, Georg, Geistliche Ämter und kirchliche Strukturen, in: Handbuch der Mainzer Kirchengeschichte 2: Erzstift und Erzbistum Mainz (Beiträge zur Mainzer Kirchengeschichte 6), hg. von Friedhelm JÜRGENSMEIER, Würzburg 1997, S. 447-592.

MENZEL, Michael, Ludwig der Bayer (1313-1347) und Friedrich der Schöne (1314-1330), in: Die deutschen Herrscher des Mittelalters. Historische Portraits von Heinrich I. bis Maximilian I. (919-1519), hg. von Bernd SCHNEIDMÜLLER u. Stefan WEINFURTER, München 2003, S. 393-407.

MIKAT, P[?], Ehe, in: HRG I, Sp. 809-815.

MÖLLER, Walther, Stamm-Tafeln westdeutscher Adels-Geschlechter im Mittelalter, A.F. I-III, Darmstadt 1922-1936.

DERS., Urkundliche Geschichte der Edelherren von Bickenbach, in: AHG N.F. 16, 1930, S. 87-130, 337-410.

DERS., Stamm-Tafeln westdeutscher Adels-Geschlechter im Mittelalter, N.F. 1/2, Darmstadt 1950/51.

DERS., Genealogische Beiträge zur Geschichte des Odenwaldes und der Bergstraße (Fortsetzung), in: AHG N.F. 24, 1952/3, S. 129-152.

MORAW, Peter, Beamtentum und Rat König Ruprechts, in: ZGO 116, 1968, S. 59-126.

DERS., Kanzlei und Kanzleipersonal König Ruprechts, in: Archiv für Diplomatik 15, 1969, S. 428-531.

DERS., Von offener Verfassung zu gestalteter Verdichtung. Das Reich im späten Mittelalter 1250 bis 1490 (Propyläen-Geschichte Deutschlands 3), Frankfurt/Berlin 1989.

DERS., Versuch über die Entstehung des Reichstages, in: Politische Ordnungen und soziale Kräfte im Alten Reich, hg. von Hermann WEBER, Wiesbaden 1980, S. 1-36.

MORNEWEG, Karl, Geschichte, in: Odenwald-Buch. Heimatkunde des Odenwaldes und seiner weiteren Umgebung, Gießen [1908], S. 283-329.

Stammtafel des mediatisierten Hauses Erbach (Stammtafeln der mediatisierten Häuser 4), bearb. von DEMS., Stuttgart ²1908.

MÜLLER, Peter, Die Herren von Fleckenstein im späten Mittelalter. Untersuchungen zur Geschichte eines Adelsgeschlechts im pfälzisch-elsässischen Grenzgebiet (Geschichtliche Landeskunde 34), Stuttgart 1990.

MÜLLER, Peter... (s. Bronnbach, Kloster)

MÜLLER, Wilhem, Hessisches Ortsnamenbuch 1. Bd.: Starkenburg (Arbeiten der Historischen Kommission für den Volksstaat Hessen), Darmstadt 1937.

MÜNCH, Rudolf, Das große Buch der Grafschaft Haag, München 1987.

NEUMÜLLERS-KLAUSER, Renate, Schrift und Sprache in Bau- und Künstlerinschriften, in: Deutsche Inschriften. Fachtagung für mittelalterliche und neuzeitliche Epigraphik, Lüneburg 1984. Vorträge und Berichte (Abhandlungen der Akademie der Wissenschaften, Göttingen, phil.-hist. Klasse, 3. Folge 151), hg. von Karl STACKMANN, Göttingen 1986, S. 62-81.

NIKITSCH, Eberhard J., Die Stadtkirche Michelstadt als Begräbnisstätte, in: Die Stadtkirche Michelstadt aus dem Jahre 1490. Michelstadt – 500 Jahre Stadtkirche (Rathaus- und Museumsreihe 9), hg. von der Stadt Michelstadt, Michelstadt 1991, S. 99-159.

NITZ, Hans-Jürgen, Die ländlichen Siedlungsformen des Odenwaldes. Untersuchungen über ihre Typologie und Genese und die Prinzipien der räumlichen Organisation des mittelalterlichen Siedlungsbildes (Heidelberger Geographische Arbeiten 7), Heidelberg/München 1962.

OEXLE, Otto G., Memoria als Kultur, in: Memoria als Kultur (Veröff. des Max-Planck-Instituts für Geschichte 121), hg. von DEMS., Göttingen 1995, S. 9-78.

OGRIS, W[?], Munt, Muntwalt, in: HRG III, Sp. 750-761.

OLT, Reinhard, Die Gedichte des „Königs vom Odenwald". Textedition – Übertragung – Verfasserfrage, in: Beiträge zur Erforschung des Odenwaldes und seiner Randlandschaften IV, hg. von Winfried WACKERFUß, Breuberg-Neustadt 1986, S. 1-110.

ORTH, Elsbeth, Ritter und Burg, in: Das ritterliche Turnier im Mittelalter. Beiträge zu einer vergleichenden Formen- und Verhaltensgeschichte des Rittertums (Veröff. des Max-Planck-Instituts für Geschichte 80), hg. von Josef FLECKENSTEIN, Göttingen 1985, S. 19-74.

PARZER, Sebastian, Die Burgenpolitik der Pfalzgrafen bei Rhein, in: Mannheimer Geschichtsblätter N.F. 7, 2000, S. 189-210.

PHILIPPI, Hans, Territorialgeschichte der Grafschaft Büdingen (Schriften des Hessischen Amts für geschichtliche Landeskunde 23), Marburg 1954.

PIXTON, Paul B., Konrad von Reifenberg, eine talentierte Persönlichkeit der deutschen Kirche des 13. Jahrhunderts, in: AmrhKG 34, 1982, S. 43-81.

PLASSMANN, Alheydis, Die Struktur des Hofes unter Friedrich I. Barbarossa nach den deutschen Zeugen seiner Urkunden (MGH Studien und Texte 20), Hannover 1998.

PUHL, Hubert u.a., Erfenstein, in: Pfälzisches Burgenlexikon 1 (Beiträge zur pfälzischen Geschichte 12.1), hg. von Jürgen KEDDIGKEIT u.a., Kaiserslautern [2]2003, S. 504-516.

PRESS, Volker, Die Grafen von Erbach und die Anfänge des reformierten Bekenntnisses in Deutschland, in: Aus Geschichte und ihren Hilfswissenschaften. Festschrift für Walter Heinemeyer zum 65. Geburtstag (Veröffentlichungen der Historischen Kommission für Hessen 40), hg. von Hermann BANNASCH und Hans-Peter LACHMANN, Marburg 1979, S. 653-685.

DERS., Reichsgrafenstand und Reich. Zur Sozialgeschichte des deutschen Hochadels in der frühen Neuzeit, in: Wege in die Zeitgeschichte. Festschrift für Gerhard Schulz zum 65. Geburtstag, hg. von Jürgen HEIDEKING u.a., Berlin/New York 1989, S. 3-29.

PRIMETSHÖFER, Bruno, Alter, in: LexMA I, 1980, Sp. 470f.

PROBST, Hansjörg, Ladenburg und der Lobdengau in fränkischer Zeit. Vom 6. bis zum 9. Jahrhundert, in: Ladenburg. Aus 1900 Jahren Stadtgeschichte, hg. von DEMS., Ubstadt-Weiher 1998, S. 203-290.

DERS., Ladenburg und das Hochstift Worms. Vom 10. bis zum 14. Jahrhundert, in: ebd., S. 291-349.

REBSCHER, Heinz, Die Münzen des gräflichen Hauses Erbach, in: gelurt – Odenwälder Jahrbuch für Kultur und Geschichte 2002, Erbach 2001, S. 9-21.

REICHEL-MÜLLER, Irmtraud, Mainzer Territorialpolitik in der ersten Hälfte des 13. Jahrhunderts als Element der Reichs- und Erzstiftsgeschichte, Mainz 1995.

700 Jahre Reichelsheim im Odenwald: Vom Marktflecken zur Großgemeinde, erarb. von Wolfgang A. W. KALBERLAH im Auftrag des Gemeindevorstands der Gemeinde Reichelsheim (Odenwald), Reinheim [2003].

REMLING, Franz X., Urkundliche Geschichte der ehemaligen Abteien und Klöster in Rheinbayern, 2 Bdd., Neustadt a. d. Haardt 1836.

REULING, Ulrich, Die Territoriale Entwicklung des Kurfürstentums Mainz, in: Geschichtlicher Atlas von Hessen. Text- und Erläuterungsband, hg. von Fred Schwind, Marburg 1984, S. 84-89.

RITSERT, Friedrich, Die Herren von Steinach, in: AHG 12, 1870, S. 57ff., 331ff.

RÖDEL, Ute, Königliche Gerichtsbarkeit und Streitfälle der Fürsten und Grafen im Südwesten des Reiches 1250-1313 (Quellen und Forschungen zur höchsten Gerichtsbarkeit im Alten Reich 5), Köln/Wien 1979.

RÖDEL, Volker, Die Oppenheimer Reichsburgmannschaft, in: AHG N.F. 35, 1977, S. 9-48.

DERS., Lehensvormundschaft, in: HRG II, Sp. 1750-1752.

DERS., Reichslehenswesen, Ministerialität, Burgmannschaft und Niederadel. Studien zur Rechts- und Sozialgeschichte des Adels in den Mittel- und Oberrheinlanden während des 13. und 14. Jahrhunderts (Quellen und Forschungen zur hessischen Geschichte 38), Darmstadt/Marburg 1979.

Krieger, Ritter, Freiherr. Entstehung und Wirken des Niederadels im Mittelalters. Katalog zur Wanderausstellung der Landesarchivverwaltung Rheinland-Pfalz, bearb. von DEMS., Koblenz 1988.

DERS., Die Reichspfandschaften der Pfalzgrafschaft, in: Der Griff nach der Krone. Die Pfalzgrafschaft bei Rhein im Mittelalters (Schätze aus unseren Schlössern. Eine Reihe der Staatlichen Schlösser und Gärten Baden-Württemberg 4), bearb. von DEMS., Regensburg 2000.

RÖDER, Alexander, Zur Wiederentdeckung Einhards in der Zeit des Humanismus und der Reformation, in: DO 15, 1958, S. 12-18.

RÖSENER, Werner, Hofämter an mittelalterlichen Fürstenhöfen, in: DA 45, 1989, S. 485-550.

SABLONIER, Roger, Verschriftlichung und Herrschaftspraxis. Urbariales Schriftgut im spätmittelalerlichen Gebrauch, in: Pragmatische Diomensionen mittelalterlicher Schriftkultur (Münstersche Mittelalter-Schriften 79), hg. von Christel MEIER u.a., München 2002.

SANDER, Jochen, Der Adel am Hof König Ruprechts (1400-1410), in: Jahrbuch für westdeutsche Landesgeschichte 11, 1985, S. 97-120.

SATTLER, Peter W., Auf den Spuren der Johanniter im Odenwald. Zur Geschichte eines Ritterordens, Pfungstadt 1982

DERS., Kann das *Osternaha* [sic] der Urkunde von 880 mit dem Reichelsheimer Ortsteil Ostern gleichgesetzt werden?, in: gelurt – Odenwälder Jahrbuch für Kultur und Geschichte 2005, Erbach 2004, S. 236-240.

SAUTER, Alexander, Fürstliche Herrschaftsrepräsentation. Die Habsburger im 14. Jahrhundert (Mittelalter-Forschungen 12), Ostfildern 2003.

SCHAAB, K. A., Geschichte des großen Rheinischen Städtebundes, gestiftet zu Mainz im Jahre 1254 durch Arnold Walpod, 2 Bdd., Mainz [2]1855.

SCHAAB, Meinrad, Die Königsleute in den rechtsrheinischen Teilen der Kurpfalz, in: ZGO 111, 1963, S. 121-175.

DERS., Bergstraße und Odenwald. 500 Jahre Zankapfel zwischen Kurmainz und Kurpfalz, in: Oberrheinische Studien 3, Bretten 1975, S. 237-265.

DERS., Die Ministerialität der Kirchen, des Pfalzgrafen, des Reiches und des Adels am unteren Neckar und im Kraichgau, in: Ministerialität im Pfälzer Raum (Veröff. der Pfälzer Gesellschaft zur Förderung der Wissenschaft in Speyer 64), hg. von Friedrich L. WAGNER, Speyer 1975, S. 95-121.

DERS., Die Zisterzienserabtei Schönau im Odenwald (Heidelberger Veröffentlichungen zur Landesgeschichte und Landeskunde 8), Heidelberg [2]1990.

DERS., Geschichte der Kurpfalz. Band 1: Mittelalter, Stuttgart u.a. [2]1998.

SCHÄFER, Alfons, Zehntrechte und Pfarreien der Abtei Amorbach, in: Die Abtei Amorbach im Odenwald, hg. von Friedrich OSWALD u. Wilhelm STÖRMER, Sigmaringen 1984, S. 63-71.

SCHÄFER, Georg (s. Kunstdenkmäler)

SCHÄFER, Regina, Die Herren von Eppstein. Herrschaftsausübung, Verwaltung und Besitz eines Hochadelsgeschlechts im Spätmittelalter (Veröff. der Historischen Kommission für Nassau 68), Wiesbaden 2000.

SCHEFERS, Hermann, Einhard. Ein Lebensbild aus karolingischer Zeit, in: Geschichtsblätter für den Kreis Bergstraße 26, 1993, S. 25-92.

DERS., Michelstadt-Steinbach, in: Die benediktinischen Mönchs- und Nonnenklöster in Hessen (Germania Benedictina VII: Hessen), bearb. von Friedhelm JÜRGENSMEIER u. Franziskus BÜLL OSB, in Verb. mit Regina E. SCHWERDTFEGER, St. Ottilien 2004, S. 854-875.

SCHEFFER-BOICHORST, Paul, Die Heimat der Constitutio de expeditione Romana, in: ZGO 42, 1888, S. 173-191.

SCHERG, Leonhard, Die Zisterzienserabtei Bronnbach im Mittelalter (– ca. 1360) (Mainfränkische Studien 14), Würzburg 1976.

DERS., Zur Geschichte der Zisterzienserabtei Bronnbach, in: Kloster Bronnbach 1153-1803. 650 Jahre Zisterzienser im Taubertal, hg. von Peter MÜLLER, Neustadt a. d. Aisch 2003, S. 11-35.

SCHILLING, Albert, Die Reichsherrschaft Justingen. Ein Beitrag zur Geschichte von Alb und Oberschwaben, Stuttgart 1881.

SCHLUDI, Ulrich, Der Weg nach Anagni – Versuch einer Rekonstruktion, in: MIÖG 110, 2002, S. 281-328.

SCHMIDT, Georg, Der Wetterauer Grafenverein. Organisation und Politik einer Reichskorporation zwischen Reformation und Westfälischem Frieden (Veröff. der Hessischen Historischen Kommission 52), Marburg 1989.

DERS., Die Bedeutung der kleineren Reichsstände im 16. Jahrhundert, in: Jahrbuch für die Geschichte des Feudalismus 12, 1989, S. 185-206.

SCHMITZ, Philibert, Geschichte des Benediktinerordens, 4 Bdd., Einsiedeln 1947-1960.

SCHNEPP, Peter, Raugrafen, in: Mitteilungen des Historischen Vereins der Pfalz 37/38, 1918, S. 147-206.

SCHNEIDER, Daniel, Vollständige Hoch-Gräflich-Erbachische Stamm-Tafel... (s. Quellen B)

SCHNEIDMÜLLER, Bernd, Die Welfen. Herrschaft und Erinnerung (819-1252) (Urban-Taschenbücher 465), Stuttgart 2000.

SCHÖNTAG, Wilfried, Untersuchungen zur Geschichte des Erzbistums Mainz unter den Erzbischöfen Arnold und Christian I. (1135-1183) (Quellen und Forschungen zur hessischen Geschichte 22), Darmstadt/Marburg 1973.

SCHOLZ, Sebastian, Die Schenken von Erbach. Zum sozialen Aufstieg eines Ministerialengeschlechts aus dem Odenwald im 13. Jahrhundert, in: AHG N.F. 62, 2004, S. 27-48.

DERS., Lorsch, in: Die benediktinischen Mönchs- und Nonnenklöster in Hessen (Germania Benedictina VII: Hessen), bearb. von Friedhelm JÜRGENSMEIER u. Franziskus BÜLL OSB, in Verb. mit Regina E. SCHWERDTFEGER, St. Ottilien 2004, S. 768-810.

SCHREIBMÜLLER, Hermann, Pfälzer Reichsministerialen, Kaiserslautern 1911.

SCHUBERT, Ernst, Drei Grabmäler des Thüringer Landgrafenhauses aus dem Kloster Reinhardsbrunn, in: Skulptur des Mittelalters. Funktion und Gestalt, hg. von Friedrich MÖBIUS u. Ernst SCHUBERT, Weimar 1987, S. 211-232.

SCHUBERT, Ernst, Reichsfürsten, in: LexMA VII, 1999, Sp. 617f.

SCHUBERT, Paul, Die Reichshofämter und ihre Inhaber bis um die Wende des 12. Jahrhunderts, in: MIÖG 34, 1913, S. 427-501.

SCHÜTZEICHEL, Rudolf, Althochdeutsches Wörterbuch, Tübingen $^{5}$1995.

SCHWARZMAIER, Hansmartin, Das „salische Hausarchuv", in: Die Salier und das Reich, Band 1: Salier, Adel und Reichsverfassung, hg. von Stefan Weinfurter, unter Mitarb. von Helmuth Kluger, Sigmaringen 1992, S. 97-115.

SCHWERTL, Gerhard, Die Beziehungen der Herzöge von Bayern und Pfalzgrafen bei Rhein zur Kirche (1180-1294) (Miscellanea Bavarica Monacensia 9), München 1968.

SCHWIND, Fred, Die Landvogtei in der Wetterau (Schriften des Hessischen Landesamtes für geschichtliche Landeskunde 35), Marburg 1972.

SEELIGER, Gerhard, Das deutsche Hofmeisteramt im späteren Mittelalter. Eine verwaltungsgeschichtliche Untersuchung, Innsbruck 1885.

SEELIGER-ZEISS, Anneliese, Grabdenkmäler der Kraichgauer Ritterschaft. Ausgewählte Beispiele von der Spätgotik bis zum Frühbarock, in: Die Kraichgauer Ritterschaft in der frühen Neuzeit (Melanchthon-Schriften der Stadt Bretten 3), hg. von Stefan RHEIN, Sigmaringen 1993, S. 215-256.

SELZER, Wolfgang, Lorsch und der Odenwald, in: Breuberg-Bund Sonderveröffentlichung 1972. Beiträge zur Erforschung des Odenwaldes und seiner Randlandschaften, Reinheim 1972, S. 231-247.

SEYLER, Gustav A., Geschichte der Siegel (Illustrierte Bibliothek der Kunst- und Kulturgeschichte), Leipzig 1894.

SIMON, Gustav, Die Geschichte der Dynasten und Grafen zu Erbach und ihres Landes, Frankfurt a. M. 1858, ND ebd. 1983.

SPIEGEL, Joachim, Urkundenwesen, Kanzlei, Rat und Regierungssystem des Pfalzgrafen bei Rhein und Herzogs von Bayern Ruprecht I. (1309-1390) (Stiftung zur Förderung der pfälzischen Geschichtsforschung, B: Abhandlungen zur Geschichte der Pfalz 1, 1/2 ), Neustadt a. d. Weinstraße 1998.

SPIES, Hans-Bernd, Eine Ergänzung zur Genealogie des Hauses Erbach im 13. Jahrhundert, in: DO 47, 2000, S. 72-75.

SPIEß, Karl-Heinz, Vom reichsministerialen Inwärtseigen zur eigenständigen Herrschaft. Untersuchungen zur Besitzgeschichte der Herrschaft Hohenecken vom 13. bis zum 17. Jahrhundert, in: Jb für die Geschichte von Stadt und Landkreis Kaiserslautern 12/13, 1974/75, S. 84-106.

DERS., Lehnsrecht, Lehnspolitik und Lehnsverwaltung der Pfalzgrafen bei Rhein im Spätmittelalter (Geschichtliche Landeskunde 18), Wiesbaden 1978.

DERS., Lehn(s)recht, Lehnswesen, in: HRG 2, 1978, Sp. 1725-1741.

DERS., Reichsministerialität und Lehnswesen im späten Mittelalter, in: Ministerialitäten im Mittelrheinraum (Geschichtliche Landeskunde 17), Wiesbaden 1978, S. 56- 78

DERS., Königshof und Fürstenhof. Der Adel und die Mainzer Erzbischöfe im 12. Jahrhundert, in: Deus qui mutat tempora. Menschen und Institutionen im Wandel des Mittelalters. Festschrift für Alfons Becker, hg. von Ernst-Dieter HEHL, Sigmaringen 1987, S. 203-234.

DERS., Ständische Abgrenzung und soziale Differenzierung zwischen Hochadel und Rittertum im Spätmittelalter, in: Rhein. VjBll. 56, 1992, S. 181-205.

DERS., Familie und Verwandtschaft im deutschen Hochadel des Spätmittelalters 13. bis Anfang des 16. Jahrhunderts (Vierteljahrschrift für Sozial- und Wirtschaftsgeschichte, Beihefte 111), Stuttgart 1993.

DERS., Raugrafen, in: LexMA VII, 1995, Sp. 477.

DERS., Grafen und Herren aus dem Rhein-Main-Gebiet zwischen Königtum und fürstlicher Hegemonie im Spätmittelalter, in: Blätter für deutsche Landesgeschichte 136, 2000, S. 135-163.

DERS., Liturgische Memoria und Herrschaftsrepräsentation im nichtfürstlichen Hochadel des Spätmittelalters, in: Adelige und bürgerliche Erinnerungskulturen des Spätmittelalters und der Frühen Neuzeit (Formen der Erinnerung 8), hg. von Werner RÖSENER, Göttingen 2000, S. 97-123.

DERS., unter Mitarb. von Thomas WILLICH, Das Lehnswesen in Deutschland im hohen und späten Mittelalter (Historisches Seminar NF 13), Idstein 2002.

SPINDLER, Max/KRAUS, Andreas, Die Auseinandersetzungen mit Landesadel, Episkopat und Königtum unter den drei ersten wittelsbachischen Herzögen (1180-1253), in: Handbuch der bayerischen Geschichte, 2. Bd.: Das alte Bayern. Der Territorialstaat vom Ausgang des 12. Jahrhunderts bis zum

Ausgang des 18. Jahrhunderts, hg. von Andreas KRAUS, München ²1988, S. 7-52.
DIES., Grundzüge des inneren Wandels, in: ebd., S. 53-75.
Die Stadt- und Landkreise Heidelberg und Mannheim. Amtliche Kreisbeschreibung (Die Stadt- und Landkreise in Baden-Württemberg), Bd. II: Die Stadt Heidelberg und die Gemeinden des Landkreises Heidelberg, hg. von der Staatl. Archivverwaltung Baden-Württemberg, Karlsruhe 1968.
Stammtafel des mediatisierten Hauses Erbach (s. MORNEWEG)
STEIGER, Uli, *Ich Johans von menteuil geborn von Engellant*, in: Aus dem alten Erbach. Mit Beiträgen von Wolfgang Martin u.a. (Aus der Geschichte von Stadt und Grafschaft Erbach 4), hg. vom Historischen Verein für die Kreisstadt und ehemalige Grafschaft Erbach, Michelstadt 1993, S. 201-213.
DERS., Die Grundsteinlegungsinschrift der Martinskirche zu Beerfelden aus dem Jahr 1500, in: gelurt – Odenwälder Jahrbuch für Kultur und Geschichte 2001, Erbach 2000, S. 9-18.
DERS. (Rez.), „Thomas Steinmetz, Die Schenken von Erbach. Zur Herrschaftsbildung eines Reichsministerialengeschlechtes (Sonderheft 3 der Zeitschrift „Der Odenwald“ des Breuberg-Bundes), Breuberg-Neustadt 2000“, in: ZGO 150, 2002, S. 689-691.
DERS., *Hie ljgt begraben der wolgeborn Her Eberhart Gravf zv Erpach...* Die Grablegen des Hauses Erbach bis zum Tode Graf Eberhards († 1539), in: Beiträge zur Erforschung des Odenwaldes und seiner Randlandschaften VII, hg. von Winfried WACKERFUß, Breuberg-Neustadt 2005, S. 113-204.
STEINMETZ, Thomas, Die Herkunft der Ministerialengeschlechter Echter und von Freienstein – ehemals Burgmannen auf Burg Freienstein, in: DO 43, 1996, S. 148-159.
DERS., Burg Freienstein und ihre Burgmannen, in: Beiträge zur Erforschung des Odenwaldes und seiner Randlandschaften VI, hg. von Winfried Wackerfuß, Breuberg-Neustadt 1997, S. 47-82.
DERS., Die Schenken von Erbach. Zur Herrschaftsbildung eines Reichsministerialengeschlechtes (Sonderheft 3 der Zeitschrift „Der Odenwald“ des Breuberg-Bundes), Breuberg-Neustadt 2000.
STIEVERMANN, Dieter, Waldburg, in: Handbuch der baden-württembergischen Geschichte, 2. Band: Die territorien im Alten Reich, hg. von Meinrad SCHAAB u.a., Stuttgart 1995, S. 350-359.
STÖRMER, Wilhelm, Staufische Reichslandpolitik und hochadelige Herrschaftsbildung im Mainviereck, in: Festschrift für Friedrich Hausmann, hg. von Herwig EBNER, Graz 1977, S. 505-529.
DERS., Miltenberg. Die Ämter Amorbach und Miltenberg des Mainzer Oberstifts als Modelle geistlicher Territorialität und Herrschaftsintensivierung (Historischer Atlas für Bayern, Franken I 25), München 1979.
DERS., Stützpunktpolitik im 13. und 14. Jahrhundert. Wittelsbachische Territorienbildungsversuche in Mainfranken, in: Festschrift für Andreas Kraus zum

60. Geburtstag (Münchener Historische Studien, Abt. Bayerische Geschichte 10), Kallmünz/Opf. 1982, S. 61-78.

DERS., Einhards Herkunft – Überlegungen und Beobachtungen zu Einhards Erbbesitz und familärem Umfeld, in: Einhard. Studien zu Leben und Werk (Arbeiten der Hessischen Historischen Kommission N.F. 12), hg. von Hermann SCHEFERS, Darmstadt 1997, S. 15-39.

STÜRNER, Wolfgang, Friedrich II., 2 Bdd. (Gestalten des Mittelalters und der Renaissance), Darmstadt 1992-2000.

THEUERKAUF, Gerd, Constitutio de expeditione Romana, in: HRG I, 1971, Sp. 634-636.

THOMAS, Heinz, Ludwig der Bayer (282-1347). Kaiser und Ketzer, Regensburg 1993.

THORAU, Peter, König Heinrich (VII.), das Reich und die Territorien. Untersuchungen zur Phase der Minderjährigkeit und der „Regentschaften" Erzbischof Engelberts I. von Köln und Herzog Ludwigs I. von Bayern (1211) 1220-1228 (Jahrbücher des Deutschen Reichs unter Heinrich (VII.), Teil I), Berlin 1998.

TOUSSAINT, Ingo, Die Grafen von Leiningen. Studien zur leiningischen Genealogie und Territorialgeschichte bis zur Teilung von 1317/18, Sigmaringen 1982.

TRAUTZ, Fritz, Das untere Neckarland im frühen Mittelalter (Heidelberger Veröffentlichungen zur Landesgeschichte und Landeskunde 1), Heidelberg 1953.

TRUGENBERGER, Volker, Wappen auf der zimmerischen Burg Wildenstein als Zeugnisse adligen Familienbewußtseins im 16. Jahrhundert, in: ZGO 147, 1999, S. 339-362.

VALENTINITSCH, Helfried, Die Aussage des spätmittelalterlichen Grabmals für die adelige Sachkultur, in: Adelige Sachkultur des Spätmittelalters. Internationale Kongreß Krems an der Donau, 22. bis 25. September 1980 (Veröff. d. Instituts f. mittelalterliche Realienkund Österreichs 5, Österreichische Akademie d. Wissenschaften, phil.-hist. Klasse Sitzungsberichte 400), Wien 1982.

VOLKERT, Wilhelm, Die rheinische Pfalzgrafschaft bis zum Ende des 13. Jahrhunderts, in: Handbuch der bayerischen Geschichte, 3. Bd., 3. Teilbd.: Geschichte der Oberpfalz und des bayerischen Reichskreises bis zum Ausgang des 18. Jahrhunderts, hg. von Andreas KRAUS, München $^{3}$1995, S. 33-51.

VOSS, Wolfgang, Dietrich von Erbach Erzbischof von Mainz (1434-1459). Studien zur Reichs-, Kirchen- und Landespolitik sowie zu den erzbischöflichen Räten (Quellen und Abhandlungen zur mittelrheinischen Kirchengeschichte 112), Mainz 2004.

WACKERFUß, Winfried, Die Billunge von Schlierbach/Lindenfels – Ein Beitrag zur Geschichte der Herren von Grumbach/Rodenstein, in: Beiträge zur Erforschung des Odenwaldes und seiner Randlandschaften I, Sonderveröffentlichung des Breuberg-Bundes, Breuberg-Neustadt 1972, S. 303-321.

WAGNER, Heinrich, Entwurf einer Genealogie der Grafen von Henneberg, in: Jahrbuch des Hennebergisch-Fränkischen Geschichtsvereins 11, 1996, S. 33ff.

Das Wappenbuch des Reichsherolds Caspar Sturm (s. gedruckte Quellen A)
Wattenbach-Levison. Deutschlands Geschichtsquellen im Mittelalter: Vorzeit und Karolinger, 6 Hefte, Heft 1-4 bearb. von Wilhelm LEVISON, Heft 5 u. 6 bearb. von Heinz LÖWE, Weimar 1952-1990.
WEBER, Hans H., Die Grafen von Wertheim und die Herrschaft Breuberg im 14. Jahrhundert, in: Wertheimer Jahrbuch 1956, S. 30-48.
WEHLT, Hans-Peter, Reichsabtei und König, dargestellt am Beispiel der Abtei Lorsch mit Ausblicken auf Hersfeld, Stablo und Fulda (Veröffentlichungen des Max-Planck-Instituts für Geschichte 28), Göttingen 1970.
WEIß, J[?] G., Geschichte der Stadt Weinheim an der Bergstraße, Weinheim 1911.
WENDEHORST, Alfred, Henneberg, in: LexMA IV, 1993, Sp. 2130.
WEINFURTER, Stefan, Der Untergang des alten Lorsch in spätstaufischer Zeit. Das Kloster an der Bergstraße im Spannungsfeld zwischen Papsttum, Erzstift Mainz und Pfalzgrafschaft, in: Archiv für mittelrheinische Kirchengeschichte 55, 2003, S. 25-52.
WERLE, Hans, Studien zur Wormser und Speyerer Hochstiftsvogtei im 12. Jahrhundert, in: Blätter für pfälzische Kirchengeschichte und religiöse Volkskunde 21, 1954, S. 80-89.
DERS., Die Vögte der Reichsabtei Lorsch im 11. und 12. Jahrhundert, in: Blätter für pfälzische Kirchengeschichte und religiöse Volkskunde 23, 1956, S. 52-58.
DERS., Die Aufgaben und die Bedeutung der Pfalzgrafschaft bei Rhein in der Staufischen Hausmachtpolitik, in: Mitteilungen des Historischen Vereins der Pfalz 57, 1959, S. 137-153.
WIELAND, M[?], Kloster Seligenthal, in: Cistercienser-Chronik 17, 1905, S. 161-176.
DERS., Die Cistercienser-Abtei Schönau, in: Cistercienser-Chronik 19, 1907, S. 97-112, 133-138, 169-174, 212-216, 277-282, 313-315, 339-345, 355-361.
WILLOWEIT, Dietmar, Die Entwicklung und Verwaltung der spätmittelalterlichen Landesherrschaft, in: Deutsche Verwaltungsgeschichte 1, hg. von Fritz BLAICH, Stuttgart 1983.
WOLF, Jürgen, Abteilung F 21: Grafschaft Erbach- Schönberg 1459- 1944, 2 Bdd. (Repertorien des Hessischen Staatsarchivs Darmstadt 30,1/2), Darmstadt 1990.
WOLFERT, Alfred F., Wappengruppen des Adels im Odenwald-Spessart-Raum, in: Beiträge zur Erforschung des Odenwaldes und seiner Randlandschaften II, hg. von Winfried Wackerfuß, Breuberg-Neustadt 1977, S. 325-406.
DERS., Die Abstammung der Grafen von Erbach von Karl dem Großen, in: Beiträge zur Erforschung des Odenwaldes und seiner Randlandschaften III, hg. von Winfried Wackerfuß, Breuberg-Neustadt 1980, S. 53-78.
DERS., Anmerkungen und ergänzungen zu W. bechers „Versuch einer genealogischen Übersicht der Familien, die im Odenwald unter dem Namen ‚Stumpf' urkundlich nachgewiesen sind", in: DO 37, 1990, S. 110-113.

WORSTBROCK, Franz J./HARRIS, Sylvia C., Johannes von Hildesheim, in: Verfasserlexikon 4, ²1983, Sp. 638-647.

WUNDER, Gerd u.a., Die Schenken von Limpurg und ihr Land (Forschungen aus Württembergisch Franken 20), Sigmaringen 1982.

ZÄH, Alexander, Zur ersten Erwähnung der ostfränkischen Ortschaft „Osternaha" nach den Schriftquellen (ab dem Jahre 880), in: DO 51, 2004, S. 143-149.

ZEDLER, Johann H., Großes vollständiges Universal-Lexikon, Band 35: Schle – Schwa, fotomechan. Nachdruck der Ausgabe Leipzig und Halle 1743, Graz 1961.

ZIMMERMANN, Fritz, Die Weistümer und der Ausbau der Landeshoheit in der Kurpfalz (Historische Studien 311), Berlin 1937.

**Karte 3** Erbachischer Besitz im 15. Jahrhundert
(nach KLEBERGER, Territorialgeschichte, Karte I)